Theory and Practice of Revitalization of
the Former Soviet Area

全国原苏区振兴
理论与实践
（第一辑）

魏后凯　田延光◎主编
刘善庆　黎志辉◎执行主编

经济管理出版社
ECONOMY & MANAGEMENT PUBLISHING HOUSE

图书在版编目（CIP）数据

全国原苏区振兴理论与实践（第一辑）/魏后凯，田延光主编 . —北京：经济管理出版社，2018.10
ISBN 978 - 7 - 5096 - 6059 - 1

Ⅰ. ①全…　Ⅱ. ①魏…　②田…　Ⅲ. ①区域经济发展—赣南地区—文集　Ⅳ. ①F127. 56 - 53

中国版本图书馆 CIP 数据核字（2018）第 227243 号

组稿编辑：丁慧敏
责任编辑：丁慧敏
责任印制：黄章平
责任校对：王纪慧

出版发行：经济管理出版社
　　　　　（北京市海淀区北蜂窝 8 号中雅大厦 A 座 11 层　100038）
网　　　址：www. E - mp. com. cn
电　　　话：（010）51915602
印　　　刷：三河市延风印装有限公司
经　　　销：新华书店
开　　　本：787mm×1092mm/16
印　　　张：27. 25
字　　　数：596 千字
版　　　次：2018 年 11 月第 1 版　　2018 年 11 月第 1 次印刷
书　　　号：ISBN 978 - 7 - 5096 - 6059 - 1
定　　　价：98. 00 元

目　录

脱贫攻坚与苏区振兴

——第一届全国原苏区振兴高峰论坛会议综述

魏日盛[*]

党的十九大报告做出打赢脱贫攻坚战、确保老区人民一道进入全面小康社会的承诺，把脱贫攻坚作为重大政治任务。"动员全党全国全社会力量，坚持精准扶贫、精准脱贫""确保 2020 年我国现行标准下农村贫困人口实现脱贫，贫困县全部摘帽，解决区域性整体贫困，做到脱真贫、真脱贫"（习近平，2017）。

为了积极落实党的十九大关于打赢脱贫攻坚战的新部署和新要求，交流原苏区和其他革命老区振兴的典型经验，2017 年 12 月 9 日由中国社会科学院农村发展研究所和江西师范大学共同主办、江西师范大学苏区振兴研究院承办的"第一届全国原苏区振兴高峰论坛"在江西师范大学举行，江西省人大常委会党组副书记、副主任朱虹，中国老区建设促进会副会长司树杰，国家发改委地区司中部发展处长潘玛莉，中国社会科学院农村发展研究所所长魏后凯，国务院扶贫办全国扶贫宣传教育中心主任黄承伟，江西省社科联党组书记、主席吴永明，江西省赣南等原中央苏区振兴发展工作领导小组办公室副主任温俊杰，北京师范大学中国扶贫研究院院长张琦以及江西、贵州、湖北、广东、广西、福建、四川、北京等地的专家、学者和基层干部 80 余人参加了此次论坛。此次论坛以"脱贫攻坚与苏区振兴"为主题，专家们就脱贫攻坚的伟大意义、原苏区振兴的发展现状、原苏区老区发展典型经验进行了热烈的交流和讨论，提出了具有参考价值的观点和建议。

一、脱贫攻坚的伟大意义

脱贫攻坚是打通全面建成小康社会的"最后一公里"，是保证全体人民共享改革发展

---

* 作者简介：魏日盛，江西师范大学马克思主义学院博士研究生。

成果、实现共同富裕的重大举措，是体现中国特色社会主义制度优越性的重要标志。与会专家普遍肯定了脱贫攻坚的伟大意义：第一，精准扶贫的深入实施，基本建立了扶持谁、谁来扶、怎么扶、如何退问题解决机制体制，促进了农村治理体系的不断完善。第二，以精准扶贫精准脱贫为基本方略的脱贫攻坚战，产生了多重影响，包括进一步彰显了中国共产党的执政宗旨、政治优势和制度优势，不断激发了贫困地区贫困群众的内生动力，在实战中培养锤炼了一大批干部和人才，营造了良好的社会氛围。第三，精准的政策举措体现着高水平的治理艺术，对于推进国家治理体系和治理能力现代化具有普遍性的方法论意义。第四，支持革命老区、原苏区振兴发展既是一项重大的经济任务，更是一项重大的政治任务，将进一步增强加快革命老区特别是原苏区振兴发展的政治责任感和历史使命感。第五，精准扶贫方略是帮助贫困人口、实现《2030 年可持续发展议程》宏伟目标的唯一途径，为其他发展中国家提供有益借鉴。

二、原苏区振兴的发展现状

近年来，根据各革命老区的发展特点和实际状况，国家先后制定了陕甘宁、赣闽粤、左右江、川陕、大别山等革命老区振兴发展规划政策文件，全国革命老区发展取得了巨大成效。自《国务院关于支持赣南等原中央苏区振兴发展的若干意见》（以下简称《若干意见》）实施以来，开创了赣南原苏区经济发展最快、城乡面貌变化最快、老百姓受惠最多的新局面。第一，赣州市经济实力明显增强。赣州市经济指标的平均增长速度都保持在 10%以上，生产总值达 2000 亿元，人均 GDP 达 25000 元，固定资产投资、财政总收入、一般公共预算收入均翻一番。第二，产业结构不断优化升级。三次产业比重由 17.4：47.2：35.4 调整到 14.6：42.7：42.7，服务业主导型的产业结构即将形成。第三，民生福祉日益改善。共计投入民生资金 1700 亿元，年均增长 26.6%，城乡居民收入差距由 3.4：1 缩小到 3.1：1。第四，脱贫攻坚取得实效。脱贫人口累计达到 144.49 万人，贫困发生率由 26.7%下降到 6.6%，减贫幅度分别比全国、江西全省高出 11.9%和 11.25%。

但是，由于底子薄、基础弱、起点低，赣南苏区在全面小康进程中与其他地区还存在较大差距，贫困人口规模大，贫困程度深。与会专家列出了一系列数据，显示了赣南苏区小康进程滞后，欠发达特征明显的现状。第一，全面小康进程远远滞后。小康监测数据显示，2016 年赣州市全面小康总体实现程度为 80.49%，分别比全国及江西省低 13.8%和 7.7%，小康进程落后全国 6 年，落后江西省 3 年，并且衡量小康建设的五项一级指标均不同程度低于江西省的平均水平。第二，发展水平处于全国老区低端。从人均水平看，不仅多数指标深陷江西省谷底，而且在全国革命老区中也处于靠后的位置，其中人均 GDP 和农村人均可支配收入在全国老区中位列倒数第一，人均规模以上工业增加值和人均社会消费品零售总额排在倒数第二位。第三，民生建设和公共服务领域难点多。城乡居民社会养老保险标准比全国平均水平低 33.3%，留守儿童由于营养摄入量不足导致低体重率、生长迟缓率、贫血患病率明显高于非贫困地区，义务教育基本均衡通过率仅占 33.3%。第四，贫困人口规模大且贫困程度深。贫困人口占江西省的 37.7%，贫困发生率比全国高出 47%，比江西省高出 76%，因病因残致贫及缺技术、劳动力和资金致贫比例分别达 57.7% 和 33.85%。

三、原苏区、老区发展典型经验

原苏区、老区都面临着相似的贫困落后的状况，在精准扶贫中都发生了巨大变化，在脱贫攻坚战中都属于重点的区域。原苏区、老区的经验交流、信息共享、团结协作、共生发展，可以极大推动原苏区、老区同全国一道实现全面小康社会的目标。交流发展经验，完善发展路径，通过抓重点、补短板、强弱项，推动在农业发展、脱贫攻坚、美丽乡村、文化建设等方面取得更大突破。

全面建成小康社会已经进入了决胜期，是"攻城拔寨""啃硬骨头"的攻克深度贫困的关键期。与会专家认为，需要将脱贫攻坚与原苏区、老区振兴有机结合，着力破解发展瓶颈，实现原苏区、老区的经济、政治、文化、社会等各方面的提高。第一，要切实抓好精准扶贫精准脱贫，坚决打赢脱贫攻坚战。坚持精准扶贫、精准脱贫基本方略不动摇，继续强化脱贫攻坚工作力度，强力推动相关政策落地落实，重点攻克深度贫困地区脱贫任务。第二，要加快重大基础设施建设，尽快破解发展瓶颈制约。要按照合理布局、适度超前的原则，持续推动革命老区交通、能源、水利、环保和信息等基础设施项目，加快建立现代化的基础设施体系。第三，加强生态保护与修复，实现绿色低碳发展。大力发展生态农林业和生态旅游产业，把自身优势发挥出来。第四，要促进产业结构优化升级，不断增强"造血"功能。要大力实施创新驱动发展战略，发展新技术、新产业、新模式、新业态"四新"经济。第五，要全力保障和改善民生，持续提升群众生活幸福感。要加大力度建设民生工程，完善基本公共服务体系，提升服务保障水平。第六，要大力创新机制体制，全面扩大对内对外开放。要深化"放管服"改革，深化与发达地区的产业对接与合作。

（一）产业发展

习近平总书记指出，没有农业农村的现代化，就不可能实现全国的现代化。与会专家认为，农业依然是农民增收的主打产业，农业现代化归根到底是农民的现代化。赣南等原中央苏区在市场经济的冲击下，农产品产业结构问题日益突出，传统农业转型面临严峻挑战。以江西省的特色传统产业——白莲为例，在"互联网＋"浪潮的大背景下，产业安全面临多重挑战、产业利润空间不断被压缩、产品销售压力大幅增加、产品品牌缺乏系统管理、产业规模化程度低、产业附加值相对偏低、产业尚未形成集群效应。做好白莲产业全面转型的唯一出路可以概括为"打造好一个平台，准备好七个升级"，即在打造好"互联网＋"平台的大前提下，实现产业安全升级、优化产业结构升级、促进营销和贸易升级、确保产业品牌升级、加快融合与整合升级、推动产业技术升级、重视产业集群升级，最终形成白莲产业从育苗、种植、收购到加工、销售、售后等环节的一体化产业链条。

（二）扶贫脱贫

精准扶贫是重大的政治任务，也是重大的民生工程。习总书记提出了"六个精准"和"五个一批"的帮扶措施，江西省也确立了产业发展扶贫工程、就业扶贫工程、易地搬迁扶贫工程、危旧房改造工程、村庄整治工程、基础设施建设扶贫工程、生态保护扶贫工程、社会保障扶贫工程、健康扶贫工程和教育扶贫工程"十大扶贫工程"。而绿色减贫作为可持续性最强和推进精准扶贫方略最有效的方式，也是论坛讨论的热点。学者们认为扶贫开发最终是要实现经济、社会、生态协调发展，提出建立绿色减贫指数。绿色减贫指数包含了 4 个一级指标，一级指标下又包含了若干个二级指标。4 个一级指标分别是经济增长绿化度、资源利用与环境保护程度、社会发展能力和扶贫开发与减贫效果。其中经济增长绿化度包含人均地区生产总值、单位地区生产总值能耗、单位地区生产总值二氧化硫排放量、土地产出率、工业固体废物综合利用率、第三产业增加值比重 6 项指标；资源利用与环境保护度包含人均森林面积、森林覆盖率、单位耕地面积化肥施用量 3 项指标；社会发展能力包含农村恩格尔系数、城乡收入比、新型合作医疗参合率、有卫生室行政村比例、新型农村养老保险参保率、高中阶段教育毛入学率 6 项指标；扶贫开发与减贫效果包含贫困人口占总农村人口比重、农村人均纯收入增长率、通电自然村比重、通路自然村比重、自来水普及率、有效灌溉面积 6 项指标。

（三）乡村振兴

乡村振兴战略是脱贫攻坚的重要助力，是决胜全面建成小康社会的重中之重，也是实现中华民族伟大复兴和全面建设社会主义现代化国家的一项基础性工程。与会专家认为，乡村振兴是全面振兴的概念，是新时期新农村建设的升级版，最终目标是全面促进农村经济、社会、文化振兴和生态文明进步，建设繁荣富强、宜居美丽的现代化新乡村。并在社会主义现代化建设"三步走"的战略安排上，提出了乡村振兴的"三步走"：第一步，从现在起到 2025 年，力争用 8 年左右，建成产业兴旺、生态宜居、乡风文明、治理有效、生活富裕的美丽新乡村；第二步，从 2025 年到 2035 年，再用 10 年左右，基本实现农业农村现代化和基本公共服务均等化，城乡差距大幅度缩小；第三步，从 2036 年到 2050 年，再用 15 年左右，全面实现农业农村现代化，将我国建设成为农业现代化强国。分析振兴乡村的人口老龄化和科技素质较低导致的人才短缺问题、基础设施落后和投融资渠道不畅的建设资金不足问题以及农业对农民贡献低的增收难问题时，还需要从以下几个方面进行完善：第一，建立乡村振兴与脱贫攻坚联动机制。第二，实行差别化的政策和推进策略，鼓励探索多种形式的乡村振兴模式。第三，进一步加大政策支持力度。第四，引导全社会参与乡村振兴。第五，深化改革全面激活农村资源，促进资源变资本、资本变资金。

（四）文化建设

没有高度的文化自信，没有文化的繁荣兴盛，就没有中华民族伟大复兴，文化建设为进行伟大斗争、建设伟大工程、推进伟大事业、实现伟大梦想提供坚强思想保证和强大精神力量。苏区精神是中国革命战争年代造就的一种伟大精神，对中国革命的发展起到巨大的推动作用。在新的历史条件下弘扬苏区精神、传承红色基因，有利于坚定干部群众脱贫的理想信念，进一步贯彻党的群众路线和保持共产党人清正廉洁的政治本色。与会专家将弘扬苏区精神与精准扶贫有机结合，将苏区精神的主要内涵与精准扶贫工作一一对接。具体包括：弘扬"坚定信念、求真务实"的苏区精神，争当"精准扶贫"的践行者和引领者；弘扬"争创一流"的苏区精神，创新"精准扶贫"工作方式方法；弘扬"艰苦奋斗"的苏区精神，打破"精准扶贫"的瓶颈制约；弘扬"无私奉献"的苏区精神，为广大人民群众谋利益，从而凝聚苏区"精准扶贫"的强大物质力量，夺取全面建成小康社会的新胜利。

（五）环境保护

生态文明建设是"五位一体"总体布局的重要组成部分，建设美丽中国是全面建设社会主义现代化国家的重大目标。这也要求树立"绿水青山就是金山银山"的发展理念，补上生态环境这块短板，满足人民日益增长的优美生态环境需要。《若干意见》提出要把赣南等原中央苏区建设成南方地区重要的生态屏障，探索多元的生态补偿方式。与会专家认为东江流域上下游横向生态补偿机制建设在探索水权交易、碳排放权交易等市场化机制方面取得初步成效，但是依然存在着过度依赖政府补偿、补偿主客体模糊、补偿标准不合理、缺乏生态补偿的长效机制等问题。所以根据"谁受益谁补偿"的补偿原则，从补偿主体、补偿客体、补偿标准和补偿方式等方面来构建原苏区流域生态补偿市场机制，具体包括：完善政府生态补偿管理体制建设、拓宽多种资金来源等筹措生态补偿资金、加强教育宣传、重视人才培养和提高生态补偿技术。

会议一致认为，"全国原苏区振兴高峰论坛"是面向全国原苏区和革命老区的战略性、公益性、综合性学术研讨会，并达成共识：今后每年举办一次"全国原苏区振兴高峰论坛"，采取"2+X"的举办机制，即论坛发起单位——中国社会科学院农村发展研究所和江西师范大学为"2"家固定主办单位，"X"为每届论坛召开地的具体主办单位。"全国原苏区振兴高峰论坛"主办单位将秘书处设于江西师范大学苏区振兴研究院，作为处理论坛日常事务的常设机构。

参考文献

习近平．决胜全面建成小康社会 夺取新时代中国特色社会主义伟大胜利——在中国共产党第十九次全国代表大会上的报告［EB/OL］．人民网，http：//www．people．com．cn．，2017－10－27．

在第一届全国原苏区振兴高峰论坛上的讲话（一）

江西省人大常委会党组副书记、副主任 朱 虹

尊敬的司副会长、各位领导、各位来宾、同志们：

上午好！今天非常高兴前来参加由中国社科院农村发展研究所、江西师范大学共同主办的"第一届全国原苏区振兴高峰论坛"。这一次高峰论坛以"脱贫攻坚与苏区振兴"为主题，紧扣党的十九大的战略部署，是学习贯彻党的十九大精神和习近平新时代中国特色社会主义思想的具体体现，对于江西省及全国大力实施苏区振兴计划、落实乡村振兴战略、推进脱贫攻坚工作具有重大意义。论坛邀请了各级领导和专家学者，大家的到来既是对此次论坛的高度重视，也是对江西的巨大关怀。在此，向大家表示热烈欢迎，对大家长期以来给予江西的关心、支持、帮助表示衷心的感谢！

江西素有物华天宝、人杰地灵之美誉。说到江西，人们先想到的是革命老区，现在老区正在焕发新"叶子"。赣鄱大地红色、绿色、古色交相辉映，绽放出耀眼的光芒。从红色看，四大摇篮是中国革命胜利的源泉，江西有着中国革命的摇篮、人民军队的摇篮、共和国的摇篮和中国工人运动的摇篮，为中国革命的胜利和中华人民共和国的成立做出了重大牺牲和重大贡献。从绿色看，四大名山是美丽江西山水的经典之作。习近平同志在视察江西时说，"井冈山是红色圣山，庐山天下优，山青天下秀，龙虎天下绝"。以四大名山为代表的绿色生态，是江西最大的财富、最大的优势、最大的品牌。从古色看，"四个千年"是江西辉煌文化精髓的代表，千年瓷都景德镇、千年名楼滕王阁、千年书院白鹿洞、千年古刹东林寺，代表了文化江西的巅峰成就，为中华民族文明的发展做出了巨大贡献。此外，江西还有中国最大的淡水湖鄱阳湖，中国最美乡村婺源，改革开放思想的策源地"小平小道"，胡耀邦同志的安息之地"共青城"，遍布桃花水母的庐山西海等，概括起来就是我们常说的江西风景独好。这一切，既是历史的荣光，也是我们闪亮的地方名片和发达的宝贵财富。

今天的江西人勇于创新，敢闯新路，发展势头蒸蒸日上，新技术、新产业、新业态、新模式交错形成，GDP的增速位于全国第一方阵。作为革命老区，江西把苏区振兴和脱贫攻坚作为建设富裕美丽幸福江西的头等大事和第一民生工程来抓。党的十八大以来，江

西省委省政府以习近平新时代中国特色社会主义思想为指导，深入贯彻落实原中央苏区振兴发展，大力推进脱贫攻坚工作，聚焦精准扶贫、产业发展、基础设施建设、生态环境保护、农业现代化等重要任务，出台了关于支持赣南等原中央苏区振兴发展、重点平台建设的若干政策措施，以及深化改革创新，加快现代农业发展的若干意见等政策举措，着力创新体制机制，加快振兴步伐。经过几年的不懈努力，井冈山市成为全国首个脱贫县市。这个也是总书记亲自定的，他在 2016 年 2 月 2 日到江西井冈山考察工作。当时井冈山市委向他汇报，说我们经过几年努力，已经有了比较好的基础，我们争取明年能够脱贫。总书记说你们既然今天说了这话，那就是立下了军令状，到时候一定要做到，我派人来检查。如果说井冈山能够脱贫，全国没有什么地方有任何理由说不能脱贫。所以，井冈山 2017 年成为了全国第一个脱贫的县级市。江西建档立卡的贫困人口从 342 万降至 113 万，贫困发生率由 9.7% 降至 3.3%，赣南苏区振兴工作取得了重要进展，经济、科技、文化、民生等事业展现出了崭新的风貌。

近年来，江西师范大学紧跟省委省政府的步伐，大力发挥自身优势，在全省率先成立苏区振兴研究院，在教育扶贫、科技创新、服务地方、对口支援等方面精准发力、纵深推进，坚定不移地做苏区振兴和脱贫攻坚有力的参与者和推动者，为江西脱贫攻坚建设提供了强大的人力支持和智力支持，为江西省苏区振兴和脱贫攻坚工作做出了积极贡献。

振兴苏区、精准脱贫，彰显了中国共产党人的初心，体现了中国共产党强大的动员能力和执政能力，显示出了社会主义制度的巨大优势。习近平总书记指出，在扶贫的路上，不能落下一户贫困家庭，丢下一个贫困群众；革命老区是党和人民军队的根，我们永远不能忘记。党的十九大强调要确保 2020 年在我国现有的标准下农村贫困人口实现脱贫，贫困县全部摘帽，解决区域性的整体贫困，做到脱真贫，真脱贫。江西提出，到 2020 年如期实现脱贫攻坚目标，脱贫时效和质量居于全国第一方阵。赣南原中央苏区经济社会发展相对滞后，加大苏区振兴发展的力度，打好深度贫困地区和人口的脱贫攻坚战，是今后一段时间江西工作的重中之重。江西将认真贯彻落实以习近平总书记为核心的党中央的决策部署，坚持创新引领、绿色崛起，担当实干、兴赣富民的方针，紧紧围绕苏区振兴和脱贫攻坚工作，认真落实全面建成小康社会的目标任务，努力实现经济社会全面快速发展，朝着富裕、美丽、幸福江西不断迈进。

在此，衷心希望通过此次研讨会集思广益、群策群力、建言献策，进一步加强各地区与苏区发展的对话与交流合作，共同致力于推动苏区振兴发展和脱贫攻坚工作，为实现 2020 年全面建成小康社会的总体战略做出新的贡献。同时，也真诚希望各位领导和专家学者一如既往地关心江西、支持江西。

最后，预祝此次论坛圆满成功，祝各位领导专家在赣期间工作顺利、生活愉快、万事如意！

在第一届全国原苏区振兴高峰 论坛上的讲话（二）

国务院扶贫办原党组成员、中国老区建设促进会副会长　司树杰

尊敬的朱副主任、各位领导、各位来宾、同志们：

在全党全国深入学习贯彻党的十九大精神之际，由中国社会科学院农村发展研究所和江西师范大学联合举办的第一届全国原苏区振兴高峰论坛今天开幕了。

我谨代表中国老区建设促进会对此次论坛的成功举办表示祝贺，对长期以来关心支持老区和苏区建设以及脱贫攻坚事业的各位领导、各位专家学者和社会各界人士表示衷心的感谢。中国社会科学院农村发展研究所是研究我国农村问题的国家级权威学术机构，江西师范大学是一所创办于1940年，历史悠久的高等学府。他们联合举办这样一个论坛，我认为不仅很有意义，而且必有收获和成效。

这次论坛确定的主题是：脱贫攻坚与苏区振兴。我感到这个主题选得好，好在它是积极响应党中央国务院关于坚决打赢脱贫攻坚战的号角，贯彻落实习近平总书记在党的十九大报告中对脱贫攻坚所做的重要指示的具体行动；好在它抓住了老区振兴的关键环节，因为打赢这场脱贫攻坚战，让原苏区人民过上美好生活就是我们的奋斗目标。我们完全有理由相信，在此次研讨会上，通过各位专家所做的精彩报告，一定会圆满实现论坛预期的目标，结出丰硕的果实。借此机会，我围绕论坛的主题概略地讲以下三点意见。

（1）充分认识打赢脱贫攻坚战的重要性和艰巨性。

2015年11月，党中央召开的中央扶贫工作会议、新华社授权发表的《中共中央国务院关于坚决打赢脱贫攻坚战的决定》吹响了打赢这场脱贫攻坚战的号角，我们的目标是实现"两不愁""三保障"，确保现有标准下的贫困人口全部脱贫，贫困县全部摘帽，解决区域性整体贫困，同时提出要贯彻精准扶贫、精准脱贫的基本方略，实施"五个一批"的工作举措。也就是通过产业扶贫脱贫一批，通过易地扶贫搬迁脱贫一批，通过生态扶贫脱贫一批，通过教育扶贫脱贫一批，通过兜底扶贫脱贫一批。"五个一批"的工作举措，加大组织领导力度，加大资金、金融等投入支持力度，加大各方的帮扶力度，加大检查督查力度。在全党重视高位推动的新形势下，脱贫攻坚取得了重大进展，成绩显著。那么我们这几年年均减少贫困人口1000万人以上，我们由打攻坚战之初的7017万贫困人口，下

降到 2016 年底的 4335 万贫困人口，贫困发生率下降到 4%，取得了巨大的成绩。当然，我们也要清醒地认识到，脱贫攻坚的任务仍然相当艰巨，不是一蹴而就的，不是轻而易举的。从贫困人口的数量看，虽然比例下降到 4%，但是我们的基数比较大，还有 4000 多万贫困人口；从结构上看，越往后越是硬骨头；从群体分布上看，尚未脱贫的主要是残疾人、孤寡老人、长期患病的贫困人口，以及部分文化水平低、没有技能的贫困群众。因此，实现既定的目标，让贫困群众一个也不落下，还必须付出艰苦的努力，决不能掉以轻心，决不能有丝毫的松懈。全面贯彻落实党的十九大报告对打赢脱贫攻坚战所做的决策部署要求，要做的工作很多。我这里主要强调两点，党的十九大报告上，总书记强调了要注重扶贫同扶志、扶智相结合，志和智都是内因、内力。讲扶志，就是要注重调动贫困群众的积极性、主动性、创造性，注重激发贫困地区脱贫致富的内在动力，注重培育贫困群众发展生产和务工经商的基本技能，注重提高贫困群众自我发展的能力；讲扶智，就是要抓好教育，加快推进实施教育扶贫工程，教育经费要继续向中西部贫困地区倾斜，向基础教育和职业教育倾斜，继续改善贫困地区办学条件，加大支持乡村教师队伍建设的力度。

习近平总书记曾深刻地指出，人穷不能志短，扶贫必先扶志，没有比人更高的山，没有比脚更长的路。这是一点，扶贫要同扶志、扶智相结合。另外一点是，总书记提出要攻克深度贫困堡垒。中央已经正式明确，下一步要重点支持深度贫困三区三州。"三区"是西藏自治区、四省藏区、新疆南疆四地州。"三州"是四川凉山州、云南怒江州和甘肃临夏州。从 2018 年起，扶贫资金向三区三州进一步倾斜。从各个省区来说，要在本省范围内着力攻坚深度贫困县和深度贫困村，这是第一个层次。后两个层次，主要请各省区市抓好统筹深度贫困县和深度贫困村，强力推进，打好攻坚战。

（2）借这个机会讲讲革命老区。

革命老区为中国革命和建设做出的重大牺牲和贡献光照千秋。现在中国老促会系统有 23 个省建立了老区促进会，186 个地（市、州）和 1200 个县建有老区促进会机构。革命老区、原苏区人民历史上做出了巨大牺牲，做出了巨大贡献，主要表现在以下九个方面：一是为毛泽东思想的形成发展、马克思主义中国化第一次飞跃提供了实践源泉；二是为我们党探索开创中国革命正确道路奠定了实践基础；三是为中国革命的生存与发展提供了巩固的战略基地；四是为人民军队成长壮大提供了源源不断的力量保障；五是为党探索执政规律积累治国理政经验提供了实践沃土；六是为中国革命培养输送了大量治党治国治军的骨干人才，大家知道，中华人民共和国开国将帅中有九位元帅，七位大将，34 位上将，114 位中将还有 130 多位中华人民共和国成立初期中央部委的领导，都是在原中央苏区成长起来的；七是为加强党的建设提供了丰富的实践课堂；八是为中国革命的胜利做出了巨大牺牲，江西省、湖南省、湖北省这三个省在土地革命时期和抗日战争时期被敌人杀害的老区群众都在 100 万以上；九是为社会主义建设事业做出了新的贡献。历史充分表明，没有革命老区，中国革命的武装斗争就没有落脚点，就没有可靠的依托；没有革命老区，人民革命武装就不能由小到大，由弱到强；没有革命老区，中国革命就不能走向胜利。因此，对于老区所做的巨大贡献，习近平总书记在 2015 年 2 月召开的陕甘宁革命老区脱贫致富座谈会重要讲话中深情地指出，老区和原苏区人民为我们党领导的中国革命做出了重大牺牲和贡献。这些牺牲和贡献永远镌刻在中国共产党、中国人民解放军、中华人民共和国的历史丰碑上。总书记的评价非常高，非常到位。

（3）讲一讲老区精神是我们党带领人民铸就的精神丰碑。

如果说革命老区、原苏区是革命的摇篮，是党和人民军队的根，那么在红色沃土上孕育的老区精神则是一面鲜红的旗帜，是一种强大力量，发挥了十分重要而又不可替代的作用。什么是老区精神？老区精神是在苏区精神、长征精神、延安精神、大别山精神、太行山精神、沂蒙精神、西柏坡精神等基础上的汇合。在座的各位很熟悉苏区精神，内容是28 个字：坚定信念，求真务实，一心为民，清正廉洁，艰苦奋斗，争创一流，无私奉献。老区精神总结了六句话：爱党信党，坚定不移的理想信念；舍生忘死，无私奉献的博大胸怀；不屈不挠，敢于胜利的英雄气概；自强不息，艰苦奋斗的顽强斗志；求真务实，开拓创新的科学态度；鱼水情深，生死相依的光荣传统。这个归纳得到了中央国家机关有关主管部门的肯定和认可，已经以中国老区建设促进会名义发表在党的《求是》刊物上，题目是《走好新的长征路》。在脱贫攻坚和纯洁端正党风的新形势下，弘扬老区精神具有十分重要而现实的意义。一方面，老区精神是凝聚士气、振奋民族精神的强大动力，是振兴老区、原苏区建设发展的重要内容。大力弘扬老区精神能够使广大人民群众从中获得思想鼓舞，升华思想境界，陶冶道德情操，完善思想品格，培养浩然正气，为决胜全面小康提供坚强思想保证、强大的精神力量、丰润的道德滋养。另一方面，老区精神是老区脱贫攻坚的活力源泉，是振兴老区、原苏区建设发展的重要抓手。脱贫攻坚战不仅是物质的，也是一场精神的脱贫攻坚战。广大老区、原苏区人民需要把老区精神转化为自力更生、脚踏实地、埋头苦干的实际行动，始终保持昂扬向上、奋发进取的精神风貌，从而推动老区经济社会的发展，实现幸福美好的新生活。

以上围绕论坛主题概略地讲了三点，脱贫攻坚、老区的贡献和弘扬老区精神，讲得不一定全面，不当之处请同志们指正。最后预祝此次论坛取得圆满成功，祝大家工作顺利，身体健康！

抢抓机遇　全力冲刺　革命老区与全国同步全面建成小康社会

国家发改委地区司中部发展处处长　潘玛莉

尊敬的各位领导，各位专家学者，同志们：

在全国上下深入学习贯彻党的十九大精神之际，中国社会科学院农村发展研究所、江西师范大学共同举办全国原苏区振兴高峰论坛，这对于集众智、汇众力加快革命老区特别是原苏区振兴发展，必将起到积极的推动作用。受国家发展改革委地区司领导的委托，很荣幸参加此次高峰论坛。今天，我主要是来向大家学习请教的，聆听各位专家学者对加快革命老区特别是原苏区振兴发展的高见。根据会议安排，围绕主题，我就革命老区特别是原苏区发展，谈几点体会，不妥之处，敬请批评指正。

第一，革命老区特别是原苏区振兴发展取得重大进展。

党中央、国务院历来都高度重视革命老区发展，改革开放以来特别是党的十八大以来，为加快革命老区振兴发展，国家相继出台了一系列扶持政策措施，助推革命老区加快发展、脱贫攻坚。根据各革命老区的发展特点和实际情况，国家先后制定了陕甘宁、赣闽粤、左右江、川陕、大别山等革命老区振兴发展规划及《国务院关于支持赣南等原中央苏区振兴发展的若干意见》（以下简称《若干意见》）等重大区域规划和政策文件。同时，国家实施的西部大开发、振兴东北等老工业基地、促进中部地区崛起重大战略以及11个集中连片贫困地区的规划和政策，也涵盖了大部分革命老区，将革命老区的发展融入现行的区域发展战略。在党中央、国务院一系列政策的支持下，全国革命老区发展取得了重大成效。

就拿我们推进的赣南等原中央苏区振兴发展工作来说，2012年《若干意见》颁布实施以来，通过各级各部门的共同努力，苏区振兴发展取得了重大进展，苏区面貌发生翻天覆地的变化。5年来，苏区主要经济指标增速均高于全国和江西省平均水平，特别是赣州市财政总收入、一般公共预算收入、固定资产投资5年实现了翻番；发展环境显著改善，"一纵一横"高铁网和"两纵两横"普铁网加快构建，"三纵三横六联"高速公路网全面建成；发展凝聚力显著增强，217万贫困人口实现脱贫，井冈山市在全国率先脱贫摘帽，群众的住房难、喝水难、用电难、行路难、上学难等突出民生问题基本得到解决，原苏区

· 14 ·

人民群众有了更多获得感和幸福感。这5年，是原苏区经济发展最快、城乡面貌变化最大、老百姓受益最多的5年，原苏区振兴发展进入了历史上最好的时期。赣南等原中央苏区翻天覆地的变化，凝聚了党心民心，为全国革命老区振兴发展树立了典范，激发了全国老区人民干事创业的热情。

第二，进一步增强加快革命老区特别是原苏区振兴发展的政治责任感和历史使命感。

革命老区和老区人民为中国革命胜利和社会主义建设做出了重大牺牲和重要贡献。加快革命老区振兴发展，让老区人民过上富裕的幸福生活，是实现全面建成小康社会目标的必然要求，是维护党的形象、巩固执政地位的重大举措，是民之所望、政之所向。中华人民共和国成立60多年来特别是改革开放40年来，在党中央、国务院关心支持下，虽然老区面貌发生深刻变化，老区人民生活水平显著改善，但由于自然、历史等多重因素影响，一些老区发展相对滞后、基础设施薄弱、人民生活水平不高的矛盾仍然比较突出，脱贫攻坚任务相当艰巨。

以习近平同志为核心的党中高度重视革命老区的发展问题。习近平总书记指出，革命老区是党和人民军队的根，我们永远不能忘记自己从哪里走来，要永远珍惜、永远铭记老区和老区人民的这些牺牲和贡献。谈到扶贫工作时，习近平总书记特别指出，到2020年全面建成小康社会，自然要包括农村的全面小康，也必须包括革命老区、贫困地区的全面小康，各项扶持政策要进一步向革命老区、贫困地区倾斜，国家大型项目、重点工程、新兴产业，在符合条件的情况下，要优先向这些地区安排。李克强总理在湖北黄冈视察指导工作期间，也特别强调要加大对老区的倾斜和支持力度，让老区人民生活越来越好。2015年底，中央专门召开了全国革命老区开发建设座谈会，随后中共中央办公厅、国务院办公厅印发了《关于加大脱贫攻坚力度支持革命老区开发建设的指导意见》，对老区开发建设工作做出了全面部署。习近平总书记的重要讲话精神和李克强总理的指示要求以及中央做出的一系列部署，是我们做好包括赣南苏区在内的革命老区振兴发展工作的重要遵循和依据，我们要认真领会好、落实好。

不忘初心，方得始终，抓好革命老区振兴发展，让老区人民过上富裕幸福的生活，具有特殊的政治意义。我们一定要深入学习贯彻习近平新时代中国特色社会主义思想和党的十九大精神，特别是习近平总书记对革命老区、原苏区发展做出的重要批示指示精神，按照党中央、国务院决策部署，深入做好革命老区特别是原苏区振兴发展工作，让老区人民与全国同步实现全面建成小康社会。

确保革命老区与全国同步全面建成小康社会。

党的十九大报告指出：从现在到2020年，是全面建成小康社会的决胜期。意味着接下来三年，全面建成小康社会进入了冲刺阶段，全国革命老区、原苏区能不能与其他地区同步进入全面小康，这三年极为关键。同时，党的十九大对我国当前和今后一段时间经济社会发展做出了重大部署和战略安排，为革命老区加快发展提供了历史机遇。我们要全面贯彻党的十九大精神，以习近平新时代中国特色社会主义思想为指导，按照党中央、国务院决策部署，进一步加大工作力度，着力破解革命老区发展瓶颈，全力冲刺与全国同步全面建成小康社会，我认为重点要抓好以下几点。

一是要切实抓好精准扶贫精准脱贫，坚决打赢脱贫攻坚战。让贫困人口和贫困地区同全国一道进入全面小康社会是我们党的庄严承诺。革命老区是我国脱贫攻坚工作的重点区域。要坚持精准扶贫、精准脱贫基本方略不动摇，继续强化脱贫攻坚工作力度，强力推动相关政策落地落实，重点攻克深度贫困地区脱贫任务，确保到2020年我国现行标准下农村贫困人口实现脱贫，贫困县全部摘帽，解决区域性整体贫困，做到脱真贫、真脱贫。

二是要加快重大基础设施建设，尽快破解发展瓶颈制约。基础设施问题仍然是制约革命老区加快发展的重要短板。要按照合理布局、适度超前的原则，持续推进革命老区交通、能源、水利、环保和信息等基础设施项目，加快建设现代化的基础设施体系。特别要修好两条路，第一条是有形之路，就是高速铁路、高速公路、国省干道、通乡公路。对于已列入国家规划的项目要抓紧做好基础工作，创造条件尽快开工建设。对于尚未列入国家规划的项目要扎实做好前期工作，待条件成熟时尽早纳入规划。第二条是无形之路，就是网络基础设施建设。信息高速公路对于扶贫工作特别重要，要大力推进宽带中国、宽带乡村工程，争取革命老区各县（市）尽早实现宽带全覆盖。

三是要加强生态保护与修复，实现绿色低碳发展。习近平总书记指出，绿水青山就是金山银山。革命老区特别是贫困地区大多地处偏远落后山区，资源开发利用低、生态环境较好，良好的生态环境是革命老区最大的宝贵财富和发展优势。要做好生态这篇文章，扬长避短，把自身优势发挥出来。大力发展生态农林业，在脐橙、茶叶、中药材、果蔬等方面打造一批具有地理标志的农产品品牌，通过提高农产品附加值促进农民致富增收。做大做强生态旅游，积极发展农家乐、观光休闲、度假体验、森林康养等多样化、多层次旅游产品，建设一批特色宜居小镇，把革命老区、原苏区建成令人神往的旅游目的地。

四是要促进产业结构优化升级，不断增强"造血"功能。习近平总书记指出，贫困地区要发展、要脱困，关键要靠内生动力。党的十九大报告指出，创新是引领发展的第一动力，是建设现代化经济体系的战略支撑。革命老区、原苏区创新发展能力弱，是制约加快发展的重要因素，要抓住国家重视科技创新，建设创新型国家的契机，大力实施创新驱动发展战略，围绕革命老区、原苏区的传统优势产业，加大资金投入，加快关键领域和核心技术研发，延长产业链，提高产品科技含量和附加值。同时，要抓好新经济新动能培育，学习借鉴贵州省发展大数据产业的经验，集中力量搭建好支撑平台，创造条件发展新技术、新产业、新模式、新业态"四新"经济，为振兴发展增添新动力。

五是要全力保障和改善民生，持续提升群众生活幸福感。党的十九大报告指出，要坚持以人民为中心，把人民对美好生活的向往作为奋斗目标。革命老区、原苏区城镇化率较低，农村面积大、人口多，要抓住国家实施乡村振兴发展战略契机，加快提升农村发展水平和能力。继续推进农村危房改造、农村安全饮水、农村电网升级改造、农村道路建设等民生工程。加强社会事业改革发展，完善基本公共服务体系，不断提升服务保障水平，进一步凝聚振兴发展的民心民力。

六是要大力创新体制机制，全面扩大对内对外开放。大部分革命老区国有经济比重高，把民间资本活力激发出来是实现革命老区振兴发展的关键。要深化"放管服"改革，放宽市场准入，强化产权保护，积极推广政府和社会资本合作，为民营经济发展营造良好环境。开放发展是革命老区振兴发展的不二选择，关起门来发展没有出路。要策应"一带一路"建设，京津冀协同发展和长江经济带发展等国家重大发展战略，深化与发达地区的产业对接与合作，加快推进各级各类开发开放平台建设，打造内陆开放新高地。

支持革命老区、原苏区振兴发展是一项重大的经济任务，更是一项重大的政治任务。作为区域经济发展的统筹协调部门，国家发展改革委地区司将一如既往地支持革命老区发展，切实做好各项职能工作特别是原苏区振兴发展有关工作。

进入新时代，开启新征程，展现新作为。我相信，有各级各部门的大力支持，有各位专家学者的献计出力，只要我们团结一心、共同努力、奋勇拼搏，撸起袖子加油干，革命老区、原苏区就一定能够与全国同步全面建成小康社会，老区人民一定能够过上富裕幸福的生活。

补齐发展短板　促进原苏区振兴

国务院扶贫办全国扶贫宣传教育中心主任　黄承伟

尊敬的朱虹副主任、司树杰副会长，各位领导、各位来宾：

大家上午好！

非常高兴应邀参加今天的论坛。"脱贫攻坚与苏区振兴"的主题很好。我认为，这是一次学习贯彻党的十九大精神的会议。相信此次研讨将有利于我们进一步凝聚共识，凝心聚力，坚决打赢苏区脱贫攻坚战，补齐原苏区发展短板，加快原苏区振兴进程。

首先，这次研讨会是学习贯彻党的十九大精神的重要活动。以脱贫攻坚和原苏区振兴为主题，这是中国特色社会主义进入新时代、面临新矛盾、开启新征程的不可忽略的重要内容。党的十九大报告对坚决打赢脱贫攻坚战，包括原苏区在内的革命老区振兴、促进区域均衡发展等方面，进行了新部署，提出了新要求。通过这次研讨会，可以在以革命老区、原苏区振兴的主题上进一步凝聚共识、凝心聚力，加快原苏区振兴，加快革命老区发展。

其次，这次研讨会是学习贯彻习近平总书记扶贫开发战略思想和关于加快革命老区发展一系列重要论述的具体活动。党的十八大以来，习近平总书记高度重视扶贫开发，亲自策划，亲自部署，亲自推动了脱贫攻坚战，提出了精准扶贫、精准脱贫的基本方略。五年来，在总书记扶贫思想的引领下，脱贫攻坚取得了决定性的进展，产生了多个方面的深远影响。习近平总书记高度重视和关心原苏区发展问题。早在 2011 年，习近平同志就关于原苏区振兴发展作出重要批示，提出"如何进一步帮助和支持赣南苏区发展，使这里与全国同步进入全面小康，使苏区人民过上富裕、幸福的生活，应当高度重视和深入研究"。2012 年，国务院颁布《关于支持赣南等原中央苏区振兴发展的若干意见》，强调了支持原苏区振兴发展的重要性和紧迫性，提出原苏区已进入加快发展的关键时期，必须牢牢抓住历史机遇，奋力攻坚克难，努力实现全面振兴和跨越式发展。党的十八大以来，习近平总书记继续关注江西工作，关注老区，特别是赣南等原中央苏区的振兴发展以及老区人民生活。2015 年 3 月，在参加十二届全国人大三次会议江西代表团审议时，习近平再次强调指出："决不能让老区的贫困群众在全面建成小康社会进程中掉队，要立下愚公志、打好攻坚战，心中常思百姓疾苦，脑中常谋富民之策，让老区人民同全国人民一起，共享全面建成小康社会的成果。"2016 年 2 月 2 日,习近平总书记到江西看望慰问广大干部群众,向全国人民致以新春祝福,表达出对井冈山怀有很深的感情,并祝愿老区人民生活越来越好。这些充分体现了习近平总书记对加快原苏区发展的殷切希望,也为加快推动原苏区振兴发展、确保原苏区与全国同步建成全面小康社会注入了强劲动力。以论坛的方式来深化对习近平总书记扶贫开发战略思想的认识,对于坚决打赢脱贫攻坚战、促进原苏区振兴,具有积极的促进意义。

最后,这次研讨会是一次把脱贫攻坚和原苏区振兴结合起来的研讨活动。赣南等原中央苏区,是土地革命战争时期中国共产党创建的最大、最重要的革命根据地,是中华苏维埃共和国临时中央政府所在地,是人民共和国的摇篮和苏区精神的主要发源地,为中国革命做出了重大贡献和巨大牺牲。中华人民共和国成立特别是改革开放以来,赣南等原中央苏区发生了翻天覆地的变化,但由于战争创伤以及自然地理等种种原因,经济社会发展还比较滞后,民生问题比较突出,贫困落后面貌仍然没有得到根本改变,与全国的差距还在拉大。实现原苏区振兴和脱贫攻坚,尽快改变其贫困落后面貌,确保与全国人民一道迈入小康社会,既是一项重大的经济任务,更是一项重大的政治任务,对于全国革命老区加快发展以及打赢脱贫攻坚战都具有标志性的意义和示范作用。这次研讨对于我们深化对脱贫攻坚重大意义的理解,深化对脱贫攻坚和原苏区振兴之间关系的认识,以及如何通过打赢脱贫攻坚战促进原苏区振兴都会提供新视角和认识。会议内容丰富,发言覆盖了各个方面、不同视角。我相信这次会议成果将对脱贫攻坚与原苏区振兴的理论实践总结产生积极影响。

党的十九大的胜利召开为脱贫攻坚、原苏区振兴提供了指引。在全国深入学习贯彻党的十九大精神之际,全国扶贫系统正在围绕如何打赢脱贫攻坚战,如何落实好习近平总书记扶贫开发战略思想以及党的十九大关于脱贫攻坚的新部署新要求来深入学习,并把学习成果转化落实到各项工作中。借此机会,关于脱贫攻坚和原苏区振兴,我简要交流三点想法,供大家参考。

第一,脱贫攻坚是原苏区振兴的基础和前提。习近平总书记多次强调,贫困落后的革命老区要与脱贫攻坚统揽社会发展全局。这句话意义很深刻,所谓统揽就是要把脱贫攻坚放在突出位置。党的十八大以来,中央对于脱贫攻坚的部署是全方位的,印发了《中共中央国务院关于打赢脱贫攻坚战的决定》等 200 多个政策文件。这一系列文件都是围绕着脱贫攻坚、革命老区发展注入新的活力。所以如何以脱贫攻坚促进原苏区振兴,这既是一个理论命题,也是一个实践的话题。破解这个命题,对于苏区振兴至关重要。如何用好脱贫攻坚一系列政策措施,加快苏区振兴,我认为有很大的改进空间。显然,脱贫攻坚从基础设施的改善、人民获得感的增强以及公共服务全方位的均等化,已经革命性地改变了苏区发展基础。下一步就是要以党的十九大精神为指导,进一步贯彻新发展理念,进一步坚持改革开放,进一步把原苏区发展融进全国甚至全球的发展进程中。坚决打赢脱贫攻坚战,必须以脱贫攻坚统揽苏区振兴的全局。

全国原苏区振兴理论与实践（第一辑）

第二，要充分发挥脱贫攻坚形成的一系列体制机制以及逐步形成的治理体系在促进苏区乡村振兴中的作用。党的十八大以来，习近平高度重视扶贫开发，亲自谋划，亲自推动脱贫攻坚战，在习近平扶贫思想引领下形成了一整套从机制到落实的治理体系。这套治理体系不仅用于解决贫困人口脱贫问题，同样适用于乡村振兴、苏区振兴各个方面的工作。如何使这套体系在原苏区振兴中发挥其应有的作用，对于这次论坛，对于深入开展扶贫领域研究，都是一个重要的内容和方向。

第三，坚决打赢脱贫攻坚战必须贯彻落实好党的十九大关于脱贫攻坚的部署。党的十九大对于脱贫攻坚有六个地方进行了论述，每一个地方都在突出的位置。在未来三年决胜建设全面小康社会中，脱贫攻坚依然是补短板当中最突出的工作，是决胜全面小康社会三大攻坚战之一。所以，原苏区振兴也需要始终把脱贫攻坚放在突出位置，坚决打赢脱贫攻坚战，贯彻落实好习近平总书记关于扶贫开发的战略思想，落实好中央对于原苏区贫困群众的关心和关怀。通过打赢脱贫攻坚战来彰显我们党的执政理念，来彰显我们党的"四个自信"，来彰显中国特色社会主义制度的优越性。打赢原苏区脱贫攻坚战，实现原苏区振兴，对于全国脱贫攻坚战、全国革命老区加快发展均具有重要的示范意义。

最后，预祝研讨会圆满成功，预祝会议成果对于加快原苏区振兴、革命老区发展能产生积极的作用和影响。

在第一届全国原苏区振兴高峰 论坛上的致辞（一）

江西省赣南等原中央苏区振兴发展工作

领导小组办公室副主任　温俊杰

尊敬的朱虹副主任、司树杰副会长，各位领导、各位来宾，大家上午好！

很高兴参加第一届全国原苏区振兴高峰论坛，借此机会，我谨代表江西省苏区办向论坛的成功举办表示热烈的祝贺！

赣南等原中央苏区是浸染了革命先烈鲜血的红土地，为中国革命胜利做出了巨大的牺牲和奉献，原苏区振兴发展既是一项重大经济任务，更是一项重大政治任务，是不忘初心，牢记使命，增进原苏区人民福祉的迫切要求，是加快原苏区脱贫致富，与全国同步进入全面小康的迫切要求。一直以来党中央始终心系革命老区，记挂老区人民，在习近平总书记的亲自关心下，2012 年国务院出台了《支持赣南等原中央苏区振兴发展的若干意见》，开启了原苏区振兴发展的历史新纪元，在原苏区振兴发展的过程中，习近平总书记多次听取汇报，多次做出重要批示，反复叮嘱要推动老区加快发展，让老区人民过上好日子。2017 年 7 月，习近平总书记、李克强总理等中央领导同志，又分别对江西省赣南等原中央苏区振兴发展工作做出了重要批示，充分肯定了成绩，再次强调了特殊政治意义，明确了方向和路径。江西省委省政府坚持贯彻落实党中央国务院的决策部署，始终把原苏区振兴发展放在首要位置，鹿心社书记担任原苏区振兴发展领导小组组长，亲自谋划部署重点工作，研究审议重大事项，尤其省党十分关心原苏区振兴发展，多次深入原苏区调研，多次协调，推动工作的落实。在党中央国务院的关心关怀和国家部委的大力支持下，在省委省政府的正确领导下，广大原苏区干部群众抢抓机遇、主动作为、感恩奋进、真抓实干，赣南等原中央苏区取得了令人瞩目的发展成就，书写了振兴发展的精彩华章，经济实力大幅提升，人民生活水平显著改善，城乡面貌深刻变化。

站在新的历史发展起点上，我们将以习近平新时代中国特色社会主义思想为指引，全面落实党的十九大报告提出的坚决打赢脱贫攻坚战，实施乡村振兴战略，加大力度支持革命老区贫困地区加快发展等一系列新部署、新要求，突出"三个聚焦"，加快原苏区振兴发展。一是聚焦脱贫攻坚，紧紧盯住深度贫困地区，集中人力物力财力，深入实施产业扶贫全覆盖、健康扶贫再提升、异地扶贫搬迁再精准、教育扶贫再对接、贫困村村庄整治再推进五大工程，不让一个贫困群众在全面小康路上掉队伍，努力把原苏区打造成全国扶贫攻坚的样板；二是聚焦经济发展，紧紧抓住发展第一要务，举前者之力推进赣南等原中央苏区振兴发展，加快扩大经济总量，努力提升发展质量，进一步壮大苏区综合实力，打造最具潜力、支撑全省协调发展的经济增长板块；三是聚焦生态建设，推进原苏区山水林间系统性保护和修护，实施好低质低效应改造等生态工程，推进重金属污染防治和历史遗留问题的综合整治，努力把赣南原苏区打造成为江西省生态文明建设的样板区。各位领导、各位来宾，实现原苏区同步小康目标，时间紧、任务重，必须汇聚智慧，积聚力量。

今天各位专家学者出席论坛，恳请大家积极为原苏区振兴发展传经送宝，建言献策。最后预祝论坛取得圆满成功！

在第一届全国原苏区振兴高峰论坛上的致辞（二）

中国社会科学院农村发展研究所所长　魏后凯

各位专家，各位嘉宾，女士们，先生们，大家好！

首先，我谨代表会议的主办方之一，热烈欢迎各位领导、各位专家学者莅临第一届全国原苏区振兴高峰论坛！

正值全国各地掀起学习、宣传、贯彻党的十九大精神热潮之际，我们邀请和聚集全国八省一市的专家学者，专门以"脱贫攻坚与苏区振兴"为主题，召开第一届全国原苏区振兴高峰论坛，一是以实际行动认真贯彻党的十九大精神，尤其是将党的十九大关于打赢脱贫攻坚战的新部署和新要求，落实到原苏区振兴的战略谋划当中，落实到原苏区发展的具体工作当中，落实到原苏区与全国同步建成小康社会的中国特色社会主义伟大实践当中；二是交流和借鉴近年来全国原苏区和其他革命老区振兴的宝贵经验和典型做法，聚拢全国各地的专家学者的智慧和才干，为加快全国原苏区和其他革命老区的发展，努力建言献策，主动贡献力量；三是推动全国原苏区和其他革命老区在经济社会发展过程中，形成密切互动的交流、协作与联动机制，相互促进，共生发展，续写老区人民在新时代"不忘初心、砥砺奋进"的奋斗新篇章！

中国社会科学院农村发展研究所是专门从事中国农村问题研究的国家级学术机构，对于探索农村经济社会发展规律和促进乡村振兴战略实施，对于推动全国原苏区等欠发达地区的振兴，肩负义不容辞的重要使命。江西是工人运动的摇篮，是人民军队的摇篮，是中国革命的摇篮，是中华人民共和国的摇篮，是一块令人心驰神往的红色热土。与热心发挥"苏区振兴"智库作用的江西师范大学共同发起举办第一届全国原苏区振兴高峰论坛，是我们农村发展研究所加强所校合作、强化咨询服务、推动地区发展的一次新的尝试。农村发展研究所历来重视实地调研，长期关注贫困地区、原苏区和革命老区的发展，2016年我们发布的《中国扶贫开发报告》就设置了老少边穷贫困地区脱贫攻坚专题，2017年的《中国扶贫开发报告》又将井冈山精准扶贫的经验与模式作为一个案例，我个人还专门研究过中央扶持革命老区政策，主持过"中央苏区振兴需要国家支持的政策研究"课题。这次全国性的学术盛会，将成为农村发展研究所脚踏实地与有关部门、科研机构和高校共同推动原苏区和其他革命老区实现全面振兴的新起点；将启动农村发展研究所与有关单位携手促进原苏区和其他革命老区与全国同步建成全面小康社会的新征程！

作为会议的主办方之一，我们对这次学术盛会寄予厚望。一是希望这次盛会开成一次鼓劲加油的大会！让前来参加会议的代表，在苏区精神的激励下，在苏区振兴美好前景的鼓舞下，更加坚定中国共产党人的道路自信、理论自信、制度自信、文化自信，更加努力地推动原苏区和革命老区的全面振兴。二是希望这次盛会开成一次贡献智慧的大会！让前来参加会议的代表，悉心研讨，群策群力，共同为原苏区和革命老区的脱贫攻坚与全面振兴，贡献自己的聪明才智！三是希望这次盛会开成一次团结协作的大会！让前来参加会议的代表，加强交流，密切协作，以全国原苏区振兴高峰论坛为重要平台，形成跨区域、跨部门、跨行业的交流与合作机制，共同促进原苏区和革命老区的跨越发展。

鉴于举办全国原苏区振兴高峰论坛的重要作用，我们希望这个论坛能够在原苏区所在地的政府部门、群众团体、科研院所和高校等单位的大力支持下，在关心原苏区和革命老区振兴事业的有关人士的促进下，一届一届地顺利举办下去。让它在全国原苏区和革命老区与全国同步建成全面小康社会的伟大工程中发挥重要作用！让它在新时代全国原苏区和革命老区的中国特色社会主义建设的伟大事业中发挥重要作用！

为推动全国原苏区和革命老区的全面振兴，我倡议，以这次论坛为基础，组建"全国原苏区和革命老区研究联盟"，整合全国资源，搭建一个开放的全国性研究平台。

最后，祝大会圆满成功！祝各位代表身体健康，万事如意！

发挥高校智库作用　推进苏区振兴发展

——江西师范大学苏区振兴研究院智库建设情况

江西师范大学党委书记、苏区振兴研究院院长　田延光

尊敬的各位领导、各位专家：

在全国上下认真学习贯彻党的十九大精神之际，经过一段时间的精心筹备，今天，我们会聚在英雄城南昌，召开第一届全国原苏区振兴高峰论坛。举办这次论坛的目的是以党的十九大精神为指导，高举习近平新时代中国特色社会主义思想伟大旗帜，落实党中央关于革命老区振兴发展的重要指示，为革命老区的发展建言献策。首先，我谨代表江西师范大学向远道而来的各位领导和专家表示衷心感谢！

习近平总书记指出，革命老区是党和人民军队的根，我们永远不能忘记。江西是中国革命、人民军队和工人运动的"三大摇篮"，拥有众多革命老区。南昌起义打响了武装反抗国民党反动派的"第一枪"，井冈山革命的火种引发了燎原之势，赣南苏区开启了苏维埃共和国建设的步伐，安源工人的起义掀起了中国工人运动的高潮等，江西为中国革命的胜利和新中国的建立做出了重大牺牲和重要贡献。丰富的苏区资源和红色文化是江西的重要资源，伟大的井冈山精神和苏区精神是江西人民的精神家园，更是我们决胜同步小康、建设富裕美丽幸福江西的强大精神动力。

为了精准对接党和国家支持和服务赣南等原中央苏区振兴发展国家战略，发挥我校智力和人才优势，抓好苏区振兴研究，推动革命老区发展，2013年，经江西省社联批准，我校成立了江西省哲学社会科学重点研究基地——江西师范大学苏区振兴研究院，是江西唯一关于对苏区振兴发展的省级智库研究平台。

近年来，我校致力于建设具有鲜明区域特色的新型高校智库，高度重视研究院的建设，确立了"开放兴院、众智宏图"的办院方针，通过整合校内外资源，强化专家人才队伍，建设综合型研究团队，积极发挥决策参谋、基础研究、社会服务、合作交流等职能，开展了一系列工作，产生了积极影响。

下面，利用这个机会，向各位领导和专家简要报告江西师范大学苏区振兴研究院的建设情况。具体来说，主要体现在以下四个方面：

一是立足于发挥咨政建言职能，为地方党委政府献计献策。对接国家和省委省政府的

各项决策部署，深入调研赣南原中央苏区发展的实际情况，分析提出促进苏区振兴发展的思路举措，为地方党委政府提供决策咨询和实践依据。研究院先后在教育部《高校智库专刊》、江西省委办公厅《参阅信息》、江西省政协办公厅《建言献策》、江西省社联《内部论坛》，江西省苏区办、江西省苏区精神研究会和我校合办的《苏区振兴论坛策论专报》以及我校的《江西发展研究》等内部刊物上发表了近50篇调研成果和文章，向中央、省委省政府提交了大量咨询报告，并获得各级领导的批示肯定。如《苏区振兴论坛策论专报》目前出版的9期均获得了省（部）领导批示。在《光明日报》《中国社会科学报》《江西日报》等主流报纸杂志上发表了10多篇文章。同时，在全省"两会"、各类座谈会、意见征求会及其他各类专门会议上，研究院的专家学者积极建言献策，为各级政府推进科学决策提供了参谋，使文章变成了文件，对策变成了政策。

二是立足于发挥理论创新职能，大力开展基础研究。坚持问题导向，紧密结合原苏区实际，一手抓应用对策研究，一手抓基础研究，以理论创新促进苏区振兴。把理论研究与贯彻落实上级政策、推动实际工作有机结合起来，围绕赣南原中央苏区振兴国家战略，承担了十几项国家级课题及江西省委、省政府、省发改委、省社联、省教育厅等部门的多项重大招标课题，并紧密结合实际开展研究，高质量地完成了课题结题，得到了上级部门的高度肯定。支持研究人员根据各自特长和选题，独立开展理论研究，取得了一系列的理论研究成果，先后出版了《实施原中央苏区振兴政策研究》《公共服务能力视角下的原中央苏区基础设施建设研究》等10余部专著；在《中国社会科学报》《宏观经济研究》《江西社会科学》等学术期刊发表学术论文70余篇，为推进苏区振兴工作提供了坚实的理论支撑。

三是立足于发挥社会服务职能，深入开展基层调研和宣传。始终以服务原苏区人民、推进原苏区振兴为己任，努力做好基层服务工作。通过组建教授专家宣讲团、志愿服务团等组织，深入原苏区实地以宣讲会、座谈会等形式宣讲党和国家关于苏区振兴发展的政策，耐心进行答疑解惑，推进政策深入人心、落地落实。做好基层调研工作，充分利用寒暑假时间组建专家调研团，或支持个别调研形式深入井冈山和赣南原苏区等地，驻村入户开展实地调研，了解原苏区发展的现状和存在的问题，广泛收集人民群众和社会各界关于原苏区振兴、脱贫攻坚等方面的意见、建议，并形成具有针对性的研究报告和成果。做好对外宣传工作，加强对苏区工作的总结提炼并形成经验材料，通过成果发布、报纸杂志、新媒体等载体宣传典型经验，如在《苏区研究》《江西日报》等报刊发表了产业扶贫、健康扶贫、对口支援等相关经验总结材料，通过校内外网页、微博、微信公众号等积极推广赣南原苏区脱贫攻坚、民生发展等方面的经验和做法，进一步介绍了原苏区的实际情况，扩大了原苏区振兴研究的辐射力和影响力。

四是立足于发挥开放共享职能，广泛开展交流合作。坚持开放共享的理念，构建校内、国内、国际三个层面的合作交流机制，积极推进原苏区研究工作的共商共享共建。加强校内学科和人员的交流合作，充分发挥研究院的职能，整合校内学科和研究资源，广泛开展专业人才的"跨界"合作，邀请经济、管理、社会、历史等学科的专家学者集中研讨和交流，让不同的思维进行碰撞，不同的思想进行融合。加强与国内研究机构、专家学者的交流，通过探索建立会议机制、签订合作协议、合办学术刊物等，先后与江西省党史研究室、赣州市赣南振兴办等部门签署战略合作协议，举办了"苏区振兴与江西发展"等研讨会，与中国社会科学院农村发展研究所、南京大学中国智库研究与评价中心等机构建立了稳定交流机制，与江西省赣南等原中央苏区振兴发展工作领导小组办公室、江西省苏区精神研究会合办了《苏区振兴论坛》《苏区振兴论坛策论专报》等刊物。大力推动国际交流与合作，依托学校国际教育合作、研究人员国外访学、参加国际会议、举办交流活动等各种渠道，积极开展人文交流，加强国际合作，有力推进了各项工作的发展进步。

通过一段时间的努力，我校苏区振兴研究院初步构建了集咨询、研究、服务和交流于一体的职能体系，形成了"一刊（即《苏区振兴论坛策论专报》）、一论坛（即苏区振兴高峰论坛）、两系列（即苏区振兴智库丛书、中央苏区振兴对策研究两大系列丛书）"三大品牌，研究特色基本形成、品牌建设初步彰显，为推进苏区研究、振兴和经济社会发展做出了初步贡献。

接下来，我们将在现有的基础上，深入贯彻学习党的十九大精神，以习近平新时代中国特色社会主义思想为指导，进一步加强自身建设，认真做好研究和社会服务工作，积极做好咨询和参谋，为促进原苏区研究和发展继续奋斗。此次论坛的顺利举办，为我们加强学习和沟通提供了难得机遇和良好平台，我们将认真学习兄弟单位的好经验、好做法，也真诚希望各位领导和专家对我校原苏区研究和其他各项的工作多提宝贵意见。

最后，再次感谢大家对本次活动的大力支持，感谢大家对江西师范大学和苏区振兴研究院的大力支持，祝愿各位领导和专家身体健康、工作顺利、阖家幸福！

在第一届全国原苏区振兴高峰论坛上的致辞（三）

江西师范大学校长　梅国平

尊敬的朱虹副主任，尊敬的司树杰副会长，尊敬的各位领导、各位专家、老师们、同学们：

大家好！

在全国上下深入学习贯彻党的十九大精神之际，今天，由中国社会科学院农村发展研究所和江西师范大学共同举办的第一届全国原苏区振兴高峰论坛在这里召开。首先，我谨代表江西师范大学对论坛的召开表示热烈的祝贺！向各位领导和专家的到来表示诚挚的欢迎！对大家长期以来给予我校的关心和支持表示衷心的感谢！

江西师范大学是江西省本科办学历史最为悠久的高校，其前身是1940年创立的国立中正大学，与当时的国立中央大学、国立中山大学并称为民国"三中"。近年来，学校紧扣立德树人根本任务，坚持走以质量提升为核心的内涵式发展道路，不断提升综合办学实力。学校成为全国第2所省部共建的地方师范大学、入选中西部高校基础能力建设工程高校和全国首批创新创业教育示范高校，实现了国家工程技术研究中心、国家地方联合工程实验室、国家大学科技园、ESI全球前1%学科、国家科技进步奖、全国高校校园文化建设优秀成果一等奖等多项突破，国家自然科学基金项目和国家社科基金项目的立项数稳居全国师范院校前列。

为服务赣南等原中央苏区振兴发展国家战略，2013年我校成立苏区振兴研究院，致力于打造新型智库平台。自成立以来，研究院创办了《苏区振兴论坛策论专报》等智库内刊，出版了苏区振兴系列丛书和论文，推出的一大批调研报告得到了省部领导批示，其智库成果实现了文章变文件、对策变政策的转化。目前，苏区振兴研究院已成为江西省哲学社会科学重点研究基地，并入选中国智库索引（CTTI）首批来源智库。

党的十九大报告指出，要加大力度支持革命老区加快发展。本次高峰论坛，既是学习贯彻党的十九大精神的重要举措，也是我校学习的良好契机。我校将全力做好会议服务和保障工作，也恳请各位领导和专家学者在交流研讨之余，对我校建设发展特别是智库建设、原苏区振兴研究多提宝贵意见。

最后，预祝本次论坛取得圆满成功！祝愿大家在昌期间工作顺利，身体健康，事事如意！

主旨�'奇

新时代脱贫攻坚的鲜明特征和伟大意义

国务院扶贫办全国扶贫宣传教育中心主任　黄承伟[*]

反贫困是古今中外治国理政的一件大事。中国共产党从成立之日起，始终不忘初心，牢记使命，带领人民持续向贫困宣战。党的十八大以来，中国扶贫开发进入脱贫攻坚新阶段。

一、新时代脱贫攻坚的鲜明特征

（一）特征一：中国脱贫攻坚取得决定性进展

党的十九大报告充分肯定了脱贫攻坚取得的成绩（见图1），指出："脱贫攻坚战取得决定性进展，六千多万贫困人口稳定脱贫，贫困发生率从百分之十点二下降到百分之四以下。"

（二）特征二：习近平总书记亲自领导是中国脱贫攻坚最鲜明的时代特征

五年来，习近平总书记亲自挂帅、亲自出征、亲自督战，把脱贫攻坚作为全面建成小康社会的突出短板和底线目标，纳入"五位一体"总体布局和"四个全面"战略布局，摆到治国理政的重要位置，以前所未有的力度推进。50多次国内考察有30多次涉及扶贫，连续5年国内首次考察都看扶贫，走遍连片特困地区，在多个重要场合、重要会议、重要时点反复强调脱贫攻坚，提出了一系列新思想新观点，做出了一系列新决策新部署，形成了内涵丰富、思想深刻、体系完整的习近平总书记扶贫开发重要战略思想，成为打赢

---

　　*　作者简介：黄承伟，男，博士，现任国务院扶贫办全国扶贫宣传教育中心主任，研究员，华中师范大学兼职教授、博士生导师。

脱贫攻坚战的行动指南和根本遵循。

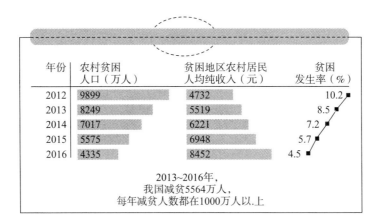

年份	农村贫困人口（万人）	贫困地区农村居民人均纯收入（元）	贫困发生率（%）
2012	9899	4732	10.2
2013	8249	5519	8.5
2014	7017	6221	7.2
2015	5575	6948	5.7
2016	4335	8452	4.5

2013~2016年，
我国减贫5564万人，
每年减贫人数都在1000万人以上

图1　农村贫困人口脱贫情况

学习、研究、宣传习近平扶贫思想是打赢脱贫攻坚战的基础，习近平扶贫思想（见图2）是习近平新时代中国特色社会主义思想的重要组成部分。

一、形成发展

二、时代背景

三、理论渊源

四、丰富内涵

五、精神实质

六、思维方法

七、指导作用

八、实践成就

九、全球价值

十、历史贡献

图2　习近平扶贫思想论纲

习近平扶贫思想的丰富内涵：

（1）关于消除贫困是社会主义本质要求的思想。

（2）关于农村贫困人口脱贫是全面建成小康社会最艰巨任务的思想。

（3）关于科学扶贫的思想。

（4）关于精准扶贫的思想。

（5）关于内源扶贫的思想。

（6）关于社会扶贫的思想。

（7）关于阳光扶贫的思想。

（8）关于扶贫开发要坚持发挥政治优势和制度优势的思想。

（9）关于共建一个没有贫困的人类命运共同体的思想。

在字字千金的党的十九大报告中，在 6 处，用了 462 个字，突出强调脱贫攻坚，是历次党代会报告关于扶贫内容最多、含金量最高、分量最重的一次，再次凸显了党中央对脱贫攻坚的高度重视，彰显出我们党以人民为中心的发展思想和执政理念。

习近平总书记以非凡的意志和智慧，带领全党全国各族人民谱写了人类反贫困历史上的辉煌篇章。

（三）特征三：习近平扶贫开发战略思想引领形成贫困治理新体系

一是坚持脱贫攻坚目标不动摇。到 2020 年我国现行标准下农村贫困人口实现脱贫，贫困县全部摘帽，解决区域性整体贫困。

二是坚持充分发挥政治优势和制度优势（见图3）。坚持党对脱贫攻坚的领导，省、市、县、乡、村五级书记一起抓，把全面从严治党的新要求贯穿到脱贫攻坚的全过程各环节，加强各级干部队伍建设和作风建设。强化中央统筹、省负总责、市县落实的工作机制，落实各级各部门脱贫攻坚责任，实行脱贫攻坚一把手负责制，攻坚期内贫困县党政正职保持稳定等。

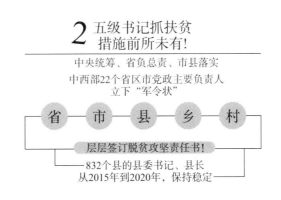

图3 五级书记抓扶贫

三是坚持精准扶贫、精准脱贫。各地各部门创新扶贫理念，按照"六个精准"（扶持对象精准、项目安排精准、资金使用精准、措施到户精准、因村派人精准、脱贫成效精准）的基本要求开展工作。按照"五个一批"根本途径推进发展生产脱贫一批、易地搬迁脱贫一批、生态补偿脱贫一批、发展教育脱贫一批、社会保障兜底一批，实施健康扶贫、资产收益扶贫等。着力解决好"扶持谁、谁来扶、怎么扶、如何退"四个问题。在具体脱贫措施上，实施十大扶贫行动和十大扶贫工程。

四是坚持大扶贫格局（见图4）。各地各部门不断完善"1＋N"脱贫攻坚系列文件，形成政策合力。细化实化东西部扶贫协作、中央单位定点扶贫的帮扶任务和工作要求。中央企业开展"百县万村"扶贫行动，民营企业实施"万企帮万村"精准扶贫行动。

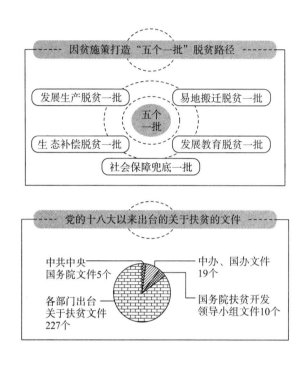

图4　大扶贫格局

五是坚持注重扶贫同扶志、扶智相结合。广泛宣传，坚定信心决心，树立脱贫光荣、扶贫光荣的良好风尚。开展培训，促进贫困人口就地就近就业。加强贫困村基层党组织建设，抓好贫困乡村文明建设和移风易俗，抵制陈规陋习，激发内生动力，增强贫困村发展活力。

六是坚持重点攻克深度贫困地区脱贫任务。各地和有关部门制定并实施深度贫困地区脱贫攻坚专项规划，加大对深度贫困地区和深度贫困群体的资金、项目、举措倾斜和支持力度。组织实施贫困村提升工程，加强基础设施和公共服务建设，打通改善生产生活条件的"最后一公里"，支持发展特色产业和壮大集体经济。

七是坚持做到脱真贫、真脱贫。加强建档立卡动态管理，把符合标准的贫困人口以及返贫人口全部纳入。建立贫困退出机制，明确规定贫困县、贫困村、贫困人口退出的标准、程序和后续政策。防止数字脱贫、虚假脱贫，确保脱贫质量。实施最严格扶贫成效考核，倒逼各地落实脱贫攻坚责任，组织开展脱贫攻坚督查巡查，推动政策措施精准落实落地，确保脱贫成果经得起历史和实践检验。

二、新时代脱贫攻坚的伟大意义

（一）精准扶贫的深入实施，基本建立了扶持谁、谁来扶、怎么扶、如何退问题解决的体制机制，促进了农村贫困治理体系的不断创新完善

一是建立起全国统一的扶贫开发信息系统，使我国贫困数据第一次实现了到村到户到人，为中央决策打下了基础，解决了"扶持谁"的问题。

二是全国共选派77.5万名干部驻村帮扶，选派19.5万名优秀干部到贫困村和基层党组织薄弱涣散村担任第一书记，打通了精准扶贫"最后一公里"，解决了"谁来扶"的问题。

三是突出产业扶贫、易地扶贫搬迁，实施劳务输出扶贫、教育扶贫和健康扶贫，探索生态保护脱贫，开展电商扶贫、旅游扶贫、光伏扶贫，推进农村低保和扶贫开发两项政策有效衔接等，不断完善了因地制宜、因人因户因村施策的精准扶持体系，解决了"怎么扶"的问题。

四是建立贫困退出机制，明确规定贫困县、贫困人口退出的标准、程序和后续政策，奠定了确保脱贫质量的制度基础，解决了"怎么退"的问题。体制机制的建立，将确保脱真贫、真脱贫得以实现。

（二）以精准扶贫精准脱贫为基本方略的脱贫攻坚战，产生了多重深远影响

一是进一步彰显了中国共产党的执政宗旨和政治优势、制度优势。大批党员干部深入基层，发动群众、依靠群众，为贫困群众办实事，体现了全心全意为人民服务的根本宗旨。党群关系、干群关系更加密切，巩固了中国共产党的执政基础。

二是不断激发了贫困地区贫困群众的内生动力。坚持党对脱贫攻坚的领导，全党全国全社会动员，政府、市场、社会协同发力，扶贫与扶志、扶智结合，尊重贫困群众的主体地位，使贫困群众自力更生的精神不断焕发，贫困地区的内生动力不断积累。

三是在实战中培养锤炼了一大批干部和人才。干部作风转变和人才积累，成为提升农村贫困治理水平，推动农村实现更好更快可持续发展的重要力量。

四是营造了良好的社会氛围。中华民族扶贫济困的文化传统得到弘扬，当代中国的道路自信、理论自信、制度自信和文化自信得到强化，为打赢全面建成小康社会背景下的脱贫攻坚战奠定了坚实基础，为巩固党的执政根基凝聚了党心民心。

（三）精准扶贫理念具有重要的方法论意义

四年的实践成效表明，制度设计的"硬杠杠"，各个环节的严把关，是精准脱贫取得

重大成效的重要保障。党的十八大以来，6000 多万贫困人口稳定脱贫，贫困发生率从 10.2% 下降到 4% 以下，在发展中国家中贡献了最大份额的减贫人口。做到"六个精准"的基本要求，实施"五个一批"的脱贫路径，解决"四个问题"的根本目的，三者之间通过一系列政策措施逐步形成了贫困治理的科学体系，精准识别扶持对象、推进扶贫资金项目审批权限下放到县、开展贫困县统筹整合使用财政涉农资金试点、全面加强扶贫资金项目监管、不断创新完善提高扶贫资金精准度和有效性的保障体系、多途径促进产业发展、全面动员干部等一系列堪称"精准"的政策举措，体现着高水平的治理艺术，对于推进国家治理体系和治理能力现代化具有普遍性的方法论意义（见图5）。

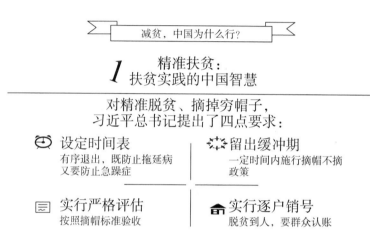

图5　精准扶贫：扶贫实践的中国智慧

（四）脱贫攻坚的伟大成绩，充分体现了习近平总书记扶贫开发战略思想的巨大国际减贫价值

一是以实施综合性扶贫策略回应发展中国家贫困问题的复杂化和艰巨性。精准扶贫以扶贫对象需求为导向、分类施策，采取有针对性的扶贫措施，使扶贫资源供给与扶贫对象需求有效衔接，扶贫的综合性与精准度有机结合，有效解决了脱贫的综合性需求。

二是发挥政府在减贫中的主导作用，以回应全球经济增长带动减贫弱化的普遍趋势。我国政府主导了贫困瞄准、贫困干预、脱贫成效评估等减贫全过程，通过"中央统筹、省负总责、市（地）县抓落实"的管理机制，提升了政府扶贫的整体效能，激发了强大的扶贫动能，构筑起多元主体参与的扶贫格局。

三是我国逐步形成和完善了自上而下（分级负责、逐级分解）与自下而上（村民民主评议）相结合的精准识别机制，有效解决了贫困瞄准的世界难题。

中文译文

联合国秘书长致2017减贫与发展高层论坛贺信

2017年10月9日·北京

我非常高兴向出席2017减贫与发展高层论坛的各位参会嘉宾致意。

今年是第二十五个国际料除贫困日，在过去二十五年间，极端贫困人口数量已减少一半，人们的生活状况在全球范围内得到改善。但消除贫困的战斗仍未结束。全球化和技术进步加剧了不平等现象，数百万人在发展中掉队。减少并消除贫困对改善人们的生活，实现数亿人的发展潜力至关重要。

今年论坛的主题"精准扶贫与2030年可持续发展议程"紧跟现实形势。精准扶贫方略是帮助最贫困人口实现2030年可持续发展议程宏伟目标的唯一途径。中国已实现数亿人脱贫，中国的经验可以为其他发展中国家提供有益借鉴。我相信，中国坚持不懈地应对现存挑战，实施包容性发展模式，能将继续减少贫困人口数量，解决贫富差距、城乡差距以及沿海内陆之间严生的发展不平衡问露。

我们正处在实现2030年可持续发展议程的关键时期。通过正确的政策工具和强有力的伙伴关系，我们能够确保没有人一出生即陷入贫困，确保在更为平等、繁荣和可持续发展的世界当中，人人享有发展机会。我期待中国在此方蔬能持续发挥领导作用。

感谢各位参加此次重要论坛，期待我们继续开展合作。

图6　联合国秘书长致2017减贫与发展高层论坛贺信

联合国秘书长古特雷斯在致2017减贫与发展高层论坛贺信中（见图6），高度评价中国精准扶贫成就，称赞"精准减贫方略是帮助贫困人口实现《2030年可持续发展议程》中宏伟目标的唯一途径。中国已实现数亿人脱贫，中国的经验可以为其他发展中国家提供有益借鉴"。

脱贫攻坚成为中国特色社会主义道路自信、理论自信、制度自信、文化自信的生动写照，成为全球反贫困事业的亮丽风景。

全国扶贫宣传教育中心主要职能包括：①推动扶贫理论研究；②承办扶贫日活动；③宣传扶贫典型；④办好《中国扶贫》；⑤开展教育培训。

我国乡村振兴战略与苏区脱贫攻坚

中国社会科学院农村发展研究所所长 魏后凯[*]

党的十九大报告提出：

实施乡村振兴战略。坚持农业农村优先发展，按照产业兴旺、生态宜居、乡风文明、治理有效、生活富裕的总要求，建立健全城乡融合发展体制机制和政策体系，加快推进农业农村现代化。

实施区域协调发展战略。加大力度支持革命老区、民族地区、边疆地区、贫困地区加快发展。

坚决打赢脱贫攻坚战。重点攻克深度贫困地区脱贫任务，确保到 2020 年我国现行标准下农村贫困人口实现脱贫，贫困县全部摘帽，解决区域性整体贫困，做到脱真贫、真脱贫。

一、乡村振兴战略是一个综合性的大战略

（一）乡村振兴战略的提出

在城镇化的进程中，如何避免乡村凋敝，实现城乡共荣是一个世界性的难题。

中共十九大提出了乡村振兴战略，并把它列为决胜全面建成小康社会需要坚定实施的七大战略之一。

坚定实施科教兴国战略、人才强国战略、创新驱动发展战略、乡村振兴战略、区域协调发展战略、可持续发展战略、军民融合发展战略。

实施乡村振兴战略，加快推进农业农村现代化，是决胜全面建成小康社会的重中之

---

[*] 作者简介：魏后凯，男，博士，现任中国社会科学院农村发展研究所所长，研究员，博士生导师。

重，也是实现中华民族伟大复兴和全面建设社会主义现代化国家的一项基础性工程。

（二）乡村振兴战略是新农村建设的升级版

1. 乡村振兴是一个全面振兴的概念

既包括经济、社会和文化振兴，也包括治理体系创新和生态文明进步。

2. 乡村振兴战略是新时期新农村建设的升级版

中共十六届五中全会（2005年10月）提出了建设社会主义新农村的总体要求：生产发展、生活宽裕、乡风文明、村容整洁、管理民主。

中共十九大提出了乡村振兴的总要求：产业兴旺、生态宜居、乡风文明、治理有效、生活富裕。

内涵更加丰富，领域更为广泛，充分体现了中国特色社会主义的新时代特征和全面建成小康社会的基本要求。

二、为什么要实施乡村振兴战略

（一）发展阶段和社会主要矛盾的变化

中国特色社会主义进入新时代，社会主要矛盾已经转化为人民日益增长的美好生活需要和不平衡不充分的发展之间的矛盾。

不平衡不充分的发展主要集中体现在乡村发展方面。城乡发展的不平衡是不平衡的发展的突出表现（见图1）。2016年城乡居民人均可支配收入之比仍然高达2.72∶1，农村居民消费水平仅有城镇居民的36.8%。

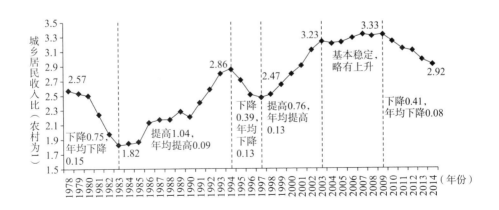

图1　1978～2014年城乡居民收入比

按可支配收入算：2013年为2.81，2014年为2.75，2015年为2.73，2016年为2.72。

（二）农村发展严重滞后也是最大的发展不充分

当前是决胜全面建成小康社会的关键时期，农村地区已经成为全面小康的最大短板；而在推进中国现代化建设的进程中，农业现代化始终是一条短腿，农村现代化则是薄弱环节（见表1）。

实施乡村振兴战略，是加快破解发展的不平衡不充分难题的重要举措和根本途径。

表1　2013年市政公用设施建设情况

	用水普及率（%）	燃气普及率（%）	污水处理率（%）	生活垃圾处理率（%）	人均市政公用设施投资c	
					金额（元）	以村庄为1
城市	97.56	94.25	89.34	95.09	3774.4	16.1
县城	88.14	70.91	78.47	—	2511.1	10.7
建制镇	81.73	46.44	18.9a	—	878.0	3.8
乡	68.24	19.50	5.1a	—	465.8	2.0
村庄	59.57	19.76	9.1a	36.6b	233.9	1.0

注：a是对生活污水进行处理的建制镇、乡、行政村的比例；b是对生活垃圾进行处理的行政村的比例；c是按城市城区人口、县城人口、建制镇和乡建成区户籍人口、村庄户籍人口加上暂住人口计算。

（三）中国特色社会主义的本质要求

中国能否如期全面建成小康社会，能否如期建成富强民主文明和谐美丽的社会主义现代化强国，重点和难点都在农村地区。

2016年，我国仍有5.9亿人口常住在乡村。到2035年和2050年中国城镇化率将分别达到71.1%和75.8%（见表2），届时乡村常住人口仍将分别达到4.19亿和3.35亿。

表2　2050年中国城镇化率预测　　　　　　　　　　　　单位：%

城镇化率	2011年	2020年	2030年	2040年	2050年
联合国预测（2011）	49.2	61.0	68.7	73.4	77.3
联合国预测（2014）	49.2	61.0	68.7	72.8	75.8
经验曲线法	51.3	59.1	69.5	78.1	85.0
经济模型法	51.3	61.1	69.6	77.2	84.8
城乡人口比增长率法	51.3	60.8	66.0	70.8	75.1
综合预测	51.3	60.3	68.4	75.4	81.6

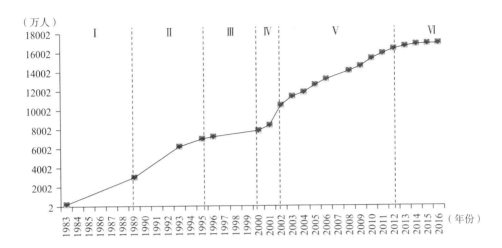

图2　1983～2016 年外出农民工人数

没有农民农村的小康，就不可能全面建成小康社会；没有农业农村的现代化，就不可能全面实现全国的现代化。

城市与乡村是一个相互依存、相互融合、互促共荣的生命共同体。城市的发展和繁荣绝不能建立在乡村衰败的基础上，城乡共荣是实现全面小康和全面现代化的重要前提。

三、乡村振兴战略是一项长期的战略

最终目标：全面促进农村经济、社会、文化振兴和生态文明进步，建设繁荣富强、宜居美丽的现代化新乡村。

分三步走：

第一步，从现在起到 2025 年，力争用 8 年左右，建成产业兴旺、生态宜居、乡风文明、治理有效、生活富裕的美丽新乡村。

第二步，从 2026 年到 2035 年，再用 10 年左右，基本实现农业农村现代化和基本公共服务均等化，城乡差距大幅度缩小。

第三步，从 2036 年到 2050 年，再用 15 年左右，全面实现农业农村现代化，将我国建成农业现代化强国。

四、促进乡村振兴要突出五大战略重点

（一）推动产业振兴

乡村振兴的核心和关键是产业振兴。产业兴旺，则经济兴旺。如果缺乏产业支撑，或者产业凋敝，乡村振兴将成为空中楼阁。

总结起来：确保国家粮食安全，加快发展现代高效农业，农村一二三产业融合。

（二）优化人居环境

按照生态宜居的要求，全面改善农村人居环境，建设功能完备、服务配套、美丽宜居的新乡村，是实现乡村振兴的重要前提。

大力推进城市基础设施和公共服务向农村延伸。

实行数量与质量并重，在进一步增加农村基础设施和公共服务供给数量的基础上，着力改善供给结构，提高供给效率和质量。

按照全面小康的要求和更高的标准，加强农村生态建设和环境综合治理。

（三）促进乡村文明

振兴和繁荣乡村文化，促进乡村文明，是乡村振兴的重要根基。如果乡村文化衰败，不文明乱象滋生，即使一时产业旺盛，也难以获得持续的繁荣。

（四）强化乡村治理

乡村治理现代化是推进国家治理体系和治理能力现代化的重要内容。建立更加公正有效、多元共治的新型乡村治理体系，将是实现乡村振兴的重要保障。

（五）实现生活富裕

生活富裕是实现乡村振兴的重要标志。生活富裕的核心是农民增收问题。

五、促进乡村振兴需要破解三大难题

（一）乡村人才短缺

农村人口老龄化现象日益严重。2015 年，全国乡村 65 岁及以上老龄人口占总人口的比重高达 12.0%，分别比城市和镇高 2.8 个和 2.6 个百分点。

农民素质和科学文化水平不适应乡村振兴的需要。2015 年，全国乡村 6 岁及以上人口平均受教育年限仅有 7.7 年，文盲人口占 15 岁及以上人口的比重高达 8.6%。

（二）建设资金不足

农村基础设施和公共服务严重滞后。2016 年末，中国仍有 31.3% 的行政村未进行集中供水，有 80% 的行政村未对生活污水进行处理，有 35% 的行政村未对生活垃圾进行处理。

农村自我积累能力有限，投融资渠道不畅，资金有效供给严重不足。2016 年，中国有 42.6% 的人口常住在乡村，但农户和农林牧渔业投资仅占全社会固定资产投资的 5.7%。

（三）农民增收难

近年来农民增收越来越靠农业和农村之外，即越来越依靠工资性收入，尤其是外出打工的工资性收入，农业对农民增收的贡献较低。2014～2016 年，一产净收入对农民增收的贡献只有 14.7%（见表 3）。

表 3　中国农村居民人均可支配收入构成和增长贡献率

指标	收入（元/人）				2014～2016 年名义增长率（%）	2014～2016 年增长贡献率（%）	构成（%）			
	2013 年	2014 年	2015 年	2016 年			2013 年	2014 年	2015 年	2016 年
可支配收入	9429.6	10488.9	11421.7	12363	9.4	100.0	100	100	100	100
工资性收入	3652.5	4152.2	4600.3	5022	11.2	46.7	38.7	39.6	40.3	40.6
经营净收入	3934.8	4237.4	4503.6	4741	6.4	27.5	41.7	40.4	39.4	38.4
一产净收入	2839.8	2998.6	3153.8	3270	4.8	14.7	30.1	28.6	27.6	26.5
二三产净收入	1095	1238.7	1349.8	1472	10.4	12.9	11.6	11.8	11.8	11.9
财产净收入	194.7	222.1	251.5	272	11.8	2.6	2.1	2.1	2.2	2.2
转移净收入	1647.5	1877.2	2066.3	2328	12.2	23.2	17.5	17.9	18.1	18.8

农民增收的最根本源泉应该是来自农业和农村，而不是农业农村之外的城市产业支撑。未来农民的增收要在进一步减少农民数量的基础上，通过农村产业振兴和资源激活更多地依靠农业和农村，逐步建立一个可持续的农业农村导向型农民增收长效机制（见图3）。

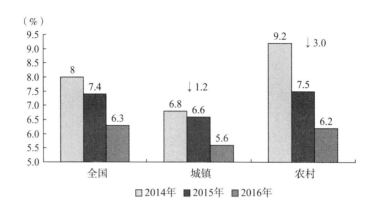

图3 城乡居民人均可支配收入情况

六、依靠乡村振兴促进原苏区脱贫致富奔小康

2016年，有6个省市基本消除贫困，6个省区贫困规模在300万以上，5个省区的贫困发生率在10%以上（见图4、图5）。

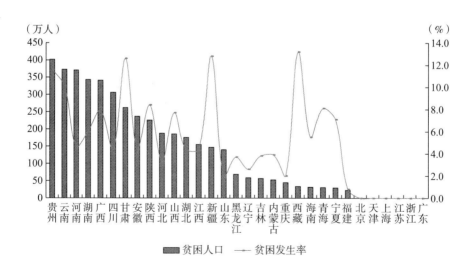

图4 分省区市贫困人口及贫困发生率

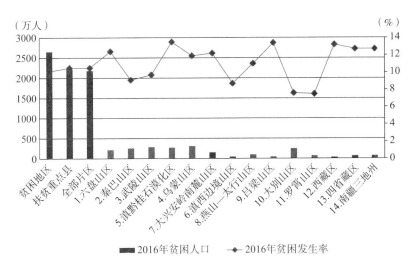

图5 分区域贫困人口及贫困发生率

(一) 连片特困地区大多集革命老区、民族地区、边远山区、贫困地区于一体

革命老区和原苏区脱贫致富任务艰巨。在国家公布的 592 个扶贫开发工作重点县中,老区县有 257 个,占 43.4%。

2014 年革命老区农村贫困人口为 1988 万人,占全国的 28.33%;贫困发生率为 7.7%,比全国高 0.5 个百分点(见图6、表4)。

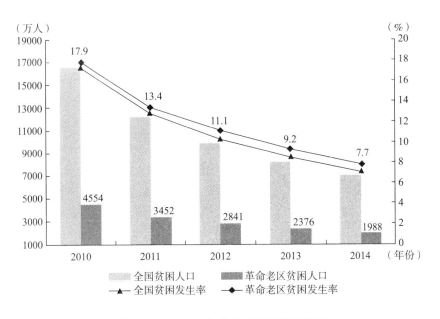

图6 2010～2014 年革命老区的贫困情况

表4 老少边地区贫困状况

指标		2010 年	2011 年	2012 年	2013 年	2014 年
贫困人口（万人）	全国	16567	12238	9899	8249	7017
	革命老区占全国比重	27.49	28.21	28.70	28.80	28.33
	民族地区占全国比重	29.72	31.14	30.67	30.19	30.55
	边境地区占全国比重	29.30	30.70	30.62	30.61	31.30
贫困发生率（%）	全国	17.2	12.7	10.2	8.5	7.2
	革命老区与全国对比	高0.7	高0.7	高0.9	高0.7	高0.5
	民族地区与全国对比	高17.1	高13.5	高10.7	高8.4	高7.4
	边境地区与全国对比	高8.8	高7.2	高5.5	高4.5	高4.2

（二）依靠乡村振兴促进原苏区脱贫致富

（1）建立乡村振兴与脱贫攻坚联动机制。

（2）实行差别化的推进策略。坚持因地制宜、分类施策，针对不同类型乡村，并根据其发展水平和所处的地理位置，实行差别化的政策和推进策略，鼓励探索多种形式的乡村振兴模式；进一步加大政策支持力度，引导全社会参与乡村振兴，深化改革全面激活农村资源，资源→资本→资金。

绿色减贫助力原苏区振兴及脱贫的思考及建议

北京师范大学中国扶贫研究院院长　张　琦[*]

一、江西原苏区精准扶贫现状

(一) 江西原苏区的地理人文特点

毛泽东在建宁写信给闽赣边工委、红十二军和红三十五军军委，指出闽赣边地区是个好区域：

第一，蒋系地盘无直接威胁两广之弊；

第二，地势偏僻，即不受威胁，若较之我们出南丰、宜黄者为小；

第三，有山地纵横，无河川阻隔，最适宜造成新战场；

第四，有款可筹，一年以内不愁给养；

第五，群众很多，可以出兵扩大红军。

因为这些条件，我们应该在这一区域作长期工作计划[①]。

(1) 土地类型地域性强，土地利用差异明显。山地多、平原少，耕地面积比重小、土地绝对数量大，人均相对数量小；水土流失面积大，土壤肥力不高；可垦农业用地有限，耕地后备资源不足。区境内多山，山峦起伏，河流众多。赣江为研究区最大一条河流，属鄱阳湖水系的一级河流。

(2) 森林资源与物种资源丰富。原苏区有较多森林野生动物 (昆虫) 种类分布在境内各地，以赣南为例，就有森林陆生脊椎类野生有经济价值动物336种，分别隶属于29

---

　* 作者简介：张琦，男，博士，现任北京师范大学扶贫研究院院长，教授，博士生导师。

　①毛泽东军事文选 (第一卷) [M]. 北京：中央文献出版社，1993：25.

目86科。境内野生有经济价值的植物主要有3类220科2298种，其中蕨类植物31科74种，裸子植物9科29种，被子植物180科2195种。西南部的九连山，是我国中亚热带南缘东端自然生态系统保存最完整的地段，保存了一些野生动植物的活化石和珍贵树种。

（3）以稀土、钨的开采和应用为核心的资源型产业。赣州市规模以上稀土企业的冶炼能力达到全国总量的60%，钨矿采选能力位居全国首位。

（4）丰厚的历史传统和人文资源。江西省革命老区包括土地革命战争时期的井冈山、中央、闽浙赣、湘鄂赣根据地和抗日战争时期的鄂豫皖湘赣抗日根据地现属江西行政辖区部分，全省分布有老区乡镇的县（市）共81个，所辖乡镇共1684个，其中老区乡镇为1374个，占75%。全省人口主要由汉、畲、回、苗、瑶等民族组成，其中畲族是江西老区唯一的聚居性少数民族，人口近万。

作为中国革命摇篮的赣南原苏区，有着深厚的红色文化传统和众多革命历史遗迹，已形成了"红色故都""客家摇篮""江南宋城""生态家园""世界橙乡""堪舆胜地"六大"旅游名片"，旅游业初具规模。

（二）江西及苏区的扶贫脱贫现状

江西省大部分贫困县（市）集片区县、老区县、国贫县于一体（见表1）。

表1　江西省贫困县名单

国家级贫困县 （共22个）	集中连片特困地区县 （共17个）	全国革命老区县（共81个）
赣州市：兴国县、宁都县、于都县、寻乌县、会昌县、安远县、上犹县、赣县、南康区	赣州市：赣县、上犹县、安远县、宁都县、于都县、兴国县、寻乌县、会昌县、石城县、瑞金市、南康市	一类老区：兴国、瑞金、宁都、于都、会昌、寻乌、石城、万载、宜丰、铜鼓、上饶、广丰、铅山、横峰、弋阳、万年、德兴市、吉安、吉水、峡江、永丰、泰和、遂川、万安、安福、永新、宁冈、井冈山市、黎川、南丰、乐安、宜黄、资溪、广昌、安远、上犹、信丰、贵溪市、分宜、彭泽、德安、修水、莲花、浮梁、乐平45个县（市）
吉安市：井冈山市、永新县、遂川县、吉安县、万安县	吉安市：遂川县、万安县、永新县、井冈山市	二类老区：南康市、大余、崇义、定南、全南、龙南、赣县、余江、永修、新余市渝水区、湖口、都昌、星子、武宁、九江、瑞金市、萍乡市区、奉新、高安市、宜春市、靖安、鄱阳、婺源、吉安市、新干、金溪、景德镇市区27个县（市区）
上饶市：上饶县、横峰县、鄱阳县、余干县		三类老区：赣州市、樟树市、上高、玉山、余干、南城、崇仁7个县（市）
抚州市：广昌县、乐安县	抚州市：乐安县	四类老区：东乡、丰城市2个县（市）
九江市：修水县		
萍乡市：莲花县	萍乡市：莲花县	

农村贫困人口：由 2011 年的 438 万人减少到 2016 年的 113 万人。

贫困发生率：由 2011 年的 12.6% 下降为 2016 年的 3.3%。

深度贫困：2017 年 11 月，江西省划定深度贫困村 269 个，深度贫困人口 16.79 万人。

脱贫攻坚规划："十三五"期间，江西省将通过实施"十大扶贫工程"，即产业发展扶贫工程、就业扶贫工程、易地搬迁扶贫工程、危旧房改造工程、村庄整治工程、基础设施建设扶贫工程、生态保护扶贫工程、社会保障扶贫工程、健康扶贫工程和教育扶贫工程，力争到 2018 年实现现行标准下 200 万贫困人口全部脱贫，2900 个贫困村全部退出和 25 个贫困县全部摘帽的目标。

脱贫县：2017 年 2 月，井冈山正式宣布在全国率先脱贫摘帽。2017 年 11 月，吉安县成为全国第二批 26 个贫困县脱贫摘帽的贫困县之一。

井冈山已经由过去的烽火硝烟的革命圣地变成了红绿交相辉映的旅游城市，已经脱贫的井冈山老区人民正在向小康路上迈进。井冈山将认真贯彻这次会议精神，努力实现"红色最红、绿色最绿、脱贫最好"的目标，努力实现在弘扬井冈山精神上争当排头兵。

江西省目前有 200 万贫困人口，2900 个贫困村，25 个贫困县。

贫困面积大，剩余贫困人口贫困程度较深，致贫原因复杂，脱贫难度较大。

二、绿色减贫与绿色减贫指数

（一）背景与意义

绿色发展：新时期五大发展理念之一。

绿色发展和减贫：2030 年可持续发展议程目标。

绿色减贫：可持续性强的扶贫脱贫新方式；中国开展国际扶贫合作重要路径；新常态下减贫的新实践和新探索；中国推进精准扶贫方略的有效方式。

（二）理论框架

如图 1 所示，扶贫开发最终是要实现经济、社会、生态协调发展，位于最外层，同时与三大目标相联系。经济、社会、生态三大目标相互联系，以可持续发展、消除贫困为归宿。

（三）绿色减贫指数

经济增长绿化度含人均地区生产总值、单位地区生产总值能耗、单位地区生产总值二氧化硫排放量、土地产出率、工业固体废物综合利用率、第三产业增加值比重 6 个子指标。

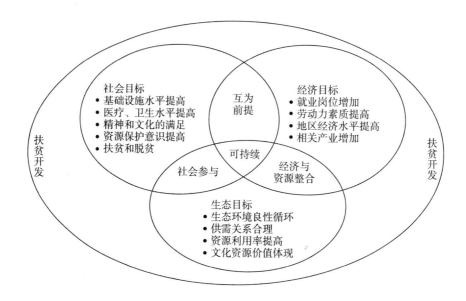

图1 绿色减贫的理论框架

资源利用与环境保护程度含人均森林面积、森林覆盖率、单位耕地面积化肥施用量3个子指标。

社会发展能力含农村恩格尔系数、城乡收入比、新型合作医疗参合率、有卫生室行政村比例、新型农村养老参保率、高中阶段教育毛入学率6个子指标。

扶贫开发与减贫效果含贫困人口占总农村人口比重、农村人均纯收入增长率、通电自然村比重、通路自然村比重、自来水普及率、有效灌溉面积6个子指标（见图2）。

（四）罗霄山片区绿色减贫情况

罗霄山片区包括江西、湖南两大片区，共计23个县，江西片区包括萍乡的莲花县、赣州的赣县、上犹县、安远县、宁都县、于都县、兴国县、寻乌县、会昌县、石城县、瑞金市、南康市，吉安的遂川县、万安县、永新县、井冈山市和抚州的乐安县（共17个）；而湖南片区包括株洲的茶陵县、炎陵县，郴州的宜章县、汝城县、桂东县、安仁县（共6个）。

罗霄山片区地处我国南方红壤区，暴雨频繁，生态失衡，洪涝灾害和水土流失严重。集革命老区、中央苏区和贫困地区于一体，是贫困人口分布广的连片特困地区（见图3），也是重要的经济协作区。

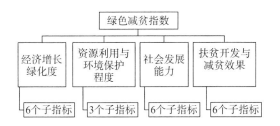

图 2 绿色减贫指数

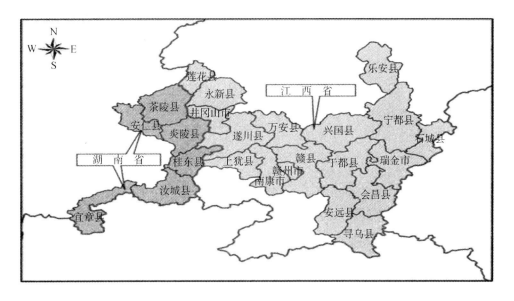

图 3 罗霄山片区绿色减贫

1. 绿色减贫指数片区排名（2014 年）

绿色减贫指数片区排名（2014 年）见表 2。

表 2 绿色减贫指数片区排名（2014 年）

指标	中国绿色减贫指数		二级指标							
			经济增长绿化度		资源利用与环境保护程度		社会发展能力		扶贫开发与减贫效果	
省区	指标值	排名	指标值	排名	指标值	排名	指标值	排名	指标值	排名
罗霄山区	0.475	1	0.137	3	0.166	1	−0.012	8	0.184	1
大兴安岭南麓片区	0.441	2	0.222	1	−0.042	7	0.081	4	0.179	2
大别山区	0.360	3	0.181	2	−0.128	11	0.181	1	0.126	3
秦巴山区	0.006	4	−0.057	7	0.047	4	0.000	6	0.016	5

续表

指标	中国绿色减贫指数		二级指标							
			经济增长绿化度		资源利用与环境保护程度		社会发展能力		扶贫开发与减贫效果	
省区	指标值	排名	指标值	排名	指标值	排名	指标值	排名	指标值	排名
滇西边境片区	-0.009	5	-0.088	8	0.088	3	0.093	2	-0.101	9
燕山—太行山片区	-0.029	6	-0.114	10	-0.049	8	0.085	3	0.050	4
六盘山片区	-0.068	7	-0.016	5	-0.034	6	-0.033	9	0.014	6
武陵山区	-0.172	8	0.022	4	-0.011	5	-0.010	7	-0.173	11
滇桂黔石漠化片区	-0.173	9	-0.092	9	0.138	2	-0.139	10	-0.081	8
吕梁山片区	-0.237	10	-0.053	6	-0.115	10	0.004	5	-0.073	7
乌蒙山片区	-0.593	11	-0.142	11	-0.060	9	-0.250	11	-0.141	10

2. 罗霄山片区绿色减贫指数

罗霄山片区绿色减贫指数各二级指标值分别为：经济增长绿化度 0.137，在 11 个片区中排在第 3 名；资源利用与环境保护程度 0.166，在 11 个片区中排在第 1 名；社会发展能力 -0.012，在 11 个片区中排在第 8 名；扶贫开发与减贫效果 0.184，在 11 个片区中排在第 1 名（见图 4）。

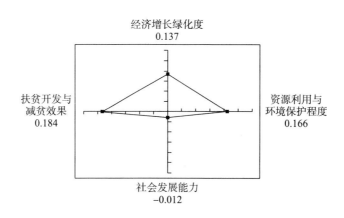

图 4　罗霄山片区二级指标得分情况

可以看出，罗霄山片区在经济发展的过程中注重资源的利用和环境保护，经济增长整体呈可持续绿色发展状态，经济效益与环境保护"两手抓、两手硬"。

3. 罗霄山片区绿色减贫指数——片区内与片区间比较（见表3、表4）

表3　罗霄山片区绿色减贫指数——片区内比较

地区	2014年绿色减贫指数值	2012年绿色减贫指数值	2014年排名	2012年排名	2011年排名	2014年排名较2012年变动
上犹县	0.824	0.074	1	19	22	18
炎陵县	0.528	-0.118	2	8	5	6
井冈山市	0.507	0.59	3	10	8	7
桂东县	0.493	-0.038	4	1	1	-3
安仁县	0.483	-0.158	5	21	19	16
宜章县	0.478	-0.332	6	7	11	1
汝城县	0.392	-0.314	7	4	4	-3
石城县	0.343	0.088	8	14	10	6
茶陵县	0.326	0.064	9	16	17	7
莲花县	0.319	-0.612	10	2	2	-8
瑞金市	0.319	-0.003	11	15	12	4
乐安县	0.315	0.132	12	13	13	1
遂川县	0.285	0.31	13	22	21	9
赣县	0.238	0.014	14	20	20	6
宁都县	0.230	-0.123	15	6	15	-9
寻乌县	0.218	0.054	16	9	16	-7
南康市	0.199	-0.329	17	23	23	6
安远县	0.198	0.086	18	12	13	-6
万安县	0.191	0.184	19	5	6	-14
于都县	0.190	-0.023	20	3	3	-17
兴国县	0.176	-0.087	21	17	9	-4
会昌县	0.174	0.548	22	11	14	-11
永新县	0.171	-0.005	23	18	18	-5

表4　江西17个片区县绿色减贫指数比较

绿色减贫指标体系	绿色减贫指数		经济增长绿化度		资源利用与环境保护程度		社会发展能力		扶贫开发与减贫效果	
片区	指标值	排名	指标值	排名	指标值	排名	指标值	排名	指标值	排名
上犹县	0.824	1	0.063	158	0.805	1	-0.066	373	0.022	222
井冈山市	0.507	11	0.253	12	0.026	158	0.117	87	0.111	78
石城县	0.343	45	0.038	204	0.017	192	0.073	138	0.216	4

绿色减贫 指标体系	绿色减贫 指数		经济增长 绿化度		资源利用与 环境保护程度		社会发展能力		扶贫开发与 减贫效果	
莲花县	0.319	56	-0.059	350	0.006	227	0.196	23	0.176	17
瑞金市	0.319	57	0.194	32	0.014	198	-0.096	406	0.208	6
乐安县	0.315	59	-0.001	267	0.006	228	0.129	72	0.181	14
遂川县	0.285	77	-0.026	305	0.025	165	0.074	137	0.212	5
赣县	0.238	89	0.083	126	0.018	184	-0.06	362	0.197	7
宁都县	0.23	96	0.04	198	0.008	218	0.06	157	0.122	66
寻乌县	0.218	106	0.084	124	0.03	148	-0.061	364	0.165	22
南康市	0.199	117	0.019	230	-0.02	287	0.01	240	0.189	10
安远县	0.198	119	0.028	220	0.037	131	-0.008	274	0.141	41
万安县	0.191	126	0.042	195	0.005	232	0.007	248	0.137	46
于都县	0.19	128	-0.046	329	0.007	224	0.078	135	0.151	31
兴国县	0.176	137	-0.062	358	0.011	207	0.056	164	0.171	19
会昌县	0.174	139	-0.027	307	0.027	154	0.024	219	0.149	32
永新县	0.171	141	0.015	242	-0.001	251	0.037	196	0.12	68

以上犹县为例，绿色减贫综合指数不仅省内、片区内排名第一，而且全国排名第一；二级指标"资源利用与环境保护程度"在省内、片区内、全国排名也是第一；但是"社会发展能力"较弱，在全国505个县排名处于中下游水平，提升空间较大。

三、江西苏区绿色减贫实践与问题

图5中四大维度无固定排序，均可作为起点；

四个维度都在高位时，消除贫困和经济社会可持续发展目标方可实现；

左侧单向虚线箭头表示实施改善措施的目的是实现经济、社会的高位发展；

部门之间联动，措施之间相互关联，如右下双向虚线箭头所示。

（1）大余县：旅游扶贫，让贫困地区焕发生机与活力。

大余县依托得天独厚的资源优势，大力发展红色游、生态游、文化游和乡村游，旅游扶贫遍地开花，开辟了一条"建基础、美生态、惠百姓、早脱贫"的扶贫新模式。全县旅游示范点达23处，2017年上半年，接待国内外游客97.8万人次，旅游总收入4.5亿元，同比增长20%以上。

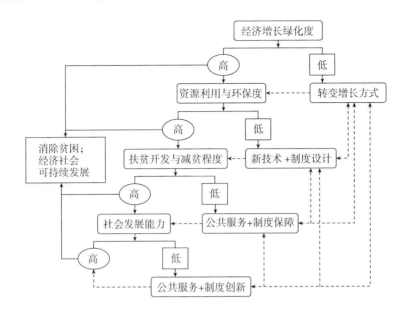

图5　绿色减贫视角下的精准扶贫路径

旅游扶贫产业的发展壮大推动了贫困村基础设施不断完善、贫困户收入水平不断增长、农产品附加值不断提高、贫困群众综合素质不断提升。全县 58 个贫困村建设道路 34.8 千米、水渠 46.4 千米、桥梁 16 座、文体设施 61 套，并按乡镇现有人口每人每年 40 元的标准建设环境保洁设施，乡村面貌明显改观。全县 3.5 万余人依托旅游扶贫产业直接或间接受益，户均增收近 3 万元。该县大龙山旅游扶贫示范点按照"景区 + 党组织 + 专业合作社 + 基地 + 扶贫户"的运作模式，从增加土地流转、林地流转、临时建设用工、固定公益岗位、开农家旅社、开农家餐馆、销售农副土特产七个方面入手，为大龙山村 48 户贫困户 172 人提供了新的稳定收入来源。

（2）宁都县：电商扶贫，让农产品"e 路"畅销。

宁都县抢抓电子商务进农村的有利时机，运用"互联网 + 扶贫"的思维，坚持扶持 + 孵化 + 服务，促进电子商务与精准扶贫深度融合，通过直接帮扶到户（直接帮助贫困户开办网店成为网商）、参与产业链发展（帮助和吸引贫困户参与由龙头企业、能人、大户、专业合作社等构建的电子商务产业链发展，实现完全或不完全就业）、分享溢出效应（贫困群众不直接参与，间接分享电商发展成果）等多种形式，大力发展电商产业，不仅使农村电商"活"起来，更让贫困群众借电商"富"起来。

宁都县已建成阿里巴巴"农村淘宝"、邮政"e 邮"、京东帮、飞天买光光 4 个县级运营中心及 95 个村级服务站，建成 2 个网上"宁都馆"，打通了贫困户农业小生产与电商大市场的"最后一公里"。脐橙、黄鸡、白莲、大米、茶油等农业优势产业，借"网"实现了标准化、规模化生产，打响了宁都品牌。全县有各类土特产网店近 500 家，有 81 家农业企业、265 家农民专业合作社抱团，辐射带动贫困群众 800 余人从事电商产业，从业人员人均年可增收 6000 元以上。如竹笮乡赖沙村 260 多户 1000 多人中主要以低保户、五保户及深山移民户为主，2017 年已吸引 20 多家电商企业入驻创业，成为宁都第一个"电商村"。

（3）莲花县：推进"文化扶贫"，增强脱贫攻坚内生动力。

莲花县按照"五个一"的标准，即一个活动室、一套音响、一套应急广播系统、一套健身器材、一个不少于 500 平方米的文化广场，对 61 个贫困村村级文化活动中心进行了提升改造，建成集宣传文化、党员教育、科学普及、信息发布、普法教育、体育健身等功能于一体的基层综合性公共文化设施和场所。同时，该县全力实施广播电视户户通工程，统筹有线、无线、卫星等资源，完成户户通安装 14160 户，同时投入 130 万元对收看不到电视的 2402 户贫困户免费安装有线电视或户户通，并免收三年有线收视费，确保了全县群众都能收看电视。

该县利用乡镇村综合文化服务中心，组织开展了道德实践"主题季"、道德讲堂、乡村好人评选、文明村和文明家庭创建评比、经典诵读、家风培育及家训传承、礼仪培训等活动，将培育和践行社会主义核心价值观落到实处。全县建设 90 多个红色村史馆，展示当地先贤名人、当代乡贤、道德模范的先进事迹，在潜移默化中育人化人。全县 13 个乡镇建设文化艺术墙 46700 多米，运用农民画、卡通画、"顺口溜"等形式，传播社会主义核心价值观，既美化了环境，又净化了心灵。

四、需要注意的问题

由前述分析可知，江西所在的罗霄山片区绿色减贫指数在全国排名第一，但是区域发展不平衡问题突出，制约贫困地区发展的深层次矛盾依然存在。鉴于此，需要注意以下几个问题：

（1）资源开发的方向和理念怎样确定，比如绿色特色资源、文化资源等？（产业发展绿化度）

（2）产业减贫过程中，贫困人口参与的比例有多少，特别是绿色产业的参与度？（减贫的参与度）

（3）产业发展多大程度上使贫困人口受益，比如收入的增长幅度、教育和医疗等方面的共享机会？（减贫的收益度）

（4）公共基础设施建设和公共服务供给是否还有较大的提升空间和潜力？扶贫脱贫不仅是收入提高，更重要的是公共服务、基础设施和能力的提升，这才是最重要，也是原苏区振兴——脱贫和扶贫的关键（共享度）。

（5）绿色减贫能力——自身素质和能力提升程度（能力提升度）。

扬长不避短。夯实现有产业基础，发展旅游经济、循环经济，保证扶贫开发和经济增长质量，在地区经济稳步增长的同时达到消除贫困的目的。

绿色生态资源资产和资本化减贫与基础设施和社会保障同步推进。

差异化策略。重视县与县之间的经济、社会发展水平差异，不简单复制其他成功模式；厘清县域内部差异，打造特色化扶贫开发创新模式。——特色化、差异化（绿色旅游、绿色农业、特色文化、康养、生态产业）

部门与区域间联动。扶贫开发涉及方方面面，并非某个部门的专有事业，部门间联动成为精准施策的重要内容，既要为贫困地区产业发展保驾护航，也要从基础设施建设和公共服务供给入手。——联动效应（东西协作）。

益贫式开发。以贫困群体参与扶贫开发为目的，设计有利于贫困人口参与并提升福利的项目。——政策制度的益贫化——绿色减贫新政（苏区、老区、贫困地区—特困地区——深度贫困）政策组合。

合作式减贫。扶贫开发非一域之事业，县域内部各乡镇之间、县域之间通过经济、社会等多方面的合作，实现优势互补、资源共享。

大别山革命老区经济及产业发展的若干思考

——以河南省信阳市为例

信阳师范学院党委书记　宋争辉[*]

尊敬的各位领导、各位专家，同志们：

大家好！

十分感谢江西师范大学组织搭建"全国原苏区高峰论坛"这样一个难得的交流平台，并精心筹备和举办"脱贫攻坚与苏区振兴"这一主题论坛。根据本次论坛的主题，我主要就《大别山革命老区经济及产业发展的若干思考》向大家做一汇报，不当之处恳请大家批评指正。

一、大别山革命老区经济和社会发展概况

（一）全国革命老区区域分布情况

根据有关统计数据，全国革命老区主要分布在 28 个省、市、自治区的 1389 个县（市、区）。其中，包括土地革命战争时期的井冈山革命根据地、湘赣革命根据地、中央革命根据地、大别山革命根据地等 17 个革命根据地，抗日战争时期的陕甘宁、淮南、晋察冀、晋冀鲁豫等 18 个抗日根据地等。中华人民共和国成立 60 多年特别是改革开放近 40 年来，在党中央、国务院关心支持下，老区面貌发生了深刻变化，老区人民生活水平显著改善。但由于受自然、历史、区位等多重因素影响，老区又大都属于国家限制开发或禁止开发的地区，物质资本、金融资本、人力资本、社会资本严重短缺，在深化改革以及相关体制机制创新方面仍需付出巨大努力，脱贫攻坚任务还相当艰巨。因此，贯彻落实党的十九大精神，坚持精准扶贫和精准脱贫，加快开发建设步伐，就成为老区如期实现全面

---

　　* 作者简介：宋争辉，男，博士，现任中共信阳师范学院委员会书记，教授，博士生导师。

建成小康社会的重中之重。

（二）大别山革命老区概况

大别山革命老区，是土地革命战争时期除原中央苏区之外的全国第二大革命根据地。解放战争时期，刘邓大军挺进大别山，再次开辟了大别山根据地。大别山革命老区范围包括河南、安徽、湖北 3 省的信阳、驻马店、南阳、六安、安庆、黄冈、随州、孝感、襄阳、武汉 10 个省辖市，区域面积达 10 余万平方公里。从这里产生了 5 位中共一大代表，走出了 469 位共和国将军，其中信阳籍的将军如许世友、李德生、郑维山等就有 100 多位。从土地革命战争时期到新中国成立，这一区域先后有 200 多万人参军参战，36 万优秀儿女为中国革命英勇牺牲，从这里走出了红二十五军、红二十八军、红四方面军等多支红军主力部队，创造了 28 年"红旗不倒"的英勇革命历史，为中华人民共和国成立做出了不可磨灭的贡献。

（三）大别山革命老区区域特点

（1）经济发展速度加快，但扶贫攻坚任务依然艰巨。截至"十二五"末，本区域常住人口共有 4260 余万人。2006 年以来，地区生产总值保持年均 10% 以上的增速，2006 ～ 2014 年城乡居民收入增长 1.5 倍，新型工业化、城镇化和农业现代化加快推进，经济实力明显增强。但由于起点低，经济规模总量小，总体发展仍然滞后，是国家 14 个集中连片特困地区之一。

（2）区位优势独特，但交通建设依然滞后。该地区位于武汉、郑州、合肥、南昌等省会城市之间，是武汉城市圈、中原经济区、皖江城市带、鄱阳湖生态经济区的连接地带。但受地理条件限制，内连外通的路网结构尚未全面形成，交通运输能力依然不足。

（3）产业特色突出，但工业发展水平依然落后。该地区是国家重要的粮油生产基地和特色农产品产区，食品、建材、化工、医药、机械产业已形成一定规模。但整体工业化水平低，三产比重为 17：48：35，存在着第一产业不强、第二产业不大、第三产业不优的"结构通病"，市场竞争力较弱。

（4）生态地位重要，但局部地区生态依然脆弱。该地区是江、淮两大水系的分水岭和南北气候交汇点，是 25 个国家重点生态功能区之一和长江淮河中下游地区重要的生态屏障，山、水、茶、林等生态资源丰富。但属于典型的生态脆弱带，水土流失较严重，自然灾害多发。

（5）旅游资源丰富，但开发水平总体上不高。特别是红色文化和生态旅游资源丰富，历史古迹和文化名城众多，是中华农耕文化发祥地之一。但旅游开发仍处于零星分散状态，产业化水平不高，旅游资源优势尚未转化为产业优势。

综上所述，对于大别山老区而言，实现脱贫攻坚和振兴发展，如期全面建成小康社会，应当说是使命光荣、任务艰巨。

二、信阳市产业发展和扶贫现状

（一）经济及产业发展现状

2016 年，信阳市生产总值 2034 亿元，总量居河南省第 9 位，同比增长 8.3%。其中，第一产业增长 4.3%；第二产业增长 8.4%；第三产业增长 10.9%。三次产业结构为 21.9：39.6：38.5。全年人均生产总值 31570 元，比 2015 年增长 7.7%。

农业方面，2016 年全市总产值 816.29 亿元，比 2015 年增长 4.4%。信阳是"鱼米之乡"，盛产水稻、小麦、油菜等农作物，主要经济作物有茶叶、板栗、银杏等。

工业方面，2016 年全市工业增加值实现 664.61 亿元，比 2015 年增长 8.1%。其中，规模以上工业企业增加值 610.2 亿元，增长 8.8%。近年来，信阳市大力建设高端制造、新型建材、绿色食品三大基地，电子信息、现代家居、纺织服装等产业初具规模，产业集聚集群发展态势逐步形成。全市拥有 15 个产业集聚区，2016 年产业集聚区规模以上工业企业增加值达到 459 亿元，占全市规模以上工业企业增加值的 75%。

服务业方面，2017 年上半年服务业（物流和旅游业）占全市经济总量的 40.6%，且增速比第二产业提高 7.3 个百分点，服务业支撑经济增长的作用更加凸显。

（二）扶贫现状

信阳市所辖县区均为国家级贫困县，其中有 5 个县是国家大别山连片特困地区扶贫开发工作重点县，2 个县是河南省扶贫开发工作重点县。截至 2017 年，全市共有贫困人口 31 万人。经过多年持续努力，信阳市贫困人口已经大幅减少，累计有 64.3 万人稳定脱贫，农民人均纯收入由 2011 年的 6365 元提高到目前的 10651 元。有 630 个贫困村实施了整村推进扶贫开发，有 25 个村成为河南省整村推进示范村。其中仅"多彩田园"产业扶贫示范工程就带动贫困人口 25 万人，覆盖贫困村 731 个。但从总体来看，扶贫攻坚中仍然存在特色资源深度开发不够、传统产业转型升级效果不理想、战略性新兴产业实力不强等突出问题。

三、信阳市产业发展和精准扶贫的基本策略

（一）推动传统产业转型升级创新发展

一是加快发展现代工业。加快传统产业转型升级，以龙头带动、延链补链、集群配套

为重点，做大做强电子信息、现代家居、绿色食品、新型建材、高端制造、现代物流等"百千"亿级产业集群；以技术突破、品牌带动为重点，发展壮大茶饮主食、节能环保、纺织服装、医药制造产业，增强市场竞争力。

二是加快发展现代农业。着力构建现代农业产业体系，大力发展优质米、弱筋面、优质畜产品等优势特色产业，推动茶产业转型融合创新发展，扩大农产品有效供给。推进粮经饲统筹、农林牧渔结合等优势产业集群，促进农村一二三产业融合发展。积极开展标准化生产、品牌化经营，做强叫响信阳的绿色健康农产品品牌。

三是加快发展现代服务业。加快构建现代物流体系，培育高效便捷的物流新模式。推动金融改革创新和金融体系建设，构建多层次、差异化、广覆盖的金融组织体系。加快发展生活性服务业，持续加强旅游公共服务体系建设；加大文化体育基础设施建设，加快发展健康产业、文化产业、体育产业；发展壮大特色餐饮业，着力打造信阳茶、信阳菜等特色品牌。

（二）着力培育壮大新产业新业态

加快发展战略性新兴产业，拓展网络经济空间，推进互联网与经济社会深度融合，培育新产业新业态。深入实施"互联网＋"行动计划，加快工业互联网应用，促进信息化与新型工业化融合创新。推动"互联网＋"现代农业健康发展，加快现代信息技术在农业农村领域的推广应用，实施农村电商覆盖工程，积极推进电子商务进农村综合示范试点建设，提高农业生产智能化、经营网络化水平。加快互联网与现代服务业深度融合，推动智能交通、在线教育、远程医疗、智慧旅游等公共服务领域资源整合和优化配置，促进民生和社会领域信息化应用。加快推进跨境电商综合试验区建设，积极引进互联网行业龙头企业设立分支机构，支持信阳互联网企业加快发展。

（三）坚持精准扶贫、精准脱贫

深入贯彻习近平新时代扶贫开发战略思想，进一步推进精准扶贫、精准脱贫各项政策措施落地生根。因地制宜探索多渠道、多样化的精准扶贫、精准脱贫路径，打好"1＋N"扶贫政策"组合拳"，通过转移就业、产业扶持、易地搬迁、社会保障、特殊救助等途径，突出抓好产业扶贫，深入实施产业扶贫"多彩田园"示范工程，带动贫困人口稳定脱贫。坚持因村因户因人精准施策，确保扶贫资源精确化配置，贫困户精准化扶持，切实提高脱贫攻坚工作的精准度、认同度、满意度。坚持以脱贫实效为依据，以群众认可为标准，严格执行退出规则，着力规范退出流程，做到脱真贫、真脱贫。

（四）着力构建大扶贫格局

坚持市县抓落实、乡村组织实施的工作机制，强化党政一把手负总责的责任制，全面落实脱贫攻坚主体责任和帮扶责任。统筹推进专项扶贫、行业扶贫和社会扶贫，加大教育扶贫、交通扶贫、健康扶贫、金融扶贫等行业扶贫力度，积极开展"百企帮百村""百村千户计划"等脱贫行动，充分调动社会组织、企业、热心群众助力脱贫攻坚的积极性，形成多点发力、各方出力、共同给力的扶贫大格局。注重扶贫同扶志、扶智相结合，激发贫困群众脱贫致富的内在动力，调动贫困群众在脱贫攻坚中的积极性、主动性、创造性。加强职业技能和创业培训（如信阳涉外职业技术学院），提高自我发展能力，鼓励支持贫困群众通过勤奋劳动脱贫致富。

四、结论

近几年来，面对严峻复杂的外部形势和艰巨繁重的改革发展任务，信阳市经济社会发展取得了显著成效。尽管当前在产业发展、脱贫攻坚领域还存在诸多困难和挑战，但发展机遇也更加凸显。国家"一带一路"倡议和河南省五大国家战略的顺利实施，《大别山革命老区振兴发展规划》等政策的深入落实，中央和省支持革命老区脱贫攻坚一系列政策措施的强力推进，新产业、新业态、新模式的快速发展，全面深化改革的不断推进，都为信阳市发挥优势、加速转型、奋力赶超提供了大好契机，开辟了广阔空间。相信只要抓住机遇、乘势而上、积极作为，就一定能够在产业发展和扶贫领域创造新的业绩！

（一）苏区振兴对策思考

努力把赣州建设成为全国革命
老区扶贫攻坚示范区

——关于赣州市开展精准扶贫工作路径的调查报告

钟小春　杨　东[*]

赣州是原中央苏区核心区、著名的革命老区,为中国革命的胜利和新中国的诞生做出了重大贡献和巨大牺牲,由于种种原因,仍然是全国较大的集中连片特困地区之一,贫困范围大、贫困人口多、贫困程度深。2015年,全市有11个罗霄山集中连片特困地区县、8个国家扶贫开发工作重点县,932个省级扶持贫困村(占全省的32.2%),贫困人口70.24万(占全省的35.1%、全国的1.26%),且农村居民人均可支配收入7786元,仅为江西省的69.9%、全国的68%,其中932个贫困村居民人均可支配收入仅为5013元,还不到江西省、全国的50%;全市贫困发生率9.3%,为全省、全国的1.63倍,是江西省脱贫攻坚的主战场。

2016年,习总书记在江西考察时提出:"江西要在脱贫攻坚中领跑""打造脱贫攻坚江西样板"。李克强总理在赣州考察时提出:"赣州脱贫攻坚要走在前列。"2012年6月28日,国务院出台《关于支持赣南等原中央苏区振兴发展的若干意见》(以下简称《若干意见》),明确提出了将赣南等原中央苏区建设成为全国革命老区扶贫攻坚示范区的战略定位。按照习近平总书记、李克强总理的指示以及《若干意见》战略定位,赣州市把脱贫攻坚作为首要政治责任和历史担当,大力传承弘扬苏区精神,坚持解放思想、内外兼修、精准发力、组合施策,确保到2018年现行标准下贫困人口全部脱贫,贫困村全部退出,贫困县全部摘帽,打赢脱贫攻坚战,实现与全国全省同步全面小康。通过一系列超常规的扶贫攻坚举措,全市贫困人口由2010年底的215.46万减少到2016年底的43.14万,6年脱贫172.32万人;贫困发生率下降了24.2个百分点。2016年,中央电视台多个频道播报了赣州市产业扶贫、安居扶贫经验;全国网络扶贫现场推进会在赣州市召开;健康扶贫、金融扶贫以及农村低保与扶贫开发两项制度衔接三项工作在全省推进会上作典型推广;赣州市精准扶贫工作得到了国务院扶贫办和省领导的充分肯定,赣州市精准扶贫办被

---

*　作者简介:钟小春,男,江西农业大学农业经济管理专业毕业,大学学历,现任赣州市扶贫和移民办副主任。杨东,男,江西师范大学思想政治教育专业毕业,大学学历,现任赣南苏区振兴发展工作办公室政研室主任。

评为"全国扶贫系统先进集体"。近年来，赣南原苏区广大群众阔步迈上脱贫攻坚新长征，着力探索建设全国革命老区扶贫攻坚示范区的新路径。

路径一：严把"三道关"，精准锁定扶贫对象。

把真正的贫困对象精准识别出来，是欠发达地区尤其是革命老区利用有限资源资金打赢脱贫攻坚战的前提和基础。在建设扶贫攻坚示范区中，赣州市严把"三道关"，精确识别扶持对象，确保把扶贫政策送到真正需要政府帮扶、渴望脱贫致富的群众手中。

一是实行公平公开识别对象，严把识贫关。严格按照农户申请、村民小组评议、村民小组公示、村民代表评议、村委会公示、乡镇人民政府审核、村委会公告"七个步骤"，采取量化指标、定性指标与村民代表民主评议相结合等方法，深入细致逐户摸准贫困对象，确保公平公正，得到了广大群众对扶贫工作的衷心拥护。

二是实行专项审计巡察，严把甄别关。省市审计、巡视部门分组对全市 18 个县（市、区）分别开展了为期 1 个月扶贫专项审计和专项巡视巡察，实现了全覆盖，通过大数据比对打假，落实"七不准、四从严"的规定。对初步识别的贫困对象，通过审计联合车管所、房管局、工商局、民政局、财政局、保监会等职能部门数据库进行大数据比对，筛除"在城镇有房产的、家中有汽车的、家庭成员有私营企业的、家中有在行政企事业单位工作的、有现任村委会成员的，购买了商业养老保险的"，切实做足了精准识贫功夫，为进而做好精准扶贫打下坚实基础。

三是实行信息动态管理，严把进出关。按照"户有卡、村有册，乡有簿、县有档"的要求，对贫困村、贫困户登记造册，精准建立贫困户信息档案。建立市、县、乡、村精准扶贫信息平台，将全市贫困县、贫困村、贫困户以及帮扶工作队和帮扶干部情况全部录入赣州市精准扶贫信息管理系统，用大数据推动扶贫精准化。同时，完善贫困人口进退机制，定期认定调整，使稳定脱贫的农户及时退出，新出现的贫困人口及时纳入，确保扶贫对象真实、准确。

路径二：抓实"五个一"，闯出产业扶贫新路。

扶贫先扶业。培育贫困村增收脱贫产业，是贫困户能否实现稳定脱贫的关键。赣州市按照"选准一个特色产业、打造一个扶贫龙头、建立一套受益机制、扶持一笔信贷资金、健全一套服务体系"的"五个一"思路，立足资源禀赋和发展基础，坚持适度规模经营，走出了产业扶贫的新路子。到 2016 年底，赣州市通过贫困户直接发展产业和新型农业经营主体联结方式，累计辐射带动 9.93 万户、36.1 万贫困人口增收，占建档立卡贫困人口的 51.4%。

一是选准特色产业。坚持"长短结合，效益优先"的原则，编制贫困村、贫困户扶贫产业规划，明确具体产业布局、规模、重点项目、扶贫措施等，因村因户制宜发展赣南脐橙、商品蔬菜、油茶白莲、畜禽水产、乡村旅游、休闲农业、农村电商等产业。目前，全市每个县（市、区）产业扶贫覆盖了 60% 以上的贫困户，每个乡镇建了 2 个以上适度规模的"五个一"扶贫产业示范基地，每个贫困村发展了 1 个以上特色扶贫产业，每个有劳动能力的贫困户参与1个以上产业扶贫项目，构建了乡乡有特色产业、村村有扶贫项目、户户有增收门路的产业扶贫格局。近年来，赣州市通过发展脐橙产业，带动70余万人脱贫致富；全市累计约3万户、13.5万贫困群众参与油茶产业发展，人均年均增收800多元。

二是打造扶贫龙头。围绕贫困村、贫困户特色产业发展，引进和培育一批关联度高、带动力强的农业产业化龙头企业、农村电商龙头企业、休闲农业示范企业和乡村旅游龙头企业，鼓励能人带动、联户发展，加快培育农民合作社、家庭农场、种养大户等经营主体，引导各类经营主体带动贫困户发展扶贫产业。到2016年底，各类新型经营主体通过要素入股、土地流转、就业务工等方式，联结带动40347户贫困户增收，涉及贫困人口15.85万人。赣州市围绕建设国家旅游扶贫试验区，致力打造十大旅游龙头企业、百个旅游扶贫重点镇、千个旅游扶贫示范点，引导贫困户参与旅游开发，全市创建省级乡村旅游示范点25个，带动发展休闲农业企业1580家，受益贫困人口近30万人。

三是创新受益机制。推广"企业＋合作社＋贫困户""公司＋基地＋中介＋贫困户""公司＋贫困户""互联网＋特色农产品"等经营模式，引导和扶持贫困户发展特色种养产业。积极推进贫困户土地、林地直接流转、入社托管、作价入股、资金入股，参与产业发展，从中获得收益。如兴国县结合实施学生营养餐计划，推进配餐企业与农民专业合作社、家庭农场等进行合作，建立营养餐食材专供基地，采取合同制订单收购模式，带动贫困户参与订单生产，2015年带动脱贫3200人，户均年增收2万多元，开辟了一条"绿色"精准扶贫的新路径。

四是扶持信贷资金。近年来，赣州市围绕破解产业扶贫资金需求大、融资难问题，积极探索农村金融助推脱贫攻坚新路径。注重发挥财政资金的撬动作用，以扶贫资金提供担保的形式，撬动信贷资源向贫困户倾斜，破除贫困户无抵押无担保的瓶颈，采取贷款风险补偿、贷款贴息、现金直补、产业保险等多种方式，创新"产业扶贫信贷通"、"油茶贷"、农房抵押贷款等金融产品，确保各类有信贷需求的贫困户和带动贫困户发展产业的新型农业经营主体都能贷到款。2016年，赣州市筹资10亿元财政资金作为风险缓释基金，撬动80亿元"产业扶贫信贷通"贷款帮助贫困群众发展产业，贫困户信用贷款每户最高额度5万元，享受政府三年全额贴息。引入人保财险设立"金信保"扶贫贷款保证保险，由财政根据实际贷款额为贷款对象出资购买，保险公司最高赔付200%，解决银行怕向贫困户放贷的问题。2016年，全市累计发放扶贫贷款250.94亿元，"产业扶贫信贷通"贷款81.51亿元，均超额完成年度贷款计划。同时，积极拓展农村金融服务覆盖面。加大全市银行业机构城乡地区ATM、POS机等自助设备的布放，以及网上银行、手机银行、电话银行等现代化支付结算工具的推广使用，农村基础金融服务"村村通"工程全面提速，全市3461个行政村实现金融服务全覆盖。

五是完善服务体系。建立健全农业社会化服务体系，推进农业生产全程社会化服务机制创新试点，重点支持专业化经营性服务组织为贫困户提供供种育苗、代耕代收、统防统治、农资供应、烘干储藏、农产品加工、市场信息及营销等服务。积极支持和服务贫困户发展农村电商产业，赣州市建成农村电商县级运营中心 18 个，乡级服务中心 100 个，村级服务站 300 个，辐射贫困人口约 8.5 万人。

路径三：建好"三类房"，保障贫困户住房安全。

保障贫困户住房安全，是开展扶贫攻坚的基本底线。在建设扶贫攻坚示范区中，赣州市立足市情农情，坚守底线思维，强调最先解决最困难村、最困难家庭、最迫切需要解决的问题，下大力气、集中财力从根本上改善深山区、库区和地质灾害频发区特困群众的生存发展环境，狠下决心解决贫困户安居问题。

一是大规模新建改造农村危旧土坯房。《若干意见》出台以来，赣州市实施了历史上最大的农民房屋改造工程，彻底改变了农民特别是贫困群众的居住条件。赣州市完成农村危旧土坯房改造 69.52 万户，近 300 万农民告别危旧土坯房，受益贫困户达到 8.69 万户、30 多万人。赣州市高标准建设移民集中安置点 385 个，帮助 15.4 万人"挪穷窝"。上犹江库区"水上漂"农户 1246 户 4988 人通过移民上岸搬迁安置工程，彻底告别了风里来、雨里去的"水上漂"生活。

二是大力建设易地搬迁扶贫房。2016～2018 年按计划每年实施 5 万人移民搬迁，通过政府统建、购买商品房、购置二手房、自建房、集中供养等方式安置，引导搬迁对象重点向县城、工业园区、乡镇集镇和中心村梯次搬迁，做到应搬尽搬，稳定脱贫。目前，赣州市已规划三年（2016～2018 年）易地搬迁扶贫安置点 343 个，开工建设安置点 243 个。2016 年，399 个安置点全部开工，开工数占三年规划数的 100%，其中 2016 年计划易地搬迁 54725 人，规划 180 个安置点已全面开工，90% 以上均在春节前竣工。

三是率先启动建设农村保障房。率先在全国、江西省探索实施建设农村保障房的做法，在赣州市 932 个贫困村每个村建设 10 套左右保障性住房，采取政府兜底、"交钥匙"的办法，由乡村或理事会统建产权公有的小户型房，为特困家庭兜住了基本住房保障底线。2016 年，赣州市新建保障房 8314 户，开工率 105.31%，现已基本竣工验收，确保了特困群众春节前"拎包入住新居"。

路径四：筑牢"四道保障线"，有效阻断致贫主因。

解决好贫困户因病致贫问题，是打好扶贫攻坚战的最大硬仗。赣州市因丧失劳动能力、因病致贫或因病返贫的群众大致占全市贫困人口的 46%，贫困程度深，脱贫难度大。为阻断这部分人的致贫主因，赣州市在已有的新农合、大病保险、医疗救助的基础上，实施农村贫困人口疾病医疗商业补充保险，构筑起疾病医疗的第四道保障线。同时，稳步推进兜底扶贫，开展全国"应急难"综合试点，有效地阻断了致贫主因。

一是构筑疾病医疗四道保障线。市县财政拿出近 1 亿元，按每人 90 元的筹资标准为贫困人口购买疾病医疗商业补充保险，最大限度减轻贫困群众医疗支出负担，贫困人口个人自负医疗费用降至 10% 左右。从 2016 年实施的情况看，赣州市共补偿商业补充保险 3305 人次，其中，住院医疗总费用 14850.92 万元，新农合补偿 7373.93 万元、大病保险补偿 2058.27 万元、疾病商业补充保险补偿 4086.24 万元，个人自负 1332.48 万元，个人自负比例降至 8.98%，部分重病患者自负比例不到 5%。如赣县田村镇贫困对象黄某某，患主动脉夹层和高血压 3 级，医疗总费用 18.22 万元，新农合补偿 7.25 万多元，新农合大病保险补偿 3.53 万元，疾病商业补充保险补偿 6.62 万元，个人自负费用 8090 元，仅占总费用的 4.44%，如果没有实施疾病商业补充保险，其个人负担比例将达到 40.77%。通过实施疾病医疗商业补充保险，最大程度降低了因病致贫、返贫现象的发生率。

二是全面落实"应保尽保、应扶尽扶"。对丧失劳动能力、没有经济来源的贫困群众，实行保障兜底，全部纳入低保和五保保障范围，逐步提高农村低保和五保供养标准，确保农村低保和五保对象实际收入增幅高于赣州市农村居民年人均可支配收入增幅，实现"应保尽保"。通过推进农村低保扩面提标，"十二五"期间新增农村低保对象 7 万人；赣州市农村低保平均保障标准提高到每人每月 270 元，月人均补差水平提高到 195 元；农村五保对象集中供养标准提高到每人每年 4380 元，分散供养标准提高到每人每年 3480 元。到 2016 年底，全市农村低保对象共计 195853 户、393747 人，累计支出农村低保金 91839.50 万元；农村五保对象 48631 人（集中供养 26624 人，分散供养 22007 人），累计支出五保供养金 18102.8 万元。

三是大力开展全国"应急难"综合试点。针对因灾因意外事故致贫、返贫的问题，赣州市积极开展全国"救急难"综合试点，统筹整合社会各类救助资源，及时对遭遇突发事件的群众给予应急性、过渡性救助，目前累计救助 14440 户次，发放救助资金（含实物折合）2466.59 万元，有效降低了突发性贫困的发生率。

路径五：创新"三项机制"，凝聚扶贫攻坚合力。

建立创新推进扶贫攻坚的工作机制，是打好扶贫攻坚战的根本保障。赣州市通过创新扶贫攻坚工作推进机制，号召广大干部大力弘扬"坚定信念、求真务实、一心为民、清正廉洁、艰苦奋斗、争创一流、无私奉献"的苏区精神，积极主动渗入精准扶贫、脱贫攻坚中，凝聚了打好扶贫攻坚战的强大合力。

一是创新干部结对帮扶机制。落实领导帮扶责任，市、县、乡、村四级书记一起抓扶贫，市、县两级确定一名常委专职抓扶贫工作，乡镇干部集中主要精力抓好精准扶贫。实行市领导联系县（市、区）、县（市、区）领导挂乡镇、乡镇领导包村工作责任制，统筹协调指导扶贫攻坚工作；深入开展市领导"六个一"帮扶工作，即由一位市级领导带领一个市直（驻市）部门、一个市属企业，重点帮扶一个县（市、区）、抓一个示范乡（镇）和一个示范村。实行单位对口帮扶，赣州市安排 2482 个市、县机关和企事业单位挂点帮扶 932 个贫困村，确保每个贫困村都有帮扶单位和驻村工作队，一包到底，不脱贫就不脱钩。开展干部结对帮扶，赣州市组织 6 万多名干部与 30.82 万户贫困户开展结对帮扶，实现结对帮扶贫困户的全覆盖，其中市本级按"532"形式，即市领导帮扶 5 户、县处级干部帮扶 3 户、科级以下干部帮扶 2 户。选派 3649 名优秀干部担任村（社区）党组织"第一书记"，制定了精准扶贫驻村工作队管理办法，强化工作保障措施。

二是创新政策落户机制。积极探索"六站一中心"精准扶贫精准脱贫帮扶模式，即设立精准脱贫帮扶中心和政策咨询工作站、保障服务工作站、就业创业指导站、产业帮扶工作站、社会关爱援助站和电商扶贫工作站，构建帮扶贫困户综合服务平台，打通了政策落实、信息共享、贫困户诉求、社会参与扶贫、"互联网＋"扶贫、"干群连心"通道。向每户贫困户发放《脱贫攻坚政策落户一本通》，打通精准扶贫政策落实的"最后一公里"。《脱贫攻坚政策落户一本通》成为贫困户享受扶贫政策的"资格证"、政府宣传扶贫政策的"宣传册"、贫困户获得扶持的"登记簿"。通过赣州精准扶贫网、赣州精准扶贫手机 APP 构建社会扶贫信息服务平台，将贫困户、贫困村的需求信息与社会各界的扶贫资源、帮扶意愿进行有效对接。近两年来，赣州市共争取社会扶贫资金 21. 25 亿元，组织了 332 家非公企业参与"帮村带户"活动，共帮扶贫困村 416 个、贫困农户 2. 5 万户。

三是创新真督实查机制。赣州市审计局和市巡视办对每个非贫困县开展为期一个月的扶贫专项审计、巡察，及时发现问题，督促整改提升。建立严格督查考核机制，把专项督查、明察暗访、媒体监督和第三方评估作为工作常态，采取电话抽查、随机督查等办法，加强驻村工作队和扶贫第一书记帮扶工作督查，发现"工作日不在岗，且未履行请假手续的"或者"虽然在岗但履职不到位、情况不熟悉、工作未落实、群众不满意的"，对当事人进行通报批评，年度不得评为优秀、三年内不得提拔使用，真正将督查结果与绩效考核、干部任用、追责问效挂钩，激发了精准扶贫新动能。

精准扶贫政策执行中基层政府的双重困境及其策略性行为

——基于江西省 X 县的调查

尤　琳　魏日盛[*]

摘要：自精准扶贫精准脱贫战略实施以来，处于压力型体制末端的基层政府面临着层层传导的扶贫考核压力、村庄内生力不足的双重困境。为了纾解困境，基层政府通过对农村精英采取"倚重""扶持""考核"等策略性行为，实现保证扶贫工作持续稳定推进、帮助贫困户脱贫增收、激活村庄内生力的目标。但是，基层政府的策略性行为也存在一定限度，导致扶贫项目偏离贫困户的实际需求、扶贫资源没有下发到贫困户、影响乡村治理的实际效果等诸多问题。因此，需要从"因户施策、因村制宜"、充分发挥贫困村内部互动减贫作用、提升农民的内生动力和造血功能三方面构建长效脱贫机制。

关键词：精准扶贫；双重困境；策略性行为

一、引言

党的十八大以来，以习近平同志为核心的党中央高度重视扶贫开发工作，2013 年 11 月，习近平总书记在湖南湘西考察时首次提出精准扶贫，2015 年 11 月 23 日，中共中央政治局会议审议通过了《关于打赢脱贫攻坚战的决定》，强调把精准扶贫、精准脱贫作为扶贫的基本方略，并进一步提出要坚决打赢脱贫攻坚战。2017 年 10 月，党的十九大报告

基金项目：本文是国家社科规划基金项目"农村基层精准治理研究"（项目号：17BKS060）的阶段性成果；江西师范大学"社会发展与治理"江西省 2011 协同创新中心研究成果；苏区振兴研究院智库一般项目"精准扶贫脱贫中的政策执行偏差研究"研究成果。

* 作者简介：尤琳，女，博士，江西师范大学马克思主义学院教授、博士生导师。魏日盛，男，江西师范大学马克思主义政治学专业博士研究生。

提出，"让贫困人口和贫困地区同全国一道进入全面小康社会""确保到二〇二〇年我国现行标准下农村贫困人口实现脱贫，贫困县全部摘帽，解决区域性整体贫困，做到脱真贫、真脱贫"①。相关文件表明，扶贫开发工作已经提升至治国理政新高度，对于全面建成小康社会、开启全面建设社会主义现代化国家新征程具有重要的理论意义和现实意义。

"反贫困是古今中外治国理政的一件大事。"② 从治理的角度来看，农村的贫困表明国家治理能力的不足③，扶贫是农村基层治理的重要组成部分④，"扶持谁、谁来扶、怎么扶"的本质就是治理制度的问题。基层政府是国家权力在基层的延伸，为了确保精准扶贫这一良政在农村基层落地，需要探寻基层政府在精准扶贫政策执行中的地位和作用。目前，学术界更多关注基层政府在精准扶贫中的行为偏差及其消极影响，李博从撤乡并镇和村庄合并的角度，指出基层政权"再悬浮"从一定程度上弱化了贫困户参与村庄治理的积极性，影响精准帮扶和精准管理的有效开展⑤。邢成举分析压力性体制下的"扶贫军令状"导致地方政府扶贫工作产生的一系列应对策略，从而扭曲扶贫工作的初衷和本质，造成政府贫困治理的失灵⑥。许汉泽指出基层政权采用动员型贫困治理策略，产生了"扶贫致贫""精英捕获""碎片化治理"等一系列意外的后果⑦。朱天义、高莉娟指出精准扶贫中基层政权存在的选择性治理偏好，乡镇政权往往依据乡村的承接能力以及资金配给能力将扶贫项目进行选择性的分配⑧。陈成文、王祖霖指出基层政府在精准扶贫政策设计时的"短视化"和政策执行的"山头主义"，导致政策之间衔接度不足，影响社会力量扶贫的可持续发展⑨。莫光辉、陈正文指出地方政府在执行中存在的形式化问题、在扶贫资源管理上的扶贫行为异化问题，导致一些地区"扶富不扶贫"、一些不法执权者将贫困资格变成了"福利"⑩。总的来说，学术界考虑到"压力型"体制、村庄合并等外在因素对基层政府的影响，具体分析了精准扶贫政策执行中基层政府行为表现，但是没有关注基层政府如何开展具体的实践，村庄这一场域中的农村精英、贫困户如何回应基层政府，基层

---

① 《决胜全面建成小康社会　夺取新时代中国特色社会主义伟大胜利》，2017 年 10 月 18 日。

② 《在中央扶贫开发工作会议上的讲话》，2015 年 11 月 27 日。

③ 郑永年：《中国农村的贫困与治理》，http：//www.sohu.com/a/138050176_729309。

④ 谭同学：《参与式理论祛魅、文化自觉与精准扶贫——基于贵州 S 山区县的调查》，《北方民族大学学报》（哲学社会科学版），2017 年第 1 期。

⑤ 李博：《村庄合并、精准扶贫及其目标靶向的精准度研究——以秦巴山区为例》，《华中农业大学学报》（社会科学版），2017 年第 5 期。

⑥ 邢成举：《压力型体制下的"扶贫军令状"与贫困治理中的政府失灵》，《南京农业大学学报》（社会科学版），2016 年第 5 期。

⑦ 许汉泽：《精准扶贫与动员型治理：基层政权的贫困治理实践及其后果——以滇南 M 县"扶贫攻坚"工作为个案》，《山西农业大学学报》（社会科学版），2016 年第 8 期。

⑧ 朱天义、高莉娟：《选择性治理：精准扶贫中乡镇政权行动逻辑的组织分析》，《西南民族大学学报》（人文社会科学版），2017 年第 1 期。

⑨ 陈成文、王祖霖：《"碎片化"困境与社会力量扶贫的机制创新》，《中州学刊》，2017 年第 4 期。

⑩ 莫光辉、陈正文：《脱贫攻坚中的政府角色定位及转型路径——精准扶贫绩效提升机制系列研究之一》，《浙江学刊》，2017 年第 1 期。

政府在村庄最终形成一种怎样的治理秩序与目标。笔者指出双重困境下基层政府在精准扶贫实践中的策略性行为，因此本文的问题是：基层政府策略性行为产生的基础是什么？对精准扶贫工作成效会产生怎样的影响？治理的路径何在？本文从精准扶贫政策执行中基层政府策略性行为的角度，探讨基层政府策略性行为的形成机制和政治社会后果，分析基层政府策略性行为产生的内在原因，指出克服当前策略性行为的应对之策。

目前，学术界对农村精英有不同的界定，本文所指的农村精英是指在农村场域内，在经济资源、政治地位、社会资源、社会关系、社区威信等方面具有相对优势，在精准扶贫和农村治理方面发挥着重要作用的体制内精英与体制外精英，其中，体制内精英包括村（组）干部，体制外精英包括与村干部之间有着密切往来和联系的村庄经济能人以及社会精英。由市、县、乡派精准扶贫结对帮扶干部、第一书记，其职责主要是会同乡村两级全面落实省、市、县关于精准扶贫的部署安排，本文所指的农村精英不包括帮扶干部、第一书记。

本文采用的个案、研究资料来源于笔者于 2017 年 2～7 月在 X 县 N 镇的实地蹲点调研，由此获取大量一手资料。江西省 X 县总人口 84.6692 万，农业人口 71.3832 万，"十三五"贫困村共有 130 个。根据 2016 年 7 月 12 日国办系统反馈数据，2016 年底 X 县有贫困人口 14031 户 48992 人，贫困发生率 6.9%，32 个贫困村符合退出条件，计划到 2019 年实现贫困县脱贫摘帽，到 2020 年实现贫困人口全面脱贫。目前，X 县脱贫难度大的人口占比约 20%，主要分布在边远乡镇的边远山村，如 X 镇 Z 村、N 乡 N 村等，这些地方正是笔者调研所在地，为笔者提供了丰富的调研素材和资料。

二、精准扶贫政策执行中基层政府的双重困境

（一）层层传导的扶贫考核压力

在既定的时间节点打赢扶贫攻坚战，确保 2020 年所有贫困地区和贫困人口迈入全面小康社会，是当前各级政府最大的政治任务。为了实施精准扶贫、精准脱贫战略，根据中央扶贫开发工作会议"要层层签订脱贫攻坚责任书、立下军令状""有脱贫任务的省区市，要根据实际情况作出相应安排，层层压实责任，级级传导压力"[1] 的要求，中央与贫困情况严重的 22 个省（自治区、直辖市）签订了扶贫攻坚"军令状"。"军令状"的签订和实施，是以"压力型体制"[2] 为制度基础，在压力型体制下，扶贫工作往往被列为"一

---

① 《在中央扶贫开发工作会议上的讲话》，2015 年 11 月 27 日。
② 压力型体制一般指的是"一级政治组织为了实现经济赶超，完成上级下达的各项指标而采取的数量化任务分解的管理方式和物质化的评价体系"。见荣敬本等：《从压力型体制向民主合作体制的转变：县乡两级政治体制改革》，中央编译出版社 1998 年版，第 28 页。

把手"工程和"一票否决"，上级政府将精准扶贫、精准脱贫的任务逐一分解到下级政府，并与下级政府签订责任书，对下级政府制定严格的脱贫攻坚工作成效考核指标进行考核，并以脱贫攻坚实绩作为选拔任用干部的重要依据。在"军令状""责任书"等外部压力驱使下，县乡政府往往自我施压，在有限资源和有限时间下采取超常规举措完成扶贫攻坚的任务[①]，实现跨越式的发展[②]。实践中，压力型体制的目标设置和激励强度超过了地方政府的现实条件和实际能力，[③] 导致贫困治理出现以下问题。

一是基层政府动员能力到了极限。以 X 县为例，X 县安排一名县委常委为专抓县领导，乡镇区党委书记、村书记为本级第一责任人，层层签订责任书，立下军令状，落实"一把手"责任，形成县乡村三级书记一起抓扶贫的工作格局。目前，X 县各乡镇扶贫干部除了乡镇党委副书记及 3 名扶贫专干等乡镇干部之外，还包括县直（驻县）各单位帮扶干部、驻县市直"三送"（扶贫）工作队及第一书记。为了确保帮扶制度不流于形式，X 县对帮扶干部严格执行"两细则一办法"[④]，规定帮扶干部每月入户帮扶 2 次以上，驻村工作队长、"第一书记"每月驻村帮扶 20 天以上等职责任务。通过目标考核责任制，X 县建立"日常抽查、半年检查、年度考核"相结合的考核办法，加强对各乡镇区、各部门、各单位驻村帮扶和干部结对帮扶工作的考核。由于考核的结果事关县乡干部的"乌纱帽"和"铁饭碗"，X 县大量县乡干部除了完成本单位日常工作之外，还要投入大量精力、时间在脱贫攻坚工作上，各乡镇取消双休日、节假日，加班加点，查缺补漏，积极帮助贫困户解决实际问题，在"白 + 黑""5 + 2"的工作节奏与巨大考核压力面前，他们身体、精神都备受煎熬。

二是扶贫考核的巨大压力。按照扶贫开发工作机制的规定，县级党委和政府承担脱贫攻坚主体责任，乡镇党委和政府承担具体责任。X 县县委、县政府与县直、驻县单位、乡镇签订了帮扶责任状，将精准扶贫工作纳入年度综合绩效考核指标体系，大幅度提高精准扶贫考核权重，占比达到 60% 以上。为了确保精准帮扶措施落户和帮扶干部履职尽责，X 县精准帮扶的考核指标体系中，设置了"驻村工作满意度测评情况""结对帮扶满意度测评情况""'一证两册'落实情况"等评分标准，导致扶贫干部与贫困户"被迫"做功课应付检查。以"一证两册"落实情况为例，笔者在 X 县 N 镇调研期间正好赶上精准扶贫国家第三方考核工作，乡镇政府要求各村在国检前一晚在乡政府统一整理建档立卡材料，确保贫困户享受的脱贫政策、帮扶措施、结对帮扶记录，以及贫困户脱贫和后续扶持的全过程等各项信息准确无误，组织扶贫干部与贫困户进行抽查"预演"。扶贫干部们非常担

① 顾仲阳：《22 个省区市和中央签署脱贫"军令状"》，《农村工作通讯》，2015 年第 23 期。

② 张晨：《"动员—压力—运动治理"体制下后发地区的治理策略与绩效——基于昆明市 2008～2011 年的发展经验分析》，《领导科学》，2012 年第 11 期。

③ 欧阳静：《压力型体制与乡镇的策略主义逻辑》，《经济社会体制比较》，2011 年第 3 期。

④ 《X 县精准扶贫工作问责实施细则》《X 县脱贫攻坚责任制实施细则》《X 县村党组织第一书记、扶贫驻村工作队员和非常驻村工作队员目标管理考核暂行办法》。

心随机抽查时，贫困户找不到"明白袋"，回答不上问题，甚至担心明明跟贫困户的一名家成员宣传了政策，而检查时这个人正好不在，家里的另一个人又不清楚，之前所有扶贫工作就等于白干了。

（二）村庄内生力不足

我国一直采取的是"外源推动下的内源发展"扶贫方式，精准扶贫战略实施以来，国家仍然是扶贫的主要力量，不断加强对扶贫的投入力度。在扶贫资金投入方面，截至2017 年 6 月 8 日，2017 年预算安排补助地方中央财政专项扶贫资金 860.95 亿元已全部拨付地方[1]。江西省数据显示，2016 年中央和省级共投入扶贫资金 598978 万元，其中，中央下拨财政专项扶贫资金 229715 万元，省本级投入 369263 万元（其中，省级财政专项扶贫资金 174263 万元，发行易地搬迁扶贫地方政府债 195000 万元）[2]。在扶贫人力投入方面，国家向贫困地区派驻巨量的工作队和第一书记。截至 2015 年 11 月，全国各地已向贫困村派出 12.79 万个工作队，派驻干部 48 万人，已基本实现驻村工作队对贫困村、贫困户的全覆盖[3]。截至 2016 年 5 月，全国共选派 17.6 万名第一书记[4]。为了进一步加强脱贫攻坚基层基础工作，江西省要求贫困县每个乡镇都组建了一个扶贫工作站，工作站必须做到有固定的机构编制、工作人员、办公场所和工作经费"四固定"；要求加强村级基层组织建设，选优配强村党组织书记，配齐配强村"两委"干部；要求加强驻村帮扶和结对帮扶，选派第一书记和工作队驻村帮扶[5]。由此可知，政府切实担起扶贫开发的工作责任，其目的是通过更有力的外部支持，激发贫困群众的斗志和决心，激发贫困地区、贫困户的内生动力。但是，既有的研究表明，无论是精准扶贫之前还是之后，我国扶贫开发机制中一直有一些旨在推动贫困地区内生动力的举措、政策、实践，但效果欠佳甚至失败[6]，导致外部嵌入的主体成了乡村减贫的核心，而乡村社会力量反而蜕化为从属者、被引导者[7]。究其原因，主要是村庄内生力不足，并具体表现为以下两个方面。

一是贫困地区、贫困家庭劳动力短缺现象严重。由于受制于自然条件较差、基础设施建设落后、技术与资金贮备不足等，贫困地区往往产业化程度较低，难以提供足够的就业机会，致使农村青壮年劳动力大量进城务工，导致劳动力短缺现象严重，特别是贫困家庭劳动力短缺现象更为严重，给产业扶贫造成很大挑战。以 X 县 N 乡 Z 村为例，X 县为了扶持贫困村和贫困户发展产业，制定了《X 县产业扶贫工作实施方案》（以下简称《实施方案》），明确"产业扶贫资金主要用于扶持贫困村产业发展或非贫困村能够带动贫困户

---

① 《中央财政拨付 2017 年财政专项扶贫资金 860 亿元》，央视网，2017 年 6 月 8 日。
②⑤ 江西省扶贫开发领导小组：《关于进一步加强脱贫攻坚基层基础工作的指导意见》，2017 年 5 月 15 日。
③ 《全国驻村帮扶工作队基本实现对贫困村的全覆盖》，新华网，2015 年 10 月 21 日。
④ 赵乐际：《在集中连片贫困地区抓党建促脱贫攻坚工作座谈会上的讲话》，2016 年 5 月 15 日。
⑥ 万君、张琦：《"内外融合"：精准扶贫机制的发展转型与完善路径》，《南京农业大学学报》（社会科学版），2017 年第 4 期。
⑦ 王三秀：《农村贫困治理模式创新与贫困农民主体性构造》，《毛泽东邓小平理论研究》，2012 年第 8 期。

产业发展建立利益联结机制的合作组织及建档立卡的贫困户"，对主要扶持产业、政策措施等作出明确规定。N 乡 Z 村精准扶贫户产业发展情况摸底表上记载，截至 2017 年 3 月 31 日，Z 村 8 户贫困户中有两户是五保户，无劳动力，属于兜底扶贫对象，6 户贫困户多数是老弱病残，他们对发展产业信心不足，缺技术，抗御市场风险能力弱。为了更好地帮扶贫困户，当地政府选择将家畜养殖作为扶贫产业，6 户贫困户中除了 1 户加入华山合作社，其余 5 户均自行养殖鸡、牛、兔子等，从养殖数量、产业奖补及收益情况看，属于用传统方法进行的小规模的畜禽养殖。表面上看，Z 村产业扶贫达到了《实施方案》中规定的目标，"确保有劳动力、有意愿的贫困户至少发展 1 项产业"，"贫困户脱贫产业收入达到 60% 以上，贫困户产业覆盖达到 100%"。但是，笔者在对贫困户访谈中得知，贫困户对脱贫的前景不大乐观，由于传统的小规模养殖比合作社的管理成本更高，如果遭遇到畜禽疫情、市场销售不畅等市场风险，他们不仅不能脱贫甚至可能会陷入更贫穷的境地。甚至部分贫困户害怕因产业经营失败无力还贷，怕承担风险，不愿意通过银行贷款负债发展产业。

二是贫穷户缺乏改变贫困面貌的意志、行动和决心。扶贫实践表明，贫困户摆脱不了贫穷境地的根源在于"精神贫穷"，即"贫困者可能缺乏争取和改变自身贫困状况的志向"[1]。对于贫困户而言，贫困带来的社会排斥、自我污名、耻辱感和不被尊重感会降低贫困人口的自我效能和心理健康，会降低志向水平。志向的缺乏会降低贫困者对改变自身贫困状况的期望和信念，使得悲观消极的心理长期支配贫困者行动，贫困者越发相信无论自己怎样努力都改变不了贫困的处境。在此思想支配下，他们认为要摆脱贫困就不得不依靠别人，需要由某种"皇帝"来保护自己，缺乏改变贫困面貌的意志、行动和决心。以 X 县 N 乡为例，部分村民"以当贫困户为荣"，在对贫困户识别的评议会上争先恐后"哭穷""诉苦"，相互争穷、竞相比穷的情况屡见不鲜；有些贫困户"等、靠、要"思想严重，脱贫愿望不强烈，只想躺在"贫困户"床上睡大觉，将产业扶贫贷款用在偿还债务、修建房屋等支出上；更为极端的是，由于低保户的补贴完全可以支撑贫困户的生活，有些贫困户居住在大山，帮扶干部多次要求他们搬迁到人口集中的村落居住，但是他们一直找各种理由推脱，依靠政府发放的低保金混日子。

三、精准扶贫政策执行中基层政府的策略性行为

在我国行政管理体制中，县乡基层政府是中央政策执行过程的最终环节，决定了基层

---

① Appadurai A., "The Capacity to Aspire", in Rao V., Walton M., Culture and Public Action, "the International Bank for Reconstruction and Development", Washington, DC: The World Bank: Rao, 2004: 59 - 84.

政府最重要的工作内容是贯彻执行上级政府下达的各项政策指令。"压力型"体制下，为了完成上级政府下达的各项政策指令和行政任务，处于行政链条末端的基层政府，凭借其拥有的能够灵活执行上级指示的组织基础和制度环境①，合理利用任何有助于目标实现的技术、策略、手段和方式②。据此，有学者提出"正式权力的非正式运作"③"权宜性治理"④"对上级的政策进行选择性执行"⑤"非正式的变通行为"⑥"乡村精英与政府扶贫干部形成互利共谋的合作关系"⑦ 等概念，这些关于基层政府在治理中行为与手段的描述，表明基层政府与基层干部在基层治理中享有一定自主空间。

在急速变迁的乡村社会转型背景下，基层治理主体与治理规则处于相互交织的双重变奏中⑧。自精准扶贫、精准脱贫战略实施以来，脱贫攻坚成为中国全面建成小康社会的底线任务和标志性指标，政府以前所未有的力度推进。在完成精准扶贫、精准脱贫这项重大政治任务过程中，基层政府面临着扶贫"政策失灵"、村庄内生力不足双重困境。为了实现治贫和发展的政治目标，基层政府同样会利用在基层治理中的自主和运作空间，在精准扶贫实施推进中采取策略性行为。本文所指的基层政府精准扶贫中的策略性行为是指基层政府通过对农村精英采取"倚重""扶持""考核"等策略性行为，在激发农村精英参与扶贫工作积极性和主动性的同时，通过目标考核规范农村精英参与扶贫行为，实现精准扶贫的绩效考核任务，贫困得以消解。具体说来，基层政府精准扶贫中的策略性行为主要表现为以下四个方面。

(一) 倚重和依靠农村精英

基层政府在进行精准识别和精准帮扶过程中，面对数量庞大又高度分散的贫困户，如果采取"一对一"直接和贫困户打交道的方式，可能会费时费力并且效果不理想。为此，基层政府在扶贫日常工作中倚重和依靠农村精英，在对贫困户的识别、贫困户产业扶贫贷款的申请、各类扶贫项目的实施等方面，基层政府给予了农村精英较高的信任与自主权。例如，在建档立卡对象的确定上，X 县采取"七步法"，其中，组级评议和村级审核这两个步骤的实质，是国家在统一精准识别的程序和规范前提下，把对贫困农户认定的权力下移给了乡村社会，让熟悉贫困户情况的村组干部等农村精英一起讨论决定。调研中发现，村民在对贫困人口进行评议时，对于最贫困的人群能够达成共识，但是在对贫困边缘的相

①⑥ 周雪光：《基层政府间的"共谋现象"——一个政府行为的制度逻辑》，《社会学研究》，2008 年第 6 期。

② 欧阳静：《压力型体制与乡镇的策略主义逻辑》，《经济社会体制比较》，2011 年第 3 期。

③ 孙立平、郭于华：《"软硬兼施"：正式权力非正式运作的过程分析——华北 B 镇收粮的个案研究》，《清华社会学评论》（特辑），鹭江出版社 2000 年版。

④ 清华大学社会发展研究课题组：《以利益表达制度化实现社会的长治久安报告》，《中国青年报》，2010 年 4 月 18 日。

⑤ O'Brien, Li, Lianjiang: Selective Policy Implementation in Rural China, Comparative Politics, 1999, 31 (2).

⑦ 王海娟、贺雪峰：《资源下乡与分利秩序的形成》，《学习与探索》，2015 年第 2 期。

⑧ 马良灿、黄玮攀：《中国乡村治理主体与治理规则的双重变奏》，《贵州师范大学学报》（社会科学版），2017 年第 4 期。

对贫困户的识别中，由于这类农户之间经济收入差距不大，或因为子女读大学等原因，某些收入较高的农户负担更重，因而难以认定谁是贫困户。随着精准扶贫政策含金量不断提高，可能出现建档立卡的贫困农户因享受了相应政策，实际生活水平还高于其他没有纳入建档立卡的贫困户的现象。由于贫困户被建档立卡后还有脱贫的要求，出于工作的考虑，村组干部在开会介绍某农户情况时，一般会有倾向地介绍他们熟悉了解的农户，在组级评议时具有较强的导向性，基层政府一般也认可村级组织报送的名单。

（二）扶贫资源向农村精英倾斜

"压力型"体制下，为了完成层层加码的考核压力，基层政府扶贫工作内容均围绕被量化的各项指标展开，工作目的是在规定的时间内完成各项考核指标。前文已经指出，贫困户依然存在可持续发展能力脆弱、内生力不足等问题，在产业扶贫中怕承担风险，不愿意通过银行贷款负债发展产业现象突出。以 X 县 N 乡为例，截至 2017 年 1 月 3 日，N 乡申请产业扶贫贷款 23 户，共贷款 68610 元，远远低于 2017 年 N 乡要完成贷款贫困户指标的 561 户，以及 2390 万元的产业扶贫信贷指导任务。为了完成产业扶贫信贷指导任务，培育龙头企业、合作经济组织等新型经营主体，支持新型经营主体带动贫困户发展，成为基层政府的首要选择。目前 X 县 N 乡有 2 个肉牛养殖合作社，共带动两村 64 户精准扶贫户，但是，2 个合作社都存在规模较小、链接的贫困户有限等问题，并且均达不到合作社验收时候要求的"一是'七有'标准，二是与贫困户建立了分红、务工、入股、物技服务、回收产品等利益联结模式"。为了扶持两个合作社发展，X 县 N 乡对两个合作社给予一次性 20 万元的奖扶资金，协助合作社办理"财惠通"授信贷款基地建设 200 万元，并整合交通、水利、电子商务、水保及秀美乡村建设资金，对合作社所需的水、电、路旅游配套设施进行扶持。

（三）加强对农村精英的培养

针对贫困地区、贫困群众内生力不足的现状，各级政府特别是基层政府着力调动贫困群众奋发脱贫的积极性，加强对农村精英的培养，充分发挥农村精英在脱贫攻坚中带头人作用，提高贫困群众的自我发展能力。X 县按照《中共中央国务院关于打赢脱贫攻坚战的决定》"选好配强村级领导班子，突出抓好村党组织带头人队伍建设，充分发挥党员先锋模范作用"相关规定，提前谋划考虑村"两委"换届，实施了人才"回引"工程和"实习村干部"制度，截至 2017 年 7 月，全县共"回引"982 名人才。以 X 县 X 镇 Z 村为例，X 镇党委在村党支部换届时，选拔政治素质好、能带领乡亲共同致富的致富带头人曾某回村参加村党支部书记竞选，选拔外出务工经商人员曾某某回村竞选村委会主任，在本村培养选拔优秀青年农民曾某某、金某某担任村委会会计、妇女主任。为了提高村级组织的带头致富能力，X 镇党委大力扶持由 Z 村村党支部牵头发起、村"两委"干部和党员能人带头参与的 HN 农民专业合作社。HN 农民专业合作社成立两年多来，采取土地入股和金融贷款方式，吸收了 30 户贫困户入股合作社，提供了 26 个贫困户就业岗位，通过劳务收入和年终分红，实现了贫困户脱贫和村民收入的增加。曾某也先后获得"中国乡村旅游致富带头人""江西省劳动模范"等荣誉称号。

（四）严格目标考核

为了确保扶贫工作任务圆满完成，各级政府不断强化扶贫开发考核机制，以脱贫实绩作为考核各地党委和政府脱贫攻坚工作成效的重要依据，严格的考核目标通过层层分解发包到各级责任主体，形成了"县抓乡镇区、乡镇区抓村组、村组抓贫困户"的工作推进体制。X 县始终把脱贫攻坚工作视为头号工程，把脱贫攻坚工作作为县委常委会、政府常务会和乡镇党政联席会的首要议题进行研究讨论，按照《X 县扶贫帮扶干部管理考核办法》《X 县精准扶贫工作问责实施细则（试行)》和《X 县精准扶贫常态督查工作方案》文件精神，强化了村"两委"主要负责人脱贫工作责任考核，因贫困户识别、退出、帮扶等原因不到位的，要同时问责村"两委"主要负责人。例如，X 县 X 镇将精准扶贫列为"书记工程"，要求村党支部书记、村委会主任与 X 镇党委、X 镇政府签订脱贫攻坚责任书，建立了脱贫攻坚责任追究体系，明确了职责任务，对脱贫工作不力的村支书、村主任予以撤换和调整。

四、基层政府策略性行为的绩效及限度

（一）绩效

实践表明，基层政府的策略性行为带来了以下三方面的成效：①保证扶贫工作持续稳定推进。贫困户既是帮扶对象，又是精准扶贫工作的参与者，在一个具有自身的内部结构、行为方式和价值观念的村庄，农村精英能够娴熟利用村庄治理逻辑、血缘人情和地方风俗文化等"地方性知识"，使得精准扶贫政策能够得到大多数贫困户的理解、配合和参与，从而促使精准扶贫政策"落地"。②帮助贫困户脱贫增收。基层政府通过将扶贫资源向农村精英倾斜，支持和帮助合作社的发展，增强合作社带动贫困户脱贫致富能力，拓宽了贫困户的收入渠道，解决贫困户持续增收的问题。③激活村庄内生力。基层政府通过对农村精英的培养，吸引了大批外出精英回乡创业或加入村两委，提高村级组织的带头致富能力，激发起贫困户脱贫致富的信心，村庄的凝聚力和向心力进一步加强。

（二）限度

从基层政府策略性行为的内容、形式、目的及机制看，仍有其限度。

一是扶贫项目偏离贫困户的实际需求。为了提高财政扶贫资金使用精准度和效益，《中央财政专项扶贫资金管理办法》规定，县级享有财政专项扶贫资金项目审批权限，使得扶贫项目决策权力下移至县级，扩大了基层政府对扶贫项目的掌控能力。县级"发包"扶贫项目时，主要根据各乡镇上报的项目建议书，而乡镇上报的项目建议书是根据各个贫困村上报的情况撰写的。由于扶贫项目申请遵循"自下而上"的逻辑，笔者可以乐观地估计，扶贫项目应当契合各村的实际情况，实现财政资金使用范围"因户施策""因地制宜"的目标。但是，由于基层政府精准扶贫的"策略性"行为，基层政府扶贫工作的出发点在于完成扶贫考核目标，导致扶贫项目的决策与实施"是一种由外来干预者主导或当地精英主导的干预过程，而需要被干预的大众却没有参与或没有真正参与进来"[1]。在传统发展主义思维之下，地方政府对于项目的扶贫性质认识不足，认为只要经济增长，贫困户就会脱贫致富，扶贫目标也就相应实现了[2]。因此，无论是确定上报的项目还是县级政府确定"发包"的扶贫项目，均被包装成能够促进当地经济增长的发展型项目。正如有学者所述，项目的运作与基层政府中心工作基本一致，基层政府运营项目的过程就是执行中心工作的过程[3]。笔者在调研中发现，县乡等基层政府很热衷兴建各种大型基础设施，而与农民的生产生活息息相关的特别是农业生产所依赖的公共服务项目却无人问津。事实上，越是贫困人口，通常越是缺少非农就业技能和机会，越是依赖农业收入[4]。扶贫项目被投入农村经济发展中而不是满足贫困户实际需求的做法，导致扶贫资源难以真正惠及贫困户。

二是扶贫资源没有精准下发到贫困户。市场经济冲击下农村社会结构日益分化，形成了由包括村干部、专业大户在内的农村精英阶层和贫困户、普通村民构成的大众群体，前者经济状况较好，与基层政府关系密切，在村庄公共事务决策及实施等方面享有话语权，后者则被排斥在村庄公共权力之外，在扶贫资源和项目的表达和分配上成为沉默的大多数。如前所述，县级政府对扶贫项目的确定，主要根据各乡镇上报的项目建议书，而乡镇撰写的项目建议书依据是各个贫困村上报材料和汇报。乡镇在了解各个贫困村的项目期望设置及其内容时，最应当了解扶贫项目资金与真实的目标群体贫困户的需求，但是由于贫困户长期处于农村社会的边缘，在村庄公共事务中缺乏话语权和参与权，加之贫困造成的怯懦、自卑和能力的不足，他们无法正确表达自己的需求偏好，导致农村精英控制了扶贫资金和项目发言权，扶贫资源没有精准下发到贫困户。

三是影响乡村治理的实际效果。农村精英在协助基层政府完成各项扶贫工作过程中，

①　毛绵逴、李小云、齐顾波：《参与式发展：科学还是神化?》，《南京工业大学学报》（社会科学版），2010 年第 2 期。

②　许汉泽、李小云：《精准扶贫视角下扶贫项目的运作困境及其解释——以华北 W 县的竞争性项目为例》，《中国农业大学学报》（社会科学版），2016 年第 4 期。

③　冯猛：《项目制下的"政府—农民"共事行为分析——基于东北特拉河镇的长时段观察》，《南京农业大学学报》，2015 年第 5 期。

④　吴重庆：《小农与扶贫问题》，《天府新论》，2016 年第 4 期。

逐渐在经济资源、政治地位、社会资源、社会关系、社区威信等方面汇聚相对优势，在村庄权力结构中居于垄断地位，从而影响精准扶贫的实效。例如，在对贫困户的精准识别上，由于村干部享有较大的自主权，"人情帮扶""关系帮扶"的现象依然存在，甚至出现村支书和村副支书所在的自然村的村民拿到的贫困户名额远高于平均值等问题。在精准帮扶上，农村精英垄断了扶贫项目和资金的表达权，村庄发展和村民脱贫的意志由精英代行，扶贫项目和资金远离贫困户的真实需求。在精准管理上，村民无从知晓村庄经济发展的动态、村集体经济的财务状况和精准扶贫建档立卡的滚动变化，自然就无法行使民主监督的权利。国家输入农村的大量扶贫资源在分配和使用过程中，多数普通村民被排斥在外，并未获得应有的利益分配和政治参与机会，村民必然会逐渐削弱对基层政权的认同，进而影响乡村治理的实际效果。

五、余论

如前所述，"自上而下""层层加压"的扶贫模式下，为了完成扶贫的考核目标，基层政府会对农村精英采取"倚重""扶持""考核"等"策略性"行为，基层政府的策略性行为保证扶贫工作持续稳定推进、帮助贫困户脱贫增收、激活村庄内生力，但同时，也出现扶贫对象确定不精准、扶贫项目偏离贫困户的实际需求、扶贫资源没有下达到贫困户等问题，并可能影响乡村治理的实际效果。为了克服当前精准扶贫政策执行中的策略性行为，在基层政府与农村精英之间建立良好互动关系，实现"扶真贫、真扶贫、真脱贫"的目标，笔者认为，需要构建长效的脱贫机制，具体包括三个方面：①"因户制宜""因村制宜"。在对贫困户进行帮扶时，要针对不同贫困农户致贫原因的差异，设置多样化的帮扶措施，实现扶贫措施到户"因户制宜""一户一策"。同时，对于贫困状况严重的村庄，在找准贫困户致贫的个性和共性的基础上，挖掘贫困村的资源禀赋和比较优势，致力于特色产业开发和发展，培育新型经营主体，注重改善贫困户所需外部基础设施和阻碍区域发展的生产生活条件，促进贫困村经济的增长。②充分发挥贫困村内部互动减贫作用。要健全村党支部领导的村民自治机制，加快推进贫困村村务监督委员会建设，继续落实好"四议两公开"、村务联席会等制度，增强村民对精准扶贫政策的了解程度，提高农民的参与意识，提升村民对村庄扶贫脱贫事业的参与度，真正发挥村民在精准扶贫中的主体地位，激发贫困村内部形成和谐的脱贫致富环境。③提升农民的内生动力和造血功能。要加强农村精英的思想道德素质建设，提高精英的民主意识和文化水平，树立村庄命运共同体观念，将精英追求自我利益最大化的理性意识转化为促进村庄经济发展、带动扶贫脱贫的价值观念。通过"智""志"双扶，帮助农民克服"等靠要"思想和"救世主"期盼心理，重塑农民在精准扶贫中的"主人翁"意识，敢于克服当前脱贫攻坚的困难和问题，树立脱贫致富的发展目标和毅力决心，从而真正地"拔穷根""治穷病"。此外，还要对贫困户开展实用技术等各种技能培训，从根本上提高贫困户的致富能力，提高贫困户的"造血"本领，实现靠自己努力改变命运。

村级组织在完善农村社会保障制度体系中的功能研究

——以兴国县 N 乡 N 行政村为例

骆江玲*

村级组织①是农村的基层组织，农村基层党组织是坚持和实现我们党对农村科学领导最直接的力量。而其中，农村党支部是我们党在农村的基层组织，是在农村全部工作和战斗力的基础，也是村里各种组织和各项工作的领导核心。村委会是村民自我管理、自我教育和自我服务的农村基层群众性的自治组织②，而村党支部和村民委员会是领导与被领导的关系。村民自治必须在党的领导下进行，村委会必须自觉接受党支部的领导，要依据《村委会组织法》所赋予的职责开展工作，一些重大的事情要及时向党支部请示汇报。另外，村党支部书记是村里的"一把手"，主持村里的全面工作，并对村级工作负有主要责任。而村委会主任要在党支部的领导下负责抓好村务工作。村两委成员要自觉维护好村党支部的集体领导和班子团结，积极主动地做好各自分管工作，共同把村里的事情管理好和处理好。

另外，我国目前的社会保障制度体系主要是以养老保险、医疗保险、最低生活保障等制度为主，中华人民共和国成立以来，尤其是 20 世纪 80 年代以来，中国的社会保障制度建设取得了很大的成就，但是还存在一些缺失。如重局部试点轻全国统筹，重经济保障轻服务保障，重政府包办轻责任分担等，很多保障项目存在体制没有理顺、责任没有厘清、结构不够优化、机制没有创新等紧迫问题③。而且我国的社会保障制度体系也不完整，如养老服务方面产品不足、质量不高、社会福利事业发展不足等。当前西方国家正在反思社会养老保障制度的设计，如日本和韩国已经开始反思存在的利弊，尝试开发具有民族文化

---

* 作者简介：骆江玲，女，管理学博士，江西师范大学马克思主义学院副教授，江西师范大学"社会发展与治理"江西省 2011 协同创新中心研究员。

① 村级组织包括村委会、村级党组织、村民理事会等，本文主要是以书记和村主任为研究对象。

② 《中华人民共和国村民委员会组织法》第一章第二条（1998 年 11 月 4 日第九届全国人民代表大会常务委员会第五次会议通过，2010 年 10 月 28 日第十一届全国人民代表大会常务委员会第十七次会议修订）。

③ 郑功成：《加快健全社会保障体系》，《人民日报》，2016 年 2 月 2 日。

的养老保障模式①。

随着中国经济社会的快速发展，未富先老的中国已经进入了老龄化社会，加上看病难看病贵的现象，农民对于社会保障的需求越来越强烈。在这种背景下，农村社会保障制度的建设值得反思。同时，党和国家领导人历来都很重视农村社会保障制度的建设。党的十六大以来，我国加快了农村社会保障制度的建设进程，并逐步建成以农村最低生活保障制度、新型农村合作医疗以及新型农村养老保险为核心的农村社会保障制度体系。党的十八大以后，社会保障体系的建设继续成为焦点问题之一。习近平同志在党的十八届三中全会的《中共中央关于全面深化改革若干重大问题的决定》中提出，"建立更加公平可持续的社会保障制度"，其中包括"整合城乡居民基本养老保险制度、基本医疗保险制度、推进城乡最低生活保障制度统筹发展、完善社会保险关系转移接续政策"。通过多年的努力实践，我国农村社会保障制度建设成果显著，同时也面临着很多困境。例如：①制度的不完善，造成城乡之间、地区之间以及人群之间存在着差异；②家庭保障功能的弱化，国家承担社会保障资金财政支付压力越来越大。

我们知道，村级组织作为农村的基层组织，在完善农村社会保障制度体系中担负着重要角色，也是促进社会和谐稳定发展的重心，基于此，本文以兴国县 N 乡 N 行政村为例，进一步探讨村级组织，尤其是村主任和村书记在完善农村社会保障制度体系中所发挥的作用，取得的成效和存在的问题，以及如何去完善和发展。

一、梳理学界对村委会和村级党组织的职能和农村社会保障制度方面的探讨

下面主要从学界对村委会、村基层党组织以及社会保障制度三方面进行梳理。

（一）学界对村委会的职能探讨

村民委员会②（以下简称村委会）的职能是要自觉维护村党支部的核心领导地位，在村党支部的领导下，实行民主选举、民主决策、民主管理、民主监督四个民主，积极主动地做好职责范围内的工作，定期向党支部报告工作。并按照党支部的总体部署，办理本村的公共事务和公益事业，调解民间的一些纠纷，协助维护社会治安，向人民政府反映村民的意见和要求。除此之外，支持集体经济组织依法进行经济活动，促进农村生产建设和社

---

① 常亮：《社会福利的制度选择与文化阐释——〈租会福利与文化〉》，《中国农业大学学报》（社会科学版），2014 年第 4 期，第 153－156 页。

② 《中华人民共和国村民委员会组织法》第二章（1998 年 11 月 4 日第九届全国人民代表大会常务委员会第五次会议通过，2010 年 10 月 28 日第十一届全国人民代表大会常务委员会第十七次会议修订）。

会主义市场经济的发展，保障集体经济组织和村民的合法权益。并依照法律的规定，管理好本村村民集体所有土地和财产，宣传国家政策，发展文化教育，普及科技知识，保护和改善生态环境，维护村民的合法权利和利益，促进村村相互之间的团结和互助，开展各种社会主义精神文明建设活动，积极协助镇政府开展工作等。

对村委会的一些职能，学界也有一些探讨，如王玉龙①发现在村民自治过程中出现了自下而上的监督弱化甚至虚化从而导致了农民负担过重、村务决策专制、管理不规范化、乡镇政府权力失控等现象，提出了无党性派别的民监会（即村民监督委员会）成立和实施的必要性和重要性。而李韬等②认为村庄存在着派系、操控村务监督委员会的选举和监督活动、村"两委"书记主任寻求上级的庇护、在公共理性普遍缺乏的环境中村务监督委员会成员寻求"搭便车"不愿履行监督职责等因素的影响而导致村务监督委员会普遍表现出弱监和虚监的特征。因此从派系、理性和庇护因素的分析视角提出应该加强村务监督委员会的组织建设和完善自上而下的监督机制，强化村民和精英的素质教育和民主参与实践，从而增强村务监督委员会监督的功能。另外，王中华等③认为村民理事会是社会历史发展的新事物，是一种新型的村民自治组织，它在新农村建设和农村基层治理中发挥着十分重要的功能，是农村基层治理的有效载体，是官民合作治理的有益纽带，是信任危机治理的有效制度，同时也是农民参与治理的有效途径。但是因为目前还存在很多问题，如与村"两委"关系不够明确，家族宗族势力的干扰，内部运行机制的不健全，政府缺乏有效的引导等，因此需要进一步完善其功能，从而使农村基层民主制度和农村基层治理体系更加完善。

褚松燕④认为农村基层组织有行政执行、经济发展、利益整合与协调、公共事业的组织、政治认同和文化延续等功能。认为行政执行和经济发展应该淡出基层组织功能范围，通过制度细化来化解村"两委"的矛盾。建议政务与村务应该分离，鼓励村民自治方式和组织形式的多样化，构建一个宽松的宏观制度环境。

(二) 学界对村级党组织的功能探讨

村党支部的职能⑤主要是贯彻执行党的路线方针政策和上级党组织及本村党员大会的决议。依法讨论决定本村经济建设和社会事业发展规划等相关的重大问题，搞好支部委员会的自身建设，做好发展党员工作，并对党员、村干部、村办企业管理人员加强教育、管

---

① 王玉龙：《村民自治中的民监会》，《中国农村观察》，2003 年第 2 期，第 73 - 76 页。

② 李韬、吴思红：《村务监督委员会的实践困境和功能改进——派系、理性和庇护因素的分析视角》，《湖北行政学院学报》，2016 年第 5 期，第 54 - 59 页。

③ 王中华、刘宇丽：《村民理事会的基层治理功能及其完善策略》，《山西农业大学学报》（社会科学版），2014 年第 11 期，第 1087 - 1091 页。

④ 褚松燕：《论农村基层组织建设的功能定位与发展前景》，《中共青岛市委党校青岛行政学院学报》，2007 年第 5 期，第 61 - 65 页。

⑤ 村党支部的职责，2013 年 9 月 9 日，http：//wenda. so. com/q/1378756577067282？src =140。

理和监督。另外，支部班子要关心群众，倾听他们的呼声，维护他们的合法权益，搞好本村的社会主义精神文明建设和社会治安及计划生育工作。

对村级党组织的一些功能，学界也有一些探讨，如徐勇①从政治整合功能角度认为农村基层党组织取代了传统的精英体制而成为乡村治理的权力主体，实现乡村治理的现代化。把一个传统的乡绅社会改造成政治社会，实现对农村社会的整合。有些学者从村级党组织功能变迁的角度研究，如何文兰②总结了农村基层党组织"革命化""政党化"和"行政化"嬗变中的不同影响因素。吴梅芳、周建庆③从农村基层党组织建设及其功能实现途径研究探讨了农村基层党组织的"革命导向型"模式、"高度融合型"模式以及"高度政党型"模式三种功能模式及嬗变轨迹。杨雅涵④等从农村基层党组织建设和功能变迁综述，提出了要从优化组织结构、强化服务功能和完善制度建设等方面进行农村基层党组织的功能调适。王志国⑤对新形势下农村基层党组织功能进行定位并在实践中探寻它的功能实现路径。

（三）学界对农村社会保障制度的探讨

1. 国外农村社会保障制度的探索

因为受经济发展和二元经济结构的影响，发展中国家的社会保障制度建设步伐很慢。由于社会保障的覆盖面很窄，世界上有一半以上人口被排斥在正式社会保障之外，如亚洲国家的老年人口有 4/5 没有社会保障⑥。一些低收入的国家社会保障的覆盖面不到 10%，中等收入国家的覆盖面只有 20% ~ 60%，全球只有 20% 的人口获得了比较全面的社会保障⑦。为了应对这些挑战，很多国家都立足本国国情进行探索，在农村社会保障制度改革中积累了丰富的经验。如很多国家在农村都扩大了社会保障覆盖面，都建立起了多层次的社会保障制度，都非常重视非缴费普惠制社会保障制度，都积极探索实施社会风险管理策略框架，都积极发挥传统非正式社会保障制度的积极作用⑧。

2. 国内农村社会保障制度的探索

社会保障既是现代国家的一项重要的经济社会制度，也是一种重要的经济社会机制。习近平总书记提出，"要进一步加强社会治理体系和治理能力现代化建设，社会保障和公共服务制度既是基本公共服务均等化建设的重要内容，更是完善公共治理体系的一个重要

① 徐勇：《"政党下乡"：现代国家对乡土的整合》，《学术月刊》，2007 年第 8 期。

② 何文兰：《农村基层党组织历史功能嬗变及影响因素》，《江南社会学院学报》，2013 年第 3 期。

③ 吴梅芳、周建庆：《农村基层党组织主要功能及其实现途径》，《求实》，2010 年第 4 期。

④ 杨雅涵、殷焕举：《近年来农村基层党组织功能研究综述》，《科学社会主义》，2010 年第 5 期。

⑤ 王志国：《新形势下农村基层党组织功能定位和实现路径探析》，《中共福建省委党校学报》，2010 年第 3 期。

⑥ Mackellar, "Pension System for the Informal Sector in Asia", WorldBank, 2009.

⑦ Ginneren W. , "The Global Comparing on Social Security and Coverage for All", ILO, 2003.

⑧ 林义、林熙：《国外农村社会保障制度改革的新探索及其启示》，《国家行政学院学报》，2010 年第 4 期，第 111 – 116 页。

环节"。随着工业化、社会民主化的深入推进，社会保障功能和影响范围逐步延伸到社会经济管理的各个领域，成为国家治理中独特的力量①。而农村社会保障制度又是重中之重。

我国农村社会保障制度建设起步比较晚，而且很不完善，它作为社会的"安全网"与"减震器"，在维护整个社会稳定和调节农村的经济发展中扮演着很重要的角色，发挥着很重要的作用。因此，完善农村社会保障制度一直是国家领导人十分重视以及广大农民比较期待的问题。在党的十八大、十八届三中全会以及政府报告中，国家领导人接连阐述一定要完善社会保障制度的重要性，并分别提出"统筹推进城乡社会保障体系建设""建立更加公平可持续的社会保障制度"与"加强社会保障与增加居民收入"等总体发展要求，为完善农村社会保障制度指明了方向。随着我国土地制度的改革和家庭功能的弱化，传统的农村社会保障由集体保障到家庭保障，发展到现代的农村社会保障制度。当前农村社会保障制度"碎片化"比较严重，家庭保障弱化，国家财政支付压力大，农民也面临生产和生活双重的风险，规避风险难度加大。

对此，一些学者也从各自的角度来探讨农村社会保障制度。如刘远风②认为社会保障制度建设应该直面农村空心化对社会保障需求与供给的影响，他通过分析农村空心化影响社会保障制度运行的经济社会机制来讨论农村空心化背景下的社会保障制度建设，并提出一些建议，如构筑多元化、多层次的社会保障体系来培育社会保障制度运行的条件和提高社会保障的供给能力。桂晓红③立足于我国国情，认为应该从结构和层次体系来规范农村社会保障的参保对象和出资结构，提出完善我国农村社会保障制度的建设内容，如完善社会保障制度立法，扩大社会保障覆盖面、优化社会保障的筹资机制，社保基金的保值增值、建立多层次的社保体系，鼓励传统家庭养老和社区养老、加快农村基础设施建设，积极开展农村开发运动等。雷咸胜等④对我国社会保障供给侧结构性改革做了一些思考，认为需要对社会保障供给侧的制度供给、规则供给、保障水平供给、话语体系供给和主体参与供给五个方面进行有效的改革，以满足民众日益增长的社会保障需求。宫若聪⑤主要针对农村社会保障法律制度中存在的问题来分析，并提出相应策略，进一步完善农村社会保障法律制度。而陈宇翔等⑥从农村老人养老保障体系出发，认为目前这个体系面临很多问题，如家庭养老保障功能弱化、社会支持体系逐渐瓦解、老人自我供养能力不足等。提出在农村老人养老保障体系重构和运行过程中政府应当承担的责任，如顶层设计、组织管

① 王延中：《深化社会保障与公共服务制度改革的思考》，《国家行政学院学报》，2016 年第 2 期，第 68 页。

② 刘远风：《农村空心化背景下的社会保障制度建设》，《江西社会科学》，2016 年第 8 期，第 211－215 页。

③ 桂晓红：《经济全球化背景下农村社会保障制度完善路径》，《农业经济》，2017 年第 5 期，第 105 页。

④ 雷咸胜、崔凤：《关于我国社会保障供给侧结构性改革的几点思考》，《当代经济管理》，2017 年第 2 期，第 44－49 页。

⑤ 宫若聪：《农村社会保障法律制度探析》，《法制与社会》，2017 年第 1 期（下），第 46－47 页。

⑥ 陈宇翔、余清、李晓培：《农村老人养老保障体系重构与运行中的政府责任——以湖南省为例》，《吉首大学学报》（社会科学版），2016 年第 3 期，第 89－94 页。

理、财政投入和监管等。

如上所述，当前国内外大部分学者都是针对村级组织或者农村社会保障制度的单方面论述，而村级组织在农村社会保障制度体系中的功能研究几乎没有。本文重点针对农村基本养老保险、农村基本医疗保险与农村最低生活保障救助三个方面来尝试探讨村级组织在完善农村社会保障制度体系中所发挥的功能作用以及如何更好地完善路径。

二、村级组织在农村社会保障制度中发挥作用的现状

社会保障一般由社会保险、社会救助和社会福利三大部分组成。社会保险是国家依据法律规定建立起来的一项保障准则，它规定社会成员必须按照要求交纳一些特定项目的社会保险费，以便形成专门的社会保险基金，当社会成员遭遇规定范围内的风险时，社会就会依据该成员的缴费状况，向他本人和家庭提供相应的经济帮助，主要包括养老保险、生育和医疗保险以及失业保险。社会救助是社会劳动者在不能够维持其最低标准的生存行为时，可以依据有关法律法规由国家和社会按照规定的标准向其供给最低生活保障的资金和实物帮助，使他们维持最低限度的生存标准。主要包括自然灾害救助、失业救助、孤寡病残救助以及城乡特困户救助等项目。社会福利是国家和社会给每一位符合条件的公民依据法律规定提供的一种社会保障办法，主要供给福利设备和福利效能，其目的是保证他们享有一定生活水平的资金和效能。主要包括除了社会保险、社会救助以外的全部社会保障内容。

（一）兴国县的社会保障制度内容

农村的宅基地、承包地以及村庄熟人社会是农民工的最后退路与基本保障。发财致富的机会在城市，基本保障则在农村。中国农民整体上具有"自雇佣的小农"特征，目前与农民最密切相关的社会保障制度安排是农村最低生活保障制度（简称农村低保）、城乡居民基本养老保险制度（包含原农村地区新型农村养老保险，简称"新农保"）、城乡居民医疗保险制度（包含原农村地区新型农村合作医疗，简称"新农合"）等制度[1]。兴国县作为苏区之一在产业扶贫、医疗保障、养老保险、法治保障、"互联网＋"等方面都有一定的作用，本文主要从农村医疗保障、城乡居民养老保险以及扶贫救助三个方面来叙述兴国县的社会保障制度内容。

1. 兴国县的农村医疗保障制度

为切实减轻贫困人口医疗负担，防止因病致贫、因病返贫，兴国县对农村建档立卡贫

---

① 左停、赵梦媛、金菁：《路径、机理与创新：社会保障促进精准扶贫的政策分析》，《华中农业大学学报》（社会科学版），2018 年第 1 期。

困户看病实行了"医保（原新农合）基本医疗补偿、（原新农合）大病保险、农村贫困人口医疗商业补充保险、民政医疗救助"四道保障线。通过实施"四道保障线"，兴国县贫困户看病自负医疗费用控制在10%以内。

（1）基本情况。2016年，兴国县已经标识的农村建档立卡贫困对象70155人，农村建档立卡贫困对象住院18414人次（包括门诊慢性病人次和尿毒症血透人次），总医疗费用6299.78万元，新农合补偿4432.43万元，实际补偿比例为70.3%，较普通患者高出15个百分点；新农合大病保险已经补偿436人次，总医疗费用为1954.64万元，新农合补偿1023.8万元，新农合大病补偿金额达到309.4万元。疾病医疗商业补充保险已经补偿392人次，总费用2353.99万元，新农合补偿1189.02万元，新农合大病保险补偿391.99万元，疾病医疗商业补充保险补偿629.51万元，在已经补偿的392人次中，以上三项合计补偿2210.52万元，自付比例为5%。

2017年，兴国县被列为第一批进入全市医保城乡贫困人口健康扶贫"四道医疗保障线""一卡通"同步即时结算先行先试的试点县。5月初将贫困人口医保IC卡全部发放到位，5月12日全面启动城乡贫困人口刷医保IC卡享受"四道医疗保障线""一卡通"同步即时结算。截至2017年6月底，通过"四道医疗保障线""一站式"同步结算系统结算1493人次，医疗总费用590.64万元，报销总费用578.67万元（其中基本医疗保险440.5万元，大病保险1.08万元，疾病商业补充保险129.45万元，民政救助7.64万元），各定点医疗机构目录外负担5%减免金额为1.46万元，个人负担部分10.51万元，占住院医疗总费用比例的1.78%。

（2）实行县域内农村贫困人口住院先诊疗后付费制度。在县域内对贫困人口已经实行了先诊疗后付费制度，入院时不需缴纳住院押金，由医疗机构与城乡居民医保经办管理机构之间进行结算。在县级和乡级定点医疗机构住院，可报费用不设起付线，直接按补偿标准进行补偿，减轻了患者垫资压力。

（3）整合资金，加大投入，提升健康扶贫工作水平。兴国县针对健康扶贫专门下发了《关于印发健康扶贫提升工作补充意见的通知》（兴办发〔2017〕61号）文件，在认真贯彻落实江西省、赣州市《健康扶贫工程实施意见》的基础上，进一步整合资金，加大投入，提升健康扶贫工作水平，增强贫困人口防病治病意识，2017～2020年，每年全县计划再筹集资金1100万元左右，用于兴国县贫困人口看病就医报账的再补充，力争使农村建档立卡贫困人口住院患者和慢性病管理患者个人自负费用控制在10%以内。①扩大慢性病报账范围，提高慢性病报账比例。现在门诊慢性病病种扩大到30类，报账比例为60%，在此基础上再提升30%的补偿，补偿比例达到90%。在原30种门诊慢性病病种的基础上，增加原发性高血压Ⅰ期、风湿类风湿病、消化道溃疡、皮肤病、泌尿系结石、椎间盘突出症六种病种为门诊慢性病病种，与上述原30病种享受同等报账待遇，补偿比例均达到90%。②加大对精神病患者的治疗及监护。按危险评估分级，危险评估1～5级患者经家属申请给予免费住院治疗，关锁患者按原有精神病患者的申请治疗程序给予长期免费治疗；所需费用经医保报账后，其余部分由民政部门负担。③经认定为长期卧病在床需要长期护理和照料的失能病人（如中风、植物人、截瘫、脑外伤后遗症等）给予医疗及药物补助。具体是由县扶移办会同乡村通过摸排、公示等形式确认人员名单。实行每年一审核一认定一发放，按每位患者每年 2000 元的标准予以发放。④加强预防疾病工作力度，增强贫困户抗病持续健康的能力。安排专项资金，强化爱国卫生到村到户，加强对贫困户的病媒生物消杀，适当检测监控贫困村和贫困户的水质情况。加强疾病筛选工作，对贫困户实行免费产检和新生儿"四病筛查"。

2. 兴国县城乡居民养老保险情况

兴国县民政部门牵头，用社会化的模式去推进养生养老服务业的发展，当前健康养生养老服务重点产业主要是推进民政项目园、田庄上养老等，目的是进一步完善该县的健康养老服务行业发展及其配套设施。兴国县有 25 个乡镇、1 个经济开发区、304 个行政村、10 个城市社区，总面积 3215 平方公里，总人口有 83.6 万。全县 60 岁以上老年人有 11.3 万人，占总人口的 13.6%；80 周岁以上的有 1.26 万人，其中百岁老人有 33 人；五保对象有 3735 人（其中集中供养 1035 人、分散供养 2700 人）。目前，兴国县有 25 所乡镇敬老院、2 所民办养老机构（兴国县老年服务中心和苏区情养老服务中心）、2 所公建民营养老机构（田庄上养老服务中心和民政项目园）、1 所光荣院，共有养老机构床位 2872 张。针对兴国县老年人口比例高和老龄化增速快的特点，该县委和县政府围绕"老有所养、老有所医、老有所教、老有所学、老有所为、老有所乐"的目标，采取了有力的措施，加大了工作的力度，初步构建了城乡养老服务体系，如以居家为基础、以社区为依托、以机构为补充，全县养老事业稳步发展。从 2011 年 7 月城乡居民养老保险工作全面启动以来，该县认真贯彻"全覆盖、保基本、有弹性、可持续"的工作方针，紧紧围绕"参保缴费、待遇发放、基金安全"开展各项工作，具体如下：

（1）参保情况。2016 年兴国县城乡居民基本养老保险参保人数达到 347186 人，完成省市下达的民生工程目标任务的 100.04%。其中，全年参保缴费人数 257252 人，全年征收养老保险费 2934.87 万元，60 岁以上领取待遇人数达 89934 人，全年发放养老金 8816.54 万元，发放率达到 100%。截至 2017 年 6 月 19 日，兴国县参保人数是 259281 人，其中：参保缴费人数达 170144 人，收缴保费 2049.26 万元，领取待遇人数达 89126 人，完成省里下达的民生指标 71.59%。

（2）缴费方式走向人性化和便民化。2015 年兴国县选了 L 镇和 J 镇作为保费银行代扣代缴试点乡镇，缴费方式取得了显著成效。为方便城乡居民参加养老保险，维护城乡居民基本养老保险基金安全，2016 年兴国县全面推行城乡居民养老保险费代扣代缴，改变了以往人工直接收缴现金方式，充分发挥社会保障卡功能，减轻基层工作强度，杜绝基金管理隐患，确保基金安全。通过广泛政策宣传，层层动员发动，集中经办人员培训，与乡镇签订责任状等措施，大力推行城乡居民保费代扣代缴工作。除了政府兜底代缴的部分，其他参保对象全面实现代扣代缴，并取得了较好的成绩。

（3）社会化服务工作实现人性化和常态化。2015年城乡居民养老保险生存认证工作采取工作人员和待遇领取对象见面登记的方式认证，这种方式效率低。到2015年底兴国县农保局引进了人脸识别系统应用于生存认证工作。在制度化、常态化和规范化管理的前提下，实行生存认证多样化和人性化，服务科学便捷。在全县304个行政村建立了310个便民服务店而且均按照"六个一"标准进行建设，实现了"三个不出村"目标，制定了经济激励考核机制，有效地提升了各点的经办效率和服务水平。针对待遇领取对象建立了丧葬补助金制度，兴国县政府决定对2015年1月1日及以后领取养老金死亡的参保人，一次性支付给其继承人或指定受益人600元的丧葬补助金。

（4）政府兜底保障更加完善。2016年在精准扶贫政策扶持下，针对建档立卡贫困户中低保和五保户中符合参加城乡居民养老保险的对象，实行由政府兜底最低标准的养老保险。

3. 兴国县扶贫救助情况

2017年兴国县扶贫救助主要有产业扶贫、安居扶贫、健康扶贫、就业扶贫、教育扶贫、兜底保障扶贫、金融扶贫和电力扶贫等。下面主要以产业扶贫为例。

自精准扶贫工作开展以来，兴国县认真贯彻落实上级党委政府关于扶贫工作系列部署要求，按照"展业、富民、兴村、强乡"的发展目标，进一步厘清思路、强化责任，重点抓好精准扶贫驻村帮扶，全力推进产业扶贫工作，促进农户的创收，改善贫困的面貌，进一步帮助贫困村以及贫困户尽快脱贫。兴国县2017年产业扶贫项目名称主要有蔬菜、油茶、脐橙、肉牛、特色种养、电子商务、光伏、合作社等方面。具体如表1所示。

表1　2017年兴国县产业扶贫政策

项目名称	补助标准
蔬菜	露地种植蔬菜0.5亩以上的，补助基础设施建设费、农资种子费共500元/亩；建大棚种植蔬菜0.3亩以上的，标准钢架大棚补助10000元/亩和农资种子费1000元/亩；竹木大棚补助5000元/亩和农资种子费1000元/亩；租用蔬菜基地或大户的大棚种植蔬菜的，每年补助贫困户3000元/亩
油茶	新种植油茶林的贫困户奖扶：①贫困户自己种植油茶林5亩以上的，经验收合格后，一次性奖扶1200元/亩。②在油茶林规划基地范围内贫困户按要求种植的，奖扶1200元/亩；属社会力量捐赠给贫困户的，奖扶1200元/亩；5亩以上的低改贫困户按200元/亩给予补助
脐橙	贫困户开发：安排每户5亩，前4年投资按4000元/亩计算，共需20000元/户的帮扶资金一次性补助给贫困户，确保挂果前的投入管理费；多于5亩的给予300元/亩的苗木补助，200元/亩的果园基础设施配套（水、电、路），共500元/亩的资金补助
肉牛	贫困户发展肉牛养殖奖扶标准。建档立卡贫困户，养殖能繁母牛1头以上，每繁殖1头牛犊给予2000元补助；养殖肉牛1头以上，且饲养10个月以上，肉牛销售后给予每头2000元的补助

项目名称		补助标准
特色种养	特色种植业	①绞股蓝种植。对种植面积 1 亩以下补助 150 元/亩；1 亩以上补助 250 元/亩；5 亩以上补助 650 元/亩。②百合种植。对种植百合 1 亩以上给予补助 500 元/亩。③红薯种植。对种植红薯 1 亩以上的，免费提供红薯良种脱毒苗，经验收合格后一次性给予 200 元/亩补助，自行加工倒蒸红薯干的给予 300 元/亩补助。④席草种植。对种植 1 亩以上的给予补助 400 元/亩，购买烘干设备、织席机的给予设备 20% 的补助。⑤毛竹种植。新造 1 亩以上竹林补助 600 元/亩，改造 5 亩以上竹林补助 400 元/亩。⑥荸荠种植。对种植 1 亩以上给予补助 500 元/亩。⑦甜叶菊种植。对种植甜叶菊面积 1 亩以上补助 300 元/亩；5 亩以上补助 500 元/亩。⑧中药材种植。对种植中药材面积 1 亩以上补助 300 元/亩；5 亩以上补助 500 元/亩
	特色养殖业	①大型畜类：饲养猪、羊等成年体重 20 公斤以上的单项大型畜类（除肉牛外）年出栏达 1 头以上的，每头奖扶 300 元。②小型畜类：饲养兔、鼠等成年体重 20 公斤以下的小型畜类年出笼达 50 头以上的，每头奖扶 30 元。③禽类：饲养鹅年出笼 20 羽以上每羽补助 30 元，饲养鸡鸭等禽类年出笼 50 羽以上的，每羽奖扶 20 元。④水产类：单项养殖规模 0.5 亩，养殖时间 6 个月以上，每亩奖扶 1000 元
电子商务		开展贫困户家庭电商技能免费培训，引进培训机构，组织电商培训，并对电商创业贫困户做好跟踪服务或代运营
光伏		贫困户贷款利率按银行同期贷款基准利率执行，由县财政给予 5 年的全额贴息，一季度贴息一次，实行先缴后补（凭农户缴交银行利息的凭据，财政给予相应的贴息补助资金）
合作社		联结带动 10 户以上建档立卡贫困户脱贫的农民专业合作社每年奖扶 40000 元，每增加带动 1 户贫困户增加奖扶 1000 元，扶贫产业基地和合作社两者不得重复申报且不与产业扶贫项目重叠。验收时必须具备一定的条件①

资料来源：中共兴国县委组织部。

为了推进精准扶贫，提高贫困户的收益，兴国县还建设了"杰村万亩油茶示范园""隆坪万亩油茶示范基地"，还收购了"方太油茶基地"，主要是吸收有劳动能力的农户到基地务工，目的是增加收入和学习技术来提高自家的油茶林产量，通过诸如此类的措施来进行帮扶。另外，还高标准打造了"茶园六科""均村横柏"和"高兴老营盘"三个油茶低改示范基地，面积总共 1846 亩，用简单易学的方法，辐射带动周边三个乡镇 300 多名农户受益。

① a. 具备"证照、牌子、场所、章程、制度、组织、五统一分管理模式"的"七有"标准。b. 与贫困户建立了分红、务工、入股、物技服务、回收产品等利益联结模式之一的，且利益联结要通过农户"一卡通"体现，务工的必须有 6 个月以上的银行流水体现，确保每人 1200 元/月；入股分红的必须保证吸纳建档立卡贫困户入股 20000 元以上每户，年回报率 15% 以上分红；回收产品的产值必须保证每年 5000 元/户以上。c. 合作社要有基地、有规模，有资料台账，如购销合同、利益联结协议、村第一书记确认等相关资料。

（二）兴国县村级组织在农村社会保障制度中的成效

兴国县共有行政村 304 个，农村党支部 304 个，共有村"两委"干部 1250 人，其中，村党支部书记和村主任"一肩挑"的村有 58 个。村干部平均年龄 46.7 岁，35 岁以下的占 20.4%，35～50 岁的占 42.5%；50 岁及以上的占 37.1%，其中，村书记和村主任整体年龄偏大，平均年龄分别为 50.2 岁和 49.7 岁。在学历方面，兴国县村干部初中高中学历的共占 78.4%，中专以上学历的占 21.6%，村书记和村主任的学历偏低，初中学历占了 40.5%。

N 村属于 N 乡的一个行政村，有 25 个村民小组，653 户农户，3008 人（其中中共党员 67 名），耕地面积 1740 亩，林地面积 39800 亩。N 行政村的主要产业有油茶、水稻、蔬菜、养鸡、药材、养猪、养牛、养蜂。近几年来，在上级有关部门的支持和关心下，N 行政村各项基础设施建设逐步改善，村民的生产生活水平得到了进一步的提高。

作为原苏区构成之一的兴国县基层领导干部一直铭记党恩和牢记自己的使命，把"脱贫摘帽"作为总目标，在县委和政府的坚强领导下，乡级党委和政府与人民群众一起，不忘初心，继续前进，一个个民生福祉项目在 N 行政村落地生根；一系列精准扶贫政策走进了贫困农家，如产业扶贫、健康扶贫、保障扶贫等；一名名党员干部走进了群众心中，如结对帮扶、志愿服务等，为创造 N 行政村幸福美好生活而努力奋斗。如近 5 年来，N 乡医疗卫生事业稳步提升，乡卫生院设备升级换代，医务人员水平通过学习培训得到提高，医疗服务水平也迈上了新台阶，目前共新建了 3 个村级卫生所（包括乡村医生私办），农村医疗保障水平也得到切实提高。同时，老年人养老也得以保障，如敬老院二期院民楼顺利竣工，敬老院服务能力水平也得到较大提升。另外，N 乡围绕贫困户产业 100% 覆盖的目标，充分发挥村两委和贫困户的主观能动性，做好做实产业发展升级的新篇章，以农业产业的发展升级加快脱贫攻坚的步伐，为村民造福。而 N 行政村的村党支部书记 YXH 说，"本村引进了白莲特色产业，促进扶贫户的增收；本村全面落实各项惠民政策，保障了群众的利益；而且全力推动重点工程等。今后还将进一步加强本村对党员的学习教育，促使党员们发挥自身的模范带头作用"。

1. 兴国县村级组织在医保方面的成效

兴国县医保是动态管理，每个季度都会调整一次，专门针对重病患者。如当地自然灾害、村民重病等原因导致因灾返贫和因病返贫等情况，针对这种现象，村书记和村主任都会随时跟进上报到乡镇部门。

2. 兴国县村级组织在养老方面的成效

目前兴国县给每位村民都办理了一卡通服务，操作方便。如调研中发现很多老人文化程度不高，年纪大，家里子女又不在身边，他们根本不知道怎么取钱，这时候更多的是村干部帮助他们取钱。另外，还专门在村里设立了一个养老金取款点，为本村村民提供了便利，如村民们可以直接在村里的小卖部取钱。

3. 兴国县村级组织在救助方面的成效

兴国县农保局针对困难群体都会实施救助措施，如对残疾人进行医疗救助，五保户等享受农村低保等，基本上能确保这些群体不会陷入生活困境。但是在确定这些群体的过程中，村书记和村主任起到了很大作用。

在访谈中得知，在村里专门有一个低保听证库，就像采购专家库一样，每个村大概30人，针对大村一般抽调15人左右，小村一般抽调10人左右，由村里自我组织听证会，具体操作由村干部实施，乡镇派干部参加听会。如首先由村里有困难的村民写申请提交到村委会，然后由听证会的成员听取这些有困难的村民情况，各小组代表也可以代说村民的困难情况，评委们根据村民们的困难情况进行投票。在所有评委当中，如果村民得到2/3以上票数的就可以被纳入享受低保补助对象，最后被评上的村民名单会被张贴公示一个星期，如无异议，就算通过，然后申报到乡镇，再由乡镇统一将全乡镇的名单公示，再报县里，而县里实行抽查制度，下村调查核实，如果村民情况属实，就会在一年内正式批下来，如果发现核实不符合对象的，那就要重新评审①。

为了保证公平公正公开，每个村小组的组长和村民代表必须选进听证库里，因为他们了解各自小组成员的具体情况。另外，选一些当地退休的干部、党员和在当地比较有威望的人或者做事比较公正的人，如人大代表、政协委员等。而且针对救助名额没有限制，只要符合条件，应保尽保，这样可以基本上保证那些真正困难的群体得到救助。即使有个别村民买通村书记和村主任，但是由于听证会是由各个小组组长参与，所以私底下操作的可能性比较小，基本上没有什么人情关系。一般一年举行一次，村民享受低保也是一年，但是每个季度会有调整。比如有的村民享受低保期间突然死亡，那就必须取消名单不能再享受低保。而有的村民因为突发自然灾害或者疾病等情况陷入特困，而又错过了这一年的听证会，村委会先会把他们的名字报上去，到第二年继续实施听证会程序通过事宜。

针对五保户，从2016年开始专门针对本村无子无女的、年龄在60周岁以上的，劳动能力下降的，才可以享受五保救助。五保不需要通过听证会，但是必须核实情况调查。如调研中发现本村有一位40多岁的聋哑村民，无儿无女，没有劳动能力，经核实可以享受低保，因为他年龄没有达到60周岁。而且医保和五保不能同时享受，只能享受其中一种。如果属于低保享受者，第二年不需要再写申请，直接审核看条件是否在限定范围内就可以了。

另外，低保属于动态管理，它也有退出机制。如N村村民因为心脏病花费了很多钱，生活非常困难，村干部通过听证会让他享受低保——大病救助，通过救助治好了病，身体恢复又可以自己赚钱了，所以就自动退出低保了。如果已经退出了低保的村民想要再次享受低保的话，那就要重新提交申请，进入听证会程序。

---

① 一般省、市、县里都是不定期不定时地抽查，至少保证一年一次以上。如2016年省里就到N村检查，电脑随机抽检村和农户。

以上不管是享受低保还是五保，都必须由村干部（村书记和村主任）和乡镇干部亲自签字才行，因为当前是"党政同责，一岗双责"，如果违纪根据情节进行政纪处分、党纪处分或者移交司法机关处理，不过目前 N 行政村从来没有出现过类似情况，整体干部的素质也在提高。但是针对有的村民本身很懒，没有任何疾病，有劳动能力，即使他们非常穷，大家也不会投票给他们，认为他们咎由自取，活该。正如访谈过程中兴国县民政局的 Z 主任所说，"低保不能养懒汉"。

（三）村级组织在农村社会保障制度体系中的功能

提到功能我们要考虑以下三点：①村两委要真正提高村民的参与积极性。因为如果没有村民的积极参与，村干部也就不可能真正发挥作用。②村党组织在农村的领导地位要凸显，要平衡好村党组织的领导权力和村委会的自治权利。③要界定好村党组织和村委会决策的内容以及决策过程的科学性、合理性和民主性。包括各自所承担的责任问题等。因为只有这样才能充分保证村干部各行其责，又相互合作和相互监督，为农村的发展建设、农民的社会保障提供确实的组织和制度保障。调研访谈中组织部 S 科长告诉我们，"村一级干部的主要职责就是保证基层稳定。当前村党组织比较特殊，明确是政治领导，村委会自治，乡镇政府和村委会是指导和被指导的关系，乡镇党委和村党委就是领导与被领导的关系。所以发展集体经济，提高村级组织的凝聚力和服务能力是必然的趋势"。

民生是人民幸福之基、社会和谐之本。带领人民群众创造幸福的生活，要顺应人民群众对美好生活的向往，坚持以人民为中心的发展思想，以保障和改善民生为重点，发展各项社会事业。在中国特色社会主义新时代，为了以更大的力度、更有效的措施去保障和改善民生，国家加强了社会保障体系建设，全面实施了全民参保计划。如第十二届全国人民代表大会常务委员会第十二次会议评审了"国务院关于统筹推进城乡社会保障体系建设工作情况的报告"。为实现"全面建成覆盖城乡居民的社会保障体系"的目标，国务院有关部门已经制定并开始实施以养老、医疗保险为重点的全民参保的登记计划。通过优化政策、加强宣传、严格执法、提升服务以及逐人逐户登记确认等措施力争使基本养老保险制度覆盖人数由 2017 年的 9 亿人达到 2020 年的 10 亿人左右，将覆盖率提高到 95%，将全面实施全民参保计划，建立社会保险公共服务。而村级组织作为整村的领头军，根据上面所提到的成效，在农村社会保障制度体系中功能如下：

1. 村级党组织在农村社会保障制度体系中的功能

村级党组织是推动整个农村科学发展、带领农民致富、维护农村稳定、密切联系群众的坚强领导核心，在农村医疗、城乡居民养老保险以及扶贫救助中发挥着领导与保障作用。

在贫困落后的 N 行政村，群众的思想观念相对比较落后，村级党组织的思想水平和引领作用，对群众的参保积极性有很大的影响，可以说，村级党组织是实现全面建成覆盖城乡居民的社会保障的关键之一。村级党组织要做好村级带头人的表率，以"有公心、有闯劲、敢担当"的精神，因时因地制宜，强化理想信念、增强纪律和规矩的意识，增强创新的意识和发展的动力，努力成为党性强、作风好、懂管理的村级组织带头人，为全面建成覆盖城乡居民的社会保障提供强有力的组织力量。

2. 村委会在农村社会保障制度体系中的功能

村民委员会在落实村民保障政策，实现农村医疗、城乡居民养老保险以及扶贫救助具体工作中发挥着重要的作用，必须充分发挥村民委员"集束化"①的服务功能②。如村委会在扶贫救助中主要就是把贫困户的基础信息进行建档立卡并分类规整，并在全村公示，让贫困户可以得到针对性的救助。村委会在这个过程中，就相当于医疗领域的集束化治疗措施，把各种治疗措施（扶贫救助）共同作用于患者（贫困户），这样更能提高扶贫救助的精准度，更能顺利达到扶贫救助的目的。村委会在扶贫救助过程中，针对性地引导各类扶贫资源作用于不同的贫困户，使扶贫救助过程中的各种因素精准地运转起来。

除此之外，村民理事会也会配合协助村民委员会开展工作。总之，村级党组织和村民委员会等都有各自的职责，只有这些村级组织的职责得到充分履行，农村社会保障制度体系建设才能进一步加强，做到农村社会保障制度和村级组织建设的有机融合。

三、村级组织在农村社会保障制度中所存在的问题

兴国县村级组织在医保、养老和救助等社会保障过程中取得了一定的成效，但同时也存在一些问题，下面将一一叙述。

1. 兴国县村级组织在医保方面所存在的问题

在访谈中，村干部告诉我们，最大的困难是很难界定村民的困难程度。如 N 村比较年长的慢性病患者，平时不在大医院就诊，常年在本地小医院看病、吃药，这种情况在本村有千分之四。针对这种情况，村干部会帮助他们申请临时救助等。

2. 兴国县村级组织在养老方面所存在的问题

我国农村养老保障制度设计存在很多问题，如家庭养老保障的功能弱化和缺乏监督、激励机制，家庭养老到社会养老的转型困难，政府、家庭和个人的养老责任不清，养老服务体系发展滞后等（刘邦凡等，2014）。当前我国不管是农村养老领域现实问题还是理论困惑，都需要研究者通过文化的视角对农村养老保障制度的内容和发展进行彻底的反思。

在 N 村访谈过程中，村主任告诉我们，村民实际的困难可以从得重病医治的大医院

---

① "集束化"一词主要应用在医学领域，如集束化治疗。主要是指，一组护理干预措施，每个元素都经临床证实能够提高患者疗效，它们的共同实施比单独执行更能提高对患者的疗效。

② 谷联磊：《贫困主体诉求与村级组织的功能效用分析》，《安徽农学通报》，2017 年第 23 卷，第 10 期，第 20 页。

诊断书里认定，如得了什么大病，住院花费了多少医疗费等这些都有依据。但是当前面临的最大的困难之一就是有时候没办法准确计算他们的实际收入，如有的村民平时帮别人打零工的收入就无法核实和统计，只能从村民的家庭外观推测。困难之二是比较难界定低保线。这里面又存在两种情况，第一种情况：如农村低保线是 305 元，而村民现在的收入是 310 元，那村民的生活其实也是很困难的，那是否可以划为低保。如果 310 元的纳入进低保了，还有 320 元的、330 元的等，都只是差一点，所以每一个界限都很难定。村书记也告诉我们，虽然说政策现在是应保尽保，但是也不能造假。比如村里有 600 多户，假如申报 500 户都评上，别人就会质疑，"你们村里有那么苦吗"。第二种情况：如村里有两户甲和乙在收入方面没有明显的差距，甲每月收入为 310 元，乙每月收入为 270 元，即他们俩没有享受低保时候可能村民甲生活会稍微好一点点，但是如果乙享受低保就会出现相反的情况，即享受低保的乙每月补助 50 元的话就有 320 元，而甲还是 310 元，这时候甲心里就很不平衡，觉得自己为什么就不能享受低保，就会有情绪，给村干部工作带来困难。困难之三是村干部的亲戚和村民之间在同等情况之下是不能优先享受低保的，换句话说，村干部的亲戚更难享受低保，思想觉悟更高一点。即使原先被评到精准扶贫户，同等条件之下也要先把和村干部关系密切的排除出去。

针对这些现象，村里把关的时候更多依靠组长和附近的村民代表进一步了解核实村民具体情况，然后和村民讲道理，如告诉年轻的村民们生活主要靠自己创造，救助只是暂时解决生活困难的一小部分，主要还是要自力更生，自己去努力，用双手去创造财富；而针对年纪比较大的就采用安慰或者临时救助的方式，平衡一下关系；针对村干部亲戚就先由村干部自己去做思想工作，甚至逢年过节自己掏腰包慰问一下，因为在同等条件下，村干部先要让和自己没有亲戚关系的享受低保。

访谈中村干部很无奈地告诉我们，就是因为自己是村干部，要以大局为重，讲政治原则，所以经常不被亲戚朋友们理解甚至抱怨。而且文件规定村干部任职期间，一票否决直系亲属不能够享受低保，不能够享受精准扶贫，包括村干部自己，即使旁系亲属都不纳入低保。

3. 兴国县村级组织在救助方面所存在的问题

在访谈过程中我们得知，村干部在救助方面还是存在一定困难的。村书记告诉我们，那些因灾导致的贫困户好办，因为灾难过后，只要村民智力正常，也勤快，很快就能脱贫甚至致富。但是有的可能因智力问题，没有办法脱贫，或者有些纯粹是懒惰致贫的，是没有办法改变的。而后面这两种人处理起来就非常累，压力很大，任务也重。因为村干部的任务就是必须让村民脱贫，所以一般村干部和驻村帮扶干部要花很多时间去帮助他们，针对懒惰的村民就慢慢培养他们变勤快，有时候甚至要软硬兼施，改变他们的观念；而智商低的村民就只能纳入政府兜底保障了，或者纳入合作社等，给他们产业利益链接，带动他们脱贫，有时候甚至是村干部自己掏腰包买好鸡鸭送给村民让他们养。

四、建议与对策

习总书记在党的十九大中以"不忘初心，牢记使命，高举中国特色社会主义伟大旗帜，决胜全面建成小康社会，夺取新时代中国特色社会主义伟大胜利，为实现中华民族伟大复兴的中国梦不懈奋斗"为主题，针对我国经济社会的发展及前进的方向做了重要论述。笔者认为这里的"初心"主要体现在"惠民利民"的政策落实，其中社会保障尤为重要。中华人民共和国成立至今，社会保障事业从无到有，再到如今的逐步完善。当前我国农村主要是依靠家庭保障，社会保障的资金也主要来自家庭，而集体补助以及政府补贴的相对较少。随着家庭保障功能的弱化、集体补助的力量逐渐削弱，以及农村人口老龄化加剧，国家承担整个社会保障的资金筹集与支付的压力逐渐加大。总书记在报告中也提到，要着重完善"城乡居民基本养老保险制度，尽快实现养老保险全国统筹""完善统一的城乡居民基本医疗保险制度和大病保险制度，完善失业、工伤保险制度"，所以，统筹城乡社会保障制度是未来发展方向。

根据以上所述，为了进一步完善村级组织在农村社会保障制度体系功能，有针对性提出以下五点建议与对策。

一是健全培训机制和思想政治教育，提升村级组织带头人的能力素质。主要是结合"两学一做"学习教育活动，多形式开展理想信念教育、党内政策法规的学习，筑牢农村基层党组织带头人拒腐防变的思想防线，做一名合格的党员。同时开展具有针对性和实效性的培训，为村级组织带头人带村致富打好基础。在调研过程当中各自然村的党支部书记也表了态。如 F 村党支部书记 LFJ 说，"今年，我将注重对党员群众的思想教育，确保党员带头模范作用得以体现；加大后备干部的培养，为村两委换届打好基础；进一步完善村里基础设施，巩固 2016 年工作成果；继续加强综合治理，确保村里和谐稳定"。如 L 村党支部书记 YCS 说，"2017 年，将继续加强对党员干部思想教育，注重党员发展，特别是年轻党员和后备干部培养；新建村级组织活动场所及村级卫生室；进一步加大产业发展的力度，积极发展村级集体经济，力争使更多贫困户通过产业发展来实现脱贫"。如 Z 村党支部书记 LXH 说，"今后，将从村里内部抓起，端正村两委干部的工作态度，明确工作职责，狠抓工作落实；明确三个目标——凡是对 Z 村有效益的事情尽量去做好、凡是对 Z 村有发展的事情尽量去做好、凡是 Z 村党员干部都应该维护本村的和谐稳定"。如 Z 村党支部书记 LKP 说，"将继续加强党员政治理论学习教育，带领全村广大党员干部群众加快农村经济结构战略性调整，优化种植业，联合致富能人积极发展农村产业，确保本村贫困户今年能够顺利脱贫"。

二是进一步做好低保和特困供养人员的兜底保障工作，落实最低生活的保障制度，尤其是要保障贫困户的基本生活条件。协调配合有关部门落实相关优惠政策，加强村级组织和农户个人的能力建设，实现村里每位农户社会保障的"机会平等"。一方面，人是开发的主体，在农户的层次上实现机会平等，要求提高人口素质，满足培训的需求，积极组织低保对象参加职业技能培训，增加就业的机会，提高村民自身的能力，让村民们能够有平等的机会参与并分享经济增长的成果，从根本上解决他们的生活困难。结合 N 行政村区域环境，在精准扶贫方面，结合南坑区域的环境，通过"基地＋合作社＋贫困户"的形式，重点抓好村里整村推进、种养示范基地、油茶基地和大型养牛场建设，做成精准扶贫"N 行政村精品"。加快培育新型农民，力争 90% 以上的青年农民都能掌握至少一项实用技术或务工能力。加大政府帮扶力度，提高贫困户的"造血"功能，确保在现行标准下实现农村贫困人口全面脱贫。另一方面，加强村级组织的建设。对于贫困村而言，村级组织作为最基层的协调机构，服务和工作的对象就是农户。村级组织能力强，带动作用就很明显；村级组织能力弱，就不能有效组织农户自我发展，也不能争取外界的支援。

三是积极配合相关单位，宣传救助的政策，促进扶贫工作。如把大病救助和临时救助相结合，以居民医疗保险优惠为载体，加大对贫困群体的医疗救助力度，降低救助的门槛，提升救助的标准和质量。如 F 村党支部书记 ZGB 说，"本村将加强产业发展力度，引进特色产业；积极争资争项，完善基础设施；全力宣传和收缴医疗保险，促使群众看病有保障；狠抓计划生育和综合治理，确保社会和谐稳定；深入开展精神文明建设，建立本村互助互爱的良好风气"。

四是强化监督约束，规范村级组织带头人的履职行为。首先，强化村级事务监督，建立健全村级民主管理和党务村务公开的制度，将村里的重要事项向群众及时全面公开，让群众了解实情并充分监督。其次，加强资金的监督管理，对涉嫌违规违纪的行为要坚决查处，筑牢村级组织带头人党风廉政建设的工作防线。最后，强化三级联防协同监督，如建立上级、同级和群众监督的机制，让村级组织带头人的权力始终在阳光下运行，这样可以有效解决村干部监管缺失的问题。

五是注重保障激励，调动村级组织带头人的工作热情。村级组织在我国行政体制中属于最底层，与群众接触最密切，上级所有工作都要由村级组织来完成，这就造成村干部的工作量很大。但是村干部的待遇普遍比较低，致使他们无法全心投入工作。基于此，应建立村级组织带头人的薪酬增长和激励机制，加大财政转移支付力度等形式，逐年提高村干部的工资补助和补贴，确保村干部的工资收入不低于当地平均工资水平。同时实施村级组织带头人年度绩效奖励政策，不断激发他们全身心投入本职工作，提升带村致富的工作动力和热情。

农村弱势群体社会救助问题的
理论研究及其实践

——以兴国县为例

袁初明 *

农村弱势群体处于社会底层，最需要政府和社会各界加以关注和救助。农村社会救助是农村社会保障这个安全网的最后一道防线，对改变农村贫困面貌，促进社会和谐，维护社会稳定发挥着不可替代的作用。在全面建成小康社会决胜期，加强农村弱势群体社会救助理论研究，深入探索农村社会救助的实践路径，无疑具有重要的理论价值和实践意义。

一、农村弱势群体社会救助问题相关研究

学界关于农村弱势群体社会救助问题的相关研究，可以划分为农村弱势群体和社会救助两大块进行梳理。农村弱势群体是研究的特定目标，社会救助主要是针对农村弱势群体的举措，当然，针对整个社会弱势群体的社会救助也可以对农村弱势群体社会救助问题提供借鉴意义。

（一）农村弱势群体问题研究

围绕农村弱势群体问题，学界从多个角度进行了研究，主要集中于农村弱势群体概念界定、不同社会背景下的农村弱势群体问题、农村弱势群体产生根源、农村弱势群体面临的突出问题、农村弱势群体问题应对措施五个方面。

1. 农村弱势群体概念界定

有学者从弱势的原因来界定弱势群体，如满先进在《和谐视阈下农村弱势群体实现

基金项目：本文系江西师范大学"社会发展与治理"江西省 2011 协同创新中心阶段性成果。

* 作者简介：袁初明，男，哲学博士，马克思主义理论博士后，江西师范大学"社会发展与治理"江西省 2011 协同创新中心研究员，江西师范大学苏区振兴研究院研究员，江西师范大学马克思主义学院副教授。

公平正义的路径探索——以宁国市汪溪街道联合村弱势群体为分析蓝本》（2015）一文中指出，农村弱势群体是指在农村中由于自然条件、社会因素及自身障碍等主客观因素导致家庭经济、自身权利、社会声望低于社会普通成员正常生活状态的一类人总称。郑杭生、李迎生在《全面建设小康社会与弱势群体的社会救助》（2003）一文中指出，弱势群体是指那些依靠自身的力量或能力无法保持个人及家庭成员最基本的生活水准、需要国家和社会给予支持和帮助的社会群体。赵常兴在《关注农村弱势群体建立社会扶助机制——农村弱势群体的成因及对策思考》（2005）一文中指出，农村弱势群体可以分为三类：一类是由于生理原因造成的弱势；一类是由于社会经济原因形成的弱势；还有一类是由于心理原因形成的弱势。

有学者从弱势的表现来界定弱势群体，如李乐平、宋智敏在《对我国弱势群体和社会保障问题的法理思考》（2003）中提出，社会弱势群体是指社会上经济能力薄弱、知识水平老化、信息贫乏、处于社会底层、抵御风险能力弱、发展困难的一类人的总称。李志勇在《关注社会弱势群体》（2001）一文中认为，弱势群众是指在权力和权利方面、发展的机遇方面、生活的物质条件方面处于弱势地位的群体。万兰芳、向德平在《精准扶贫方略下的农村弱势群体减贫研究》（2016）一文中指出，农村弱势群体的"弱势"，具体体现为经济方面的弱势、发展能力方面的弱势和社会权利方面的弱势。

有学者从时间维度来界定弱势群体，弱势是暂时性的，但是如果没有外力作用，弱势群体自身难以改变弱势状态，北京大学陈少峰教授在《正义的公平》（2009）一书中指出，所谓的弱势群体是指在社会发展过程中陷入恶性循环、不能良性改善处境的社会成员[1]。有学者单纯从某一特定的外在因素来界定弱势群体，如张友琴在《社会支持与社会支持网——弱势群体社会支持的工作模式初探》（2002）一文中指出，弱势群体是指在资源配置上处于劣势地位且有困难的各类群体。

在界定农村弱势群体概念过程中，学者们从不同的学科视角进行了研究。如郑杭生侧重于经济学的角度，李志勇则侧重于政治学视角，李乐平从社会学的视角进行分析，赵常兴则从生理学、心理学的角度界定了农村弱势群体。

2. 不同社会背景下的农村弱势群体问题

有学者从不同社会背景出发研究农村弱势群体问题，具有代表性的有：赵丽欣在《城乡二元社会结构下农民弱势状况分析》（2002）一文中，从城乡二元社会结构的社会背景出发，把农民作为弱势群体阐述了农民弱势的具体表现，如收入低、生活质量差、抵御各种变故能力弱和力量弱。她分析了农民弱势群体形成的主客观因素：农业社会生产力低，农业成为劣势产业，农民收入连年下降，是导致农民处于绝对弱势的客观原因；国家税制、提留存在弊端，致使在农民收入少的情况下交税较多，这是城乡贫富差距拉大，导致农民处于相对弱势的体制原因；国家对农村投入相对较少是加剧农民弱势状况不可忽视

---

[1] 陈少峰：《正义的公平》，人民出版社2009年版，第9页。

的因素；农村社会保障制度的缺失使农民失去了最后的防卫底线，使他们处于彻底的弱势地位。虽然把整个农民作为弱势群体有失偏颇，但也客观反映了农村弱势群体的真实生存状况和部分形成原因。王帆宇在《全面建设小康社会中的弱势群体问题》（2006）一文中论述了弱势群体问题对我国全面建设小康社会战略的挑战，会严重影响"三个代表"重要思想的贯彻和体现，进而削弱中国共产党带领全国人民全面建设小康社会赖以执政的主要社会基础；会大大削弱全面建设小康社会的可持续性发展动力；制约着全面建设小康社会所必需的政治环境的稳定；在很大程度上会抵消全面建设小康社会发展的成果。万兰芳、向德平在《精准扶贫方略下的农村弱势群体减贫研究》（2016）一文中阐述精准扶贫方略下农村弱势群体减贫的重要意义，梳理了政府部门关于农村弱势群体的相关政策及措施，分析了这些政策的成效和不足。提出要精准识别农村弱势群体的致贫原因，根据农村老人、妇女、儿童、残疾人的贫困特点和帮扶需求，提高扶贫政策的瞄准精度，采取开发式扶贫和保障兜底相结合的方式分类施策，促进农村弱势群体的社会参与，建立农村弱势群体的综合性社会支持系统，促进农村老人、妇女、儿童、残疾人等弱势群体的精准脱贫。从不同社会背景出发研究农村弱势群体问题，有利于突出农村弱势群体问题的重要性，也能够更好地分析不同社会背景下农村弱势群体问题的特点。

3. 农村弱势群体产生根源

关于农村弱势群体产生的根源，学者们大多认为既有农村弱势群体自身因素，也有社会因素，既有历史原因，也有现实原因。张吉会在《论农村社会转型中的弱势群体》（2002）一文中，根据农村弱势群体的产生原因，把农村弱势群体划分为农业劳动者中的贫困人口、农村老年人群体、农村残缺家庭及丧失劳动能力的病残者、农村贫困学生家庭四类情况，并且具体分析了各种类型农村弱势群体产生的原因。王玲在《关注弱势群体发展，全面建设小康社会》（2004）一文中指出，弱势群体的产生有历史的和现实的等多方面原因，其一，自我发展的能力薄弱，因病致贫、因残致贫的情况比较普遍，同时，弱势群体由于科学文化水平普遍偏低导致了观念僵化，思维方式和行为方式落后；其二，经济发展、体制改革中的伴生现象；其三，政策的缺漏导致新的弱势群体出现。赵常兴在《关注农村弱势群体建立社会扶助机制——农村弱势群体的成因及对策思考》（2005）一文中指出，农村弱势群体的产生，既有农村弱势群体自身的原因，也有社会经济、政治制度、地域等方面的原因。唐惠敏、姚胜男在《增能与赋权：农村弱势群体利益表达的路径》（2014）一文中指出，改革开放以前，我国实行按劳分配的经济制度，农村弱势群体主要是由缺乏自我发展潜能导致的。自我国步入社会主义市场经济发展的新阶段，社会经济因素成为农村弱势群体形成的主要原因。因此，农村弱势群体的产生，既有农村弱势群体自身的原因，也有社会经济等方面的外在原因。其中，体制障碍表现为城乡二元经济结构的制约，农村教育机会的匮乏，导致知识贫困，是农村弱势群体形成的深层原因之一，社会保障资源的缺失导致分配不公，进一步加剧了农村弱势群体的形成。

4. 农村弱势群体面临的突出问题

邹海贵教授在《代际正义与关注社会弱势群体利益——基于现代社会救助（保障）制度道德正当性的分析》（2012）一文中指出，在弱势群体中，还存在一种恶性循环，即弱势群体人员，特别是贫困群体人员的"弱势"代际传递，所导致的"弱势"的代际恶性循环。虽然他的研究没有特别针对农村弱势群体，但是这种"弱势"的代际恶性循环毫无疑问在农村弱势群体中表现更为突出，也更难走出这种恶性循环。他认为，经济贫困和教育水平低下是一个恶性循环，通过教育救助能够较好地解决这种代际公平。不管是义务教育救助还是高等教育救助，是一种人力资本的投资，发挥着"造血"的功能，是解决"贫困文化"问题和"贫困陷阱"问题的根本途径。王剑利等在《农村扶贫工作中的弱势群体识别问题》（2015）一文中指出，在农村贫困问题研究与扶贫实践中，如何识别和界定广大农村的弱势群体至关重要。"弱势群体"是按照某一种或某几种标准划定处于劣势或不利地位的群体。因此，我们在瞄准农村的弱势群体时，也应结合不同的视角识别与界定；另外，在识别弱势群体时，还应从组织/群体的角度来界定"弱势"，在乡村组织及其文化的层面上进一步讨论对农村弱势群体的认识。袁赛在《农村弱势群体贫困情况的现状和思考》（2017）一文中阐述了农村弱势群体帮扶仍然存在的难点，如农村弱势群体在公共信息获取中的弱势地位没有根本好转，农村弱势群体安全保障和利益表达困难，农村弱势群体的心理贫困和文化贫困没有解决。李克艳在《农村弱势群体权利保护的困境与出路——以云南省为例》（2012）一文中指出，农村弱势群体权利保护面临诸多法律困境，如法律体系不完善，且法律适用性不强；立法层级低，地区差别较大；法律保障覆盖面小，适用对象过于狭窄。舒曼在《社会弱势群体网络信息表达行为的实证研究》（2017）一文中指出，在当前社会转型期，弱势群体需要一个自由表达的空间，要关注弱势群体的生存状况，更要关心他们的信息表达渠道。弱势群体的网络信息表达具有匿名性、非理性和分散性特征。这是了解弱势群体内心世界的基石，循着这些看似无序的表达，有助于我们了解弱势群体外在表象的深层次诉求。在弱势群体层面，加强对信息表达的引导可避免产生"沉默螺旋"现象，使这一特殊群体的能力得到培育，潜能得以激发，从而促使他们最大化地调动各种资源，取得向上流动的机会，从根本上有效消除这个群体不满和敌视的情绪，在动机和合法性层次上化解社会发展的危机，这对于促进社会的民主化进程具有重要的意义。

5. 农村弱势群体问题应对措施

郑杭生、李迎生在《全面建设小康社会与弱势群体的社会救助》（2003）一文中指出，基于社会公平原则，国家和社会应给予弱势人群高度的关注和支持，过去的社会政策着眼于对弱势群体成员基本物质生活的补偿，而对如何消除社会排斥、促进社会整合以帮助他们最终摆脱困境则关注不足，克服贫困与消除社会排斥相结合是当前弱势群体社会支持的基本目标，应该把两者结合起来。通过建立与完善补偿性社会政策来克服贫困，通过构建发展性社会政策体系来消除社会排斥。袁赛在《农村弱势群体贫困情况的现状和思考》（2017）一文中对解决农村弱势群体的贫困问题提出了以下建议：增加知识援助，促进转移就业；强化权利意识，拓宽利益表达；推进金融创新，发展信贷助农；完善体制机制，增强政策兜底。杨青青、曹友华在《论弱势群体与全面建设小康社会》（2004）一文中，从社会发展、思想政治教育、制度安排三个层面，提出了缩小弱势群体从而加快全面建设小康社会进程的若干对策。孙莹在《论农村最低生活保障制度对农村弱势群体的保护》（2004）一文中指出，健全农村最低生活保障制度对于保护农村弱势群体具有重要意义，农村最低生活保障制度是农村弱势群体生存权的有效保障；农村最低生活保障制度是农村弱势群体平等社会发展权的部分保障；农村最低生活保障制度是农村弱势群体获得平等发展权的基础。

（二）农村弱势群体社会救助问题研究

关于农村弱势群体的社会救助问题，学界主要围绕什么是社会救助，谁来进行社会救助，如何进行社会救助，当前社会救助面临什么困难等问题展开研究，形成了比较丰富的研究成果。

1. 社会救助概念界定

唐钧认为，社会救助是公民的一项权利，在《市场经济与社会保障》（1995）一书中，他对社会救助定义为：社会救助是现代国家中得到立法保障的公民基本权利之一，当公民难以维持最低生活水平时，由国家和社会按照法定的程序和标准向其提供保证其最低生活需求的物质援助的社会保障制度。普艳杰、李克艳在《云南农村弱势群体社会救助体系建立的模式选择》（2012）一文中提出，社会救助是一种制度安排，是当社会成员由于各种原因陷入社会生活困境或无法伸张其权益时，由国家和社会按照法定的程序和准则向其提供现金、物资或其他方面的援助与支持的一种制度安排。柳拯在《农村社会救助的规范化之路》（2005）一文中对社会救助的主体、社会救助的内容等做出界定，农村社会救助指的是政府、社会和个人对陷入生活困难的农村居民在现金、实物和服务等方面实施的助人自助活动。郑功成在《社会保障学——理念、制度、实践与思辨》（2000）一书中厘清了社会救助的内涵和外延。社会救助的内涵，是指国家与社会面向由贫困人口与不幸者组成的社会脆弱群体提供款物接济和扶助的一种生活保障政策，它通常被视为政府的当然责任和义务，采取的也是非供款制与无偿救助方式，目标是帮助社会弱势群体摆脱生存危机，以维护社会秩序的稳定。外延包括灾害救济、贫苦救济和其他针对社会脆弱群体的扶助措施。

2. 社会救助主体研究

关于社会救助主体问题的研究，学界相关研究相对较少。宋忠伟在《慈善组织参与社会救助的困境及对策》（2018）一文中提出，慈善组织参与社会救助已成为世界范围内的共识，慈善组织应该成为社会救助的重要主体。唐果等在《社会力量参与社会救助的优势、途径及风险防范》（2018）一文中指出，社会力量参与社会救助，能够多渠道、有效地筹集社会救助资源，能够准确了解弱势群体救助需求，及时弥补政府救助范围、方式的不足，能够提供更加专业化的社会救助。社会力量参与社会救助的途径分为间接参与途径和直接参与途径，间接参与途径指社会力量通过影响社会救助政策的制定、监控社会救助政策的执行等途径来参与社会救助，社会力量直接参与社会救助的途径指包括公民、非营利组织、企业在内的社会力量直接参与社会救助的途径。魏勇在《浅析我国农村弱势群体的社会救助》（2011）一文中指出，完善我国弱势群体救助体系必须坚持政府主导、多元主体和谐发展的路径。美国、加拿大等国家社会救助的社会化程度都很高，不仅社会慈善事业很兴旺，对弱者的社会服务也广泛地开展起来。这些国家的实践证明，许多社会救助工作由非政府组织去做，比政府做得效果好。救助工作社会化已成为国际惯例，代表着现代整个社会保障的发展方向。

3. 社会救助体系研究

关于社会救助体系相关研究，主要包括以下几个方面：第一，社会救助体系的内容。崔秀荣在《贫困地区农村社会救助现状、问题及政策选择》（2008）一文中认为，我国现行的农村社会救助制度主要有：农村"五保"供养制度；农村最低生活保障制度和农村特困户救助制度；农村医疗救助制度；农村社会保险制度；灾害救助制度。于伟峰、魏靖在《中国农村社会救助体系存在的问题与对策研究》（2017）一文中指出，在我国农村社会救助体系中，现行的主要政策措施有最低生活保障制度、五保供养制度、灾害救助制度、医疗救助制度和农村扶贫开发制度等。张飞霞在《甘肃新型农村社会救助问题研究——基于精准扶贫视域》（2017）一文中指出，新型农村社会救助的主要内容可以分为四个层次：首先，基本社会救助，包括最低生活救助和针对"三无"人员的五保供养。其次，专项救助，包括医疗救助、住房救助、教育救助以及法律援助。再次，临时、应急救助，包括城市流浪乞讨人员救助、自然灾害救助以及临时救助。最后，补充社会救助，包括社会互助、非政府组织救助和优惠政策。张云英在《论湖南农村社会救助存在以下问题与制度创新》（2007）一文中指出，加强农村社会救助体系的创新，建立多层次的社会救助制度成为农村社会救助制度创新的关键。从总体上看，农村社会救助体系应包括三个层次：一是宏观层次的社会救助，包括农村义务教育的投入，卫生防疫和优生优育，农业自然灾害的预防和农业科研及科技的推广以及农村剩余劳动力的转移等。二是中观层次的社会救助，即对贫困地区的特殊社会救助、对自然灾害的社会救助等。三是微观层次的社会救助，即对贫困户的社会救助。

第二，社会救助体系存在的问题。于伟峰、魏靖在《中国农村社会救助体系存在的问题与对策研究》（2017）一文中指出，目前农村社会救助体系存在以下问题：农村社会救助法律体系不健全，农村社会救助管理体制缺乏协调性，农村社会救助缺乏规范性，缺乏救助资金、资金筹措混乱，城乡之间社会救助发展不平衡。

第三，健全和完善社会救助体系的方法或途径。孙远太在《基于阻断贫困代际传递的社会救助政策改革》（2017）一文中指出，要完善社会救助内容体系，一是要实施分类救助，区分最低生活保障救助对象和其他救助对象。二是要发展社会救助服务，构建贫困家庭社会救助服务体系。柳拯在《农村社会救助的规范化之路》（2005）一文中提出，建立统一的社会救助管理体制和运行机制，是建构农村社会救助体系的前提和基础；建立、健全政策法规体系，是建构农村社会救助体系的法律保障；建立有效的救助资源供给体系，是建构农村社会救助体系的物质保障；建立健全监督体系是保障社会救助持续发展的关键因素；建立社会帮扶体系，是建构农村社会救助体系的重要内容，是以政府为主体的农村社会救助体系的重要组成部分。

4. 社会救助政策研究

2014 年 2 月 21 日，国务院颁布《社会救助暂行办法》，同年 5 月 1 日起施行。这是中华人民共和国成立以来关于社会救助的第一项统领性、综合性法规，标志着我国社会救助完成了从传统到现代的初步转型，在社会救助领域具有划时代的重要意义。学者们从不同视角、不同层面对社会救助政策进行了研究，取得了丰硕成果，相关研究主要集中在以下三个方面。

（1）对社会救助政策的总体梳理。魏娜、缪燕子在《新中国成立以来社会救助政策变迁：历程、原因与趋势——基于间断—均衡理论的视角》（2018）一文中，对中华人民共和国成立以来社会救助政策的历史变迁进行了梳理，分析了社会救助政策变迁的原因，并且对我国社会救助政策的未来发展趋势进行了预测。彭华民在《中国社会救助政策创新的制度分析：范式嵌入、理念转型与福利提供》（2015）一文中指出，我国社会救助政策表现为三个特征：其一，形成了三层级的中国社会救助的政策体系，第一层是《中华人民共和国宪法》，宪法中写入了政府承担福利提供责任，保障公民免于陷入贫困的条款；第二层是国务院于 2014 年出台的《社会救助暂行办法》，是有关社会救助的法律，全面规定了我国社会救助的基本内容；第三层是各种社会救助的具体政策。其二，中国社会救助政策体系包括基本生活保障的社会救助政策、专项社会救助政策和临时社会救助政策。其三，中国社会救助政策创新发展过程中形成了随着经济发展变动的贫困线；完成了从城市到农村、从一般到专项的救助覆盖网络；完成了从资金为主的福利提供方式到资金、物资、服务和机会综合福利提供方式的转化，使救助对象的需要得到更全面的满足。

（2）对社会救助政策的落实及现实后果进行分析。慕海平等在《深入落实社会救助政策的建议》（2016）一文中探讨了社会救助政策的落实问题，认为社会救助政策落实还存在薄弱环节，面临着许多问题，主要表现为：救助资金压力大、基层经办能力薄弱、社会力量参与不足、制度不协调是堵点、救助申请审核是普遍的难点、信用制度不健全是盲点。兰剑、慈勤英在《社会救助政策的"负激励"风险及其防范》（2016）一文中分析了社会救助政策的"负激励"风险，所谓社会救助政策的"负激励"，主要是指救助政策或制度造成受助对象不积极谋求以劳取酬获得生活资源，而是消极依赖政府和社会救助的现象，并且这种负激励主要体现在处于适龄劳动阶段并具备一定劳动能力的受助者身上。负激励风险，主要包括：救助资格认定方式单一，救助权责界定模糊，就业扶持与激励力度不足，专项救助瞄准偏差与救助待遇简单叠加。防范社会救助政策的负激励风险，关键在于努力实现从给钱给物的被动型、生存型救助保障，转向注重能力建设、提升自我发展能力的综合型社会救助。李敏在《社会救助政策"碎片化"表现及其整合》（2016）一文中指出，我国的社会救助政策自上而下呈现出严重的"碎片化"现象，社会救助政策的"碎片化"主要表现为管理的分散化、项目的割裂化和区域的差别化。社会救助政策的"碎片化"状况将给社会救助政策的实施带来严重的危害：造成新的不公平；加大制度运行成本；使得政策的瞄准出现偏差，令社会救助政策的实施效果大打折扣，不利于社会救助发挥社会保障安全网的作用。

（3）对社会救助政策与扶贫开发政策的比较分析。刘宝臣、韩克庆在《中国反贫困政策的分裂与整合：对社会救助与扶贫开发的思考》（2016）一文中比较了社会救助与扶贫开发两类不同的政策体系，两类政策产生的基础不同，针对目标人群和所要解决的问题不同，运行机制也不同。随着两类政策的发展，尤其是农村最低生活保障制度的建立，政策覆盖的人群出现重叠，分割运行的状态带来一些问题，对反贫困政策效果的实现产生不利影响。推行社会救助与扶贫开发工作的有效衔接是实现反贫困政策整合的有效途径，两者有效衔接的实现依赖于对反贫困政策框架的整体设计，也需要从信息库建设、家计调查、社会力量参与、政策评估等多个方面予以考虑。长远来看，两类政策目标应有明确区分，扶贫开发侧重于贫困地区的社区发展，社会救助侧重于满足贫困人口的基本生活。

5. 社会救助面临的困境

宋忠伟专门探讨了慈善组织参与社会救助面临的困难，他在《慈善组织参与社会救助的困境及对策》（2018）一文中指出，当前我国慈善组织参与社会救助，在法律法规、协调机制、组织自身以及监督管理上面临困境。其一，法律法规困境，一直以来，我国没有专门的社会救助法和慈善组织法，更没有慈善组织参与社会救助的针对性法规制度；其二，协调机制困境，在社会救助方面，政府部门和慈善组织缺少合作，多数情况下是各自为战，依靠自己的信息和资源为弱势群体提供救助，没有相应的协调机制；其三，组织自身困境，我国慈善组织起步较晚，一些组织在内部治理、财务管理、人才培养等方面缺乏有效的管理制度，自身能力不强，难以较好地参与社会救助；其四，监督管理困境，从政府监督看，九龙治水式的多头监管，往往容易导致监而不管、空头监管。

张飞霞在《甘肃新型农村社会救助问题研究——基于精准扶贫视域》（2017）一文中指出，农村社会救助主要存在救助资金不足、救助标准偏低、城乡救助标准不统一、法律法规建设滞后、农村社会救助具体业务操作不规范、农村救助资金的监管力度不强等问题。杨瑞勇在《和谐社会视域下农村弱势群体救助的困境与路径探讨》（2012）一文中指出，当前我国农村弱势群体救助面临的困境有：救助资金相对缺乏、救助项目不能完全适应需要、社会救助对象出现断层、农村弱势群体社会救助的法制建设相对滞后。崔秀荣在《贫困地区农村社会救助现状、问题及政策选择》（2008）一文中指出，农村社会救助领域存在的主要问题有：社会救助资金严重不足、救助政策的冲突及重复覆盖状况同时存在、社会救助管理分散。概括而言，张飞霞等学者关于社会救助面临困境的研究，主要集中于以下三个方面：①资金不足，救助标准偏低；②社会救助相关法律法规缺失，法制建设相对滞后；③社会救助管理混乱，缺乏协调性，具体业务操作不规范。

6. 社会救助路径创新研究

关于社会救助路径研究，学者们提出了许多有益的建议。杨瑞勇在《和谐社会视域下农村弱势群体救助的困境与路径探讨》（2012）一文中指出，优化农村弱势群体社会救助的主要路径有：加大资金投入、完善农村最低生活保障制度和专项救助制度、调整扶贫战略、加强农村弱势群体救助的法制建设、构建和完善农村弱势群体的利益表达机制。孙远太在《基于阻断贫困代际传递的社会救助政策改革》（2017）一文中指出，"贫二代"概念的流行反映了我国社会转型中存在着贫困代际传递现象。当前社会救助政策的目标定位侧重于当代贫困而忽视贫困代际传递问题，实施标准缺陷导致无法阻断贫困代际传递，内容体系无助于有效干预贫困代际传递。阻断贫困代际传递，就要从社会救助政策的目标定位、实施标准和内容体系等方面进行改革，提升社会救助治理能力。张云英在《论湖南农村社会救助存在的问题与制度创新》（2007）一文中指出，新型农村社会救助制度的建立，应从社会救助理念、社会救助方式、社会救助管理体制以及社会救助体系等方面进行创新，以能力扶助为主，提升受助者的自我发展能力，让受助者有尊严地获得社会救助。崔秀荣在《贫困地区农村社会救助现状、问题及政策选择》（2008）一文中指出，不断提高社会救助水平，促进社会救助工作的全面覆盖，应以救助体制和机制创新为动力、以优化整合救助资源为核心、以各项社会救助制度的建立和完善为重点进行政策选择。在管理上，应理顺农村社会救助的管理体制；在资金投入上，应建立稳定、可靠的社会救助资金筹措机制；在制度设计上，应完善救助项目并根据情况分类实施。魏勇在《浅析我国农村弱势群体的社会救助》（2011）一文中指出，完善农村弱势群体救助体系，要坚持政府主导、多元主体和谐发展的路径，加强农村弱势群体信息化建设，进一步建立健全农村低保和特困户救助制度，提升农村弱势群体人力资本价值。于伟峰、魏靖在《中国农村社会救助体系存在的问题与对策研究》（2017）一文中指出，建立新型农村社会救助体系的对策包括：健全农村社会救助的法律体系，改革农村社会救助管理体制，规范农村社会救助，完善农村社会救助筹资机制，统筹城乡社会救助的发展。黄帝荣在《对构建农村弱势群体教育保障机制的探讨》（2007）一文中指出，实施教育救济是有效帮助农村弱势群体的手段之一，农村弱势群体教育保障机制缺失的根本原因在于制度建设。制定公平的教育制度，完善各项救助机制，是从根本上解决农村弱势群体教育问题的关键和保障。

综合目前有关农村弱势群体社会救助路径研究成果，农村弱势群体社会救助的路径要着力从以下四方面进行创新和改进：①改进社会救助理念，着力提升受助者的能力；②加强农村弱势群体信息化建设，构建和完善农村弱势群体利益表达机制；③进一步完善政府主导、多元主体和谐发展的社会救助路径，拓展社会救助资金渠道，加大资金投入；④完善社会救助体制、制度和体系建设。

(三) 目前该领域存在的研究空间

学术界关于农村弱势群体问题的研究成果，是进一步对农村弱势群体进行研究的重要参考资料。就该研究主题而言，学术界的相关研究领域还有待进一步拓宽，相关内在逻辑还有待进一步厘清。

1. 研究内容方面

第一，要进一步深化对农村弱势群体这个核心概念的认识，目前学界对农村弱势群体概念的界定过于强调某一学科思维，难以对农村弱势群体进行综合性思考。如果把农村弱势群体定义为农村范围内生存权和发展权处于弱势地位的群体，聚焦于农村弱势群体的生存权和发展权，则能使研究思路更明确清晰。

第二，要加强对社会救助主体的相关研究，目前的研究主要涉及政府和慈善组织，关于社会组织和个人如何参与社会救助，则涉及不多。

第三，要加强对农村弱势群体科学识别研究，研究建立行之有效的科学识别系统，农村弱势群体是一个动态群体，随时都在变动之中，农村弱势群体又存在一个真伪识别问题，这些问题都可能影响社会救助的公平性和有效性。

2. 研究方法方面

农村弱势群体问题涉及经济、政治、文化、社会、生态等诸多领域，要运用多学科综合研究的方法，广泛运用哲学、经济学、政治学、社会学、心理学、法学等学科的最新研究成果，深入分析农村弱势群体问题，以期为农村弱势群体问题研究提供一个理论框架、方法论原则和实际操作体系。

3. 理论与实践相结合方面

农村弱势群体是我国目前客观存在的现实问题，在全面建成小康社会的时代背景下，解决好农村弱势群体问题具有重要的理论价值和实践意义。要把农村弱势群体问题的理论研究与当前农村弱势群体的客观实际联系起来，结合新形势，研究新问题，这样才能有的放矢，切合实际，才能真正解决问题。

二、农村弱势群体社会救助实践探索——以兴国县为例

(一) 兴国县农村弱势群体的基本情况

兴国县是国定贫困县和罗霄山片区扶贫重点县，位于江西省中南部，赣州市北部，全县面积 3215 平方公里，辖 25 个乡镇、1 个经济开发区、304 个行政村、10 个社区居委会，总人口 83 万，其中城镇人口 13.28 万，农村人口 71.38 万。2016 年全县生产总值为

141.56 亿元，人均地区生产总值为 19247 元，其中第一产业占比 21.9%，第二产业占比 46.3%，第三产业占比 31.8%，农业生产总值为 47.83 亿元。全县财政收入为 15 亿元，人均财政收入为 2045 元，综合居民人均可支配收入为 16333 元，其中城镇居民人均可支配收入为 23872 元，农村居民人均可支配收入为 8794 元。

2016 年，兴国县共有城乡低保对象 41922 人，其中城市 4687 人、农村 37235 人。全县已标识的农村建档立卡贫困对象 70155 人，住院 18414 人次（含门诊慢性病人次、尿毒症血透人次），总医疗费用 6299.78 万元，新农合补偿 4432.43 万元。新农合大病保险已补偿 436 人次，总医疗费用 1954.64 万元，新农合补偿 1023.8 万元。现有享受五保供养的对象 3543 人，其中，集中 1032 人、分散 2511 人。2016 年 1 ~ 11 月，全县临时救助人员 2964 人，下拨资金 409.2 万元，人均救助水平 1380 元。2016 年，全县预算配套社会救助资金 2669 万元。其中，城乡低保资金 2163 万元（城市 443 万元、农村 1720 万元），城乡医疗救助资金 260 万元，农村五保供养资金 166 万元，临时救助资金 80 万元。

2015 年，兴国县农村最低生活保障人数 36740 人，最低生活保障户数为 13628 户，其中老年人 4740 人，女性 16718 人，未成年人 4453 人，残疾人 5464 人。农村五保供养总人数 3735 人，集中供养 1629 人，分散供养 2106 人，其中老年人占 2838 人。民政部门直接救助 26406 人次，传统救济 475 人，临时救助 2052 户。从社会救助的弱势群体产生原因来分析，因为疾病需要社会救助的占比最大，次之是受到社会救助的女性，女性受教育水平偏低，获取救济收入的能力较弱，因年老丧失劳动能力需要社会救助的人数排在第三，第四位是因残疾而丧失劳动能力需要社会救助者。

（二）兴国县农村弱势群体社会救助的政策及举措

1. 进一步强化机构建设和社会救助能力建设

在原有县乡村三级社会救助工作机构的基础上，进一步健全完善工作机制，在各乡镇认真抓好社会救助"一门受理　协同办理"窗口建设，安排了专职工作人员，为各乡镇解决了公益性岗位，实现求助有门、门里有人、能解急难。同时，进一步强化村（居）社会救助力量，加大主动发现能力。打造一支业务精、作风正、效率高的社会救助工作队伍。为提升社会救助工作人员的业务素质和工作能力，县民政局举办了各类培训 5 期，培训人员 230 余人次。对社会救助专项治理、低保申报制度试点、临时救助工作、数字民政系统和敬老院工作进行了专题培训，工作人员能力得到了提升，办理社会救助业务水平有了极大的提高。

2. 严格监管社会救助资金管理使用，确保资金安全运行

为确保社会救助资金的安全运行，兴国县从"五个管"严格监管社会救助资金的管理使用。①专户专账管。对各项社会救助资金在财政设立专账，实行专款专用，社会救助资金封闭运行。②包片包乡管。县民政局建立了领导包片、机关干部包乡责任制。包片、包乡干部主要职责为"四包"，即：包各项民政资金的使用落实、包民政对象的核查准

确、包工作任务的按时完成、包上访对象的调查答复。③信息报送管。建立了各乡（镇）每季末上报保障对象死亡制度，即有死亡的报死亡姓名，无死亡的报"零"，及时核减死亡人员。④交叉检查管。组织乡镇民政所长对各乡镇各类民政享受对象进行交叉检查，通过检查及时挖掘先进典型经验，并给予推广。⑤实行举报管。对各乡、村确定调整的各类社会救助对象通过公开栏公示，同时公布举报电话，做到有举报必有核查，有核查必有处理结果和答复。

3. 开展社会救助专项治理，实现低保公平公正公开

大力宣传低保政策，让广大群众对低保政策更加熟悉，明白了低保待遇的申请受理、听证评议、审核审批等流程，知道了什么样的情况可以享受低保，什么样的情况不可以享受低保。各乡镇对本辖区内困难群众和低保对象进行全面摸底调查和集中复核，切实做到"应保尽保、应退尽退"；认真检查在低保申请受理、审核审批、民主评议、公开公示及动态管理等关键环节的政策执行情况，坚决纠正侵害群众利益、违反有关规定的做法。通过低保申请、审核和审批三大环节的有效演练，检验了程序，简化了手续，缩短了流程，提高了时效，方便了群众，真正实现了低保流程再造，尤其是凸显了评议和评审的作用，确保了低保对象的精准识别、高效救助，实行了年审制度、渐退制度。

4. 创新养老服务业的发展模式

初步构建了以居家为基础、以社区为依托、以机构为补充的城乡养老服务体系。先后制定出台了《兴国县"十三五"基本养老服务体系建设规划》《兴国县居家养老服务试点工作实施方案》《兴国县农村老年人颐养之家建设实施方案》《关于进一步完善我县老年人优待政策的通知》等政策文件，形成了"1＋N"政策体系，落实政府托底类保障对象供养经费、运营补贴、民生政策落实、管护人员教育培训、医疗机构设立等六个方面的优惠政策，确保了养老服务业健康发展。

5. 逐步完善城乡医疗救助制度体系，提高城乡医疗救助水平

根据省市有关城乡医疗救助文件精神，及时制定出台了《兴国县城乡医疗救助制度实施方案》，为规范城乡医疗救助程序提供了制度保障。建立和完善了医疗救助与基本医保同步结算的直补救助制度。实行"窗口服务"，在县行政服务中心设立了专门办理医疗救助的服务窗口，具体负责医疗救助的业务咨询和救助手续的办结。实现了定点医疗医院全覆盖。依托疾病已报定点医院，本着"小病不出乡，就近能治疗，大病及时转院"的原则，满足不同群众的医疗需求。救助程序公开，实行逐级审核。印制"一次性"告知单和申请救助程序，进行了宣传和发放，救助都是先从村、乡调查公示，最后由县民政局审批。

（三）兴国县农村弱势群体社会救助的成效及存在的问题

1. 兴国县农村弱势群体社会救助的成效

第一，加大社会救助资金投入，不断提高城乡困难群众的保障水平。从 2017 年 1 月

1 日起，城市居民最低生活保障标准由每人每月 480 元提高到 530 元，补差水平每人每月 30 元，从 320 元提高到 350 元；农村最低生活保障标准由每人每月 270 元提高到 305 元，补差水平每人每月提高 30 元，从 195 元提高到 225 元；农村五保对象集中供养标准每人每月提高 60 元，达到 425 元（5100 元/年），分散供养标准每人每月提高 30 元，达到 320 元（3840 元/年）；20 世纪 60 年代精减退职老弱残职工救济水平每人每月提高 20 元，城市达到 375 元，农村达到 335 元。

第二，通过发展特色产业有效解决当地贫困人口就业问题。国家烟草专卖局对口援建兴国县，安排援建资金 2500 万元用于支持油茶、肉牛、绞股蓝等特色产业发展，解决了部分有劳动能力的贫困人口的就业问题。

第三，对农村建档立卡贫困户看病实行了"四道保障线"。为减轻贫困人口医疗负担，实行新农合基本医疗补偿、新农合大病保险、农村贫困人口医疗商业保险、民政医疗救助四道保障线，保证贫困户看病自负医疗费用控制在 10% 以内。同时，农村贫困人口住院实行先治疗后付费制度，一卡通即时结算，减轻了贫困人口垫资压力。

第四，实施了"苏区贫困学子关爱工程"。2012 年起，每年有 800 多名红军后代贫困学子实现学习、生活全部免费。截至 2016 年，共投入资金 1636 万元，资助"两红"直系后代及孤儿特困户 3232 人次。

2. 兴国县农村弱势群体社会救助存在的问题

第一，农村基层党组织对社会救助工作重视程度不够，一些农村基层干部社会救助能力有限。少数基层党组织对社会救助工作的重要性认识不足，缺乏服务农村弱势群体的意识。一些农村基层干部整体素质不高，责任心不强，能力有限，在做社会救助工作时力不从心，严重影响社会救助政策的落实。

第二，农村弱势群体中存在"等靠要"思想观念。随着社会救助工作的不断加强和社会救助金额的不断增加，在一些农村弱势群体中形成了"等靠要"思想观念，一些贫困户的致贫原因就是懒惰，这些人不但占用了宝贵的社会救助资源，而且容易使部分受助者形成对政府、对社会救助政策的依赖心理。

第三，社会救助资金紧张。由于社会救助资金主要来源于政府财政拨款和相关单位的对口援助，资金渠道来源相对有限，而社会救助对象较多，导致社会救助资金紧张，救助标准偏低，对农村弱势群体的帮助有限，制约了社会救助发挥最大作用。

第四，农村低保户、贫困户评定过程中存在不公正的现象。在农村困难户和低保户申请、评议、审核过程中，存在影响公平公正的各种因素，如一些村干部通过自己的影响力来左右评议结果，一些在村子里人缘较好的人更容易被评为农村困难户和低保户，另外，宗族势力在农村工作中影响较大，也能够影响社会救助工作。

三、农村弱势群体社会救助的前景展望

对农村弱势群体社会救助的前景展望，只是想对农村弱势群体社会救助工作的未来发展趋势作出大致的期待，对农村弱势群体社会救助的理论研究和实践的关系做一个简单梳理，对农村弱势群体社会救助工作提一个总体建议。

（一）农村弱势群体社会救助工作的重要性将更加凸显

随着中国特色社会主义进入新时代，我国由富起来的发展阶段转换到强起来的发展阶段，党的十九大清晰擘画全面建成社会主义现代化强国的时间表、路线图，提出第二个百年奋斗目标是到新中国成立 100 周年，把我国建设成为富强民主文明和谐美丽的社会主义现代化强国，建设社会主义现代化强国的时代大背景为农村弱势群体社会救助工作提供难得的发展机遇。特别是我国当前正处于完成全面建成小康社会的第一个百年奋斗目标的决胜期，消除贫困，解决好农村弱势群体问题，是党和国家各项工作的重中之重，凸显了农村弱势群体社会救助工作的重要性和紧迫性。可以预见，农村弱势群体社会救助工作将越来越受到党和国家的高度重视，这既会促进农村弱势群体社会救助工作的进一步发展，也对农村弱势群体社会救助的相关理论研究提出了更高要求。

（二）农村弱势群体社会救助的相关理论研究要进一步联系实际

目前，农村弱势群体社会救助的理论研究已经取得了一定的研究成果，为农村弱势群体社会救助工作提供了重要理论指导。农村弱势群体社会救助的相关理论研究，除了在理论层面要进一步深入研究，还要重点加强理论联系实际的研究工作。首先，理论研究要紧跟新形势，贴近农村弱势群体的现实生活。要研究新形势下农村弱势群体中出现的新情况和新特征，如网络信息时代农村弱势群体的利益诉求方式的新变化，根据农村弱势群体的新变化，创新社会救助方式方法。其次，要发挥广大人民群众在社会救助工作中的主体性作用，特别是要充分发挥基层社会救助工作人员的作用，他们工作在社会救助的第一线，最了解农村弱势群体社会救助的实际情况，最了解农村弱势群体的现实需要，要不断总结他们的经验和做法，加以提炼，上升为理论。最后，理论研究要及时有效地转化为实践指导，理论的价值在于指导实践，正确的理论反映了客观现实存在的问题，并提供了正确的解决方法，也就是对客观现实问题提供了规律性的认识，理论研究只有运用到实践中，才具有生命力。

（三）农村弱势群体社会救助的思路要进一步清晰

要做好农村弱势群体社会救助工作，关键在于厘清思路，要按照救助谁—谁来救助—如何救助这个逻辑进行思考。救助谁，就是要明确社会救助的对象，也就是农村弱势群体的识别、审核。谁来救助，就是要明确社会救助的主体，要坚持政府主导、多元主体和谐发展的社会救助路径，培育社会责任意识，鼓励企业、个人等参与社会救助，拓宽社会救助资金来源渠道，进一步发展社会救助事业。如何救助，涉及社会救助体系的构建和完善，社会救助政策的制定，社会救助政策的具体落实。把这三个方面搞清楚了，农村弱势群体社会救助工作的思路就清晰了，我们就能够更明确社会救助的工作重心，更清楚当前社会救助工作的薄弱环节，才能够更好地推动社会救助事业的健康发展。

江西农村医疗保障研究

——以江西兴国为例

陈建国[*]

农村医疗保障制度是我国社会主义建设发展的必然产物，也是保障农村居民权益的有效举措，对我国农村地区经济的发展和人民生活水平的提高起到了关键的作用。

一、学术界对农村医疗保障的探讨

改革开放后，各学者对农村医疗保障制度一直专注于对农村医疗保障的理论探讨，体系的发展演变，农村医疗保障的现状、出现的问题及解决方法的研究。当前学者主要对我国农村医疗保障的理论基础进行探讨。在讨论农村医疗保障理论基础时，通常提及较多的是公共产品理论和福利经济学。

（一）公共产品理论

萨缪尔森2004年提出，所谓公共物品，主要是在社区或者某一区域内供所有成员享用的消费品，且一人消费该消费品不会给他人消费带来影响。所以公共物品的特点就在于具有非竞争性和非排他性，且其他人在使用时没有边际成本[①]。

1. 公共产品性质

（1）消费的非排他性（Non-excludability）。就私人产品来看，付出价格购买代表拥有该产品的所有权，那么售卖者就不会再拥有和消费这一产品，从而体现产品的排他性。

基金项目：本文系江西师范大学"社会发展与治理"江西省2011协同创新中心阶段性成果。

* 作者简介：陈建国，男，博士，江西师范大学马克思主义学院副教授。

① Samuelson. The Pure Theory of Public Expenditure ［J］. The Review of Economics and Statistics，1954，15（36）：387-389.

公共物品为集体消费，因此并不具备排他性，虽消费者不同，但其拥有的产品效用基本相同。

（2）消费的非竞争性（Non‑competitive）。就私人物品而言，某人消费后拥有了这一产品，那么他人就不具备对其的拥有权和消费权。要想增加对这一产品的消费，就要付出一定的边际成本。而就公共物品来看，在一定条件下，消费者在产品消费过程中，即便增加多个消费者，也不会增加其消费边际成本。也就是新增消费者之后不会形成任何成本，不会给他人带来排他性，也不会给别人的使用带来影响。所以公共物品消费的这一特点就是非竞争性。

公共产品的作用主要是满足社会的公共需要，其与私人产品的不同之处就在于具备非排他性、非竞争性。其供需并不能通过市场进行有效调节，所以政府必须提供公共产品以及部分外部效用性较强的准公共产品。

2. 公共产品属性分析

在当前的市场经济条件下，农村医疗卫生服务就具备准公共产品特点，而政府在这一环节中的作用就在于干预其消费和生产。但是政府在干预前，应对公共物品自身的属性进行良好的界定。通常来看，公共卫生服务具有较强的外部性，且供需双方信息不对称，加上大量的公共产品供给往往处行业垄断状态，市场失灵问题较为突出。究其根源，主要源于具有正外部性的公共产品供给严重不足，而一些具有负外部性的公共产品又过度供给，最终导致卫生资源配置出现扭曲以及供给效率低下。同样，医疗卫生服务行业也是特殊服务行业，具有较强的专业性和技术性，带有浓厚的垄断色彩。实践操作中，医疗服务是通过医生的诊断与治疗来提供，医患信息不对称态势较为明显，为无弹性商品。对此，张思锋（2003）明确提出，医生在诊断和治疗过程中出现开大处方和提供过度医疗服务等方面的问题①。慎民（2004）认为，公共健康计划属于具有正外部性的公共产品，如天花、伤寒、霍乱等接种服务②。由于公共卫生属于公共产品，所以"搭便车"就成为必然结果。人人都想不花钱或少花钱或花别人的钱来享受各种医疗服务，导致公共产品生产难和收费难，市场难以对其进行有效调节，进而导致供求不足。

我国将公共产品供给领域纳入市场调节范围，就是希望利用市场机制达到高效配置资源的目的。但这也带来公平方面的问题，并因马太效应而衍生贫困、失业和看病难等情况。依福利经济学定律，政府要将自身的收入再分配作用充分发挥出来，尽可能地给低收入人群提供量身定做的医疗卫生产品，以及惠及更多人群的基本医疗服务与卫生设施，从而更好地确保低收入群体自身的基本人权。

（二）福利经济学

公平性是社会保障学科在构建和发展中采用的重要理论原则。尤其公平性原则，其主

---

① 张思锋. 社会保障概论［M］. 科学出版社，2003：35.
② 慎民. 社会保障通论［M］. 山东大学出版社，2004：47.

要是在福利经济学派的影响下形成的。庇古将福利经济学的目标定位为增加地区经济福利。这里的地区，可以是一个国家，也可以是整个世界。结合心理学理论，福利注重使用者的心理满足与享受，所以其将福利分成经济福利和社会福利。同时，庇古福利主要基于边际效用递减命题进行社会福利函数的推演。上述两者结合分析得出，社会经济福利在国民收入总量中有着决定性的作用，同时还会对国民收入分配的均等化产生影响；为了增加经济福利，就需要提升国民收入，并在此基础上实现国民收入平等分配。

边沁的功利原则"最大多数人的最大福利"，是在庇古 1920 年所著的《福利经济学》基础上形成的，并不断推动其发展成为一套完整的理论体系。另，伯格森、萨缪尔森对社会福利函数进行了再次修正与完善，并构建了新社会福利函数理论[1]。其核心就在于社会福利是基于社会整体商品与要素的函数，其他相关变量，如商品和劳动还有资本投入数量，均为辅助性影响因素。在这一理论中，帕累托最优状态并非唯一，且因此推理出社会无差异曲线。

综合福利经济学理论属于福利经济学的一个分支，其重要支持者 Nichons Barr（1998）认为，在追求社会公平的同时，也追求效率，方能实现社会福利最大化[2]。而其充分条件就在于公平分配。在上述理论基础上提出的补偿原则论也得到各方的关注。受市场经济的影响，交易双方既可能是得利一方，也可能是受损一方，受损方必须在一定机制下获得得利一方的补偿。显然，医疗卫生服务制度的设计与制定也会受补偿理论的影响。依此，社会保障制度能有效弥补市场缺陷所致的分配不公影响，而社会公平是整个社会保障制度建设的基石。最终，为更好满足社会发展需要，社会经济学中的社会保障理论逐步演变成注重促使政府提供基础设备和社会服务的国家福利理论。

二、我国农村医疗保障制度的现存问题

目前，学者们对农村医疗保障制度的认识越来越深入，并在对其的完善上做了很大努力，但我们还必须承认，我国农村医疗保障制度建设依然存在许多亟待解决的问题。

中国劳动关系学院的刘泰洪（2009）在其文章中提到："如果说传统农村医疗卫生存在的主要问题是缺医少药，农村卫生工作的重点是解决医疗卫生服务的可及性问题，那么目前的主要问题就主要体现为农村医疗卫生服务可得性差，农村居民在医疗卫生服务方面的支付能力下降[3]。"

---

① 姚明霞. 西方社会福利函数理论述评 [J]. 教学与研究，2004（11）.

② Nichons Barr. Applied Mathematics for Physical Chemistry 2nd ed [J]. Stocks & Commodities，1998，19（1）：48.

③ 刘泰洪. 中国农村医疗保障：发展演变、现实困境与制度构建 [J]. 中共青岛市委党校青岛行政学院学报，2009（7）.

龙玉国、吴国君（2009）认为："长期以来，中国城乡实行两种不同的医疗制度，城镇居民享受有保障的公费医疗制度，而农民只能选择自费和尚不健全的合作医疗[①]。"上述两个学者提出的问题很典型，但不仅限于此，总结如下。

（一）医疗资源分布不均衡

医疗资源供给严重不均衡。当前，我国农村地区的医疗供给条件十分有限，医疗服务水平较低。优质高效的医疗服务资源主要集中在城市。城市往往在政府大力支持下，囤积了大量优秀医生，加上先进的医疗设备，所以在整个医疗市场中居于主导地位。而对农村乡镇医院而言，不管是医疗技术还是医疗设备，往往较为落后，一些医护人员自身的综合素质水平不高，难以从真正意义上满足农民求医问药的需要。村乡镇诊疗机构往往只能治愈部分小病，一旦遇到大病，就必须前往县级医院就医。县级医院人满为患，不堪重负也就顺理成章。另，乡镇医院由于技术、资金和人才力量薄弱，所接收的病患群体往往经济条件较差，导致大量国家投资购置的医疗资源处于闲置状态，很多有急需的患者难以及时得到应有的治疗。随着社会发展，农村居民对医疗水平的要求日益提升，从而呈现出县级医院患者爆满，而乡镇医院又因为患者少和资源差而综合实力下降，进而面临生存和发展的两难困境。

医疗需求一定程度上受到压抑。供给上存在不均衡，需求也一定程度上受到了压抑。在整个农村医疗制度中，乡镇一级的医院具有十分重要的作用，但是其医疗资金使用和日常运营缺乏第三方的有效监督。属于弱势群体的农民难以及时掌握医疗资金使用情况，农民必然不放心医疗合作资金的去处。而乡镇医院现有医护人员自身的专业水平较低，尤其缺乏优质技术人才，使得农民患者对其缺乏信任。

（二）医保资金来源不稳定

从2013年开始，农村医保的重点转移到大病，在重特大病的就医方面有了一定的保障，农民得到不少实惠。但由于资金问题突出，重大疾病医保体系还需要在政策上不断完善。寻找到既让老百姓接受又有效的筹资方式，成为农村医保的发展方向和基金管理者当前面临的挑战。为了继续稳定推行农村医疗保障制度，当下必须将资金保障作为首要任务。进一步完善在政府补助资金的基础上增加农民个人缴纳的参保金制度，以及鼓励社会各界积极捐赠的制度化是我们需要解决的重大问题。

目前，在规定农民必须缴纳的参保金时，中央政府一般基于地方财政部门确定的投入资金，再依据地方财政与农民缴费资金保障状况针对性地进行中央财政补贴。但是在这一集资过程中，一些农民往往容易对政府的貌似不作为产生误解，认为政府在乱收费用。要改变这种错误认识，必须对费用缴纳的顺序予以置换，由地方政府先将确定的资金投入农

---

① 龙玉国，吴国君. 完善中国农村合作医疗保障制度研究［J］. 经济研究导刊，2009（34）.

村医疗保障制度，再向中央申请财政补贴。当财政资金到位之后，再确定农民所要缴纳的参保金数额，并及时收取。这才能使农民心里觉得踏实，使其意识到这些钱是在自己生病时自己使用的资金。由此，地方政府必须以一年为基础，并根据参保人数计算投入资金。若有农民不愿意参保，那么从下年起，就将不参加医保农民的初级补贴及时收回，确保地方财政得以持续投入。

（三）农民对医疗保障制度的认知不足

由于我国很多农民所接受的文化教育水平较低，所以在理解农村医疗制度时，往往对短期利益看得较重。外在体现就是参与农村医疗保障制度的人群具有非对称性的特点，即所谓逆向选择。一方面，对医疗消费支出较大的农民而言，他们自身感觉到了医保带给他们的切实利益。有了保险他们就觉得给自身的生活上了保险，能有效地降低医疗消费在整个日常生活消费中所占的比重，所以能够积极参与农村医疗保障制度。另一方面则相反，部分农民对农村医疗制度持漠视态度。这些人自认为身体好，患病率较低，日常在医疗消费上的支出较少，往往在缴纳费用之后几乎不用。这些农民没有意识到医疗制度的好处，错误地认为农村医疗制度缺乏合理性，并向其他农民宣传这种看法。加之相关部门在农村医疗保障制度上往往宣传不到位，很多农民对医保作用产生误解，对农村医疗保障制度缺乏信任，甚至错误地认为是拿农民的钱参与基本医疗保险投资。正是由于部分农民对医疗保险制度认识不足和一些负面的刻意宣传，很多农民在不理解政策的基础上而不愿意参加农村医疗保险[1]。更严重的是，相关部门忽视对农民的正确引导，让更多的农民认为参保具有一定的风险性。而针对拒缴费用的农民，政府工作人员又会直接上门收取，进而导致更大矛盾，激发其不满情绪，并由此增加人力成本进而加大农村医疗保险制度的筹资成本。

由于合作医疗制度的规定较为严格和复杂，在生病后的报销阶段，患者需要拿着一系列材料走烦琐的报销流程，加上有的服务人员在为农民群体服务时缺乏耐性，导致报销过程中的成本无形中增加。

（四）政策本身存在不足之处

目前，我国出台的农村医疗保险制度在内容上较为模糊，存在诸多不完善的地方，因而地方在实施农村医疗制度过程中往往与政策原意存在偏差。在大部分地区，新农合不仅较为缺乏资金，而且运行成本较高。目前合作资金来源有一部分是农民缴纳，但是其所占比重小，其他均为财政资金，导致地方财政收支不平衡。有些地区较为富裕，所以财政支持力度加大，为农村医疗制度提供了较为充足的资金，也能为农民提供良好的医疗保障。但是更多地区存在财政困难，财政赤字情况不乐观。如果投入的资金难以确保整个农村医

---

① 刘峰. 我国农村医疗保障制度改革的困境与突围 [J]. 湖南师范大学社会科学学报，2011（6）.

疗制度得到高效的实施，地方政府就需要想方设法地弥补资金缺口，这时农民就难以得到真真切切的实惠，经常出现农民拒绝参加农村医疗保险的情况。

由于我国农村医疗保障制度本身还存在较多不完善之处，管理上的混乱使得多项问题凸显。如医疗资金管理缺乏专业性，大都是政府工作人员进行管理，使得资金的流动性较差，进而使得资金被贬值，同时资金缺口也在不断加大。尤其对资金缺乏有效监管，使得资金经常被挪作他用，甚至部分工作人员通过制作虚假医疗报销凭证套取农村医疗资金并私用，导致农民利益被严重侵害。农民和国家被这些行为戕害，也使得党和国家在民众心中的形象被严重破坏，进而影响社会和谐。必须加大整治力度，上述行为一经发现，要严惩不贷。

（五）农村医疗保障制度形式相对单一

由于我国的农村医疗保障制度是在取得试点地区的经验后向全国推行的，总体上确实给广大农民带来了实实在在的实惠，颇受农民青睐。然而在农村医疗保障制度改革和发展进入"深水区"的今天，合作医疗制度所面临的挑战仍在于新旧制度与现实需求不完全一致。不同地区的经济、文化等方面发展水平存在很大差异，医保服务水平与之类似。

东部沿海区域，由于经济较为富裕，其在农村医疗卫生费用方面的投入往往较为充足。为了不断提升参保者的医保福利，他们不断对现有的农村医疗制度进行优化，在确保国家规定项目指标完成的基础上予以改革，并结合本地区实际制定有针对性的规划，有目的地找出与本地区相符的医保模式，从而促进本地区农民生活水平逐步改善。而对于经济欠发达地区，由于资金缺陷，其主要目标是确保农村医疗制度中相关硬性规定得到有效的执行，从而确保农民基本权益。

由于不同地区经济实力之间的差异，不同农民从医保得到的实惠相差很大也就是必然的了。当然，就共同提升农民福利而言，即便是医疗经费较为欠缺的地区，也需要参考发达地区在医保体系上的新做法，并结合本地区特点规划设计医疗保障体系，进而在降低医疗费用的同时提高治疗效率。

（六）保障程度相对较低

就新农合自身报销范围而言，农村患者只能在政策（如基本用药目录、诊疗项目、医疗服务设施和支付标准目录等）范围内进行费用报销，或说有可保费用和不可保费用的差别。随着可报项目的不断调整，住院费用中可报费用的比例逐年提高，但对于大病而言，农民的自负比例仍可能高达60%以上，其保障作用大打折扣。

当前，我国有50多种疾病可能造成一些家庭因病致贫和返贫。较低的保障程度难以对农村居民的生活提高起到根本性的调整作用。

三、解决我国农村医疗保障制度存在问题的途径与方法

总结农村医疗保障制度 20 年来的改革发展历程和现存的问题，在新的形势下，社会各界和学者们纷纷提出了相应的解决方法，以便更好地完善农村医疗保障制度。

邬旭东（2007）根据对现存问题的分析，提出了合理的对策："一是建立长期稳定的农村医疗保障资金筹措机制，实行政府、集体经济与农民三方合理出资的办法；二是举办多种形式的农村医疗保障制度，满足农村居民多层次的健康需求；三是建立对农村低收入患病人群的医疗救助制度；四是应该健全农村医疗保障的工作机构①。"李二曼（2008）在其文章中提到："首先要加强政府支持；其次要改革农村卫生人员培养模式，强化继续教育制度；再次要对广大农村干部和群众进行宣传教育和引导；最后要加强对新型农村合作医疗保险制度的监督和管理②。"当然不仅限于此。

经过分析总结，针对目前我国农村医疗保障制度存在的问题，解决对策主要可以总结为以下五点。

（一）完善基础设施和提升服务水平

作为政府部门，必须切实强化正面引导工作，尤其应深入基层，深入农村加强政策宣传，并在宣传过程中加强现代宣传媒介的应用。只有如此，才能加深农民对政策的掌握和理解，并利用真实案例使其意识到医疗保障的重要性，从而更好地引导其从根本上接受并参与医疗保障。而基层医疗单位还应设置相应的农村医疗制度宣传专栏，切实注重医疗卫生知识的传播，不断简化参保人员缴费的方式，尽可能减少报销等待的时间和报销的环节。因为很多时候农民之所以不愿意参保，主要是因为报销环节较为繁缛。所以我们只有简化报销结算过程，才能更好地促进农民参保率的提升。与此同时，还要不断加强对城镇现有医疗卫生条件的改善和完善，为农民健康提供基本的保障，使其意识到政府正在不断加大医疗投入。当然，不断强化农民自身的健康意识终将对促进农民健康权益维护起到支撑作用。

随着政府对农村医疗卫生条件改善投入力度的加大，农民就近就医且获得较好诊治的愿望逐步实现，无形中降低了农民就医的成本。当然，还可以定期开展医生下乡活动，选派专业优秀的医疗人员，为农村医疗技术水平的提升提供支持。尤其在人才政策上，应为医学院毕业学生提供政策支持，引导其参与农村医疗事业，为促进农村医疗水平的提升奠

① 邬旭东. 我国农村传统医疗保障制度存在的问题及对策 [J]. 保险研究，2007（4）.
② 李二曼. 中国农村医疗保险制度的现状及建议 [J]. 中国新技术新产品，2008（8）.

定基础，并为此创建相应的医疗环境。加快城乡之间的医疗资源共享和连接，全心全意为农民服务，为农村地区的医疗水平改善提供强有力的支持。乡镇医院也要不断改进和完善医疗服务态度。这不仅有助于农村医疗事业的发展，而且能为农村经济发展注入强大的动力。

（二）确保资金来源的稳定和提高资金的利用率

农村医疗制度资金是否富足，将直接对参保人自身的利益产生影响。在我国处于社会主义初级阶段的今天，由于经济较为落后，在财政资金上还存在诸多不足，而要国家完全承担农村医疗资金又难以在现阶段实现。为了确保农村医疗制度可持续发展，必须做到统筹兼顾，并进行充分调研，以探索出与本地区相符的新型医疗合作模式。例如，在农村医疗制度下设置独立的基金会，并接受社会各界的资源捐助，同时及时宣传这一制度给农民带来的好处。当然地方财政也需要支付部分资金作为其发展的基础。在合作医疗领域采取多元化的资金投入模式，尤其是来自民营企业的资金，能有效保障资金的充足。尤其关键的是，必须在资金管理方面建立专业团队，确保资金流动性的同时，还能提高其收益。总之，在良性循环的态势下，还要结合本地区的实际，加强医疗设施的建设和投入，切实强化医保资金的利用，促进资金利用率的提升。

（三）提高农民的认知水平，保证参保率

在做好上述工作的基础上，还应注重农民认知水平的提升，才能更好地促进参保率的提升。这就需要注重正面事例的宣传，让农民真正了解农村医疗制度的好处，意识到农村医疗制度的实质就是为民解忧。而合作医疗制度执行的主体应切实注重现代信息传播，切实注重现代化的传播方式，切实注重对其的宣传，从而使其尽快掌握国家有关惠民政策。而基层医疗机构还应注重对医疗制度的解释，尤其是落后的农村地区，应利用电视和手机以及大字报等方式强化对其的宣传。农村居委会作为基层群众服务的主要载体，应切实承担自身宣传责任，及时为老百姓释疑解惑。尤其是应利用宣传栏做好文字和图片及宣传标语等方面的工作，组织农民及时参与学习，使其对医疗报销流程和注意事项做到心中有数，这样才能更好地维护农民自身利益，从而更加主动积极地接受和参与农村医疗制度，确保农村医疗制度的作用真正发挥出来。

（四）完善监督机制与加强相关法律制约

为了确保农村医疗制度得到高效的实施，我们必须采取因地而异和适度强制原则促进其高效落实。因为过度强调资源的市场配置，经常会导致逆向选择行为，进而影响制度的持续顺利实施。

农村医疗制度属于社会保险制度，应切实按照社会保险适度强制的原则，并结合经济发展水平，适时地更新相应的农村医疗制度实施标准。如在一些具有良好经济基础的区

域，应建立较为全面的合作医疗模式，将大病和小病均纳入体系规划。而对于经济发展水平较低的区域，应确保大病治疗费用报销得到有效的保障。若地区经济较为困难，还应加大中央财政的补贴力度，以确保大病及时得以治疗。

（五）细化农村医疗保障制度

农村医疗制度属于农村医疗保障的核心。在医疗改革不断深入的今天，如何才能把政府的财政投入转化成为老百姓真实的实惠感受，以着力解决目前农民看病贵、看病难的根本性问题，是我们必须注重的问题。城市医疗制度远比农村医疗制度完善，其很多举措值得借鉴。2006 年以来，随着城市医疗试点工作的开展，以医养老和医养结合的方式颇受青睐。从试点成功到全国推广的模式可以应用于农村医疗保障制度。借鉴之一即是使合作医疗变得更具有选择性，这将是新农合的未来发展大趋势。

从众多学者的研究成果来看，我国农村医疗保障制度在其发展演变过程中的确存在许多问题。虽然各界学者已提出了很多方案和途径，但为了能更进一步、更好地完善我国农村医疗保障体系，我们应找出引发问题的根本原因，从而探索和研究切实可行的方法。

四、农村医疗保障政策的演进

（一）我国农村医疗保障制度的政策演进

农村医疗保障制度既与农民的健康息息相关，又与农村经济发展和整个社会稳定一脉相连。中国农村医疗保障制度，以合作医疗制度的发展为主线，经历了三个发展阶段，即传统农村合作医疗体制、农村合作医疗制度和新型农村合作医疗制度。自新型农村合作医疗制度试点开始，农村医疗保障制度成为全国关注的重点。下面分为三个阶段对国家农村医疗保障的政策演进进行阐述。

1. 中华人民共和国成立初期的农村医疗保障制度

（1）背景介绍。从 20 世纪 50 年代起，在经济与工业化大发展的前提下，国家向公有单位的职工提供了公费医疗和劳保医疗，也就是说，国家为城镇居民建立了适应计划经济的医疗保障制度。1956 年 6 月，经国务院审议，全国人民代表大会表决通过的《高级农业生产合作社示范章程》中规定："合作社对于因公负伤或因公致病的社员要负责医治，并且酌量给以劳动日作为补助。"显然，我国农村合作医疗制度发展起来的社会前提是农村互助合作的推动。1968 年 12 月 5 日《人民日报》对湖北省长阳县乐园公社的合作医疗制度进行了宣传和推广之后，我国农村合作医疗制度便得到了快速和积极的发展。

（2）解决的主要问题。建立了相对完整的农村医疗卫生体系。在当时较为特殊的政治环境下，各地区及其党委政府均对合作医疗高度重视。县乡人民公社及时成立了相应的合作医疗管委会，负责监督医疗工作。而各生产大队则主动积极配合所提倡的合作医疗，及时成立了专业的合作医疗小组。总之，县以下的三级医疗部门得到快速的完善，使得合作医疗的发展如火如荼，对应的农村医疗卫生体系也建立了。

农民的看病问题得到较好解决。20 世纪 70 年代，我国农村地区的农民参与合作医疗的比率达到 80% 以上，而乡村医生也超过了 140 万人，卫生合作社设置了大量卫生员与接生员，人数约 400 万。在合作医疗的巅峰时期，从事医疗卫生服务的医务人员有 500 万之多，逐步建立和完善了农村卫生医疗合作体系。医疗队伍在充实的同时还不断提升医疗服务水平，农民就医得到了根本性解决。在 20 世纪 70 年代召开的第二十七届世界卫生大会上，有学者提出我国的农村合作医疗制度对发展中国家具榜样作用，成为解决当时发展中国家的农村医疗卫生经费不足的典范。

（3）未解决的问题。低下的医疗服务水平。在当时背景下，虽然农村合作医疗的发展得到了好评和认可，但是其实际情况并不容乐观。由于当时政治运动频繁，合作医疗发展的初衷被异化。在"大跃进"浮夸风盛行的时候，农村合作医疗的发展只有响亮的口号，没有基于农民视角开展针对性合作医疗完善工作。受到政治风气的渲染，其早期的制度发展较为混乱，过度强调数量而甚少关注质量。体现在实际工作中则只注重增加基层站所与医疗队伍的数量，对基层站所的硬件设施严重不足、医疗队伍的技术水平亟待提升且只能达到基本满足医疗服务等问题的重视程度则相对弱化。

合作医疗的持续性缺乏。1981 年，我国农村经济体制开始进行改革，家庭联产承包责任制及统分结合的双层经营模式在全国农村盛行，使依赖集体经济的农村合作医疗失去了主要的资金基础。农民失去了国家提供的医疗保障，农村合作医疗逐步走向衰落。从中我们可以看出，合作医疗的持续性存在先天缺陷。

2. 改革开放后农村医疗保障制度的转折性发展

（1）背景介绍。改革开放以后，中国农村合作医疗制度逐渐"去政治化"。总结以往发展经验，强调法律保障，健全制度框架。1978 年 3 月 5 日五届全国人大一次会议通过的《中华人民共和国宪法》第三章第五十条规定："劳动者在年老、生病或丧失劳动能力的时候，有获得物质帮助的权利。国家逐步发展社会保险、社会福利、公费医疗和合作医疗等事业，以保证劳动者享受这种权利。"1979 年，卫生部、农业部、财政部等部委联合下发了《农村合作医疗章程（试行草案）》，对农村合作医疗制度做了进一步规范。20 世纪 80 年代，中国开始对农村"赤脚医生"进行考核颁证制度。

为了促进农村医疗合作制度的发展，在 1993 年 11 月 11~14 日的中共十四届三中全会上，中共中央在国家经济建设中提出发展和完善农村合作医疗制度。20 世纪 90 年代，在农村居民增收困难与税负较重两方面压力下，国家制定了减轻农民负担的工作计划。1990 年 6 月，卫生部会同农业部、原国家计委、国家教委提出应当继续提倡和稳步推行合作医疗保健制度，同时呼吁全国规范合作医疗流程。1991 年，国家政府批准了这一请示。1991 年 4 月，全国人大提出了要继续实行合作医疗制度，加快合作医疗建立的步伐；11 月，国家出台相关文件，把合作医疗制度规划到了中央决策文件中，强调了合作医疗的重要性。1997 年 1 月，中共中央、国务院作出了《关于卫生改革与发展的决定》，要求积极、稳妥地发展和完善农村合作医疗制度。1997 年 3 月，国务院转发的由各部委联合提出的《关于发展和完善农村合作医疗的若干意见》，要求各地方政府认真抓好合作医疗的试点工作。

（2）解决的主要问题。提升了农村医疗队伍的质量。20 世纪 80 年代，我国对农村的赤脚医生实施了考核颁证制度。当时约有 125 万名赤脚医生接受了一定的资质检验，经检查合格的人数只有一半，并获得了继续留任的资格。余下的一部分暂时性留任，一部分转岗。到了 1985 年，我国开始加大对乡村医生改革的力度。对乡村医生实施了重新整合和规范，并使得"赤脚医生"这一历史名词渐渐退出历史舞台。总体上提升了农村医疗队伍的质量。

逐步恢复农村合作医疗。在中共十四届三中全会上，中央在注重国家经济建设的进程中，明确要求不断完善和发展农村合作医疗制度。1994 年，我国卫生部门在世界卫生组织的指导下强化农村合作医疗制度的研究，切实掌握农村实际情况。经过在全国实施的试点建设，1997 年农村合作医疗得到了一定的恢复，全国的医疗合作覆盖率得到了快速提升。卫生部门也把工作的重点放在加强农村合作医疗制度建设上，并明确其对农村地区医疗卫生建设有着不可或缺的作用，为农村合作医疗建设提供了出路和突破点。

（3）未解决的问题。农民就医问题如何解决。20 世纪 90 年代，不仅面临着农民增收困难，而且其税负较重，所以国家制定了减轻农民负担的计划。将农村合作医疗作为收费项目的强制性取消，合作医疗不再强制推行。由于较缺乏政策支持，农村合作医疗难以得到持续的推广。在当时国家以大力建设经济为中心的前提下，农村合作医疗制度没能得到有效的坚持。所以 20 世纪八九十年代的农村合作医疗可谓跌宕起伏，发展水平也相对较低。

合作医疗何去何留。1990 年 6 月，国家卫生部与原国家计委、农业部以及教委一道提出应当继续稳定推进合作医疗保险制度，并提倡不断对合作医疗的流程进行规范。1991 年，中央政府对这一请示予以批准。1991 年 4 月，全国人大提出继续执行合作医疗制度，并加大合作医疗建设的步伐。1991 年 11 月，相关部委出台有关文件，将合作医疗制度纳入中央决策文件，继续强调合作医疗工作的重要性。1993 年，中央提出了关于加强经济建设的诸多意见，并要求不断加强与完善合作医疗制度和社保制度。到了 1997 年 1 月，又要求合作医疗对保障农民基本生活水平做出相关要求。预防农民因病致贫，才能更好地促进农民生活水平提升。1998 年，国家更加注重农民负担的减轻，初衷是要将合作医疗减轻农民负担的作用发挥出来，但客观上反而加大了农民负担，导致农民生活压力加大，合作医疗再次遇到寒冬。

3. 21 世纪以来的农村医疗保障制度

（1）背景介绍。在中国特色社会主义新时期的建设过程中，党和国家对农村卫生工作和农民医疗问题给予了极大重视。2001 年，中共中央、国务院又出台了《关于农村卫生改革发展的指导意见》。在 2002 年 12 月，党的十六大报告着重强调并指出，"着力改善农村卫生状况，提高城乡居民的医疗保健水平"。2002 年党中央和国务院召开了全国农村卫生工作会议，颁布了《中共中央国务院关于进一步加强农村卫生工作的决定》。这次会议的召开成为了我国农村合作医疗制度发展的转折点。2003 年 1 月，国务院转发了由卫生部、财政部、农业部三大部门联合提出的《关于建立新型农村合作医疗制度的意见》，要求各省、自治区、直辖市自 2003 年起，对新型农村合作医疗制度进行试点工作。试点工作从小范围开始进行，待有所成效和取得一定经验后再广泛推广。

（2）解决的主要问题。农民的就医保障有了依托。试点工作逐级推动，同时相关举措也得到了有效的落实，并确保其具有较强的推广性。通过总结 2006 年经验，2007 年的 2 月，中央下发了有关加强社会主义新农村建设的相关意见，并提出，农村新型合作医疗制度试点实施取得的成绩是显著的，有必要将其覆盖范围不断扩大。从 2007 年开始，我国全面推行农村新型合作医疗制度，并要求至少覆盖全国 80% 以上的县市区。

就医保障的资金来源有了方向。农村新型合作医疗制度基于国家整体制度的设计框架，始终坚持自愿参与的基本原则，注重财政分级分担，使得管理更具有公正和民主的特点，发展效果良好。

（3）未解决的问题。21 世纪以来，我国的农村医疗保障制度的发展十分迅猛，取得的成效十分显著，大多数地区的农村医疗卫生服务体系基本都建立起来了。当然，还存在一系列问题，如农村医疗保障覆盖不全面，保障水平不高，农村医疗保障所需资金筹集困难，现行法律制度不足，立法体系不健全等。这些问题的解决还需要一个长期的过程。

（二）江西省农村医疗保障的政策演进

1. 情况介绍

江西省虽是我国经济发展相对落后省份，但其农村医疗保障的政策也是随着全国政策的发展而不断推进的，其主要的政策演进历程如下：

2003 年，江西省选择婺源、吉安等七个县开展农村合作医疗试点。

2005 年增至 11 个，2006 年底增加到 40 个。截至 2006 年底，新型农村合作医疗共筹集资金 5.76 亿元，使用资金 3.99 亿元，有数百万农民从中受益。2007 年，江西省决定将新农合试点县扩大到 80 个，覆盖农业人口 2781 万，占全省农业人口总数的 87.9%。更多农民将享受看病报销的实惠[①]。随后，新农合不断调整完善。

---

① 财政部课题组. 支持农村医疗卫生体系建设的财政政策研究 ［J］. 财政研究，2008（3）.

2014年3月，江西省卫生厅、财政厅颁发《关于印发2014年新型农村合作医疗统筹补偿方案的通知》，对门诊、住院补偿等进行了完善，加大了对农民的补偿力度。

2016年8月落实《江西省健康扶贫工程实施方案》以来，江西省各地实行了贫困人口倾斜性的医疗保障政策。基本实现了贫困人口免交个人参保费，贫困人口在县级、乡级医疗机构住院的费用补偿不设起付线等优惠政策。这推动了健康扶贫工作的进一步落实。

2. 解决的主要问题

（1）不仅使得农民健康得到基本保障，而且有效地减轻了农民的看病负担。在刚试点时，农民每年每人次仅需缴纳10元，在因病住院时，所享受的医药费却可以报销20%～70%，很多农民都乐于接受。2006年，为了更好地对新农合进行有益补充，还建立了农村特困群众大病医疗救助制度。只要是符合救助条件的农村特困群众，当因病住院难以支付起付线费用或政策外费用时，可以及时得到财政和民政部门予以的再次适当救助。南昌大学医学院在婺源县实施了3年的跟踪调研[1]，结果显示，该县自2005年实施新农合之后，农民因病致贫在各类致贫原因中所占比例从47.62%降低到21%。由于经济困难没有就诊的比例从48%降低到39%，而需要住院并未住院的比例则从之前的39%降低到11%。

2017年1月1日起江西省全面实施城乡统一的居民基本医疗保险制度。从2016年1月1日起，将未成年人的个人缴费标准从50元提高到120元，与成年人的个人缴费标准一致，从2017年1月1日起再提高到每人每年150元；将城乡居民基本医疗保险财政年人均补助标准提高40元，达到每人每年420元。相比农民的可支配收入而言，每人150元的缴费额还是适中的。

（2）有效地改变了农民的就医习惯，并在一定程度上缓解了看病难的问题。以往由于农民缺乏医疗保障，农民患病后往往不看病，或找乡村医生和黑诊所随便开点药缓解症状，往往在疾病很严重时才去医院治疗。而实施新农合之后，有病立即看的参合农民明显增加，乡镇医院就诊率也大幅度提升。其中财政的支持处于基础地位。以2007年为例，中央财政给中西部地区参合农民每年每人补贴的金额是10元，而地方财政给参合农民的补贴每人每年在10元之上。中央、省级和市县级的财政分别补贴了1.89亿元、1.81亿元、0.64亿元[2]。因此，政府资金的支持有效地缓解了农民看病难的问题。

（3）随着政府在资金投入量上的加大，有效地推动了医疗卫生事业的发展。20世纪80年代农合医疗体系的解体，在一定程度上采用了市场化的方式促进医疗体制改革，也推动了农村医疗卫生保障事业的快速发展。江西推行新农合制度之后，国家财政在农村卫生基本设施上加大了投入力度，尤其是公共卫生设施、医疗服务条件改善、乡镇卫生院所

① 江西合作医疗试点县（市）达40个［EB/OL］. 新华社，2006 – 04 – 24，http：//www. hyey. com/data/Dynamics/200604/60780. html.

② 财政部课题组. 支持农村医疗卫生体系建设的财政政策研究［J］. 财政研究，2008（3）.

改扩建、医疗设备的投入、疫情监测以及农村卫生队伍建设等方面。

（4）制度得到了快速的创新。相较于传统合作医疗，新农合制度的创新较多，例如，政府在筹集资金时加大了支持力度。而就统筹层次而言，从乡村统筹逐步提升到县级统筹，直至市级统筹。就合作方式而言，主要是坚持大病统筹为主。就管理方式而言，从传统的分散管理逐步转变到集中管理，再从集中管理向管理与监督并重转变。就配套改革而言，医疗救助制度得到了建立健全。

3. 没有解决的问题

（1）"保大不保小"。在实际操作中，"保大不保小"的理念遇到的问题较多。由于只保大病而不保小病的规定，农民难以承受小病治疗费用的基本事实被忽略，小病拖成大病的情况屡见不鲜。长此以往，势必导致合作医疗基金入不敷出，将使合作医疗制度举步维艰。具有较高起付线和较小的受益面的保大病，势必导致新农合政策效果大打折扣。

以家庭为单位的账户采用的补偿模式是"家庭账户 + 住院可报费用分段补偿（或按比例补偿）+ 门诊大病（慢性病）"，因为小额的医疗费用所占比例较小，农民生病后，就诊几次就把钱花完。实施个人账户时，虽可以避免家庭账户凸显出的一些弊病，但在遇到重特大疾病或疑难杂症时仍然会导致患者因病致贫因病返贫。

（2）在筹集资金上存在较大的困难和诸多潜在的风险，尤其是还没有建立长效机制。由于很多农村的集体经济支持力度不够，新农合的缴费主要是农民群众个人承担。目前，多数农村的发展仍相对处于低水平，农民的收入增长较为缓慢，进一步增加农民的自筹额有很大困难。显然，不管从何种角度来看，政府的投入都是有限的，更不可能完全负担。旺盛的新农合基金需求与有限的财政投入之间永远存在矛盾，而且新农合当前也还没有建立起与不断增长的医疗服务需求相对应的长效资金筹措机制。

（3）多头向一头管理的转换机制还在探索。2017 年前，医疗保险的管理缺乏顺畅的管理体制，多头管理、效能低下是其显著特征。例如，城镇职工和城镇居民的基本医疗保险属于人力资源和社会保障部门管理，而新农合医疗由卫生部门管理，城乡医疗救助管理的主体是民政部门，存在各自为政和"五龙治水"的局面。在信息系统没有互联互通的情况下，难以实现资源的共享。具体体现在以下问题中：①新农合即时结算机制不完善。这主要表现为补偿标准不统一；提交材料过多；农村定点医疗机构需先垫付报销资金，负担重等。②城乡医疗保障制度分割。这主要表现为两个制度之间的部门利益之争；统筹层次不一致。③疾病预防工作缺失。这表现为卫生保健工作不到位；农村定点医疗机构对农民健康的忽视；农民自身疾病预防意识差。④新农合基金监管不到位。这表现为省级政府监管缺位；同级部门监管不力；对医生和患者的监管不力；农民自身的维权意识不强；等等。

自 2017 年始，新农合与城镇居民医保合并，并且由人社部门统一管理。上述问题或许能得到根本性解决。

（三）兴国县农村医疗保障的政策演进

1. 情况介绍

兴国县于 2006 年初被确定为江西省新型农村合作医疗（以下简称新农合）试点县。

2006 年，兴国县印发了《关于扩大农民无偿献血免缴新型农村合作医疗参合费自缴范围的通知》，并明确，对分居的 60 岁以上的老人，全部列入其有支付能力子女的家庭账户内；"五保户""特困户""烈属"等特殊群体的参合费，由民政局从医疗救助基金中代缴，尽量扩大新型农村合作医疗覆盖面，提高筹资水平和参合率。

根据新型农村合作医疗"大病统筹"的原则，兴国县制定了《兴国县 2012 年新型农村合作医疗门诊统筹实施方案》《兴国县新型农村合作医疗医药费用补偿报销实施细则》，实行"门诊家庭账户补偿 + 住院可报费用按比例补偿 + 门诊大病（慢性病）补偿"模式。

2012 年之后，兴国县陆续制订了《兴国县新型农村合作医疗（暂行）办法》《诊疗项目管理办法》《定点医疗机构管理办法》《费用补偿报销实施细则》等十余个纲领性文件和管委会工作职责以及监委会工作职责、经办机构工作职责、工作人员工作职责等 20 项规章制度，以加强对新农合运行的监督。

2. 解决的问题

至 2017 年上半年，兴国新农合工作主要解决了以下问题：

（1）有效地提高了农民的参合率和医保覆盖面。目前兴国县共 25 个乡镇，下辖 371 个行政村，全部实施了合作医疗。该县农业人口共 59.12 万，参合人口为 49.74 万，参合率为 84.14%。

（2）初步缓解农民因病致贫和返贫的问题。目前兴国县的参合农民获得的补偿共 90443 人次，补偿金额共计 1515.33 万元。而住院补偿共 20488 人次，住院补偿的费用共计 1371.73 万元。其中得到 3000 元以上补偿的共 564 人次，包括 5000 元以上的 206 人，10000 元以上的 48 人，12000 元的共 23 人。住院补偿比率为 35.59%，其统筹基金的使用率是 74.52%，总受益面为 18.18%。目录外用药始终在 5.37% 以下，平均每次住院费用是 1881 元，比全省的平均水平略低。

（3）提高了农民健康意识，医疗消费水平逐年上升。同时医疗机构自身也在加快发展步伐，尤其是就诊患者人数增加之后，提高了医疗机构自身的业务收入。且该县的定点医疗机构的业务收入水平得到了有效的提升，为推动医疗事业发展注入了强劲的动力。

3. 没有解决的问题

（1）农民自我保健意识较为缺乏。新农合制度顺利实施的根本就在于农民自动、自觉、自愿参保，合作医疗目的就在于强化农民的自我保健意识，不断提高互助共济的意识。而农民参合意识往往受到合作医疗制度合理性和经济水平以及农民自身的思想观念的影响。目前，农民的自我保健与疾病预防意识还较为薄弱。如兴国县就是如此，基本上 50% 的农民都是干部到家说服才交的新农保费用，20% 的农民是跟风交的，只有 30% 的农民是自愿交的，自觉性很差。

（2）卫生资源配置不合理。城乡二元经济结构是我国经济结构中存在的突出矛盾，城市经济以工业为主，农村则以小农经济为主，而且农村地区人多地少，农民的收入十分有限，再加上农村交通、政府财力的影响，大部分的卫生、药品资源肯定是倾向于城市的，因此，农村的卫生资源是十分短缺的，医疗卫生水平低于城市，很多专业的项目难以开展，兴国县就突出地存在着这样的情况，卫生资源配置显得非常不合理。

（3）县、乡、村三级卫生服务网络不健全。县、乡、村三级卫生服务网络主要是指在县、乡、村三级地区建立医疗卫生机构，这三级最终形成一个网络，实行系统化管理和服务。目前兴国县县、乡、村三级卫生服务网络尚未形成，特别是贫困地区基层医疗卫生机构本身医疗技术差、医务人员缺乏，导致了服务网络一直无法建成。

从这里可以看到，兴国县自被确定为江西省新型农村合作医疗（以下简称新农合）试点县以来，其在农村医疗保障方面做出了许多改革，也取得了较大的实质性成果。因此，兴国县农村医疗保险试点工作是比较成功的，对全国区县医疗保障制度的发展有着一定的借鉴意义，但在实施过程中还存在着亟待解决的现实问题。

五、兴国县农村医疗保障的内容

兴国县位于江西省中南部、赣州市北部，2006年成为江西省新型农村合作医疗试点县，下面主要从筹资机制、补偿机制等方面阐述兴国县农村医疗保障内容。

（一）筹资机制

1. 结合实际制订筹资标准，筹资水平逐年提高

农村医疗保障的资金来源主要有三部分：中央政府拨付一部分，地方政府补助一部分，农民自己缴纳一部分，三方资金共同构成合作医疗基金。兴国县是国家贫困县，农村人口占人口总数的84%。限于当地经济发展水平，兴国县在筹资操作上以户为单位每人每年缴纳10元（2009年起改为20元）新农合基金。参加新农合的人员（以下简称参合人员）自缴资金到位后，地方和中央财政对参合人员给予补助，补助标准逐年提升。从2008年起，国家对参合农民的补助标准由原来的每人每年40元提高到每人每年80元，为适应这一政策变化，兴国县对《兴国县新型农村合作医疗实施办法》进行了调整，筹资标准相应提高。随后，江西省统一部署，筹资标准逐年提升。2017年每人每年自缴150元。

2. 千方百计扩大农民参合面

为了扩大农民参合面，确保农村弱势群体的参合利益，兴国县印发了《关于扩大农

民无偿献血免缴新型农村合作医疗参合费自缴范围的通知》，并将分居的 60 岁以上老人全部列入其有支付能力子女的家庭账户内，对"五保户""特困户""烈属"等特殊群体的参合费，由民政局从医疗救助基金中代缴，尽量扩大新农合医疗覆盖面。2008 年 10 月，兴国县卫生局与兴国县移动分公司展开合作，签订《预存话费送参合券活动合作协议》，共同推出"预存 30 元话费，送 2009 年新农合参合券 20 元"活动，截至 2009 年 12 月 25 日，共有 27199 名农民参加预存话费送参合券活动，共计金额 543980 元，极大地提高了筹资水平和参合率。2016 年，兴国农业人口为 711783 人，参加新农合人数 683609 人，参合率达 96%。

（二）补偿机制

1. 制订了以"大病统筹"为原则的补偿模式

根据"大病统筹"原则，兴国县制订了《兴国县新型农村合作医疗医药费用补偿报销实施细则》，实行"门诊家庭账户补偿 + 住院可报费用按比例补偿 + 门诊大病（慢性病）补偿"模式，全面规范门诊家庭账户、门诊慢性病、县内住院、县外住院四方面的医药费用补偿报销程序。

2. 实施了五大补偿举措，调动了农民的参合积极性

一是要求县级定点医疗机构在参合对象出院时，不论补偿金额多少都由医疗机构直接补偿；二是调整起付线；三是封顶线由 1.5 万元提高到 3 万元，以年内实际获得补偿金额累计计算；四是设立了最低补偿标准，可报费用超过起付线的，在乡、县、县外定点医疗机构住院治疗分别给予最低补助 50 元、100 元、150 元，非定点医疗机构给予最低补助 150 元，实际补偿超过最低补偿标准的按实施方案补偿；五是设立住院补偿比，同级医疗机构只设立一个补偿比。

这些补偿举措的实施，极大地调动了农民参合的积极性，从 2006 年开始，兴国县的参合率逐年提高，受益面不断扩大，住院统筹基金使用率稳步提升，住院实际补偿比和补偿费用显著增长，新农合逐渐成为缓解兴国县农民"因病致贫，因病返贫"的有力保障。

（三）四道医疗保障线

1. 普适性四道医疗保障线

第一道保障线的初衷是保障老百姓的基本医疗需要，但一旦遇到大病，老百姓经济负担就会很大。

于是，第二道保障线——城乡居民大病医疗保险应运而生。和第一道保障线一样，也是全民都可享有的，它弥补了第一道保障线"病越大，自负费用越高"的缺陷。

应该说，前两道医疗保障线的设立，为患者构筑了坚强的医疗救助"防线"。但实施过程中发现，许多大病患者在接受治疗过程中，需要用到不在政策范围内的药物，而这些药物往往价格高又无法报销。因此，一场大病看下来，不少患者家庭因病致贫、因病返

贫。在此背景下，为完善医疗保障体系，赣州针对贫困人口专门设置了第三道保障线。

第三道保障线是疾病医疗商业补充保险。通过这道保障线，重大疾病患者可以报销政策范围外的药物费用。这样就可以大大减轻群众医疗负担，有效防止因病致贫、因病返贫现象的发生。2016 年赣州市政府出资 9455 万元，为 105 万贫困人口购买疾病商业补充保险。目前，江西省按每人每年不低于 90 元的标准，为贫困人口购买重大疾病商业补充保险。赣州又提高筹资标准，由每人每年 90 元提高至 120 元。

第四道保障线是民政医疗救助。对于达到了大病险起付线的病人，政策范围内的医疗费用经过前三道保障线之后自己所出费用仍高于 10% 的，自负金额还可以报销 50%。对于没有达到大病险起付线的病人，政策范围内的医疗费用经过第一道、第二道保障线之后自己所出费用高于 10% 的，还可以报销 30%。

2. 针对城乡贫困人口的四道保障线

习近平总书记在 2013 年 11 月于湖南湘西考察时，首次提出了"精准扶贫"：扶贫要实事求是，因地制宜。要精准扶贫，切忌喊口号，也不要定好高骛远的目标。

国务院扶贫办摸底调查显示，全国贫困农民中，因病致贫的有 42%；因灾致贫的有 20%；因学致贫的有 10%；因劳动能力弱致贫的有 8%；其他原因致贫的有 20%。这些致贫原因中，因病致贫成为农民贫困的最大诱因。江西省因病致贫的户数占总贫困户数的比例由 2011 年的 57.1% 下降至 2015 年的 44.4%，但在各种致贫原因中，因病致贫仍然最为突出①。因此，不管是预防新增贫困人口，还是减少已有贫困人口，医疗保障问题都处于提纲挈领位置。

3. 案例经验

为实现精准扶贫和精准脱贫，"四道医疗保障线"在江西省人口最多、地域最广的设区市赣州先行先试。其在探索实施过程中积累的宝贵经验也为全省铺开"四道医疗保障线"奠定了基础。

（1）实施对象。城乡贫困人口疾病医疗补充保险的实施对象为该县通过精准识别并建档立卡的贫困人口和未进入贫困户建档立卡系统的城乡最低生活保障对象、特困人员、孤儿（以下统称城乡贫困人口）。

（2）保障相关问题。保障时限为 1 年。他们的基本医保个人缴费部分（150 元/人·年）由财政直接资助，大病保险（40 元/人·年）由医保基金出资购买，疾病医疗补充保险（120 元/人·年）由市、县财政负担。

城乡贫困人口 2017 年健康扶贫"四道医疗保障线"报账政策如下。一道：城乡居民基本医疗保险。特殊门诊保障待遇上，提升保障比例和全年封顶线；住院保障待遇上，不同级别医院起付线不同，总体是降低，提高报销比例和全年封顶线。二道：大病保险

---

① 健康扶贫的"四道保障线"［N/OL］. 大江网，江西日报，2017 – 07 – 13，http：//news. 163. com/17/0713/06/CP722E8600018AOP_ mobile. html.

（含二次补偿），与一道类似。特殊门诊中有 11 种特药，不设起付线，报销比例 70%，不计入二次补偿，封顶线与大病基金最高支付限额合并计算。住院报账补偿中二次补偿：年度累计政策范围内个人负担部分医疗费用超过 6000 元部分，报销 50%。三道：贫困人口疾病医疗补充保险。不设起付线，住院和门诊特殊慢性病规定了不同报销比例。四道：医疗救助（对个人负担医保目录内医疗费用按比例进行救助）。分不同情况予以不同形式的救助。该县还建立了第五道保障线——暖心基金。

六、成效及问题

为切实减轻贫困人口医疗负担，防止因病致贫、因病返贫，兴国县对农村建档立卡贫困户看病实行"医保（原新农合）基本医疗补偿、（原新农合）大病保险、农村贫困人口医疗商业补充保险、民政医疗救助"四道保障线。通过实施"四道保障线"，该县贫困户看病自负医疗费用控制在 10% 以内。

（一）成效

1. 总体成效

2016 年，全县已标识的农村建档立卡贫困对象 70155 人，农村建档立卡贫困对象住院 18414 人次（含门诊慢性病人次、尿毒症血透人次），总医疗费用 6299.78 万元，新农合补偿 4432.43 万元，实际补偿比例为 70.3%，较普通患者高出 15 个百分点；新农合大病保险已补偿 436 次，总医疗费用 1954.64 万元，新农合补偿 1023.8 万元，新农合大病补偿金额达 309.4 万元。疾病医疗商业补充保险已补偿 392 人次，其中总费用为 2353.99 万元，新农合补偿 1189.02 万元，新农合大病保险补偿 391.99 万元，疾病医疗商业补充保险补偿 629.51 万元，在已补偿的 392 人次中，以上三项合计共补偿 2210.52 万元，自付比例为 5%。

2017 年兴国县被列为第一批进入赣州市医保城乡贫困人口健康扶贫"四道医疗保障线""一卡通"同步即时结算先行先试的试点县。5 月初将贫困人口医保 IC 卡全部发放到位，5 月 12 日全面启动城乡贫困人口刷医保 IC 卡享受四道医疗保障线"一卡通"同步即时结算。至 2018 年 6 月底，通过"四道医疗保障线""一站式"同步结算系统结算 1493 人次，医疗总费用 590.64 万元，报销总费用 578.67 万元（其中基本医疗保险 440.5 万元，大病保险 1.08 万元，疾病商业补充保险 129.45 万元，民政救助 7.64 万元），各定点医疗机构目录外负担 5% 减免金额 1.46 万元，个人负担部分 10.51 万元，占住院医疗总费用的比例为 1.78%。

实行县域内农村贫困人口住院先诊疗后付费制度。在县域内对贫困人口已实行先诊疗后付费制度，入院时不需缴纳住院押金，由医疗机构与城乡居民医保经办管理机构之间进行结算。在县级和乡级定点医疗机构住院，可报费用不设起付线，直接按补偿标准进行补偿，减轻了患者垫资压力。

整合资金，加大投入，提升健康扶贫工作水平。该县针对健康扶贫专门下发了《关于印发健康扶贫提升工作补充意见的通知》（兴办发〔2017〕61号），在认真贯彻落实省、市《健康扶贫工程实施意见》基础上，进一步整合资金，加大投入，提升健康扶贫工作水平，增强贫困人口防病治病意识，从2017年开始到2020年，每年全县计划再筹集资金1100万元左右，用于兴国县贫困人口住院，患者、慢性病患者个人自负费用控制在10%以内。

扩大慢性病报账范围，提高慢性病报账比例。现门诊慢性病病种扩大到30类，报账比例为60%，在此基础上再提升30%的补偿，补偿比例达到90%。在原30种门诊慢性病病种基础上，增加原发性高血压Ⅰ期、风湿类风湿病、消化道溃疡、皮肤病、泌尿系结石、椎间盘突出症六种病种为门诊慢性病病种，与上述原30种病种享受同等报账待遇，补偿比例均达到90%。

加大对精神病患者的治疗及监护。按危险评估分级，危险评估1-5级患者经家属申请给予免费住院治疗，关锁患者按原有精神病患者的申请治疗程序给予长期免费治疗，所需费用经医保报账后，其余部分由民政部门负担。

经认定为长期卧病在床需要长期护理、照料的失能病人（中风、植物人、截瘫、脑外伤后遗症等）给予医疗及药物补助。具体由县扶贫办会同乡村以摸排、公示等形式确认人员名单。实行每年一审核一认定一发放，按每位患者每年2000元的标准予以发放。

加强预防疾病工作力度，增强贫困户抗病持续健康的能力。安排专项资金，强化爱国卫生到村到户，加强对贫困户的病媒生物消杀，适当检测监控贫困村、贫困户的水质情况。加强疾病筛查工作，对贫困户实行免费产检和新生儿"四病筛查"。

2. 个案成效

表1是该县通过四道保障线而获得医疗保障成功避开因病致贫的案例总结。

表1　2016年和2015年兴国县依政策补偿方案对比　　　　　　　　单位：元

病人	疾病名称	住院总费用	可报费用	不可报费用	新农合补偿	大病保险补偿	商业疾病补充保险补偿	补偿合计	自付比例（%）
1	意外伤害	40130.34	32033.46	8096.88	16384.46	6402.8	14394.24	37181.5	7.35
							0	22787.26	43.22
2	慢性肺病	63558.05	56091.24	9732.65	35599.18	9023.32	15921.97	60544.47	4.74
							0	44622.5	29.79
3	胃癌	43787.77	39350.26	4437.51	32674.18	392.72	8983.15	42050.05	3.97
							0	33066.9	24.48

续表

病人	疾病名称	住院总费用	可报费用	不可报费用	新农合补偿	大病保险补偿	商业疾病补充保险补偿	补偿合计	自付比例（%）
4	脑膜瘤	87977.44	67662.36	20315.08	42089.04	15412.06	24381.44	81882.54	6.93
							0	57501.1	34.64
5	阑尾腺癌	39243.05	33300.86	5942.19	27001.75	790.73	9414.18	37206.66	5.19
							0	27792.48	29.18
6	白血病	40489.07	34893.408	5595.662	18945.96	5238.57	13834.74	38019.27	6.10
							0	24184.53	40.27
7	牙龈癌	32777.56	31852.44	925.123	19179.08	3124.96	9287.4	31591.44	3.62
							0	22304.04	31.95
8	冠心病	74919.52	52189.48	22730.04	31330.94	8015.12	28606.61	67952.67	9.30
							0	39346.06	47.48
合计		422882.8	347373.508	77775.135	223204.59	48400.28	124823.73	396428.6	6.255681
							0	271604.87	35.773016

注：每种病的商业疾病补充保险、补偿合计和自负比例均分为两行，上行数据为 2016 年，下行数据为 2015 年。

从表 1 可以看出，所列病种都属于大病，在没有商业疾病补充保险补偿情况下，在近 10 万元住院总医疗费用中，自付比例分别为 43.22%、29.79%、24.48%、34.64%、29.18%、40.27%、31.95%、47.48%，而且住院总费用越高，自付比例也相对较高。大多数病人的自付比例超过了世界卫生组织建议的 30% 自付比例控制线。该县农民人均纯收入只有 6482 元。显然，这些高昂医疗费用对于城乡贫困人口更是雪上加霜。

在增加了商业疾病补充保险补偿的情况下，这些病人的自付比例分别降至 7.35%、4.74%、3.97%、6.93%、5.19%、6.10%、3.62%、9.30%，与之对应的绝对金额也下降至 3000 元以下，甚至花费的近 10 万元住院费用中，个人只需负担几百元。

毫无疑问，贫困患者经基本医保、大病保险报销后，个人负担费用全部纳入补充保险保障范围，其中，医保目录内费用，补充保险报销 90%，个人负担 10%；医保目录外费用，补充保险报销 75%，个人负担 25%，加上部分医疗救助，个人自付费用比例可以降到 10% 以内。

就赣州市而言，2016 年赣州市共补偿 5171 人次，其中，住院医疗总费用 1.89 亿元，新农合补偿 8524.93 万元、大病保险补偿 3028.20 万元、疾病商业补充保险补偿 5567.45 万元，个人自负 1807.21 万元，个人自负比例降至 9.55%。"四道医疗保障线"的构筑，使贫困人口个人自负费用比例从近 40% 下降到目前的 10% 以内，大幅减轻了贫困患者的医疗负担。

（二）存在的问题

1．工作开展存在的问题

城乡居民医保整合开始之年，大病保险、贫困人口疾病医疗补充保险均经市医保局统一招标，大病保险为中国人民财产保险股份有限公司赣州市分公司承保；现已签订协议，贫困人口疾病医疗补充保险经市局统一招投入围标，现已确定中国人民财产保险股份有限公司赣州市分公司承保，县医保局与人保财险公司已签订协议，正在报批。因各部门均要走程序，导致招投标及签订协议的时间相对较长，因此在此之前有大部分参保患者暂未享受到后几道保障线的待遇，工作相对滞后，现正在加班加点将 2017 年 1～5 月消费数据导入医保系统，尽可能让参保患者尽早享受到"四道保障线"待遇。

由于该县正在进行精准扶贫回头看，具体的贫困人口信息数据要 6 月 23 日才能确定，导致这部分扶贫对象的医保卡不能及时制作并发放，待遇得不到保障，影响了四道医保保障线的工作进度。这些工作开展的基础就在于扶移办和民政局尽快精准确定贫困人口信息。

2．政策存在的问题

（1）医保马太效应。在全国，医保统筹的行政级别并不相同。部分发达地区省份已全省统筹，且其报销比例和政策悬殊。而越是欠发达地区，则越是在报销比例和政策上限制跨区域就医的报销。

地方不同，报销比例和政策悬殊。同一个检查、同为门诊化疗、同一种药品……不同地方能否报销，千差万别。2016 年沸沸扬扬的罗尔事件透射出医保政策上的一些缺陷。按照深圳市社保局公布的数据，罗某某从 2016 年 9 月 8 日至 12 月的三次住院，共产生医疗费用 204244.31 元，其中医保记账 16.8 万元，个人现金只支付了 3.6 万余元，说明医保支付八成以上，这其中包括了基本医疗保险、深圳地方补助和深圳市重特大疾病补充医疗保险[①]。这对于诸如 2016 年的北京、天津、湖北、重庆、贵州和新疆生产建设兵团六个地区统筹基金累计结余不足 6 个月支出的当地政府[②]而言，复制深圳模式无疑有着巨大的压力。

贫困人群到集中了绝大多数大医院的北上广地区看病属于"跨区域治疗"，报销比例会更低。小城市和农村地区，地方政府保障弱、异地就医报销更少，结果是，越是贫穷、保障越差，越看不起病。与大城市相比，贫困地区的家庭，获得社会救助也更为困难。因为利润太低，同样罕有业务员主动销售健康商业保险。

各地政策差异使得医疗保障的马太效应呈现。

---

① 深圳社保局通报罗一笑治疗费用及医保报销情况［EB/OL］．南方网，2016－11－30 20：26，http：//gd. qq. com/a/20161130/036777. htm.

② 六地区医保基金可支付不足半年［EB/OL］．2016－09－19，07：35，凤凰财经综合，http：//finance. ifeng. com/a/20160919/14886268_ 0. shtml.

（2）精准扶贫中出现的问题。贫困对象精准识别①难。贫困户的贫困程度难以鉴定。在依据家庭人均收入确定贫困的条件下，由于缺乏刚性标准，农民收入渠道多杂小且难以核算，要把贫困家庭贫困程度进行排列、比较确定精准贫困户是一件困难的事情。而按照兴国的"七种情况"一票否决制来界定，一是靠主观判断，二是靠相互之间的了解（具体操作上，所有候选贫困对象都要进行公示）。即使农户没有出现"否决情况"，也不一定就能被评上贫困户，工作人员的主观随意性相对较大。

通常情况下，为了把国家政策用好和不影响当地政府因经济发展而得到的政绩，同时提高资金使用效率，实际操作中存在尽量控制进入贫困人口库中的人数情况。这极大削减了精准扶贫的政策效力，沦为政绩工程。尤其重要的是，开展该工作的乡村人员疲于表格的填写。他们绝大部分精力都投入甄别贫困人员和填写相关表格上。

贫困户资格以一年为时限。在这一年内，若被评为贫困户，就能享受精准扶贫的各种待遇，而若没有评上该资格，即使很困难也不能享受相应待遇。实际工作中，就经常出现某户因家庭成员突发疾病等，花费了大量金钱看病，但受制于非贫困户，在依照一般医保报销后，仍然要承担很大一部分医疗费用，却得不到精准扶贫政策的支持。

扶贫资金统筹安排难。①部分县级财政有限，扶贫对象多，要实现到 2020 年全面消除贫困人口，在现有的扶贫资金制度下，实施难度很大，难以全覆盖。②贫困村的资源性贫困问题仍很突出。大多数贫困村的生产生活条件十分恶劣，交通闭塞，信息不畅，资源贫乏。要解决这些地方贫困人口的脱贫问题，就必须投入大量资金解决制约区域性发展的瓶颈问题。

七、完善路径或发展方向

建立覆盖所有人的统一医保福利体系。必须把医疗作为一个保障所有人的福利体系进行设计，而不是像现在这样在类别上有城镇职工医保、城镇居民医保的区分，碎片化严重；在统筹层次上，有的地方实行全省（市）统筹，有的是地级市统筹，甚至有的省仍

---

① 精准识别"七种情况"一票否决（简称"七清"，也就是七种要清理的对象）：一是在集镇、县城或其他城区购（建）商品房、商铺、地皮等房地产（不包括搬迁居民扶贫户）或现有住房装修豪华的农户；二是拥有家用小汽车、大型农用车、大型工程机械、船舶（采砂船）等之一的农户；三是家庭成员有私营企业主，或长期从事各类工程承包、发包等营利性活动的，长期雇佣他人从事生产经营活动的农户；四是家中长期无人，无法提供其真实居住证明的，或长期在外打工，人户分离的农户；五是家庭成员中有自费留学的；六是因赌博、吸毒、打架斗殴、寻衅滋事、长期从事邪教活动等违法行为被公安机关处理且拒不改正的农户；七是为了成为贫困户，把户口迁入农村，但实际不在落户地生产生活的空挂户，或明显为争当贫困户而进行拆户、分户的农户。

精准识别"四种情况"要从严审核和甄别。一是家中现有现任村委会成员的农户；二是家庭成员中有在国家机关、事业单位、社会团体等由财政部门统发工资，或在国有企业和大中型民营企业工作，收入相对稳定的农户；三是购买商业养老保险的农户；四是对举报或质疑不能做出合理解释的农户。

然是县级统筹，各地差异甚大；在待遇享受上，各个地方更是千差万别，当出现跨区域医保报销时，起付线提高、报销比例下降就成为常态了。

加强制度的上层设计，明确界定重大疾病的内涵。在很多地区对于"重大疾病"的定义都是各自独立的。诸如慢性病糖尿病到底算不算重大疾病，能不能采用重大疾病的补偿机制还在争议中。这也意味着，无论是国家层面还是省级层面，当前我国的医保实践中，没有统一设计和界定重大疾病的内涵，因而无法明确基于内涵界定的各个补偿主体的责任范围。对于重大疾病内涵界定的不统一，必然导致参保职工就医和所受待遇保障的不公平性。因此，先要界定门诊重大疾病的范围（如糖尿病、帕金森、白血病等该不该纳入大病统筹等）以及住院重大疾病的费用界定（重大疾病的起始费用标准为多少，按收入比算还是有固定的起付线等）。

做好重大疾病二次补偿工作，从实践上提高医疗保障水平。目前多数地区对于参保职工的补偿办法仅依据统一的补偿标准和支付比例执行，且只考虑单次医疗费用的高低。这样的补偿方法在支付比例上明显不科学。它未考虑职工收入因素……这使得部分低收入居民的医疗保障问题无法得到有效解决。即夹在收入较高和贫困人群间这部分人群在遇到重特大病时，其生活将受到极大影响。

因此，在基金总量不变的情况下，可以考虑适当降低基本医疗保险的资金支付，尤其要降低低费用的单次医疗费用补偿比例，把补偿对象重点转移到重大疾病上，增加二次补偿基金（具体补偿比例还需实证研究）。

强化对医疗费用的控制力度。任何政策措施的根本目的都是尽可能减少患者家庭支出、避免出现因病致贫的现象。因此，除了城镇居民医疗保障制度的补偿机制需要改善，参保居民就医时的医疗服务花费也需得到监督与控制。用 20 万元能看好的病，就不该花 40 万元。否则就算城镇居民医保实际补偿比例达到 90% 也无法解决看病带给农民的贫困问题。因此，在解决城镇居民医保补偿机制问题的同时，还需建立相应的服务指标考核体系，以防止医疗服务提供方乱收费等违规行为。

贫困户认定上实施负面清单制。对照这些负面清单，只要不存在负面清单列示情况的农户都自动进入贫困户库，并且享受所有相关精准扶贫政策。

构建科学合理的筹资体制。城镇居民医疗保障制度的筹资是个人缴费、集体扶持和政府资助。为了提高农民的医疗保障水平，筹资体制要创新，实现多元化的筹资，增加筹资渠道，吸引更多社会群体来资助，并不断加大媒体宣传，建立完善的捐助制度，鼓励多种形式的捐助，不断促进医保基金的增加。

参考文献

[1] 代宝珍，周绿林. 我国农村医疗保障制度的经济补偿能力分析——基于江苏省调研数据 [J]. 西北农林科技大学学报（社会科学版），2015（1）.

[2] 韩宇，施若. 我国贫困地区农村医疗保障的水平及其改革探析——以滇、黔、

陕、甘、青五省为例［J］．上海经济研究，2015（3）．

　　［3］金淑彬，陈静，朱国龙，林杉衫．新型农村合作医疗制度运行中的隐患及对策建议［J］．中国财政，2017（5）：50－51．

　　［4］李春根，颜园．江西省城乡医疗保障制度现状、问题和一体化设计［J］．求实，2010（10）．

　　［5］李烨．城乡一体化背景下的农村医疗保障制度［D］．华东理工大学硕士学位论文，2014．

　　［6］刘大棉．我国农村医疗保障制度研究［J］．管理观察，2016（9）．

　　［7］罗家胜．加强农村医疗救助，完善新型农村医疗保障制度的建设［J］．沿海企业与科技，2012（3）．

　　［8］肖莎．新型农村合作医疗制度结构分析——以江西省弋阳县为个案的研究［J］．财贸研究，2008（3）．

　　［9］杨凤莉．浅谈新型农村合作医疗制度对公民医疗保障的有益探索［A］//吉林省科学技术协会．低碳经济与科学发展——吉林省第六届科学技术学术年会论文集［C］．吉林省科学技术协会，2010（3）．

　　［10］刘峰．我国农村医疗保障制度改革的困境与突围［J］．湖南师范大学社会科学学报，2011（6）．

　　［11］赵玉．构筑我国农村合作医疗保障机制问题探究［J］．财经界（学术版），2017（10）．

　　［12］周秋光．优化农村医疗保障制度的几点建议［N］．长沙晚报，2014－01－17（AA7）．

营造"苏区振兴"区域合作与联动机制　全力打造全国革命老区扶贫攻坚示范区

周红兵[*]

摘要： 国务院《关于支持赣南等原中央苏区振兴发展的若干意见》（以下简称《若干意见》）、国家发改委《赣闽粤原中央苏区振兴发展规划》（以下简称《规划》）要求赣南等原中央苏区走在全国革命老区扶贫开发工作前列以做示范。文章论述了《若干意见》《规划》的出台将赣南等原中央苏区发展列入国家发展战略，也是赣南等原中央苏区振兴发展的总纲。赣南苏区建设全国革命老区扶贫攻坚示范区是伟大的历史使命。特殊的历史地位和独特的比较优势使赣南苏区建设全国革命老区扶贫攻坚示范区成为当然。21世纪以来扶贫开发工作扎实推进，取得了明显成效，使赣南苏区建设全国革命老区扶贫攻坚示范区成为现实。营造"苏区振兴"区域合作与联动机制，并融入国家"一带一路"倡议，把赣南苏区打造成为全国革命老区扶贫攻坚的样板区、高标准的示范区。

关键词： 赣南苏区；振兴发展；国家战略；区域合作；联动机制；"一带一路"；革命老区；扶贫攻坚；示范区

一、《若干意见》《规划》的出台将赣南等原中央苏区发展列入国家发展战略，也是赣南等原中央苏区振兴发展的总纲

2012年6月28日，国务院印发《关于支持赣南等原中央苏区振兴发展的若干意见》，文件开头就强调"赣南等原中央苏区在中国革命史上具有特殊重要的地位。新中国成立

作者简介：周红兵，男，文史学者、作家，中国乡土作家协会理事、江西苏区精神研究会会员、赣州客家联谊会理事。

特别是改革开放以来，赣南等原中央苏区发生了翻天覆地的变化，但由于种种原因，经济社会发展明显滞后，与全国的差距仍在拉大。为支持赣南等原中央苏区振兴发展特下发此文"。经国务院 2014 年 3 月 11 日批复、国家发改委同月 20 日颁布的《赣闽粤原中央苏区振兴发展规划》，亦强调：原中央苏区被称为新中国的摇篮，土地革命战争时期在中国共产党领导下成立了全国最大的革命根据地。1949 年以来，原中央苏区在全国发展格局中，是处在欠发达、竞争力弱、基础设施落后梯队和大片区域。因此，《若干意见》《规划》将赣南等原中央苏区发展列入国家发展战略，赣南等原中央苏区适用西部政策，通过政策洼地，形成发展强大引擎；《若干意见》《规划》也是赣南等原中央苏区振兴发展的总纲。

《若干意见》《规划》的战略定位即主要目标：打造革命老区扶贫攻坚示范区，全国有色金属产业基地、先进制造业基地和特色农产品深加工基地，重要的区域性综合交通枢纽，我国南方地区重要的生态屏障以及红色文化传承创新区、著名生态和文化旅游目的地。到 2020 年，综合经济实力显著增强，人均主要经济指标接近全国平均水平；基础设施体系趋于完善，现代综合交通运输体系和能源保障体系基本形成；特色优势产业集群进一步壮大，现代产业体系基本建立；中心城市集聚能力不断提升，新型城镇化进程明显加快；生态建设和环境保护取得显著成效，单位生产总值能耗及污染物排放量进一步降低；城乡居民收入增长与经济发展同步，人民生活水平不断提高，努力实现城乡基本公共服务均等化，与全国同步实现全面建成小康社会目标。

《若干意见》《规划》共同的赫然醒目之处：赣南等原中央苏区振兴发展的首要战略定位即首要目标是建设"全国革命老区扶贫攻坚示范区"，为全国革命老区扶贫开发、群众脱贫致富、全面建设小康社会积累经验，提供示范。这是党中央、国务院寄予赣南苏区人民的厚望，也是赣南苏区人民的责任和担当。赣南作为原中央苏区的主体和核心区域，要立足自身的比较优势，积极探索赣南革命老区扶贫攻坚的新机制、新路径、新举措，融入国家"一带一路"倡议，着力推进赣南建设成为全国革命老区扶贫攻坚示范区。

二、赣南苏区建设全国革命老区扶贫攻坚示范区是伟大的历史使命

（一）特殊历史地位和独特比较优势使赣南苏区建设全国革命老区扶贫攻坚示范区成为当然

赣南作为全国著名的革命老区，是土地革命战争时期中国共产党创建的最大最重要的革命根据地，是中华苏维埃共和国临时中央政府所在地，是中华人民共和国的摇篮和苏区

精神的主要发源地，为中国革命做出了重大贡献和巨大牺牲。由于战争创伤的影响以及自然地理环境等，迄今为止，赣南苏区是全国较大的集中连片特殊困难地区之一。至今赣州市（即赣南）所辖 1 市 3 区 14 县中仍有兴国、宁都、于都、寻乌、会昌、安远、上犹、赣县 8 个国家扶贫开发重点县，占江西省国家扶贫开发重点县的 32%；11 个县（市、区）中有 8 个国家扶贫开发重点县（市、区）如石城县、瑞金市和南康区被纳入罗霄山区集中连片特殊困难地区扶贫攻坚范围，占江西省被纳入罗霄山区集中连片特殊困难地区 17 个县（市、区）的近 65%。

2014 年底，赣州市扶贫对象由"十一五"末的 215.46 万人减少到 105.06 万人。至"十二五"末，累计脱贫 145 万人，贫困发生率下降 20.6 个百分点，贫困人口减少 34.82 万人，省定贫困村减少 187 个；"十三五"期间，有 105 万贫困人口，贫困村 932 个，占全市行政村总数 3460 个的 26.3%，占全省贫困村总数 2900 个的 32.1%。所以，振兴发展赣南苏区，对于全国革命老区加快发展具有标志性意义和示范作用。

然而，赣南的比较优势使得赣南苏区具备了比周边地区、全国的平均水平发展快一些的客观条件，使其建成全国革命老区扶贫攻坚示范区成为必然。

1. 传统的五大优势

赣南的传统比较优势主要集中在五个方面：

（1）人多地广优势。目前，赣南人口 970 余万、面积 3.94 万平方公里。赣南人多地广，客观上造就了市场容量大、人力资源丰富的优势，这些都是国民经济和社会发展的基础条件，为优势特色产业的发展提供了广阔的提升空间。

（2）客家优势。1.3 亿客家人衍播全球且有广泛的联系。习近平高度评论客家人："五洲客家音，四海桑梓情。"（习近平 2000 年 11 月 20 日在世界客属第十六届恳亲大会上致辞）。客家人爱国亲乡、融合各地、遍布五洲四海，是连接海内外经济文化社会的独特桥梁和纽带，亦是维系和强化中华民族的重要经络和脊梁。赣闽粤原中央苏区地域自有史以来就是客家的大本营。赣南是客家的摇篮，也是全球客家最大的聚居地，且是客家精神的主要发源地。客家精神主要表现在：崇先报本，爱国爱乡；崇文重教，耕读传家；艰苦奋斗，锐意进取；穷则思变，勇于开创；团结协作，海纳百川。客家精神是革命的精神，客家精神是一种激励人向上的精神，客家精神还是和睦亲邻、繁荣社会的精神。这既是当年创建中央苏区的强大精神力量，也是当今建成全国革命老区扶贫攻坚示范区的强大精神力量。

（3）资源优势。赣南地上地下资源富集，尤其是矿产资源丰富，有"世界钨都""稀土王国"之誉称。2015 年，赣州稀土、钨新材料及应用产业的年主营业务收入已突破千亿元大关，成为赣州第一个主营业务收入超千亿元的产业集群，已达到全国同行业的 1/3 以上，钨和稀土产业在全国占有重要地位。另外，赣南还是世界种植面积最大，年产量世界第三、全国第一的脐橙主产区。丰富的资源和产业比较优势，为建成全国革命老区扶贫攻坚示范区奠定了坚实的基础。

（4）区位优势。赣州是连接江西、广东、福建、湖南四省的枢纽城市，地处长三角、珠三角和海西经济板块的交通要道，与南昌、厦门、广州、深圳、长沙距离均在400公里左右，是这一区域的几何中心，具有建设区域性综合交通枢纽的条件和优势。区位优势是一种不可多得的资源，是建成全国革命老区扶贫攻坚示范区的重要砝码。

（5）生态优势。赣南是赣江、东江的源头，其独特的地形地貌和生态环境造就了赣南盛产高品位的绿色天然食品。在其他经济发达地区曾经为了获得经济高增长率，造成了很严重的污染，在新的发展阶段上，赣南就显示出独特的发展优势。众所周知，当今世界都在追求绿色发展。这意味着，在未来30年的绿色发展中，赣南占据着无可比拟的有利地位。

2. 《若干意见》《规划》出台后形成的政策优势

制度是经济增长的内生变量，制度创新是经济发展的强大动力。《若干意见》《规划》的出台，使赣南由"政策塌陷地"变成了"政策制高地"。

（1）《若干意见》《规划》将赣南变成了革命老区中的"特区"。《若干意见》《规划》为赣南苏区量身定制了特殊政策，在财税、投资、金融、产业、国土资源、生态补偿、人才、对口支援八个方面给予了系统的政策支持。这些特殊政策使赣南革命"老区"变成"特区"，而且成为革命老区中的"特区"，享受比当年"特区"更优惠的待遇。如《若干意见》提出："建立中央国家机关对口支援赣南18个县（市、区）的机制，加强人才、技术、产业、项目等方面的对口支援。鼓励和支持中央企业在赣南发展，开展帮扶活动。""对口支援"政策即由国家发改委、中共中央组织部牵头，39个中央国家机关及有关单位对口支援赣南。至2015年12月，39个对口支援单位已出台国家层面支持赣南苏区的政策文件达106个，162项具体政策或标准已经落实，35项国家层面批复的试点示范事项加快推进，对口支援工作取得实效。龙南、瑞金和赣州经济技术开发区升级为国家级园区，赣州综合保税区封关运行，赣州进境木材国检监管区和定南公路口岸作业区建成运营，赣州成为江西乃至全国拥有国家级平台最多的设区市之一。赣南苏区振兴发展取得阶段性重大成效。这些对进一步促进赣南扶贫开发、建成全国革命老区扶贫攻坚示范区具有重要意义。

（2）《若干意见》《规划》将赣南变成了中国东南部的"西部"。《若干意见》提出"赣州市执行西部大开发政策"。它使赣南的政策条件全面"西部化"，是赣南制度后发优势的重要体现。政策就是真金白银。据税务部门统计，"赣州执行西部大开发政策"后，以2011年为基数，国家鼓励类企业的所得税率，由现在的25%下降10个百分点，按15%的税率征收。仅此一项，赣南有近5000家企业受益，减轻税收负担2.77亿元。所以，政策就是机遇，机遇就是投资价值：在"2012中国最佳投资城市"评选中，赣南从全国100多个城市中脱颖而出，与广州、天津、合肥等省会城市一起，荣膺"2012中国最佳投资城市"，是江西唯一，也是周边即赣湘粤闽边9市（地级）唯一。《若干意见》实施头两年，面对经济下行压力，赣南等原中央苏区逆势而上，成为支撑江西经济社会稳增长的"强引擎"。赣南等原中央苏区 32.87 万户农村家庭住上了宽敞明亮的新房，对生活有了更多更美好的期待。政策的倾斜，也使投资者关注赣南等原中央苏区的热情升温。据统计，赣州市执行西部大开发税收政策头两年，就新增企业 6800 多家，较政策执行前增加了 67%，政策的"洼地效应"初步显现。赣南等原中央苏区投资吸引力大为增强。在央企入赣投资合作洽谈会、光彩事业赣州行、赣台经贸合作交流大会等一系列重大招商活动中，赣南等原中央苏区签约投资项目 200 多个，投资总额超过 3000 亿元。2013 年，赣州投资增速居全省第一，超出全省平均增速 8.5 个百分点。至 2015 年，赣南苏区全面执行西部大开发政策基本到位。

2016 年，面对错综复杂的宏观形势和较大的经济下行压力，赣州市经济运行稳中有进、稳中提质、稳中向好、逆势上扬，12 个主要经济指标中，有 10 个指标增速快于全国水平，8 个指标增速快于全省水平，增幅在全省排位基本实现前移。2016 年，主要经济指标总量实现新突破。其中，生产总值、固定资产投资均首次突破 2000 亿元，分别达 2194.34 亿元、2205.51 亿元，分别增长 9.5%、16.6%，均居全省第一；规模以上工业增加值 847.9 亿元，社会消费品零售总额接近 800 亿元，分别增长 9.2%、11.5%，亦均居全省第一；实际利用外资增长 10.6%，增幅跃居全省第二位；农民人均可支配收入增长 12.1%，其中，固定资产投资增幅连续五年、农民人均可支配收入增幅连续四年居全省第一。这充分说明，赣南的制度后发优势明显发挥出效用。

3. 苏区精神和苏区干部好作风形成的宝贵政治优势

赣南是全国著名的革命老区之一，是苏区精神的主要发源地。2011 年 11 月 4 日，习近平在纪念中央革命根据地创建暨中华苏维埃共和国成立 80 周年座谈会上，提出了"7 句话、28 个字"的苏区精神：坚定信念、求真务实、一心为民、清正廉洁、艰苦奋斗、争创一流、无私奉献。苏区精神是赣南最大的政治优势，也是赣南最宝贵的精神财富。伟人毛泽东有句名言：人是要有点精神的。这个"精神"是一种情怀，一种境界，一种超越，一种不甘平庸、不甘屈从、不甘得过且过的血性和品节。人无精神不立，国无精神不强。精神在什么都在，精神一垮什么都垮。俗话说：富家做事靠钱财、穷家做事靠精神。

赣南还有一个非常重要的法宝是以苏区精神培育形成的苏区干部好作风——密切联系群众；关心群众生活，注意工作方法；艰苦奋斗，克己奉公；以身作则，模范带头。

近些年，赣南发展取得的成绩，靠的就是赣南各级干部大力弘扬苏区精神和苏区干部的好作风，带领老区人民群众像当年创建中央苏区一样奋斗出来的。

（二）扶贫开发工作扎实推进，取得了明显成效，使赣南苏区建设全国革命老区扶贫攻坚示范区成为现实

21 世纪以来，在中共中央、国务院和中共江西省委、江西省政府的亲切关怀和坚强领导下，经过上下的共同努力，赣南苏区扶贫开发工作扎实推进，取得了明显成效。2015 年，赣州市实行市县两级单位与 1419 个贫困村、市县乡三级干部与 30.82 万贫困户结对帮扶全覆盖,全年减少贫困人口 34.82 万人。

2016 年 3 月,制订了切合赣南实际的赣州市"十三五"规划:把脱贫攻坚作为"十三五"时期必须完成的硬任务,围绕建设全国革命老区扶贫攻坚示范区,全面落实"六个精准"即扶贫对象精准、措施到户精准、项目安排精准、资金使用精准、因村派人精准、脱贫成效精准的要求,加快实施"五个一批"工程(即发展生产脱贫一批、易地扶贫搬迁脱贫一批、生态补偿脱贫一批、发展教育脱贫一批、社会保障兜底一批),坚持治标与治本结合,"输血"与"造血"并举,大力度、宽领域、多层次推进精准脱贫,坚决打赢脱贫攻坚战,提前两年完成现行标准下贫困人口脱贫、贫困县摘帽任务,确保贫困群众在全面建成小康社会进程中不掉队。

1. 贫困乡村基础设施得以改善

21 世纪头 10 年,国家和江西省共投入赣南苏区扶贫资金达 13.09 亿元,实施扶贫项目 1.2 万个,展开 1450 个贫困村整村推进扶贫开发任务。重点实施了交通、农田水利、人畜饮水等基础设施项目,特别是新修和改造乡村公路 1.12 万公里,1450 个贫困村到乡公路已基本硬化,解决了 29.5 万农村人口的安全饮水问题。至 2015 年,赣南改造农村危旧土坯房 69.5 万户,近 300 万农民告别透风漏雨的危旧土坯房;规划内农村人口安全饮水问题提前一年全部解决,278.4 万人喝上安全卫生的饮用水;完成农村低电压治理 41.39 万户;新建改造农村公路 1.37 万公里,改造农村危桥 556 座,群众"出行难"问题得到有效缓解。《若干意见》提出的中期目标基本实现。

赣州市"十三五"规划的生态补偿脱贫工程:加大贫困地区生态保护修复力度,落实重点生态功能区转移支付政策,创造更多生态保护就业岗位,提高收入水平。

2. 产业化扶贫水平不断提升

21 世纪头 10 年,赣南脐橙、生猪、蔬菜、油茶、毛竹、花卉六大扶贫重点产业已具一定规模。至 2015 年脐橙种植面积已达 157 万亩,产量达到 128 万吨,初步建立起覆盖全国的市场营销体系,实现脐橙产业总产值 105 亿元,70 万果农增收致富,解决了 100 万农村劳动力就业。2015 年获批设立 300 亿元的赣南苏区振兴发展产业投资基金。贫困农户参与产业开发的组织化程度不断提高,产业化扶贫的辐射带动功能不断增强。

赣州市"十三五"规划的产业脱贫工程:大力发展以脐橙为主的果业、蔬菜、油茶等主导产业,生猪、牛羊、家禽、水产、茶叶、白莲、烟叶、刺葡萄等区域特色产业,扶持解决 30.56 万人脱贫。

3. 贫困劳动力素质逐步提高

赣南 8 个国家扶贫开发重点县和石城、瑞金 2 个西部政策延伸县(市)成为科技扶贫示范县(市)。21 世纪头 10 年,实施科技示范项目 93 个,推广应用新技术、新品种 15 个,累计培训贫困地区农民 21 万多人次。实现了赣南省级以上扶持贫困村每村至少都有 1 名中专生或中高级技工的培养目标。

赣州市"十三五"规划的发展教育脱贫工程:优先支持贫困村发展教育,加大贫困生资助力度，开展贫困生职业学历教育，面向农村贫困家庭子女定向培养乡（镇）农技人员。转移就业脱贫工程：大力实施"雨露计划""新型农民职业培训""金蓝领工程""订单"培训等，探索推行政府购买公益性岗位就业扶贫方式，扶持解决15万人脱贫。

4. 贫困群众生存环境日趋改善

赣州市对居住在深山区、库区、地质灾害频发区的贫困群众实施了有计划、有组织、分阶段、稳妥有序的移民搬迁扶贫，21世纪头10年，累计完成移民搬迁11.6多万人，建立移民集中安置点702个；2015年又完成移民搬迁5万人，建立移民集中安置点160个。

赣州市"十三五"规划的易地搬迁脱贫工程：大力推进易地搬迁项目，支持新建住房及配套设施，帮助解决后续生计问题，用3年时间完成15万人搬迁任务；从根本上改变这部分贫困群众的生存环境。

5. 贫困群众社会保障日趋完善

赣州市对特殊贫困群众实施社会保障政策，"十三五"规划又更进一步完善。

赣州市"十三五"规划的社会保障政策性兜底脱贫工程：完善最低生活保障、农村居民社会养老保险、临时救助制度，健全基本医疗保障制度，扶持44.5万人脱贫。

三、营造"苏区振兴"区域合作与联动机制是赣南苏区建设全国革命老区扶贫攻坚示范区的伟大举措及其定位

《若干意见》《规划》要求赣南等原中央苏区走在全国革命老区扶贫开发工作前列，成为全国革命老区扶贫攻坚的样本和窗口，为全国革命老区扶贫开发探路子、树标杆、做示范。

建设全国革命老区扶贫攻坚示范区是伟大的历史使命，也是一项全新的伟大实践，没有现成的道路可走，没有固定的模式可循，应该努力在实践中创新、在创新中跨越。这就必须根据《若干意见》《规划》及《中国农村扶贫开发纲要（2011～2020）》的部署，以扶贫开发新阶段的新目标为导向，以营造"苏区振兴"区域合作与联动机制和扶贫攻坚相结合的新思路，高目标定位，高标准建设，在实现不愁吃、不愁穿和保障义务教育、基本医疗、住房要求即"两不愁、三保障"，促进赣南苏区生产条件大改变、生活条件大改善、社会事业大发展、社会保障水平大提高、生态环境有大改观等。

当前中共赣州市委、赣州市政府推进打好六大攻坚战的决策部署：解放思想、内外兼修、北上南下，突出打好主攻工业、精准扶贫、新型城镇化、现代农业、现代服务业、基础设施建设六大攻坚战，对接"一带一路"，加快推进赣南苏区振兴发展，实现与全国同

步全面建成小康社会。

因营造"苏区振兴"区域合作与联动机制和对接"一带一路"是一个系统工程，对接"一带一路"是营造更广阔深远、更高层次的区域合作与联动机制，需要从特色产业培育、空间布局优化、基础设施建设、公共事业发展、人力资源开发、生态环保、体制机制创新、扶持政策完善等多方面，突出六个重点来推进示范。

（一）进一步壮大特色优势产业，在产业扶贫上做示范

这就要营造"苏区振兴"区域合作与联动机制，上与对口支援赣南苏区的 39 个中央国家机关及有关单位和省对口支援部门对接、市县区互动、开放对接、集群发展，在培育特色优势产业、促进农户持续增收和区域跨越发展上示范。

（1）建立区域合作与联动机制，在打造扶贫开发产业集群方面突破传统思维障碍，迅速壮大扶贫产业集群规模。在加快脐橙、油茶、花卉、畜禽、蔬菜等传统扶贫主导产业的提档升级时，要长短结合、选准产业，不断巩固提升脐橙、油茶等长效产业，着力发展蔬菜、百香果、猕猴桃、刺葡萄、黄鸡、生猪等见效快的种养业；抓好技能培训，建设一批乡村扶贫企业、扶贫车间，确保贫困户收入稳定、脱贫可持续。要降低门槛、优化帮扶，一方面让产业扶贫的奖补门槛更切合实际，另一方面要着力降低贫困户贷款门槛。要完善机制、利益共享，充分发挥合作社、龙头企业的带动作用，引导贫困户通过流转土地、入股分红、劳务输出等形式进入产业链条，实现增收脱贫。还应允许跳出农业发展产业，将扶贫资金投向有发展前景的工业优势产业、旅游扶贫产业以及工商物流服务业等新兴产业项目，提高非农产业集群在扶贫产业建设中的份额，使示范区扶贫产业建设成为全国革命老区产业扶贫的亮点区域。

（2）建立区域合作与联动机制，在扶贫产业的空间布局方面打破行政区域界限，建设扶贫产业园区和片区。以扶贫产业为纽带，注重跨区域合作，集中连片开发，提高集约、集聚发展能力，实现"借梯登高"。通过信息同享、龙头同用、市场同体、产业同步、项目同兴，打造跨村、跨乡甚至跨县的扶贫产业园区和片区。同时，应力争国家、省骨干企业的相关项目在产业园区布局，强化产业重大项目支撑，并注重与粤闽湘产业的开放对接，在承接辐射、融合共生中，为扶贫产业招商引资提供高端平台。

（3）建立区域合作与联动机制，在增强贫困农户的市场拓展能力方面，健全"龙头企业＋合作组织＋基地＋贫困农户"的链式扶贫机制。发挥龙头企业的示范带动作用，通过完善税费减免、建设用地、信贷倾斜等扶持政策，使扶贫龙头企业真正有能力、有动力"带农户闯市场，保农户稳增收"。

（二）全力推动区域发展与扶贫开发相互促进，在区域扶贫上做示范

这就要营造"苏区振兴"区域合作与联动机制，高标准谋划、整合资源、集聚扶持，在加强示范区基础设施建设，改善生存发展环境上示范。交通不便、信息闭塞、缺水少电

等，曾是长期制约赣南苏区发展的瓶颈，这些年把加快重大交通、电网、水利、通信等基础设施建设，作为示范区扶贫攻坚的着力点和突破口，高标准谋划一批重大基础设施项目，根本改善示范区发展环境，并实现与粤闽湘的全面对接。

赣南苏区在道路交通方面，至2017年1月赣韶铁路、赣龙铁路复线建成通车，昌赣客专正建，赣深客专、兴泉铁路正式获批，高铁建设实现零的突破，开通赣州到厦门动车，新增铁路运营里程178公里，铁路运营总里程达555公里。瑞寻、隘瑞、赣崇、龙杨、昌宁、寻全、兴赣、宁定八条高速公路建成通车，高速公路通车里程达1443公里，新增800公里，建设改造国省道2884公里，实现县县通高速、通国道。赣州黄金机场已开辟国内航线14条，与国内直辖市及热点城市通航实现无缝对接，旅客吞吐量突破100万人次。

"十三五"规划：赣州黄金机场升级为国际机场，提升港区服务功能；同时，新建4C级瑞金飞机场；铁路建设及运营里程达到1300公里以上，赣州进入高铁时代，高速公路通车里程突破1600公里，25户以上自然村全部通水泥（油）路，形成覆盖城乡的比较完备的现代基础设施体系。打造高速公路、铁路、航空、港口等快速交通物流通道。同时，加快全市县级公路和乡村公路建设，推进城乡交通一体化，实现对内对外的畅通互联。为增强赣南苏区基础设施建设能力，要集中财力，倾斜扶持，加大中央、省市财政扶贫资金和专项资金投入。针对现行新农村建设、通村公路、移民搬迁、沼气、水利等项目补助标准与实际成本相差太大，还应尽力争取国家提高项目投资补助标准或资本金注入比例，提高农村基础设施建设补助标准，并统筹安排、整合使用各类涉农资金、行业资金、社会帮扶资金，构建区域合作与联动机制的精准"大扶贫"格局。

（三）把人口优势转化为经济优势，在人口素质提高上做示范

这就要营造"苏区振兴"区域合作与联动机制，人力资源开发和公共服务改善双驱动，在提高贫困人口的发展能力和民生福祉上示范。以往较长时期里，赣南苏区与全省全国的差距，不仅体现为贫困人口收入水平低，更体现为贫困人口缺乏自我发展能力和公平分享发展成果、改善民生福祉的保障，体现为一种发展型贫困。改变这一现状，就要精准扶贫。

1. 加快人力资源开发，提高贫困人口的综合素质

针对产业科技水平低的问题，加强对贫困人口的产业实用技术培训，完善科技培训推广体系，使从业贫困人口掌握更先进、集成式的新技术；针对就业、创业能力弱的问题，加强对贫困农户的职业教育和创业扶助，深入实施"雨露计划"，对贫困村初高中毕业后未升学、未就业的新生劳动力，建立中长期免费培训和补助制度，让每个贫困家庭至少有一人掌握一门职业技能。

2. 加快加大遏制返贫现象的步伐和力度

即加快教育、医疗、公共卫生、社会保障等社会事业发展，逐步实现基本公共服务均

等化，提高贫困人口的民生福祉，破解因学、因病致贫问题。有关调查研究表明，无论是那些贫困面积大的连片地带，还是贫困面积小的零星插花地带都有返贫现象。但从地域来看，返贫的分布却是不均匀的。返贫程度深、返贫率高的地区往往出现在那些贫困面积大的连片地带，而贫困面积小的地区的返贫率相对要低许多。老少边穷地区返贫率高，老少边穷地区中有相当一部分地区属于自然灾害多发地区，生产、生活条件差，抵御自然灾害的能力弱，一遇灾害就容易造成大面积返贫。

前些年，由于未脱贫人口主要集中在经济欠发达、自然环境恶劣的地区，虽然经过艰苦卓绝的努力，脱贫人口数量停滞不前的状况依然难以改善。从农户返贫的原因看，有的是因灾返贫，有的是因病返贫，有的是因子女教育费用迅猛上升返贫，有的是结婚大操大办返贫，有的是因生态恶化返贫，有的是因扶贫项目效益短期化返贫，有的是因市场风险返贫，有的是因乱集资、乱收费返贫，有的是因聚赌而返贫等。这些导致返贫的因素，虽然对不同农户返贫所起的作用不同，但是，所导致的结果大体是相同的——返贫。

扶贫的关键在于如何促使贫困地区的经济开发与社会、资源、环境协调一致，遏制返贫现象，实现农村扶贫的可持续发展。故精准扶贫要树立可持续扶贫观念，探索"贫困人口—扶贫资源—自然生态"三位一体的扶贫开发新模式。

3. 着力完善特殊群体社会保障体系

即着力完善以农村低保、五保、新农合、新农保、临时救助等为核心的社会保障体系，不断提高政策性补助标准，扩大农村社会保障体系的覆盖面，尤其要实现基本养老、医疗保险、最低生活保障制度的全覆盖，并健全困难群众临时救助制度和特殊群体关心帮扶制度，维护病、老、孤、残、智障等特殊群体的发展权益，从而实现开发式扶贫、保障式扶贫、救助式扶贫的有机结合。赣州市委市政府要求各县（市、区）党委政府重点围绕"保基本、全覆盖、可持续"，做好三个方面的工作：一要确保扶贫和低保两项制度有效衔接，做到应保尽保、应扶尽扶；二要提高健康扶贫"四道保障线"的受益水平，2017年上半年要全面落实县域内贫困家庭先诊疗后付费和一站式同步结算；三要加快实施易地搬迁扶贫，2017年全市要完成5万人搬迁任务。

（四）实现扶贫开发与社会救助的结合，在改善民生上做示范

这就要营造"苏区振兴"区域合作与联动机制，生态保护、生态修复和生态补偿并重，在推进生态环保扶贫上示范。按国家主体功能区发展规划，赣南苏区承担构筑南方生态绿色屏障的战略任务，然而过去生态补偿机制欠完善，生态补偿标准低、不规范、不稳定，已经成为导致赣南苏区部分地区集体性致贫、返贫的突出因素。2016年9月30日国家财政部、国土资源部、环保部下发《关于推进山水林田湖生态保护修复工作的通知》，2017年初批复赣州市纳入国家山水林田湖生态保护修复试点，并下达基础性奖补资金20亿元。即已争取到国家赋予赣南苏区示范区公平的区域发展权利，完善生态补偿机制，加大对赣南苏区生态涵养区的转移支付力度，拨付专项投入管理经费，增加对林地、水资源

保护区的生态补偿，深化实施退耕还林和生态公益林补偿工程，扩大补助范围，提高补偿标准，延长补偿时间；加大生态移民搬迁力度，提高补贴标准，全力培育后续产业。赣南纳入国家山水林田湖生态保护修复试点，有助于维护赣江和东江源头生态功能，完善生态环境质量，筑牢南方生态绿色屏障，为赣南苏区脱贫攻坚、全面建成小康社会奠定良好的生态环境基础。

第一，一方面，有利于加大生态建设投入，加强保护天然林、退耕还林，从宏观上、根源上遏制住生态环境恶化的趋势，并使其不断改善，从而实现减少灾害、可持续发展的目的。另一方面，从扶贫开发的角度，立足生态扶贫，加大利用扶贫资金，积极进行生态扶贫，推行小流域生态治理与恢复项目。重点支持特色农业、节水农业、生态农业，以有利于生态保护和恢复的圈养畜牧业和庭院经济等。第二，有步骤、分阶段实施生态扶贫移民开发的可行性，采取集中投资、成片开发的方式，对生态恶化、自然条件恶劣不宜人类生存的贫困人口进行易地搬迁，尽可能从根本上解决生活在不具生存条件的地方的贫困人口的生存与发展问题。同时，积极探索生态环境服务转化为市场价值的有效途径，健全生态受益方的跨区域补偿机制，由有关部门建立协调机构，尝试探索项目投资、安排就业、支付水资源维护费或"一揽子"生态补偿费等灵活多样的补偿方式。

赣南示范区可充分利用国家生态保护修复补偿政策，加快生态修复步伐，实现低碳扶贫、生态扶贫，继续实施水资源可持续利用、水土流失治理、退耕还林还草等重点生态工程，大力发展生态扶贫项目，引导和帮助当地农民改变传统的养殖模式，使用沼气、太阳能等清洁能源，加大对工业企业的节能减排治理力度，确保赣南的天更蓝、山更青、水更秀。

（五）进一步深化改革开放，在创新体制机制上做示范

这就要营造"苏区振兴"区域合作与联动机制，解放思想，深化改革，扩大开放，在创新扶贫体制机制上示范。即完善"大扶贫"工作机制，健全完善扶贫攻坚工作管理制度，构建多元化的扶贫投融资机制，在政策制定上取得重大突破，强化开放合作，探索资源开发共享、设施配置共建、市场运营共体、生态环境共治等区域合作机制，不断完善推进扶贫攻坚的体制机制。

1. 赣州市创新体制机制确保打好精准扶贫攻坚战

近年来，赣州市创新精准扶贫攻坚战体制机制。

（1）健全扶贫机制。层层压实领导责任、主体责任、帮扶责任，制定时间表、路线图、任务书，2016年就确保脱贫25万人。2017年伊始，赣州市委市政府要求各县（市、区）党委政府必须全面压实责任，以超常举措扛起脱贫攻坚的主体责任，把对象识别准、原因分析清、计划制定细、措施落到实，做到守土有责、守土尽责。要以脱贫攻坚统筹经济社会发展全局，把贫困人口脱贫摆在首要位置，加大扶持力度、确保稳定脱贫。要一级带着一级干，一级做给一级看，层层抓落实。完善贫困人口进退机制，做好扶贫对象认

定、评估、退出工作，开展精准识别回头看、再复核，确保扶贫对象真实准确。完善单位定点扶贫、干部结对帮扶全覆盖机制，强化脱贫攻坚责任考核，形成强大合力打赢脱贫攻坚战。

（2）创新扶贫方式。抓住产业脱贫这个核心，推动产业脱贫与搬迁脱贫、兜底保障脱贫互相融合、互为促进，通过选准一个产业、打造一个龙头、建立一套利益联结机制、扶持一笔资金、形成一套服务体系，破解产业脱贫难题。整合移民搬迁、农村危房改造、保障房建设、土地增减挂等资金，采取多种安置方式引导贫困户向县城、工业园区、中心镇、中心村梯度转移，并完善后续扶持政策，确保稳得住、能致富。对丧失劳动力、没有经济来源的贫困群众，实行兜底保障。构筑新农合补偿、大病保险补偿、疾病医疗商业补充保险补偿、医疗救助四道保障线，坚决遏制"因病致贫、因病返贫"。赣州市委市政府要求 2017 年全市 932 个贫困村全面启动、全面铺开、全面开花结果，每个贫困村落实 1 名县处级干部挂点抓，不脱贫不脱钩。要突出基础设施完善提升，突出环境整治，着力发展村集体经济，把扶贫开发、现代农业发展、美丽乡村建设有机结合起来，做到"推进一个村，脱贫一个村"。要抓规划引领，制定高起点和标准的规划；抓资金整合，统筹解决好整村推进的资金筹措问题；抓项目推进，充分做好前期工作，倒排工期，加快进度；抓精神扶贫，加强农村精神文明建设，大力移风易俗，坚持扶贫与扶志并举，帮助贫困群众摆脱思想贫困、精神贫困。

（3）加强资金保障。建立健全财政扶贫资金持续增长机制，赣州市本级 2016 年就安排脱贫攻坚专项资金 3.95 亿元，确保政府投入力度与脱贫攻坚任务相适应。拓宽资金来源渠道，整合专项扶贫资金、相关涉农资金和社会帮扶资金捆绑集中使用，加强资金监督管理，提高资金使用效益。且市本级 2016 年就筹资 10 亿元作为风险缓释基金，撬动 80 亿元"扶贫信贷通"贷款帮助贫困群众发展产业。创新"油茶贷"、移民搬迁贷款、农房抵押贷款等金融产品，撬动银行及社会资金服务脱贫攻坚。

（4）加强督查考核。赣州市委强调，全市各级党政要抓好省委专项巡视和市委专项巡察的成果运用，适时对整改落实情况开展"回头看"。进一步加大明察暗访力度，强化督查考核和追责问责，严肃查处一批脱贫攻坚工作不实的典型。同时，坚持奖罚分明，进一步树立起重扶贫、抓脱贫的鲜明用人导向，对扶贫实绩突出的单位和个人予以表彰奖励。

2. 江西省创新体制机制强化领导打好精准扶贫攻坚战

作为拥有赣南等原中央苏区核心区域的江西省 2013 年 10 月创办的《苏区振兴论坛》，着力宣传中央、省苏区振兴决策部署与要求，中央、省对口支援单位及苏区市县的经验实践、成果，弘扬苏区精神等，堪称上传下达、交流激励的极好机制和平台。

江西省 2016 年 5 月 20 日出台了与扶贫紧密相关的重要文件《关于坚决打赢脱贫攻坚战的实施意见》，下达了至 2018 年年贫困人口脱贫、贫困村退出、贫困县摘帽指数。规定：以脱贫攻坚为最大政绩，完善对设区市、贫困县和定点扶贫单位的考核。设区市、贫困县及省直管县每年要向省委、省政府报告脱贫攻坚进展情况，以脱贫实绩作为对各地党委和政府脱贫攻坚工作成效考核的重要依据。建立完善机关干部到贫困地区特别是贫困乡镇、贫困村交流任职工作机制。对在基层一线实绩突出、群众公认的，要重点培养、优先提拔使用；对工作不力、成效不好的，要予以问责。贫困县党政正职除领导班子换届和特殊情况必须调整外，原则上在贫困县摘帽前不得调整岗位。贫困户、贫困村、贫困县退出后至 2020 年，继续享受中央、省级扶贫开发相关政策和资金扶持。

对 2016 年、2017 年提前完成年度脱贫任务的贫困县，适当予以奖补。省级建立第三方评估机制，由国家统计局江西调查总队牵头，对当年退出的贫困户和贫困县进行评估。对"数字脱贫""虚假脱贫"和"被脱贫"现象要责令整改并严肃追责。加大财政专项扶贫资金投入，到 2020 年省财政筹集扶贫资金 200 亿元以上，财政支农投入新增部分重点用于农村扶贫开发。探索引入第三方监督，构建多元化的资金监管机制。2016 年 10 月江西省又出台《关于建立贫困退出机制的实施意见》，以加大脱贫攻坚力度。

3. 各级建立贫困退出机制，以完善推进扶贫攻坚的体制机制

各级建立贫困退出机制。赣州市于 2016 年 12 月 30 日出台了《关于建立贫困退出机制的实施意见》（以下简称市《实施意见》），提出到 2018 年，全市 70.24 万贫困人口、932 个省级贫困村、11 个贫困县全部脱贫退出；2019 年到 2020 年，稳定实现扶贫对象不愁吃、不愁穿，义务教育、基本医疗和住房安全有保障。

围绕这一目标，赣州市针对贫困户、贫困村、贫困县建立了相应的退出标准、退出程序以及退出后的扶持政策等。省级贫困村的退出，以贫困发生率和重度贫困村小组村庄整治建设完成率为主要衡量指标，统筹考虑村内基础设施、基本公共服务、产业发展等综合因素；全市八个国家扶贫开发工作重点县（兴国、宁都、于都、寻乌、会昌、安远、上犹、赣县）和三个罗霄山集中连片特困县（即石城县、瑞金市和南康区，统称贫困县）的退出，全县贫困发生率应低于 2%。贫困村退出的具体指标包括：贫困发生率必须低于 2%，25 户（含 25 户）以上自然村有 3.5 米及以上宽度的通村委会硬化道路，75% 以上农户入户路硬化；农户饮水安全，有水质、水量达标的自来水、家用井水或山泉水；农户住房安全，无人居住危房全部拆除；农户通生活用电、村委会所在地通动力电；所有农户能收看电视节目，村委会所在地通宽带网络；25 户（含 25 户）以上自然村有保洁员、垃圾集中收集点；贫困村配有卫生室、农村综合服务平台或综合文化活动室等。

赣州市委市政府要求各县（市、区）对照与市委、市政府所签订的脱贫攻坚责任状，合理确定年度减贫人数和贫困村退出计划，作为年度目标管理的硬任务。还出台鼓励脱贫摘帽的政策，对提前脱贫摘帽的县（市、区），从政策、项目、资金上给予倾斜支持，同时脱贫不脱政策，摘帽后攻坚期内各项扶持政策不减。

（六）在实施"一带一路"国家战略上，再创历史辉煌做示范

在此，值得一述的是有 2200 多年历史的赣州自古就是沟通赣粤闽湘的中国东南部重

镇,其区位自古就是"南抚百越,北望中州",据五岭之要会,扼赣闽粤湘之要冲。素称"江湖枢键""岭峤咽喉",是水陆交通转运之处及货物集散地。赣州驿道上南来北往,中原至南岭且通海外,官轺、海内外使节及"商贾如云,货物如雨,万脚践履,冬无寒土"。

唐朝时期,就开凿修通了以虔州(今赣州)为中心的郡际古道,通向赣粤闽湘各州府县,形成了赣州陆路交通的骨架网。赣州成为"水上丝绸之路"的重镇,是水陆交通的切换点,也是南北货物运输装卸的集散地,到宋代达到鼎盛。明清时期,赣州道路继续发展,南通广州驿路至出海,北往京师驿路至各地,成为纵贯南北陆路交通主轴。宋元明清时期,赣州皆为中国东南部经济、交通、军事上的著名重镇及中心城市之一。近代半殖民地半封建制度的统治,使得国贫民穷,赣州亦十分贫穷,尤其是京广线建成取代了大运河—长江—赣江—梅关—两广—海外之交通要道之后,赣州经济更是大为衰落。

如前所述,自20世纪后期京九线建成起,赣州高铁高速航空水运进入了立体交通现代化发展时期,可使古老的国家历史文化名城赣州重振雄风、再现辉煌。尤其是现今国家实施"一带一路"倡议,中央国家机关及有关单位和省对口支援部门都将赣南苏区融入国家"一带一路"倡议具体实施与对接,深化赣南苏区与海西经济区、珠江三角洲融合对接,进一步畅通赣南向东南出海通道和向西南开放通道,对加速外向型经济发展起到了重要作用;进一步支持赣州打造"一带一路"重要枢纽节点城市工作,即赣州入选粤苏皖赣大通道节点城市而对接"一带一路",对于提高物流效率,促进经济快速发展,着力推动赣州扶贫攻坚和经济社会发展皆具有重要意义。

赣州上下亦务必认清形势,积极应对各种风险挑战,顺应发展大势,尊重发展规律,坚定发展信心,保持发展定力,紧紧抓住、用好宝贵的战略机遇期,牢牢把握发展主动权,不断开拓振兴发展,再创历史辉煌。

总之,2018年赣南贫困人口、贫困村、贫困县全部脱贫退出;2019～2020年稳定实现扶贫对象不愁吃、不愁穿,义务教育、基本医疗和住房安全有保障,把赣南苏区打造成为全国革命老区扶贫攻坚的样板区、高标准的示范区。

基于内陆开放型经济体系的赣闽粤原中央苏区发展战略研究

陈文华　陈莉莉[*]

摘要：文章通过构建内陆开放型经济体系的指标体系，测度原中央苏区的开放水平，分析其开放发展的现状和存在的问题；从资源禀赋、人力资本、经济成长性及市场增长潜力以及制度与文化环境等视角，研究了原中央苏区开放度的主要影响因素，并提出针对性发展方略：以"升级版"的政府服务助推后发优势的转化；规划建设区域中心城市，培育城市集群，优化经济开放空间布局；培育"隐形冠军"和产业集群；建构与区域高校互动的多层次人力资源体系；推进整体融入沿海开放发达地区；强化共生发展，示范生态文明。

关键词：赣闽粤原中央苏区；开放型经济体系；共生发展

一、引言

原中央苏区地跨赣闽粤，既是土地革命战争时期中国共产党创建的最大最重要的革命根据地、中华人民共和国的摇篮和苏区精神的主要发源地，也是具有地理位置缺乏优势、基础设施投入不足、经济结构落后、居民收入水平低下等特征的"问题区域"。国务院出台《国务院关于支持赣南等原中央苏区振兴发展的若干意见》（以下简称《意见》），并正式批准实施《赣闽粤原中央苏区振兴发展规划》（以下简称《规划》），标志着原中央苏区这一"问题区域"的"区域问题"，纳入国家层面的区域政策管理，对于长期致力于脱贫致富、科学发展的原中央苏区，是重大发展机遇。

基金项目：本文得到 2014 年江西省重大社科招标课题"赣闽粤原中央苏区开放型经济体系建设研究"（编号：14ZD02）的资助。

　*　作者简介：陈文华，男，博士，深圳信息职业技术学院教授；陈莉莉，女，硕士，江西师范大学科技学院教师。

原中央苏区作为赣闽粤边区，向来远离江西、福建、广东三省政治与经济中心，为三省政治的边缘化地区和社会经济的贫困地区，是典型的内陆欠发达区域，从经济理论和国内外同类"问题区域"的发展实践看，开放是经济增长的重要制度前提，也是区域发展的重大驱动力量。早在亚当·斯密时代，经济学家就已发现，基于开放而不是封锁的自由贸易使贸易双方获利。萨克斯和瓦尔纳（1995）有关"开放命题"的经验研究表明，实施开放政策的发展中国家，其经济增长速度远远快于实行封闭政策的国家。诺迪克（1999）认为，开放政策本身并不会自动带来经济增长，而是经济增长的必要条件。加大国家投资的同时，通过制度激励和引致，发挥私人投资的主体作用十分重要。历时200年的美国西部开发，第一时期（1860~1890年）的快速发展，主要动力来源于皮货贸易、土地投机和庄园主的投资扩张；第二时期（1930~1970年）的集中发展，得益于政府加大公共产品的投资和政策支持力度，而高新技术产业的集群成长，成为美国西部经济结构优化和实现崛起的强大驱动力。中国西部开发在国家力量的强力推动下，取得了重要成就。但开放严重滞后导致的观念、体制、人才等软环境问题、民间投资不足和产业支撑乏力等正在制约西部开放开发的进程。

苏区的对外开放，包括对国内其他地区（含苏区间）的开放和对国外开放两个层次。一般市场经济国家，区域开放肇始于两个条件：一个是坚实的私有产权制度，另一个是繁荣的地区贸易。"中国模式"下的中央苏区，在开放的进程中，区际贸易缺乏激励因素，尚未形成有特色、成体系的区域专业分工；面向出口的工业园区多数锁定在价值链低端，产业趋同问题突出。

按照《规划》要求："建立完善区域内和区域间更加紧密的合作机制，探索区域联动发展新模式，打造高水平开放合作平台，建立内陆开放型经济体系。"内陆开放型经济，是具有内陆地区发展特点的开放型经济，是在经济一体化的背景下，地方从"孤岛求生"进入"合纵连横"发展升级阶段，促进沿海内陆沿边开放优势互补的开放模式创新。赣闽粤原中央苏区内陆开放水平如何，哪些主要因素影响赣闽粤内陆地区发展，如何创新赣闽粤内陆区域开放合作模式，如何重构赣闽粤原中央苏区内陆开放体系，本文在数据分析的基础上，基于开放新经济围绕这些问题开展研究，提出对策。

二、赣闽粤原中央苏区内陆开放型经济的现状和问题分析

（一）赣闽粤原中央苏区开放程度总体较低

1. 原中央苏区成为赣闽粤的"问题区域"

从图1可以看出，赣闽粤原中央苏区已成为了赣闽粤三省开放型经济建设过程中的

"问题区域"。2012年江西省经济开放度综合指数是3.67（46.6分），福建省经济开放度综合指数是3.17（56.6分），广东省经济开放度综合指数是2.33（73.4分），而赣闽粤原中央苏区经济开放度综合指数只有3.75（45分）。可见，赣闽粤原中央苏区经济开放度低于赣、闽、粤各省的整体水平，拉低了赣闽粤整体经济竞争力。

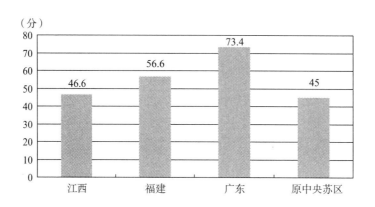

图1　赣闽粤原中央苏区经济开放度与赣闽粤各省对比情况

2. 赣闽粤苏区与东西部省份的横向比较

与东西部省份进行横向对比，东部浙江省经济开放度综合指数是2.42（71.8分），西部四川省经济开放度综合指数是3.75（45分），赣闽粤原中央苏区的经济开放度综合指标是3.75（45分）（见图2）。可见，以浙江省为代表的东部省份由于优越的区位优势和相对完善的市场环境，其经济开放程度较高。相反，交通闭塞、经济基础薄弱的赣闽粤原中央苏区和西部地区经济开放进程比较缓慢，开放程度与东部地区仍存在较大差距。

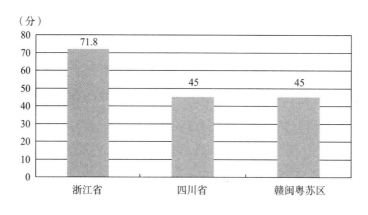

图2　赣闽粤苏区与东西部省份的横向比较

（二）赣闽粤原中央苏区开放发展面临的主要问题

1. 政府横向协调机制缺乏创新，不能适应国家规划要求

原中央苏区作为一个"问题区域"纳入国家战略后，在国家层面建立了发改委和中组部牵头的部际联席会议制度，地区司承担了相应的管理协调职能。江西省成立了苏区振兴领导小组，强卫书记任组长；省、市、县发改委成立了苏区办，承担规划、管理、协调职责，构成了一个坚强有力的纵向管理机构。但赣、闽、粤三省以及边界各苏区市、县，至今尚未建立适应苏区振兴的国家规划的有效横向沟通协调机制，导致边区在基础设施、产业发展等合作上的"最后1公里"经常难以打通。苏区间，协作联动集中表现为一般性的政府和产业学习考察、争取共同项目和完成某项任务的政府间合作、企业和高校的技术服务合作、政府和发达地区的商会、行业协会的招商合作等，零时性协作多，随机性较强，缺乏长效机制。

2. 产业基础薄弱，产业同质化严重，产业集群培育艰难

原中央苏区产业基础薄弱，工业化程度低，发展起点低，配套设施和生产性服务供给不足，"价值链"招商的优势不明显，各县引进科技含量高、关联度大、带动性强的企业难度大，规模以上企业数量有限，重大的项目更是匮乏，不利于"龙头"带动、配套企业跟进的产业集群形成。

原中央苏区产业布局呈现两大特征：基于自身资源禀赋的产业布局，基于产业梯度转移的产业布局以及两者有机结合。由于资源禀赋相近，产业选择集中在矿产、农产品及食品加工、电子产品加工等，导致产业结构同质化现象严重，造成招商优惠恶性竞争，有限资源配置效率偏低，不利于企业集群成长。苏区县的特色资源虽有优势，但产业发展才刚刚起步，各产业吸引的关联企业数量不多，产业链条没有得到有效延伸，产业集群水平低，培育难度大，需要市场驱动、各级政府的规划引导和有效协调。

3. 产业转型升级面临资源、环境和企业家能力的制约

用地指标、重要水源保护、矿产资源日渐减少及稀缺资源产出效率低下等对苏区社会经济发展的制约越来越突出，粗放的经营理念和高能耗的生产方式必须转型、淘汰，产业升级势在必行。产业升级的主体是企业，对企业家群体是一个二次创业的过程。调查发现，赣闽粤原中央苏区具有优势的资源产业，所有者很多靠"政策红利"和市场机遇暴发，有的不具有将资源产业化的能力，有的小富即安，不愿冒技术创新的投资和市场风险，由于资源的稀缺性，占有资源者的观念、素质成为苏区县主导产业升级的一个重要制约因素。

4. 生产性服务水平不高，软环境有待优化

硬件上，虽然各县的基础设施大框架已经建立，但是产业配套设施还不够完善，一些县还存在用电、用水保障能力差，交通设施不够完善的问题。软环境上，虽然各县服务客商的意识有所提升，但一些具体问题的落实还不足，服务不够细致。物流、金融、人才、研发等高级要素保障能力也不强，影响了一些客商投资的信心。一些县还存在着对大企业招商能做到一站式贴心服务，但吸引中小企业安家落户的机制保障服务不周到，存在招商承诺不能兑现、"关门打狗"等政府信任问题。此外，不少苏区县的特色产业依托本地资源和"能人"发展起来，存在着对外来企业不能一视同仁的非市场现象。这种包容性不强的地方文化，阻碍了产业在合作中升级发展。

5. 产业发展人才瓶颈突出，科技支撑乏力

赣州市是赣闽粤原中央苏区的中心城市，高校数量在整个苏区最多。从对原赣南等中央苏区的调研看，人才问题是赣闽粤原中央苏区升级发展的瓶颈。首先，赣南等原中央苏区人才密度较小。苏区人才密度为 7.32%，低于全国 8.75% 的人才平均密度，与全省 10.11% 的人才平均密度相比，低了 2.79 个百分点。其中人才密度最高的为赣州苏区，为 8.9%，最低的是吉安苏区，人才密度为 6.16%。其次，人才的结构性矛盾突出。赣州文教、卫生等非生产性领域人才占 92%，经济领域专业技术人才仅占 4.2%，与产业特别是稀土及钨等稀有金属、脐橙和新材料、新能源汽车等产业发展密切相关的优秀企业家、技术研发人才及技术工人，金融资本、城市规划、现代物流等专业人才更加稀缺。最后，现代服务业和新兴产业人才奇缺。乐安县旅游资源非常丰富，而且发现、发掘较早，但是由于缺乏发展旅游业所需的市场营销、人文、规划、管理等各方面专业性人才，旅游发展举步维艰。建设赣州中心金融商务区所急需的电子商务、投融资、信息化技术等现代服务业人才奇缺。随着苏区产业经济转型升级，专业人力资本对苏区经济、社会发展的"瓶颈效应"将更加突出，人才的质量和结构问题亟待解决。

三、赣闽粤原中央苏区内陆开放型经济的主要影响因素分析

（一）内陆开放型经济开放度影响因素的确定

开放型经济发展是区域经济发展的重要方面，对于相对落后地区而言更是经济发展的重大战略依托。赣闽粤原中央苏区作为"问题区域"，其自身的开放和发展是我国完整构建开放型经济体系的重要组成部分。

内陆开放型经济的发展必会受到特定因素的影响。国内学者的开放型经济水平影响因素研究，涉及因素有自然资源、历史原因、交通基础设施、市场经济秩序规范程度等（李羽中，1998；黄繁华，2001；肖俊夫、林勇，2009；林祥、韩靓，2011；何悦，2013）。本文以前人相关研究理论为基础，提出资源禀赋、人力资本、经济成长性及市场增长潜力以及制度与文化环境等为区域经济开放度的主要影响因素，并构建了赣闽粤原中央苏区经济开放度影响因素评价指标体系。

(二) 评价指标的权重及量值的确定

1. 指标体系的层次排序

将原中央苏区经济开放度影响因素指标体系分为两个层次, 第一层次有 4 个指标, 分别记为 A1、A2、A3、A4; 第一层指标又分别下设若干个第二层次指标, 共有 15 个指标, 分别记为 B1、B2、B3……B15。

2. 各层次指标权重的确定

采用专家问卷调查法。课题组抽取 20 位产业经济学等专家, 结合苏区实际情况, 对赣闽粤原中央苏区经济开放度的影响因素进行问卷式的综合评分。由专家对各层指标对上一级指标的重要性评分, 权重取值范围从 0 (表示不重要) 到 1 (表示很重要), 并使同属一个上层因素的同层因素权重值之和为 1。

3. 第二层各个指标的量值确定

由于第二层指标中大部分难以精确描述, 所以, 本文采用了等级评分的方法进行评价, 具体评分标准见表 1。

表 1　第二层指标评分标准

评分 指标	100 分	80 分	60 分	40 分	20 分
自然资源	非常丰富	较丰富	一般	单一	单一且缺乏
区位条件	非常优越	较优越	一般	差	很差
基础设施完善程度	非常完善	比较完善	完善程度一般	完善程度较差	交通闭塞
劳动力数量	非常多	较多	一般	较少	缺乏
人才结构合理程度	很高	较高	一般	较低	很低
科研水平	很高	较高	一般	较低	很低
产业结构合理程度	很高	较高	一般	较低	很低
市场发育程度	很高	较高	一般	较低	很低
城市化进程	很快	较快	一般	较慢	很慢
消费者购买力	很高	较高	一般	较低	很低
投资政策	很完善	较完善	一般	有个别政策, 但影响不大	政策缺乏
融资政策	很完善	较完善	一般	有个别政策, 但影响不大	政策缺乏
技术研发政策	很完善	较完善	一般	有个别政策, 但影响不大	政策缺乏
人才引进政策	很完善	较完善	一般	有个别政策, 但影响不大	政策缺乏
对外开放观念强度	十分开放	较开放	一般	较落后	十分落后

（三）赣闽粤原中央苏区经济开放度影响因素综合评价测算

采取分级简单算术平均计算的，遵循"二级指标——一级指标—经济总体"的测算过程。通过整理20份专家问卷相关数据，测算出原中央苏区经济开放度综合评分均值为55.65分。其中，平均权重值和评分见表2。

根据美国传统基金会的评价标准，经济开放度影响因素综合评价值处于0～100分，分值越高表示该地区经济越开放。如果经济开放度得分在60分左右，表明该地区的开放度水平为中等。因此，从赣闽粤原中央苏区经济开放度的测算结果可以看出，其开放度处于中等偏下一点水平。

表2 赣闽粤原中央苏区经济开放度影响因素综合评分

第一层指标	第一层指标权重		第二层指标	第二层指标权重	
	权重值	评分（分）		权重值	评分（分）
资源禀赋（A1）	0.30	65	自然资源（B1）	0.25	80
			区位条件（B2）	0.40	60
			交通基础设施完善程度（B3）	0.35	60
人力资本（A2）	0.15	48	劳动力数量（B4）	0.20	80
			人才结构合理程度（B5）	0.40	40
			科研水平（B6）	0.40	40
经济成长性和市场潜力（A3）	0.20	45	产业结构合理程度（B7）	0.2	40
			市场发育程度（B8）	0.35	40
			城市化进程（B9）	0.25	60
			消费者购买力（B10）	0.2	40
制度文化环境（A4）	0.35	57	投资政策环境（B11）	0.25	80
			融资政策环境（B12）	0.20	60
			技术研发政策环境（B13）	0.1	40
			人才引进政策（B14）	0.15	60
			对外开放观念强度（B15）	0.3	40

（四）赣闽粤原中央苏区经济开放度影响因素分析

1. 资源禀赋

资源禀赋在区域经济发展中起着基础性作用，对开放型经济的发展有着重要的作用，尤其是资源较为丰富的内陆地区，其发展开放型经济必须优化资源配置，合理、科学、高效地利用所占有的丰富资源和区位优势。

从表2可以看出，资源禀赋在苏区经济开放过程中权重值达到了0.3，但苏区资源禀赋条件总体得分只有65分（自然资源80分）。可见，在经济开放过程中，苏区的资源禀赋条件未能发挥其最优化作用，是苏区整体开放度不高的重要原因之一。深究其因，主要体现在交通等基础设施不完善所导致的区位优势不明显以及自然资源利用不合理。近年来，向莆铁路、赣韶铁路、赣龙铁路等交通大动脉虽已逐步打通，但要与东部地区实现同水平化开放，苏区的基础设施还需进一步加大投资建设。调查发现，苏区用地指标、重要水源保护、矿产资源日渐减少，稀缺资源产出效率低下等对江西苏区社会经济发展的制约越来越突出。因此，苏区开放型经济发展需遵循合理的资源利用机理，比如，资源优化配置机理、资源循环利用机理和资源增值利用机理，促进经济、社会和生态效益的最大化。

2. 人力资本

人力资源是经济发展的关键资源，开放型经济的竞争也可以说是人才的竞争。人力资本的积累能够促进区域开放型经济的发展，而区域开放型经济的发展又反过来促进了人力资源在数量和质量上的提高。

就苏区而言，人力资本总体权重0.15，得分48分。人才结构合理程度和科研水平的"双低"现象是制约苏区经济发展特别是开放型经济发展不可忽视的因素。尽管苏区人才结构合理程度和科研水平都处于40分的低等水平，但由于苏区人口基数比较大，人力资本绝对量上还是比较丰富的，为赣闽粤苏区开放型经济发展提供了良好的人力资本条件。

3. 经济成长性和市场潜力

经济成长性和市场潜力是经济增长速度和空间的函数，区域经济的高成长性对于开放型经济发展有直接的推动作用。经济的成长性越高，市场潜力越大，区域内部对各种投入要素的扩展性需求越强烈，越有利于区域外生产要素的移入。苏区区域经济成长性和市场潜力总体偏低，得分为45分。

4. 制度文化环境

制度法律环境在区域经济发展中起着基础和导向的作用，良好的制度法律环境是区域经济快速健康发展的关键。原中央苏区具有"小富即安"等浓厚的思想文化色彩，其对该地区开放型经济发展的影响更是不容忽视。但原中央苏区总体制度文化环境还不完善，平均权重是0.35，评分是57。制度环境、价值观念、社会资本、政府信任等"无形基础设施"仍植根在原中央苏区的文化习俗中。

四、赣闽粤原中央苏区基于内陆开放型经济体系的发展对策

从国家区域战略的发展演变看，改变苏区落后面貌、推进区域协调发展，是赣闽粤原中央苏区振兴规划国家战略的着力点。国家战略规划的定位和政策重点表明，新的区域合作机制的构建，是这一跨省际苏区振兴规划能否有效实施的关键，是内陆开放型经济体系

建设的核心。

（一）以"升级版"的政府服务助推后发优势的实现，促进苏区振兴

林毅夫在《新结构经济学》中指出，一个坚定、可信赖、有能力和具有因势利导作用的政府，是一个国家或区域遵循比较优势实现发展战略的必要条件。他继斯密的守夜型政府、凯恩斯的干预型政府提出 3.0 版的"因势利导型"政府，即政府在坚持市场配置资源的基础作用的同时，在促进企业技术创新、扶持产业升级和实现经济多样化方面起积极的应势利导的作用。借鉴发展经济学的最新成果，结合原中央苏区的国家战略，我们认为，有利于后发优势实现的升级版的政府服务应该发挥如下作用：

（1）及时制定和优化区域规划，把握区域发展机会。苏区振兴规划如何与国家"十三五"规划衔接，如何嵌入"一带一路"的国家海外发展倡议，这些机会，需要地方政府横向沟通、纵向协调，高位对接。

（2）完善基础设施，降低交易成本。新的国家规划下，高强度的交通、信息、水利和能源等基础设施投入，将构建赣闽粤边区各市县互联互通的区域基础设施网络，提升水、电等基础能源保障能力，较快改善原苏区有形的设施。但基础设施的无形部分，包括制度环境、价值观念、社会资本、政府信任等，植根在原苏区的文化习俗中，那些与市场体系不相容的东西，需要政府花更大的力气和更长的时间来改变。

（3）协调跨区合作，促进区域联动。借鉴原中央苏区振兴发展部际联席会议，建立赣闽粤省际协调会议、日常工作办公室和部门衔接等制度，推动赣闽粤边区打开"山门"，扩大开放，消除行政壁垒，统一市场准则，加强各方在市场监管、产业合作、商标保护、质量检验、物价管理以及行政执法和信息交流等方面的密切合作，促进区域内商品和生产要素的自由流动，推动赣闽粤边区经济的联动发展。

简政放权，构建有效的区域治理体系。深入推行原中央苏区的行政审批制度改革，简化行政审批手续，规范行政收费行为，推进制度创新，提高行政效能。充分利用电子信息平台，不断加大政务公开力度，普遍推广电子政务系统，积极营造开放、务实、高效的政府管理模式。尤其要通过明责放权和激励制度，极大地调动区、县吸引外资的积极性，努力提供工商注册、政策咨询、审批管理、投资融资等方面的优质服务，营造招商引资的良好环境。

（二）规划建设区域中心城市，培育城市集群，优化经济开放空间布局

从地理区位看，赣闽粤原中央苏区位于珠三角与长三角的夹角地带，且与厦漳泉城市群、海峡西岸经济区以及武汉城市圈、长株潭城市群毗连，具有极其优越的区域联动环境。为了实现《规划》提出的"双核六组团"空间布局战略目标，原中央苏区亟须加快高速通道建设，增强中心城市辐射能力，以点带面，集群发展。

（1）重点建设赣州、龙岩、梅州等区域中心城市，构建"赣龙梅"边区经济圈。赣州、龙岩、梅州是赣闽粤边区对外开放的"桥头堡",在历史上具有紧密的社会经济联系。原中央苏区实行振兴发展以来,这三座城市对接珠三角、海西经济区以及辐射周边县域的能力都有所增强,今后应继续以它们作为龙头,打造三大城市群,并以此为核心,积极探索边区经济圈的内部联动模式。

(2)加快以龙岩、漳州为中心的闽西北组团、粤东北组团城市群的发展和闽南组团的发展。通过利用福建、广东先行、先试的政策优势和沿海发达地区的经济和地区优势,加强区内和跨区合作,通过中心城市和产业园区的带动,实现闽粤苏区的振兴。

(3)加快建设赣州、吉安、南城、瑞金、龙岩、梅州等中心城市,促进江西苏区城市群的崛起。赣南原中央苏区的城市人口规模正处于加速扩张阶段,城市规模空间结构呈现显著的核心—边缘特征,以赣州、吉安、瑞金、南城为中心的城市人口集聚核心区已经显现。根据研究结果,可确定赣州作为苏区的主中心城市,吉安、瑞金、南城作为次中心城市,形成"1+3"主、次中心城市群。

(三)培育"隐形冠军"和"产业集群"

通过培育"隐形冠军"和"产业集群",构建区域产业竞争优势。美国哈佛大学的波特教授认为,产业集群是区域竞争力的源泉。在波特教授将国家或区域竞争力分解为分布在不同地方的一个个产业集群的时候,德国管理学大师赫尔曼·西蒙研究发现:在德国和一些国家,占出口主导地位的不是西门子等大企业,而是许多知名度不高但在本行业处于垄断地位的中小企业,这些"隐形冠军"才是德国竞争力的源泉。我们认为,"产业集群"和"隐形冠军"侧重点不同,前者强调企业种群的共生成长,后者突出单个企业的科技创新和行业影响力,是"面"和"点"的关系,只是这个支撑点是强势的中小企业,不是大企业。两者可互相依存,共同促进。"隐形冠军"的发现培育和助推产业集群健康成长是苏区产业升级和经济发展的内生性动力。

(1)按产业发展规律培育产业集群,以产业集群为平台,整合资源,集聚能量,壮大苏区产业竞争力。走产业集群发展之路,是破除县域经济发展瓶颈的根本途径,是提升县域经济总体实力和竞争力的有效举措。以江西为例。江西省已经确定了60个重点产业集群,全国54个苏区县江西占23个,其中赣州6个,吉安7个,抚州、新余、萍乡、上饶共10个。在招商引资和产业对接的过程中,通过政府与市场的"牵手",以产业集群为载体,适当调整以行政区划为基础的产业分工,引导跨县域的项目、要素流动和集聚,做强重点产业集群。

(2)发现和培育"隐形冠军",引导企业"小题大做",在产业细分中"精耕细作",做精做强,助力地方产业集群。日本树研工业株式会社是日本的明星企业和"隐形冠军",这家在"价格、规模、品种"上不占优势的中小企业,专注超小齿轮市场,开发的粉末齿轮占全球超小齿轮市场70%的市场份额。中国的"小器之王"梁伯强,专心经营"指甲钳",成为全球行业领军者。调查发现,赣闽粤原中央苏区一些企业也具有"隐形冠军"的特征，如永丰的江西广源化工。政府通过行业调查，易于识别潜在"隐形冠军"，通过合理的制度激励，重点培育一定数量的"隐形冠军"，对于区域产业集群品牌的塑造和区域竞争优势的提升，可能是有较高效率的一个新"抓手"。

（3）依托生态和资源优势，塑造特色农产品区域集群品牌和旅游品牌，通过电子商务，促进赣闽粤原中央苏区绿色崛起。福建现有 7 家台湾农民创业园，主要分布在苏区县，利用山区优势发展特色水果、蔬菜。福建正以国家级台湾农民创业园建设为抓手，加快农业产业集群发展，优化特色农产品结构，着力提高农业综合竞争力。江西大力发展赣南等原中央苏区绿色生态农业，启动了 3 个国家级、29 个省级现代农业示范区建设，破解传统农业发展难题。目前，赣南已成为全国最大的脐橙主产区，种植面积达 180 万亩，南丰蜜橘种植面积达 70 万亩，井冈蜜柚种植面积达 15 万亩，农产品集群品牌优势凸显。原中央苏区旅游资源十分丰富，绿色、古色、红色和客家特色的旅游资源的产业价值，随着交通基础设施的改善和消费需求的升级，将较快得到开发。

农产品和观光旅游作为消费类产品，特别适合通过电子商务的平台向外推广。电子商务正在颠覆传统、重构商业。2013 年阿里巴巴网上交易量超过 1.5 万亿元；2014 年"双11"天猫交易量 571 亿元；广东揭阳军铺村，0.6 平方公里，集聚了 3000 多家电商，形成了一个依托电子商务的产业集群。江西已将电子商务列为新兴产业予以扶持，而引导电商对接、服务本地的优势产业是关键。原苏区和江西的特色农产品、休闲旅游产品是江西消费类产品中最有优势的。网络渠道可以超越时空、地域，降低交易成本，电子商务与赣闽粤原中央苏区特色农产品、红色旅游产品和绿色生态休闲产品对接，可以大大提升赣闽粤原中央苏区产品的区域竞争力。

（四）强化共生发展，示范生态文明

（1）构建共生产业园区，实现产业集聚。一是尽快实现现有的工业园区转型升级，在转型升级中实现产业集聚；二是对生态产业聚集区进行信息化整合，并形成新的共生产业园区。赣州市的钨矿、稀土和吉安市的触控产业要构建大型集团，并以此为骨干企业形成共生产业园；抚州市要在工业园区的转型升级过程中实现产业的重新布局和集聚。针对"企业分工配套欠缺"的问题，龙岩在发展产业集群的过程中，应当坚持统筹规划的原则，发挥各地优势，加强分工合作，以产业关联链条为纽带，加快重点产业园区、工业集聚地和特色县级产业群体的发展。处理好市级产业经济与县域经济发展关系，构建各区域之间产业优势互补、资源合理配置、布局结构优化的产业区域结构格局。加强企业间的分工配套，避免各工业园区出现"大而全""小而全"的情形，调整、优化工业空间布局。

（2）构筑循环共生模式，实现产业持续。赣州市要加大对钨矿与稀土循环绿色供应链的技术研究，从而构建具有规模化、生态化效应的循环共生模式，增强产业发展的持续性；而吉安市要推进信息化与工业化进一步融合，从研发、生产、管理和销售等多个层面加快信息技术的深度应用，促进节能减排的深入推进和工业生产的绿色低碳化发展。龙津

河近年来污染已日趋严重、水量日趋减少，城区河道地表水水质超 V 类标准，作为龙津河水源地的黄冈水库因上游养殖等污染将直接影响城市供水水质。龙岩城区位于水源源头，水量少，远距离调水成本大，龙津河河水变得弥足珍贵，龙津河流域水环境整治迫在眉睫。要从龙津河水环境整治，保护水源水质入手，提出改善城市供水质量的措施，以期提高龙津河水的综合利用率，保障城市用水需求。

（3）搭建共生创新平台，实现产业整合。赣南等原中央苏区应该搭建共生创新平台，提升深加工技术水平，实现生产、知识和组织的协同创新，延长产业链，实现产业整合。赣州要加强稀土、钨矿、特色农业重点实验室的建设，建立和完善苏区公共科研数据库。吉安市要实现由低附加值的制造业向高附加值的现代服务业链接，鼓励金融产品和服务创新。龙岩市要在发展本区域内特色产业上做文章，在对比市场资源、技术、环境空间的基础上，找出比较优势，围绕本区域的特色产业，制定合理的技术创新计划。

（4）深化区际共生融合，实现产业联动。一是要构建政府联动机制，经常沟通区域产业联动问题，赣南要加大与周边区域的交流，寻找"引进来"和"走出去"的联动机遇；二是要加大区域交通建设，增加区域间的高速公路里程、高铁里程，布局更多物流机场和水运码头；三是要投入更多资金扩大公共网络覆盖率，建设普惠互联网，提升区际网络效率。龙岩市要做好各方联动。加强政策与市场主体的联动。把国家的产业方向、产业政策，把中央支持海西、支持原中央苏区的政策等信息，及时传导给市场主体，充分调动各类企业的积极性，让企业主动策划项目、生成项目。加强与外部的联动。主动对接央企，争取更多大型、特大型项目落地龙岩市；主动对接跨国公司，合作开发一批重大产业项目；主动对接沿海，引进一批有实力的业主。加强各级各部门的联动。各县（市、区）在一些重大产业项目上，要联手策划，联手争取，联手推进，形成各方面聚合力量、聚焦项目、聚智发展的良好态势。

（5）坚持生态共生包容，实现产业融合。坚持生态与经济的融合共生，需要使现有产业都能够按照生态要求来进行生产方式、生产条件和生产环境的再造，进行技术升级和改造，达到产业生态化的要求。生态产业和产业生态化不是产业发展自组织过程，而是需要政府站在生态持续角度，培育和发展生态产业，引导产业向生态转型。推进产业结构调整和优化升级，是转变经济增长方式、提高经济增长质量的重要途径和迫切任务。为学习贯彻科学发展观，全面落实党的十八大精神和龙岩市第四次党代会战略部署，加快推进"产业龙岩"和"生态龙岩"建设，在可持续发展产业集聚区建设上实现新跨越，龙岩市把产业结构调整列为"十二五"规划的重点，通过调整产业结构和优化升级，壮大产业规模，提高产业效益，增强城市综合实力和竞争力，提高全市人民生活水平和质量。

（6）合理布局共生产业，实现产业互补。赣南等原中央苏区要实现合理布局共生产业，一是合理布局工业体系，实现产业互补。要发展特色"板块经济"，形成较为完善的产业链和具有一定竞争力的产业集群。二是合理布局现代农业产业，实现错位发展。三是合理布局现代服务业，实现产业合作。构建现代服务业体系，服务业发达的县域为工业发达的县域提供生产性服务。龙岩市要从区域发展战略的高度，充分利用龙岩市丰富的自然资源、人文资源、经济基础、区位优势和风景旅游优势，克服厦泉漳大城市对周边城市的"极化效应"的"抑制性覆盖"，科学部署未来龙岩市区域发展战略布局和战略定位，合理构建城市空间布局，精选融入厦泉漳大都市经济圈同城化发展实现路径，加快建设海峡西岸经济区的西部中心城市，先进制造业基地，全国重要的红色、客家文化生态城市。

（五）建构与区域高校互动的多层次人力资源体系

赣闽粤原中央苏区分布着数量不多的高等院校，如福建龙岩学院、广东嘉应学院、江西赣南师院等。从对江西苏区的高校的调研数据看，位于赣州、吉安、抚州、上饶、新余、宜春、萍乡的普通高校共有20所，其中本科院校13所，具有本科以上学历和讲师以上职称的专业技术人员1.5万名左右，在校学生超过20万。学科与专业包括理学、工学、医学、法学、经济学、文学、管理学、艺术学等门类。苏区各高校相对富集的人力资本可以弥补原中央苏区建设发展中人才数量不足、结构不合理的缺欠，而中央苏区振兴对人才的需求，可以为高校教师通过产学研结合的方式对接产业、服务社会，为高校毕业生创业就业提供出路。问题的关键在于深化高校改革、建立良性的互动机制。

（1）根据区域发展战略和产业优势，引导区域各高校的专业设置和人才培养。根据《意见》和《规划》，苏区的振兴与发展将涉及民生、农业、基础设施建设、特色产业、生态环境、社会公共服务等不同领域。地方政府、高校和企业如能建立联动机制，围绕7个区域中心城市、23个工业产业集群和32个农业示范区建立相应的协同创新中心、产学研合作基地、实习基地，则可以让高校的人力资本在苏区经济社会发展中找到对接的平台，并适销对路地为苏区振兴输送大量的工程技术、经济管理、社会管理等专门人才。

（2）政府、高校和产业合作建立应用性研发平台，引进和集聚稀缺人才。鉴于原中央苏区的产业规模和发展水平，直接引进稀缺的高级专门技术和管理人才难度大，而高校有聚集各类稀缺人才的优势，所以政府可以联合高校和产业部门，立足优势产业集群，建立应用型技术创新或管理服务平台，让紧缺人才人在高校、服务产业、面向市场、为我所用。同时建立开放平台，鼓励人才在高校和产业间合理流动，在创业和就业间转化。

（六）整体融入沿海开放发达地区

（1）赣闽粤原中央苏区的赣南、龙岩和梅州是著名的客家祖地，独特的地理位置使得其与台湾地区和东南亚客家人地缘相近、血缘相亲、文缘相承、商缘相连、法缘相循、民俗相同、人脉相通、宗亲同源，具有与港澳台交往得天独厚的独特优势和发展潜力。充分发挥赣南、龙岩、梅州客家祖地优势，有利于提高港澳台同胞对祖国的向心力和认同感，对于全面开创对港澳台特别是对台工作新局面、推动两岸关系和平发展、促进祖国统一大业具有重大战略意义。

（2）更加主动融入海西经济区和珠江三角洲，通过赣、闽、台、粤、港澳合作联动，促进赣闽粤原中央苏区产业升级和经济社会发展。国务院在《关于支持福建省加快建设海峡西岸经济区的若干意见》中，将江西与福建毗邻的上饶、鹰潭、抚州、赣州纳入海西经济区。江西四个市与福建交界的几乎都是苏区县和客家人祖居地。江西省委省政府重视与海西经济区观念、体制与产业对接。赣、闽、台三地经济互补性强。江西土地、矿产等资源相对丰富，劳动力成本有优势；福建对外开放时间早，水平高，民间创业氛围浓，民间资本实力雄厚；中国台湾在资金、技术和管理经验方面均有优势，有很多敢于创新的企业家。

粤闽经济合作区的规划，是在广东潮州市饶平县和福建漳州诏安县的交界地带，参照粤桂合作的经验，建立合作产业园区。闽粤经济合作区定位为 21 世纪海上丝绸之路重要支点、东部沿海地区省际合作产业区、闽粤台产业深度融合示范区、原中央苏区振兴发展合作示范区和区域生态宜居文明共建区。粤闽经济合作区的建设，有利于两地中央苏区县融入开放前沿，在合作中共生发展。

（3）合作开发赣闽粤原中央苏区边区特色旅游资源，为正在实施的"旅游强省"战略提供新的"支撑点"，通过旅游产业的发展带动百姓脱贫致富。赣闽粤原中央苏区的边区，指赣南赣州、闽西龙岩、粤北梅州三市组成的大三角地区。该区山水相连，客家民俗风情浓郁，是旅游资源富集、特色鲜明、发展潜力巨大的旅游产业密集带。由于地处边缘、交通不便、经济落后，闽粤赣边界地区长期以来没有条件快速发展旅游经济，导致了江西旅游"东北部热、中南部冷"的不均衡态势。随着原中央苏区基础设施的改善，"待字闺中"的苏区边区特色旅游资源面临价值实现的良机。

2012 年国务院在《意见》中明确指出"深化赣南与井冈山、闽西、粤东北的旅游合作，推动红色旅游与生态旅游、休闲旅游、历史文化旅游融合发展"。因此闽粤赣边界地区的三市要充分发挥政策的导向性作用，打破行政区划限制，以客家文化、红色文化、生态文化为重点，以交通线路为连接通道，建设闽粤赣边旅游产业协作区；赣州则应发挥"区域中心城市"的辐射作用，成为"江西风景独好"旅游品牌的"中南部支撑点"。

参考文献

[1] 陈秀山，张可云．区域经济理论［M］．北京：商务印书馆，2003．

[2] 钟山．开放型经济研究分析［M］．北京：中国对外经济贸易出版社，2003．

[3] 黄燕．中国地方政府的创新系统研究：赣闽粤经济区产业素质升级分析［M］．北京：经济管理出版社，2002．

[4] 李翀．我国对外开放程度的度量与比较［J］．经济研究，1998（1）：26 - 29．

[5] 肖俊夫，林勇．内陆开放型经济指标评价体系的构建［J］．决策与参考，2008，38（9）：45 - 49．

[6] 覃成林．区域协调发展机制体系研究［J］．经济学家，2011（4）：63 - 70．

[7] 吴德进，张旭华．中央苏区与沿海发达地区联动发展的方向与重点［J］．中共福

建省委党校学报，2014.

　　［8］李晓园等．赣南等原中央苏区人才队伍现状与建设对策研究［J］.江西师范大学学报（哲学社会科学版），2012（10）.

　　［9］文玉钊，钟业喜等．赣南原中央苏区中心城市的选择与培育［J］.热带地理，2014（7）.

苏区振兴中的男性“婚配难”研究

习小林*

苏区振兴是党的十九大报告“乡村振兴战略”中的战略必然，也是历史遗留下来的一个重大的攻坚课题。2011年6月经江西、福建、广东三省发改委协商一致，“中央苏区振兴重大研究课题”面向国内外公开招标，特设立十大研究课题，每项中标课题资助经费15万元①；2012年6月《国务院关于支持赣南等原中央苏区振兴发展的若干意见》出台，习总书记高瞻远瞩，一直关心苏区的发展，他反复叮嘱：原中央苏区振兴发展工作要抓好，这有政治意义。决不能让老区群众在全面建成小康社会进程中掉队，立下愚公志、打好攻坚战，让老区人民同全国人民共享全面建成小康社会成果②。由此可见，加快赣南等原中央苏区的振兴发展，是我们党一贯高度重视的重大问题，苏区是党“不忘初心，牢记使命”的发源地。但是，关于苏区振兴，近十多年来，被学术界忽略，但又确实严重地影响着振兴进程的一个突出情况是：在苏区，有大量的成年男性“婚配难”，在穷乡僻壤已经形成了一个个连片的“光棍村”，大量适婚的成年男性找不到或娶不起媳妇，导致人口剧减，村庄荒芜，经济萎缩，此种情况，愈演愈烈；苏区振兴，人是第一位的要素，缺乏人文关怀，人生幸福，加之新生人口递减，人口再生产不可持续，在这些地方，苏区振兴可能会成空中楼阁。有鉴于此，本文作出如下初步研究。

---

* 作者简介：习小林，男，中共赣州市委党校教授。

① 江西省发展改革委、福建省发展改革委、广东省发展改革委．中央苏区振兴重大研究课题招标公告［N］．江西日报，2011-06-13.

② 新华社．国务院支持原中央苏区振兴五年间：红土地上新活力［EB/OL］．新华网，2017-08-02.

一 苏区男性"婚配难"的表现

（一）脱离穷困实际的彩礼畸高

在一些典型的"苏区"之县，大家可能都有这样的深切体会，现在农村男方结婚花费一路攀升，光给女方父母的彩礼就得 18 万元以上，有的地方高达 20 多万元。即使是很困难的男方，情投意合的恋侣，至少也要拿出 12 万元多的彩礼①。

（二）综合各种开支的婚费畸高

彩礼费加上女方要求男方在农村建新婚之房，费用约 20 万元，装修 10 万元左右，娶个媳妇最少也得 50 万元；如果女方另提出要在县城买房，那就远远不止 50 万元了，"苏区"经济能力中等的农村家庭也实在是支付不起。很多农民反映："订婚下礼三万三；结婚彩礼十三万；家里没新房，被女方要去二十万房子钱；买汽车八万；再加上家具家电、婚礼摆席、谢媒人钱，五十万元没了。"一场婚姻花费 30 万 ~ 80 万元是"苏区"的常见现象②。

（三）婚姻谈判的过程极度艰难

不管男女双方是自由恋爱还是第三方牵线，订婚或结婚之前近乎一次次艰涩的"商业谈判"过程，"行百里半九十九点九九九"，即使前面各个环节双方谈得比蜜还甜，最后一个细节出了错，也会彻底告吹。甚至有已发出婚帖，定好酒席，邀请了大批亲朋参加婚礼，却又通知婚礼取消的闹剧。

（四）生命诚可贵但爱情价不高

因为婚姻尴尬地谈钱，真的是很伤感情，有多少情投意合的男女被天价婚费拆散，所以很多外地人讲"江西老表嫁女儿就像卖女儿一样，嫁出去的女儿是泼出去的水"③，但据笔者所知，"生命诚可贵但爱情价不高，若为财富故，两者皆可抛"在全国各地，都普遍存在。

① 赣南日报评论员．莫让彩礼成负累［N］．赣南日报，2017 – 03 – 18．
② 兴国将军网微信公众号．别让彩礼把爱情挡在婚姻门外［EB/OL］．兴国将军网，2017 – 02 – 06．
③ "于都禾丰"．"家乡事"于都上头条出名了［EB/OL］．大江论坛，2017 – 01 – 30．

二、苏区男性"婚配难"的根源

(一) 计划生育，导致性别严重失调

为什么说计划生育会导致性别严重失调呢？因为当前中国有"三个不可改变的现实"：一是父系氏族社会的重男轻女，中国历史上长期存在的、建立在父系宗法制基础上的继承制，对于男性子嗣继承地位的重视而造成的生男偏好；二是家庭联产承包责任制，流转政策中，女性（未婚）承包土地中的重男轻女，农村生女难以继承原来拥有的土地；三是现代科技的日益发达，性别择生的内幕操作，使对胎儿的性别择生日益可行。所以计划生育在这种严峻的环境中必定会导致男女性别比的严重失调。

从人口普查数据看，在世界范围内中国依然是出生性别比偏高最为严重的国家之一。2016年1月21日，国家统计局数据显示：2015年中国大陆总人口137462万，男性人口70414万，女性人口67048万，总人口性别比为105.02（以女性为100），出生人口性别比为113.51。男女人口相差3366万，这意味着有3000余万男性将面临"打光棍"的局面。国家卫计委在2015年初的出生人口性别比治理体系创新研讨会上表示，目前中国出生性别比整体水平依然偏高，其后果已经显现，风险进一步聚集和扩大。过去20年来，中国出生性别比一直高于115，成为世界上出生性别比失衡最严重的国家[1][2]。

为什么会出现这种异常的性别比失衡呢？根本原因就在于笔者在前文已经指出的，当前中国有"三个不可改变的现实"。2011年，北京人口发展研究中心的刘宏源指出，由于中国人传统上喜欢男孩儿（计划生育又限制生育，客观上挤压了女孩的出生），许多孕妇只有将女胎流产。目前男女婴的比例是120∶100。10年以后，男性公民将多出5000万~6000万，这将给社会造成很大的隐患[3]。

(二) 性别失调，极端表现在欠发达地区

为什么说性别失调会在欠发达地区呈现极端现象呢？因为性别失调男多女少，会挤出一部分男性找不到配偶，这就是所谓的"婚姻挤压"，婚姻挤压的原动力、原核心是市场机制的"嫌贫爱富"，所以婚姻挤压就会以马太效应方式将最穷的男人挤出最多，在苏区的欠发达地区，会"尤其残酷地拥挤"。

① 中华人民共和国国家统计局. 中国统计年鉴 [M]. 北京：中国统计出版社，2015.
② 中新网. 统计局：大陆总人口达13.7亿　男性比女性多3366万 [EB/OL]. 光明网，2016－01－20.
③ 搜狗百科. 计划生育政策·影响发展 [EB/OL]. 搜狗百科，2017－12－15.

有学者按照男大女平均两岁婚龄差婚配进行推算，从 2010 年起，我国婚姻挤压现象开始显现，到 2020 年我国将会有 3000 万 ~ 4000 万适婚男性无妻可娶①。全国各地的"苏区"，目前均属于欠发达地区，这也就是说，计划生育导致的性别严重失调，在全国各地的"苏区"均呈现出极端现象。中国近年来的人口普查数据及全国 1% 人口抽样调查数据显示，婚姻挤压在中国绝非个案，几乎所有省份的农村地区都存在不同程度的女性缺失。更让人忧虑的是，目前危机还只是初现，随着 20 世纪 90 年代以来出生的男性迈入婚龄，中国男性婚姻挤压的程度还会继续加重。国家人口和计划生育委员会委员、西安交大博导、人口研究所所长李树茁警告说："更严重的婚姻挤压危机还没真正到来。"②

婚姻挤压具体的市场原因在于：无论是资本主义或社会主义，在市场经济条件下，女性资源事实上已经成为了一种特殊的市场化的婚配资源，在市场经济体制中，社会资源的配置通过两种方式来实现，即市场机制和政府机制。市场对资源的配置起基础性作用，但市场配置资源的缺陷是会出现市场失灵，因此仅依靠市场机制并不能实现资源配置的最优化，还需要政府在市场失灵领域发挥资源配置作用。当女性资源作为一种特殊的市场化的婚配资源时，也要追求效益最大化，其必然会"嫌贫爱富"；如果"嫌贫爱富"走向极端化就是市场失灵，但这种女性婚配资源"嫌贫爱富"极端化产生的市场失灵，政府是无法调控的，与其他资源不同，因为女性婚配资源具有"自主婚姻"的人格与人权的独立性，政府很难有效调控，基本不可能实现国家社会目标的有效配置。这样就会导致：不但"嫌贫爱富"而且"贫者愈贫，富者愈富"的两极分化的马太效应。正如百度贴吧上有些吧友所言："贫穷男人整天在网上叫房价高，政府还可以搞廉租房、公租房与经济适用房，但政府提供不了'经济适用妻'，这已触及政府权力的物理边界了。"因此性别失调，在欠发达地区必定会走向极端，部分"苏区"必在其中。③

（三）攀比心理，导致婚费畸高不下

争强好胜本来是苏区的一个优良民风，但此民风诱使出的攀比心理却成了"苏区"婚姻费用飞涨的一个重要原因。随着城乡交流加速、城市化的推进，以及互联网微信时代的来临，"苏区"欠发达群众饱受大款明星、影视人物、结婚花费的影响，农村青年向城市的奢侈青年看齐，各家各户又不顾自己的实际向富裕大户看齐，尤其是年轻人拼了命也要举办豪华婚礼，如果婚礼简单，就会觉得很没有面子。竞相攀比，打肿脸充胖子，抵押借贷办婚，超前消费，在"苏区""蔚然成风"，致使婚费畸高不下，也必然会淘汰"苏区"穷乡僻壤的大批适婚男性。

---

① 新民周刊评论员. 婚姻挤压社会转型之殇［N］. 华西都市报（成都），2016 - 02 - 02.
② 华西都市报评论员. 农村"剩男"危机：30 岁未婚一生多半打光棍［N］. 华西都市报，2016.
③ 陈斌. "剩女"不下嫁，农村剩男去哪讨老婆？［N］. 南方周末，2016 - 03 - 23.

（四）素质低下，导致婚恋障碍重重

为什么说素质低下会导致婚恋障碍重重呢？

全国人大代表、云南省昭通市委书记范华平也注意到农村彩礼高的问题，但他觉得这并不是农村剩男问题的关键，"女孩子找对象，要求肯定要高一点。关键问题还是男孩子要提高自身素质，具备基本的做事能力，出去打工，打普工收入太低，做技工又没有技能，这是非常尴尬的事情，说到底还是文化水平低"①。全国人大代表、长沙市副市长何寄华认为，农村剩男的形成原因很多，除了区域发展水平和大龄未婚男青年自身的因素外，他还特别指出农村年轻人常常因为"缺少交往机会，又不懂得表达"而耽误了终身大事。"农村人谈恋爱根本不会说'爱'这个字，就是说'你看我合不合适'！"

笔者认为，当前女孩子找男孩子的基本条件之一是：在学历上要符合"女低男高"的标配，男孩子本身还得学历高配，至少是大专以上，没有文化是万万不行的，但是近日公布的一项调查显示，仅北京地区，农村大龄未婚男性受教育程度在初中及以下的比重达53.7%，这是一个令人忧心的数字，可想而知，在欠发达的苏区，情况会更为糟糕②。

此外，男人还要迎合当代女性审美观中的帅气偏好，虽然人长得帅是其次的，也是天生的，但女性浪漫追梦，还是要求越帅越好，"三分长相七分打扮"，男人可通过打扮加分。

三、苏区男性"婚配难"的危害

（一）危害苏区经济

表现在：①对于成年人来说，爱情是经济的原动力之一，俗语云"男女搭配，干活不累"，因为有了爱就有了工作动力，没有爱就没有工作的希望，这对个体的成年人，事关重大。②婚姻之家是经济发展的最初级的经济组织，婚姻之家多，则经济组织多，经济组织多则经济活力强；光棍多、"婚配难"会严重滞约当地的经济发展。③"婚配难"导致当地人心涣散，"一夫失婚，全家沮丧"，"光棍扎堆，全村懊丧"，"婚配难"导致家族与村寨都丧失了经济发展士气。④人口再生产无法持续，人口红利消失。⑤因婚致贫，因婚返贫在某些"苏区"屡见不鲜，"偏远乡村多穷汉，讨个媳妇真困难，至少彩礼十几万，其他奢费还不算，倾家荡产全花完，债台高筑谁来还？"。⑥光棍"婚配难"扎堆，

---

① 中国青年报记者. 代表委员关注农村青年婚恋：农村剩男脱贫才能脱单［N］. 中国青年报，2016－03－16.
② 王海亮. 北京大龄未婚男女比例6∶5 超九成未婚女性集中在城镇［N］. 北京晨报，2016－02－24.

会严重牵制住基层政权的经济工作，使其不得不分心去处理一些非经济性的杂务。⑦精准扶贫是当前苏区的重要工作，苏区男性"婚配难"将导致"扶贫"失去"精准"。

（二）危害苏区政治

（1）"食、色，性也"，对于成年人来说，如果成年难婚或绝婚，容易产生心理叛逆方面的问题，导致对政府施政的无由头的反感，容易形成一些政治不稳定的因素；如果光棍扎堆，形成一批"屌丝与喷子"，危机就会叠加。通常，穷乡僻壤大龄单身男性都没有什么积极向上的人生追求和崇高的理想信念，什么事情对自己有利就做什么事，这也成了许多人的人生信条；而且，大龄单身男性缺乏文化知识，与主流生活群体交流的渠道和机会少，在日常生活中一遇到困难，就易滋生寂寞孤独的情绪，甚至精神空虚，失去精神支柱，再加之无所事事者甚多，这就很容易诱发他们参与封建迷信活动，对主流社会的文化活动不但置之不理，而且妄加批判，造成苏区社会风气的严重败坏。

（2）中国共产党早在20世纪30年代就对中央苏区的婚姻进行过治理，毛泽东亲自提出"讨老婆不要钱"这类通俗易懂的白话口号代替"废除聘金聘礼，反对买卖婚姻"的书面条款，对目不识丁的贫困农民影响极大①。2016年2月习近平在井冈山市茅坪乡神山村慰问时指出："在扶贫的路上，不能落下一个贫困家庭，丢下一个贫困群众。"② 中共十九大报告提出，中国共产党人的初心和使命，就是为中国人民谋幸福，为中华民族谋复兴。不忘初心，牢记使命，就必须要解决好苏区成年人难婚或绝婚的问题，否则就会有损党和政府的形象。因为所在地区的性比例失调引发大批大龄单身男性的人生困窘，这时，他们会把大量戾气转泄到党和政府的身上。在很多中国人眼里，全社会就是一艘巨型轮船，党和政府就是全社会的掌舵人，航行中出现的任何风雨波澜他们就要找党和政府，党和政府就必须要解决，就必须给他们找配偶。如果不能达到他们的期望，该群体就会对党和政府撒泼。

（三）危害苏区社会

表现在：①光棍多、"婚配难"为"性交易"提供了滋生温床。②导致男男同性恋增多。③加快当地各种性病扩散，艾滋病危害尤甚。④渴望成婚者众而不得，致使拐卖妇女犯罪率增加。⑤第三者插足破坏他人婚姻家庭现象增加。⑥恶性性犯罪率增升。⑦以美色引诱为主要手段的诈骗行为大幅增加，包括传销。⑧穷困社会的光棍容易精神空虚，光棍扎堆，导致流氓、斗殴、赌博、吸毒大幅增加。

总之，大量乡村旷男的存在，是一个巨大的社会问题。一大群失去了成家希望和通往美好生活梦想的年轻人，其绝望的后果，令人不敢多想。它可能导致诸如赡养与养老纠

---

① 陈阳，穆建春．毛泽东与陈正人［J］．党史博采，2017（6）．
② 人民日报记者．习近平春节前夕赴江西看望慰问广大干部群众［N］．人民日报，2016-02-04．

纷、拐卖妇女、暴力犯罪等问题。也许正是基于这个原因，对乡村的经济与文化的精准扶持，让年轻人既有追求新生活的能力，又有追求好生活的条件，将是一项长期而艰难的工作。

四、苏区男性"婚配难"的对策

（一）大力发展当地经济

经济凋敝，民生穷愁困厄，是苏区男性"婚配难"的首要之因。前文已有所述，在市场经济条件下，女性资源事实上已经成为了一种特殊的、市场化配置的经济流动资源，女性婚配必然会"嫌贫爱富"，与其他资源不同，因为女性婚配资源具有"自主婚姻"的人格与人权的独立性，政府对此"嫌贫爱富"，很难作出有效调控，国家也基本上不可能实现对此社会目标的有效配置。唯有大力发展当地经济，"栽好梧桐树，才能引得凤来栖"。

应如何发展当地经济？笔者建议，宏观上要用好用活《国务院关于支持赣南等原中央苏区振兴发展的若干意见》的政策，精准扶贫要具体执行于四个方面：一是要抓产业扶贫；二是要抓健康扶贫；三是要抓安居扶贫；四是要抓教育扶贫。要为农村人打造创业的环境。创业带动就业，更多农村年轻人可以就近就业，年轻女孩子就可以留下来工作了。

全国人大代表朱雪芹是一位农民工代表，她提交了一个建议，动员和号召知识型、技术型农民工返乡创业创新，反哺新农村建设，"他们在城市中学到了现代化的管理理念，学了一定的技术，掌握了一些信息，有一定的资源和人脉，回去创业成功的概率会更大，能够推动新农村建设，也可以把城乡差距进一步缩小，农村青年的婚恋问题自然可以解决"[1]。

现在，农村男性脱贫的一个重要标志是能否成家。以前，如果男人盖了新房子，那就是脱贫了；现在脱贫更重要的标志是女人看得起你，愿意嫁给你，真心实意与你白头偕老。

（二）亟须再放宽计划生育

前文已论证中国处在三个不可改变的严峻的现实环境中，计划生育在这种社会环境中必定会导致男女性别比的严重失调，导致苏区男性"婚配难"，这个弊症才刚刚开始，后

---

① 中国青年报记者. 代表委员关注农村青年婚恋：农村剩男脱贫才能脱单 [N]. 中国青年报, 2016 – 03 – 16.

续若干年，问题会更趋严重。因此，国家亟须再放宽计划生育，才能减弱政策的滞后效应。

中国社会科学院人口与劳动经济研究所副所长张车伟做客中新网《新闻大家谈》时表示，自2016年"单独二胎"放开以后，性别比失衡问题会大大缓解。张车伟说，"单独二胎"政策对于缓解人口老龄化、改变出生人口性别比失衡会起到积极作用。过去的性别比失衡，一方面是因为重男轻女传统思想，另一方面也与过去统计中对女孩漏报有一定的关系。此外，还有一个重要原因，就是过去限制生育数量，所以有些家庭不得不在生育性别之间做一个选择。现在"单独二胎"放开以后，性别比失衡问题会大大缓解①。但笔者认为，2016年至今出生率并未显著提高，性别比的缓解还不明显。因此，国家亟须再放宽计划生育，才能使苏区男性"婚配难"有一个大局面的改善。

（三）提升人文综合素质

脱单也是一个"技术活儿"。应该在苏区对"婚配难"的男性，开展各种规模的培训、对接、引导和服务。在相亲会之前，地方政府工作队、团委、青联和妇联等单位应培训有意向的男青年，告诉他们如何表现出自己的"精气神儿"，如何"用几句话征服对方"。

全国人大代表何寄华对"婚配难"的男性培训的内容说得很具体："生活习惯要适当调整，衣服可以不好看，但是要干净整齐。不能第一个扣子扣到第三个扣眼上去，鞋带要系好，脚上有泥巴要洗掉。贫困不能没有精气神儿，你要让人家姑娘看到希望。"②

"婚配难"的男性要以提升自我素质为突破口，塑造个人美好形象，破解"无能"之困。应努力跟随社会的现代化，有限的工作收入要用在自己综合素质的提升上，而不是倾注在黄、赌、毒中，自我封闭，整天混日子，生活被动，好逸恶劳，这只会增添女性对你的厌恶并逃离。要正确面对现实，不怨天，不尤人，集中精力，提高自己。具体分为五个方面：一是要学文化，提高自己的文化素养，改变人们心目中未婚大龄男人没文化、素质差的形象；二是学技术，以技术之长补年龄大之短；三是学法律，提高自己的法律意识，用法律保护自己的合法权益不受损害；四是参与各类积极向上的社会活动，拓宽自己的交际面，改变婚姻上的等靠要习惯；五是培养吃苦耐劳精神、克服自由散漫。

（四）牵缘国外贤淑女性

牵缘国外贤淑女性，通俗地说，就是要到国外去寻求贤良、健康、文淑的女性婚配资源。国际上有一些国家的女性对中国很向往，比如中国周边的亚洲国家蒙古、朝鲜、越南、缅甸……随着"一带一路"经济与文化的密切外交，中国经济崛起，人类命运共同

---

① 中新网记者．专家：单独二胎放开后性别比失衡问题会大大缓解［EB/OL］．中国新闻网，2013－11.
② 中国青年报记者．代表委员关注农村青年婚恋：农村剩男脱贫才能脱单［N］．中国青年报，2016－03－16.

体的逐步建立，也可在亚太区域，非、拉、欧的一些国家寻求充盈的女性婚配资源。

2011年，中国山水画家杨彦（当年54岁）随一个中国艺术家团在非洲访问时，遇到了让他一见倾心的当地知名女艺术家爱拉·杨。这位女艺术家（当年24岁）聪明伶俐，婀娜多姿，曾出演过三部电影，善于演唱中外歌曲。来自中非两地的艺术家碰撞出了火花，坠入爱河，结成姻缘，她嫁居中国，有了孩子①。说这个事例，貌似有些扯远了，但道理是相同的，杨彦自有他的精英婚配层次，苏区求婚男性也完全可以拥有普通百姓的婚配层次，普通百姓不要奢求去寻找国外婚配精英，中国普通百姓对等地找国外普通百姓，这是完全可行的。

习近平总书记在十九大报告中提出要构建"人类命运共同体"，人类命运共同体指在追求本国利益时兼顾他国合理关切，在谋求本国发展中促进各国共同发展②。人类只有一个地球，各国共处一个世界，要倡导"人类命运共同体"意识。现在中国有好几千万的男性在国内无法寻求到配偶，不良局势仍然在扩大，中国应借人类命运共同体这个平台，呼吁一些友好国家伸出援手。现在中国民间有不少涉外婚介行为，公开或半公开操作，良莠不齐，在欠发达地区出现了不少逃婚骗婚现象，使百姓雪上加霜、损失惨重；而且涉外婚又是国际各种恶疫的源头，危及中华人口基因库；政府部门在这些领域要有所作为、敢于担当。建议公安、民政、外交、卫生等相关部委联合成立跨国婚介机构，至少做到杜绝涉外逃婚骗婚行为，确保引进健康的婚配资源。

2017年5月共青团中央提出要帮助青年人解决婚恋问题，帮助青年人正确地解决好婚恋方面遇到的问题，是共青团、青联、学联这一类的青年组织需要下功夫去做的事情③。但是这仅是从国内视野去讨论问题，不借助人类命运共同体这个平台去讨论，是不充分的。

① 魏莱. 塞拉利昂副总统祝福中非艺术家喜结良缘［N］. 环球时报，2012－07－13.
② 新华社评论员. 习近平提出，坚持和平发展道路，推动构建人类命运共同体［EB/OL］. 新华网，2017－10－18.
③ 深圳晚报评论员. 团中央：帮青年人找到合意伴侣［N］. 深圳晚报，2017－05－18.

川陕革命老区现状及振兴发展路径思考

陈　岗[*]

为支持川陕革命老区加快发展建设与脱贫攻坚步伐，2016 年国家发展改革委会同重庆市、四川省、陕西省和有关部门共同研究编制了《川陕革命老区振兴发展规划》（以下简称《规划》），随后四川省、陕西省先后公布了《四川省川陕革命老区振兴发展规划实施方案》《陕西省川陕革命老区振兴发展规划实施方案》（以下统称《方案》）。

《规划》《方案》的出台，对于支持川陕革命老区振兴发展，发挥区域比较优势，探索贫困革命老区全面建成小康社会新路子、进一步推进西部大开发、缩小区域发展差距，补齐扶贫开发"短板"等，具有十分重要的意义。

川陕革命老区位于川陕渝交界的秦巴山区，是中国古文明发祥地之一，位于长江与黄河之间，是我国地理的中心地带。土地革命时期，中国共产党领导的红四方面军在川陕边界建立的革命根据地，是土地革命战争时期第二大苏区。该区域包括四川省南充市、巴中市、广元市、达州市、绵阳市，陕西省的宝鸡市、安康市、汉中市、商洛市，以及重庆的城口县，区域内共有 68 个县（市、区），总面积 15.7 万平方公里，2015 年末户籍人口 3636 万，地区生产总值 8344 亿元，地方财政一般预算收入 463.5 亿元。

一、川陕革命老区发展概况

由于受历史、自然、地理等多方面因素的影响，川陕革命老区发展严重滞后。1949 年以来，川陕革命老区很少有大项目布局，人均投资仅相当于全国平均的 1/4，投入不足，致使老区基础设施建设滞后、自我发展能力弱、公共服务水平低、脱贫攻坚任务艰巨、生态环境保护压力大，经济增速长期低于全国平均水平，是我国贫困人口最集中的连片贫困地区之一。

---

[*]　作者简介：陈岗，男，博士，四川文理学院川陕革命老区振兴研究院教授、副院长。

从人均 GDP 来看，2015 年川陕革命老区人均 GDP 为 22940.58 万元，全国人均 GDP 为 49228.73 万元，老区仅为全国平均水平的 46.6%。如具体到区域内的达州市：2016 年，达州人均 GDP 为 25991 万元，四川省 39835 万元，全国 53980 万元，达州人均 GDP 仅为全国平均水平的 48.1%。

从产业结构来看，2015 年川陕革命老区一、二、三产比例为 17.6：49.7：32.7，全国为 8.8：40.7：50.5，第一产业比重过大，是典型的农业地区，第三产业占比比全国低近 17.8 个百分点。如 2016 年，达州产业结构为 22：48.6：29.1；四川为 12：42.6：45.4；全国为 8.6：39.8：51.6，达州第三产业占比比全国低 20 多个百分点。

从城镇化水平来看，2015 年全国为 56.1%，川陕革命老区为 43.7%，比全国低 12.4 个百分点。2016 年城镇化水平：全国 57.35%，四川 48.9%，达州 44.42%。

尤其严峻的是，现阶段川陕革命老区发展依旧远低于全国其他革命老区，与其他革命老区比较，许多发展指标严重滞后，被称为"全国老区中的特困户"，尤其原川陕苏区所在巴中、广元、达州等区域发展形势更为严重。

以人均 GDP 来比较：2016 年，巴中、广元、达州三市人均 GDP 分别为 16363 元、25095 元、25991 元，在全国重要老区六市 2016 年主要发展指标排名中均居于末位，落后于陕甘宁革命老区延安 48300 元，沂蒙革命老区临沂 38803 元，赣南等原中央苏区赣州 25674 元，左右江革命老区百色 30981 元，大别山革命老区河南信阳 31785 元，湖北黄冈 27439 元。2016 年，巴中、广元、达州三市人均 GDP 仅相当于延安的 46.5%、临沂的 57.3%、百色的 72.5%。巴中市人口规模是延安的 2 倍，2016 年 GDP 仅为延安的 1/3；巴中、广元人均地方财政收入仅分别相当于延安的 11.7%、17%。

城镇居民人均可支配收入相当于临沂的 65.9%、延安的 72.3%，农民人均纯收入相当于临沂的 74%、延安的 88.6%。

此外，脱贫攻坚任务艰巨，川陕革命老区大部分属于集中连片特困地区，贫困面广，贫困程度深，区域性贫困问题突出。

截至 2015 年底，有建档立卡贫困人口 323.4 万人，占区域内农村总人口的 12.6%。致贫因素复杂，因病、因灾、因残致贫相互交织，稳定脱贫难度很大，还有 106.3 万贫困群众生活在"一方水土养不起一方人"的深山区，亟须实施易地扶贫搬迁。

加快发展、改变贫困落后面貌一直是川陕革命老区人民的强烈愿望。但也应该看到，川陕革命老区虽然仍处于贫困落后状态，但在整个国家近 40 年快速发展的背景下，川陕革命老区发展的内、外部环境都发生了重大变化，振兴发展的条件正在逐步成熟。

从内部看，川陕革命老区资源禀赋良好，主要体现在以下方面：

第一，天然气和矿产资源丰富，尤其是川东北天然气田的发现和开发，为川陕革命老区挖掘出丰富的特色优势资源。如达州市天然气预测储量达 3.8 万亿立方米，其中，已开发的达州普光气田已探明储量 4000 亿立方米，是全国最大的海相整装气田，年产能超过 100 亿立方米，成为我国"川气东送"主供气源。龙岗气田位于四川省南充市仪陇县（朱德故乡），龙岗气田的储量为 3000 亿立方米；元坝气田位于四川省广元、南充、巴中境内，第 1 期探明天然气地质储量为 2194 亿立方米，远景储量 3 万亿立方米，已累计产气 70 亿立方米。

此外，铁、铝、铅、锌、锰、钡等金属矿以及石墨、白云石、石英岩等非金属矿储量丰富，陕南汉中市已探明储量的矿产有 37 种，铁矿资源尤其丰富。广元煤炭资源丰富，广旺煤田已探明储量 4.6 亿吨。

第二，川陕革命老区是我国古代文化发展最早的地区之一，历史文化源远流长，拥有璀璨的汉文化、巴文化、古蜀道文化、三国文化以及各种民俗文化。

同时，作为全国第二大苏区，红色文化灿烂，区域内红色文化资源富集，遗址遗迹众多，革命纪念馆云集，邓小平故居、朱德仪陇纪念馆、红四方面军指挥部旧址纪念馆、万源保卫战战史陈列馆、川陕革命根据地博物馆暨川陕苏区将帅碑林、川陕革命根据地红军烈士陵园、苍溪红军渡纪念馆、陕南川陕革命根据地纪念馆先后被中共中央宣传部命名为"全国爱国主义教育示范基地"。

第三，生物资源丰富。川陕革命老区地处南北气候过渡区，立体气候明显，雨量充沛，区域内土壤有机质含量高，汉江、嘉陵江、涪江、渠江等水系发达，造就了区域生物资源丰富，有"天然基因库""天然药库"之称。

此外，区域内天然林和湿地资源分布广泛，森林覆盖率达 57.2%，拥有 23 个国家级自然保护区、27 个国家森林公园，银杏、天麻、红豆杉等珍稀植物遍布其中。

如陕西汉中就有 6 个国家自然保护区，其中，佛坪国家级自然保护区由联合国教科文组织于 2005 年 3 月正式颁证批准其加入"世界人与生物圈保护区网络"，面积 29240 公顷，野生植物 3000 多种，其中用途广泛的有 600 多种，盛产各种名贵药材。野生动物有 280 多种，列为国家和省级保护的珍稀动物 42 种，其中以四大国宝——朱鹮、大熊猫、金丝猴、羚牛最为著名。

如四川广元市境内动植物物种多样，境内分布有野生动物 517 种，其中大熊猫、金丝猴、扭角羚等国家一级重点保护野生动物 13 种，野生植物 2624 种，其中红豆杉、珙桐等国家一级重点保护野生植物 5 科 9 种。

又如四川巴中市森林覆盖率在 70% 以上，拥有 830 平方公里的生态旅游景区和 41 万亩原始森林。

第四，产业特色明显。川陕革命老区是全国最大的天然硒资源区，是重要的特色农产品生产加工基地，茶叶、蚕桑、干果、畜禽等特色农产品和道地中药材在全国占有重要地位。汉中拥有国家地理标志农产品数已达 13 个，为陕西省之首；位于川陕革命老区腹地的川东北拥有国家地理标志农产品数已达 54 个，占四川的 1/3，其中四川广元认证"三品一标"农产品 288 个，居全省第一，创建国家地标保护产品 22 个。

同时，老区还是清洁能源、电子信息、航空航天、装备制造、油气化工基地，拥有绵阳科技城和 6 个国家级开发区，旅游、物流等服务业发展迅速。

第五，旅游资源丰富。陕西汉中是国家历史文化名城和国家生态示范建设试点城市，汉江两岸是油菜优生区，每年都举办油菜花旅游文化节。四川广元市有剑门蜀道剑门关国家 AAAAA 级旅游景区和 14 个国家 AAAA 级旅游景区，数量居全省第二、全国第五；达州拥有历史悠久的巴渠文化，全国 31 个亚类旅游资源中，达州拥有 26 个。

从外部看，川陕革命老区地处"川陕甘渝"三省一市结合部，与成都、重庆、西安三大区域中心城市地缘相近，构成了"西部金三角"（川陕渝），包括重庆经济圈、成都经济圈、以西安为中心的关中城市群，总面积 22 万平方公里，人口 1.18 亿，包含 47 座城市，是西南连接西北、承东启西的桥梁纽带。

按照航空上的经济半径计算，重庆、成都、关中城市群都在航空一小时半径内，完全可以形成一个大的增长极。而且，随着成渝高铁、成西高铁的通车，以及西渝高铁项目的启动，革命老区将成为国家"八纵八横"高速铁路网络的通道。届时整个川陕革命老区，都可突破秦巴山和其他障碍，与三个经济中心和成渝经济区、关中—天水经济区直接相连，成为沟通三个中心城市和两个国家级经济区的桥梁和接受其辐射的腹地。

二、川陕革命老区发展滞后的原因分析

（一）地理条件制约交通基础设施建设

川陕革命老区位于秦巴山区，山高谷深，交通闭塞，道路等基础设施建设难度大、成本高，这是制约老区发展的重要因素。区域内通乡油路每公里工程造价在 100 万元以上，通村道路工程造价每公里在 50 万元以上，是平原地区的 3 倍多，远远超出国家补助标准，且地质条件极其复杂，自然灾害频发，为交通基础设施建设带来很多不确定因素。

老区综合交通运输网络化程度低，铁路覆盖范围不广，一些贫困县尚未实现高速公路连通，普通国道和省级公路质量亟须改造升级。

老区山地多、平原丘陵少，很多市县人口分布处于点状割据状态。由于历史、人文、地理原因导致异地搬迁难度大，基础设施布控条件不足，一些村庄通电通路成本过高。基础设施薄弱导致经济外部成本过高，工业发展缺乏基本条件，工业园区建设严重滞后，产业集聚效果不明显。

（二）地区行政壁垒严重

川陕革命老区横跨川陕渝两省一市，位于省际交界地带，远离省会城市。本区域的城市数量少，规模小，很多县乡处于"边缘"中的边缘，历史上长期处于"三不管"地带。虽然国家在努力推进区域经济一体化发展，对过去以政府名义对外地产品进入本区域或本地产品流出本区域设置障碍的规定进行了清理并废除，但在现行行政管理体制和财税管理体制下，一些隐性壁垒不减反增，限制商品、服务、人才自由流通的现象依然存在。

区域内经济合作比较困难，大部分集中在生态保护领域，在基础设施互联互通、共同市场建设、产业错位发展、人才资源共享等方面缺乏动力，导致城际基础设施难以共建共享、产业重构现象严重、人才流动成本居高不下。直到2013年底，陕西汉中至四川巴中高速公路，省界交会处长约13公里的米仓山特长隧道仍未修通，省界路段往往难以同步建成通车，路网规模效益难以发挥。在劳动力流动方面，住房公积金、失业保险、养老保险关系的正常转移接续等工作还没有真正展开。

（三）经济发展和生态保护矛盾突出

川陕革命老区是全国极为重要的生态功能区。区内的秦巴生物多样性生态功能区是全国25个国家重点生态功能区之一，也是我国重要的生物基因库和绿色生态屏障，属于限制开发区，生态保护的任务非常繁重。

与此同时，该地区还是秦巴山区集中连片贫困区，是2020年实现贫困人口全部脱贫、全面建设小康社会的重点和难点地区，发展压力很大。过度开发导致生态危机和自然灾害，而限制或禁止开发又会使经济缺少发展条件而活力不足，生态保护和经济发展的矛盾十分突出。如位于四川广元市的米仓山地区，农民开荒种粮，植被破坏严重，水土大面积流失，导致滑坡、泥石流、山洪等自然灾害频繁发生。

（四）人才技术资源匮乏

川陕革命老区人才技术资源匮乏，缺乏科技创新能力，内生发展能力不足。主要表现在两个方面：

（1）人才技术资源短缺。由于经济落后，生活条件艰苦，高校毕业生大多选择区外就业，当地人才大量流失，同时外界人才引进困难，导致当地劳动力素质偏低。尤其是适龄劳动力大多外出务工，农村空壳化现象严重。据统计，达州外出务工人员为183万，南充170万，广元96万，巴中110万，汉中95万，安康50万，商洛60万，川陕革命老区每年外出务工人数达700万以上，相当于区域总人口的1/5。

（2）人才结构问题突出，关键技术岗位人才短缺，行政岗位人员冗余。如达州市2012年实施的"千名硕博进达州"，截至2017年，尽管引进了数百名硕博人才，但真正具有一定研究能力、创新能力、学术影响的硕博人才引进数量很少，而有实力的研发团队、领军人物或顶尖人才几乎没有。同时，由于各种原因，引进的高层次人才的60%都集中在市级部门及主城区，到县、乡镇等基层单位的占比较小，而到企业以及自主创业发展的几乎没有。

达州市宣汉县自2012年以来，成功引进教育、住建、金融、法律等行业硕士研究生193名，但在农产品加工业，智能制造，医疗行业口腔、麻醉等方面紧缺型人才至今未成功引进 1 人。

三、川陕革命老区振兴发展路径

(一) 扶贫攻坚：全力推进秦巴贫困老区连片扶贫开发

按照中央扶贫工作的"六个精准"和"五个一批"的要求，围绕"两不愁、三保障"和"四个好"目标，继续打好"3 + 10 + N"扶贫组合拳，坚持问题导向，下足"绣花"功夫，以决战决胜的信心和定力，举全区之力坚决打赢脱贫攻坚战。具体做法是：

在体制上，健全川陕革命老区精准扶贫工作五大机制。一是建档立卡贫困人口动态调整机制；二是健全驻村帮扶机制；三是创新社会扶贫机制；四是考核约束机制；五是改进财政扶贫资金使用机制。通过机制的建立与完善，保证扶贫工作有章可循，有序推进。

在举措上，围绕"17 个扶贫专项"，因地制宜，因人施策，开展有针对性的、有选择性的扶贫工作：

(1) 大力推进贫困新村建设和集中连片贫困区域综合扶贫开发，重点支持基础设施、增收产业、能力提升、社会及公用事业、人居环境、生态建设、专业组织建设和网络信息平台建设。

(2) 推进"村村畅通工程"建设，力争 2020 年前所有村通水泥路；加快山区水库建设和供水工程建设，早日完成旱山村治理和解决农村饮水安全。

(3) 继续坚持"一村一品，一乡一业"和"户成园、组成片、村成带、乡镇成规模"的产业基地发展模式，推进区域特色产业发展，辐射带动贫困农户增收。

(4) 全面推进贷款贴息扶贫和贫困村资金互助社发展，解决贫困农户生产发展小额短期资金紧缺矛盾。

(5) 开展高寒山区和水库淹没区综合扶贫，实施异地扶贫搬迁工程。

(6) 大力实施技能扶贫培训、劳务输出等劳务扶贫工程，提高贫困劳动力的综合素质和就业能力。

(7) 全面建立农村最低生活保障制度，不断完善社会救助体系，实现开发扶贫和生活救助有效衔接。

(二) 交通突破：集中力量重点打通川陕革命老区发展"短板"

完善综合交通运输体系，建设以普通公路为基础，以铁路、高速公路为骨干，以水路、民航为重要组成部分的综合交通运输网络。

按照建成连接西南、西北的重要区域交通枢纽和四川省北通道的三大门户城市的总体目标，全面推进铁路、公路、机场、航运建设。重点加快推进"两横五纵"骨干高速公路和"两横五纵"快速铁路线的形成，实现川陕革命老区与成都、西安、兰州、重庆四大主枢纽城市快速通达。

为发挥干线公路网的辐射功能，切实提高通达深度，有效实现城乡物资的运输畅通，要加快实施农村公路改造工程和"通达工程"，注重农村公路网建设，提高各乡镇的出行质量，服务老区经济社会的快速发展。

（三）绿色农业：发展生态特色优势农业和农产品深加工业

利用秦巴山区生态优势和山区高海拔特点，规划建设一批农业示范园区，作为发展绿色农业的突破口，培育循环农业、生态农业、低碳农业、有机农业和观光农业等绿色农业形态，以"户成园、组成片、村成带、乡镇成规模"的农业生产基地发展模式，按照优质化、特色化、标准化、产业化、品牌化的要求，积极开发绿色农产品、有机食品和地理标志产品，以壮大特色畜牧业、特色种植业和特色林产业为重点，大力发展专业合作组织，提高农业组织化程度，推广新型实用农业机械，全面提升农业产业化水平，发展绿色农业。

加快建设特色种植业基地、特色林业基地和特色畜牧业基地。依托特色农产品基地，建立加工示范园区，引导和推动现有加工企业向园区集中，培育农产品加工龙头企业，突出发展畜禽、粮油、茶叶、食用菌、蚕桑、中药材、林产品等八大类农产品精深加工。

（四）资源转化：转化资源优势建设川陕革命老区产业增长极

川陕革命老区是全国三大天然气区域之一，通过加快建设天然气工业园区，优化发展天然气化工，引进一批产业链长、附加值高、带动力强的天然气化工项目，力争到"十三五"末，建成集勘探、开发、综合利用、精深加工于一体的我国西部重要的天然气化工基地。

部分川陕革命老区县属于国家主体功能区中的禁止开发区或限制开发区，对于秦巴山南麓这片人口密集的区域，仅仅依靠现有生态转移支付远远无法解决川陕革命老区3636多万人口的脱贫和发展问题，更难与全国同步实现全面小康。

因此，兼顾生态和发展的双重要求，应允许处于禁止开发区或限制开发区的县（市）进行生态经济的开发，实施工业点状开发，即在县域内远离自然保护区和森林公园等生态区，并且具有较好的工业基础条件和发展潜力的浅丘和平坝地带设立省级经济开发区，精心选择工业项目，严防污染，以此带动老区县域经济发展。

（五）旅游商贸：推动区域整合开发旅游资源做强产业链

利用区域独特的"自然生态"资源、"历史人文"资源、"红色文化"资源，推动旅游业资源的整合开发，做强旅游资源的产业链，发挥秦巴山区作为南北旅游对接区、游客南下北上景观走廊的作用。

保护开发红色旅游资源，加大革命遗址、旧居保护修缮力度，提升纪念设施教育功能，打造红色旅游精品景区和经典线路，构建以广元—巴中—达州为核心的原川陕苏区红色旅游圈。

挖掘历史文化资源，打造两汉三国文化、古巴国文化、古蜀道文化等精品历史文化旅游景区。

利用秦巴山脉地区自然生态、自然风光及国家级自然保护区，发展生态休闲、观光旅游，以横跨川陕的米仓山、光雾山国家森林公园300多平方公里集中连片的红叶景观为基础，打造中国最大米仓山、光雾山红叶公园和华夏生态文明公园。

对川陕革命老区红色旅游资源与秦巴山自然风光、川东北美食文化、巴蜀民俗文化、历史古迹等其他旅游资源进行整合开发，增强旅游产品的吸引力，扩大旅游产品的吸引范围。

同时，开发具有地域特色的旅游商品，使旅游业在"十二五"末成为川陕革命老区富民强区的支柱产业。加强旅游业的区域合作，联合周边地区共同建设旅游大环线。将汉中、巴中、广元、达州建成重要的旅游城市，县城建成旅游接待服务中心。

（六）城镇体系：突出区域八个中心城市辐射带动

目前川陕革命老区城镇化率普遍较低，部分地区城镇化率滞后于全省和全国平均水平10个百分点以上；城市集聚和辐射功能不强，城市功能较弱；中心镇和小城镇缺乏产业支撑，吸纳人口和就业能力很弱；城镇体系分工不明确，空间配置缺乏协调，未能形成优势互补，城乡二元结构特征还十分明显。

为此，加快发展川陕甘渝结合部的中心城市，合理确定中心城市功能定位，完善配套，建成枢纽，集聚产业，吸纳就业，强化商贸物流中心功能，形成带动区域发展的增长中心。

同时，积极推进县城建设，加快培育一批中小城市，以特色化为主要方向，通过规划引导、市场运作，发展一批工业强镇、商贸特色镇、旅游名镇和美丽宜居小镇重点镇，形成协调发展的城镇体系。

在美丽乡村建设上，发展中心村，保护特色村，整治空心村。加强村庄规划设计，突出地域特色风貌，推进村庄绿化美化。结合农村危房改造、易地扶贫搬迁等，建设"巴山新居""秦巴新居""巴渝新居""秦岭原乡"。

（七）开放合作：实施大开放借势川陕渝融入西三角

依托"一带一路"倡议，在老区统筹研究建设特色服务出口基地，增强与沿边省（区）和丝绸之路沿线国家的经贸合作和经济联系。依托长江经济带综合交通运输体系建设，加强与沿江城市及长江中下游地区的合作，全面融入长江经济带通关一体化体系。加强与成渝经济区、关中—天水经济区的合作，打通连接重庆、成都、西安、兰州等中心城市的快速通道，发挥两江新区、天府新区、西咸新区的辐射带动作用，探索共建产业园区、科技成果转化基地，建设装备制造、电子信息、汽车制造、石油化工、生物医药等产业协作配套基地，推动特色优势资源开发。

（八）生态建设：建设我国地理的中心地带生态屏障和秦巴生态城市

以秦岭—大巴山和嘉陵江、渠江、汉江、涪江、丹江流域等为重点，强化维护生态安全、保护生物多样性、涵养水源等生态功能，在重点生态功能区、生态敏感区及脆弱区划定生态保护红线，提升生态系统功能和自我修复能力。实施生态保护工程，继续推进天然林保护、水土保持、湿地恢复、防护林建设等重大生态修复工程，因地制宜开展植树造林和森林经营，巩固退耕还林成果，积极推进新一轮退耕还林还草，稳定和扩大石漠化综合治理工程实施范围。实施生态文明示范工程，建设一批生态文明和低碳发展示范区。实施城乡绿化美化工程，营造城市园林化、城郊森林化、道路林荫化、农田林网化、村庄花园化的生态环境。

四、结语

川陕革命老区是我们党领导和创建的革命根据地，为中国革命的胜利做出了重大的贡献与牺牲。习近平总书记多次讲道，"老区人民对美好生活的向往，就是我们的奋斗目标"，要让人民过上更加幸福美好的生活，全面建成小康社会"一个都不能少"，并郑重指出"加快老区发展，使老区人民共享改革发展成果，是我们永远不能忘记的历史责任，是我们党的庄严承诺"。

2016 年国家出台《川陕革命老区振兴发展规划》，为川陕革命老区振兴指明路子。这是川陕革命老区的重大发展机遇，也是一场巨大的考验。

要继续发扬智勇坚定、排难创新、团结奋斗的红军精神，把准"六靠"（靠政策、靠人才、靠开放、靠创新、靠项目、靠自力），攻坚克难，实现《川陕革命老区振兴发展规划》明确提出的发展目标，到 2020 年，把川陕革命老区建设成为绿色区、创新区、合作区、转换区、集聚区和发展区等，夺取革命老区全面小康、振兴发展的伟大胜利！

苏区振兴发展的赣南模式研究

刘善庆　刘梦怡　马尔都*

摘要： 在《国务院关于支持赣南等原中央苏区振兴发展的若干意见》等政策支持下，赣南人民大力弘扬苏区精神，努力实现原中央苏区振兴发展，形成了赣南模式。该模式以不断增强人民的获得感为根本动力，坚持产业、教育、大病医保兜底三大核心要素有机结合，三轮驱动、协调发展。该模式对于全国革命老区脱贫致富、全面建成小康社会具有示范意义。

关键词： 赣南模式；振兴发展；苏区

一、引言

苏区振兴发展的含义是在国家的大力支持下，实现苏区板块的整体进步，与全国同步发展，实现苏区人民的脱贫致富。进入21世纪以来，随着国家整体经济实力的不断增强，中央政府加大了对经济欠发达地区尤其是苏区等革命老区的支持力度，出台了一系列推动革命老区振兴发展的政策措施，如2012年6月正式发布了《国务院关于支持赣南等原中央苏区振兴发展的若干意见》（以下简称《若干意见》）。《若干意见》指出，要在赣南等原中央苏区集中力量打好新阶段扶贫攻坚战，实现振兴发展，从而"为全国革命老区扶贫开发、群众脱贫致富、全面建设小康社会积累经验，提供示范"。

在脱贫攻坚、全面建成小康社会的新时期，《若干意见》的重要提法开辟了一个重大的学术研究领域，即革命老区振兴发展的示范研究问题。深入开展示范研究，有利于总结赣南等原中央苏区在振兴发展中积累的经验、模式，为全国革命老区振兴发展提供借鉴，

---

* 作者简介：刘善庆，男，管理学博士，研究员，江西师范大学苏区振兴研究院常务副院长。刘梦怡，女，江西师范大学马克思主义学院研究生。马尔都，男，江西师范大学商学院2015级学生。

具有重大的理论意义和重要的实践价值。

二、赣南模式的含义

2012 年以来，在中央政策的引导下，赣南等原中央苏区振兴发展速度加快，尤其在曾经创造了第一等工作的赣南涌现了振兴发展的赣南模式。该模式主要内容是：以大力弘扬苏区精神，不断增强人民获得感为根本动力，坚持产业发展、教育发展、大病医保兜底三大核心要素有机结合，三轮驱动、协调发展（见图1）。

图1 产业、教育、医保兜底三轮驱动的赣南模式

如图 1 所示，赣南振兴发展模式的根本动力是不忘初心，大力弘扬苏区精神，不断增强原中央苏区人民的获得感。在这个动力的推动和牵引下，通过产业发展、教育发展、大病医保兜底三大核心要素有机组合实现赣州全市的振兴发展（在本文中，赣州即指赣南，两者同义），与全国同步建成小康社会。三大核心要素也是驱动赣南振兴发展的三个轮子，其中，不断增强赣南产业发展能力是赣南振兴发展的关键，实现赣南教育快速发展是恢复和增强赣南自身造血机能、实现赣南振兴发展的根本，实施大病医保兜底是确保赣南脱贫攻坚战成功、实现振兴发展的有力保障。三者中，产业发展、教育发展重在恢复、再造赣南苏区振兴发展的造血机能，增强振兴发展的内生动力。大病医保兜底重在输血，通过输血这种外生力量的帮扶作用，一方面，促使部分人口恢复造血功能，增强内生动力；另一方面，确保失去造血功能的这部分人口能够得到兜底保障，共享苏区振兴发展的成果。

三、赣南模式的动力：不断增强人民的获得感

（一）赣南人民为中国革命和建设贡献巨大

为人民服务是中国共产党的宗旨。为了实践这个根本宗旨，中国共产党进行了艰苦卓

绝的斗争。在此过程中，无论在战争年代还是和平时期，赣南人民都紧跟着党，听党指挥，为了全体中国人民的幸福，暂时牺牲了自己的幸福，无怨无悔地付出了巨大的代价，牺牲重大，贡献巨大。

1. 革命年代牺牲巨大

在战争年代，赣南人民为中国革命做出了重大牺牲，付出了巨大代价，主要体现在以下三个方面。

第一，人力资源损失巨大。这种损失既包括革命战士、积极分子，也包括一般百姓，还包括地方社会、经济等各界精英。既造成大量人员亡故，也导致了大量精英人员离开。不论是亡故、离开，对于赣州社会经济而言，都是巨大的损失。据不完全统计，中央苏区在扩红运动中，仅赣南 13 个县，参加红军人数就达 33 万余人，占总人口的 13.4%，详见表 1（谢庐明，2008）。可以说，为了中国革命，赣南奉献了全部的优质人力资源，就连一批"红小鬼""儿童团"都上了战场。其中，有名有姓的烈士就达 10.82 万人，占全国革命烈士总数的 7%。中央红军长征出发时的 8.7 万人中，赣南籍红军有五六万人，有的县、区、乡的 16 ~ 55 岁男子全部参军（石鹏、廖济堂，2016），长征路上平均每公里就有 3 名赣南籍烈士倒下，不少家庭"全家革命，满门忠烈"（程宇航，2012）。

表 1　赣南 13 县苏区人口和参加红军人数统计表

县名	总人口（人）	参加红军人数（人）	县名	总人口（人）	参加红军人数（人）
瑞金	240000	49000	赣县	159164	11107
兴国	231826	55000	会昌	240000	38600
宁都	273652	56304	安远	100110	12618
于都	343330	67709	上犹	101518	2000
石城	136000	16328	信丰	203660	10000
寻乌	120000	6150	崇义	89000	2000
南康	230000	3656	合计	2468260	330472

资料来源：据 1932 年 9 月江西省苏维埃政府人口普查统计数、中共江西省委 1932 年 5 月统计数和赣南各县党史办 1989 年调查统计参加红军人数整理而成。

与此同时，赣南人民遭到了国民党的疯狂烧杀，出现了一个又一个"无人村""无人区"，多数县出现人口负增长。幸存者大都是老、弱、病、残，导致赣南失去了经济社会发展的主体性支撑力量。

第二，大量生活、生产基础设施被损毁。赣南等原中央苏区县大部分处于边远山村，交通非常不便，各种生活、生产设施原本就相当落后，敌我双方多次交战，又使之遭到毁灭性破坏。尤其是红军撤离后国民党对赣南等原中央苏区的疯狂报复，更进一步摧毁了业已残破不堪的赣南人民赖以维持生存的简单生活、生产设施。1949 年后，虽然赣南等原中央苏区基础设施得到改善，但由于历史欠账较多，赣南等原中央苏区的交通、通信、能源等基础设施仍然相对滞后。遑论铁路、高速公路，就是农村路、水、电和水利灌溉等基础设施建设的欠账也多，有52.9%的自然村不通客运班车，60%的农田灌溉设施不全，43.7%的人没有解决饮水安全，16.9%的村搜不到电视台，8.2%的村组还未通电。

第三，各种经济资源陷入枯竭状态。战争是敌我双方各种资源的综合角力，其中关键是经济资源。赣南等原中央苏区资源禀赋并不好，苏区实行的战时经济政策，虽然使苏区经济获得了一定发展，但是，特殊时期的政策，一切都为打仗服务。残酷的战争消耗了苏区本不富裕的经济资源。据统计，仅红军长征时，就从苏区带走了大量银圆（现值大约1000亿元）（谢宝河，2016）。从一些老同志的回忆录以及学者研究成果看到，红军离开中央苏区固然是由于当时党的领导人错误路线所致，但是，苏区人力、物力等作战资源客观上也确实难以应付持久消耗的需要（黄道炫，2003），就是党的领导人没有犯错，中央红军仍然很可能不得不离开赣南转战他处。

2. 建设年代贡献巨大

在和平时期，做出的贡献和付出的代价主要体现在以下四个方面。

第一，计划经济时期为国家工业化做出了重要贡献。1949年后，为了完成原始积累，早日实现工业化，国家对工农产品实行"剪刀差"政策，有意提高工业品销售价格、压低农林产品收购价格。这种政策客观上不利于以农业为主的广大苏区尤其是赣南等革命老区，但是，赣南人民无条件坚决执行国家计划，向国家贡献了大量的粮食、竹、木等农林产品，仅木材就达2450万立方米、毛竹8718万根。据测算，通过工农产品"剪刀差"，仅粮食、生猪、油料、甘蔗和竹木，赣南苏区农民就为城市和工业提供了1785亿元的"积累"（程宇航，2012）。《赣南等原中央苏区经济社会发展状况调研报告》认为，由于长期被过度砍伐，森林面积锐减，水土流失严重，其中1975~1982年，赣南林地面积减少257万亩，荒山面积增加183万亩，水土流失面积1678万亩，占林业用地面积的37.8%。

第二，为国家贡献了大量战略性资源。这些战略性资源既包括粮食，也包括铀、钨、稀土等矿产资源，均属于涉及国家安全的战略性资源。20世纪60年代初国家三年困难时期，赣南钨砂大量出口创汇，为国家偿还外债、渡过难关做出了重要贡献。据《赣南等原中央苏区经济社会发展状况调研报告》统计，1949年后的60年，赣南累计开采钨精矿130万吨，占全国一半以上；累计开采稀土25万吨，占全国中重稀土总量的七成以上，有力地支持了国防建设和国家经济发展。各种矿产资源的开采，虽然为国家做出了重大贡献，但是也造成严重的负外部性，尤其是钨、稀土等矿产资源的开采造成了严重的环境问题，既导致了严重的水土流失、良田损毁，也毒化了土地，危害赣南人民生产生活。

第三，为绿色发展支付了高昂的机会成本。为保护赣江、东江等水资源，赣南沿江工业企业一律后撤 1.5 公里，赣州市连续八年禁止砍伐阔叶林，寻乌、石城、崇义等县已经撤办工业园区。仅 2008～2012 年，赣南就关闭和搬迁了 2540 家企业，拒绝了 3150 多个对环境有破坏或污染的产业投资项目，累计经济损失不下千亿元（程宇航，2012）。

第四，为沿海地区工业化供应了大量的人才和劳动力等各种资源。改革开放以来，国家出台了优先支持沿海发达地区发展的各种政策。由于虹吸效应的作用，赣南等经济欠发达地区大量优秀人才、青壮年农村劳动力涌向沿海，仅 2011 年，赣南等原中央苏区跨省输出劳务就达 185.19 万人，占乡村从业人员的比重高达 33.7%。作为沿海发达地区资源供应地，除了人力资源外，赣南等中央苏区还贡献了大量的原材料等各种自然资源，为沿海发达地区的经济发展、为国家经济建设做出了贡献。

综上所述，为了支援中国革命和建设，赣南人民竭尽所能，贡献了各种资源、要素，自身造血机能受损严重，内生发展动力严重不足。职是之故，赣南就从民主革命时期的"模范生"变成了建设年代的"落伍者"，总体发展水平低、发展差距拉大、群众生产生活条件差、社会事业发展缓慢。

（二）党和政府持之以恒反哺和回报赣南人民

正如《赣南等原中央苏区经济社会发展状况调研报告》所言，"让苏区人民过上更加富裕幸福的生活，是对我们党光辉历史最好的回顾，是对革命先烈最好的纪念，是对苏区人民最好的回报，也是各级党组织和广大党员干部坚持执政为民、践行党的根本宗旨的具体实践"。

1. 从救济式扶贫到开发式扶贫

1949 年后，在国家并不富裕的情况下，党和政府对赣南等中央苏区人民进行抚恤救济的同时，不断加快建设步伐。改革开放以来，在政治上高度重视革命老区、苏区经济社会发展，成立专门的老区建设机构，出台政策，支持革命老区建设发展。20 世纪 80 年代中期开始，随着与沿海发达地区经济差距的不断拉大，苏区、老区贫困问题日益凸显，国家及时调整老区、苏区建设政策，救济式扶贫、开发式扶贫并重；从此，开发式扶贫成为赣南等苏区建设的重要内容。90 年代尤其是 21 世纪以来，随着国家扶贫力度的不断加大，赣州多个县进入国家级、省级贫困县名单，获得了大量的财政支持和其他优惠政策支持。然而，由于部门条块分割比较严重，各个部门的支持政策缺乏统一性和协调性，加之这些政策主要是区域性扶贫政策，缺乏对贫困人员个体的扶持，又因财政分灶吃饭容易导致中央政府与地方政府扶贫目标事实上的不一致，虽然中央政府本意是扶贫，但是地方政府出于 GDP 增长的考虑，更多倾向于将扶贫资源挪用于区域发展，三重叠加，致使扶贫政策针对性不强，有大水漫灌之嫌，扶贫效用降低。基于此，2012 年，中央政府发布《国务院关于支持赣南等原中央苏区振兴发展的若干意见》（以下简称《若干意见》），力图予以纠正。2013 年，习近平总书记正式提出精准扶贫、精准脱贫方略，在该方略指引下，赣南脱贫攻坚进入精准滴灌阶段，扶贫精准度进一步提高。

2. 民生工程建设成就巨大

作为赣南等苏区首个国家层面的区域发展政策，《若干意见》完全体现了党为人民服务的宗旨。《若干意见》目的就是通过调动国家资源，采取有针对性的特殊扶持政策，全力帮助赣南等原中央苏区人民早日脱贫致富，与全国人民一道同步建成小康社会。《若干意见》最直接体现为赣州等中央苏区人民服务的是开展农村危旧土坯房改造等民生工程建设。经过几年的努力，赣州 69.5 万户农民完成了农村危旧土坯房改造，近 300 万农民告别透风漏雨的危旧土坯房；规划内农村人口安全饮水问题提前一年全部解决，278.4 万人喝上安全卫生的饮用水；完成农村低电压治理 41.39 万户；新建改造农村公路 1.37 万公里，改造农村危桥 556 座，群众"出行难"问题得到有效缓解。

据统计，"十二五"期间，赣州民生类支出占财政总支出比重连续四年超过 55%。累计新建各类保障性住房 18.96 万套，实现人均住房面积 15 平方米以下困难家庭应保尽保。中心城区累计投放公交车 607 台，开通至瑞金、龙南、上犹的城际公交快线。覆盖城乡的社会保障体系和基层医疗卫生服务体系基本建成。累计新（改、扩）建校舍面积 401 万平方米，消除校舍危房 211 万平方米，建成乡镇及城区公办幼儿园 322 所，为 70 多万农村义务教育阶段学生免费提供营养餐。每千名老年人拥有养老床位数达到 36 张，高于全国平均水平 5.2 张。累计脱贫 145 万人，贫困人口减少 2/3，占全省的 60%；贫困发生率由 29.9% 下降到 9.23%，下降 20.67 个百分点；农村居民人均可支配收入由 4182 元提高到 7786 元，城乡居民人均可支配收入分别是"十一五"末的 1.76 倍和 1.86 倍（冷新生，2016）。其中，2012～2015 年，赣州市生产总值年均增幅 10.8%，城镇居民人均可支配收入年均增幅 12.2%，农村居民人均可支配收入年均增幅 12.8%（张闲语，2015）。2016 年，在经济下行压力加大的情况下，赣州市实现生产总值增长 9.5%、农村居民人均可支配收入增长 12.1%，增速全省第一；全年脱贫 27.1 万人，175 个贫困村退出，贫困发生率下降 3.6 个百分点（曾文明，2016）。

四、赣州模式的三大核心要素

（一）产业发展：赣州模式的关键性要素

当前，苏区、老区振兴发展面临双重任务，即"要脱贫也要致富，产业扶贫至关重要"（习近平，2016）。苏区、老区脱贫致富的难点和关键在农村，而农村扶贫的核心是发展产业（汪三贵，2016）。产业发展既要讲究时效性，也要讲究持续性，其成败的关键至少涉及三个要素：基础设施等物质基础、资金、市场主体。基础设施是产业发展的支撑性要素，资金是产业发展的血液，市场主体是产业发展的载体。在社会主义市场经济中，苏区、老区自身竞争力不强，产业发展所需的各种要素极度缺乏，需要政府等外部资源的强力扶持。

1. 完善基础设施

"放眼全国，凡路网、水网、电网、气网等基础设施完善的地区，经济发展就快；反之，则发展滞后"（赣南日报评论员，2016）。其中，交通是产业发展的"命脉"，能源是产业发展的"动能"，信息工程是产业发展的"传感器"。没有与产业发展需求相适应的基础设施，优化投资环境就无从谈起，制约发展的瓶颈就难以突破。为了解决赣州苏区产业发展基础设施薄弱的问题，自《若干意见》发布以来，国家加大了投入。"十二五"时期，赣州新增铁路运营里程178公里，总里程达555公里，高铁建设和动车运营实现零的突破。新增高速公路通车里程473公里，总里程达1116公里，实现县县通高速。民航旅客年吞吐量突破90万人次。所有县城实现110千伏双电源供电，全市最大供电能力提升至340万千瓦，五年翻了一番。4G网络覆盖所有城区和乡镇以及80%以上行政村（冷新生，2016）。

从纵向看，赣南近几年取得了重大进展，但是，从横向看，赣州基础设施建设的路依然漫长，如铁路和高速公路通车里程有待延伸，还有7个铁路"空白"县；普通省道和农村公路技术等级较低，通行状况较差；能源保障水平较低；等等。基础设施建设上的这些短板仍然是制约赣州苏区振兴发展的基础性因素。正是基于这种认识，赣州仍然将交通、能源、信息工程等领域的建设作为攻坚重点。在交通运输方面，积极争取国家和省立项支持，加大投入推进水陆空立体交通建设；进一步调整和优化结构，提升交通基础设施的整体网络性服务功能。在能源保障体系建设方面，调整优化能源结构，加快输变电工程建设，加快推进华能电厂二期建设进度，加速信丰和宁都煤电项目、赣县抽水蓄能电站项目前期工作，上马一批风电、光伏发电等新能源项目。在信息工程建设方面，积极打造"无线城市""光网城市""宽带乡村"，建设网络强市，通过提升信息网络建设和运用水平，大力发展"互联网＋"现代农业、智慧旅游、文化创意、高效物流等，催生一批新的增长点（赣南日报评论员，2016）。

2. 筹集产业发展资金

为筹集产业发展所需资金，赣州多管齐下，主要采取以下三种方式：向上争取扶持，对外吸引投资，政府发债融资。上级产业扶持资金一般以项目资金形式下拨，目的在于提高产业资金扶持的针对性。在对外吸引投资方面，赣州重点突出节会招商，狠抓项目落地，积极开展赣商回归系列招商活动。2015年，全市实际利用外资13.7亿美元，增长12.1%；引进省外5000万元以上项目资金600.28亿元，增长14.5%。2016年利用省外2000万元以上项目资金增长12.7%，实际利用外资增长10.6%（曾文明，2017）。

在产业资金方面，为凑集资金，赣州于2015年获批设立300亿元的赣南苏区振兴发展产业投资基金。新增"新三板"挂牌企业24家，上市挂牌企业总数达30多家。2016年起，赣州市积极推动"产业扶贫信贷通""财政惠农信贷通""易地搬迁扶贫贷款"

"油茶贷""金穗扶贫系列产品贷款"以及其他金融扶贫产品，帮助贫困户通过发展产业等方式脱贫。到2016年，赣州全市政府投资产业基金总规模超1400亿元，"五个信贷通"发放贷款219.9亿元（曾文明，2017）。

3. 强壮市场主体

鉴于赣州产业基础薄弱的现实，赣州在确保良好的生态环境的同时，一方面，结合自身矿产资源优势，延长产业链，发展新兴产业，提高产业附加值，积极招商引资，增加市场主体，做大增量，强壮产业发展肌体；另一方面，充分认识到绿水青山也是金山银山，大力挖掘本地优良的绿色生态资源，发展生态特色产业，在农业、食品加工业、文化旅游休闲产业、大健康产业等领域进行重点布局，扶持企业发展。

为协调区域发展与精准脱贫致富的关系，确保苏区板块整体发展与苏区人民实际利益双重目标同时实现，赣州建立了市场主体与苏区人民的利益联结机制。该机制的核心是通过生产要素的组合实现双赢，具体包括两个部分：第一部分，通过就业确保其获得稳定的收入。分布于全市各地的工业园区等各类企业可以为大量苏区城乡劳动力提供充分的就业和学习技能的机会，他们既可以从中学到各种知识技能，提升自身素质，又能得到较好的收入，改善生活。第二部分，通过培育、壮大农民合作社等各种新型农业经营主体，构建利益共同体。作为一种特殊的集体经济组织，各种农业合作组织是苏区农民脱贫致富的市场载体。他们既可以通过土地、资金、劳力或其他方式加入合作社，成为社员获得分红收益，也可以通过土地流转、倒转返包、资金拆借或者为合作社提供劳务的方式获得劳务收益。作为精准脱贫可行、可靠的市场主体，赣州农民合作社因得到各级政府的扶持而获得了较大发展。截至2016年7月，全市累计培育新型农业经营主体3.93万家，其中，规模以上农业龙头企业2506家、农民合作社6640家、家庭农场2691家（刘善庆等，2017）。

（二）教育发展：赣州模式的根本性要素

教育的根本价值在于培养人才以及符合社会需要的各种劳动者，创造社会财富，推动经济增长和社会进步。如果说交通等基础设施建设是解决现实问题办法的话，那么教育才是消除贫困的根本之策（陈敏尔，2015）。正是基于这样的认识，发展教育被认为是拔穷根之策。根据学校教育的类别，可以把教育划分为基础教育、职业教育、高等教育、成人教育四个类型。在上级政府支持下，赣南苏区的教育发展主要体现在以下三个方面。

1. 统筹发展各种类型的教育

坚持长短期目标有机结合，大力加强基础教育、职业教育、高等教育，兼顾成人教育。在高等教育方面，完善高等教育布局结构，提升办学层次和水平，将部分中等学校升级为大专，将赣南师范学院升级改名为赣南师范大学，积极推进工信部、教育部与省政府共建江西理工大学，支持赣南师大、江西理工与赣州相关机构建立国家工程中心，提升服务地方经济的能力。鼓励赣南等原中央苏区高校加强内涵建设，充分发挥各自学科优势，全面提高服务区域经济社会发展的能力。在基础教育方面，重点支持赣州市各乡镇和

2000 人以上的行政村新建公办幼儿园，加大奖补力度，支持公办和民办幼儿园发展，积极扩大普惠性学前教育资源。合理优化中小学布局结构，新建或改建一批中小学校。在学龄人口增长幅度较大的县（市、区），根据高中发展需要，新建和改扩建一批高中学校。在职业教育方面，出台系列措施鼓励职业教育发展，加强中等职业教育基础能力建设，支持赣州市 18 个县（市、区）各办好一所中等职业学校，在省级优质特色示范中等职业学校建设、中等职业学校基础能力建设、实训基地建设、中等职业学校达标建设、职业学校精品专业建设等方面对赣州市给予倾斜支持；整合职业教育资源，优化职业教育布局结构，建设赣州职教园区，筹建赣南职业技术学院，服务稀有金属产业基地、先进制造业基地和特色农产品深加工基地建设，围绕赣州稀土、钨、脐橙等主导产业，建设市级公共实训中心和稀土、钨、新能源汽车、氟盐化工、脐橙农业等专业实训基地，为赣州苏区建设提供技术人才支撑。

2. 建立健全教育发展经费投入机制

建立健全支持赣南苏区教育发展的经费投入机制，确保经费投入，促进赣南苏区教育健康发展。具体体现在以下四个方面：

（1）积极化解学校债务。建立健全普通高中经费投入机制，积极化解普通高中债务，积极争取国家和省财政支持，统筹研究解决普通高中债务，促进普通高中教育健康发展。按照国家统一部署，构建现代职业教育体系。适时制定中等职业教育和高等职业教育生均拨款标准，逐步化解中等职业学校债务，完善职业教育投入保障制度，设立农民学校，免费开展农村适用技能培训指导，以市场需求为导向强化职业技术教育，在中职学校开设课程、高职院校开设专业，实现与产业发展、企业用工的无缝对接，促进农民上岗就业。

（2）加强校园基础设施、设备等的硬件建设以及信息化建设。按照国家标准配齐配足中小学教育装备，购置教学仪器设备、音体美卫器材及图书资料；支持义务教育学校运动场、篮球场等运动场地建设。全面完成中小学校舍危房改造和抗震设防不达标校舍改造。支持实施农村中小学校寄宿制建设工程，完善中小学寄宿制条件，建设非寄宿制中小学校学生食堂，解决小学、初中寄宿生住宿和用餐问题。支持赣州苏区各级各类学校充分利用信息技术，在日常教学活动中以多种模式开展优质数字教育资源应用，实现优质教育资源共享，促进义务教育均衡发展，提升教育教学质量。

（3）加大资助力度，减轻学生家庭负担。建立学前教育资助制度，对苏区普惠性幼儿园在园家庭经济困难儿童、孤儿和残疾儿童予以资助。根据经济社会发展和物价水平，逐步扩大义务教育阶段家庭经济困难寄宿生生活费补助范围，提高补助标准。加大资金奖补力度，鼓励实施营养改善计划地方试点。逐步提高中等职业学校家庭经济困难学生补助标准，通过雨露计划等各种方式扩大高等职业学校家庭经济困难学生助学金覆盖面。积极争取国家支持赣南等原中央苏区率先开展全面免除义务教育阶段学生教辅材料费及空白作业本费、学生意外伤害险、校服费等学校代收费试点工作，实现义务教育阶段学生全面免费就学。

（4）增加财政投入，开展招生改革，扩大苏区人才培育基数。开展职业教育招生考试制度改革试点，构建技术技能人才成长通道。增加赣南等原中央苏区学生接受高等教育机会。江西省列入第一批本科招生院校安排一定的定向招生计划面向赣南等原中央苏区县（市、区）招生。2013年起，在原有贫困地区定向招生专项计划基础上，每年单独面向赣州、吉安、抚州等市新增一定专项计划。

3. 不断加强教师队伍建设

（1）不断完善教师补充机制。加大"农村义务教育阶段学校教师特设岗位计划"对赣州市倾斜力度，争取国家支持，逐步将实施范围覆盖到赣州所有县（市、区）。适度扩大部属师范大学免费师范生在赣南等原中央苏区有关县的招生规模，鼓励、支持免费师范毕业生到赣州中小学任教。支持赣州市加强职业教育"双师型"教师队伍建设。

（2）加强教师培训力度。加大"中小学教师国家级培训计划"对赣州等市的倾斜力度，通过专项经费转移支付方式支持赣州市开展中小学教师培训。支持赣州市高校加大教师培训力度，加强与国内外高校在教师培养培训方面的交流，在国家公派出国人员选拔中对赣州市高校予以倾斜。

（3）不断改善边远艰苦地区教师生活工作条件。加大"边远艰苦地区农村学校教师周转宿舍建设"工程对赣州市的支持力度，改善边远艰苦地区农村教师工作生活条件。支持赣州市提高边远艰苦地区农村教师特殊津补贴标准，对长期在农村基层工作的教师，在职称评定等方面实行倾斜。

（三）大病医保兜底：赣州模式的保障性要素

如果说发展产业、教育都属于开发式扶贫的话，那么，赣南苏区创造的大病医保兜底则完全属于救济性的保障式扶贫。就赣州来说，主要以产业扶持、教育扶持为主，大病医保兜底为辅，事实上，这也是中国扶贫的重要特点。

就扶持对象而言，产业扶持的对象属于既有劳动能力又有意愿的贫困者，教育扶贫主要针对青少年儿童，包括少部分成人教育，着眼点在于通过扶持，提升和增强其脱贫的综合素质，最终摆脱贫困走向富裕之路。大病医保兜底则属于救助性质的扶持，具体包括大病医保兜底和生活兜底两个方面的救助内容。其中，赣州市因病致贫或因病返贫的群众大致占贫困人口的46%，是赣南苏区人民贫困的第一大诱因，因此，这部分贫困人口脱贫难度大。赣南贫困救济对象主要包括因病致贫人员、特困人员、临时救济人员三类人群，救济金额也各不相同。

1. 大病医保兜底

因病致贫人员在大病之前并不属于贫困人员，既有劳动能力也有致富意愿，只因大病无力支付高昂的医药费用而债台高筑。其中，一部分人因病永远失去了劳动能力。对于这部分人群，需要政府在建立救助机制消化了其大部分医疗费用外，通过最低生活保障等政策，保证其生活水平。在2015年农村低保保障标准为240元/月，月人均补差165元的基础上，从 2016 年起逐年提高保障标准和补差水平。另一部分人员则属于病愈人员，其劳动能力并没有失去，只是因病负债，失去了脱贫致富的物质基础。对于这部分群体，政府只需要通过暂时救助帮助其摆脱高昂的医疗债务，并提供适当帮助，就能够重新恢复其脱贫致富能力。为了解决因病致贫人员的债务负担，2016 年，赣州市建立了"四道医疗保障线"，将新农合基本医疗保险、大病医疗保险、疾病医疗商业补充保险、民政医疗救助有机结合，确保贫困人口个人自付费用不超过住院医疗总费用的 10%，最大限度减轻贫困群众医疗支出负担。

2. 特困人员生活兜底

《赣州市兜底保障脱贫工作方案》首先明确了特困人员内涵，即对于无劳动能力，无生活来源且无法定赡养、抚养、扶养义务人，或者其法定赡养、抚养、扶养义务人无赡养、抚养、扶养能力的老年人、残疾人以及未满 16 周岁的未成年人，给予特困人员供养，实行应保尽保。

其次，明确了救助标准。严格落实五保户集中供养 3660 元/年、分散供养 3120 元/年；孤儿集中供养 1100 元/月、分散供养 700 元/月的救助标准政策。从 2016 年起逐年提高上述救助标准，确保农村低保和"五保"对象实际收入增幅高于全市农民年人均可支配收入增幅。"十二五"时期，全市新增农村低保对象 7 万人，保障标准提高了一倍多。

最后，不断改善供养基础设施。在现有基础上，逐步改善农村养老机构基础设施条件，力争到 2020 年，全市每个乡（镇）建成 1 所以满足农村"五保"对象集中供养需要为主的区域性养老服务中心。

3. 临时救助

突遇不测、因病因灾陷入生存困境、面临心理危机的群众，最需要得到社会及时准确的援助。因此，临时救助俗称"救急难"。

开展临时救助，首先，需要界定临时救助对象。按照《赣州市兜底保障脱贫工作方案》规定，对因灾、因交通事故等意外事件，家庭成员突发重大疾病等原因，导致基本生活暂时出现严重困难的家庭，或者因生活必需支出突然增加超出家庭承受能力，导致基本生活暂时出现严重困难的最低生活保障家庭，以及遭遇其他特殊困难的家庭，给予临时救助。

其次，明确救济金额。根据贫困程度一次性给予贫困家庭 100～5000 元不等的临时救助；对特别困难的贫困家庭给予 1 万～3 万元的特别救助。

五、结论与启示

综上所述，为了中国革命和建设，赣南人民作出了巨大牺牲和贡献，付出了巨大代价。由于自我发展机能严重受损，无法完全依靠自身力量实现与全国的同步发展，急需中央政府从国家层面大力扶持。自《若干意见》出台以来，党中央、国务院、江西省委省政府陆续出台了扶持革命老区、集中连片特殊困难地区发展的各种政策，形成了支持赣南苏区脱贫致富、振兴发展的政策组合。在上级大力支持下，赣南人民感恩奋进，积极探索，形成了实现振兴发展的赣南模式，努力为全国革命老区振兴发展提供示范和借鉴。

参考文献

［1］程宇航．全面小康：赣南等原中央苏区的差距与振兴对策［J］．中国井冈山干部学院学报，2012（4）．

［2］朱磊．人民日报人民时评：产业扶贫，精度决定效果［N/OL］．人民网，人民日报，2016－04－26.

［3］刘珊伊．赣州招商引资频传佳音［N/OL］．中国赣州网，赣南日报，2016－05－16.

［4］冷新生．2016 年赣州市人民政府工作报告［DB/OL］．赣州市人民政府网，2016－03－19.

［5］赣州市人民政府．关于印发《赣州市兜底保障脱贫工作方案》的通知［DB/OL］．赣州市政府网．

［6］石鹏，廖济堂．中央红军长征出发时有 8.6 万人　赣南子弟达五六万人［N/OL］．中国江西网，江南都市报，2016－08－15.

［7］谢庐明．中央苏区时期中国共产党群众工作的经验及其启示［DB/OL］．赣南师范大学中央苏区研究中心官网，2008－09－25.

［8］黄道炫．第五次反“围剿”失败原因探析——不以中共军事政策为主线［J］．近代史研究，2003（5）．

［9］张闲语．解读“赣州样本”的题中之义［DB/OL］．江西网络广播电视台，2015－03－09.

［10］曾文明．2017 年赣州市政府工作报告［DB/OL］．赣州市人民政府网．

赣南等原中央苏区流域生态补偿市场机制研究

刘定普　任艳胜[*]

摘要： 赣南等原中央苏区生态补偿市场机制研究具有较大理论意义及实践价值。本文较系统地梳理及总结了国内外生态补偿市场机制研究及实践，从目前苏区部分流域生态补偿过度依赖政府主导、补偿主客体模糊、补偿标准不合理等问题出发，科学确定"谁受益、谁补偿"，公平有效以及科学性的补偿原则；从补偿主体、客体，补偿标准以及补偿方式出发构建了苏区流域生态补偿市场机制并据此提出了相应的政策建议，以期为各级政府在赣南等原中央苏区部分流域开展生态补偿实践等提供参考及借鉴。

关键词： 赣南等原中央苏区；生态补偿；市场机制

一、引言

生态环境问题日益成为当前国内外高度关注的问题。党的十九大报告指出：加快生态文明体制改革，建设美丽中国，要建立市场化、多元化的生态补偿机制。党的十八大以来，我国在生态环境治理领域取得了重大成就，生态环境得到了有效改善，空气、水污染得到了有效控制。但是由于种种原因，不同地区生态环境污染等问题仍然普遍存在。

国内外学者对生态补偿不同领域进行了探究。肖加元（2016）在水排污权的研究中认为，基于水排污权交易的流域生态补偿是结合政府补偿和市场补偿的一种混合补偿模式。吴萍（2012）在对公益林生态补偿的探究中认为，可以导入市场机制，运用生态购买、碳汇交易等生态补偿市场化途径。王赞新（2015）提出生态资源证券化，实现生态资源在资本市场上的流通、交易和转让，丰富生态资源利用保护的资金来源与收益途径。

＊ 作者简介：任艳胜，男，博士，江西师范大学城市建设学院副教授。

相对而言，国外生态补偿主要采用市场化等模式。如日本学者等对与生态环境公害相关的费用进行了分类等（彭芳，2008）。但目前该领域研究及实践仍存在着补偿机制不明确、市场补偿机制缺乏等问题。

赣南等原中央苏区地跨赣闽粤，在我国革命史上有着重要地位，但由于各种原因，该地区有一些社会经济问题等亟待解决。2012 年《国务院关于支持赣南等原中央苏区振兴发展的若干意见》正式出台，提出要把赣南等原中央苏区建设成南方地区重要的生态屏障，探索多元的生态补偿方式。该地区已尝试推进东江流域上下游横向生态补偿机制建设，积极探索水权交易、碳排放权交易等市场化机制等，并取得了一定成绩；但目前该地区生态补偿方面存在补偿主客体不明确、措施不到位、标准不合理等问题，需要较具体深入地探讨该地区生态补偿市场机制及其政策建议等，以期为当地政府采取针对性生态补偿措施、保护生态环境、实现赣南等原苏区振兴等提供借鉴及参考。

二、赣南原中央苏区流域生态补偿现状及不足之处

（一）赣南苏区流域生态现状

赣南等原中央苏区属于革命老区，生产水平低，经济发展落后，所以生态环境问题也日益突出，主要体现在以下几个方面：①水土流失现象严峻。赣江上游区水土流失面积占该区面积22%，中游区占16.7%，下游区占21.6%，中游区水土保持较好。②水质恶化现象明显。赣江水域污染较重，出现Ⅴ类或劣Ⅴ类水质。③城市降水 pH 值年均值为4.91，酸雨污染仍较严重。赣南等原中央苏区在环境保护方面做了很多有益的尝试，由于力度不够，监管不到位，缺乏惩罚机制、责任落实，所以导致生态问题仍然比较严重（廖冰，2016）。

（二）流域生态补偿现状及主要问题

围绕建设国家生态文明试验区、南方地区重要的生态屏障等战略定位，5 年来，赣州市加快建设全国生态文明试验区，启动实施国家山水林田湖生态保护修复试点、东江流域上下游横向生态补偿机制试点，在实现生态优先、绿色发展方面取得初步成效。目前，赣南等原中央苏区流域生态补偿主要存在以下几个问题。

1. 过度依赖政府补偿

现行的赣南等原中央苏区流域生态补偿措施，以及一系列的生态补偿实践表明：赣南等原中央苏区生态补偿基本依赖政府补偿的路径。虽然采取了一定的市场化手段，但市场机制依然薄弱，相对于流域经济发展需求来说还不够。政府主导的补偿模式无形中加重了政府的负担，不利于生态补偿市场化机制的培育和生态补偿长效机制的建立。

2. 补偿主客体模糊

在赣南等原中央苏区流域生态补偿实践中还存在补偿主体、客体不明确，生态受益者与保护者之间的利益关系脱节等问题，导致生态受益者和保护者的权责落实不到位。由于生态资源是公共品，并且生态补偿涉及方方面面利益，主客体不容易界定。例如，在流域生态补偿中，补偿的主体应该是下游开发区、受益区，不光是政府，也包括企业、个人等。但由于我国没有对流域生态补偿的主体进行严格界定，使得在实际操作中，政府不得不成为流域生态补偿的责任主体，通过财政进行补偿，企业和个人对于生态补偿承担的责任不足。这就造成了一个"困境"：由于没有严格按照"谁受益、谁补偿"的原则将生态保护受益者纳入补偿主体，企业和个人等即使不付费也享受生态效益，这种想法广泛存在，使得"搭便车"现象屡屡发生，生态补偿遇到瓶颈。

同样，补偿的客体，应该是上游的生态保护者，也包括开展生态保护的企业和个人，但在实践中，补偿客体的界定也是不明确的。比如，除了林业系统是直接补给保护生态系统的林农外，其他补偿基本没有考虑居民和企业。由于这种现象的存在，大大影响了上游居民开展生态环境保护的积极性，也使生态补偿市场化运作难以开展。

3. 补偿标准不合理

合理的生态补偿是保证生态补偿政策实施效果的重要基础，但当前，赣南等原中央苏区流域生态补偿标准的确定还存在以下问题：一是环境价值评估体系缺失，环境定价还不合理。理论上来说，生态补偿的补偿双方类似于买卖关系，双方应通过自愿原则进行协商、达成共识，补偿标准就是双方自愿支付和接受的价格。但截至目前，我国还没有一个较为科学的生态环境价值评估体系，环境甚至被认为是无价或廉价的，造成了补偿标准不合理。二是生态补偿标准制定主要还是以直接成本计算，未能充分体现生态保护的所有成本。

4. 缺乏生态补偿的长效机制

虽然赣南等原中央苏区生态补偿制度已开展了很长时间，然而生态补偿的长效机制仍未建立。目前，流域上下游权责仍不清晰，生态补偿标准、资金来源以及资金使用的考核机制仍未明确界定。由于流域上下游权责不清晰，上游虽已采取了补偿性投入，但仍易产生"搭便车"行为，产生许多环境问题，导致资金使用和项目执行效果较差。而资金使用的考核机制不健全更容易导致补偿资金的流失，补偿效果大打折扣。

三、国内外生态补偿市场机制借鉴

（一）国内实践经验借鉴

目前，国内很多领域进行了生态补偿市场机制实践，为苏区流域生态补偿市场机制构建提供了宝贵的经验。如浙江东阳—义乌的跨区域水权交易制度；甘肃黑河流域张掖地区的农户水票交易制度；黄河流域工农业间的水权转换交易制度；浙江省磐安县的"异地开发"实践等（李新鑫，2011）。上述几种市场交易类型都已摆脱了过去单纯依靠政府的行政命令强制调水的方式，转而面向市场。根据水资源的实际供求状况和市场价值来交易水资源的使用权，这样不仅能提高水资源的利用效率，还能促使水资源配置达到帕累托最优。

（二）国外实践经验借鉴

国外的生态补偿研究及实践等要早于我国，因此，国外的生态补偿研究相较我国要成熟很多。如在生态补偿的模式及资金来源方面：政府购买模式仍是支付生态环境服务的主要方式。例如美国，政府购买生态敏感土地用来建立自然保护区，对保护地以外并能提供重要生态环境服务的农业用地实施"土地休耕计划"；纽约市清洁供水的一对一交易；澳大利亚的水分蒸发信贷开放市场交易；欧盟的生态标志产品市场；墨西哥、哥斯达黎加的森林生态补偿基金以及以美国耕地保护储备计划为代表的少量公共支付方式（彭诗言，2011）。

（三）流域生态补偿市场机制构建

通常来讲，生态补偿机制的设计应当关注付给谁，谁来付，怎么付，付多少。本文结合赣南等原中央苏区流域生态及生态补偿方面存在的问题，从以下几方面予以讨论。

1. 生态补偿原则

坚持"谁受益、谁补偿"原则。在流域生态资源开发利用过程中，开发企业造成的环境污染、生态破坏、可持续发展能力下降问题，完全由破坏者承担补偿，对利益受损者进行补偿，并有责任将损害的流域生态环境恢复治理。如果污染企业不愿意恢复治理，就让其支付恢复治理费，则由第三方治理。

公平有效原则。此处的公平有效，指的是政策的利益相关者在权利的享有和义务的承担上必须被平等对待，不能为保护一些利益相关者的利益而损害另一些利益相关者的利益（杨正勇，2015）。就排污权而言，无论养殖生产者等利益相关者地处上游还是下游地区，其享有的排污权应一样。下游地区为了享用较好的水质而需要上游地区将排污量控制在上下游地区的平均标准以下，下游地区应当因上游地区保护水源而付出代价。

科学性原则。科学性原则要求在生态补偿政策制定和实施过程中，科学地测算、评估、模拟和预测流域生态补偿的价值量。生态补偿的补偿标准研究是生态补偿政策制定的基础，科学的评估有助于不同利益相关者明晰各自的关系和利益所在，在补偿标准的制定上产生较少争议，生态补偿政策的实施更容易达成共识。

2. 补偿主体

赣南等原中央苏区流域生态补偿的主体应该包括两部分，一部分是利用流域水资源中受益的群体，另一部分是生活生产或生产过程中向外界排放污染物，影响流域水量和水质的个人、企业或单位。具体包括以下三个方面：①受益的当地政府。在中国生态补偿市场尚未发展成熟的条件下，政府投资和政府主导的财政转移支付仍是生态补偿的主要方式。②流域生态效益的受益主体。即赣南等原中央苏区流域受益地区的企业、单位或个人，按其受益比例进行补偿。③损害流域生态系统或对其他利益主体造成生态损害的行为主体，按损害程度承担赔偿责任。

3. 补偿客体

赣南等原中央苏区流域生态补偿的客体主要是水资源生态环境的建设者和水资源污染的受害者。水资源生态环境的建设者主要包括东江或三江源流域水源涵养林的种植及管理者以及其他生态建设者及管理者，其主体可能是当地的居民或村集体。为减少东江或三江源生态破坏而被关停的企业，退耕还林的农民都应成为补偿的对象。

4. 补偿标准

支付意愿法。支付意愿法是通过开展调查问卷，掌握消费者支付意愿，从而进行综合评估的方法，其基础是高质量的调查问卷。尽管通过支付意愿法获得的补偿金额可能最接近边际外部成本，但是这种方法测算主观性比较强，存在信息不对称等问题，加上计算出的补偿标准存在偏低的情况，科学性有待提高。

水资源价值法。水资源价值法是假定能够直接对流域生态服务价值进行量化，以此为基础，结合水量水质调整系数来测算补偿标准（樊辉，2016）。该方法对研究目标进行了简化，是简单易算、便于操作的方法。但在进行模型计算时，各参数的选取必须因地制宜，取值的大小也较大程度影响补偿结果。

生态系统服务功能价值法。这是根据流域生态系统服务的受益程度，对不同地区应分摊保护成本比例进行核算。这种方法测算标准相对全面，但因其价值是一种"虚拟价值"，得出补偿标准的难度较大。

机会成本法。机会成本法是指上游地区为保护整个流域生态环境而放弃的经济收入以及发展机会等。该方法选取合适的比较对象，通过比较差异度，测算出补偿资金。机会成本法是市场价值法的一种，测算出来的补偿结果是"应当补偿"的最大值。但是必须选取一个适当的参考区域，方能运用该方法，否则结果会失去意义。

5. 补偿方式

流域能提供水土保持、碳固定和生物多样性保持等多种生态环境服务。由于生态环境服务的公共物品性质，传统上政府成了生态环境服务的购买方或资助方。但是，政府在购买生态环境服务时面临的信息不对称、官僚体制的低效率以及财政目标随时转移等，使得这种传统的手段在满足社会不断增长的生态环境服务需求时产生越来越多的问题（黄玮，2008）。所以流域生态补偿的市场补偿方式逐渐兴起，目前运用比较成熟的有一对一市场交易、排污权交易、水权交易等。

一对一市场交易。可用于赣南等原中央苏区部分流域上下游之间的生态环境服务交易。一对一交易的特点是，交易的双方基本上是确定的，通常只有一个或少数潜在的买家，也只有一个或少数潜在的卖家。交易的双方直接谈判，或者通过一个中介来帮助确定交易的条件与金额。该中介可能是一个政府部门、非政府组织或者一个咨询公司。

排污权交易。建立赣南等原中央苏区部分排污权交易应该做好以下工作：一是建立完善的市场机制。排污权交易以市场为依托，完善的市场机制才能使交易顺利进行。同时，合理的价格和竞争机制可以降低交易成本。二是明晰产权归属，做好初始分配工作。当地政府或流域管理部门应采用拍卖、招标出售和特殊处理等多种方式，合理将排污权分配给各企业，避免不公平现象。三是建立健全相应的法规和管理体系。排污权交易过程中，必须有一套完善的法规进行管理，以保证交易的公平、公开、公正。流域管理部门可与地方政府配合，与现有法规整合，制定配套的法规、政策，使流域排污权交易市场健康发展。四是建立排污权交易中介机构。降低交易成本，克服排污权交易中信息不对称问题，提高排污权交易的效率，应建立排污权中介机构和科研咨询机构。中介机构可以在排污权市场中起代理买卖的作用，也可以向排污者提供信息、行情，充当交易顾问。科研咨询机构向市场提供不同位置的污染物排放量之间的交换比率。

水权交易。通过界定水资源的使用权，可以引入水权交易政策来调节水的使用，使水资源富裕的地区由于向其他地方输送符合一定标准的水而得到经济补偿，从而能为水资源的保护筹集资金。实现赣南等原中央苏区部分水权交易的主要内容包括：一是明晰水权，明晰的水权界定是交易的先决条件，必须通过法律法规首先明确。二是水权分配，水权交易市场建立后，水权的初始分配实际上是一种财富的分配，不但涉及使用者之间、地区之间的公平问题，而且关系到生态环境发展的平衡问题，因此需要多方协商，全面考虑。三是水权交易管理，水权交易应当在政府的监管之下进行，政府可以通过制定、颁布和实施各类水权交易法律、法规和条例，规范水权交易市场行为，调节水权交易市场的运行。成立水权交易管理机构，跟踪水权变更、转移等交易情况，掌握并监督水资源的具体使用情况。

6. 补偿资金来源及分配

赣南等原中央苏区生态补偿市场机制所需资金来源方式多种多样，主要是利用政府财政拨款和市场筹集资金相结合。如国家环保投资，征收生态补偿费和生态补偿税，推广优惠信贷，建立生态补偿基金，受益人支付，国外贷款等。在生态补偿资金分配方面，应该建立生态补偿资金专用账户，做到专款专用；采用因素法结合补偿系数对流域生态补偿资金进行两次分配，选取水环境质量、森林生态质量、水资源管理因素，并引入"五河一湖"及东江源头保护区补偿系数、主体功能区补偿系数，通过对比国家重点生态功能区转移支付结果，采取"就高不就低，模型统一，两次分配"的方式，计算各县（市、区）生态补偿资金。

四、政策及建议

（一）完善政府生态补偿管理体制建设

对赣南等原中央苏区流域生态补偿市场机制应该加强宏观管理，江河流域的水资源具有流动性、非排他性以及外部性，建立一套高效率的管理体制是实现生态补偿的关键。赣南等原中央苏区流域生态补偿市场管理体制建设应该包括以下几个方面：首先，应该成立专门的政府生态补偿管理机构以及跨部门跨地区的领导机构。其次，要成立赣南等原中央苏区流域生态补偿资金监督委员会，保证资金的有效运转。

（二）拓宽多种资金来源等筹措生态补偿资金

探索从社会、市场筹集资金，扩大补偿资金来源渠道，建立生态基金，形成多元化的生态补偿资金来源；建立产权交易市场，搭建市场交易平台，尝试绿色采购，生态建设配额交易，生态彩票，生态补偿债券，生态标志制度，开发生态湿地市场服务系统；整合国家重点生态功能区转移支付资金和省级专项资金，省级财政新设全省流域生态补偿专项预算资金，市县财政筹集等方式。

（三）加强教育宣传，重视人才培养

赣南等原中央苏区流域生态补偿市场机制的高效运行，离不开高素质的市场化的执行队伍。由于赣南等原中央苏区经济发展落后，人才缺乏，因此加强人才培养是当务之急。应该加大教育投入，培养专业技术人才，打造一支专业化队伍。另外，需要加强政策教育宣传，确保流域生态补偿的政策能够深入人心，引起民众广泛的参与，确保受补偿者利益不受损。

（四）提高生态补偿技术

当前，科技发展日新月异，科学技术水平日益提高，赣南等中央苏区流域生态补偿应该引进先进的科学技术。如卫星定位、遥感、航拍以及先进的监测系统等。通过改善技术，获取更准确、更及时的决策信息，从而提高苏区部分流域生态补偿效率，更好地促进赣南等原中央苏区流域生态补偿市场机制实现及发展。

参考文献

[1] 肖加元，潘安．基于水排污权交易的流域生态补偿研究［J］．中国人口·资源

与环境，2016（7）.

［2］吴萍，吕东锋，陈世伟.集体林权改革后的公益林生态补偿制度的完善［J］.江西社会科学，2012（12）.

［3］王赞新.集中连片特困地区的生态补偿式扶贫标准与思路——以大湘西地区为例［J］.湖湘论坛，2015（4）.

［4］廖冰，张智光.生态脆弱的经济贫困地区经济林生态经济效率的 DEA - Tobit 模型研究——以赣南原中央苏区为例［J］.农林经济管理学报，2016（2）.

［5］彭芳.珠江流域生态补偿机制研究——基于广西、云南、贵州等民族地区经济的可持续发展［D］.中南民族大学硕士学位论文，2008.

［6］李新鑫.流域生态补偿机制的建立——以三江源自然保护区为例［D］.西安外国语大学硕士学位论文，2011.

［7］彭诗言.中国环境产业发展中的生态补偿问题研究［D］.吉林大学博士学位论文，2011.

［8］杨正勇，张新铮，杨怀宇.基于生态系统服务价值的池塘养殖生态补偿政策研究——以上海地区为例［J］.生态经济，2015（3）.

［9］樊辉.基于全价值的石羊河流域生态补偿研究［D］.西北农林科技大学博士学位论文，2016.

［10］黄玮.流域生态补偿机制研究——以海河流域为例［D］.北京化工大学硕士学位论文，2008.

不忘初心 感恩奋进 吉安在新的起点上书写振兴发展的时代荣光

——吉安市原中央苏区振兴发展纪实

陈海明[*]

支持赣南等原中央苏区振兴发展，是党中央、国务院作出的重要部署，是全面建成小康社会重要的补短板工作，也是促进区域协调协同发展的重要举措。本文从吉安苏区概况、苏区振兴成效、部委对口支援成效、经验做法、存在的困难和问题、下一步打算六个方面，对吉安市原中央苏区振兴发展作了较为全面的总结，力求对苏区、老区等贫困地区脱贫攻坚提供一些借鉴。

一、吉安市原中央苏区振兴发展概况

吉安市位于江西省中部，现辖13个县（市、区）和2个国家级开发区、215个乡镇，面积2.53万平方公里，人口530万。吉安是创造井冈山精神的红色摇篮，1927年，毛泽东等老一辈无产阶级革命家在这里建立了第一块农村革命根据地，开辟了农村包围城市、武装夺取政权的胜利之路，创造了具有原创意义的民族精神——伟大的井冈山精神。吉安人民为中国革命作出了巨大牺牲和贡献。党中央和习近平总书记十分关心吉安老区发展，在习总书记的亲自推动下，2012年6月28日，国务院出台《关于支持赣南等原中央苏区振兴发展的若干意见》（以下简称《若干意见》），吉安全境纳入苏区振兴范围，为吉安发展带来历史性机遇。

苏区振兴发展战略实施六年来，吉安市委、市政府坚持以习近平新时代中国特色社会主义思想为指引，深入贯彻落实习近平总书记治国理政新理念新思想新战略和对江西工作的重要要求，紧扣"四个全面"战略布局，认真践行"五大发展理念"，全面贯彻落实省

---

* 作者简介：陈海明，男，大学本科学历，现为吉安市发改委苏区办科长。

委、省政府一系列部署特别是省第十四次党代会精神，积极抢抓苏区振兴的重大机遇，坚持"内外兼修、主动作为"，紧紧围绕建设开放繁荣秀美幸福新吉安，实现全面小康、绿色崛起战略目标，努力在弘扬跨越时空的井冈山精神、打赢精准脱贫攻坚战、打造美丽中国"江西样板"上走在前列，统筹推进经济、政治、文化、社会、生态文明五位一体建设，全市经济社会发展取得显著成效，《若干意见》明确的阶段性目标基本实现。

（1）经济发展快速增长，综合实力大幅跃升。经济总量扩张进位，2017年全市实现地区生产总值1663亿元，是2011年的1.84倍，年均增幅10%，高于全国2.8个百分点；规模以上工业增加值年均增长10.1%，实现四年翻番；财政总收入达到251.3亿元，五年翻了近一番，年均增长13.4%；完成固定资产投资1937.7亿元，实现四年翻番，年均增长17.4%，高于全国3.5个百分点；引进内资657亿元，实际利用外资10.7亿美元，外贸出口325.4亿元，分别实现四年翻番、五年翻番、五年翻两番，主要经济指标增幅持续位居全省前列，总量在全省位次前移，综合实力迈上新台阶。

（2）民生事业取得长足进步，百姓获得感显著增强。全市民生支出累计达2018.8亿元，占财政支出的79.8%。脱贫攻坚扎实有效，贫困人口由2013年建档立卡的34.9万人下降到5.05万人，贫困发生率由8.9%下降到1.2%，井冈山市和吉安县在全国率先实现脱贫摘帽。安居工程加快推进，实施农村危旧土坯房改造17.5万户，改造棚户区45169套、建设保障房51201套，群众住房条件明显改善。教育卫生文化事业大发展，吉安职业技术学院开学实现高职教育历史性突破，上海东方医院吉安医院建成营业，医疗"空白村"全面消除，文化艺术中心等一批场馆建成使用。社会保障水平显著提升，城乡居民养老、医疗保险全覆盖，新增农村低保扩面指标5.8万个，城乡低保标准分别增长51.4%和79.4%。城乡居民收入分别达到31936元和12543元，分别是2011年的1.8倍和1.98倍。公众安全感连年保持全省前列，连续四届获全省"平安杯"。

（3）产业集聚步伐加快，现代产业体系加速形成。工业主导地位全面凸显，主营业务收入突破3500亿元，电子信息产业主营业务收入840亿元，是2011年的3.3倍，占据全省近"半壁江山"，跻身国家级产业示范基地；吉泰走廊生产总值、规模工业增加值占全市比重分别提高8个和4个百分点，井冈山经开区综合实力在全省前移6位，并获批国家级出口加工区，吉安县工业园升格为国家级高新区。现代农业取得突破，荣获全国粮食生产先进市，六大富民产业初具规模，井冈蜜柚种植面积达到36万亩并实现出口销售，"1+13"现代农业示范园体系基本成形，核心区建成面积6.18万亩。现代服务业实现升级，十大市场和现代物流体系基本建成，接待国内外游客数、旅游总收入分别是2011年的4.5倍、6.3倍，服务业增加值占GDP比重提高11.6个百分点，三次产业结构优化为15.5∶44.5∶40。

（4）基础设施逐步夯实，发展后劲不断增强。衡茶吉铁路建成通车，昌吉赣客专、蒙华铁路全面开工，全市铁路运营里程超过450公里；井睦、吉莲、抚吉、昌宁四条高速建成通车，全市高速公路通车里程达652公里，实现"县县通高速"，新建和改造国省道

430 公里；井冈山机场二期改扩建项目加快推进，旅客年吞吐量突破 50 万人次；赣江新增Ⅲ级航道 116 公里，区位交通优势日益提升。能源、通信、农业基础设施支撑更加有力，峡江水利枢纽、赣江石虎塘航电枢纽实现并网发电，新干和井冈山航电枢纽加快建设，西气东输二线和天然气管网工程建成投用，全市电力装机容量达 358 万千瓦；"智慧城市"试点和"宽带中国"示范城市建设加快推进，实现了 4G 网络行政村 100% 覆盖；完成水库除险加固 1038 座，新增和恢复灌溉面积 62 万亩，新建高标准农田 142.62 万亩。

（5）统筹发展深入推进，城乡环境更加秀美。中心城区"六大组团、八大片区"城市格局基本形成，"一核两翼三带"吉泰城镇群已显雏形，全市城镇化率达到 49.37%，提高 9.75 个百分点，入选国家智慧城市试点和全省唯一新型城镇化综合试点设区市。开展中心城区创建全国文明城市攻坚行动，城市管理水平进一步提升，成功跨入全国文明城市行列。美丽乡村建设扩面提质，新增 9335 个美丽乡村精品点，城乡面貌展现新景象。按照"清、净、整洁"的要求，大力开展城乡环境整治，认真落实"河长制"并向乡村延伸，突出抓好村庄环境整治和农村清洁工程，大力推进生猪生态循环养殖小区建设，建设生态家园，农村人居环境和基础设施全面改善。

（6）生态建设切实加强，绿色优势更加凸显。在加快发展的同时着力保护生态环境、致力绿色崛起，加强生态红线管控，环境保护、生态建养、污染治理、节能降耗等工作扎实推进，生态环境质量持续位居全国前列，继获批全国生态保护与建设示范区、全国循环经济示范城市之后，再获批全国低碳城市试点。先后被评为中国优秀旅游城市、国家园林城市、全国绿化模范城市、国家卫生城市、国家森林城市、江西省首届生态宜居城市、全国文明城市，连续四度入选"中国特色魅力城市 200 强"，被中科院评为"健康城市"。

（7）改革开放持续深化，发展活力不断迸发。扎实推进供给侧结构性改革，"三去一降一补"任务有效落实，吉泰走廊"六个一体化"基本实现，工业园区体制改革纵深推进，庐陵新区成功组建并步入发展"快车道"，"人文社区、温馨家园"入选中国社区治理十大创新成果。农村综合改革走在全省前列，土地确权登记颁证基本完成，国有林场改革成为全国先进典型，扩权强镇改革模式在全省推广。投融资体制加快完善，18 家金融机构落户吉安，农信社改制全面完成，村镇银行实现县域全覆盖，民间资本管理公司和民间借贷登记服务中心在全省率先成立。社会事业创新发展，探索出合作办学、办医、办文化新模式。政府"放管服"综合改革进一步深化，"只跑一次改革"稳步推进。大开放主战略深入实施，2017 年全市实际利用外资 10.7 亿美元，引进内资 657 亿元，特别是铆住对台招商，久久为功，全市台资企业发展 401 家，形成了台商聚集的"吉安现象"。

二、吉安市原中央苏区振兴发展主要工作和成效

（一）注重加强谋划对接

聚焦工作谋划和推进。成立了以市委主要领导任组长的苏区振兴发展工作领导小组，紧扣《若干意见》和《发展规划》，出台推动苏区振兴发展的《实施方案》和《推进方案》等20多个文件。市委、市政府主要领导亲自主持召开苏区振兴和吉泰走廊建设领导小组会议11次，召开专项调度会议50余次，提出28项对接规划、131项对接行动计划、27个对接重大项目。建立了政策研究机制、常态化对接机制、销号管理机制、督查考核机制，高强度推进苏区振兴发展工作。习近平总书记、李克强总理等多位中央领导先后对江西省苏区振兴发展工作作出重要批示后，吉安市积极策应中央和省行动，积极争取完善政策措施。一方面，主动对接省委、省政府出台的《关于纵深推进赣南等原中央苏区振兴发展实现与全国同步全面小康的意见》；另一方面，研究制定了《关于在新起点上纵深推进苏区振兴发展的实施意见》，对苏区振兴发展工作进行再动员、再部署、再落实。

聚焦政策事项争取和落实。坚持市领导集中带队走访与部门不间断汇报沟通相结合，市委主要领导亲自带队走访，六年来仅市领导带队赴国家部委对接近200次，赴省直单位对接400余次。战略实施六年来，全市争取上级各类扶持资金1123.4亿元；《若干意见》涉及吉安的131个重要事项中，37个重大事项已落实或基本落实，88个事项正按时序进度推进落实（还有6个事项由于国家尚未明确政策或暂停审批等原因暂未予以明确）；支持吉安电子信息示范基地建设等62项事项纳入国家部际联席会议和省苏区振兴发展领导小组会议等重要会议协调推进；吉泰走廊"四化"协调发展示范区、吉安电子信息国家新型工业化产业示范基地、吉安国家级高新技术产业园区、吉安市国家旅游扶贫试验区、吉安市国家智慧城市试点、吉安市"宽带中国"示范城市、吉安市国家生态保护与建设示范区、吉安市国家循环经济示范城市8个重大平台获得国家级批复；国家部委对口支援扎实推进，推动一批政策平台、试点示范和项目资金，为吉安振兴发展提供了源源不断的动力。

（二）注重解决突出民生问题

加大以土坯房为主的农村危旧房改造力度。始终把农村危旧土坯房改造和保障性住房建设作为重大民生工程来抓，累计完成农村危旧房（土坯房）改造户数17.5万户，61.3万人告别了透风漏雨的土坯房；完成棚户区改造45169套、建设保障房51201套、惠及40.06万人，全市保障性安居工程覆盖率由2011年的11%上升到2017年的23%。完成国

有农林场危旧房改造 17442 套。

加快解决农村饮水安全问题。农村饮水安全工程实行了所有县（市、区）全覆盖，建设百吨千人以上集中供水工程 353 处，受益总人口 162.02 万人。解决了 6.48 万贫困人口和 19.6 万农村学校师生的饮水困难或饮水不安全问题，同时，建立健全农村水质安全监测系统。积极控制面源污染，加强水质保护。赣江吉安段及其主要支流 21 个监测断面中，Ⅱ～Ⅲ类水质断面所占比例为 100%，水质常年稳定在Ⅲ类以上；中心城区集中式饮用水源地水质达标率为 100%。

加强农村电网改造和农村道路建设。全力做好农村电网改造升级工作，完成了 514 个中心村电网升级改造以及 588 个自然村不通动力电问题，全面消除"低电压"用户 19.14万户，农村电网供电可靠率达到 99.87%，供电能力和供电可靠性全面提升。农村公路交通出行条件得到改善，全市完成农村公路 12054.8 公里，桥梁 401 座，县乡道升级改造262.3 公里，农村客运网络化连通工程 630.5 公里，建制村窄路面拓宽改造 560.5 公里，通自然村（25 户以上）水泥路 9778.3 公里，全市 25 户以上自然村基本实现通水泥路。

提高特殊困难群体生活水平。严格落实优抚对象生活、医疗、住房保障和残疾人生活补贴、护理补贴制度等政策。为全市 4 万多残疾军人、"三属"、在乡老复员军人、参战人员等优抚对象累计发放各类抚恤补助资金约 20 亿元，年均增长 10% 以上；积极推动优抚保障城乡"一体化"改革，义务兵家庭优待金实现了城乡一体化，年均发放优待金4400 多万元。投入近亿元改（扩、新）建光荣院（楼）88 个，新增优抚床位近 2000 张，基本满足了孤老优抚对象集中供养需求。不断提高补助标准，农村"五保"集中供养标准提高到 365 元/人·月，农村分散供养标准提高了 30 元，达到 290 元/人·月。完成抢救保护散葬烈士墓 17893 座，零散纪念设施 81 座。东固革命烈士陵园、螺子山革命烈士纪念园均纳入了国务院和民政部建设发展规划。建立困难残疾人生活补贴和重度残疾人护理补贴制度，切实帮助残疾人改善生活条件。

扎实开展精准扶贫。把扶贫攻坚摆到了前所未有的重要位置来抓，累计实施扶贫项目2.21 万个，全市脱贫攻坚"作示范、带好头"卓见实效，贫困发生率由 8.9% 下降到1.2%，井冈山市、吉安县在全国全省率先实现脱贫摘帽，井冈山精准脱贫工作法入选2017 中国改革年度十大案例。产业扶贫拓宽了增收渠道。深入推进"四个一"产业扶贫模式，支持引领贫困户以发展产业、资金入股、流转土地、外出务工等多种方式增收，扶持贫困村发展特色富民产业种植面积 82.5 万亩。建立农村扶贫合作社 887 家、贫困村电商扶贫站 233 个；454 个贫困村建立村级光伏电站，光伏扶贫已（在）建规模达到 95 兆瓦，受益贫困户每户每年可通过扶贫电站得到 1000～3000 元不等的收益。安居扶贫改善了居住条件。实施农村土坯房、危旧房改造和移民搬迁"三位一体"农村安居工程，易地移民搬迁 66493 人，建设移民集中安置点 307 个。保障扶贫稳定了特困群体的基本生活。社保、医保等方面多管齐下，在最大限度内叠加政策支持，落实保障政策，确保贫困群众能够有尊严地生活。将农村低保标准从 2012 年的 170 元/月提高到 305 元/月，牢固建起了医疗"基本医保、大病保险、商业补充保险、医疗救助"四道防线，由财政出钱，为全市所有建档立卡贫困人口代缴新农合参合费用，并按照每人每年100元的标准购买疾病医疗商业补充保险。志智双扶提高了劳动者素质。着眼既富口袋又富脑袋，实施志智双扶，转变群众观念，变"要我脱贫"为"我要脱贫"。强化宣讲井冈山精神，推行了建档立卡贫困家庭子女从学前到就业阶段全程资助体系。全市落实教育资助资金9.84亿元，办理贫困大学生国家生源地助学贷款2.79亿元，确保贫困学生享受平等教育，阻断贫穷的代际传递。

（三）注重统筹农业和城乡发展

稳定发展粮食生产。实施"藏粮于地、藏粮于技"战略，深入开展粮油高产创建及整建制推进高产创建活动，认真抓好高标准粮田建设，大力推广优质新品种及先进适用生产技术，粮食生产实现"十四连丰"，收购量全省第一，被评为全国粮食生产先进市。2017年全市粮食播种面积1002.01万亩，粮食总产量423.45万吨，建设完成优质常规稻良种繁育基地3.3万亩，优质稻率达90.8%，主要农作物良种覆盖率达到98%，良种在农业增产中的贡献率达50%以上。2012年以来共建设高标准农田142.62万亩，其中2017年全市整合资金建设高标准农田40.53万亩。

大力发展特色农业。着力推进特色富民产业规模发展。全市井冈蜜柚种植面积达36万亩，绿色水稻35.74万亩，绿色蔬菜155万亩，茶叶种植35万亩，药材种植21万亩。大力发展畜禽、水产品生产。2017年全市肉类总产54.3万吨，家禽出笼9815万羽，水产品总产量24万吨，胭脂鱼繁苗量达到2000余万尾，稳居全国第一。开展"稻虾综合种养"试验，全市稻渔综合种养面积1.5万亩。强化农业安全体系建设，基本建成市、县、乡、村、场五级动物防疫体系，已建成县级水生动物防疫站4个。农产品质量安全检验检测体系逐步完善，已完成13个县（市、区）农产品质量安全检测站建设。积极推动绿色有机农产品发展，全市获农业部地理标志登记保护农产品6个，"三品"252个，狗牯脑茶成为全省"四绿一红"5个重点扶持品牌之首，泰和乌鸡成为江西省重点打造"三只鸡"品牌之一。大力培育新型农业经营主体，全市发展家庭农场7149家，农民合作社7255家。大力发展林业特色产业，精心布局发展珍贵楠木、高产油茶、毛竹、花卉苗木产业，2012年来新增面积分别达61.5万亩、34万亩、24万亩、10.7万亩，高标准打造了万亩示范带、千亩示范林、百亩示范点。探索林下经济发展方式，2017年全市林下经济利用面积约176万亩，产值达41.4亿元。

大力推进现代农业示范区建设。按照省政府"百县百园"建设要求，全面推进了现代农业示范园区建设，形成了以井冈山国家农业科技园为龙头、13个县级园区为支撑的"1+13"现代农业示范园区体系。全市示范园规划建设面积24.59万亩，核心区建成面积6.18万亩，共引进培育新品种420多个，示范推广农业新技术149项，农业科技贡献率达60%。吉安县被列入国家现代农业示范区创建县和国家现代农业示范区实施以奖代补政策县，新干等 10 县（市、区）被列入省级现代农业示范区创建县。井冈山国家农业科技园（吉安市现代农业示范园）被省政府列为省级农业高新技术开发区。

促进城乡统筹发展。推动城镇道路、供水、生态、环保等基础设施向农村延伸，公共服务向农村拓展，全市乡镇全部实施了"十个一"工程建设，小城镇基础设施明显完善。紧紧围绕美丽乡村建设"五美"目标和"八不八多"要求，全市实施新农村建设村点9335 个，占全市自然村的 41.6%，是 2006～2011 年的 1.62 倍，涉及农户 42.4 万户166.84 万人，投入资金 74.8 亿元，全市农村生产生活条件得到明善改善。推进户籍制度改革，户口"一元化"改登工作顺利完成，全市居民 1637538 户、5320052 人全部统一登记为居民户口。大力推动农村劳动力转移就业，新增转移农村劳动力 46.21 万人次，培训农村劳动力 3.3 万人次，发放创业担保贷款近 50 亿元，积极引导新干、遂川、泰和、井冈山 4 个返乡创业试点县（市）开展返乡创业工作，推动吉安县青年创业孵化园等返乡创业示范基地建设。积极发展休闲农业和乡村旅游。创建国家级休闲农业与乡村旅游示范县 2 个，省级休闲农业示范县 1 个，国家级休闲农业与乡村旅游示范点 2 个，省级休闲农业示范点 27 个，中国最美休闲乡村 4 个。初步构建形成以 13 个旅游扶贫乡镇和 181 个旅游扶贫村为核心的乡村旅游扶贫产业体系，全市乡村旅游新增 4 个国家 4A 级景区、4 个国家 3A 级景区、14 个江西省 4A 级乡村旅游点、3 个江西省旅游风情小镇，农家乐 700余家，2017 年全市乡村旅游接待游客 1986 万人次，实现旅游总收入 189.3 亿元，呈现出蓬勃发展的良好态势。

（四）注重加快基础设施建设

加强交通基础设施建设。一批重大铁路、高速公路等交通项目积极推进，加快形成现代综合交通运输体系。铁路方面，昌吉赣客运专线、蒙西至华中电煤运输通道已于 2014年开工建设，预计于 2019 年前建成通车；赣井铁路纳入长赣铁路范畴，已列入《国家铁路"十三五"发展规划》和《国家中长期铁路网规划》；吉抚武温铁路已列入《国家中长期铁路网规划》《江西省铁路建设实施方案（2016～2020 年）》和《江西省中长期铁路网规划（2016～2030 年）》，沿线江西、福建、浙江三省已联合开展前期工作。高速公路方面，大广高速吉安至赣州段改扩建工程 2018 年完成前期工作，预计 2020 年底前建成通车。广昌至吉安高速（含吉安绕城）2016 年开工建设，计划 2019 年建成通车。井睦、吉莲、抚吉、昌宁四条高速相继建成通车，全市新增高速公路里程 280 公里，通车里程达652 公里，实现县县通高速，"一环八射两联络"高速公路网络格局基本形成。机场方面，井冈山机场扩建工程已于 2015 年开工建设，力争 2018 年底完成新航站楼竣工验收并投入使用。航道方面，辖区赣江Ⅲ级航道从 2012 年的 36 公里提升至 152 公里；石虎塘航枢纽与峡江水利枢纽相继完工，新干航电枢纽、井冈山航电枢纽分别于 2015 年和 2017 年开工建设，赣江（石虎塘—神岗山）Ⅲ级航道整治工程于 2016 年底开工建设。

提高能源保障能力。电网供电能力不断提高，220 千伏变电站由 6 座增加至 10 座，实现"县县覆盖"；110千伏变电站由36座增加至50座。新增110千伏及以上变电容量321.98万千伏安，线路长度1520.9公里，分别为2011年的2.55倍、1.96倍，实现两个"翻番"。吉泰走廊成功实现天然气供气管网一体化，沿105国道燃气主管道已全线贯通，樟树—吉安—赣州成品油管道项目2015年底全面竣工投运。风电项目加快推进，泰和钓鱼台、新干五老峰等4个风电项目已实现并网发电，新干七琴城上、遂川清秀等7个风电项目正在开工建设，永新秋山等3个风电项目已完成核准。生物质能发电装机规模共6万千瓦，光伏电站、分布式光伏发电项目年发电量1.5亿千瓦。

加快水利基础设施建设。完成中小河流治理工程75条，累计完成治理河道长度658公里，完成护岸450公里，疏浚河道长度178.65公里，累计完成投资185855.97万元。五河治理项目达20个，中心城区河西片区已达50年的防洪标准。万安、白云山等灌区建设工程进展顺利，纳入国家实施方案的8座大中型水库或正在施工或正在开展前期工作，完成了1079座病险水库除险加固项目，768座山塘除险加固，小农水及"五小"工程项目实现全覆盖。全市大中型水库已全部建立了水情监测系统，实现了水雨情监测的自动检测。

（五）注重壮大特色优势产业

积极推动优势矿产业发展。安福县大陂勘查区、杨家桥勘查区分别提交铁矿石资源量5993万吨、3653万吨，安福浒坑钨矿深部找矿增加钨金属量0.96万吨。2017年2月，经报国土资源部备案，同意设立《江西井冈山地区锂金矿整装勘查区》，勘查区覆盖泰和、万安、遂川、井冈山等县（市），面积达3300公里。江西省泰和县梅岗—青原区甲先矿区梅岗矿段卤水锂矿详查项目预期新增氯化锂资源量50万吨，潜在经济价值1500亿元，可望形成江西省重要的新型锂矿勘查开发基地。

加快提升制造业发展水平。深入实施"工业强市"核心战略，聚焦发展电子信息、先进装备制造、绿色食品、生物医药大健康、新能源新材料"1＋4"产业。坚持电子信息首位产业，初步形成了包括手机整机、电脑主板、高密度多层线路板等100多个品种的"点线面体网"全面发展格局。目前全市拥有电子信息规上企业213家，全年实现主营业务收入840亿元，是2011年的3.3倍。加速发展机械制造产业、绿色食品产业、生物医药产业、新能源新材料产业等战略性新兴产业，主营业务收入分别达305亿元、385亿元、146亿元、223亿元，均是2011年的3倍左右。加快建设电子信息、新型建材等产业基地，吉安市获批国家新型工业化产业示范基地，新增碳酸钙新材料产业基地、皮革制品产业基地、绿色农副食品产业基地、林化香料产业基地等8个省级特色产业基地。加快推进科技协同创新。全市高新技术企业总数达205家，高新技术产业总产值由2012年的325亿元增长到2017年的1214.6亿元，在全省排第三位，成功获批国家电子信息高新技术产业化基地，吉安高新区升级为国家高新技术产业开发区。全市省、市级工程技术研究中心（重点实验室）分别达到28个和74个，取得科技成果307项，获省科学技术奖18项。开发国家重点新产品 6 项，省重点新产品 325 项。专利申请量 8453 件，授权量 4416 件，2013 年更是成为全省唯一实现年度专利申请量翻番的设区市。获批科技企业孵化器国家级和省级各 1 家，省级产业技术创新战略联盟 4 个。

促进红色文化旅游产业大发展。国家旅游局、国务院扶贫办 2013 年批复设立吉安国家旅游扶贫试验区。吉安市深入实施"全景吉安，全域旅游"战略，大力推进旅游扶贫试验区建设，做大做强旅游产业。全市共推动建设旅游项目 295 个，吉州窑陶艺小镇、井冈山国际影视城等一批投资 10 亿元以上的项目加速推进，旅游业呈全域化发展态势，初步形成以 4 个旅游目的地、15 个旅游业集聚区、20 个旅游特色小镇、50 个旅游特色村为主体的全域旅游发展格局。井冈山市、青原区、安福县入围"国家全域旅游示范区"创建名单，井冈山被评为"中国研学旅游目的地"，井冈山、青原山被评为国家生态旅游示范区。启动实施了井冈山、永新、遂川红色旅游一体化工程，实现罗霄山片区红色区域联合发展，组建吉安市旅游投资发展有限公司，大力发展红色旅游、乡村旅游、生态旅游、文化旅游，推动实施旅游扶贫。2017 年全市共接待国内外游客 8257.61 万人次，实现旅游总收入 787.41 亿元，分别为 2011 年的 4.5 倍和 6.3 倍。直接带动 10 多万农民就业，人均年增收 3500 多元，为脱贫攻坚探索了新路径。

大力发展现代服务业。积极培育省级现代服务业集聚区，全市拥有 14 家省级现代服务业集聚区、17 家省级服务业龙头企业，2017 年带动就业 5.2 万人，完成营业收入超 100 亿元，成为吉安市服务业发展的重要引擎和平台。金融业跨越式发展，2017 年底全市金融机构人民币各项存款余额为 2628.51 亿元，比 2011 年末增长 1.5 倍，各项贷款余额 1567.44 亿元，比 2011 年末增长 2.5 倍；存贷比达到 59.6%，比 2011 年末提高了 16.86 个百分点。全市保险费收入达 70 亿元，比 2011 年末增加 43.57 亿元，增长 1.64 倍。商贸业发展迅速，成功引进天虹商场、华润万家、莱斯百货、香港铜锣湾、大润发等一批国内外 500 强商贸企业进入吉安。现代物流体系建设迈上新台阶，吉安市被列入省级城市共同配送试点，井冈山经开区物流集聚区被列为全省物流重点产业集聚区，井冈山经开区物流园、祥和物流园被列为省级重点商贸物流园区。电子商务爆发式增长，电商交易额从 2013 年的 50.2 亿元增加到 2017 年的 450 亿元，实现了电商产业（孵化）园县（市、区）全覆盖，电商服务站乡镇全覆盖，共入驻企业 752 家，新干县、井冈山市、吉安县、遂川县、万安县、永新县等先后被列入国家级电子商务进农村综合示范县市，打造了井开区、新干箱包城两个省级电子商务示范基地，初步形成了"城内大商场，城中特色街，城郊大市场，城外大物流"的商贸业发展大格局。

推动产业与城市协调发展。加快推进吉泰走廊城市群建设，《吉泰走廊四化协调发展示范区规划》获国家发改委批复，《吉泰城镇群规划（2016～2030 年）》获省政府批复，形成了城镇体系、工业产业、服务业、农业产业化、基础设施建设、土地利用、社会事业、空间利用等"1＋8"规划体系；中心城区控规实现全覆盖，《吉安市城市总体规划》《吉泰走廊区域生态保护规划》《吉安市中心城区及吉泰城镇群快速交通专项规划》等加快编制。吉安县被列为全省城乡总体规划暨"多规合一"试点县。积极争取省政府大力支持，省政府于 2012 年 12 月出台了《关于支持吉泰走廊打造重要增长带的若干意见》，把吉泰走廊建设上升为继环鄱阳湖生态经济区之后的又一省级重点区域发展战略。

构建"一核两翼三带"吉泰城镇格局。提升中心城区"首位度"。吉安中心城区建成区面积增加 75.5%、达到 75 平方公里，多中心、多组团的城市发展格局全面形成。积极策应昌吉赣高铁建设，在中心城区规划 37 平方公里建设高铁站前新区。提升城镇"融合度"。吉水县、吉安县、泰和县融城步伐加快推进，走廊 10 个优先发展重点镇、10 个卫星镇功能配套建设全面完成。提升交通"通达度"。井冈山机场二期改扩建年内将完成主体工程建设，中心城区 105 国道外环改道项目和新井冈山大桥、庐陵大桥、吉水吉阳大桥和文峰大桥相继建成；绕城通道吉莲、抚吉高速建成通车，广吉高速、蒙华铁路、昌吉赣客专开工建设，走廊 20 分钟交通圈基本形成。基本实现"六个一体化"。走廊内实现卫星镇、重点镇、工业园区公交全覆盖，水电油气、通信交通、医保金融、劳动力市场、户籍制度等率先实现一体化，用水普及率、燃气普及率、污水处理率均达到 90% 以上。

（六）注重建设生态文明先行示范区

加强生态建设和水土保持。扎实开展造林绿化，累计完成造林面积 248.87 万亩；长珠防林工程完成新造林 68.32 万亩，封山育林 33.06 万亩；退耕还林工程完成新造林 13.55 万亩，封山育林 6.6 万亩，森林覆盖率达 67.44%，森林蓄积总量近 1 亿立方米。坚守生态公益林保护红线，落实 595.15 万亩国家公益林和省级公益林补偿范围，补偿标准从每亩 17 元提高到每亩 20.5 元。加快国家木材战略储备林生产基地建设，完成现有林改培 3.56 万亩，新造林 1.46 万亩，森林抚育 37.2 万亩，国开行贷款吉安国家储备林基地建设项目成功落地，总投资 83.9 亿元，建设营造林示范基地 240 万亩。全市新增国家级自然保护区 1 个、国家级湿地公园 5 个、国家级森林公园 1 个。累计已建立林业自然保护区 29 个，建立湿地公园 10 个，建成森林公园 19 个。加强水土流失治理，完成水土流失综合治理面积 1142 平方公里，崩岗治理 500 多座，实施生态修复 1500 平方公里，林草覆盖率增加 10%~20%，平均每年减少土壤侵蚀量近 6 万吨。不断完善和加强对河道水功能区和入河排污口水质监测，吉安市水功能区达标率 95% 以上，水质常年稳定在Ⅲ类以上，城镇集中式饮用水水源地水质达标率达到 100%。大力实施生态文明示范试点工程，永新、遂川、万安、井冈山市四县（市）被列入了国家主体功能区建设试点，共创建了省级生态县（市、区）8 个，国家级生态乡镇 46 个，国家级生态村 3 个，省级生态乡镇 85 个，省级生态村 90 个，生态创建工作位居全省前列。吉安市先后获评全国林业信息化示范城市、全国绿化模范城市、中国人居环境范例奖、国家园林城市、国家森林城市、国家卫生城市、全省生态宜居城市、全国生态保护与建设示范区、全国循环经济示范城市、全国低碳城市试点和全国文明城市。

加大环境治理和保护力度。积极开展废弃矿山地质环境调查，累计治理历史遗留矿山环境面积 630.2 公顷，恢复治理废弃矿山面积 34.2 公顷。加大全市污水处理设施建设力度，现已建成城镇污水处理厂 12 座，污水处理能力 17.6 万吨/日，全市污水处理率达 83%，其中中心城区污水管网总长已达 625.9 公里，达标排放率达 100%。建成工业园区污水处理厂 14 座，日处理工业污水能力达 13.8 万吨。万安水库生态环境保护与治理项目 2017 年已被纳入国家水污染防治行动计划项目并下达建设资金。大力实施农村清洁工程，已累计发展农村户用沼气 7.18 万户，新建联户供气和养殖小区沼气工程 416 处，新增养殖小区规模化大型沼气工程 86 处，畜禽废弃物治理率达 80% 以上。

大力发展循环经济。在生产、流通、消费各环节大力推行循环型生产方式和绿色生活方式。编制完成了《吉安市国家循环经济示范城市实施方案》，并于 2016 年正式获批国家循环经济示范城市，全市工业固废利用率达 75%。2015 年井冈山经开区成功获批国家级循环化改造试点园区，11 个项目获得中央预算内投资 1.281 亿元，目前已经完成总进度的 51%。吉州区被列为全省首批低碳经济试点，吉州区、吉安高新区、安福县、永丰县 4 个园区入选省级循环化改造试点园区，井开区、吉州工业园区为首批省级生态工业园区。在农业发展方面，通过对秸秆肥料化、饲料化、基料化、能源化和原料化等方式强化秸秆的综合利用水平，目前全市秸秆综合利用率已达到 84%。

（七）注重繁荣发展社会事业

优先发展教育事业。加快实施学前教育发展三年行动计划，吉安市建有幼儿园 2216 所，较 2011 年增加 998 所，学前教育三年毛入园率达到 82%，较 2011 年提高 13.26%。大力推进农村义务教育薄弱学校改造和标准化建设，完成改造薄弱学校项目 752 个，竣工校舍面积 101.48 万平方米，21.73 万义务教育阶段学生从中受益。不断加快中小学学生宿舍建设，新建和维修改造学生宿舍面积 70.86 万平方米，现全市学生宿舍面积达 111.83 万平方米。大力推进边远地区农村学校教师周转房建设，建设教师周转宿舍 24.87 万平方米。积极启动学生营养改善计划，累计有 93 万人次农村学生受惠，落实了义务教育"两免一补"政策，共计发放补助资金 34203.85 万元，受益学生达 329.2 万人次。职业教育体系进一步完善，建成 2 所国家中等职业教育改革发展示范校和 13 所省级达标中职学校，投资近 11 亿元建设吉安职业技术学院，现有在校生 8935 人，有效填补了吉安市高职教育空白。高度重视农村教师队伍建设，支持免费师范生回吉安市任教，与 50 余名部属院校免费师范毕业生签订就业协议，补充农村学校教师 1.2 万余人。

提升城乡医疗卫生服务水平。不断完善医疗卫生服务体系，加快提升医疗服务能力水平，吉安市现有各类医疗卫生机构 4775 个，医疗卫生机构床位 21945 张，执业（助理）医师 7615 人，注册护士 8515 人，每千人常住人口床位数 4.46 张，较 2011 年增长 63.97%，每千人常住人口执业（助理）医师 1.55 人，较 2011 年增长 21.09%，每千人常住人口注册护士 1.73 人，较 2011 年增长 49.14%。医疗卫生服务网络进一步完善，吉安市现已有 1727 个行政村建有一所产权公有标准化村卫生计生服务室，建有比例达

75.1%，全面消除医疗空白村。建立城乡居民电子档案 417.01 万份，建档率达到 85.43%。加强基层医疗卫生队伍建设，全市共组建家庭医生团队 2278 个，签约常住人口 1678883 人，全科医生转岗培训人数为 553 名。社区卫生服务体系进一步健全，全市共建有城市社区卫生服务中心 12 个，社区卫生服务站 16 个，社区卫生服务网络覆盖率基本上达到了 100%，构建了 15 分钟社区卫生服务圈。人口与计划生育能力和重大疾病防控能力进一步加强，共建设人口与计生项目 26 个，为全市各县（市、区）计生服务站改善了业务用房、配备了服务用车及医用设备。

加快文化体育事业发展。大力推进重大公共文化设施建设，新建了文化艺术中心 8 座，图书馆 8 个，新建文化馆 9 个，博物馆（纪念馆）14 个，剧场、电影院 6 座，县级以上文化广场 95 个，乡镇综合文化站 265 个，社区文化活动室 296 个，修缮旧祠堂或建设村（社区）文化活动室 1775 个，建设文化信息共享工程村级服务点 1972 个，农家书屋 2558 家，基本构建起了比较完善的市、县、乡、村四级公共文化服务体系。建成全民健身活动中心 8 个，8 个县区建有"四加一"工程，兴建全民健身路径 206 条、社区多功能运动场 18 个、农村乡镇体育健身工程 132 个，行政村农民体育健身工程 1576 个，实现了 58% 以上的乡镇（居委会）、62% 以上的村建有农民体育健身工程的工作目标，实现了全市 131 个社区运动场所 100% 全覆盖。非物质文化遗产保护成效显著，全市有不可移动文物合计 4547 处、省级历史文化名城 2 个、全国重点文物保护单位 20 处、省级文物保护单位 120 余处，全市有 5 个县获评 2014～2016 年度"江西省民间艺术之乡"称号，3 个县被命名为"中国民间文化艺术之乡"。有国家级非物质文化遗产保护项目 10 个，省级非物质文化遗产保护项目 72 个。成功创建了省级庐陵文化生态保护实验区，逐步建立健全了国家、省、市、县四级非物质文化遗产保护名录体系。

加强就业和社会保障。加强基层人力资源和社会保障公共服务平台建设，建设了一批实训基地和创业孵化基地，吉安市公共建设项目于 2016 年 4 月获得国家发改委批复，全市已建成新型创业孵化基地 17 家，吸纳创业实体 430 家，带动 2768 人就业。建立完善统筹城乡的社会保障体系，实现基本养老保险、基本医疗保险全覆盖，全市养老保险参保人数达 300.71 万人。逐步提高新型农村社会养老保险和城镇居民社会养老保险基础养老金标准以及企业退休人员基本养老金水平。医疗保险实现城乡统筹和异地就业即时结算，全市基本医疗保险参保人数达 495.3 万人。完善城乡低保制度，新增农村低保对象 5.5 万人，城乡低保标准分别从 370 元、170 元提高到 530 元、305 元，分别增长 43.2%、79.4%；农村"五保"对象集中、分散供养分别提高到 395 元、355 元，继续加大对残疾人的就业和社会保障的帮扶力度。加快养老、儿童福利院等项目建设，新改建 13 所县级福利院、204 所敬老院，打造 471 个居家养老点，建成养老床位 2.1 万多张，建设 9 所县级儿童福利机构，实现福利院、乡镇敬老院县域全覆盖，2017 年吉安市纳入第二批中央财政支持开展居家和社区养老服务改革试点地区。构建市、县、乡三级救灾救助体系，遂川县、泰和县救助管理站（未成年人救助保护中心）被民政部评为"国家三级救助管理机构"。

强化基层社会管理服务。推动了社区建设管理。以"人文社区　温馨家园"创建工作为抓手，拓宽社区平台建设和服务功能，提升了城乡社区治理水平。全市共创建达标社区153个，其中32个社区获省级"绿色社区　美丽家园"命名，吉州区"人文社区　温馨家园"被民政部评为2013年度中国社区治理十大创新成果。提升了基层组织服务能力。建立了社区事务"一口式"受理服务中心，进一步方便了群众。加大了社区社会组织培育发展力度，提升承接政府购买公共服务能力和水平，逐步形成了社区、社会组织、专业社会工作联动的工作机制。

（八）注重深化改革开放

创新体制机制。加快吉泰走廊先行先试，吉泰走廊新型城镇化综合试点和"六个一体化"有效落实，工业园区体制改革步伐加快，井开区人事制度、投融资机制创新取得突破；旅游景区经营体制机制有效放活，所有权、管理权与经营权"三权分立"的景区经营试点深入开展，市文化旅游开发公司全面运营；农业农村综合改革稳步实施，农村集体资产股份权能改革、农村土地承包经营权确权登记颁证基本完成，财税体制改革工作基本到位，资金分配管理更加科学。34家县级公立医院改革基本完成，全面破除医药补医机制。国有林场改革创出"吉安模式"，扩权强镇列入全省改革推广项目。电子政务协同办公系统实现市县乡全覆盖，市本级政府机构改革基本完成，行政审批和商事制度改革取得重大突破，"一枚印章管审批""最多跑一次"改革取得重大突破。

有序承接产业转移。依托现有产业基础，尤其是电子信息产业，多次到中国台湾、中国香港、深圳、广州等地举办产业对接推介会，全力承接东南沿海地区产业转移，红板、合力泰、坚基矿业等一大批沿海企业落户吉安。吉泰走廊加工贸易重点承接地加快建设，设立加工贸易转型升级专项资金，对加工贸易企业在引进先进技术设备、购买核心技术、争创自主品牌等方面给予扶持，实现了加工贸易五年翻番增长。2017年全市加工贸易企业29家，加工贸易进出口总额为5.76亿美元，是2011年的2.88倍。积极申报省级特色产业基地，培育了江西省新干盐产业基地等6个省级特色服务业产业基地、江西省碳酸钙新材料产业等10个工业产业基地，其中吉泰走廊电子信息产业基地获批国家新型工业化产业示范基地。大力支持有条件的省级开发区升级，2015年吉安高新区成功升级为国家级高新技术产业园区。

推动开放合作。友好合作不断加强，长珠闽合作进一步深化，积极承接长珠闽地区产业转移。在全市2000万元以上新签约项目中，来自长三角、珠三角和海西经济区的项目共721个，占项目总数的57.18%。港澳台合作交流进一步加强，积极参加赣港经贸活动周、赣台会等招商引资活动，全市新批港资企业共568家，新批合同外资51.49亿美元。2012年以来，每年举办吉台农业恳谈会，入岛招商实现了台湾各区域全覆盖，一二三产业全覆盖，签约台资项目170余个，合同金额约50亿美元，实际利用台资约20亿美元，创造了台商集聚吉安现象。吉安先后被国台办评为"赣台农业合作实验区""台资企业转移承接地"。积极融入国家"一带一路"和长江经济带建设，积极对接上海、福建、广东等地自贸区，加速完善井冈山出口加工区功能，积极推动吉安陆地港 2014 年 10 月正式运营，推动 2009 年开通吉安至厦门铁海联运五定班列，2012～2017 年累计完成货物运量 15543 重标箱，年平均增长 22.53%。2017 年 12 月开通了吉安（赣州）至深圳的铁海联运快速班列。

（九）注重加快政策落实

财税政策。加大中央预算内投资、专项建设资金申报力度，积极争取国家在重大项目规划布局、审批核准、资金安排等方面的大力支持，从 2012 年起，省财政每年下达吉安市原中央苏区财力性补助资金 6000 万元，并纳入固定基数补助；2016 年，省财政再增加 5000 万元，达到 11000 万元；2017 年，省财政下达吉安市原中央苏区财力性补助资金 11000 万元，有力地促进了全市各项社会事业和谐发展。

投资政策。争取国家加大中央预算内投资和专项建设资金投入，在重大项目规划布局、审批核准、资金安排等方面给予倾斜。2017 年，中央、省级财政大力支持吉安市经济、社会事业建设发展，累计下达基建预算拨款 120147.4 万元。六年来，全市累计争取上级各类扶持资金 1123.4 亿元。

金融政策。金融机构组织体系不断完善，先后引进了交通银行、华夏银行等 5 家银行机构落户吉安市，引进浙江台州银行等银行在吉安市设立 13 家村镇银行，城商行、农商行、村镇银行实现县域全覆盖。资本市场发展取得历史性突破，江西龙天勇有色金属有限公司（中国白银集团）、雅高石材（江西）有限公司在香港成功挂牌上市，合力泰借壳山东联合化工实现上市；狼和医疗器械股份有限公司、吉瑞节能科技股份有限公司等 8 家企业在"新三板"挂牌；2017 年 7 月集中组织 76 家企业在省股交中心集中挂牌，为全省设区市首创。完善政银企对接联动机制，全市 13 个县（市、区）先后举办融资洽谈会 165 场，银行机构与 2200 户企业签约 568 亿元。在深圳组织召开企业股权招商推介会两次，共签约 31 个项目，签约金额 26.42 亿元。在宁波、江阴等地开展 IPO 总部企业招商，签约项目 24 个，合同引资约 70 亿元。市城投公司、新庐陵公司、金庐陵公司等先后发行企业债、公司债、中票等债务融资工具 130 多亿元；新干县城投发行地下综合管廊专项债 10 亿元，实现吉安市县级政府平台公司发债零突破。

产业政策。制定了吉泰走廊产业指导目录，对符合条件的产业项目优先规划布局，实行差别化产业政策。积极争取和落实中央及省级企业技术改造和产业结构调整等专项对特色优势产业、战略性新兴产业发展的支持政策。支持工业园区、开发区、产业基地开展规划环评能评试点，简化项目环评能评审批程序。优先安排申报国家和省财政奖励节能技改项目。

国土资源政策。积极争取国家在安排土地利用年度计划、城乡建设用地增减挂周转指标、低丘缓坡荒滩等未利用地综合开发利用试点项目及规模等方面对吉安市的大力支持，累计争取年度新增建设用地计划 96931 亩，城乡建设用地增减挂钩项目周转指标 21612.4 亩，实施低丘缓坡项目 25 个、用地规模达 23851.92 亩。同时，积极争取将重大建设项目列入省重大项目调度会、战略新兴产业推进会和开放型经济调度会，已争取使用省级预留新增建设用地计划指标共计 32130.8 亩，有效缓解了项目用地压力，切实保障了吉安市经济社会快速发展的用地需求。

生态补偿政策。积极争取提高国家重点生态功能区转移支付，落实好公益林补助政策。落实生态公益林补偿面积 595.15 万亩，补偿标准从每亩 17 元提高到每亩 20 元，市本级财政每年安排生态保护补偿资金 1100 万元，公益林质量得到提高，生态环境得到改善。

人才政策。积极争取国家重大人才工程和引智项目政策支持，1 人入选国家"千人计划"，2 人入选国家"万人计划"；新增享受国务院特殊津贴专家 4 人、省贴 9 人、市贴 40 人；新增"百千万人才工程"省级人选 11 人。创建博士后科研工作站（国家级）6 个、博士后创新实践（省级）2 个，实现零的突破。技能人才获"国务院特殊津贴"2 人，获"全国技术能手"称号 2 人，获"江西省优秀高技能人才"称号 1 人，获"省政府特殊津贴"3 人、获"江西省首席技师"称号 10 人，获"江西省技术能手"称号 14 人。共执行引智项目 11 个，引进经济技术类外国专家 10 人，引进急需紧缺海外工程师 8 名，为振兴发展提供人才支撑。

三、中央国家机关及有关单位对口支援情况

为推动战略实施，2013 年 8 月，国办印发了《中央国家机关及有关单位对口支援赣南等原中央苏区实施方案》，由中组部和国家发改委牵头开展中央单位对口支援赣南等原中央苏区。对口支援吉安的中直单位和挂职干部带着感情和责任倾力帮扶；吉安市把对口支援作为重要机遇、看作宝贵资源，以热情、尊重、感恩的态度争取支持，积极推动中央对单对口支援开展。

国家各部委倾力支持。各部委和中央单位以强烈的政治责任感，积极落实《若干意见》，从政策、资金、项目等各方面给予具体支持，并组织人员赴吉安实地调研、现场办公。国防科工局原局长许达哲，副局长王毅韧、徐占斌和总工程师龙红山，国家林业局局长张建龙、原局长赵树丛、副局长李春良、党组成员谭光明、总工程师封加平，国家旅游局原局长邵琪伟，纪检组长刘金平，副局长王晓峰、魏洪涛，国家铁路局局长杨宇栋、副局长朱望瑜、党委书记钟华，国家税务总局党组副书记、副局长解学智，中国人民银行副行长陈雨露、潘功胜，国家工商总局副局长马正其、唐军、甘霖，金融研究局局长陆磊等

部委领导先后赶赴吉安调研指导。大批司局领导也纷纷赶来指导相帮。

挂职干部倾力帮扶。对口支援部委单位派出了挂职干部驻扎吉安，带着感情和责任全力相助，在深入市县调查研究的基础上，制定出台了措施得力、内容务实的对口支援方案。挂职干部们怀着真心真情，个个以主人翁的精神，把挂职当成任职，融入地方、服务发展，把部委机关的好作风、好理念带入吉安，积极主动出高招、献良策，借助部委力量及人脉优势牵线搭桥、争资引项，展现出了良好的精神状态、工作作风和工作成效。

在对口帮扶单位和挂职干部的积极努力下，在全市上下的积极争取下，对口支援工作取得实实在在的阶段性成效。

一批批政策平台搭建起来了。国土资源部专门针对吉安出台国土资源开发利用意见，从农村危旧房改造用地计划、土地开发新增耕地发展致富产业等 7 大方面支持吉安。民政部将吉安纳入全国第二批中央财政支持居家和社区养老服务改革试点地区。国家税务总局协调省税务部门在免抵调库指标、税收征管划分不清部分给予吉州区支持；帮助协调吉州区享受西部政策延伸县政策，推动将吉州区长塘等 4 个乡镇列入国家以工代赈范围。国家旅游局批复吉安设立国家旅游扶贫试验区；批复青原区、井冈山、安福县列入"全域旅游示范区"创建单位，助推羊狮慕、田北画村等先后被评为国家 AAAA 级景区。国家住建部成功推动吉安高新区升格为国家级高新技术产业开发区；协助吉安市成功申报"智慧城市"试点城市；推动吉安县纳入江西省城镇污水管网建设重点支持县。国防科工局促成建设 3000 亩的军民结合产业基地，并认定为第一批省级军民融合产业基地，将中电新材料、中信航空设备公司认定为第一批省级军民融合企业，同时给予落户基地的军民融合项目中央财政资金支持。中国人民银行支持新干县设立外汇管理与服务中心；将新干县列入全国农村金融教育实施县；支持新干县成为首批扶贫再贷款优惠政策试点县，执行比支农再贷款低 1 个百分点的优惠利率；建成赣南等原中央苏区金融教育培训基地。国家铁路局明确永丰县采用铁路方式外运的货物，运费给予 20% ~30% 的下浮；在永丰县建立铁路后勤基地，将永丰县绿色有机农副产品纳入铁路后勤、站车食品配餐范围内。国家工商总局支持泰和县成功开展两届"知名民企泰和行"活动；连续两年组织泰和县参加"中国国际商标品牌节"，指导帮助"泰和酱菜"和"泰和竹篙薯"先后获得国家地理标志注册证明商标。国家林业局帮助吉安市成功创建国家森林城市；推动万安县成功列入第二批全国生态文明示范工程试点县、江西省竹类特色产业发展县、"中国果子狸养殖之乡"。

一批批项目建设得到鼎力支持。财政部下达专项资金 4400 万元支持吉安市现代农业和扶贫开发。华电集团协调推动市政府与华电福新能源股份有限公司开展战略合作。国家税务总局利用招商推介会积极牵线搭桥，推动吉州区在北京、东莞等招商会上与中国网库集团等多家企业成功签约；利用国家工商总局同在吉安对口支援的契机积极争取"堆花"酒列入"中国著名商标"。国家旅游局帮扶青原区积极争取旅游基础设施项目、旅游发展基金补助项目、贫困村旅游扶贫试点项目和旅游厕所建管项目等；帮助吉安市 6 个县

（市、区）的 47 个村被列为国家美丽乡村旅游扶贫重点村；引进北京达沃斯巅峰智业有限公司共同开发建设渼陂古村。国家住建部大力支持吉安市农村危旧房改造；协调吉安县农村垃圾处理项目列入省住建厅计划盘子，19 个乡镇全部建成农村垃圾压缩站。国防科工局促成国防科技工业对口支援吉水县暨吉安市军民融合发展推进会顺利召开，会上中国电子科技、中国电子信息产业集团分别与吉安市人民政府签署战略合作协议，截至目前签约项目已达 16 个，其中中电新材料、中信航空制造项目建成投产。中国人民银行先后组织银企对接活动 40 余次，对接企业和项目 110 个，签约总金额 30 亿元；帮助吉安市新庐陵公司发行中期票据项目，募集资金 10 亿元；推动农发行先后分 3 次为新干城投贷款3.48 亿元。国家铁路局成功将吉抚武温铁路纳入国家铁路网中长期规划；推动在吉安举行对口支援产业推进会，促成中国电力建设集团等 7 个项目签约，推动吉安市与华东交通大学合作共建铁路高等职业学院。国家工商总局助推泰和县先后与阿里巴巴、京东签订电商扶贫框架协议，协调阿里农村淘宝项目实现了乡镇全覆盖，京东泰和特产馆正式上线运营；促成 20 余家企业到泰和进行考察投资。国家林业局审核批准了万安国家森林公园调整经营范围；大力协调万安湖生态环境保护与治理项目纳入国家水污染防治专项；安排生态护林员专项资金 1150 万元；实施了万安县林业工作站标准化建设项目。

一批批改革先行先试得以推进。国家税务总局支持吉州区打造了"一个电话服务到，一枚公章审批完"行政审批制度改革和社区治理服务机制创新改革品牌。国家旅游局指导出台了《深化旅游体制机制改革创新、推进旅游强区建设的意见》，推动青原区旅游景区管理体制改革。国家住建部强化指导吉安县完成"多规合一"成果编制，推动吉安县纳入全省"多规合一"试点县。国防科工局指导支持吉水创建军民融合创新示范基地，推动争取先期授牌。中国人民银行大力推进新干县开展普惠金融改革试点和"金惠工程"试点；推动新干县获批成为全国农村土地承包经营权抵押贷款业务的试点县；确定新干县开展全国农村信用体系建设试验区试点；推进新干县农村承包土地经营权抵押贷款试点工作。国家铁路局积极推进永丰县铁路客票"乡镇代办、区域集中售票、免费送票上门"全省先行试点工作。国家工商总局批复同意泰和县成为全国首个开展网络市场监管与服务的县级示范区。国家林业局推动万安、遂川、永新、井冈山成功列入国家主体功能区建设试点示范县；争取万安县列入低质低效林改造试点；批复同意万安开展国家湿地公园试点工作。

四、主要经验做法

回顾党的十八大以来吉安推动苏区振兴发展的实践，我们体会至深的有四点：一是老区振兴发展的根本动力来自坚定自觉地以习近平新时代中国特色社会主义思想为指导，以习近平总书记治国理政战略思想体系为根本遵循，始终坚持把学习贯彻习近平总书记系列重要讲话精神作为全部工作的首要，确保全市工作沿着正确方向前行。二是党中央、国务院和省委、省政府对吉安老区特殊关心厚爱，特别是2016年2月1~2日习近平总书记亲临吉安、井冈山视察指导，与老区干部群众一道过小年，并且强调"老区在全国建小康的征程中要同步前进，一个也不能少"，还指示我们在脱贫攻坚中要作示范、带好头，这一系列殷殷嘱托给我们以巨大的温暖和鼓舞。我们努力把党中央、国务院和省委、省政府的关心支持内化为不竭动力，变"输血"为"造血"，内外兼修，奋发有为，推动老区振兴发展。三是苏区振兴若干意见的顶层设计，紧扣制约苏区振兴发展的关键问题，精准施策、精准发力，一大批实实在在的政策、项目、资金纷纷向老区倾斜，国家部委也纷纷出台支持意见，积极开展对口帮扶，为老区发展注入了强劲动力。四是一切奋发有为的实际行动都来源于精神的力量，我们注重传承红色基因，激励干部群众大力弘扬井冈山精神，担当实干、马上就办，努力探索富有吉安特色的革命老区振兴发展之路。

（1）得益于领导的高位推动。市委、市政府第一时间召开动员会，成立了以市委书记为组长、市长为第一副组长的领导小组和专门办公室，主要领导和分管领导高位推动，亲自调度苏区振兴和吉泰走廊建设工作，召开苏区振兴领导小组会议和专项调度会议，市县主要领导赴国家部委、省直厅局走访汇报，一批支持政策和事项落地。

（2）得益于各方的鼎力支持。吉安苏区振兴发展取得的成绩，始终离不开党中央、国务院，省委、省政府的关心支持，离不开国家部委、省直部门的大力帮助。省苏区振兴发展领导小组会、部际联席会等会议多次调度推动支持吉安发展事项的落实落地。11位省领导挂点吉安，8个国家部委对口支援和21名优秀干部挂职吉安，为吉安市发展献策出力、牵线搭桥。同时，国家部委和省有关领导多次到吉安调研指导工作，现场办公，帮助解决困难和问题。

（3）得益于坚持正确的发展理念。围绕建设经济繁荣、文化昌盛、生活幸福、生态秀美、政治清明新吉安的目标，努力在弘扬跨越时空的井冈山精神上走在前列、在打赢精准脱贫攻坚战上走在前列、在打造美丽中国"江西样板"上走在前列，坚持"五化"同步互动、三产共生演进主战略，致力于昂起井开区龙头、挺起吉泰走廊脊梁、立起县域经济支点，重点聚焦吉泰走廊、聚焦改革开放、聚焦产业升级、聚焦城乡统筹、聚焦重大项目、聚焦民生改善，着力增强自身"造血"功能，努力推动加快振兴发展。

（4）得益于顶层设计的引领带动。市委、市政府始终坚持规划先行、科学统筹，以顶层设计破解发展难题，高起点、高标准编制苏区振兴发展和吉泰走廊建设相关规划。聘请中国城规院编制了《吉泰走廊"四化"协调发展示范区规划》，形成了覆盖城镇体系、产业发展等方面的"1+8"规划体系；紧扣国家《实施意见》和省《实施方案》，提出了对接专项规划、对接行动计划及重大对接项目。六年来全市已编制苏区振兴发展各类规划（方案）100多个。

（5）得益于上下齐心形成的强大合力。市委、市政府始终坚持团结协调、干事创业的正确导向，营造风清气正、政通人和、昂扬向上的良好氛围；始终按照立党为公、执政为民的要求，奉行事业至上、发展大局至上、人民利益至上的价值取向，以党政班子团结、四套班子团结，带动全市上下团结；工作中不争论，不折腾，尚实干，讲奉献。在全市形成了共识共为、专心干事、齐心创业、共谋发展的良好政治生态，凝聚起振兴原中央苏区，加快振兴发展、进位赶超的强大合力。

（6）得益于工作机制的创新完善。建立了调度推进机制，加大定期调度力度，协调解决困难问题，推动各项工作任务的推进落实。建立了信息报送机制，总结交流经验。建立了统计指标体系，及时反映苏区振兴发展和吉泰走廊建设经济运行情况，为各级领导决策提供依据、当好参谋。建立了督查考核机制，将苏区振兴和吉泰走廊建设纳入各地各部门年度目标考核的重要内容，并对吉泰走廊实行单独考核评价，运用考评机制推动各项工作全面完成。

五、存在的困难和问题

由于历史和基础等方面的原因，吉安市苏区振兴发展和脱贫攻坚还存在不少困难和问题：

（1）《若干意见》部分政策尚未完全落实。《若干意见》政策大部分得到较好落实，但受诸多因素影响，仍有少部分政策事项未落实或启动。如东固革命烈士陵园建设、出台差别化政策等事项尚未落实。同时，有些政策虽正在落实，但是支持力度还不大，配套补助标准较低，如农村危旧房改造补助仅为 1.25 万元/户，农村公路补助标准仅为 10 万元/公里，而实际农户建房每户需要 15 万元左右，修建 4.5 米宽的农村公路需要 30 万元/公里，实施这些项目的贫困地区农民和地方政府财力难以承受。

（2）苏区振兴优惠政策还未实现均衡共享。吉安是星火燎原的革命圣地，是举世闻名的中国革命摇篮井冈山所在地，全境是原中央苏区、革命老区，但《若干意见》出台的不少政策还没有覆盖到吉安。如吉安没有执行西部大开发政策，特别是还没有享受15% 的企业所得税优惠政策；对口支援方面，全市只有 8 个县区享受到该政策，仍有遂川县、安福县、永新县、峡江县、井冈山市 5 个县（市）没有对口支援覆盖。

（3）新一轮国家重大战略布局未兼顾原中央苏区。目前国家正在实施的"一带一路"和长江经济带发展战略，在政策、项目、资金等方面都是重点向省会和沿线城市倾斜。如《推动共建丝绸之路经济带和 21 世纪海上丝绸之路的愿景与行动》明确，内陆地区重点打造重庆西部开发开放重要支撑和成都、郑州、武汉、长沙、南昌、合肥等内陆开放型经济高地；《国务院关于依托黄金水道推动长江经济带发展的指导意见》明确，重点是支持上海、南京等多个长江沿线城市发展，并提出培育壮大环鄱阳湖城市群，促进南昌、九江一体化和赣西城镇带发展。以上两个战略均未把原中央苏区振兴发展战略纳入其中，需要进一步加强互联互通。

（4）同步全面建成小康社会压力巨大。《若干意见》提出："到 2020 年，赣南等原中央苏区与全国同步实现全面建成小康社会。"从目前情况来看，吉安与全国同步全面建成小康社会压力巨大。①经济社会发展水平仍然比较落后。人均 GDP 仅为全国的 54.9%，人均财政收入为全国的 40.3%；工业基础薄弱，产业层次不高，尤其是缺乏带动力强的龙头企业和品牌企业；基本公共服务保障不足，尤其在农村基层，教育、医疗更是难以满足正常的需求，全市还有一半的乡镇未覆盖公办中心幼儿园，每千人床位 4.47 张，低于全国平均水平 0.64 张，每千人拥有执业（助理）医师 1.55 人，比全国平均水平少 0.7人，全面建成小康社会任重道远。②基础设施还比较薄弱，历史欠账较多。尤其是交通基础设施方面，全市还没有一条快速铁路，还有遂川、永丰等 6 个县没有通铁路；全市二级及以上公路占比仅为 10.7%，低于全国平均水平 1.5 个百分点，高速公路通道还未全部形成；国省道和县乡公路发展不均衡，农村公路绝大部分为四级及等外公路，交通通达能力较弱。③部分群众生产生活条件还比较困难。还有 4 个罗霄山特困片区县和 4.5 万贫困人口，尤其是遂川还有 8 个深度贫困村；仍有农村不通村组公路 7000 公里，有近 30 万农村人口安全饮水需要巩固提升，农村基础设施还不完善，尤其是富民产业还很薄弱，乡村振兴任务还十分艰巨。④巩固全面脱贫成果仍存巨大压力。按照预定计划，吉安市将在 2019 年前实现现有标准下所有国定贫困县脱贫摘帽，但是由于致贫原因复杂，部分人口贫困程度较深，巩固全面脱贫成果、保持可持续发展仍存巨大压力。

六、下一步工作对策

下一步，吉安市将坚持以习近平新时代中国特色社会主义思想为指引，认真贯彻落实党的十九大精神和习近平总书记等中央领导的批示精神，遵循"五位一体"总体布局和"四个全面"战略布局，大力弘扬井冈山精神，切实践行新发展理念，以加快绿色崛起为主线，以改革开放增动力，以创新创业求活力，以发挥特色优势强竞争力，感恩奋进、埋头苦干，努力迈出全面小康、绿色崛起新步伐，全面完成苏区振兴发展各项目标任务。重点聚焦以下六个方面：

（1）聚焦提高吉泰走廊"贡献度"。着力将吉泰走廊打造成江西京九高铁主轴经济带上迅猛崛起的中部脊梁，全面做强井冈山经开区和吉安高新区两个国家级园区"双引擎"，全面推开高铁经济区、临空经济区和通用航空产业园"两区一园"建设。实施走廊电子信息产业集聚升级工程，推动电子信息产业终端化、品牌化、集群化发展，重点培育通信终端及传输等 6 大产业集群；加快推进走廊一体化建设，实施 105 国道"东改工程"，加快市中心城区—井冈山机场快速通道建设，进一步拉通走廊外环线，构建走廊20分钟交通圈，基本建成吉泰城镇群；深化改革创新，继续推进吉泰走廊改革先行先试，不断激发走廊内生动力活力。力争走廊生产总值占比每年提高1~2个百分点，尽快实现70%的目标。

（2）聚焦产业升级发展。顺应供给侧改革和绿色发展方向，深入实施工业强市核心战略，着力提升电子信息产业的首位度，重点聚焦LED智能照明和通信终端两大产业集群，建设全国重点制造基地。加快培育壮大战略性新兴产业，改造提升传统产业，努力构建一个千亿级引领产业、一批500亿级成长产业和一批百亿级新兴产业的"三个一"产业梯度格局。加快推进农业供给侧改革，发展现代农业，不断调优农业结构，完善农业生产经营体系，全面提升农业综合生产能力。推动服务业发展提速、比重提高、水平提升，努力实现旅游总收入、金融机构贷款余额、电子商务交易额"三个翻番"。坚持创新驱动发展，大力推进"大众创业、万众创新"。

（3）聚焦精准脱贫和民生改善。践行"精细化管理、精准式扶贫"，聚焦扶持对象、扶贫项目、资金使用、措施到户、帮扶到点、脱贫成效"六个精准"。坚持因人因地施策，统筹推进基础设施扶贫、劳务扶贫、搬迁扶贫、智力扶贫、教育扶贫、健康扶贫等举措，精准实施产业扶贫、安居扶贫、保障扶贫三大扶贫工程。坚持"四个一"产业扶贫模式，因地制宜发展特色富民产业，推广"龙头企业＋合作社＋电商＋农户"经营模式，确保每户贫困户都有一项增收脱贫的主业。集中力量打好危旧土坯房改造攻坚战，将贫困村优先纳入美丽乡村建设范围。坚持将保障政策向贫困户叠加，积极推进低保与贫困户对接机制，着力提高贫困户保障能力。完善脱贫攻坚长效管理机制，确保脱贫可持续。

（4）聚焦生态文明建设。积极融入国家生态文明试验区建设，强化生态环境保护和建设，严格执行绿线管控，大力实施山水林田湖生态修复、造林绿化与退耕还林等绿色生态工程，深入推进各类环境治理；从源头上防控污染物排放，加快建设国家循环经济示范城市；着力创新生态机制，加快生态环境保护地方性立法，推动吉泰走廊生态红线管控、市立公园制度等成为地方法规；完善生态文明建设考核评价机制，认真落实"河长制"，实行领导干部生态环境保护和自然资源资产审计，建立健全自然资源产权管理制度，积极探索生态补偿、水权交易和碳排放权交易等市场化机制；广泛开展节约型机关、绿色学校、绿色社区、生态乡镇等创建活动，让绿色、低碳、节约成为社会风尚和全民自觉。

（5）聚焦改革开放。深化政府"放管服"改革，继续精简一批行政审批和生产经营许可事项，全面实行工商登记"五证合一、一照一码"，全面落实"双随机一公开"制度，健全"一口式受理、一站式审批、一条龙服务"机制。持续推进重点改革，在脱贫攻坚、生态文明建设等方面推出一批先导性改革，深化"一廊四区"、土地确权登记颁证等重点改革。推进全面"双向"开放，提高"引进来"水平，瞄准京津冀、港澳台、韩日欧等区域，推进工业、农业、服务业全领域招商。加大"走出去"力度，促进外贸出口扩量提质。

（6）聚焦对口支援。立足"援县促市"，充分发挥 8 个对口支援中央国家机关及有关单位、省内高等院校及科研机构的职能优势和挂职干部的聪明才智，争取为吉安市搭建更多的政策平台、支持更多的项目建设、推进更多的改革先行先试，每个县区立足自身特色，在谋划特色产业园区、引进重大项目和争创示范试点上争取取得新突破。

吹响新号角，迈上新征程。吉安人民将牢记习总书记视察吉安、井冈山时的殷殷嘱托，努力在弘扬跨越时空的井冈山精神上走在前列、在打赢精准脱贫攻坚战上走在前列、在打造美丽中国"江西样板"上走在前列，内外兼修、主动作为，做大平台、做强实力，共圆苏区振兴的光荣梦想。

（二）精准扶贫典型经验

江西省光伏扶贫效果调查报告

——以原中央苏区的吉安县、分宜县和于都县为例

田延光　黄小勇[*]

摘要： 本调查报告于 2016 年启动，调研组前期通过查阅国内外相关文献悉知当下该项目发展所遇到的一系列问题，并通过团队内部讨论、专家咨询和指导，明确了项目研究的基本方向。在此基础上，2017 年进行了调查问卷的详细设计及调查方法的确认，并于 2017 年 2~3 月在江西省开展了面向贫困户、有关地方政府和相关企业的问卷调查和深度访谈，深入实地调查了光伏扶贫项目在江西省分宜县、于都县和吉安县的开展情况，收集和整理相关的实证调研资料。根据实地调查的数据和相关文献资料，课题组发现：①59.62% 的贫困户对向银行贷款的出资模式持较满意态度，由此表明该出资模式对光伏扶贫项目的发展具有较大的推动作用。②48.08% 的贫困户上网电价补贴未到位，严重影响了项目的扶贫效果。③建成的光伏设备未安排专职人员进行监管，设备发生故障不能及时发现，影响扶贫效果。通过深入分析，影响光伏扶贫效果的原因主要有：一是政府层面未有效落实政策扶持基金和缺乏光伏设备监控系统；二是企业层面的设备安装过程不规范、企业宣传缺位严重、运维管理机制不完善。针对上述原因，课题组提出以下政策建议：一是要打造好"互联网＋"光伏扶贫平台；二是加强政府监管；三是加大光伏知识普及力度；四是完善项目后期管理体系；五是鼓励保险参与光伏扶贫系统。

2015 年 11 月 27~28 日，中央扶贫开发工作会议召开，习近平总书记出席会议并发表重要讲话。他强调："精准脱贫攻坚战的冲锋号已经吹响。我们要立下愚公移山志，咬定目标、苦干实干，坚决打赢脱贫攻坚战，确保到 2020 年所有贫困地区和贫困人口一道迈入全面小康社会。"这是习近平总书记向全党、全国发出的脱贫攻坚决战令，而光伏扶

基金项目：本文为国家社科重大招标项目"互联网＋"驱动传统产业创新发展路径及模式研究（16ZDA014）和国家社科基金项目"泛县域视角下产城融合共生路径研究"（16BGL212）的阶段性成果。

　*　作者简介：田延光，男，江西师范大学党委书记，江西师范大学苏区振兴研究院院长，教授。黄小勇，男，博士，江西师范大学财政金融学院副院长、教授，江西省产业转型升级研究基地副主任。

贫则是贯彻落实精准扶贫政策的新途径。早在 2014 年 10 月，国家能源局、国务院扶贫开发领导小组办公室联合印发了《关于实施光伏扶贫工程工作方案》，决定利用 6 年时间组织实施光伏扶贫工程。光伏扶贫项目开启了扶贫开发由"输血式"扶贫向"造血式"扶贫的转变，一次投入、长期受益。2016 年 5 月，江西省发改委、扶贫和移民办又联合下发了《关于实施光伏扶贫工作的通知》，可见，政府对于光伏扶贫项目政策支持力度在不断加大。为此，有必要通过深入调研，对光伏扶贫效果进行客观评价，以充分地了解光伏扶贫现状、问题和成因，为江西省下一步光伏扶贫政策的深入推进提供决策支持。

一、江西省光伏扶贫基本情况

江西省光伏扶贫呈现项目类型多样、出资模式丰富、地区分布广泛、帮扶贫困人数众多等特点，存在收益不到位的情况。

（一）项目类型

随着光伏扶贫这一"造血式"精准扶贫政策的推广，江西省各地政府结合自身的情况，纷纷推出了符合当地贫困户脱贫的光伏扶贫项目。目前，光伏扶贫的项目类型主要有4 种，详见表 1。

表 1　光伏扶贫项目类型汇总

光伏扶贫项目类型	实施内容	产权和收益归属	江西省案例
户用光伏发电扶贫	利用贫困户屋顶或院落空地建设 3 ~ 5 千瓦的发电系统	产权和收益均归贫困户所有	于都县大桥新村 寻乌县飞龙村
村级光伏电站扶贫	以村集体为建设主体，利用村集体的土地建设 100 ~ 300 千瓦的小型电站	产权归村集体所有，收益由村集体、贫困户按比例分配，其中贫困户收益占比在 60% 以上	遂川县珠田村 分宜县程家坊 抚州市东乡县 吉安市吉州区
光伏农业大棚扶贫	利用农业大棚等现代农业设施建设的光伏电站	产权归投资企业和贫困户共有	吉安市良槐村 乐平市鸬鹚乡
地面光伏电站扶贫	利用荒山荒坡建设 10 兆瓦以上的大型地面光伏电站	产权归投资企业，企业捐赠一部分股权，股权收益分配给贫困户	分宜县大型电站 石城县琴江镇 赣州市信丰县

（二）项目出资模式

在江西省扶贫办和能源局的领导下，各地充分结合本地区的条件，开展了各种模式的光伏扶贫。按不同的资金结构、运行模式进行划分，几个比较典型、知名的项目出资模式见表2，其中最常见的出资模式是除政府、企业外农户贷款。

表2　项目出资模式汇总

出资方	模式	江西省案例
中央、地方财政	政府全额出资	九江市德安县石门村
	扶贫专项（45% ~ 50%）＋地方财政配套（20%）＋地方政府（20% ~25%）	南昌市安义县新民乡
中央、地方政府和企业	政府出资（15% ~ 20%）＋企业出资（80% ~85%）	吉安市遂川县
	企业捐献模式	赣州市寻乌县飞龙村
除政府、企业外农户贷款	政府出资（20% ~ 25%）＋农户贷款（75% ~ 80%）	赣州市上游县
	农户贷款（70% ~80%）＋企业投资（10%）＋政府出资（10%）	赣州市信丰市石城县
	农户全额贷款	赣州市于都县大桥新村

（三）项目分布情况

江西省发改委、扶贫办和移民办联合下发的《关于实施光伏扶贫工作的通知》，要求各地抓好实施方案编制工作、项目建设资金筹建工作、工程建设质量控制工作以完成年度计划，截至2016年底江西省光伏扶贫项目的分布情况如图1所示。

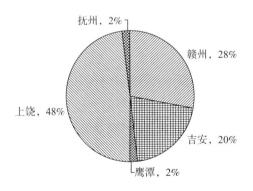

图1　第一批村级电站分布情况（总容量：540 兆瓦）

从图1可以得出，第一批光伏村级电站呈现地区分布的不均衡性：①上饶的装机量达到了259.2兆瓦，占比48%；②赣州和吉安的占比分别为28%和20%，装机量分别为

151.2 兆瓦和 108 兆瓦；③抚州和鹰潭的占比均为 2%，两者装机量大致相等，均为 10.8 兆瓦左右。

（四）项目扶贫情况

1. 帮扶贫困户人数

为实现同步迈入小康的目标，各地已将或计划将光伏扶贫发电工程列为精准扶贫、脱贫攻坚的突破口，主要扶持已建档立卡的贫困户安装分布式光伏发电系统，增加贫困人口的基本生活收入。江西省帮扶贫困户人数分布情况详见图 2。

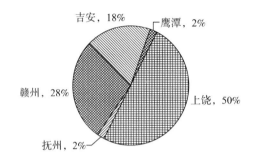

图 2　帮扶贫困人数分布（总人数：371826 人）

从图 2 可以得出：①上饶所占的比重最大，达到了 50%，帮扶的人数最多，为 185912 人；②赣州和吉安的比重次之，占比分别为 28%、18%，分别帮扶 104111 人和 66929 人；③鹰潭和抚州帮扶人数相近，都为 7437 人，分别占比 2%。

2. 国家收益到位率

江西省出台的《关于实施光伏扶贫工作的通知》规定，光伏扶贫项目作为优先列入全省光伏建设计划的项目，按期建成后可享受全额收购上网电量优惠政策，上网电量优先享受度电补贴，并优先结算电费和转拨补贴资金。江西省新余市分宜县、赣州市于都县和吉安市吉安县的光伏收益到位情况详见表 3、表 4、表 5。

表 3　分宜县村级屋顶式光伏收益到位率

基本指标 地区	计划标杆电价 （元/度）	计划补贴 （元/度）	实际到位标杆 电价（元/度）	实际到位补贴 （元/度）	标杆电价收益 到位率（%）	国家补贴 到位率（%）
分宜县县级发电站	0.98	0.3	0.98	0	100	0
分宜县洞村乡程家坊	0.6	0.53	0.6	0	100	0
分宜县双林镇宋家村	0.6	0.4	0.6	0.2	100	50
分宜县双林镇建设村	0.8	0.2	0.8	0	100	0
分宜县钤山镇下田村	0.98	0.2	0.98	0	100	0

根据表3可得：在标杆电价方面，分宜县五村收益全部到位，到位率达到100%；但在国家补贴方面，只有宋家村到位率达到50%，其余四村全部不到位。

表4 于都县户级电站光伏收益到位率

基本指标 地区	计划标杆电价 （元/度）	计划补贴 （元/度）	实际到位标杆 电价（元/度）	实际到位补贴 （元/度）	标杆电价收益 到位率（%）	国家补贴 到位率（%）
大桥移民新村	0.98	0.2	0.98	0	100	0
罗坳镇红峰村	0.98	0.2	0.98	0	100	0

表5 吉安县横江镇良枧村地面式电站收益到位率

基本指标 地区	计划标杆电价 （元/度）	计划补贴 （元/度）	实际到位标杆 电价（元/度）	实际到位 补贴（元/度）	标杆电价收益 到位率（%）	国家补贴 到位率（%）
吉安县横江镇良枧村	0.98	0.2	0.98	0	100	0

据表4、表5可得：于都县户级电站与吉安县良枧村地面式电站的标杆电价到位率均达到100%，但国家补贴到位率均为0。

二、江西省光伏扶贫效果评价

（一）政府的光伏扶贫效果评价

1. 政策扶持力度强

2016年6月6日，为进一步推进光伏扶贫工作，江西省出台了《关于实施光伏扶贫工作的通知》，要求各级政府把光伏扶贫作为产业扶贫的重要手段，因地制宜开展光伏扶贫工作，并提供多项优惠政策支持。在访谈中课题组了解到分宜县对落实政策的前期项目建设资金的筹措，多采用"政府扶贫资金为主、产业自筹资金为辅"的模式，统筹解决光伏扶贫项目建设资金问题。

访谈者：在分宜县的扶贫工作中，光伏扶贫项目这一块的投入有多大呢？

钟局长（分宜县扶贫办）：我们分宜县光伏扶贫项目是上年4月开展的，至上年6月的总投资大概为2705万元。这是由我们产业扶贫资金1691.5万元，光伏扶贫发电站新余市奖励资金1000万元，企业自筹资金13.5万元一块凑成。

访谈者：作为国有企业，城投公司对这个大型光伏发电站的投入多大呢？

严书记（分宜县光伏电站）：我们这个电站是上年9月从长城建设公司买进来的，花了大概 2500 万元，包括所有光伏设备与监控系统。

2. 收益补贴落实不到位

在光伏扶贫项目开展之后，落实贫困户的发电收益是扶贫的最关键之处。江西省的标杆电价普遍为 0.98 元/度、国家补贴 0.2 元/度，但是课题组在实地调研中了解到大多数村委和贫困户都只拿到标杆电价的收益，而国家补贴却迟迟没有落实到位（详见表 3、表 4）。

访谈者：请问你们这个村里的电站，收益和补贴都落实到位了吗？

邝会计（分宜县宋家村）：电站收益的话，基本上是每个季度打一次款过来，然后标杆电价和市里的补贴是到了，就是省里的补贴一直没有到位。

访谈者：请问分宜县的光伏扶贫项目的收益和补贴都到位了吗？

钟局长（分宜县扶贫办）：分宜县普遍的情况是标杆电价基本到位了，然后国家补贴方面基本是没有落实的，因为省里的资金一直没有到位，扶贫资金的到位通常比较耗时间。

3. 光伏扶贫缺乏监管

课题组在实地调查后了解到政府虽然对光伏扶贫工作在政策上进行了很大力度的支持，但是政府对后期的设备运行情况以及光伏企业的设备维修情况没有进行监管，而后期的监管与贫困户的长期稳定收益密切相关。

访谈者：你们家在光伏扶贫项目中出现了什么问题吗？

贫困户（于都县大桥移民新村）：我们家当时参加了这个项目之后我们就外出打工了，家里都没人管这个，过年的时候回来发现我们家的电量比别人少了 1000 多度，反映给村上之后，企业派人来查，发现当时安装的时候没有安装好，光伏电板没有接上电线和电能表，导致无法正常发电，最后修好了之后也没有人赔偿我们的损失。

访谈者：你是如何对电站进行实时监控的？政府有没有专门监控该项目的监控系统呢？

严书记（分宜县大型电站）：我们自己企业内部有一款专门对该项目进行实时监控的 APP，那上面可以看到发电量和设备使用情况。至于政府有没有这样的监控系统，我想应该是没有的，我们分宜县很多村对该光伏设备安全性都没有什么概念，政府也没有派专人对设备进行监控，我觉得这是很大一个原因。

通过初步评价政府在光伏扶贫工作方面的情况，可以看出，虽然制定了各项优惠政策，政策落地效果却不佳。

（二）企业的光伏扶贫效果评价

1. 设备安装效率高

光伏项目的开展是先由村级政府向乡或县级政府申请，待审批之后，乡或县级政府将统一为该地区就安装项目进行公开招标。中标后的光伏企业将直接负责发电设备供货、安装调试、日常维护知识培训、设备维修更换以及项目备案、建设等工作。

课题组在调查过程中发现,中标企业基本普遍提前完成安装任务,安装效率较高。

访谈者:你们这个设备安装得快吗?

程主任(分宜县程家坊):设备安装很快呀,当时合同上说的是一个月,但是实际也就花了10来天。

2. 房屋设施损坏严重

在访谈中,贫困户普遍反映到企业在完成光伏设备安装后,屋顶经常会出现漏雨的情况,并且这些问题在向政府和企业反映之后仍没有得到改善。

访谈者:从你个人的角度来看,对企业的各方面工作情况是否满意?

陈先生(于都县大桥新村):对于企业的前期工作我们还是比较满意的,比如买设备安装设备,都不需要我们操心,都是由企业负责的。就设备安装工作来说,原来计划是半个月安装完成的,实际上就花了3天。但是后期还是存在一些问题,如安装设备打洞导致房顶漏水,也没有人来处理这个问题。最后就是这个光伏设备检查维修的问题,我们这里没有定期来检查的技术人员,设备有时出现问题,我们又不能及时发现,导致发电减少,我们的收益就得不到保障。

3. 知识普及工作滞后

企业在设备安装后应将收益发放、光伏设备安全系数、运行原理、设备日常管理注意事项以及设备维修应对措施等事项告知贫困户。但调研结果显示,贫困户普遍只知道安装设备后的收益发放以及设备维修应对措施,并不了解设备的安全系数、设备后期维护的注意事项等方面问题。这在对分宜县程家坊的贫困户的采访中也得到证实。

访谈者:在参与光伏项目中,你对设备的一些相关知识都了解吗?

贫困户(分宜县程家访):这个什么光伏,企业安装的时候只告诉我们那个收益发放和设备坏了就再联系他们。其他的我就不知道了,不过我感觉这个设备还是有点不安全。

访谈者:企业没告诉你们设备安全系数以及后期管理方法吗?

贫困户(大桥移民新村):这个就没说过,所以我们也不敢去动它,一是怕触电,二是怕我们去擦拭会损坏设备。

4. 售后服务不佳

在访谈中,课题组了解到企业虽然提供了后期维护的服务,但是光伏设备公司并未安排专业技术人员进行定期的设备检查,仅在接到贫困户发现的故障通知后赶来修理,这样的售后服务将不能及时地发现和解决设备故障问题,减少贫困户的经济损失。

访谈者:请问你们的光伏设备企业有后期维护管理吗?

程主任(分宜县程家坊):企业安装完了就走了,维护也就是看一下就走了,管理设备是没有的,他们只是说这不用管理,挺安全的,我们也不懂。

访谈者:那在安装之后有没有其他问题?

刘女士(罗坳镇红峰村):很大的问题没有,就是上个月我家的光伏发电比邻居家少很多，联系企业来维修，他们过了好久才来，我们贫困户对于设备维护一点都不懂，这种情况真的要靠企业，否则我们的收益就会受到损害。

通过初步评价企业参与光伏扶贫的工作效果，可以发现，企业光伏扶贫的前期工作表现较好，但是，随着项目的推进，企业在后期维护管理方面表现不佳。

（三）贫困户满意度调查

光伏扶贫项目立足于扶贫，贫困户是五大主体的中心，而贫困户满意度调查是对光伏扶贫效果的集中体现，扶贫效果好不好，关键看贫困户满意度。

1. 调查对象和方法

（1）调查对象。在江西省于都县、分宜县和吉安县三地光伏扶贫开展地区，课题组针对贫困户进行了问卷调查，以当地实际参与光伏扶贫项目的贫困户为调查对象。

（2）调查方法。对贫困户的问卷使用结构化的调查表，采用不记名方式，按照随机抽样方法获得样本。调查内容包括：光伏扶贫的信息公示、参与光伏扶贫意愿征集、资金出资比例和设备安装效率等方面的满意度评价。调查表采用的测量尺度是"李克特量表"（Likert Scale）5点测量法，非常满意为5分，不满意为1分，具体指标见表6。

表6　李克特量表

具体指标	满意程度				
	非常满意	比较满意	一般	不太满意	不满意
光伏扶贫的信息公示	5	4	3	2	1
参与光伏扶贫意愿征集	5	4	3	2	1
资金出资比例	5	4	3	2	1
设备安装效率	5	4	3	2	1
光伏收益（到位情况）	5	4	3	2	1
政府设备监管	5	4	3	2	1
企业设备维护	5	4	3	2	1
干部光伏扶贫工作	5	4	3	2	1
总体满意程度	5	4	3	2	1

（3）统计学方法。应用SPSS17.0统计软件进行数据处理。数据分析先对分项满意度和总体满意度的分值分布进行描述统计，包括均值与标准差；对于工作总体满意度，采用逐步回归法筛选出对总体满意度有显著影响的分项满意度因子，从而构建多元回归模型。

多元回归模型用于揭示被解释变量与其他多个解释变量间的线性关系，回归方程如下：

$$y = \beta_0 + \beta_1 x_1 + \beta_2 x_2 + \cdots + \beta_n x_n$$

逐步回归分析时，软件将自变量逐步引进并检验、剔除不显著变量，直到没有显著的变量引入回归方程，也无不显著自变量从回归方程中剔除为止。由此建立"最优"回归方程，因变量为项目总体满意度，自变量为对总体满意度影响最大的分项满意度。

2. 调查基本情况

（1）一般情况。课题组下发相关问卷102份，共收回73份，其中有效问卷52份，有效回收率为50.98%。在合格样本中，男性占23.08%，女性占76.92%，60岁以下占36.54%，60岁及以上占比63.46%。而受教育程度低（小学及以下）的贫困户人数占比高达82.69%，初中及高中以上学历仅占17.31%。

（2）总体及分项满意度基本情况。对每一指标、每级人数进行综合得到数据如表7所示。

表7　满意度统计

具体指标	满意程度				
	非常满意	比较满意	一般	不太满意	不满意
光伏扶贫的信息公示	3	7	11	13	18
参与光伏扶贫的意愿征集	10	9	13	13	7
资金出资比例	17	10	14	6	5
设备安装效率	16	20	6	7	3
光伏收益（到位情况）	9	4	14	11	14
政府设备监管	3	7	15	13	14
企业设备维护	10	3	8	16	15
干部光伏扶贫工作	11	12	9	13	7
总体满意度	9	7	7	14	15

如表7所示，由该表人数统计可以得到整体分布趋势。在设立的九个指标中，贫困户对资金出资比例和设备安装效率表示"非常满意"的人数分别达32.69%和30.77%，态度为"满意"及以上的达51.92%和69.23%，而"不满意""不太满意"人数占比较低，在整体满意度偏低的背景下能看出资金出资比例及企业安装光伏的效率得到贫困户的较高认可。而在其他几个指标中，贫困户对光伏收益（到位情况）"不太满意"及"不满意"的人数占比高达46.15%，表明贫困户的满意程度欠佳。总体满意度的频数分布如图3所示。

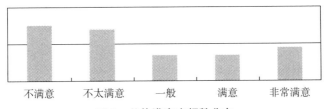

图3　总体满意度频数分布

由图 3 可知，在总体满意度上贫困户不满意及不太满意人数占比 55.77%，而满意及以上占比仅有 30.77%，体现贫困户对光伏扶贫政策实施满意度不佳。

由此可得，贫困户对光伏扶贫项目的评价主要取决于光伏收益是否到位、政府设备监管是否有效以及企业光伏设备维护能否保障三个因素。以上三个问题是贫困户最关心的问题，也是政府与企业在光伏扶贫工作中最应当重视的问题，落实这三个方面的工作，将可以更直接、更有效地提升光伏扶贫效果。

三、江西省光伏扶贫效果不佳的成因分析

（一）政府层面分析

1. 未落实政策扶贫资金

通过实地调查研究发现，光伏扶贫项目存在着收益补贴资金不到位的问题，在前文项目帮扶情况中的收益补贴问题上也体现了各个调研地区实际收益补贴资金到位情况，通过对比分析，发现各地标杆电价均到位，而国家补贴资金普遍不到位。主要有以下两方面原因：

（1）未设立光伏扶贫项目专项资金。目前，光伏扶贫项目出资模式多以贫困户向银行贷款为主，但主要的资金压力还是由政府承担。但是政府对于光伏扶贫项目并没有设立专项资金，所有的资金都来源于其他扶贫项目，在这样的出资压力下，易导致地方性政策扶贫资金不能够及时到位。

（2）补贴审批程序冗长。除了上述原因，根据实地访谈课题组发现，获取补贴的程序长也是导致补贴落实不到位的原因，获取补贴需要地方财政、价格、能源部门进行初审，财政部、国家发改委、国家能源局进行审批，审批完后进入目录，中央财政再拨付至地方财政，企业拿到补贴的时间有可能超过一年半。

综上所述，补贴资金到位率的主要影响因素在于未及时准确落实政策扶贫资金。

2. 缺乏光伏设备监控系统

在从政府主体切入分析成因时课题组发现，当前政府尚未对光伏设备后期运行情况和企业运维管理进行监控。

政府不能及时了解光伏设备的实时运行状况，因此光伏设备发生故障，企业也不能立刻了解情况，及时进行维修。另外，光伏企业提供的设备，政府也未对其进行发电数据监控，发电量是否达到预期效果无从得知。

国家亦未与企业共同构建设备后期维护监管机制，做到对企业的后期设备维护工作监督，这样易造成企业后期维护工作滞怠，无法保证贫困户长期稳定收益。

（二）企业层面分析

1. 设备安装过程不规范

由于要保证光伏设备的发电量，光伏设备的安装必须保持设备倾斜以接受足够多的光照，而对于平屋顶而言，必须要通过在屋顶安装轻钢结构支架来固定光伏设备，保证光伏设备倾斜。而支架的安装则需要较大的支撑，在屋顶无任何设备的条件下，光伏企业只能选择打通屋顶来固定钢制支架。然而光伏企业在贫困户屋顶安装完光伏设备后，并没有对屋顶造成的局部破损进行修复，因此在实地调查时贫困户普遍反映屋顶漏水严重的情况。

2. 企业宣传缺位严重

企业在设备安装前应将安装工作每一部分的注意事项对安装人员进行工作分配，确保安装效率以及知识普及到位。在对光伏企业的效果评价中课题组发现，企业设备安装效率较高，说明企业的安装人员配备齐全，但同时实地调研也发现，企业对光伏设备的知识宣传岗位设置不健全，对光伏知识宣传并没有设置专门的岗位，表现在未发放光伏扶贫项目宣传手册与设备使用说明等，使光伏知识普及滞后。综上所述，企业在设备安装过程中，由于安装队伍只了解如何安装设备的过程，并没有专业人员对光伏知识进行普及宣传，对光伏设备的知识了解较少，从而导致光伏设备知识普及滞后，导致贫困户对企业工作评价较低。

3. 运维管理机制不完善

课题组在对光伏扶贫项目开展情况的调查中发现，贫困户对光伏企业售后服务尤为关注，但通过前文对光伏企业的工作评价以及满意度调查可知光伏企业存在售后服务不佳的问题。因此课题组通过实地调查了解到光伏企业运维管理机制不够完善，影响售后服务水平，具体表现在管理团队以及维护设备队伍不够健全。在管理方面，企业缺乏对光伏管理的专业人员；在维护方面，企业维修队伍人员较少，同时企业甚至将运维服务工作直接下放给非专业的当地村政府。综上所述，管理团队以及运维服务的非专业性将会导致光伏企业售后服务不佳，最终影响扶贫效果。

四、提升产业扶贫效果的相关政策建议

（一）打造"互联网＋"光伏扶贫平台

通过构建"互联网＋"光伏扶贫平台，使线上监测与线下运维相结合，"互联网＋"光伏扶贫新模式将贫困户、政府、光伏企业、银行和保险五大主体结合，实现五方共赢。一是通过线上监测。"互联网＋"光伏扶贫监控运维平台将各个县光伏监控设备接入系统，实现对每个光伏电站进行实时监控。利用计算机管理系统建立一个包括日常数据处理、事故预防、故障处理等的数据库。二是通过线下运维。线下运维体系包括联系故障地区、现场故障诊断和维修情况反馈，相关结果通过传输到线上的计算机管理系统，及时向线上反馈光伏扶贫项目情况，为其他相关主体提供资料。

（二）加强政府监管

光伏设备的质量问题关系到光伏扶贫项目的发展。光伏设备质量不过关会损害银行、保险等投资主体的利益，降低投资主体对项目发展的信心。光伏设备后期的运行情况会直接影响光伏设备发电量，减少贫困户的收益，影响光伏扶贫项目效果。为解决上述问题，课题组提出加强政府监管，对光伏设备监造、设备运行、设备问题诊断等过程进行严格把关。具体监管内容如下：一是设备监造过程，主要包括：来料检验、原材料质量控制、生产工艺的控制、成品检验、包装运输、第三方验证以及并网后的检验等。二是设备运行检测，主要包括：发电量检测、场地评估、安装评估和组件抽样测试等。三是设备问题诊断，主要包括：光伏设备运行中出现的问题，如发电效率下降、电站着火、电站中组件出现的明显质量问题等。第三方认证机构可以进行专业诊断，出具权威的第三方检测报告。

（三）规范企业设备安装过程

在光伏阵列基础与支架的施工过程中，应尽量避免对相关建筑物以及附属设施的破坏，如因施工需要不得已造成局部破损，应在施工结束后及时修复。当要在屋顶安装支架时，如果受到结构限制无法进行焊接或连接，应采取措施加大基座与屋顶的附着力，并采用铁丝拉进法或支架延长固定法等加以固定，而避免采用打通贫困户屋顶以固定支架的方式。

（四）加大知识普及力度

企业在设备安装前应将安装工作的每一部分的注意事项对安装人员进行技术培训，确保安装效率以及贫困户知识普及到位。所以企业在光伏设备安装前对项目的知识培训尤为重要。根据调研发现，光伏企业在知识培训机构的建立处于萌芽状态，不够成熟，所以安装人员只是对安装设备熟练，对后期知识普及宣传较为滞后。为了后期设备更好运行，企业必须保证参与光伏扶贫项目的核心主体贫困户足够地了解光伏扶贫知识，所以企业在安装光伏设备的同时必须加大对贫困户的知识普及力度。

（五）完善项目后期管理体系

根据实地调查光伏扶贫项目的发展情况，课题组发现在该项目发展中存在设备损坏发现不及时、设备管理人员不专业等后期设备管理问题，结合提出的"互联网＋"光伏扶贫运维监控平台模式，课题组针对光伏扶贫项目管理体制的完善提出两点建议：一是构建线上计算机反馈系统。此系统主要是针对设备损坏发现不及时以及设备维修后反馈不及时等问题提出的反馈系统。当线上管理人员在运维监控平台上发现设备运行异常时可以及时反馈给线下及时维修，在线下维修设备后反馈给线上管理人员该设备才可正常运行。此体系可降低设备异常时给企业带来的风险。二是创新线下维护管理系统。根据"互联网＋"光伏扶贫运维监控平台模式提出的线下维护启示得出，光伏扶贫项目的管理体制很大程度上需提高光伏设备维修人员的专业水平。应加强对项目管理人员的教育培训、线下实训（包括定期巡查设备运行情况和对设备组件的维修和护理）。只有具备全面的光伏设备维护知识以及多次设备维修和护理操作经验，才能使光伏设备安全运行。

（六）鼓励保险参与光伏扶贫系统

为切实保障光伏扶贫项目的可持续发展，课题组建议保险加入光伏扶贫系统动力机制。在规避保险加入光伏扶贫项目的风险之后，保险公司可针对光伏扶贫项目前期施工和后期运营过程提供相应险种，为光伏扶贫项目助力，达到五方共赢。保险的加入将为光伏扶贫项目的实施全过程提供有力保障，该模式对光伏项目在全省乃至全国更大范围地推广具有借鉴意义。

湖北省长阳县助残脱贫奔小康的创新实践

湖北省社会科学院课题组[*]

长阳土家族自治县是国家扶贫开发重点县和武陵山扶贫攻坚片区县，集老、少、山、穷、库于一体。县域面积 3430 平方公里，辖 11 个乡镇 154 个行政村 42 万人口。其中，残疾人有 3.8 万，占 9.2%，一、二类重度持证残疾人有 6222 人。近年来，按照"精准扶贫不落一人"的总要求，该县在湖北省残联的支持下，把残疾人脱贫作为精准扶贫的重中之重，遵循落实责任体系、依靠基层组织、实施"五个一批"工程、健全四项长效制度的"1154"助残脱贫工作思路，形成了以榔坪镇梓榔坪村为代表的互助社模式、以贺家坪镇为代表的福利院模式、以鸭子口乡杨溪村为代表的合住户模式三种典型模式。作为一种综合模式，梓榔坪村晨光自强互助服务社不仅具备其他两种模式的功能，还有其不具备的优点，代表性强，最具实践价值。

一、梓榔坪模式的基本做法

梓榔坪互助服务社是针对贫困残疾人群体中无法独自脱贫但具有劳动能力的一部分人和无房贫困单身汉，通过建设互助社集中居住和集中劳动的方式，利用集体力量实现共同脱贫奔小康的一种精准扶贫模式。其基本做法是：建立一个组织，增强两大动力，整合三类资源，促进四种关系。

一是建立长阳晨光自强互助服务社一个组织。互助服务社通过工商注册为集体经济组织，既是一个生活组织，又是一个生产单位，还是一个管理机构。生活方面，目前建成了 1750 平方米生活区，包括宿舍、厨房、康复训练场、技能培训场、文化娱乐室等。入住

---

[*] 课题组成员：张忠家，湖北省社会科学院党组书记、教授；袁北星，湖北省社会科学院科研处处长、研究员；李树，湖北省社会科学院科研处副处长；覃守甫，湖北省长阳县残联理事长；蒋育林，湖北省长阳县县委党校副校长；杨值珍，湖北省社会科学院政法研究所副研究员。

者独门独户，但集体饮食，必备生活品由互助服务社统一免费发放，集体开展文化娱乐活动。生产方面，目前已建成 720 平方米养猪场圈舍二栋、8 亩香菇种植基地、12 亩避雨延秋大棚蔬菜种植基地和 500 亩养羊草场。投资 200 多万元，装机 200 千瓦的光伏发电项目已经通过评审，进入实施阶段。根据劳动能力将入住者分成养猪、种菜、后勤、劳务等生产小组，参加集体劳动，通过个性化培训、传帮带等办法确保人人都有劳动岗位。管理方面，实行企业式管理，成立监事会和理事会，实行理事长负责制。制定相关管理制度，入住者根据自愿原则，协议入住，但入住后必须遵守管理制度，服从互助社安排、按时作息、外出请假、不留长发等。

二是增强精神和物质两大动力。为使残疾贫困群体实现物质、精神"双脱贫"的目标，互助服务社注意从精神和物质两个层面着手，增强两大动力，实现双轮驱动，调动作为助残脱贫主体的残疾人的积极性。精神方面，安排 24 位残疾人集中居住、集中劳动，使其享有家的温暖、获得集体关怀、认识自身价值、重拾人生自信；接纳 22 位体格健全的单身汉脱贫对象入住，使残疾人真正回归普通社会而不是由残疾人个体回归残疾人集体；组织省残疾人表演团演出、技能培训、文娱活动等，激发残疾人自强、自立。物质方面，通过政策兜底，确保其人平均年保障标准不低于 4000 元，使其生活有保障；通过发展集体生产，按照"保障基本，留足集体；劳有所得，多劳多得"的原则，年终将 30%的集体劳动收入按照工分制分配给劳动者，确保参加劳动的入住者年收入不低于 6000 元。

三是整合人、物、财三类资源。针对残疾贫困人闲散、单身汉游手好闲、生产资料分散闲置、政策扶持资金低效的现状，大力整合三类资源建设互助社，集中人力、物力、财力办大事，追求规模效益，实现"1＋1＞2"的效果。人力方面，将 24 个具有劳动能力的残疾贫困人和 22 个单身汉扶贫对象组织起来，形成优势互补，借助集体力量最大限度激发其生产能力、劳动活力，使其成为小康社会的建设者、精准扶贫的参与者。生产资料方面，按照自愿申请、土地性质不变、方便就地就近的原则，将入住对象的自留山自留地等生产资料委托流转给互助社统一经营管理，租赁、流转收入直达个人账户，以增加个人财产收入。政策资金方面，整合危房改造、扶贫搬迁、土地整理、"一建三改"、助残等项目资金 380 万元，建设生活居住场所、种养场所和基础设施。

四是促进残残、残健、社村、社民四种关系。针对互助社内外部面临的错综复杂关系，县、镇两级党委政府和村支两委紧紧围绕主要矛盾，大力发展残疾人与残疾人、残疾人与健全人、互助社与村委会、互助社与周边村民的关系四种主要关系。促进残残互助。坚持入住者享受救助和扶贫政策叠加原则，将各类社会救助金统筹按月直达个人账户。组织残疾人讲故事、开展文娱活动等，培植亲情和家园意识，鼓励残疾人互帮互助，实现抱团取暖，促进残健互勉。以残疾人为主，按适当比例安置建档立卡身体健全脱贫对象，日常工作实行工分制，按工分分配劳动收入。成立安保组保护残疾人安全，调解入住对象纠纷。鼓励残疾人自强自立以激励健全人奋发有为，促进残健互帮互促，和谐相处。促进社村共建。按照村办村管原则，利用集体荒山和土地发展集体产业，由村总支部书记兼互助社监事长，村委会主任兼理事长。互助社经营管理实行理事长负责制，由村委会协调、监督和指导互助社的重大事项、产业项目建设和重大决策。促进社民共富。加强全村产业规划，充分发挥互助社产业引领作用，引导和鼓励村民发展种植养殖业，以村民产业发展促进互助社产业发展，做大做强集体经济，实现互助社和村民产业互促，共同致富。

二、梓榔坪模式的现实意义

作为一种新的扶贫模式，梓榔坪模式将现有的各种优惠政策整合到一起，从以往的帮扶个人转变为帮扶群体，使残疾人群体利用集体力量实现脱贫致富奔小康，具有极为重要的现实意义。

一是有助于全面建成小康社会。要实现到 2020 年全面建成小康社会，帮助残疾人群体脱贫致富奔小康是短板也是关键。梓榔坪村现有残疾人 170 人，目前已被纳入扶贫对象的残疾人有 95 人，占全村贫困人口 357 户 953 人的 10%。这些残疾贫困人不实现脱贫致富奔小康，就不可能全面建成小康社会。而在这些残疾贫困人中，"有 79 户 83 人即使发钱也脱不了贫"。面对这个难题，梓榔坪村充分利用现有政策优势，整合各方资源，探索出在山区国贫县利用集体力量实现残疾贫困人群体脱贫致富的新路子。通过建立互助服务社，不仅解决了他们的最低生活保障问题，而且解决了他们求富求强的问题，做到了政府想做但无力做的事情，为全面建成小康社会扫除了一个最顽固的障碍。

二是有助于促进社会和谐稳定。贫富差距悬殊是社会和谐稳定的巨大威胁，部分人游手好闲、无所事事也是引发社会不安定的重要因素。梓榔坪村产业优势明显，贫富差距悬殊，有少数致富能手、种养大户，也有 953 个贫困人员，有 95 个被纳入扶贫对象的残疾人，29 个五保户老人。此外，全村还有 186 个 40 岁以上的单身汉。这些单身汉体格健全，但居住条件特别差，生活缺乏希望，没有勤劳心、没有上进心，大多数是懒汉，过着居无定所、漂泊不定、今朝有酒今朝醉的生活。通过建立晨光自强互助服务社，将村中残疾人扶贫对象和单身汉扶贫对象按比例安置入住、集中生产，不仅使他们过上了稳定的生活，获得了劳动收入，而且使他们获得了家的关怀和集体的温暖，使他们丢弃怠惰思想、消极观念和不良习惯，重塑世界观、人生观和价值观，树立人生自信，激发生命活力，从边缘群体变成正常群体，真正达到残健互助、残健共融、共同脱贫致富奔小康的目的，从而消除了妨碍社会和谐稳定的隐患。

三是有助于推动社会文明进步。残疾贫困人是社会最弱势的群体，需要社会关爱和帮扶，社会大众对待残疾人的态度是社会文明程度的标志。残疾贫困人脱贫致富奔小康，不仅是经济和物质问题，还是精神和心理问题。"志士不饮盗泉之水，廉者不受嗟来之食"。残疾贫困人也是社会的主人，不是社会鄙薄的对象，有就业致富奔小康的愿望，有自强自立自尊的要求。将物质脱贫和精神脱贫统筹推进，实现残疾贫困人物质和精神双脱贫，是文明社会应有的作为和担当。通过建立晨光自强互助服务社，梓榔坪村跳出了单一的物质助残脱贫理念，组织和动员残疾贫困人参与精准脱贫、全面建成小康社会的伟大实践，恢复和彰显了残疾贫困人作为中国特色社会主义建设者的主人翁身份和地位。他们通过自己的劳动赢得社会的回报，使他们真正感受到了自我的价值和尊严，真正回归和融入正常社会，也有利于消除社会对残疾人群体的歧视和偏见，从而促进社会文明的进步。

四是有助于减轻国家财政负担。长阳是一个吃财政饭的国家级贫困县，残疾贫困人群体基本靠国家各类救助政策、扶持政策来保障，低保救助、残疾人补贴、五保供养、大病关爱、助学启智以及孤儿保障等，国家每年要为此投入大量资金。近年来，危房改造、土地整治、搬迁扶贫等项目资金的投入也非常巨大。但是，这些救助措施、优惠政策都是九龙治水，各自为政，效果并不是很理想。为帮助残疾贫困人脱贫致富奔小康，长阳县整合危房改造、搬迁扶贫、土地整理、"一建三改"等项目资金 1500 万元，在四个乡镇建立了五个互助社试点，在建设晨光自强互助社、兜底保障入住对象基本生活等方面没有动用县级财政一分钱。不仅如此，梓榔坪村利用互助合作社形式，充分发掘残疾人的生产能力和劳动热情，组织他们参与小康社会建设，不仅解决了他们的生活来源问题，而且解决了他们的生产发展问题，实现由互助社兜底残疾贫困人的生活保障，并带动他们脱贫致富奔小康，从而有助于减轻国家财政的负担。

三、梓榔坪模式的成功之道

梓榔坪模式是当地干部群众在助残脱贫的实践中自发探索出的一种精准扶贫新模式。"残疾贫困人集中入住后发生了六大变化：生活变规律了，吃住变卫生了，身体变好了，脸上笑颜变多了，性格变开朗了，做事情变得有劲了。"显然，作为一种成功的实践，这种模式的成功具有一定的条件。

一是党委政府高度重视。中央全面部署精准扶贫工作后，根据省委"精准扶贫，不落一人"的总要求，长阳县委县政府高度重视域内残疾贫困人口扶贫脱困工作。从长阳晨光自强互助服务社项目论证、规划立项到项目建成并有序运转，县委书记十几次深入梓榔坪村调研考察。在省级层面，湖北省残联理事长也曾 4 次带队进村调研指导。为推进互助服务社各项工作，县委县政府成立了长阳晨光自强互助服务社集中安置残疾人兜底及脱贫试点工作领导小组，县委书记任组长，县长和县人大主任任常务副组长，组织部长、副县长等任副组长，县直各部门、有关乡镇和村参与，明确任务、细化目标、分工负责，强力推进互助服务社建设。正是在党委政府的高度重视和强力推动下，2015 年下半年项目启动后，2016 年 5 月 20 日迎来了首批 13 人入住。

二是基层组织坚强有力。梓榔坪村村支两委主要领导是当地种养大户、致富能手，敢闯敢干，创新意识和致富能力强。长期团结带领村民致富奔小康，热心村中公益事业，具有强烈的奉献精神和责任意识，在村民中有很高的威信和号召力。在本届村委会换届期间，原村总支书记由于特殊原因宣布退出村主任候选人，但村民以全票选举他担任村主任。"梓榔坪村之所以取得成功，关键在于他们有一个好的基层领导班子。"在村支两委的紧密配合和组织协调下，梓榔坪村晨光自强互助服务社建设项目24小时完成了征地工作，10天开挖地基超过1万方，充分发挥了基层组织的战斗堡垒作用，确保了互助服务社如期建成入住。

三是集体经济条件具备。梓榔坪村海拔1100～2000米，属半高山和高山气候，适合种植西红柿、辣椒、萝卜、球白菜等高山反季节无公害蔬菜以及发展香菇、核桃、养猪、养羊等生态种植养殖产业。同时，梓榔坪村耕地和林地资源比较丰富，在实行联产承包责任制时村留存了200亩耕地山林，可以直接流转给互助服务社发展集体经济。村支两委组织力、号召力强，流转互助社入住者的耕地山林比较容易。此外，该村村民长期发展种植养殖业，形成了一定的产业规模，培育了一批养殖种植大户，可以为发展互助社集体经济提供技术和产业支持。"巧妇难为无米之炊。"正是这些有利条件为梓榔坪村以互助服务社为载体、因地制宜地发展村集体经济奠定了坚实的基础。

四是政策资源充足可控。作为一个农业生产组织，互助服务社在起步阶段没有经济效益，梓榔坪村晨光自强互助服务社建设得以顺利启动并正常运转，一个重要的条件就是政策资源充足并且可以整合调控。目前，众多惠民政策和民生保障政策，如危房改造、搬迁扶贫、土地整治、退耕还林、低保、一般残疾人生活补贴、大病关爱等，各种各样的项目资金虽然分散但是总量非常大。同时，县级政府现在有权整合有关涉残、涉贫、涉农项目资金，集中投入自强互助服务社建设，确保互助服务社建设的前期投入。通过统筹各类保障政策、优惠政策，可以更好地发挥保障政策的叠加效应，确保互助社入住者的基本生活保障。

可见，梓榔坪模式需要的条件并不是特别个性化的条件，而是全省各地基本具备的条件。面对全省590万贫困人口，面对2019年实现全部建档立卡扶贫对象稳定脱贫的形势，残疾贫困人较集中的地方可以考虑在一定程度上复制梓榔坪互助合作社模式，科学整合各类政策和生产资源，因地制宜地发展村级集体经济，以互助服务社的形式借助集体力量推动残疾贫困人口整体脱贫致富奔小康。省委省政府要考虑设立专项扶持资金，资助有条件的地方发展互助服务社，帮助残疾贫困人集体脱贫致富，为实现在中部地区率先全面建成小康社会奠定坚实基础。

赣南苏区光伏精准扶贫面临问题及对策研究

——以兴国县为例

张明林　周荣华*

摘要： 光伏扶贫具有"绿色扶贫""造血扶贫""产业扶贫"三大显著特点，我国已经将光伏扶贫作为"十大精准扶贫工程"之一。赣南苏区正在积极推广光伏扶贫，本文通过分析兴国县光伏扶贫实践，探索了赣南苏区在此过程中面临的问题，并提出增加光伏扶贫资金总量、提高行业壁垒、加快贫困地区电网改造升级、加快扶贫技术创新等一系列建议。

关键词： 赣南苏区；光伏扶贫；精准扶贫；兴国县

一、我国光伏扶贫意义和背景

我国贫困地区之所以"久扶仍难脱贫"，核心问题在于这些地区缺乏"造血功能"。2015年确定光伏扶贫为"十大精准扶贫工程"之一，主要原因是光伏扶贫具有"绿色扶贫""造血扶贫""产业扶贫"三大显著特点。

2015年国家能源局、国务院扶贫办确定在安徽、河北、甘肃、宁夏等6省区开展试点工作。其中，安徽省国家级贫困县金寨县取得的光伏扶贫成绩尤为瞩目，目前该县为贫困户共计建成2008座分布式光伏电站，家庭电站数量居全国第一。实施项目的贫困户只需安装一套3千瓦分布式光伏发电设备，平均日发电10~15千瓦时，按照"自发自用"每千瓦时可获国家补贴0.42元、"余电上网"，每千瓦时按标杆电价0.9709元计算，每个贫困户每年可获收入3000元左右。从2016年起，安徽省31个扶贫开发工作重点县全部

---

* 作者简介：张明林，男，博士，江西师范大学苏区振兴研究院研究员、江西师范大学商学院副院长，教授。周荣华，女，苏州科技大学天平学院讲师，管理学硕士。

实施光伏扶贫。根据安徽省政府办公厅出台的《关于实施光伏扶贫的指导意见》，2015～2020年，在安徽省31个扶贫开发工作重点县，选择30万户贫困户和1000个贫困村实施光伏扶贫。

国家光伏扶贫政策出台后得到各地积极响应，山西、宁夏、江西、甘肃、河北等许多省份也在探索光伏扶贫具体模式，目前我国光伏精准扶贫主要有四种类型：①户用光伏发电扶贫。利用贫困户屋顶或院落空地建设的3～5千瓦的发电系统，产权和收益均归贫困户所有。②村级光伏电站扶贫。以村集体为建设主体，利用村集体的土地建设100～300千瓦的小型电站，产权归村集体所有，收益由村集体、贫困户按比例分配。③光伏大棚扶贫。利用农业大棚等现代农业设施现有支架建设的光伏电站，产权归投资企业和贫困户共有。④光伏地面电站扶贫。利用荒山荒坡建设10兆瓦以上的大型地面光伏电站，产权归投资企业所有，之后企业捐赠一部分股权，由当地政府将这部分股权收益分配给贫困户。

二、兴国县光伏扶贫的实践及效果

兴国县是我国重点贫困县，位于《罗霄山片区区域发展与扶贫攻坚规划》中"罗霄山片区行政区域"的南端。按照国家统计局赣州调查队测算结果，2014年底，农民人均纯收入2800元以下人口为98587人，占全县农业人口的13.8%。为全面贯彻中央、省、市扶贫开发工作部署要求，中共兴国县委印发了《兴国县精准脱贫计划（2016～2018年）的通知》（兴办字〔2016〕13号）文件，通过实施精准扶贫，到2018年，力争全县消除绝对贫困现象，摘掉贫困县帽子。为此，2016年2月出台了《兴国县光伏产业发展实施方案》（兴办字〔2016〕号）。

（一）具体实践措施

1. 成立光伏扶贫领导小组

成立由县分管扶贫工作的领导任组长，县发改委、县扶贫办和移民办、县财政、林业局、金融工作局、县供电公司、县合作银行及各乡（镇）乡（镇）长为成员的兴国县光伏扶贫工作领导小组。县发改委下设办公室，负责日常工作，各乡（镇）成立相应的光伏扶贫工作领导小组，统筹协调，落实项目的实施及推进工作。由县光伏扶贫工作领导小组负责与建设各方签订权责明确的法律文书（合同、协议等）。

2. 实施光伏扶贫补贴

根据国家扶贫工作部署和支持光伏产业的政策，整合国家和地方扶贫政策和分布式光伏政策，结合兴国县具体情况，制定相应的扶持政策。贫困户享受如下政策：

（1）安装费补助：贫困户由县财政给予1～5年的财政补贴。

（2）银行信贷政策：贷款额度为农户需承担的资金；还款还息前 5 年只需支付贷款利息，第 6 年起分期还本还息，至第 15 年还清本息；贷款利率按基准利率执行，并由县财政给予 5 年全额贴息。

（3）计量表政策：计量表由县供电公司免费提供。

（4）收益结算政策：县供电公司、县财政局根据国家、省、市光伏发电收购政策，及时办理上网电费、国家度电补贴等收益的结算手续。目前政策价格执行 1.0193 元/度的标准（入网电价 0.3993 元＋国家度电补贴 0.42 元＋省财政补贴 0.2 元，如政策有变更，以新政策标准执行）。

3. 建立长效监督管理机制

在兴国县光伏扶贫领导小组的组织下，按照《关于实施光伏扶贫工作的意见》（发改能源〔2016〕621 号）文件有关要求，建立投资管理体系，配合全国光伏扶贫信息管理平台健全兴国县光伏扶贫工程信息登记制度，并设置专人负责组织本县信息登记、校核等工作。首先，将光伏产业扶贫纳入乡（镇）和县直帮扶单位的扶贫开发工作考评内容。乡（镇）、村要科学安排、把握政策、精心组织、推进落实，把这件精准扶贫、惠民增收的实事做实，好事办好。县直帮扶单位要组织有关人员，按照扶贫工作要求，进村入户，支持乡（镇）、村做好项目推进工作。其次，落实与电网企业配合做好电网改造等技术支持工作，并按分布式光伏发电政策优先保障并网条件，实现与用户按月结算电费。通过市场竞争机制选择实施主体，保证工程质量，控制工程投资，加强技术培训，建立长期运行维护体系，确保光伏扶贫项目的质量效益。

（二）兴国县光伏扶贫的成效

1. 光伏扶贫覆盖面

兴国县大力推广光伏产业扶贫项目建设，计划 2016～2018 年安装 1.77 万户建档立卡贫困户，装机容量为 3～5 千瓦，其中 2016 年计划安装 6000 户。推动兴国县 130 个贫困村及和谐秀美乡村新农村建设发展光伏产业。在杰村乡含田村、濊江镇杨澄村、高兴镇高兴村先行先试。2016 年底，已安装 200 余户，并网 150 余户，单户装机容量 5 千瓦。兴国县光伏扶贫融资方式主要是与县农商行合作，采取农户贷款形式融资。以安装 5 千瓦为例，投资 3.3 万元，可由合作银行贷款 3.3 万元。兴国县共拟建设户用系统 4547 套，总规模 22.74 兆瓦，涉及 290 个村，帮扶贫困户 4547 户 17158 人。

2. 项目资金构成及效益分配

（1）项目资金构成。由县财政对贫困户贷款进行担保，按 1:8 的保证金向合作银行提供担保，由贫困户向银行贷款，贷款期限 15 年，等额本息偿还，贷款年利率按国家基准利率执行。

（2）投资水平。根据国家、行业现行的有关文件规定、费用定额、费率标准等，由县扶贫办提出的兴国县村级光伏扶贫系统造价为 7.6 元/瓦，企业捐赠 1 元/瓦，实际结算按 6.6 元/瓦计算。

（3）扶贫效益分配方式。兴国县供电公司根据国家、省、市光伏发电补贴政策，按结算周期（1个月）向实施项目的合作社支付自发自用和余电上网电量政策补贴资金。合作社收益全部打入该合作社集体账户，由合作社按管理单程使用；需要还贷的，按照协议，还款金额由金融部门直接从收益中扣除，剩余的打入合作社账户。

3. 对贫困户扶贫效果

通过光伏发电专项建设实现精确扶贫。对区域内已建档立卡贫困户安装分布式光伏发电系统，增加贫困人口基本生活收入，项目实施后，根据县政府和扶贫部门按照资金构成和效益分配方式测算（按5千瓦/户，年满发1000小时，电价1.0193元/千瓦时，贷款年利率4.9%，贷款额度3.3万元，15年还清本息），贫困户年度发电收入约5096元，前5年由县财政贴息，约1400元；每月需还银行按揭260元，年还款3120元，前5年贫困户预计年可支配收入3376元，扶贫效果显著。

三、赣南苏区光伏扶贫面临的几个问题

应该说光伏扶贫为我国扶贫事业做出重要贡献，是非常值得倡导的一种扶贫模式，但在扶贫过程中还存在许多亟待解决的问题。

（一）资金缺口仍然很大

无论哪种模式，光伏扶贫的初始建设投入都较大。以户用光伏发电扶贫模式为例，每户的一次性投入在3万元左右，假设给一个自然村50户安装，总投入就要在150万元，其中贫困户负担40万元左右，这对于赣南苏区贫困户仍然是一个很大的问题。

（二）低价竞标问题

《光伏扶贫试点实施方案编制大纲（修订稿）》中对于户用和农业大棚等小型分散式接入的光伏电站项目的建议价格为10元/瓦，但目前很多光伏扶贫项目以低于8元/瓦的价格中标，企业无合理利润空间。太低的价格无法保证质量，部分地区出现了低价承接光伏扶贫项目的现象，难以保证项目质量、国家扶贫资金效益和贫困户收益。

（三）区域保护主义问题

近年来，由于我国各地将新能源产业作为其战略型新型产业，很多省份都有光伏企业，但各地光伏企业以中小企业为主。在进行光伏扶贫时各地倾向于使用本地企业产品，由于中小型光伏企业自身实力和服务网络问题，未来25年的运维和售后服务得不到保障。

同时这也是导致低价竞标和恶性竞争的关键因素。

（四）农电网络配套问题

我国各地贫困地区农村电网基础条件较差，电压不足、线路薄弱。又由于光伏发电往往白天产电，晚上不产电，且输送电量不稳定，许多农村电网缺乏能力消纳光伏电流，这也是制约光伏扶贫的重要因素。实际上，在光伏扶贫过程中，农电站并没有被设计成相关利益主体，只是作为应尽"义务"，在光伏扶贫中增加一些必要的成本，也导致其对光伏扶贫缺乏积极性。

（五）补贴不及时和不到位问题

多地光伏企业反映，地方政府在推进光伏扶贫过程中非常努力，许多光伏企业也大力支持配合，前期投入较大。但相关补贴难以及时拨付到企业账户，这可能是因为我国扶贫资金流转程序较多，也存在个别行政部门"慢作为"的问题。此外，农户光伏发电收益也没有及时得到兑现。有的农户光伏发电一年多了，也没有得到任何发电补贴。

四、推进赣南苏区光伏扶贫的几点建议

1. 增加光伏扶贫资金总量

赣南各地已经形成多种光伏扶贫模式，应该总结各种模式的优缺点和风险，由扶贫办推出主要扶贫模式和管理系统，谨防扶贫资金被滥用，提升资金使用效果。2015 年，投入光伏扶贫的补贴资金占国家总扶贫资金量不足 1.7%，因此，扶贫办有必要加大光伏扶贫力度。建议尽快在全国范围有条件的贫困地区实施《光伏扶贫试点实施方案编制大纲（修订稿）》意见，大幅提高光伏扶贫资金占比，尤其加大对赣南等中央苏区的扶持力度。

2. 提高补贴标准和行业壁垒

国务院扶贫办和相关部门建立一定标准，筛选一批有实力、有经验、有社会责任感的大型光伏企业，避免地方保护主义出现。同时构建相应的考核体系，对中标光伏企业进行统一规划，统一管理，统一包干实施，以确保项目建设质量和后期运维。

3. 促进政府对扶贫补贴快速发放

扶贫办、地方政府、国家电网等部门简化光伏扶贫项目流程、实现有效衔接、配合顺畅，建立最低工作日制度，促进政府对扶贫补贴快速发放。同时，在设计光伏扶贫机制时，适当给予国家电网部分利益，建立光伏扶贫有效的激励机制，同时构建考核机制，促进电网系统对农民光伏发电补贴发放。

4. 加快贫困地区电网改造升级

建议依靠地方电力公司，大力开展新一轮农网改造工程，按照各村可接入容量分期安排，电网企业应优先吸纳贫困地区分布式光伏发电上网，优先为贫困户的光伏发电项目提供并网接入、计量电表安装等配套服务。

5. 推进光伏扶贫技术模式创新

各地在实践过程中应积极创新光伏扶贫建设用地和建设模式，并与电网接入后期运维，减少用地，提高效益，加大信息技术应用，通过大数据等技术手段实现对光伏电站管理的智能化，结合电站地域分布特点因地制宜，加强光伏扶贫与各类光伏的综合应用，比如农光互补，提高光伏扶贫的综合效益。

赣南革命老区健康扶贫的积极探索

——信丰县西牛镇曾屋村大病医保兜底脱贫的调查与思考

刘梦怡　刘善庆　马尔都*

摘要： 在全面建成小康社会的新时期，赣南原中央苏区是脱贫攻坚的主战场。在健康扶贫、健康脱贫行动中，赣南原中央苏区大胆创新，探索了大病医保兜底扶贫新路径，形成了"一个窗口，四道保障线"的"赣南样本"。"赣南样本"将新农合基本医疗、新农合大病保险、重大疾病医疗补充保险、民政医疗救助有机结合，确保贫困人口个人承担的费用不超过总费用的10%，充分发挥托底保障功能和守护健康的作用；通过开设"一站式"结算窗口，实现城乡居民基本补偿、大病保险、商业补充险、民政医疗救助"一站式"结算。既极大减轻了贫困人口医疗负担，又切实提高了报销效率，利民便民。

关键词： 健康扶贫；革命老区；赣南

一、问题的提出

（一）病、伤、残：贫困的罪魁祸首

自 2011 年中共中央、国务院印发《中国农村扶贫开发纲要（2011~2015 年)》以来，赣南等原中央苏区脱贫工作取得了巨大的成效，但是"因病致贫""因病返贫"现象依然严重。国家统计局江西调查总队、赣州调查队调查报告指出，赣州有 30.97% 的家庭因家庭成员大病、久病致贫。此外，因残、因祸、因灾等致贫占比 15.48%，两项合计

基金项目：本文系中国社会转型研究中心项目"精准脱贫视域下的赣南苏区大病医保兜底研究"的部分成果。

* 作者简介：刘梦怡，女，江西师范大学马克思主义学院研究生。刘善庆，男，博士，江西师范大学苏区振兴研究院常务副院长，研究员。马尔都，男，江西师范大学商学院 2015 级工商管理专业本科学生。

46.5%，病、伤、残成为赣南人民致贫的第一诱因。

赣南很多农户因家里有重大疾病的病人，家庭基本生计难以维持，生活状况十分艰难。在赣州的调查对象中，平均每户需要赡养 0.41 个 70 岁以上老人，需供养 1.03 个在校学生，需抚养 0.69 个患有重大疾病或慢性病的病人。由于家庭负担总体偏重，这些家庭基本上处于入不敷出的状态，生存性消费比重高，发展和改善性消费比重偏低，其中，家庭支出中，43.41% 用于基本生活保障，32.43% 用于医药费，两项支出就占到了消费支出的 75.84%，严重挤压了生产投资和改善性消费，进而影响家庭致富和发展。

消除贫困、改善民生、实现共同富裕，是社会主义的本质要求，也是全面小康的前提。"十三五"是全面建成小康社会的决胜阶段，也是脱贫攻坚的决战时期。实现江西省与全国同步全面小康，最大的短板在农村，最大的"拦路虎"是贫困，最大的难点在赣南等原中央苏区，关键是久病大病、因病致贫、因病返贫的贫困户如何脱贫。

（二）资源渗漏：传统扶贫方式存在盲点

国际扶贫领域有两大难题，一是目标失准，二是资源渗漏。这两个难题同样在我国长期存在，从而严重影响了扶贫效率。我国大规模扶贫开发政策的调整始于 1986 年，从上到下正式成立了专门扶贫机构，确定了开发式扶贫方针，制度不断完善。在此过程中，革命老区建设办公室与扶贫办合署办公，两块牌子、一套人马。扶贫对象也呈现逐渐细分的趋势。这个过程大致可以分成重点区域、重点人群的扶持两个层面。重点区域的扶持主要以县（贫困县）为单位进行；重点人群的扶持则以集中连片区、村（贫困村）、户（贫困户）为单位进行。虽然扶贫对象逐渐转移到贫困村、贫困户，但是，由于全省乃至全国都没有建立统一的扶贫信息系统，因此，对于贫困居民底数并不十分清楚、情况并不明确，在贫困户的确定上面难度较大。为了解决这个问题，国家统计局根据全国 7.40 万户农村住户调查样本数据，推算出全国农村贫困居民为 8249 万人，然后逐级向下分解。

虽然推算出来的贫困户数据对于研究我国贫困居民规模、分析贫困发展趋势比较科学，但在具体工作中针对性并不很强，扶贫资金和项目指向并不太准确。对于具体贫困居民、贫困农户的帮扶工作事实上存在诸多盲点，一些真正的贫困农户和贫困居民很可能并没有得到帮扶，导致扶贫中的低质、低效问题普遍存在，难免出现扶贫资金"天女散花"、人情扶贫、关系扶贫等现象，造成应扶未扶、扶富不扶穷等社会不公现象，甚至滋生腐败。本该使农民受益的健康扶贫政策，却由于报销门槛高、报销程度低、报销手续繁杂等问题使贫困户望而却步。这种情况表明，原有的扶贫机制难以适应脱贫攻坚新形势，必须完善，尤其在健康扶贫行动中，必须进一步创新机制，使精准滴灌真正落到实处。

二、赣南大病医保兜底扶贫调研情况

在健康扶贫、健康脱贫行动中，赣南等原中央苏区弘扬苏区精神，大胆创新，探索了大病医保兜底扶贫新路径，信丰则形成了"1＋4"模式。为深入了解该模式，进行了专门调研。调研工作遵循整体—局部—重点的思路，主要进行了三个方面的具体工作。

（1）进行整体性问卷调查。目的是通过问卷调查，了解中西部欠发达地区健康扶贫开展情况。在校党委田延光书记、商学院党委陈文杰副书记的大力支持下，课题组在2017年1月精心设计了调查问卷，并联系商学院2016级、2015级同学，请他们利用寒假时间回乡实地进行问卷调查，课题组成员也充分利用寒假时间在家调研。调研范围以江西尤其是赣南等原中央苏区为主，涉及云南、山西、甘肃、湖北等中西部地区。通过问卷调查，本课题组对中西部欠发达地区健康扶贫情况有了整体性了解。

（2）进行局部调研。在赣南等原中央苏区大病医保兜底扶贫创新中，信丰走在了前列。为此，本课题组选择信丰作为调研对象。2017年2月14日，本调研组前往信丰县，由县扶贫办出面，召开了"苏区脱贫攻坚典型经验研究"座谈会，与会各有关部门分享了脱贫攻坚工作中的一些做法与经验，人保、民政部门负责人重点介绍了信丰大病医保兜底扶贫的情况，并指出曾屋村在这方面做得较好。座谈会后，在人保、民政部门负责人陪同下，课题组成员实地考察了信丰县行政服务中心，察看了大病医保兜底报销流程。

（3）进行点上的调研。麻雀虽小五脏俱全，选择某个点进行调研，既节省成本，又能提高效率，还能确实解决问题。根据信丰县提供的信息，该县曾屋村在大病医保兜底扶贫方面做得较好，因此，课题组进驻曾屋村进行实地调研。在新扶贫办，西牛镇党委、政府的支持下，课题组成员于2017年2月16日正式入驻曾屋村，进行了为期一周的调研。

曾屋村隶属于西牛镇，位于信丰县东北方向，离县城约15公里。信丰被誉为"中国脐橙之乡"，作为原中央苏区一类县，其既是红军长征突破第一道封锁线所在地，也是南方三年游击战争核心区，还是客家摇篮。全县人口75万，下辖16个乡镇、一个省级工业园，260个村。曾屋村就是其中之一。该村地域面积2.6平方公里，分成19个村小组，全村共480户2100人，其中一般贫困户20户、低保贫困户9户、低保户19户、五保户6户，共计54户157人，党员39人。贫困户占总户数的11.3%，贫困人口占总人口的7.5%。

图1　清晨下的曾屋村

资料来源：刘梦怡拍摄。

在曾屋村的调研主要采用问卷调查、访谈的形式进行，共分为以下三个部分。

第一部分是综合性调研。通过与村干部交流、调研组成员走访及所搜集到的资料对曾屋村的背景、发展现状、经济水平、自然环境等整体情况有了大致的了解。

第二部分是针对性调研。针对所要调研的人群，我们进行分类调研。①对村民关于大病医疗保险兜底政策的认识进行了深度访谈。②对村中患大病的贫困户进行深度访谈。③对村中的普通村民进行问卷采访。经过对这三类人群的走访之后，我们对于大病医疗保险兜底政策有了更加深刻的认识，能够抓住"四道防线"的核心。

第三部分是整理调研资料。在后期整理过程中虽然调研的人群数量较大，存在方言隔阂等问题，但经过认真分析归纳，我们对调查问卷进行了数据分析和汇总。

三、赣南大病医保兜底扶贫的主要做法

在大病医保兜底扶贫行动中，信丰县大胆进行机制创新，探索出了"一个窗口，四道保障线"的新模式，形成了健康扶贫的"赣南样本"。

(一)"一个窗口"——一站式结算平台

为了方便贫困人员医疗报销,信丰县建立了多层级的一站式报销平台,提高了贫困人员报销效率。①在县级医院先行建立一套"一站式"结算系统,简化补偿程序,对贫困人口住院实行"先诊疗,后付费"的结算机制,取消医疗病种限制。②在各定点医疗机构设立专门的报账窗口,开辟结算"绿色通道",优先为贫困对象进行直补。③依托城乡居民基本医疗保险网络,在县行政服务中心设立四道医疗保障线"一站式"结算窗口,实现城乡居民基本补偿、大病保险、商业补充保险、民政医疗救助"一站式"结算。

(二)第一道保障线——新农合基本医疗

新型农村合作医疗,简称"新农合",是指由政府组织、引导、支持,农民自愿参加、个人、集体和政府多方筹资,以大病统筹为主的农民医疗互助共济制度。

2016年,信丰县政府筹资为贫困人口参加城乡居民基本医疗保险个人缴费部分(120元/人)给予全额补助。确保人人有医保,看病能报销。目前,信丰县新农合基本医疗保险有99%以上的投保率,为农村人口的基本医疗提供保障。医疗费用救助比例五保户的报销比例为100%,并且由原来的3万元封顶到现在的上不封顶。低保户的报销比例江西省规定的是70%,信丰县则上调10%,提高到了80%,并且从3万元封顶提高到了5万元封顶。

(三)第二道保障线——新农合大病保险

新农合大病保险是在新型农村合作医疗的基础上,对患者发生的高额医疗费用给予进一步保障的一项制度性安排,是新型农村合作医疗的拓展和延伸。这是一项针对扶贫困难群众的特惠政策。新农合大病保险遵循的原则是坚持收支平衡、保本微利,由中国人寿保险股份有限公司赣州分公司承办运作。

在资金筹措方面,保费按照不增加农民个人缴费负担的精神,全部由新农合基金承担。2016年,由信丰县政府筹资为所有建档立卡贫困对象购买大病保险(30元/人)。为农村人口在新农合基本医疗保险之外提供补充,减轻"因病致贫""因病返贫"所造成的经济负担。

新农合大病保险的补偿标准为:保险年度内参合患者住院累计发生的合规医疗费用,扣除新农合累计补偿金金额后,个人自付超过15000元的部分,0~5万元(含)部分,补偿比例为50%;5万~10万元(含)部分,补偿比例为60%;10万元以上部分,补偿比例为70%。省外就医患者自费费用的85%减去起付线后按上述比例补偿。新农合大病保险年封顶线为25万元。意外伤害住院费用的补偿标准,新农合报账后大病保险按规定进行补偿(新农合审核不予报账的,大病保险也不予补偿),大病保险年内封顶金额为20000元。

（四）第三道保障线——重大疾病医疗保险

重大疾病医疗保险主要是针对城乡贫困户提出的一项托底性政策，以减轻其大病负担。2016年，由政府筹资，为所有建档立卡贫困对象购买疾病医疗商业补充保险（90元/人）。全县建档立卡贫困人口因病住院在县乡两级定点医疗机构减免起付线，大病保险补偿时，起付线下降50%，起付线每参合年度内只扣减一次。每档补偿比例提高10%，0～5万元部分，补偿比例为60%；5万～10万元部分，补偿比例为70%；10万元以上部分，补偿比例为80%；门诊慢性病报销比例50%，不设起付线，年度封顶线4000元。按城乡居民医疗保险政策和大病保险政策补偿后，剩余部分中属于三个目录内的住院医疗费用，由贫困人口疾病医疗商业补充保险补偿90%，个人负担10%，剩余部分中属于目录外的住院医疗费用，由贫困人口疾病商业补充保险补偿75%。市内定点医疗机构负担5%（在出院直补时给予直接减免），个人负担20%，市内非定点医疗机构和市外医疗机构就诊则由个人负担25%。贫困人口疾病医疗商业补充保险补偿不设起付线，年封顶线为25万元。实现贫困人口住院自付费用比例降至10%以下。

（五）第四道保障线——民政医疗救助

民政医疗救助政策将救助对象主要分为两大类：城乡大病医疗救助和临时医疗救助。其中，城乡大病医疗救助对象包括城乡低保对象、农村五保对象和在乡重点优抚对象。临时医疗救助包括城乡重度残疾人员、城镇低收入老年人以及其他低收入人员。在赣南，民政医疗救助简称"救急难"。

民政医疗救助项目具体包括以下四个方面。

一是爱心救助，对城乡低保对象，农村五保对象、孤儿、重点优抚对象、城市"三无"对象、农村建档立卡贫困户等困难群众先天性心脏病患者和妇女两癌患者实行了免费手术治疗；尿毒症患者实行了免费血透；重性精神病患者实行了免费治疗。

二是应急救助，对因生活困难患病无钱医治的对象，经本人申请，县民政部门核查认定，给予一定数额的医前应急救助，帮助对象入院治疗。

三是关怀救助。对身患绝症并处于晚期，拒绝到医院接受治疗造成无医疗发票的，经本人申请，由县民政部门上户调查核实，年内可给予一次性大病关怀救助。

四是优惠救助。对民政对象实行"三减免四减半"优惠政策，优先会诊，各医疗机构免收民政对象的门诊挂号费、注射手术费、换药手术费，减半收取血液、大小便常规检查费、胸片检查费、普通床位费和护理费。经城乡居民基本医疗保险、大病保险、各类补充医疗保险、商业保险报销后，医疗救助政策范围内个人自负部分根据不同救助对象、不同救助范围的不同标准予以救助。

四、总结与思考

战争年代，赣南人民曾经做出了重要贡献。在脱贫攻坚、全面建成小康社会的今天，《国务院关于支持赣南等原中央苏区振兴发展的若干意见》要求赣南人民集中力量打好新阶段扶贫攻坚战，将赣南打造成为全国革命老区扶贫攻坚示范区，为全国革命老区扶贫开发、群众脱贫致富、全面建设小康社会积累经验，提供示范。赣南人民坚决贯彻习近平总书记指示精神，积极探索健康扶贫新路径，形成了大病医保兜底脱贫的"赣南样本"。作为革命老区健康脱贫样本，赣南大病医保兜底创新具有极为重要的理论价值和实践意义。

（一）创新之处

如何在革命老区进行健康扶贫，考验着老区政府和人民的智慧。"一个窗口、四道保障线"创新的核心价值就在于通过对贫困人口大病医疗保险兜底政策的系列改革实践回答了习近平总书记"五个一批"中"健康扶贫一批"的实现路径问题，具体看，主要体现在以下三个方面。

1. "1+4"模式创新

为了解决农民看病难、看病贵等关系民生的大问题，赣州市、县（市、区）各级政府积极探索健康扶贫的新模式，在不增加贫困户负担的基础上使其享受到更多的医疗保障，使困难群众摆脱"因病致贫"和"因病返贫"的困境。这种"1+4"模式（一个窗口，四道保障线）将新农合基本医疗、新农合大病保险、重大疾病医疗补充保险、民政医疗救助有机结合在一起，发挥托底保障功能和守护健康的作用；开设"一站式"结算窗口系统，实现城乡居民基本补偿、大病保险、商业补充险、民政医疗救助"一站式"结算，让贫困户医疗报销更加方便。既极大程度上减轻了贫困户的医疗负担，又切实提高了报销效率。

总之，"1+4"有机结合，将碎片化的政策进行系统整理，完成了从碎片化向系统化的转型。

2. 制度创新

制度创新主要体现为以下三点。

一是有效进行政策整合，使新农合基本医疗、新农合大病保险、民政医疗救助、重大疾病医疗保险政策有机组合、无缝对接。政府（民政）、企业（保险机构）、社会（医疗机构）、贫困户通力合作，层层托底。全方位、立体式医疗保障创新，消弭了贫困人口大病之下的贫困风险，极大提高了健康扶贫政策效力和效益。

二是突破了报销范围，为个人负担兜底。传统大病医保政策报销范围仅限于目录内病种及其医疗、药费项目。事实上，目录外费用相当高。"因病致贫""因病返贫"很大程度上是由于目录外费用全部由病人承担所致。针对这种情况，赣州市、信丰县规定，贫困人口大病医保报销实行总额兜底，不仅目录内医疗费用可以报销，而且目录外的也能够按相应的比例享受报销政策，确保贫困人员自负部分不超过总医疗费用的10%。家住信丰安西镇的贫困对象蓝某九就切实感受到了这一政策的温暖。2016年他由于脑梗在信丰中医院住院治疗，住院总费用106895.78元，城乡基本医疗保险补偿77205.97元，大病保险补偿2350.75元，疾病商业补充险补偿23106.91元，个人自负费用4232.15元，自负比例仅为3.96%。这是省内就医获得报销的例子。还有一个省外住院治疗获得报销的例子。家住信丰小江镇的贫困对象邓某香2016年由于败血症在广东住院，住院总费用143929元，城乡基本医疗保险补偿37949.74元，大病保险补偿52435.94元，疾病商业补充险补偿45672.1元，个人自负费用7871.22元，自负比例5.47%。

三是参保人员缴费制度的创新。在脱贫攻坚战中，赣南健康扶贫所进行的制度创新涉及新农合基本医疗、新农合大病保险、重大疾病医疗保险等的缴费问题，针对贫困户经济基础薄弱、生活困难的实际情况，赣州市各级政府决定凡是建档立卡贫困户必缴部分均由政府筹资解决，不增加贫困户负担。如2016年，信丰县政府筹资对本县贫困人口参加城乡居民基本医疗保险个人缴费部分（120元/人）给予全额补助，且由县政府筹资为所有建档立卡贫困对象购买大病保险（30元/人）。

3. 管理创新

为了使大病医保兜底脱贫政策落到实处，使困难群众受益，信丰县在贫困户档案管理方面实行"一人一档"的档案管理制度，完善入档资料。其中，入档资料包括个人申请表、城乡医疗救助审批表、公立医院疾病诊断证明、医药费用支出支票、参加新农合或医保报销原件回折、保险经办机构的赔付证明、户口簿或身份证复印件以及五保供养证、低保证复印件等。该制度严格按照上级要求和政策规定，对城乡困难群众实行分类救助，重点救助五保对象、低保对象、重点优抚对象和患大病重病的贫困对象。这种管理创新避免了扶贫目标混乱的问题，既确保了扶贫资源的有效利用，同时又破解了原先医保"广覆盖，低保障"的瓶颈，有效遏制了医疗扶贫资源"跑冒滴漏"的情况，使医疗扶贫资源的配置实现最优化。

（二）不足之处

赣州市的大病医保兜底创新进行的时间不长，在实际运行中难免存在一些瑕疵，具体体现在以下两个方面。

1. 宣传发动不够，政策知晓度有待提高

"因病致贫""因病返贫"人员文化程度较低，受教育水平普遍较低，对大病医疗政策的认知程度不高。问卷调查表明，25%的人"没有听到或看到过"大病医保兜底政策。政府颁发的政策没能及时宣传到每个农村家庭，说明信息不对称。部分原因可能在于不少村干部在开展宣传工作时，宣传方式和工具并未与时俱进，方式过于简单化且效率低下。宣传和普及工作不及时，宣传方式不恰当，让贫困农户接收到大病医疗保险政策的消息缺乏时效性。政府颁布政策到农村干部接收政策的过程有了断层，农村干部在把政策消息宣传到各个农村家庭时又存在断层，造成了贫困户与政府间信息的不对称。

2. 机制运行不畅，服务便民方面有待提高

现存的大病医保兜底政策涉及社保、民政、医院等多个机构或部门，由于扶贫资源分属于不同的部门和系统，一方面，造成贫困户结算时碰到困难。由于他们不太清楚各个部门的职能，加之对政策认知不清或者理解有偏差以及获取政策消息的途径不同，让原本就理不清的报销途径更加混乱，不清楚自己的医疗费用到底该去哪个部门报销。另一方面，由于医保局、民政局、医院等部门之间信息不对称，导致报账平台无法真正统一，增加了贫困群众申请报销时的负担。调查表明，有 12% 左右的农民认为现行大病医保报销制度太麻烦。其原因在于现行有些大病医保报销程序可能过于烦琐，加之政策宣传教育力度不够等，给一些文化水平不高、对医疗业务情况不熟悉的贫困户带来了实际的报销难度。

(三) 解决思路

上述瑕疵是赣南健康扶贫行动中客观存在的问题，需要在现有基础上逐步解决。

1. 进一步优化信息发布，提高政策知晓度

一方面，要加深对健康扶贫重要性的认识，深入学习和理解"一个窗口，四道保障线"的内涵和运行机制。加强大病医保兜底政策的宣传力度，尤其是村干部要通过挨家挨户走访等形式，向贫困户做好宣传和解释工作，确保人人知政策，个个懂程序。另一方面，改善宣传方式，充分利用新技术、新媒体加强对贫困户大病医保兜底政策知晓度。如借助微信、QQ 等社交软件和信息发布平台定期向农民推送大病医保兜底政策的实时动态、政策变更、就医和报销指导等各种信息，以此提高他们对大病医保兜底政策的知晓度，确保贫困人口得到政策红利。

2. 统一报账平台，进一步提升报销便利性

大病医保兜底工作是一项涉及面广、政策性强、工作量大、任务艰巨复杂的工作，但目前信息分属于不同部门，导致了信息孤岛，急需进行运行机制创新。建议首先建设全市统一的同步结算信息系统，实现每位贫困人口凭医保卡到定点诊疗机构就诊、免缴住院押金、出院即时结算，对未达到大病保险起付线的直接进入商业补充保险。其次，扩大受益面，从新农合二次补偿和民政医疗救助中解决贫困人口的医药费用补偿问题。最后，进一步优化报账流程，简化报销程序，为贫困群众提供更加便捷优质的服务。

参考文献

［1］李小晶．大病医保政策实施现状及问题研究［J］．卫生软科学，2015（6）．

［2］赵力俭．我国农民大病难保问题研究［D］．郑州大学硕士学位论文，2015．

［3］刘华．甘肃省城乡居民大病医保推行中的困境及对策［J］．科学经济社会，2016（9）．

［4］吴琴琴．基于"疾病划分"模式的大病医保费率研究［D］．华东师范大学硕士学位论文，2013．

［5］孙铁翔．国务院医改办主任孙志刚解读关于开展城乡居民大病保险工作的指导意见［J］．决策解读，2013（10）．

［6］高扬帆．大病医保引入商业保险运作的模式研究［J］．金融纵横，2013（7）．

［7］杜晓宇．PPP模式在城乡居民医保一体化建设中的应用［J］．经营管理，2011（3）．

［8］饶克勤．国际医疗卫生体制改革与中国［M］．北京：中国协和医大出版社，2007．

江西农村养老保障问题研究

——以兴国县为例

王章华*

摘要： 兴国县在农村养老保障方面取得了很大的成效，也存在居民参加城乡居民养老保险意识不强、增保扩面难、保费收缴难等问题；养老服务提升面临资金短缺、管理人员和职工待遇较低、专业护理人员紧缺等问题。应采取加大政府投入力度，提高养老金水平；建立正常的基础养老金调整机制；健全城乡居保缴费激励机制；引导中青年群体积极参保；提高养老服务业发展的制度保障；建立财政支持养老服务业发展的长效机制；逐步提升养老服务水平等措施促进农村养老保障进一步发展。

关键词： 养老保障；城乡居民基本养老保险；养老服务

一、兴国县农村养老保障政策的基本内容

（一）兴国县城乡居民基本养老保险政策基本内容

2014 年 11 月 18 日江西省颁发了《江西省城乡居民基本养老保险实施办法》（赣府发〔2014〕38 号）对参保范围、基金筹集、养老保险待遇和领取条件、基金管理和运营监督、转移接续与制度衔接等内容做了具体规定。在江西省有关规定的指导下，2015 年 5 月 16 日兴国县政府颁发了《兴国县城乡居民基本养老保险实施办法》（简称《实施办法》）（兴府发〔2015〕9 号），规定兴国县城乡居民养老保险基金由个人缴费、集体补

基金项目：江西师范大学"社会发展与治理"江西省 2011 协同创新中心课题"江西社会保障体系问题研究"成果；国家社会科学基金项目"完善新型农村社会养老保险机制研究"（13BRK001）成果。

* 作者简介：王章华，男，博士，江西师范大学马克思主义学院副教授。

助、政府补贴构成。缴费标准目前设为每人每年 100 元、200 元、300 元、400 元、500 元、600 元、700 元、800 元、900 元、1000 元、1500 元、2000 元 12 个档次。对于选择 100 元缴费档次的，每人每年给予 30 元的基本补贴。对于选择 200 元及以上缴费档次的，在基本补贴 30 元的基础上适当增加补贴金额。其中，参保人缴费 200～400 元的，每提高一个缴费档次，政府补贴在 30 元的基础上增加 5 元；缴费 500 元的，补贴 60 元；600 元及以上档次的，每提高一个缴费档次，政府补贴在 60 元基础上增加 5 元，最多补贴 95 元。对城乡重度残疾人等缴费困难群体，由政府为其代缴全部最低标准的养老保险费 100 元。对农村已结扎一女户、二女户夫妇，从计生部门认定的次年始，每年从财政预算的计划生育奖励专项资金中为其夫妇各代缴 300 元的养老保险费，缴满 15 年。有条件的村集体经济组织应当对参保人缴费给予补助。城乡居民基本养老保险可转移接续与其他制度衔接。

城乡居民养老保险待遇由基础养老金和个人账户养老金构成，支付终身。基础养老金最低标准按中央确定的标准执行，县将根据上级相关政策规定，适时调整基础养老金标准。为鼓励参保人长期缴费，对缴费年限超过 15 年的，在规定基础养老金的基础上，每超过 1 年，每月增发 2% 的基础养老金。个人账户养老金的月计发标准，目前以个人账户全部储存额除以 139 计算（与现行职工基本养老保险个人账户养老金计发系数相同）。待遇领取人员死亡的，其死亡后次月停发养老金，政府一次性支付给其法定继承人或指定受益人丧葬补助金 600 元。

（二）兴国县农村养老服务基本内容

2010 年兴国县制定了《兴国县居家养老服务试点工作实施方案》（兴民发〔2010〕24 号），开始在潋江镇进行居家养老服务试点。居家养老服务试点工作提供的服务面向服务站点管理区域内 60 岁以上老年人。其中"三无"、高龄、独居、特困和生活难以自理的老人为重点服务对象。通过整合社区现有养老服务资源，吸纳本社区就业困难人员，配足工作人员，建立了试点社区居家养老服务站，有活动室、阅览室、休息室、用餐室、医疗保健室等，为社区内老年人开设日托、寄养、文体娱乐、医疗保健等服务项目。采取实行无偿和低偿服务相结合、日托式服务、会员式服务、组合式服务、上门式服务等方式为老年人提供生活照料服务、医疗保健服务、精神慰藉服务等养老服务。

2017 年 5 月 9 日兴国县颁发的《关于推进医疗卫生与养老服务相结合的实施意见》（兴府办发〔2017〕10 号）提出：

（1）促进医疗卫生与养老服务融合发展。鼓励二级以上综合医院与养老机构开展对口支援、合作共建，鼓励在养老机构、日间照料中心等场所内开设护理站，实现养老资源与医疗服务优势互补。

（2）支持医疗机构开展养老服务。符合条件的医疗机构应适时开设养老床位，享受养老机构建设运营同等扶助政策。有条件的医疗卫生机构要适时组建医、康、养一体化专业服务团队，上门为老年人特别是高龄、重病、失能、失独老年人提供就医便利条件、优先优惠服务，或开展家庭病床服务。

（3）支持养老机构开展医疗服务。支持养老机构按标准开办老年病医院、康复医院、护理院、中医医院和临终关怀医院等医疗机构，符合条件的可按规定纳入城乡基本医疗保险定点范围。

（4）支持医疗机构与养老机构开展签约服务，鼓励医疗卫生机构与周边养老机构开展多种形式的协议合作。

（5）推进社区医疗卫生建设和社区医养服务。支持社区医疗卫生机构建设，确保每个社区具备一定的医疗卫生服务条件。全县规划在潋江镇设一个社区卫生服务中心，在县城规划区内建设10个形式多样的社区卫生服务站。社区卫生服务站建筑面积不少于300平方米。到2020年对65岁以上的老年人基本实现健康管理，打造集日间照料、居家养老、短期托养等功能于一体的社区医养服务中心。推进基层卫生巡诊服务工作，将辖区内的100%的中心卫生院、100%的社区卫生服务中心和80%的一般卫生院通过建设医养联合体等多种形式，为辖区老人提供治疗期住院、康复期护理、稳定期生活照料以及临终关怀一体化的健康和养老服务。

（6）鼓励社会力量兴办医养结合机构。支持和鼓励社会力量针对老年人健康养老需求，通过市场化运作方式，举办医养结合机构及老年康复、老年护理等专业医疗机构。

（7）充分发挥中医药在健康养老中的作用。支持传统中医进入养老机构、日间照料中心和家庭，积极开展养生保健、康复服务。坚持养老与养生相结合，将中医药养生保健和"治未病"理念融入养老全过程，发挥中医药在老年疾病预防、康复、养生等方面的作用，提升老年人身心健康水平和生活质量。

（8）推动医养结合健康管理信息化建设。积极开展养老服务和社区服务信息惠民试点，利用老年人基本信息档案、电子健康档案、电子病历等，推动社区养老服务信息平台与区域人口健康信息平台、医保信息平台对接，实现信息共享，为开展医养结合服务提供信息和技术支撑，打造"智能化"居家养老模式，为居民特别是老年居民提供紧急求助、就医挂号、康复护理、健康咨询等"互联网＋"医疗服务。

二、兴国县农村养老保障的成效及问题

（一）兴国县农村养老保障的成效

1. 兴国县城乡居民基本养老保险主要成绩

（1）城乡居民基本养老保险参保率较高。2016年底，兴国县城乡居民基本养老保险参保人数达到 347186 人①，完成 2016 年省、市下达的县民生工程目标 347060 人（100.04%）的任务。其中全年参保缴费人数 257252 人，全年征收养老保险费 2934.87 万元，60 周岁及以上领取待遇人数达 89934 人，全年发放养老金 8816.54 万元，发放率达 100%。

截至 2017 年 6 月 19 日，全县参保人数为 259281 人，比 2016 年底增加了 2029 人，其中参保缴费人数达 170144 人，收缴保费 2049.26 万元；领取养老金待遇人数达 89126 人，完成省下达的民生指标的 71.59%。

2016 年全县建档立卡贫困户共有 70155 人，符合参保条件的建档立卡贫困户有 50849 人（其中低保、"五保"有 22050 人），截至 2016 年 12 月 30 日，已全面完成建档立卡贫困户的参保工作，共收取保费 508.49 万元（其中低保、"五保"户由政府代缴 220.5 万元）。

（2）缴费方式人性化、便民化。2015 年兴国县选定潋江、隆坪两个乡镇为保费银行代扣代缴试点乡镇，在两个试点乡镇取得了显著成效的基础上，2016 年兴国县全面推行城乡居民基本养老保险费代扣代缴，改变了人工直接收缴现金方式，充分发挥社会保障卡功能，降低基层工作强度，杜绝基金管理隐患，确保基金安全。通过广泛政策宣传，层层动员发动，采取集中经办人员培训、与乡镇签订责任状等措施，大力推行城乡居民保费代扣代缴工作。除了政府兜底代缴部分，其他参保对象全面实现代扣代缴，代扣代缴工作取得了较好成效。

（3）社会化服务工作人性化、常态化。2015 年底兴国县农保局引进了人脸识别系统应用于生存认证工作，此前这项工作采取工作人员与养老金待遇领取对象见面登记的方式进行认证，引进人脸识别系统后大大提高了工作效率。在制度化、常态化、规范化管理的前提下，实行生存认证服务灵活多样化和人性化，服务科学便捷；在全县 304 个行政村建立了 310 个便民服务点且均按照"六个一"标准进行建设，实现了"三个不出村"目标，制定了经济激励考核机制，有效提升了各点的经办效率和服务水平。针对待遇领取对象建立了丧葬补助金制度，县政府决定对 2015 年 1 月 1 日及以后领取养老金死亡的参保人，一次性支付给其继承人或指定受益人 600 元的丧葬补助金。

（4）政府兜底保障更完善。2016 年在精准扶贫政策扶持下，针对建档立卡贫困户低保、"五保"户中符合参加城乡居民基本养老保险的对象由政府兜底最低标准的养老保险。

2. 兴国县养老服务业主要成绩

兴国县辖 25 个乡镇、1 个经济开发区、304 个行政村、10 个城市社区，总面积 3215 平方公里，总人口 83.6 万。全县 60 岁以上老人 11.3 万人，占总人口的 13.6%；80 周岁以上老人 1.26 万人，其中百岁老人 33 人；"五保"对象 3566 人（集中供养 1041 人、分

---

① 数据由兴国县农保局提供，以下有关城乡居民基本养老保险的数据没有特殊说明均由兴国县农保局提供。

散供养 2525 人）①。目前，全县有 25 所乡镇敬老院、2 所民办养老机构（兴国县老年服务中心和苏区情养老服务中心）、2 所公建民营养老机构（田庄上养老服务中心和民政项目园）、1 所光荣院，共有养老机构床位 3007 张。针对全县老年人口比例高、老龄化增速快特点，县委、县政府围绕"老有所养、老有所医、老有所教、老有所学、老有所为、老有所乐"的目标，采取有力措施，加大工作力度，初步构建了以居家为基础、以社区为依托、以机构为补充的城乡养老服务体系，全县养老事业稳步发展，取得了明显成效。

（1）高位推动，养老服务业发展提速增效。兴国县始终把养老服务业发展列为民心工程、德政工程抓好抓实，推动养老服务事业迈入发展的快车轨道。

第一，组建了强有力的机构。为推进全县养老服务事业的发展，专门成立了由县领导担任组长，县民政、财政、发改委、卫计委、金融、公安等部门负责人为成员的工作领导小组，统筹推进全县养老服务发展工作，形成"政府主导、民政牵头、部门配合、社会支持、群众参与"的工作格局。为推动养老事业的发展，相关部门广开"绿灯"，如在高龄老人长寿补贴资金筹集上，尽管县财力紧张，县财政每年优先将长寿补贴资金列入预算范围。2015 年，县支出高龄老人长寿补贴资金 1299 万元，其中县级配套 1003 万元。为落实老年对象社会待遇，县老龄办为 70 岁以上老年人办理了《老年人优待证》，免费办理乘坐公交车意外险，县交运部门对这些对象乘公交车给予免费；县级以上医院对老年人就医挂号给予优惠；等等。

第二，出台了相关政策。坚持政策到位、制度先行，先后制定出台了《兴国县"十三五"基本养老服务体系建设规划》《兴国县居家养老服务试点工作实施方案》《兴国县农村老年人颐养之家建设实施方案》《关于进一步完善我县老年人优待政策的通知》等政策文件，形成了"1＋N"政策体系，落实政府托底类保障对象供养经费、运营补贴、民生政策落实、管护人员教育培训、医疗机构设立五个方面的优惠政策，确保了养老服务业健康发展。为大力支持民办养老机构的发展，出台了《兴国县鼓励现代服务业发展的若干优惠政策（试行）》，对按标准建设、取得《社会福利机构设置批准证书》和《民办非企业单位证书》的民办养老服务机构，政府采取以奖代补的形式，给予适当补贴；对用房自建且建成投入使用的，由财政按建设规模给予一次性建设补贴，300 张（含）床位以上的按 2000 元/床位予以补贴，300 张床位以下、100 张（含）床位以上的按 1000 元/床位予以补贴；对已开业的民办养老服务机构，按入住老人实际占有床位数，由财政每年给予 600 元/床位的运营补贴；同时，对建设用地以及相关税费予以减免。用电、用水、用气按民用价格，使用电话、电视初装等给予优惠。

第三，破解了一些难题。对养老事业发展进程中遭遇的"瓶颈"问题，县委、县政府高度重视，积极调度相关部门加以解决。如 2013 年起，每年将敬老院的改造项目列入县重点工程抓好抓实，对列入改扩建的乡镇敬老院指定了一名副县级领导挂点，协调解决

① 数据由兴国县民政局提供，以下有关养老服务的数据没有特殊说明均由兴国县民政局提供。

工作难题。凡有改扩建任务的乡镇，乡镇党委书记、乡镇长在具体工作中亲自安排部署、亲自协调推进、亲自解决难题，并指定由分管民政工作领导专门负责，民政所长具体落实各项工作。为推进工程进度，县委、县政府采取每月一督查、每季一通报的方式，负责督促工程进展和监管工程质量，强力推进敬老院的建设。

（2）彰显特色，养老服务业发展亮点突出。在推动养老机构建设上，兴国县围绕创特色出亮点，创新抓好养老机构的发展。

第一，公建民营，创新养老机构管理模式。为推进养老服务业社会化，兴国县在全市先行先试，对田庄上养老中心、民政项目园（社会福利院）采取引进社会力量参与，委托具有相应资质的社会组织或具备条件的爱心人士运营管理，进一步激发公办养老机构活力。具体运作为：①合理框定运营主体。让有爱心、责任心和事业心，有一定经济实力，有从事医疗、养老服务行业经验或养老服务平台且有专业管理和服务团队的社会组织或个人参与养老事业。②科学确定运营主体。通过公开招标组织专家公开评审的方式确定养老机构公建民营的运营主体。招标确定运营主体采用综合评估法评标，以得分最高者确定中标人。若投标人得分相同，则采用得分相同方抽签的方式确定中标人。综合评估设定分值为100分，评分项目包括从业情况（从业经历、护理人员配备、经营规模）、运营方案（运营目标、经营理念、经营承诺；服务管理和专业团队方案；物业管理制度及方案；突发事件应急处理方案；实施医养结合方案）；资产租赁收益费报价；医疗机构、护理机构、门诊机构、养老机构资质情况等。③强化运营监督管理。行业主管部门通过养老机构设立许可、社会对象入住比例、养老服务内容区别对待、管护人员配备、收费标准、落实安全管理责任六个方面加强监管，提升公建民营养老机构的养老服务质量。

第二，医养结合，创新养老机构服务理念。兴国县积极推进"医养结合"运营方式，将"医＋养＋康"理念贯穿养老服务全过程，实现医疗、养老和康复保健合三为一，较好地解决了"老有所养、老有所医、老有所康"问题。如田庄上养老中心，通过采取医养结合的运营方式进行健康养老，中心设立符合国家一级医院标准的兴国慧博源医院，组建"医生＋护士＋社工＋护理员＋康复师＋义工"队伍，采取"十定"（定医生，定社工，定康复师，定护工，定志愿者，定服务老人，定服务时间，定服务档案，定服务内容，定医疗介入）模式，充分利用养老服务中心现有资源为居住的老年人提供以精神慰藉、生活照料、医疗康复、养老护理、临终关怀为主要内容的专业化服务。医疗方面配备符合标准的医疗人员、医疗设备等；养老方面则以专业养老护理为主，专业社工服务、康复师服务为辅，满足了老人多方面的养老需求。养老服务中心还自主研发"慧博源健康与养老综合信息平台"，构建"互联网＋健康管理"体系，为老人做慢病筛查和定制个性化的健康干预方案。

第三，整合资源，创新养老机构建设思路。为达到整合资源、节约成本、实现功能共享的目的，兴国县委、县政府采取"多院合一"的方式筹建民政项目园，将光荣院、社会福利院、残疾人康复托养中心、儿童福利院、救灾救助中心等项目融为一体建设。项目园一期规划总面积 3.59 万平方米，总投资 1.1 亿元，设计总床位 860 张。社会福利院位于项目园北面东侧，为"U"形设计的五层建筑，建筑面积共计 7585.38 平方米，设计卧室 68 间，共有床位 114 张。设有门诊室、心理咨询室、功能测评室、康复咨询室、工娱疗康复科室、化验室、重症室、心（脑）电图室、B 超室等。社会福利院通过公开招标方式确定了兴国县老年服务中心为运营方，目前已正式投入运营。

（3）强化管理，养老服务业发展运行规范。

第一，资金管理规范。规范了"五保"供养生活补助和高龄老人长寿补贴资金的管理发放。"五保"集中和分散供养对象的年供养标准分别提高到 4380 元和 3480 元。明确了全县 80 周岁以上的高龄老人各年龄段的长寿补贴发放标准：80～84 岁 50 元、85～89岁 100 元、90～94 岁 200 元、95～99 岁 300 元、100 岁以上老人每人每月补贴为 1000 元。"五保"供养和长寿补贴资金采取每季度，通过"一卡通"方式及时发放到享受对象手中。

第二，服务管理规范。为提升敬老院在院老人的幸福指数，坚持以院民满意为目标，建立"五保一改善"制度，规范敬老院管理。①冬季保温暖。保证每个院民有三床被（两盖一垫，有统一床单），有两件保暖衣服、两条保暖裤、两双暖鞋、一个暖水壶。②平时保健康。配备预防感冒和高血压、冠心病等疾病的药品，并按需发给；每月组织一次健康检查，发现问题及时组织医治，需要住院的立即送医院免费住院治疗。③日常保平安。保证用电、用火安全，保证食品安全，保证居住和用房安全。④经常保整洁。聘请了责任心强的保洁员，对每个房间和公共场所每天打扫，帮助院民整理衣被、杂物等，确保房间整洁。⑤长久保和谐。实行民主管理、民主理财、民主监督制，认真听取院民诉求，写好院民民情日记，调处好院民纠纷，以院民满意为目标，着力建设和谐庭院。"一改善"即改善院民生活质量。制订了周菜谱，每餐两个菜，荤素搭配，满足了院民要求。"五保一改善"制度的落实，使在院老人的幸福指数得到有效提高。

第三，建设标准规范。结合兴国县实际，加大公办养老机构投入，按照"三个统一"（统一住宿用房标准。所有敬老院用房必须符合老年人建筑设计规范，完善无障碍设施，配备符合安全、消防、卫生、防疫、环保等要求的生活设施。统一业务用房标准。每个敬老院设有值班室、活动室、洗衣房、特殊护理房，所有院民用房都配有卫生间，活动室达到 30 平方米以上并配备必要的器材。统一生活设施标准。每个敬老院统一配备床、桌、椅、柜、被褥等生活必备用品，安装电风扇和配有必要的取暖设施）标准和"七个有"（有绿地、有鱼塘、有菜地、有活动室、有医务室、有消防设施、有志愿服务队）目标，实施乡镇敬老院改造提升工程，加快乡镇敬老院转型升级，不断提升承载能力。2013 年以来，先后完成茶园、长冈等 12 所乡镇敬老院的改扩建，总投资 3737.7 万元，改扩建面积 25852 平方米，新增床位 1004 张。目前，推进实施江背、杰村、均村、鼎龙、梅窖、古龙岗六个乡镇敬老院改造提升工程，总投资 2496 万元，改扩建面积 14933 平方米，新增床位 416 张。同时，多方筹集资金用于改善乡镇敬老院基础设施。

（4）社会参与，养老服务业发展氛围浓厚。兴国县坚持养老服务社会化，积极动员社会各界广泛参与，营造养老服务的良好氛围。

第一，民办养老机构不断壮大。兴国县坚持发挥市场在资源配置中的决定性作用，积极采取"公建民营""民办公助""购买服务""合同外包"等模式将养老服务交给市场和个人等社会力量，逐步使社会力量成为发展养老服务的主体。如在上级部门、基金会企事业机构和爱心人士的关心支持下，在县委、县政府的大力推动下，兴建了大型民营养老服务中心，一期工程投资 2500 万元，占地面积 4126.76 平方米，建筑面积 6751.8 平方米，共设计床位 312 张，开创了兴国县社会养老新局面。中心运营以来，政府按建设规模落实了一次性建设补贴 62.4 万元，给予床位运营补贴 16 余万元；中央财政项目资金扶持 25 万元；省、市、县民政部门、老龄办等各类扶持资金合计 80 余万元。又如，采取试点的方法，通过公建民营的方式，委托具有相应资质的社会组织或具备条件的爱心人士对田庄上养老中心、民政项目园（社会福利院）进行运营管理，目前运营情况良好。

第二，建立了养老服务平台。一方面，抓好社区居家养老服务中心建设。先后抓好了潋江镇背街社区、良村镇良村村社区、鼎龙乡杨村村社区等居家养老服务中心的建设试点工作。居家养老服务中心的服务主要有寄托服务、专人上门服务、志愿者服务、亲友照看服务、结对帮扶服务等。服务内容主要有：生活照料，主要是根据委托人的要求，上门照料高龄和生活不能自理的老人；家政料理，主要是为空巢老人提供以上门送餐、上门家政、上门陪护为主的服务；老人寄托，借"好嫂子托老所"平台，代照料好寄托在托老所的老人，寄托方式可以是日托、周托或按约定时间寄托。通过开展各种服务，使老年人得到良好照顾。如鼎龙乡杨村村居家养老服务站，在乡级财政、有偿服务、爱心人士的支持帮助下，累计筹集资金 7.2 万元，积极解决孤寡老人、空巢老人、社区重病老人、残疾老人、特困老人生活上、精神上等各方面的需求。另一方面，推进农村幸福院建设。为满足农村老年人的养老服务需求，2013 年以来，总投资 159 万元抓好了 53 个农村幸福院的建设。幸福院的建设充分整合村委会、学校、厂房或民房等闲置资源，按照"四有"（有休息室、有活动室、有图书室、有健身娱乐设施）标准建设。在运营管理上紧密结合村情实际，成立由 5~7 名热心公益事业的老人和志愿者组成的村养老服务互助协会，主要负责受理参与申请，矛盾调处，组织发展，活动安排，规章制定，安全管理及水、电相关支出等。同时，根据幸福院的具体情况，制定幸福院老人管理制度、互助公约、卫生制度、安全制度、老人守则和轮流值班等制度，建立健全管理协议、院民花名册、开展活动记录等资料，确保农村幸福院功能作用的充分发挥。

第三，社会各界积极参与。兴国县在抓好公办、民办养老的同时，积极动员县内外社会各界支持养老事业发展。如春兰家居有限公司在"关爱帮扶农村空巢老人文艺晚会"上，当场向埠头乡垓上村的空巢老人捐赠了爱心款物共计 9.3 万元。兴江乡坳背村老协每年请本乡或邻县"三角班"演戏七天以上，通过这种喜闻乐见的形式，宣传党的方针政策。同时，经常组织退休教师表演二胡、三弦、笛子、打击乐等乐器合奏节目，营造了文明的村风。在民政部的帮助下，中海油慈善基金会捐资 200 万元，帮助埠头乡铭恩社区、长冈乡合富社区及和平社区的"五保"户、低保户、重点优抚对象抓好土坯房改造，每户 1 万元，受益户 200 户；中兴基金会资助埠头乡新建敬老院；中国社会福利基金会——安诺基金会、亨通基金会捐资 100 万元，分别为五个敬老院（兴江、良村、枫边、长冈、南坑）完善热水供应系统、新建院舍用电系统、庭院绿化等配套设施，并为两所乡镇敬老院和一所光荣院配备服务用车各一辆。深圳华迈环保有限公司向兴国县社会福利机构和乡镇敬老院捐赠了价值 79.8 万元的 200 台净水器，"五保"老人饮水卫生得到了保障。

（二）兴国县农村养老保障存在的问题

1. 兴国县城乡居民基本养老保险存在的问题

如上所述，城乡居民基本养老保险实施以来，兴国县取得了很大的成绩，随着城乡居民基本养老保险进一步发展的需要，也产生了一些需要解决的问题：

（1）居民参保意识不强，增保扩面困难。部分中青年居民认为养老问题离自己还很遥远，对参保关心程度低，存在观望心理。而部分快接近 60 周岁的人，存在侥幸心理，误认为城乡社保会像惠农等政策"普惠制"一样，只要到了 60 周岁就可以享受基础养老金，因而不愿意参保。同时，部分居民对政策稳定性及持续性的顾虑也影响居民参保积极性。

（2）外出务工人员多，保费收缴困难。兴国县常年在外务工人员达 16 万，占应参保人员的 40%，有的农民举家外出，有的春节才回家一次，有的甚至几年回来一次，致使城乡居民基本养老保险优惠政策无法及时向他们宣传到位，保费收缴困难。

（3）低收入户和困难群体经济拮据，保费上缴困难。兴国县是国家级贫困县，农村经济基础较差，尤其是建档立卡贫困户家庭收入还比较低，缴纳城乡居民养老保险保费能力差。

（4）城乡居民对保费由银行代扣代缴认知度不高。城乡居民基本养老保险费代扣代缴工作加强了社会保险基金安全管理，减轻了基层经办人员工作强度，降低征缴成本，方便了广大城乡居民参保缴费，完善了便民服务体系，很好地推动了城乡居民基本养老保险扩面征缴工作。但实际工作中还存在一些问题：①社会保障卡的使用率和普及率还不够高，制卡和补换卡时间跨度长。②代扣代缴政策宣传力度不够，城乡居民还未完全消除对保费代扣代缴的安全性和便利性的顾虑和疑问。③政府广泛宣传以及村级协办员的一线指导还不够扎实和深入。

2. 兴国县养老服务业存在的问题

兴国县养老服务虽然取得了一定成效，但在队伍建设、资金投入等方面还面临着一些困难，主要表现在：

（1）乡镇敬老院基础建设改造提升面临资金短缺。2013 年以来，在上级部门的关心支持下先后完成茶园、长冈等 12 所乡镇敬老院的改扩建，总投资 3737.7 万元，改扩建面积 25852 平方米，新增床位 1004 张。实施乡镇敬老院改造提升工程，加快乡镇敬老院转型升级，不断提升承载能力。但还有部分乡镇养老院还没有完全得到基础建设改造提升，存在资金不足的问题，如当前正在推进的江背、杰村、均村、鼎龙、梅窖、古龙岗六个乡镇敬老院改造提升工程，总投资 2496 万元（不包括后期设施设备的投入），改扩建面积 14933 平方米，新增床位 416 张，还在多方筹集资金用于改善乡镇敬老院基础设施。

（2）敬老院管理人员和职工待遇较低。目前有乡镇敬老院管理人员 108 人，院长工资为每月 1500 元。至于其他工作人员工资待遇，根据《省人民政府办公厅关于调整最低工资标准的通知》（赣府厅字〔2015〕107 号）文件精神，兴国县属三类区域，每人每月按照 1340 元的最低标准发放。管理人员待遇低，而敬老院又无其他福利待遇，导致有的工作人员难以全身心投入敬老院的管理，制约着养老事业的发展。

（3）专业护理人员紧缺。养老院的养老护理是一门很专业的职业，护理内容包括老年心理学、老年常见病的护理、养老护理技术、老年膳食与营养、康复训练等。当前，一些人认为服务老年人是"侍候人"的工作，觉得低人一等，大多数人怕受歧视，宁愿无事干也不愿意从事这方面的工作。这种具有普遍性歧视的观念，目前尚未随社会经济发展而完全转变，导致专业护理人员不能满足当前市场养老发展的需求。

三、兴国县农村养老保障完善路径

兴国县在城乡居民基本养老保险、农村社会救助和农村养老服务等农村养老保障方面取得很大的成绩，但也面临一些需要解决的问题，针对前面阐述的问题，笔者认为应该采取以下对策，以促进兴国县农村养老保障事业的发展。

（一）完善城乡居民基本养老保险制度

城乡居民基本养老保险基金由个人缴费、集体补助、政府补贴构成。参保范围是：年满 16 周岁（不含在校学生）、未参加城镇职工基本养老保险的农村居民，可在户籍地自愿参加城乡居民基本养老保险。完善城乡居民基本养老保险制度是深入贯彻习近平新时代中国特色社会主义思想、加快建设覆盖城乡居民社会保障体系的重大决策，是逐步缩小城乡差距、改变城乡二元结构、推进基本公共服务均等化的重要基础性工程，是实现广大城乡居民老有所养、促进家庭和谐、增加城乡居民收入的重大惠民政策。为实现制度等的可持续发展，使城乡居民享受更高水平的养老待遇，建议从以下方面完善城乡居保制度。

（1）加大政府投入力度，提高养老金水平。养老金水平受到缴费档次、缴费年限、政府补贴、基金投资收益状况等因素的影响和制约，如何走出相当于零花钱水平的养老金水平尴尬困境是社会各界普遍关注的问题。一方面，要引导有缴费能力的城乡居民选择较高的缴费档次，鼓励居民早参保、长期缴费。另一方面，应继续加大政府的投入力度，适时提高基础养老金标准，并增加对居民的缴费补贴。在个人账户建立时间较短、账户积累额较少的情况下，增加基础养老金补贴是提高整体养老金水平的有效措施。除中央、省政府提高财政补贴外，兴国县政府应积极应对，责任共担，共同提升制度的保障水平。

（2）建立正常的基础养老金调整机制。正常的养老金调整机制对保证城乡居民合理分享经济发展成果，保证养老金购买力具有重要意义。建议尽快建立正常的基础养老金调整机制。养老金调整是一个系统工程，涉及调整时机、调整幅度以及对保障水平和财政支付能力的影响等方面。基础养老金的调整应在不损失经济效率的前提下为城乡老年居民提供相对较高的养老水平。建议按"与经济增长同步调整"（略低于经济增长速度）方案适时调整城乡居保基础养老金，这样既能保证城乡居民年老后的基本生活，又不会给中央财政带来压力。

（3）健全城乡居保缴费激励机制。城乡居保的激励性主要体现在对多缴费、长期缴费的城乡居民实行补贴。在政策推行过程中，人们普遍反映政府的边际补贴不合理，在一定程度上甚至抑制了人们选择较高档次的积极性。建议对参保人缴费实行比例补贴制，即按缴费额的一定比例进行补贴，体现多缴多得，激发人们选择较高缴费档次。但为避免出现过大的养老金差距和补富不补穷的现象，可适当减少对1500元和2000元缴费档次的补贴。同时，为鼓励人们长期缴费，可适当拉大对超过15年缴费年限的基础养老金补贴标准。

（4）拓宽投资渠道，实现城乡居保基金保值增值。城乡居保基金的收益状况直接关系到参保人的养老金待遇。随着经济的发展，未来一年期存款利率基本不会大幅上调，但如果将个人账户养老基金进行市场化投资运营，可能会带来较高的投资收益。因此，建议兴国县参照全国社会保障基金理事会成立基金理事会，负责本县养老基金的管理，当然也包括城乡居保基金。同时要探索新的基金投资渠道，包括对重点项目的投资、协议存款、购买国债、贷款合同等，部分基金适当地进入资本市场。

（5）引导中青年群体积极参保。调查中得知，兴国县16~44岁的城乡居民参保率较低（这也是全国各地普遍存在的现象）。为提高这部分人的参保积极性应做到：①加大宣传力度，提高人们的保险意识，使中青年人认识到参保的重要性，通过多种形式让人们清楚不同缴费标准带来的投资收益，增加人们的预期。同时要加强经办服务机构的能力建设，简化经办流程，为人们参保缴费、待遇领取、转移接续等提供便利，提高服务水平。②通过增加政府补贴增强制度的吸引力，按照缴费额的一定比例进行补贴，发挥多缴多得的激励效应。

（6）尽快出台城乡居保与其他制度的衔接方法。新农保与老农保、新农保与农村计划生育家庭奖励扶助政策、城乡居保与城镇职工基本养老保险的衔接办法已经出台，但城乡居保与被征地农民社会保障、水库移民后期扶持政策、农村五保供养、社会优抚、城乡低保等制度的衔接办法却迟迟没有出台。建议政府尽快出台制度衔接办法，整合相关制度，减少制度碎片化。

（二）加快推进养老服务业的发展

为了加快推进养老服务业的发展，兴国县应坚持问题导向，主动与上级对接，积极争取上级部门资助，化解资金短缺难题；根据财力，逐步提高"五保"标准和管理人员的待遇；同时，大力培养老年医学、康复、护理、营养、心理和社会工作等各类人才，发展好健康养老服务项目，壮大养老服务队伍，不断开创养老服务业发展的新局面。

1. 发展养老服务业的总体思路

（1）完善福利补贴制度。加快构建与社会保险、社会救助、社会福利、社会慈善相衔接，保基本、托底线、广覆盖、享发展的个人养老支付保障体系，确保老年人的基本生活不低于社会平均生活水平，使他们安心、幸福、有尊严地度过晚年。①建立健全与低保制度相衔接的经济困难老年人基本养老服务补贴制度。经济困难老年人基本养老服务补贴主要与经济状况挂钩，对于城乡经济困难老年人家庭，已纳入低保的逐步提高低保补助标准，对其他低收入老年人家庭，提供与经济发展水平相适应的基本养老服务补贴，保障他们的基本生活不低于当地居民的平均生活水平，并为他们入住养老机构或者接受社区、居家养老服务，提供资金或服务支持。②建立完善高龄津贴制度。高龄津贴主要与年龄挂钩，逐步将 80 周岁以上的老年人全部纳入补贴享受范围。有条件的地区，要扩大补贴享受范围，放宽年龄上限，建立补助标准自然增长机制。③建立长期照护保障制度。长期照护保障主要与老年人身体状况挂钩，鼓励有条件的地方探索建立长期护理保险制度，积极探索多元保险筹资模式，建立健全长期照护项目内涵、服务标准以及质量评价等行业规范和体制机制，探索建立从居家、社区到专业机构等比较健全的专业照护服务提供体系。

（2）加大服务保障。加大服务保障要增总量、提质量和调结构。要扩大城乡社区居家养老服务覆盖面，增加养老服务护理人员数量；要提高养老护理人员和养老机构的服务水平，提高养老服务产品的质量；要优化养老服务体系结构，巩固居家养老基础地位，发挥社区的依托作用，让更多老年人在熟悉的生活环境中就近就便养老。优化养老机构结构，加强养护型、医护型机构建设，提高护理床位比例。

（3）完善评估、准入与监管制度。建立完善养老服务评估、准入与监管制度，加大执法力度，规范养老服务市场行为，营造平等参与、公平竞争的市场环境。①建立养老服务评估评定制度。在养老服务需求评估方面，推行资格评估和需求评估。资格评估重在考量老年人的经济收入状况，以确定其是否可以享受养老服务补贴。需求评估重在考量老年人的身体状况，以确定其养老服务方式和补贴标准。以老年人的自理能力、精神状况、疾病特征、生活环境等作为依据，进行分级分类服务。②加强养老机构准入和日常管理。严格准入条件和程序，依法核发设立许可证并加强事中、事后的评估和监管，实施养老机构强制报告和综合评价制度。指导养老机构完善管理规范，改善服务质量。③加强养老服务行业监管。完善养老服务定价、统计和行业自律组织建设。制定和完善居家养老、社区养老服务和机构养老服务的相关标准，大力推动养老服务标准化。

2. 加快推进养老服务业发展的对策建议

（1）完善法律法规体系，提高养老服务业发展的制度保障。研究制定养老服务业发展的中长期专项规划。将老年人福利保障体系建设和发展养老服务业纳入国民经济和社会发展规划，加强社会养老服务体系建设的引导，促进地区和城乡之间协调发展。

（2）完善财政预算体系，建立财政支持养老服务业发展的长效机制。①要坚持民生财政导向，建立适度普惠的老年福利补贴制度。目前，兴国县老年人福利补贴制度尚未完善，存在覆盖面窄、政策不协调、补贴标准差异等问题，迫切需要设立专项资金，按照"广覆盖、低标准、可持续"的思路，加大对老年人福利补贴制度的财政投入，增强公共财政资金在保障和改善民生方面的保障能力。②要发挥财政资金引导作用，建立养老服务业发展引导基金。明确并细化引导基金的投资方向，主要用于三个方面：a）投向为失能、失智、高龄群体提供照护服务的专业养老服务企业、养老职业教育培训机构、健康管理专业机构等。b）投向以PPP模式开展的社区养老设施建设、社区及居家适老化环境改造、适老化社区开发与建设以及养老服务设施的标准化改造等。c）投向智能化养老科技领域的老年辅具及老年用品、智能可穿戴设备、互联网及物联网技术平台、软硬件产品等制造商和服务提供商。

（3）增强制度保障供给，解决养老服务发展难题。①要研究加强家庭养老支持政策，鼓励子女与父母就近或者共同居住，给与父母同住的子女发补贴或给予个人所得税减免，鼓励多代同住等。②充分发挥公办养老机构托底作用，重点为城乡特困老年人、低收入老年人、经济困难的失能半失能老人提供无偿或低收费的供养、护理服务。鼓励将政府投资举办的养老机构特别是新建机构，在明晰产权的基础上，通过公开招投标，以承包、联营、合资、合作等方式，交由社会力量来运营，实现运行机制市场化。③制定政府购买养老服务的指导性目录。明确服务种类、性质和内容，细化目录清单，并根据实际情况变化，及时进行动态调整。优先保障经济困难的孤寡、失能、高龄等老年人的服务需求，并逐步拓展政府购买养老服务的领域和范围。④研究制定金融支持养老服务政策。通过创新信贷产品、优化贷款审批流程、拓宽信贷抵押担保物范围等途径，拓宽养老服务业投融资渠道，满足养老机构信贷需求。⑤细化养老服务用地优惠政策。应制定养老土地规划、明确养老土地的数量，对养老用地计划及指标安排作出刚性规定，并给予进一步的优惠。

（4）以需求导向，逐步提升养老服务水平。①统筹居家、社区和机构养老发展。在加强养老机构建设的同时，更加注重城乡社区日间照料中心、居家养老服务中心（站）、养老服务公共信息平台等建设。在推进城市养老服务机构设施建设的同时，更加注重农村幸福院、乡镇老年福利服务中心、村级养老服务示范点、五保之家和敬老院等农村养老服务机构设施建设，切实改善农村老年人养老条件。②大力推进医养结合。支持建立健全医疗卫生机构与养老机构合作机制，支持养老机构开展医疗服务，推动医疗卫生服务延伸至社区、家庭，鼓励医疗卫生机构与养老服务融合发展。加强规划引导，统筹设置医疗设施与养老设施，推动老年人医疗护理和生活护理的有机衔接。

（5）加强基础能力建设，促进行业规范有序发展。①加强行业监管。建立科学合理的养老服务定价机制，依法确定适用政府定价和政府指导价的范围，逐步放开养老机构服务收费管理，实行由经营者自主定价。及时查处侵害老年人人身财产权益的违法行为和安全生产责任事故。②加强标准化建设。普及基础通用标准，机构、居家、社区养老服务标准、管理标准和支撑保障标准，以及老年人产品用品标准，评估标准，建立互相衔接、覆盖全面、重点突出、结构合理的养老服务标准体系。③加强信息化建设。推行"互联网＋养老"，加快居家养老信息网络建设，建立居家养老服务信息平台、老年人居家呼叫服务系统和应急救援服务网络，提供紧急呼叫、家政预约、健康咨询、物品代购、服务缴费、线上线下等老年服务需求项目。④加强人才队伍建设。加快推进养老服务相关专业教育和培训体系建设，加快培育老年医学、康复、护理、营养、心理和社会工作等方面的专门人才，分类培养养老服务经营管理人才和专业技术人才。建立养老服务职业教育培训体系，逐步建立以职业教育为主体和其他层次教育并重的养老服务管理人才和服务队伍培养体系。建立养老护理人员与专业技术人员"入职奖补"制度、特岗补贴制度和工龄津贴制度，对经营管理人员可尝试以股权激励的形式予以激励。对在养老机构就业的专业技术人员，执行与同类机构相同的执业资格、注册考核和职称评定政策。

参考文献

［1］江西省人民政府：《江西省城乡居民基本养老保险实施办法》（赣府发〔2014〕38号），2014年11月18日颁发。

［2］兴国县民政局：《兴国县居家养老服务试点工作实施方案》（兴民发〔2010〕24号），2010年颁发。

［3］兴国县人民政府：《关于推进医疗卫生与养老服务相结合的实施意见》（兴府办发〔2017〕10号），2017年5月9日颁发。

［4］邓大松、仙蜜花：《新的城乡居民基本养老保险制度实施面临的问题及对策》，《经济纵横》，2015年第9期，第8-12页。

［5］李玉玲：《"十三五"时期我国养老服务业发展的基本思路与对策建议研究》，《人口与发展》，2016年第5期，第75-80页。

创新金融支持精准扶贫六种模式的对策探讨

杨剑光*

摘要： 实施精准扶贫是扶贫开发方式的重大创新。2014 年初，中央办公厅、国务院办公厅发布《关于创新机制扎实推进农村扶贫开发工作的意见》，要求建立精准扶贫机制，切实做到真扶贫、扶真贫。2015 年《政府工作报告》提出，持续打好扶贫攻坚战，深入推进集中特困区扶贫开发，实施精准扶贫、精准脱贫。本文以瑞金市为例，指出精准扶贫的由来、概念和对金融创新支持的要求，论述瑞金市创新金融支持精准扶贫六种模式的主要情况，分析创新金融支持精准扶贫模式存在的七个问题，提出进一步创新金融支持精准扶贫模式的七条对策建议。

关键词： 创新；金融；精准扶贫；模式；对策

瑞金市地处江西东南部，由于历史基础、区位条件等诸多因素的制约，仍然面临贫困人口多等问题。金融部门结合当地实际情况，配合地方政府，切实做好金融精准扶贫工作，取得了良好的效果。金融部门在支持精准扶贫中创新了六种模式。

一、精准扶贫的由来、概念和对金融创新支持的要求

（一）精准扶贫的由来和概念

改革开放以来，我国扶贫开发事业取得了巨大成就，但贫困居民底数不清、扶贫资金和项目投向不精准的问题依然较为突出。习近平总书记强调，"扶贫要实事求是、因地制宜、分类指导、精准扶贫"。2014 年初中央调整了扶贫战略，既要求定位精准，又要求到

---

*　作者简介：杨剑光，男，中国人民银行瑞金市支行经济师。

村到户。中央办公厅、国务院办公厅发布《关于创新机制扎实推进农村扶贫开发工作的意见》，要求建立精准扶贫机制，切实做到真扶贫、扶真贫。2015 年《政府工作报告》提出，持续打好扶贫攻坚战，深入推进集中连片特困地区扶贫开发，实施精准扶贫、精准脱贫。

精准扶贫是指运用科学有效程序对扶贫区域对象实施精准识别、精准帮扶、精准管理的治贫方式。实施精准扶贫是扶贫开发方式的重大创新。与粗放扶贫相比，精准扶贫强调根据不同外部环境、不同贫困程度实施相应的扶贫政策和扶贫力度。精准扶贫不仅强调政策统筹，更加强调政策的差异性、针对性和特殊性。

（二）对金融创新支持的要求

第一，要突出一个"精"字。金融部门要避免"撒胡椒面"，改"大水漫灌"为"细水滴灌"，选择那些立足当地实际、有可持续发展前景、富民带动明显的项目来支持，讲求因地制宜、精准对接，以"接地气"的项目为"支点"，充分发挥信贷资金的撬动作用，放大扶贫效果，实现从"输血式"向"造血式"扶贫转变。

第二，要突出一个"准"字。金融部门要根据贫困户信息网络系统，将贫困对象的基本资料和动态情况掌握好，从贫困群众最关心、最迫切、最急需的问题入手，创新金融产品和服务模式，"一把钥匙一把锁"，因户施策，把资金、政策和具体措施精准到贫困对象上。

二、瑞金市创新金融支持精准扶贫六种模式的主要情况

（一）突出精准扶贫到户，金融部门创新帮扶带动模式

"贫困村互助担保基金 + 农户贷款。"这种方式采取政府引导、村民自愿入会的方式筹集互助资金，运用互助担保基金为贫困户解忧。如 2010 年以来黄柏乡、沙洲坝镇、瑞林乡的三个村开展贫困村互助资金试点工作，截至目前共筹集互助资金 100.54 万元，用于会员增加收入的生产性项目借款，累计发放借款 215.46 万元，其中贫困户 76.9 万元。

"乡镇扶贫担保基金 + 农户贷款。"这种方式采取多方联合出资，以贫困农户为特有担保对象，乡政府提供贴息、银行提供优惠利率。如全市首个乡级扶贫担保基金——九堡镇扶贫担保基金，为当地贫困户创业脱贫提供担保。该基金规模约为 20 万元，其中，市财政出资 10 万元、镇政府出资 4 万元、所辖 12 个行政村出资 6 万元。市农商行放大担保倍数提供约 200 万元的贷款额度，单个贫困户贷款额度 3 万 ~ 5 万元，贫困农户取得农商

行贷款后，镇政府在年末对贷款利息予以全额返还。同时，农商行对该类贷款利率最高仅上浮 20%，较一般抵押担保贷款少上浮 20~50 个百分点。截至 2017 年 1 月末，该镇已筛选出 178 户贫困户作为首批扶贫贴息贷款帮扶对象，市农村商业银行已向其中 9 户贫困户发放了 27 万元扶贫贴息贷款。

（二）突出精准扶贫到村，金融部门创新整村推进模式

"行业担保基金 + 合作社农户、企业、经销商贷款。"这种方式由合作社设立行业担保基金，以合作社农户、企业、经销商为特有担保对象，促进整村产业发展。如拔英乡依托笋竹产业的优势，创造性设立笋竹行业担保基金，为广大笋农、笋竹加工企业、笋竹经销商提供担保。2014 年高岭笋业专业合作社 120 户社员中有 31 户自愿出资加入基金，共筹集担保基金 140 万元。

"村级融资担保基金 + 农户贷款。"这种方式由村级发起，以村民出资为主，能人捐资、县乡注资为辅等多种渠道筹措资金，为本村加入基金的农户贷款提供担保。同时，为降低村级融资担保基金的风险，推出《国寿小额贷款借款人定期寿险》业务，借款人发生身故或者高度残疾，保险公司全额赔付贷款，保费由市财政补贴 2/3，农户只需承担 1/3。全市已设立担保基金 59 只，基金规模 4550 万元，累计提供贷款担保 2971 笔 2.49 亿元。其中，有 2472 笔 2.26 亿元村级融资担保基金贷款投保了《国寿小额贷款借款人定期寿险》。

（三）突出精准扶贫到乡镇，金融部门创新区域发展模式

"精准扶贫框架合作协议 + 项目贷款。"瑞金市政府与市农行签订战略合作框架协议，提供 1 亿元意向性信用额度，用于重点乡镇事业发展。对重点乡贫困农户，只要有一技之长并且缺少资金的，通过发放小额信贷资金加以扶持，帮助贫困农户发展种、养业等项目。2013 年以来，重点乡镇扶贫贷款额度 2000 万元，贴息资金达 100 多万元。

"农业产业化龙头企业 + 扶贫小额担保贷款。"这种方式由市扶贫开发小额信贷促进会与商业银行合作，根据精准扶贫工作的需要筛选合适的申贷对象，然后将相关材料交给商业银行审核，符合要求者由商业银行放款，贷款额度为农户 3 万~5 万元，经济组织 20 万元以内，为符合条件的农户或产业化龙头企业提供贷款。如 2016 年 2 月邮储银行瑞金市支行、瑞金市扶贫开发小额信贷促进会与瑞金市赣江源生态农业发展有限公司签约，发放首笔扶贫小额担保贷款 20 万元，解了县级农业产业化龙头企业新上一条茶叶加工生产线的燃眉之急。通过对农户及有带动力经济的金融支持，为困难户提供更多的就业机会和增收路径。邮储银行瑞金市支行计划在 2017 年投入 1 亿元涉农贷款资金，以拓展农村注资渠道。

三、创新金融支持精准扶贫模式存在的问题

贫困人口分布广，增加了金融支持精准扶贫的难度。①地区发展差异，贫困地区的青壮年劳动力纷纷向沿海地区转移就业，留守的都是老、弱、病、残、小，劳动能力有限，无法有效参与产业和基础设施建设，导致贫困农村"造血"功能的梗阻。②贫困人口文化素质较低，扶持难度大，在农村实施规划扶持项目中出现劳动力紧缺和种植项目后期管护难到位的现象。③一些农村干部工作方式方法不能适应新形势的要求，责任心不强，对建档立卡动态管理工作不够重视。④精准识别要求规划到村、帮扶到户、差别到人，而识别过程缺乏刚性标准，难以让群众心服口服。

商业银行经营追求"三性"原则，对承担精准扶贫等社会责任积极性不高。①商业银行经营的盈利性、安全性、流动性"三性"原则考量与扶贫资金项目周期长、风险高的矛盾突出。②贫困农户抵御风险能力太弱。贫困农户因灾、因病等因素返贫的问题较为普遍，加上贷款缺乏资产抵押和合格担保人提供担保，无法满足银行安全性要求。③农村金融机构基层网点工作人员不足，放贷成本高。贫困农户多，居住分散，户均贷款额度小，风险相对较大，信贷员需要花大量的时间走村串户，才能完成贷款的发放、催收等工作。

精准扶贫条块分割，与商业银行信贷资金难以形成合力。目前，水利、交通、农业综合开发等扶贫资金，都是定点、定项目下拨扶贫资金，一般不允许资金转移地点、更换项目，客观上导致了资金的条块分割和分散使用，与商业银行信贷资金难以形成合力。

精准扶贫贷款风险的分担补偿机制缺位。贫困地区财政普遍困难，难以依靠自身财力建立较完善的扶贫贷款担保体系和风险分担补偿机制，财政对扶贫小额贴息贷款只是补贴利息，对贷款本金无任何保障措施。同时，农业保险发展滞后，难以发挥必要的风险保障作用，一定程度上制约了信贷扶贫资金的投入。

商业银行投入新型农业经营主体的贷款力度有限，对贫困农户的辐射作用偏弱。据2016年12月末统计，瑞金市商业银行发放新型农业经营主体（产业化龙头企业、家庭农场、农业专业大户、农民专业合作社等）的贷款余额总计为5.41亿元，仅占同期涉农贷款的3.47%，对贫困农户的辐射作用偏弱。

商业银行对农村"三权"抵押占比偏低，贫困农户担保抵押融资难问题还未从根本上解决。据2016年3月末统计，瑞金市商业银行发放农村"三权"（林权、土地承包经营权和农村住房财产权）抵押贷款余额总计为7.7亿元，仅占同期涉农贷款的5.53%，占比偏低，贫困农户担保抵押融资难问题还未从根本上解决。

商业银行没有单独统计精准扶贫贷款，导致央行统计报表没有精准扶贫贷款数据。目

前精准扶贫贷款管理主要是由扶贫部门确定精准扶贫贴息贷款的具体扶持项目，由项目农户或企业向商业银行申请贷款。据调查，原来开办的扶贫小额贴息贷款管理机制改革后，农业银行和农村商业银行不再承担扶贫小额贴息贷款和贴息资金的管理责任，发放的扶贫小额贴息贷款不再单独统计，而扶贫部门只掌握贴息金额，并不掌握贷款投放金额，导致目前央行统计报表没有精准扶贫贷款数据，无法对金融支持贫困地区信贷政策进行导向效果评估。

四、进一步创新金融支持精准扶贫模式的对策建议

做好建档立卡工作和确定帮扶对象，保障扶贫贷款的精准投入。①做好精准扶贫的根本，确定帮扶对象。厘清群众收入来源，算清群众年度收入总账，把真正的农村扶贫对象甄别出来，确定帮扶对象。鼓励企业安排扶贫对象劳动力就业，吸引劳动力回乡就业。对智障残疾生活不能自理的，年老体弱丧失劳动力的，大病大灾造成生活困难而无法翻身的，全部纳入低保范围。民政部门按当地农村低保标准进行复核，并负责建档立卡，将其列为救助对象，加大救助力度，把他们从精准扶贫对象中剔除出去。②扎实做好贫困人口识别和建档立卡工作。增强基层干部工作的责任感，加快推进精准扶贫建档立卡工作。③认真做好贫困村互助资金和扶贫贷款工作。拓宽融资渠道，引导农户积极发展生产，增加收入。要做好贫困村互助资金筹集工作，有计划增加扶贫到户贴息贷款和龙头企业贴息贷款，兑现贴息资金。④大力推进贫困地区青年创业小额贷款和妇女小额担保贷款工作。

降低贫困户信贷门槛，完善精准扶贫贷款的监管办法。①给贫困户增信，使贫困户能跨入金融机构的准入门槛。如由政府出面建立更多的担保基金或担保公司，鼓励公职人员或致富带头人为贫困户提供担保，提供贷款贴息。②创新金融服务理念，降低服务门槛，将金融服务送到贫困农户的家门口。如在贫困地区设立公益性小贷机构，在贫困村设立村级互助资金等。③积极开展贫困农户的信用评级工作。鼓励金融机构创新农户小额信用贷款运作模式，提高贫困地区低收入农户的申贷获得率，切实发挥农村信用体系在提升贫困地区农户信用等级、降低金融机构支农成本和风险、增加农村经济活力等方面的重要作用。④银行业监管部门要加快制定贫困地区精准扶贫贷款不良率执行差异化的考核标准。⑤银行业监管部门要适当放宽贫困地区精准扶贫贷款不良率的容忍度。

加大精准扶贫各类资金的整合力度，加强金融政策与财政政策的协调配合。①有效整合精准扶贫各类资金，促进形成多元化、多渠道的精准扶贫投融资体系，加快贫困村项目建设进度，在编制规划上报建设项目时要重点倾斜安排贫困村的基础设施和产业开发等项目建设，强化资源整合，建立"三位一体"（专项扶贫、行业扶贫、社会扶贫）大扶贫格局。②充分发挥财政政策对金融业务的支持和引导作用，推动落实农户贷款税收优惠、涉

农贷款增量奖励、农村金融机构定向费用补贴等政策，降低贫困地区金融机构经营成本，调动金融机构布点展业的积极性。③各金融机构要在坚持商业可持续和绩效可控原则下，根据贫困地区需求适时调整信贷结构和投放节奏，从授信审查、资金调度、绩效考核等方面给予贫困地区优先支持，将信贷资源向贫困地区适当倾斜。④加大贫困地区新型农村金融机构的组建工作力度。

健全精准扶贫贷款风险补偿机制，形成金融支持合力。①多渠道筹集精准扶贫资金，设立扶贫贷款风险补偿基金，建立健全精准扶贫贷款风险分散和补偿机制，有效分担贫困地区金融风险。②鼓励和引导有实力的融资性担保机构通过再担保、联合担保以及担保与保险相结合等多种形式，为扶贫开发提供融资担保。③积极发展贫困地区保险市场，构建贫困地区风险保障网络。鼓励保险机构在贫困地区设立基层服务网点，进一步提高贫困地区保险密度和深度，鼓励发展特色农业保险、扶贫小额保险，扩大特色种养业险种。积极探索发展涉农信贷保证保险，提高金融机构放贷积极性。④建立贫困地区农业保险与农村信贷相结合的保银互动机制。要扩大贫困地区政策性农业保险覆盖面，将贫困地区农业产业结构调整的种植业、养殖业等项目纳入政策性农业保险，形成"信用＋担保＋保险＋风险补偿"联动机制，全方位保障贫困户融资需求。

创新金融产品和服务方式。支持贫困地区发展现代农业。①积极探索开发适合贫困地区现代农业发展特点的贷款专项产品和服务模式。金融机构要创新组织、产品和服务，大力发展大型农机具、林权抵押、仓单和应收账款质押等信贷业务，重点加大对管理规范、操作合规的家庭农场、专业大户、农民合作社、产业化龙头企业和农村残疾人扶贫基地等经营组织的支持力度。②积极开展贫困地区土地承包权抵押贷款和慎重稳妥推进农民住房财产权抵押贷款工作，进一步拓展抵押担保物范围。③结合农户、农场、农民合作社、农业产业化龙头企业之间相互合作、互惠互利的生产经营组织形式新需求，健全"企业＋农民合作社＋农户""企业＋家庭农场""家庭农场＋农民合作社"等农业产业链金融服务模式，提高农业产业链金融服务效率，提高农业金融服务集约化水平。④大力发展多层次资本市场，拓宽贫困地区发展现代农业的多元化融资渠道。

加快推动贫困地区"三权"（林权、土地承包经营权和农村住房财产权）确权登记颁证工作。①提高对贫困地区"三权"确权登记颁证工作重要性的认识。林权、农房、土地承包经营权确权是做好"三权"抵押贷款的基础环节。贫困地区产权融资难，难在无抵押物，确权颁证是基础。只有通过"三权"确权，产权变资产，资产变资本，才能有效解决贫困地区产业发展的资金瓶颈。②加快贫困地区"三权"的确权颁证步伐。政府有关部门要加快推进贫困地区"三权"的勘查摸底、公示登记、审核备案、颁发权证等具体工作，建立健全确权发证档案，对需要办理抵押融资的贫困地区"三权"优先确权颁证。同时，切实提高工作效率，运用 GPS 测量技术，科学开展勘界、测绘，实现数据采集处理、坐标转换与成图制表的一体化，使广大农户尽快获得"三权"抵押贷款的有效"身份证件"。

建立和完善贫困地区金融服务的统计分析制度，促进金融政策在贫困地区得到有效贯彻落实。①完善统计监测，及时了解工作进展和存在问题。商业银行对精准扶贫贷款必须进行单独统计，统一纳入央行统计报表。②开展贫困地区县域法人金融机构一定比例存款用于当地贷款考核和金融支持贫困地区发展的专项信贷政策导向效果评估，并将考核和评估结果作为人民银行实施差别准备金动态调整和再贷款（再贴现）政策、银行间市场业务准入管理、在银行间债券市场开展金融产品创新试点、新设金融机构加入人民银行金融管理与服务体系、差异化监管及费用补贴的重要依据。

参考文献

［1］张一鸣．精准扶贫为新时期中国扶贫格局带来新变化——访北京师范大学经济与资源管理研究院教授张琦［N］．中国经济时报，2014－10－09（1）．

［2］顾仲阳．精准扶贫，不撒胡椒面［N］．人民日报，2014－03－12（2）．

［3］付先军，张延寒，粘天宾．金融扶贫模式的调查与思考［J］．华北金融，2012（2）．

［4］杜晓山，宁爱照．对商业银行参与金融扶贫的思考［J］．农村金融研究，2013（5）．

［5］胡德．建立集中连片特困地区可持续金融扶贫机制的思考与实践：湖北案例［J］．武汉金融，2013（3）．

精准脱贫视野下赣南原中央苏区基础教育教师信息化能力建设情况分析

王文兰　　王建明*

摘要： 积极推动信息技术与教育深度融合是新时期教育扶贫的重要内容。在推进信息技术与基础教育深度融合工作中，赣南原中央苏区紧紧抓住教师信息化能力建设这个核心，通过多级、多层次培训，大力增强教师运用信息技术的意识和能力，并取得了初步成效。教师自觉运用信息技术意识普遍增强，能力正在逐步提升。随着教学理念、教学模式对信息化的适应，教育教学质量稳步提升，教育扶贫的绩效获得持续提升。

关键词： 信息化能力；教师；基础教育

一、引言

教育的根本价值在于培养人才以及符合社会需要的各种劳动者，创造社会财富，推动经济增长和社会进步。如果说交通等基础设施建设是解决现实问题的办法，那么教育才是消除贫困的根本之策（陈敏尔，2015）。正因如此，《国务院关于支持赣南等原中央苏区振兴发展的若干意见》提出优先发展赣南等原中央苏区的教育事业。中共中央办公厅、国务院办公厅印发《关于加大脱贫攻坚力度支持革命老区开发建设的指导意见》提出尽快补齐老区教育短板，增加公共教育资源配置，改善基本办学条件。在脱贫攻坚、实现苏区振兴中，基础教育扮演着特殊的角色。作为基础教育的两大主体之一的教师的知识和能力如何很大程度上决定了基础教育的绩效。尤其在信息时代，拥有比较丰富的信息化知识

基金项目：本文是江西省中小学、幼儿园教育信息技术研究课题"普通中学适应信息化教学的教师知识及能力体系研究"的部分成果。

　*　作者简介：王文兰，女，南昌市二十三中教务处主任，中学高级教师。王建明，男，赣州市兴国县二小教师。

及较强的信息技术运用能力，有利于教师吸收新知识、获取优质教学资源，从而通过信息技术改变苏区优质教学资源空间布局落后的状况。

作为造就人才和提高国民素质的奠基工程，我国的基础教育包括幼儿教育、小学教育、普通中等教育。在精准扶贫、精准脱贫攻坚战中，赣南苏区基础教育教师信息化能力建设情况如何？成效怎样？迄今为止，尚未读到这方面的文献。基于此，本文对此展开研究。不足之处，请专家指正。

二、加强赣南原中央苏区基础教育教师信息化能力建设的主要措施

教育扶贫涉及多个要素，既包括不断增加资金投入，以改善学校教学办公的软硬件条件，也包括不断加大资助贫困学生力度，确保其能够顺利完成学业，还包括不断增强教师各方面的能力，尤其是现代教学能力，其中主要是利用信息技术进行教学科研的能力。在加强赣南原中央苏区基础教育教师信息化能力建设方面，主要采取了如下措施：

第一，加强信息化基础设施建设，改善信息化教学环境。针对赣南原中央苏区信息化建设比较落后的实际状况，近几年来，政府投入巨资，加强网络基础设施建设，解决最后一公里的问题。如2016年8月，安远县教育局与中国电信、中国移动签订了网络宽带合作协议，协议明确要求光纤接入学校每栋教学楼、办公楼、教师宿舍，每个教学班带宽不低于20兆，每栋办公楼不低于50兆。同时，在"优质资源班班通"建设和教师办公电脑配备上，安远县也取得了实效。截至2016年底，安远县"班班通"硬件配备率已达到80%，后续将进一步投入资金进行"班班通"多媒体建设，到2018年覆盖率达到100%。在教师办公电脑建设上，2016年县财政投入630万元为农村学校教师采购电脑一体机1800台，鼓励学校教师使用教学终端，使传统教育与信息化教育有机结合。赣县区所有中心小学以上学校和90%以上的村小实现了网络进校园。2016年，投入1400多元采购电脑设备2000余台，全区所有中心小学以上学校和50%以上的村小装备了"班班通"教学设备，从而基本完成了网络环境下基本教学环境建设。赣南原中央苏区各县（市、区）信息化基础设施、设备的不断完善为教师从事信息化教学奠定了坚实的物质基础。

第二，加强教师信息运用能力培训，不断调整、完善教师信息化知识结构，强化信息化教学师资力量。信息化教学涉及多个层面、多方面知识，既需要软硬件环境的支撑，也需要知识的支撑。所谓环境，既包括不断建设完善信息化教学的硬件环境，也包括不断营造学习、运用信息化的软环境，要在全体教师中形成掌握、运用信息技术从事教学的氛围。这种氛围的形成，既需要上级部门的大力宣传和推动以及各个学校的积极配合，也需要广大教师的积极、主动参与。

（1）相关领导必须了解并高度重视信息化教学。一方面，教育行政部门领导必须拥有较丰富的信息化知识；另一方面，所在学校各级领导必须重视，并且率先示范，带头运用信息技术从事教学、科研、管理。为了尽快充实、完善教育行政部门以及学校领导的信息化知识，2017年，"全省中小学校长（书记）、教育局分管局长教育信息化领导力暨全省电教系统相关人员培训班"在赣州信丰县举办，中央电教馆副馆长韩骏出席并做了《教育信息化核心理念》专题报告，力促赣南原中央苏区推广运用信息化教学。为进一步提高全县学校信息化教育技术应用能力，促进教育云平台技术和网络教学资源与课堂教学的深度融合，提升教师在信息化环境中的教育教学水平，推动课堂教学信息化水平建设和课程信息化资源共享，加快教师专业发展和教师教学方式转变，同时为信丰教育云平台在学校全面推广应用做好铺垫，2017年1月19～20日，信丰县教育局举办了"信丰县中小学校长信息化应用课堂教学能力竞赛"。全县九年义务教育阶段学校51名校长全部参赛，校长们从教材入手，全面阐述信息技术在课程教学中的综合应用，利用"信丰教育云平台"的智慧校园平台、电子教学设计、智慧教育资源等进行教学设计和课堂教学，取得了良好的教学效果。3月31日，上犹县教育局也举办了2017年全县中小学校长信息化课堂教学大赛，试图通过比赛，加深学校领导对信息技术的认识，以信息技术推动教育教学改革创新，促进教与学方式的变革，促进信息技术与课程教学的深度融合，提升教育信息技术应用能力和信息化教学水平。

（2）需要加强对教师的培训工作。赣南原中央苏区经济社会发展长期落后，相当多的中小学教师并不熟悉现代信息技术，更遑论运用现代信息技术从事教学、科研了。针对这种情况，赣州从实际出发，通过举办骨干培训班的方式，逐步推广信息化教学。赣州的教师信息技术培训得到上级各级教育电教部门的大力支持。如2016年11月，中央电教馆在上犹举办信息化骨干教师培训班。省电教馆也在定南、全南等县送培训下乡。其中，在全南的培训中，全县共有80多名教师参加了培训。培训会上，专家们围绕"如何写好一篇论文""如何做好一个课件""如何拍好一节录像课""如何做好一个课题"四个主题做了精彩的阐述。

2017年，赣州市教育局举办了全市乡村教师"互联网＋教育扶智"培训班，来自全市各县（市、区）的123名乡村骨干教师作为种子代表参加了培训，培训旨在帮助乡村教师运用互联网快速对接优质教育资源，助力乡村教师成长。采取线下集训与线上直播相结合的方式进行培训，计划用一年时间通过培训种子教师的方式带动全市乡村"互联网＋教育"的快速发展，实现教育扶智、教育脱贫。为了帮助赣南原中央苏区教师更好地获取江西基础教育资源网的资源上传下载情况以及国家资源公共服务平台的教学资源，江西省电教馆经常派员实地调研，了解情况，并及时指导改进工作。

在上级部门示范下，苏区各县（市、区）教育部门积极跟进，大力推动信息技术进课堂。如大余县教育局2017年4月举办了2017年教育信息化教学技术培训班。来自各乡镇学校100多名教师参加了培训。南康区也召开了教育信息化应用培训会，邀请赣州市经开区信息中心主任主讲，全区各乡（镇、街道、片）中学、中心小学、区属学校信息技术骨干共 70 余人参加。该培训以"基于云端的教师工具箱"为主题，介绍了几种能提高教师工作效率的互联网技术工具案例，以大量的实例对基于互动与移动学习方式的 UMU 平台具体应用、集网络写作与协作为一体的文档工具、手机与电脑的互动技术等教育信息化应用进行演示和详解，并通过实际操作和互动交流的方式，对教师教育信息化工具的应用进行现场指导；对国家教育资源公共服务平台、全国教育信息化工作进展系统和赣教云等平台应用做了介绍，布置了平台规模化应用工作任务，对规范化管理和常态化使用提出了建议和要求。石城中学则在学校录播教室组织电子备课助手使用培训，全校三个年级的命题组成员及九个教研组组长参加培训。

（3）积极出台激励政策、措施，鼓励教师主动、积极运用信息技术。作为一种新生事物，信息化教学在推广运用过程中不可能一帆风顺。客观地说，信息化教学不仅是一种教学方式、方法的改革，更是教学理念的更新。由于路径依赖的作用，许多教师尤其是中老年教师可能并不热心于此，加之知识储备不够，对新知识陌生，对新技术可能感到恐惧，因此，在某种程度上可能存在抗拒心理。转变赣南原中央苏区基础教育教师信息技术观念，既要通过各种方式大力宣传运用信息技术的好处和便利，也要加大培训力度，推广信息技术，更要出台鼓励政策或者措施，激励广大教师改善知识结构，增强运用信息技术的意愿、信心和能力，变被动为主动，创造人人懂信息技术、个个会运用信息技术从事教学、科研的环境。为此，赣州市启动了信息化教学名师工程。2017 年，赣州市教育局公布了 112 名市级中小学信息化教学带头人、骨干教师名单，同时，对其三年任期内应尽的责任和义务进行了细化和量化，并且明确了任期结束时将对其进行滚动评估，优胜劣汰。根据赣州市教育局的规定，市级信息化教学带头人必须在国家、省教育资源公共服务平台等成熟的信息化平台上拥有应用实名制"网络学习空间"；建立"名师工作室"，与一定数量的老师结成网络研修共同体，并指导培养农村薄弱学校 1 名以上教师成为校级以上骨干且最低在有关活动中获县级一等奖；每学年至少做 1 场县级以上信息化教学学术报告或上 2 节以上信息化教学示范课（观摩课）；在市级以上学术刊物上发表信息化教学学术论文 1 篇以上，或优秀教育资源作品（包括课件、电教论文、电教录像课、微课等）在省级以上获奖 2 件以上，或主持了与信息化有关的市级（含）以上课题；扮演好教师培训的培训者角色，积极参加送培送教下乡活动，或负责县级以上相关评审工作至少 1 次。信息化教学骨干教师必须在国家、省教育资源公共服务平台等成熟的信息化平台上拥有应用实名制"网络学习空间"；建立"名师工作室"带动若干教师开展网络教研活动，指导至少 1 名教师获得县级以上信息化教学、科研等方面的二等奖以上奖励；每学年上 2 节信息化教学示范课或观摩课（县级以上不少于 1 节）；优秀教育资源作品（包括课件、电教论文、电教录像课、微课等）在市级以上获一、二等奖 2 件以上，或作为骨干参与了与信息化有关的市级（含）以上课题；积极承担教师培训任务并参加送教下乡活动，或负责县级片区以上评审工作至少 1 次。赣州此举旨在通过信息化教学带头人和骨干教师的示范引领和辐射带动作用，帮助提高本地本校教师信息技术应用能力与水平，推进区域内信息化教育教学应用全覆盖、常态化并取得实效。

除了对教师个人进行政策激励外，也需要对重视运用信息技术的单位和地区进行表彰，以营造更加有利于信息技术推广和运用的环境。如举办现场会就是一个很好的激励措施。2016年12月13～14日，2016年江西省现代教育技术示范学校（小学）信息化应用现场会在赣州市石城县成功举办。来自中央电教馆和全省各地教育信息化工作战线的230多名代表齐聚石城，共同谋划教育信息化从建设转为深化应用大计，进一步促进江西省教育信息化与教育教学融合创新。石城是一个经济并不发达的偏远小县，信息化的条件并不比别人强，但是信息化应用能够常态化，信息化教学深入广泛开展并取得实效，值得全省学习和借鉴。石城生动的数字资源应用课、精彩的城乡互动教学课和智慧评价系统等应用经验，获得了与会代表的一致好评。此次教育信息化现场会在石城召开，既是对石城信息技术教学的公开表扬，也提升了赣南原中央苏区乃至全省的教育信息化水平，对加速赣南原中央苏区以及全省教育公平均衡和快速健康发展起到了积极的推广作用。

三、赣南原中央苏区基础教育教师信息化能力建设的主要成果

在教育扶贫工作中，赣南原中央苏区把教育信息化作为提高教育质量、促进教育均衡的重要抓手，高位推动，强化培训，突出应用，中小学教育信息化环境大幅度改善，教师信息化教学应用水平显著提升，有力推动了信息化环境下的课堂教学模式创新，促进了优质教育资源的优势互补，推动了各级各类平台的协同服务，实现了优质教育资源共享，信息化对教育教学创新发展的支撑引领作用逐步显现。归纳起来，赣南原中央苏区基础教育教师信息化能力建设取得了以下三个方面的成果：

第一，更新了教师教育理念、变革了教学模式。信息技术进入学校、进入课堂，改变了教师教、学生学的单调教学方法，增加了知识获取的途径和方法，客观上也增加了教师知识灌输的难度。无论是大型活动，还是班级主题活动、公开教学，教师都可以灵活运用信息技术来巧妙地渲染活动气氛，提升活动效果。尤其是在平时的教学活动中，教师恰当地运用信息技术开展教学，能够让学生能力素质得到全面发展、潜力得到充分发掘、创造性和创新性得到深度激活。因此，在信息化条件下，要求教师更新教育理念，变灌输式教学为参与式、探讨式教学，教师与学生共同参与其中，在学生增长知识的同时，也与学生分享过程中的乐趣。

第二，增加了优质教学资源的获取渠道，增强了教师获取教学资源的能力，有利于提升教师教学水平。由于经济社会各项事业发展长期落后，赣南原中央苏区教师获取优质教

学资源的渠道非常狭窄，教师无法通过现代网络获取优质教学资源。《国务院关于支持赣南等原中央苏区振兴发展的若干意见》出台以来，赣南原中央苏区网络等基础设施建设取得了历史性突破，尤其是广大乡村网络设施大为改观，从而为乡村学校教师打开了一扇窗，使他们具备了与城市教师同等的获取信息条件。网络信息能力建设的不断推进，不仅加深了赣南原中央苏区乡村教师对"互联网＋"教育的认识，明确了赣州乡村学校的"互联网＋"行动路径，为赣州利用互联网推进教育扶智探索了新路，而且通过把信息技术运用到日常教育教学实践中去，有利于不断提高教师的教学水平。

第三，助力课程改革，有效提升教育教学质量。信息技术进入课堂，要求教师必须尊重基础教育阶段学生不同年龄段的发展特征，充分发挥多媒体信息技术直观性、生动性、趣味性的特点，优化设计教育教学活动过程，有效渲染教育教学活动气氛，真正实现多媒体信息技术应用与教育教学活动的有效融合。两者的有效融合，有利于促进课堂教学信息化，助力课程改革，并对提升教育教学质量起到积极作用。

四、结论

积极推动信息技术与教育深度融合是新时期教育扶贫的重要内容。近年来，在推进信息技术与基础教育深度融合工作中，赣南原中央苏区紧紧抓住教师信息技术能力建设这个核心，通过多级、多层次培训以及各种激励，大力增强教师运用信息技术的意识和能力。基础教育教师信息技术能力建设工程取得了初步成效，不仅表现在教师自觉运用信息技术的意识普遍增强，能力逐步提升，从而增加了广大教师获取优质教学资源的渠道，而且表现在教学理念、教学模式的改变上，提高了教育教学质量，从而更好地增加了教育扶贫的绩效。

参考文献

[1] 刘仙才，刘春雨．上犹县成功举办初中副校长信息化教学大赛 [DB/OL]．赣州市现代教育技术网，2017 - 04 - 20.

[2] 赣州市电教馆．中央电教馆韩骏副馆长在赣州出席全省培训活动并就对口支援上犹教育信息化工作进行调研 [DB/OL]．赣州市现代教育技术网，2017 - 04 - 17.

[3] 肖飞．南康区召开教育信息化应用培训会 [DB/OL]．赣州市现代教育技术网，2017 - 03 - 25.

[4] 赣州市电教馆．2016 年全省现代教育技术示范学校（小学）信息化应用现场会在石城召开 [DB/OL]．赣州市现代教育技术网，2016 - 12 - 15.

城乡义务教育均衡发展的实践与探索

——以赣州市兴国县为例

摘要：义务教育是脱贫攻坚的基础性事业，实现城乡义务教育均衡发展是社会公平公正的必然要求。兴国县把推进城乡义务教育发展作为优先发展的事业，坚持四个优先、实施四大工程、强化四大举措、完善四项机制、突出四项重点，大力推动城乡义务教育均衡发展。要实现义务教育均衡发展，还需要统筹城乡发展、加大教育投入、强化师资力量、提升教育质量、创新发展机制。

关键词：义务教育；均衡发展；一体化；教育公平

义务教育是国家统一实施的所有适龄儿童、少年必须接受的教育，是国家必须予以保障的公益性事业，是所有公民的权利和义务，也是社会公平公正、和谐发展的重要体现。我国历来重视义务教育均衡发展，把义务教育均衡发展作为一项重要的政治任务和最大的民生工程来抓，并确立"2020年基本实现义务教育均衡发展"[1]的重要目标。党的十九大报告指出，"推动城乡义务教育一体化发展，高度重视农村义务教育……努力让每个孩子都能享有公平而有质量的教育"。新时代对推进城乡义务教育均衡发展提出了更高的期望和要求。

兴国县是著名的原苏区模范县、红军县、烈士县和将军县，也是罗霄山脉集中连片贫困地区国定贫困县。在经济基础薄弱、财力极其有限的情况下，兴国县坚持穷县办大教育，把推进城乡义务教育作为教育发展的重中之重，构建了"城乡统筹、特色鲜明、内外兼修"的良好格局，义务教育水平不断提升，为赣南等原中央苏区乃至全国贫困地区的城乡义务教育均衡发展提供了有益的借鉴和参考。

基金项目：江西师范大学"社会发展与治理"江西省2011协同创新中心研究成果；2016年研究生创新基金资助立项省级项目"推进赣南原中央苏区精准扶贫的对策研究"（YC2016－S117）。

作者简介：魏日盛，男，江西师范大学马克思主义学院马克思主义理论博士研究生。

① 国家中长期教育改革和发展规划纲要（2010~2020年）［J］. 中国高等教育，2010（Z3）.

一、兴国县推动城乡义务教育均衡发展的实践与成效

城乡义务教育均衡发展是城乡一体化的核心要义，是构建以工促农、以城带乡、工农互惠、城乡一体的新型工农城乡关系的内在要求，是决胜全面建成小康社会、全面建设社会主义现代化强国的基本前提。兴国县紧紧围绕优先发展义务教育这一重大任务，从顶层设计抓好义务教育均衡发展，着力破解义务教育均衡发展的经费问题、师资问题、项目问题。

（一）坚持四个优先，政府强力推动

兴国县始终把义务教育均衡发展作为满足人民日益增长的美好生活需要的前提条件，把义务教育作为国计民生的头等大事来抓，优先研究教育工作、规划教育事业、安排教育项目、保障教育经费，推动义务教育均衡发展。

第一，优先研究教育工作。坚持县委常委会议、县政府常务会专题研究，定期或者不定期地听取教育工作汇报，形成了党政推动、有关部门各负其责、齐抓共管的工作格局。2017 年义务教育均衡发展通过国家督导评估后，继续推动教师素质发展和教育信息化工程，推行"名校办分校、强校带弱校"办学模式，延伸优质教育资源，使义务教育更加优质均衡。同时，明确工作目标、压实工作责任、加强督导考核，县委、县政府进一步强化统筹协调，建立完善每月一调度、一督查、一通报的"三个一"机制，着力推动义务教育均衡发展工作，整合资源、集中力量，形成工作合力。

第二，优先规划教育事业。将义务教育均衡发展纳入经济社会发展整体规划，先后出台了《兴国县中长期教育改革和发展规划（2010～2020 年）》《兴国县教育事业发展"十三五"规划》《兴国县义务教育学校布局专项规划》《兴国县义务教育学校标准化建设规划（2010～2020 年）》《兴国县实现县域义务教育均衡发展规划（2011～2020 年）》等政策文件，坚持"建校标准化，办学特色化，管理规范化，发展均衡化"的"四化"工作理念，确保全县义务教育均衡发展。

第三，优先安排教育项目。"十二五"以来，共实施校建项目 1026 个，新改扩建校舍面积 68.66 亿万平方米，新增校园面积 1016 亩，新建学校 34 所，整体迁建学校 20 所，新增体育用地面积 23.4 万平方米，新增校舍面积 48.83 万平方米，改建、新建教师宿舍 1140 间，分别新建学生宿舍和食堂 450 间和 427 间，创造了兴国教育历史上校建工作多项第一。同时实施城区学校扩容改造工程，为 10 所城区学校扩建校舍 75200 平方米，新建塑胶运动场 3 个，新增学位 1 万个，有效缓解了城区学校大班额问题。

第四，优先保障教育经费。严格落实"以县为主"的教育管理和投入机制，在安排

财政资金时，优先向教育倾斜，全面落实教育经费的"三个增长""两个比例"，教育费附加、地方教育费附加、城市维护建设税、农村税费改革转移支付资金及土地出让金净收益资金等均足额征收并按规定用于教育，切实保障义务教育均衡发展。其中，2016年公共财政教育经费拨款同比增长15.4%，生均公共财政预算教育事业费同比增长17.6%，生均公共财政预算公用经费支出同比增长6.2%。

（二）实施四大工程，办学条件全面改善

兴国县根据办学条件满足基本教学和生活需要的情况，按照"合理规划、逐年实施、从易到难、整体推进"的原则，大力实施全面改薄工程、新建扩容工程、教育装备工程、教师安居工程，全面改善义务教育薄弱学校基本办学条件。

第一，实施全面改薄工程。立足县情定标准，深入学校摸家底，分门别类建台账，分初中、中心小学、县直小学、完小、村小、教学点等学校类别制定校舍、配套设施、教学设备等方面的具体标准，通过"以优带薄"缩小义务教育校际发展差距。从2014年开始，先后投入资金4.39亿元实施农村义务教育薄弱学校改造工程，已完成改扩建农村学校170所，建设校舍面积17.4万平方米，建设运动场面积11.9万平方米，建设围墙1.15万米，建设护坎（坡）2590立方米。校建工作经验在全国"全面改薄"推进工作会上作典型经验发言，并在全国推广。

第二，实施新建扩容工程。根据县实际情况投入资金近6亿元，在城区整体新建了兴国中学、红军子弟中学、兴国县思源学校九年一贯制学校，改扩建了实验小学、第六中学等义务教育学校，累计新建、扩建学校项目14个，建设校舍面积21.98万平方米，新增校园面积534亩。另外计划新建城南小学1所，对具备扩容条件的3所城区学校实施扩容改造，将新增班级约140个，新增学位约6525个。同时将长冈中学、埠头中学、列宁学校建成城区学校分部，纳入城区学校管理，扩大城区教育资源，缓解城区大班额现象。

第三，实施教育装备工程。各义务教育学校均按照省定标准配齐配足通用、专用教学设备、图书、计算机等设施设备，实现城乡优质教育资源互联和共享。"十二五"以来，在教育装备工程方面共投入资金1.35亿元，其中投入2480万元添置计算机5283台，投入3256万元添置图书203万册，投入2557万元添置信息化设备1478套，投入991万元添置成套设备332套，投入2163万元添置实验仪器45万件，投入2471万元添置音体美卫器材16万件。现有计算机5931台（其中小学3358台、初中2753台），小学生机比19.5∶1，初中生机比14.57∶1，均达到省定标准。

第四，实施教师安居工程。充分利用"苏区振兴""全面改薄"工作推进的大好时机，着力改善农村教师住宿条件。近年来，累计投入资金5702万元，建设项目189个，新建教师周转房1505间，建筑面积4.14万平方米，基本配套了公共卫生间、浴室和食堂，能满足使用要求。其中在2016年，教师周转宿舍专项资金360万元，安排新建周转宿舍60套，建筑面积2100平方米。同时，将教师困难住房群体纳入各级政府保障性住房范畴，在县城专门安排 300 套公租房、200 套限价房解决农村教师住房难、夫妻两地分居等问题。

（三）强化四大举措，教育机会公平均等

兴国县把教育当成民生大事，把促进教育机会公平均等当成促进社会公平正义、保障人民基本权利、提升居民幸福指数的重要举措，秉承"一个也不能落下"的原则，让每一个适龄儿童的受教育权都能得到保证。

第一，完善特殊群体关爱体系。建立完善特殊群体入学保障体系，开通"绿色通道"，实现入学"零障碍"，保证教育的均等。进城务工人员随迁子女全年落实以流入地为主、以公办学校为主的"两为主"政策，解决了 800 名随迁务工子女在公办学校就读的问题。加强对留守儿童的关爱，成立了关爱留守儿童领导小组，建立了留守儿童动态监管机制，制定了留守儿童结对帮扶机制，为全县 43371 名留守儿童建立了教育成长档案，留守儿童入学率达 100%。保障残疾儿童受教育的权利，构建了"随班就读为主、特教学校就读为辅"的残疾儿童少年就学保障体系，全县三类残疾儿童入学率达 89.5%。

第二，落实教育精准扶贫。坚持"助、贷、奖、免"相结合，建立了"大、中、小、幼"全覆盖的济困助学体系。全面落实家庭经济困难学生资助政策，国家和省下拨的经费及时拨付到位，并做到专款专用，按时足额发放到位，无截留挪用。按照"摸清底数、区分类型、找准问题、分类施策"的思路，大力提升教育扶贫资助精准度，重点加强对特困群体的资助力度，对建档立卡贫困户子女、农村低保家庭困难残疾学生免除学杂费，建立了上下联动、多部门合力推进的教育扶贫机制，构建了"一对一"的特困学生资助平台。近三年来累计自主资助义务教育阶段家庭经济困难寄宿生共计 2.41 万人，补助资金 3128.26 万元。

第三，实施学生营养餐改善计划。创新学生营养餐供餐模式，实行"统招、统购、统配、统送"的"四统"企业配餐服务模式，有效破解了单一的"牛奶+X"课间餐带来的问题。充分保证新供餐模式安全实施，严把采购、加工、质量、配送、验收五关，加强对配餐企业的全程服务和监管。将企业自建大型基地、对接当地现有基地、帮扶贫困户种植有机融合，建立"企业+基地+农户"的生产管理模式。近几年先后投入 8642 万元，新建营养餐食堂项目 424 个，面积达 6.68 万平方米。营养餐的"兴国经验"在 2015 年国家疾控中心及联合国粮食计划署召开的第三届全国学生供餐交流会上得到了推广。

第四，实施贫困学子关爱工程。从 2012 年秋季开始，兴国县实施"红军后代贫困学子关爱工程"，每年约有 800 多名红军后代贫困学子实现学习、生活全免费，截至 2016 年底，共发放资助金 1636 万元。精准识别，确定帮扶对象——"两红"人员直系后代特困生和孤儿。精准帮扶，根据"关爱工程"，建立健全全县领导干部结对帮扶机制，红军后代贫困学子不仅免除所有学杂费，还每年补助生活费。设立"苏区贫困学子关爱工程资金专户"，资金来源以相关部门助学计划资金为主、社会捐资为辅，县财政预算每年安排

专项经费 100 万元，目前共吸引社会捐资 660 多万元。

（四）完善四项机制，师资力量不断壮大

兴国县加强教师队伍建设，推进人事制度改革，加大新教师补充力度，实施义务教育阶段学校校长教师交流轮岗，强化教师培训，着力构建科学管理机制，大力提升教师综合素质，全面保障教师待遇。

第一，完善教师补充机制（见图 1）。实行灵活多样的教师招录政策，通过实施"特岗计划""农村小学定向预备教师""生源地定向招聘与培养计划"，"十二五"以来面向社会公开招考教师 3039 名。继续实行中小学教师招聘省统考为主、县级自聘为辅的补充制度，推进"县管校聘"改革试点，杜绝有合格教师来源的情况下"有编不补"的现象。落实中小学教职工编制标准，编制核定实行规范、动态管理，实行编制到校管理，实行中小学编制一年一核，控制"超编超员"的现象。对农村边远地区实行倾斜政策，根据农村寄宿制学校办学的实际需求核定教职工编制，每年招聘新教师 400 多名补充到农村、偏远学校任教。

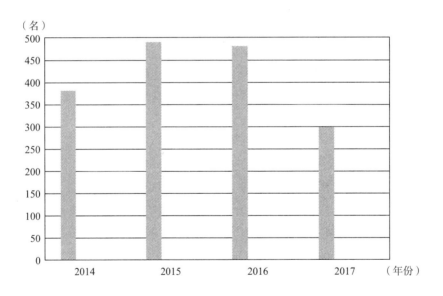

图 1　兴国县近年来教师补充情况

第二，完善教师培训机制。启动实施"教师素质提升工程"，采取"走出去""对口交流""跟班学习"等实地实践培训方法，积极运用远程教学、数学化课程等信息技术手段，增强教师培训的针对性和实效性。健全教师培训制度，推行教师培训学分制度，坚持面向全员、突出骨干、倾斜农村的原则，构建具有地方特色的教师培训新模式。丰富培训方式，以活动促培训，举办"教师才艺大赛"、校本培训、师德师风系列教育活动等，开展以"三会两团"（教育系统书画协会、摄影协会、篮球协会、合唱团、舞蹈团）为载体

的文化体育艺术专业教师培训。在 2016 年培训教师 8207 人次，参训率 99.96%，合格率 97.83%。

第三，完善教师交流机制。建立校长教师定期交流制度，组织开展名师、骨干教师、学科带头人"送教下乡"和"三区"人才支持计划支教活动，推行义务教育阶段校长、教师交流轮岗制度。探索实施农村边远小学、教学点教师走教制，对紧缺学科教师采取跨学校安排课务、集中安排教师周转房等有效办法，切实提高教师配备效率。开展从县直中小学中各选一所学校与两个基础较好的乡镇中小学进行教育信息化的试点，让农村的孩子能享受和城区孩子一样的优质教育资源。近三年来，共组织 176 人次参加送教下乡活动，已有 406 人次骨干教师参加"三区"人才支持计划支教活动。

第四，完善教师待遇保障机制（见表 1）。实施义务教育绩效工资制度，按国家统一规定的工资项目、标准执行到位，并逐年增长，2014～2016 年分别比上年增长 20.5%、33.1% 和 7.7%。建立健全教师的社会保障体系，教师"三险一金"（养老保险、医疗保险、失业保险和住房公积金）均按规定足额、及时落实到位，2016 年县财政拨付了医保2153.2 万元，公积金县配套 3456.6 万元。切实提高农村中小学教师待遇，优先发放农村艰苦边远地区教师特殊津贴、乡村学校教师生活补助、乡镇工作补贴这"三项津贴"，2014 年以来发放乡村教师各类津补贴达 8286.82 万元。

表 1　兴国县教师五险一金缴交比例

项目	个人缴交比例	财政缴交比例
住房公积金	12%	12%
医疗保险	2% + 6 元（大病保险）	10% + 10 元（大病保险）
工伤保险		0.4%
生育保险		0.5%
失业保险	0.5%	0.5%
养老保险	8% 基本养老保险金 + 4% 职业年金	20% 基本养老保险金 + 8% 职业年金

（五）突出四项重点，教育特色不断彰显

兴国县把促进人的全面发展、适应经济社会发展作为评价教育质量的根本标准，坚持以学生为中心、以问题为导向的集优化办学模式，注重考查学生适应社会发展和终身发展的能力，大力发展素质教育和德育工作，扎实推进义务教育均衡、优质、特色发展。

第一，坚持德育工作先行。将苏区红色文化、优秀传统文化、绿色生态文化和兴国本土文化等融入中小学德育教育，制定出台了《关于进一步加强学校德育工作的意见》《兴国县中小学德育体系实施细则》。深入开展"苏区精神进校园"教育和践行社会主义核心价值观教育活动，在全市率先开展习近平总书记系列重要讲话精神"进教材、进课堂、

进头脑"工作。按照"有统筹、有调研、有预案、有指导、有收获、有展示"的"六有"原则，开启了研学旅行德育工作的新模式，被教育部列为全国中小学"研学旅行"10 个试验区之一。

第二，营造浓厚校园文化。坚持把校园文化的积淀作为塑造学校灵魂的重要工作来抓，利用丰富的红、古、绿文化资源，以学校的地方特色为抓手，着力打造"一校一品、一校一特"的校园文化。坚持"典型引路、以点带面、整体推进"的思路，实施塑造典型培育亮点—观摩交流总结经验—辐射带动整体提升的"三步走"战略。坚持校园文化建设工作经费至少按生均公用经费5%纳入学校年度经费预算，采取"向当地政府争取一点、公用经费挤一点、社会捐赠一点、评估奖励一点"的办法，多渠道筹集校园文化建设资金。

第三，突出抓好素质教育。颁行了《兴国县中小学校综合评价方案》《关于规范初中小学作业布置与批改的指导意见》《兴国县"体育、艺术2＋1项目"实施方案》，健全义务教育质量保障机制、目标管理制度。开展中小学"绿色评价"，将课业负担、学习效率、能力培养等内容作为社会评价学校、政府考评学校的依据，同时改革小学生考试成绩呈现方式，取消"百分制"，实行"等级加评语"的评价方式。坚持隔年交叉举办全县中小学生体育运动会和中小学生艺术节，严格落实"两课""三操""两活动"规范，确保所有学生每天锻炼一小时。目前全县拥有"国家级语言文字示范学校""全国青少年校园足球特色学校""全省防震减灾科普示范校"等一批特色学校。

第四，加强学校规范管理。全面落实"一校一章程"，完善各级各类学校依章办学的管理制度和监督方法，推动学校依章治校，实施精细化管理。探索建设依法办学、自主管理、民主监督、社会参与的现代学校制度，构建政府、学校、社会之间新型关系。开展以"环境建设科学化、常规管理制度化、师生行为规范化"为主要内容的主题活动，健全学校工作巡查制度。实行过程性考评和年终考核相结合的师德考核办法，全面推行学生（家长）民主评议教师、教师互评互议制度，进一步规范了师德年度考核制度，实行师德问题"一票否决"。

二、兴国县城乡义务教育均衡发展的不足之处

通过坚持四个优先、实施四大工程、强化四大举措、完善四项机制、突出四项重点，兴国县教育进入一个发展最快、成效最好、人民群众最满意的历史时期。但是在经济发展、办学条件、教育经费、师资力量、教育质量方面城乡之间存在较大的差距，导致义务教育"强县城、弱农村"的现象依然存在（见表2）。

表2　兴国县义务教育校际均衡情况

		生均教学及辅助用房面积（平方米）	生均体育运动场馆面积（平方米）	生均教学仪器设备值（元）	每百名学生拥有计算机台数（台）	生均图书册数（册）	师生比	生均高于规定学历教师数（人）	生均中级以上专业技术职务教师数（人）	综合
小学	全县平均值	3.7391	6.5494	1201.8931	4.0352	16.046	0.0487	0.0442	0.0176	—
	差异系数	0.3126	0.3733	0.3902	0.3273	0.1411	0.2591	0.2808	0.6317	0.3395
初中	全县平均值	3.6083	7.5553	1419.793	7.4677	24.5351	0.0571	0.039	0.0337	—
	差异系数	0.3681	0.296	0.4379	0.3417	0.1895	0.2033	0.1964	0.4787	0.3139

（一）在经济发展方面，城乡二元结构依然存在

一般情况下，义务教育的发展水平在很大程度上取决于经济发展程度。2017年兴国县城乡居民人均可支配收入分别为26044元、9729元，城乡差距依然较大，城乡二元结构尚未解决，城市的"虹吸效应"进一步加剧了农村义务教育的"空心化"。①农村学生向县城流动加剧，拉大了城乡生源质量的差距。目前县城小升初中，县城中学通过奖助政策将农村优秀生源吸引到县城就读，优质生源流失严重，农村教育甚至成为了落后生、差生"无可奈何"的选择，大大拉开了在教学环境、教育质量、升学率等方面的差距。②城乡之间师资力量差距拉大，农村教师资源流失严重。由于农村公共产品供应短缺，公共需求得不到满足，再加上福利待遇、住房保障、职业荣誉感的差距，农村教师逆向流动现象明显，导致农村学校教师"本土人才外流、外埠人才难进"。③城乡学生数量差异加大。随着城镇化进程加快，越来越多的农村学生随父母流向城市，导致农村出现"空壳"和"麻雀"学校，甚至在偏远的南坑乡出现了"一校一师一生"的现象，而县城学校的"大校额"和"大班额"现象突出。

（二）在办学条件方面，城乡标准尚不统一

办学条件的好坏决定着学校存在的可能性，制约着学校办学质量的高低。城乡学校布局、结构、规模、建筑用地、校舍面积、教学设施、技术设备、图书等因素直接影响了义务教育的发展。①配套设施不足。生均校园用地面积不达标的学校占42%，寄宿制学校使用面积不达标的学校占32.8%，生均体育用地面积不达标的学校也有6%，在一些具体指标上，各学校上报的数据与实际存在着较大的差距。②教学设备不足。在教育信息化建设中存在着"重建轻用、重硬轻软、重物轻人、重教轻学"的问题，部分学校教育装备不足、设备落后、无人使用，其中在计算机方面小学生机比19.5∶1，初中生机比14.57∶1，难以满足学生日常学习需要。③教学保障不足。全县义务教育教工宿舍缺2896间，学生宿舍缺780间，浴室缺441间，厕所蹲位缺2557个，餐桌椅缺16925个单人位，395

所能供水的学校中只有 49 所能提供热水，严重影响了师生的正常生活。

（三）在教育投入方面，教育经费相对不足

教育经费特别是农村教育经费不足是阻碍我国教育事业健康发展的最主要因素，政府教育经费支出水平的高低直接影响了我国教育水平的高低。①教育经费投入不足。兴国县属于国定贫困县，自身财力十分有限，导致教育经费投入还存在着很大的缺口，义务教育均衡发展汇报缺口金额达 1651.2573 万元，其中在多媒体设备上缺口资金 143.9730 万元，体育设施缺口资金 314.8335 万元。②教育经费使用不合理。义务教育经费主要用于学校硬件设施建设、教育装备添置、教师工资发放以及贫困学生补贴等方面，其中超过一半的教育经费用来支付教师工资，直接用于提高学生综合能力、缓解城乡教育供需矛盾、缩小城乡教育发展差距方面的投资相对较少。③教育经费保障不到位。存在挤占、挪用、克扣、截留、套取项目专项资金的行为，违规乱收费或减少投入的行为缺乏依法追究相关责任人责任的法律保障，教育腐败现象依然存在。

（四）在师资力量方面，城乡差距十分明显

通常情况下，师资力量被视为学校建设发展的"软实力"，对整体教学质量有着直接的影响，教师整体素质能力推动学校教育质量的发展。①农村教师配备不足。现义务教育学校师生比县城小学为 1∶23.5、农村小学为 1∶19；县城初中为 1∶19.7、农村初中为 1∶16.3，教职工与学生比例达标率在 80% 左右，甚至音体美专业教师，很多乡镇中小学达不到"一校一师"的标准。②教师水平差异明显。城乡教师在年龄、学历、职称、培训、技能以及优秀教师占比等方面均存在很大差距，其中城镇本科学历的教师比重高于农村 2~3 倍，在生均中级以上专业技术职务教师数量方面县城的埠头中学、长岗中学分别为 0.084 人、0.071 人，而农村的茶园初中、古龙岗中学分别仅为 0.025 人、0.017 人。③城乡教师待遇差距明显。乡村教师农村津贴补相对较少，农村艰苦边远地区教师特殊岗位津贴每年仅 2400 元左右，乡村学校教师生活补助发放标准每人每月仅 200 元，乡镇工作补贴最高档每人每月仅 120 元。④教师培训进修机会少。2014~2016 年，义务教育教师培训经费仅分别占当年义务教育公用经费的 5.03%、5.07%、5.29%，交流教师仅分别占教师总数的 8.93%、10.61%、11.32%，交流校长分别占应流人数的比例为 7.23%、12.23%、10.79%。

（五）在教育质量方面，人民满意度有待提高

新时期广大教师和教育工作者的担当就是把人民群众的新期待和新诉求作为努力方向，让"人民满意"成为教育改革和发展的最高标准。①素质教育水平依然不高。音体美教师人数远远达不到标准师生比，甚至边远地区的学校存在"无师可用"或者"兼任替代"的情况，2016 年小学生、初中生体质健康合格率分别仅为 86.64%、92.18%。

②"大班额"现象严重。全县小学大班额（56 人以上）占比 14％，其中特大班额（66 人以上）有 2 个，初中大班额占比 42％，其中特大班额达 3 个，这一情况在县城公办初中、小学中更为严重，县城平均班额小学达 54.77 人、初中达 57.33 人。③教育机会公平均等没有完全实现。受城镇户籍、县城购房、经济能力、社会资源的影响，进城务工人员随迁子女未入公办学校人数达 230 人，占比 22.3％；三类残疾儿童少年无法享有受教育权的比例达 10％；省、市示范高中招生名额分配到县域内各初中的比例接近 75％。

三、城乡义务教育均衡发展的建议对策

城乡义务教育均衡发展是脱贫攻坚的基础性事业，是关乎社会公平正义、全体人民共享改革发展成果、满足人民日益增长美好生活需要的重大问题。当前城乡义务教育不均衡发展是多种因素综合作用的结果，实现义务教育均衡发展需要政府、学校、社会等多方合力推动，实现城乡教育一体化发展。

（一）统筹城乡发展，推动城乡义务教育一体化发展

义务教育均衡发展，根本在于统筹城乡发展、缩小城乡和区域发展差距。破解义务教育的"城乡之分"，关键在于大力提升农村社会发展水平，提高农村社会基本公共服务能力，实现城乡的融合发展。①要大力实施乡村振兴战略。要坚持农业农村优先发展，按照"产业兴旺、生态宜居、乡风文明、治理有效、生活富裕"的总要求，建立健全城乡融合发展机制体制和政策体系，加快推进农业农村现代化[①]。②要深化城镇化改革，打破城乡二元的教育结构。确立义务教育发展战略，改变传统的"重城轻乡""强城弱乡"的观念，在政策和资源上适当向农村倾斜，凸显农村义务教育的地位，从根本上消除义务教育发展不平衡。③建立统一的办学标准。推动城乡学校在布局、结构、规模、教学设施、技术设备、图书种类与数量上的相对均衡，充分考虑城镇化发展的实际情况，有条件、有步骤地提升农村义务教育办学水平和教育质量，使农村学生能够享受同等质量的义务教育。

（二）加大教育投入，均衡配置义务教育办学资源

作为基本公共服务的重要组成部分，义务教育的发展在很大程度上取决于教育投入的高低，是农村义务学校标准化建设的根本保证。①加大农村义务教育经费投入，改变根据学生数量发放教学经费的做法，根据师生比、教学设施标准、特殊群体补助额度等项目，

---

① 习近平.决胜全面建成小康社会 夺取新时代中国特色社会主义伟大胜利——在中国共产党第十九次全国代表大会上的报告 [EB/OL] . http：//www.gov.cn/zhuanti/2017 – 10/27/content_ 5234876.htm, 2017 – 10 – 27.

实现农村义务教育的专款专项和优先保障，确保"三个增长、两个比例"在农村地区更加有效落实。②按照弱势补偿的原则，加强教育经费向农村地区的倾斜，同时要引导社会力量对农村义务教育进行帮扶。③要提升城镇义务教学学校适应城镇化进程的速度和水平，大力实施城区扩容工程、新建学校工程，杜绝"大校额""大班额"现象，保证教育质量的同时让所有适龄儿童接受高质量的义务教育。④要健全义务教育经费保障机制，加大行政部门对教育经费的监管力度，保证教育经费足额到位、充分利用，杜绝教育经费欠拨、挤占、贪污、浪费的现象。

（三）优化师资队伍，提升教师的综合素质和水平

打造一支高水平、高素质的教师队伍是义务教育均衡发展的重中之重，要通过"待遇引人、环境留人、平台塑人"全面提升义务教育的师资力量和水平，打造一支"引得进、留得住、用得上、流得动"的师资队伍。①要提高农村教师的薪酬待遇和福利水平，在实现城乡教师薪酬供给一体化的基础上，进一步完善农村教师特殊津贴、生活补助和工作补贴，真正做到待遇留人。②要建立农村教师专业发展平台，加大对农村教师的培训和交流力度，实现教师培训交流的制度化和常态化，不断提升教师的教学能力和综合素养。③要优化学科队伍建设，通过培养一专多长的教师和教师的轮岗走教为农村义务教育学校配备一定比例的音体美教师，实现城与乡、乡与乡、村与乡的教师资源共享。④大力实施教师安居工程。要着力改善农村教师的生活条件，通过公租房、限价房政策解决农村教师"买不起房、结不了婚"的尴尬问题，大力提升农村教师的职业幸福感和归属感。

（四）提高教育质量，办好人民满意的义务教育

更高的教育质量是破解人民日益增长的美好生活需要和不平衡不充分发展之间矛盾的有效手段，要把人民拥护不拥护、赞成不赞成、高兴不高兴、答应不答应作为衡量义务教育发展的成效根本标准。①加强素质教育。要改变"唯成绩论"的传统应试教育，把德智体美劳按照一定的比例作为衡量学生综合素质的标准，在增强学生学习能力的同时，提高学生适应社会能力、培养兴趣专长、处理人际关系等方面的能力和素养。②加强校园文化建设。要将社会主义核心价值观与地方特色文化有机结合，充分发掘文化内涵，丰富文化传播形式，传播主流价值和正能量，着力打造"一校一品、一校一特"的校园文化，使校园文化内化于心、外化于行。③促进教育机会公平均等。要破除户籍、住房等因素对受义务教育的限制，保证进城务工人员随迁子女享有在公办学校就读的权利，建立和完善特殊群体关爱体系，保证特殊儿童和留守儿童平等享有受教育的权利，加强对贫困家庭学生的"助、贷、奖、免"救济助学体系建设以保证贫困学子享有平等的教育机会和教育条件。

（五）创新发展机制，夯实义务教育发展的机制堡垒

破解城乡义务教育均衡发展困境的关键在于创新发展机制，打破城乡义务教育二元体制的限制，真正实现城乡义务教育的融合发展，实现城乡义务教育一体化。①建立城乡义务教育一体化发展机制。要实现办学标准统一、教育经费统一、教育设备统一、教育环境统一和教育质量统一，推动义务教育一体化发展机制体制的变革，从根本上消除义务教育的"城乡"之分。②建立县域内义务教育均衡发展帮扶机制。通过"以城带乡""名校办分校""强校带弱校"的办学模式，实现区域内教学资源、教学理念、教学方式的共享，将优质教育资源进行最大延伸，实现义务教育由基本均衡到优质均衡的转变。③完善义务教育均衡发展的考核机制。将城乡义务教育均衡发展列为上级政府考核的重要指标，通过适当的考核压力、定期的教育督导提升地方政府对义务教育发展的重视程度，把义务教育均衡发展纳入经济社会发展规划，实现政府领导高位推动义务教育均衡发展。④建立推动有力、上下联动、各方协调的义务教育均衡发展推进机制。要建立政府主导、社会参与、学校推动的义务教育发展大格局，通过协调政府各部门之间的协调机制、完善社会力量办校资校体系、加强学校推动义务教育均衡发展的奖惩机制，真正为城乡义务教育均衡发展奠定坚实的基础。

参考文献

［1］国家中长期教育改革和发展规划纲要（2010～2020 年）［J］．中国高等教育，2010（3）．

［2］王广飞，符琳蓉．城乡教育一体化推进义务教育均衡发展的困境与对策［J］．农村经济，2018（3）．

［3］刘国艳．义务教育均衡发展中的农村教育：成果、阻力与变革路径［J］．教育探索，2018（1）．

［4］郭喜永，张胜利．脱贫攻坚：连片特困县义务教育均衡发展的困境突破［J］．教育理论与实践，2017（31）．

［5］陈茂续．精准扶贫背景下义务教育均衡发展策略——以福建省 23 个扶贫开发工作重点县为例［J］．教育评论，2018（2）．

全面脱贫攻坚背景下能人参与产业扶贫路径的研究

——以信丰县曾屋村能人治村为个案

魏日盛*

摘要： 在全面脱贫攻坚的背景下，对内生力和造血功能缺乏的贫困地区而言，能人成为衔接政府与社会的纽带。曾屋村通过建立能人参与产业扶贫的组织建设机制、利益联结机制和产业发展机制，实现了脱贫攻坚和村庄治理的目标。由于政府管理、规范制度、村民参与方式不健全，还需要进一步加强农村基层政府管理、完善能人治村规范制度、提高村民参与自治意识，逐步实现由能人治村向村民自治的转变。

关键词： 能人治村；产业扶贫；乡村治理

一、问题的提出

历史上的农村能人在国家与地方政权之间起着重要的联结作用。费孝通认为"一个健全的、能持久的政治必须是上通下达，来往自如的双轨形式"[①]，其中"双轨政治"中的绅权就是现在我们研究的能人治理。随着村民自治的实行，能人治村在我国成为普遍现象。徐勇认为，在市场经济背景下，能人应该指的是在农村社区经济发展中，具有超凡能力，并卓有成就的人士[②]。一批懂经营、善管理并具有超凡能力的人进入乡村公共权力领域，成为社区的领袖人物，并由此形成能人型村治模式，具有决策迅速、社会动员能力强、效力高的特点[③]。但是"能人治理建立在有一个超凡且近乎完美的能人的基础上，因

---

* 作者简介：魏日盛，男，江西师范大学马克思主义学院博士研究生。

① 费孝通. 乡土重建 [M]. 上海：上海观察社, 1948.

② 徐勇. 由能人到法治：中国农村基层治理模式转换 [J]. 华中师范大学学报（哲学社会科学版）, 1996（4）.

③ 卢福营. 能人型村治模式的崛起和转换 [J]. 社会科学, 1999（9）.

而缺乏足够的理论依据，带有难以超越的缺陷"①，容易导致"能人治理"蜕变为"能人专制"。能人治理是一种精英主导与群众参与有机结合的"精英—群众"自治，在一些非农经济相对发达的农村地区，它已经成为村庄治理的一种基本趋向②。在全面脱贫攻坚的背景下，能人成为贫困农村衔接政府扶贫资源的纽带，能人治理成为了贫困地区增强内生力和造血功能的重要措施，是实现村民自治、推动农村善治的过渡阶段。

塞缪尔·P. 亨廷顿曾说"得农村者得天下"③，中国是个农业大国，农民的生活状况关系着中国的社会稳定。现阶段，农村基础设施薄弱、农村基层党建空白、农民收入增长困难问题还很突出，农业、农村仍然是我国经济社会发展中最薄弱的环节。尤其是江西等地异常缺乏内生力和造血功能的贫困农村，村集体经济大多数为"空壳"，农业产业化发展滞后，农民生活水平低下，农村发展前景堪忧。

在扶贫攻坚战中，由于产业能够带动贫困户稳定增收，是扶贫的"铁抓手"和"发动机"，因此，产业扶贫就成为扶贫开发的重点和核心，产业扶贫的成效关系到整个扶贫攻坚的大局。在社会组织化程度低和村民个体化的条件下，能人成为了推动农业产业发展、协调国家与社会关系、推进脱贫攻坚工作的重要核心纽带。在内生力和造血功能稀缺的贫困地区，通过伸张贫困群体的主体地位、培育社会组织来实现政府与社会的对接，从而达到村社、政经的互动协作，共同推进扶贫工作开展的目的④。所以在贫困地区如何发挥能人的力量，实现国家扶贫资源与农村脱贫实际的有限衔接，成为全面脱贫攻坚背景下的一个重要问题。本文通过考察内生力和造血功能缺乏的贫困地区的能人通过农业产业助推精准扶贫，构建了"国家资源—能人带动—贫困户收益"的分析框架，进而探讨能人在增强村庄内生力中的实施困境及完善路径。

二、能人带动产业扶贫模式的个案分析

(一) 能人带动产业扶贫的逻辑

农业产业化是以市场为导向，以提高经济效益为中心，以增加比较收益为目的，实现农产品生产、加工、销售一体化的现代农业发展模式，也是增强村庄内生力和造血功能的必由之路。由于贫困地区市场力量和社会力量都缺乏生长的土壤，单纯的政府主导产业扶

① 华农心. 一个应引起重视的政治现象——中国农村能人政治分析 [J]. 前进, 1997 (3).
② 卢福营. 经济能人治村：中国乡村政治的新模式 [J]. 学术月刊, 2011 (10).
③ 塞缪尔·P. 亨廷顿. 变化社会中的政治秩序 [M]. 北京：三联书店, 1989.
④ 朱天义, 高娟丽. 精准扶贫中乡村治理精英对国家与社会的衔接研究——江西省 XS 县的实践分析 [J]. 社会主义研究, 2016 (5).

贫也未能真正发挥应有的效果，"乡村社会内部的权力、规范、关系网与结构等隔离了国家权力与贫困者，使得政府无法将扶贫资源直接与贫困人口有效对接，使得扶贫对象瞄准发生了偏移"①。为了更好地实现国家扶贫资源与贫困户脱贫实际的有效对接，曾屋村大胆起用能人为村党支部书记，立足政府的扶贫资源，选择农业产业化扶贫，实现了由后进村向富裕村的华丽转变。

曾屋村位于信丰县东北部，距离县城15公里，有19个村民小组、480户2100人，其中建档立卡的贫困户有54户157人。在2012年村两委换届选举之前，该村年龄班子老化，村支书卖保险，村主任承包鱼塘，妇女主任卖脐橙，村级集体经济负债达14万元，光餐费就有4万余元，村集体经济是典型的"空壳"。村里的自然资源禀赋虽好，但交通不便，村民职业以外出务工为主，主导产业为水稻种植，农业产业发展落后。村里基础设施落后，群众越级上访事件时有发生，给外界留下了"老表人心不好"的深刻印象。

在2012年村两委换届选举中，长期在外经商的能人曾梓清全票当选为新一届党支部书记，并且先后动员20多名村里年轻人回乡创业，部分人还担任了村干部，从而组建了全镇最年轻的领导班子。在以曾梓清为代表能人的推动下，曾屋村成为精准扶贫的示范基地，通过促资引项，累计争取1000多万元用于该村建设。在基础设施方面，完成了19个村小组道路共5.2公里的道路硬化，通组太阳能路灯160盏已投入使用；在产业发展方面，组建了憨农田园农民专业合作社，建起了1500亩蔬菜基地，种植蔬菜瓜果品种多达30种；在民生工程方面，建设了便民服务中心、村民休闲中心，并且为适应人口老龄化，以曾屋村原村部的基本设施为基础将建立居家养老服务中心。曾屋村的华丽转变，得益于精准扶贫结对帮扶的契机，更是能人通过农业产业化的方式有效衔接国家扶贫资源与贫困户发展实际的结果，实现了集体经济的发展和贫困户的增收，为贫困地区增强内生力和造血功能提供了良好的实践范本。

（二）能人带动产业扶贫的组织建设机制

自税费改革以来，我国农村基层政权悬浮化、边缘化问题凸显，领导职能弱化，未能发挥其应有的政治功能，也未能把组织优势变成扶贫优势。曾屋村基层党组织通过能人当书记、能手搭班子的方式，补强党支部这个强村"主脑"，充分发挥能人党员在村党组织中的政治领导核心作用。

农村基层党组织是乡村社会治理的领导力量，"要健全基层党组织领导的充满活力的基层群众自治机制，以扩大有序参与、推进信息公开、加强议事协商、强化权力监督为重点，扩宽范围和途径，丰富内容和形式，保障人民享有更多更切实的民主权利"②。曾屋

① 李群峰.权力结构视域下村庄层面精准扶贫瞄准偏离机制研究［J］.河南师范大学学报（哲学社会科学版），2016（2）.

② 胡锦涛.坚定不移沿着中国特色社会主义道路前进 为全面建成小康社会而奋斗［N］.人民日报，2013 – 11 – 18.

村党支部以公司制的管理方式，划分不同的责任区，并将其作为村干部考核的重点指标，大大提升村干部的工作效率和工作热情。为了给合作社和村两委补充新鲜血液，村党组织将本村大中专毕业生、创业能手纳入了选材范围，通过返乡动员大会以"曾屋发展模式"吸引他们回村服务。为了提高致富本领，村党支部派遣部分村干部前往山东和北京学习先进的农业种植和管理技术，培育了致富党员11人，从而奠定了农业产业化的人才、技术、政策等基础。

（三）能人带动产业扶贫的利益联结机制

过去政府主导的扶贫是通过政府对乡村的直接援助帮助贫困户增收脱贫，忽略了村庄内生力和造血功能的培育，返贫现象严重，不利于建立长效持续脱贫机制。曾屋村通过能人与贫困户建立利益联结机制，帮助贫困户实现务工工资和股份分红的双保障，建立合作社效益、集体经济和贫困户收入的命运共同体。

能人因其良好的声望、较强的发展能力以及丰富的社会资本成为领导村民脱贫致富、衔接国家与社会的重要力量，在农村生活各方面扮演着重要角色，在反贫困方面起着"先富带动后富"的作用，作为农村扶贫参与的主体之一，对农村反贫困事业有重要影响[1]。能人引导贫困土地入股和农业"信贷通"的金融贷款入股，通过保底分红和实际盈利分红两种方式保证了贫困户的持续收入，2016年在合作社未盈利的情况下兑现保底分红承诺金额达57600元。通过建立集体经济与合作社发展的联结机制，以政府投资折算成合作社25%的股份算作集体收入，用作村庄基础设施建设、贫困户二次分红和村干部绩效收入。同时合作社提供公益性、劳务性岗位30多个，解决了31户贫困家庭的就业问题，务工收入每月能达2300元。

（四）能人带动产业扶贫的产业发展机制

农业产业化是现代农业的必由之路，也是持续扶贫、杜绝返贫的根本举措，传统农业产业为一家一户松散型发展，规模低且发展水平不高，抗风险能力较差。曾屋村根据村庄资源禀赋确立了农业产业方向，以合作社为载体改变了以往农户单打独斗的局面，真正实现了抱团发展，增强了发展产业的抗风险能力。

农业产业化经营组织形式的纵向创新是通过完善和优化纵向产业链，从而降低各经营主体之间的交易费用并提高整个产业链的资源配置效率；农业产业化经营组织形式的横向创新是通过合理的方式适度扩大经营规模，发挥要素规模优势，从而提高农业生产效率和规模收益[2]。曾屋村通过能人的资源邀请专业单位进行产业规划，最终把发展蔬菜瓜果产

① 曾明，曾薇. 内源式扶贫中的乡村精英参与——以广西自治区W市相关实践为例 [J]. 理论导刊，2017 (1).
② 蔡海龙. 农业产业化经营组织形式及其创新路径 [J]. 中国农村经济，2013 (11).

业作为村里优先发展的产业，同时通过"党支部＋合作社"的方式，由能人带头成立憨农田园合作社并作为产业发展的载体，在项目扶持、技术指导和营销网链中做好产业发展的销售环节，建立了从基地到市场、从菜园到饭桌的市场销售链条，使产供销真正实现一体化发展，完成了现代农业示范基地的打造。

三、能人带动产业扶贫模式的效果分析

能人治村是村庄能人依靠发达的村级集体经济，在乡村治理的过程中，能够广泛动员全体村民，同时积聚巨大的社会资源，最后实现村庄治理的目标①。能人参与扶贫不是充分绝对的主导者，而是作为政府与农村关系的纽带，通过整合各种资源，达到扶贫资源的最优利用，从根本上增强村庄发展的内生力和造血功能，实现贫困地区的可持续发展。

（一）构建产业互动合作扶贫模式

农业产业化需要立足于村情民情，通过政府政策资金扶持、市场引导资源配置构建特色产业集群，以政府扶持带动产业发展，以产业发展助推扶贫脱贫，从而建立互动合作式的扶贫产业发展模式。能人因其丰富的社会经历资源优势，实现政府扶贫资源和农村贫困户增收的有效互动，提高了农民自我能动发展能力。曾屋村在以曾梓清为代表的能人的领导下，抓住精准扶贫结对帮扶的契机，争取帮扶资金用于村庄基础设施建设，并且组建了憨农田园农民专业合作社，按照"合作社＋农户"的模式，大力推进农业产业化发展，实现了农民基地务工与股份分红，促进了农村扶贫由"输血式"到"造血式"的根本转变，真正地把政府、村集体、能人、贫困户打造成为命运共同体。

（二）引导社会资源参与产业扶贫

农村社会是由复杂的社会关系网络构成的，能人处于这个社会关系网络的核心位置，在农村拥有足够的威望和能力来引导民众参与扶贫。能人在村庄中的权力及核心位置，对农村社会经济发展起决定作用，从而有利于引导各种社会资源参与村庄的产业发展，并且把贫困农民纳入发展体系，构建政府主导、能人带动、贫困户参与的扶贫开发大格局。曾屋村通过农民专业合作社吸纳贫困户，弥补了贫困户在资金、技术方面的不足，提高了农民合作意识和组织意识，真正实现了抱团发展。能人通过个人魅力吸引大批的种植人才、技术精英返乡创业，并且通过与江西农业大学、山东大学、中国农业大学建立联系，破解合作社发展的难题，从而实现了合作社的持续发展。

---

① 徐勇．乡村治理与中国政治［M］．北京：中国社会科学出版社，2003.

（三）推动文明建设，实现观念脱贫

扶贫先扶智，要建立村庄的长效脱贫机制，需要先从观念上推动贫困户的转变。能人肯定了文化观念在扶贫中的重要作用，通过对贫困农村社会文化的反思，积极引入生态文明、可持续发展理念，从村庄资源中汲取发展因子，生产发展反哺生态，实现农村社会经济、村庄生态环境和农民观念理念的转变。曾屋村率先在全镇推行农村垃圾治理村民自主交费制度，以公共设施、公共秩序、公共卫生、公共环境管理为重点，大力开展镇容镇貌、违章建筑、交通秩序等整治活动。乡村能人重视教育的发展，通过奖惩制度吸引优秀的师资人才，加强学校基础设施的建设，加大对贫困家庭教育扶持力度，保证所有村民的教育权利，从整体上提高全村的思想道德素质和脱贫攻坚理念。

四、能人带动产业扶贫模式的问题分析

曾屋村能人治村创新了农村基层治理模式，取得了固本强基的效果，具有一定的探索性和创新性，但是"能人政治内在的、难以克服的缺陷亦显而易见，如果能人缺乏强有力的自我约制，则很容易超越制度规范之上"①，现实中也受利益驱动、制度结构等的影响，出现了不少新问题、新情况。

（一）政府管理的缺失

与官僚制的"理性主义"逻辑不同，基层政权组织的权力运作充满着随意性、权宜性、变通性和预期性，似乎任何有助于目标实现的技术、策略、手段和方式都可以拿来为基层政府服务②。自农村税费改革后，基层党组织的职能和作用受到限制，对村民的影响减弱，客观上要求加强政府监管。①对村两委建设管理的缺失，党员能人"双培养"机制没有发挥作用。能人作为村干部的政治素养、工作能力、业务水平都比较有限，整个村庄的发展规划依然沿袭了曾梓清的企业发展思维。②对合作社的监管缺乏。合作社是农业产业发展、农民增收脱贫的重要载体，政府未能建立相应的监督体系，缺乏农业发展、农民增收、贫困户脱贫的持续长效机制，无法承担起整个脱贫攻坚的重任，最终使国家资源输入陷入"输血式扶贫"的窠臼。

（二）规范制度不健全

能人既作为村干部扮演"政治人"的角色，又作为企业家扮演"经济人"的角色，

① 徐勇. 由能人到法治：中国农村基层治理模式转换［J］. 华中师范大学学报（哲学社会科学版），1996（4）.
② 欧阳静. 压力型体制与乡镇的策略主义逻辑［J］. 经济社会体制比较，2013（6）.

两者在一定的条件下互相冲突。能人作为村干部不再仅扮演"国家代理人"和"村庄当家人"的角色，而是成为凭借自身在村庄的权力、权威、社会关系网络，在村民自治实施后形成的制度空间内为自己谋取利益的理性人了①。①党员能人双角色的冲突。曾梓清既是村党支部书记，也是憨农田园合作社董事长，同时自己在县城还有其他产业，其他村两委成员均是合作社的主要成员，在处理村级事务与合作社事务中不可避免地选择利益吸引力更高的合作社。②村党支部与合作社职责界限模糊。合作社由村党支部发起成立，村党支部书记担任合作社理事长，大多数支委担任理事或者监事，合作社的发展依赖于村党支部成员的活动和工作，导致村党支部对合作社的工作干预过多，不利于合作社自主经营。

（三）村民自治意识不强

长期以来，贫困农民缺乏自立自强主体意识和自我发展能力的培养，农村社会固有的文化惯性，决定了农民喜欢按照自己熟悉的方式行事，不太乐意接受外来力量强行做出的安排②。村民作为能人治理的主体，由于自身的缺陷和外在的障碍制约了其参与公共事务的水平，也会制约能人治村、脱贫攻坚工作的有效开展。①"权威服从"心理严重。曾屋村由于村民知识文化水平相对较低，对村庄公共事务缺乏足够的关心，"权威服从"心理根深蒂固，促成了老百姓对官员的依附心理和"清官期盼"心理，导致村民参与水平低而且影响力十分有限。②对能人依赖心理严重。村民对能人过度依赖，"对他们来说，优先的不是要民主，而是要保障。小农生活是不稳定的，因此他们不得不依靠别人，需要'皇帝'来保护自己"③，再加上村民政治效能感低，导致村民忽视国家政策、政府权威和各项政治制度，将自己置身于政治活动之外，对政治活动漠不关心。

五、能人带动产业扶贫模式的路径分析

"经济能人治村"是一种精英主导与群众参与有机结合的"精英—群众"自治，是村民群众根据村庄治理环境对村民自治理想制度所做的一种适应性调整和务实性创造，拓展了村民自治的形式④。曾屋村的能人带动产业扶贫模式目前还处于探索阶段，具有一定的

① 付英.村干部的三重角色及政策思考——基于征地补偿的考察［J］.清华大学学报（哲学社会科学版），2014（3）.
② 杨善华.家族政治与农村基层政治精英的选拔、角色定位和精英更替——一个分析框架［J］.社会学研究，2000（3）.
③ 张芳山，熊节春，涂宪华.乡村精英与乡村治理——基于政治文化的视角［J］.社会科学论坛，2012（9）.
④ 卢福营.经济能人治村：中国乡村政治的新模式［J］.学术月刊，2011（10）.

探索性和创新性，在全面脱贫攻坚背景下，对内生力和造血功能不足的贫困地区具有重要的借鉴作用。

（一）加强农村基层政府管理，转变其领导方式

农村经济社会的发展与农村社会秩序的稳定成为国家政权建设的重要内容，而无论拥有多么强大力量的国家都无法与分散的农户——对接，因此作为基层政府与农民的桥梁，乡村精英的合作是重要的一环①。为了发挥村党支部对合作社领导核心作用，充分发挥能人在产业扶贫中的作用，需要从组织体系和管理机制上加强和改进基层政府的领导。一要规范对能人的管理体制，通过加强组织领导和思想领导，逐渐培养农村能人的民主性思维意识，在实践中培育乡村治理能力和业务水平，完善党员能人"双培养"机制，不断把能人吸纳到农村基层党组织，壮大村组干部队伍。二要以经济发展为中心，加大对能人治村的政策支持力度，有效利用财政涉农扶贫资金对农民专业合作社这一农业产业化载体进行帮扶，把能人培养成为推动农村经济发展和贫困户脱贫致富的领导者、推动者和实践者。三要完善监督职能，加强农村基层政府对能人治理的监督，推进村务公开民主管理制度，坚持财务公开、事务公开和政务公开，把能人示范引领置于农村基层政府的监管之下。

（二）完善能人治村规范制度，加强其自身建设

任何一个组织，如果不是由精英组成或由精英主导的群体，我们很难想象他们能意识到群众有着无穷的智慧和力量②。能人凭借其丰富的社会资源在乡村社会关系互动中占据中心位置，在公共事务上话语权更大，成为了领导村民脱贫致富、衔接国家与社会的重要力量。一要加强能人思想道德建设，树立"服务人民"意识，提高能人的民主素质和参政能力，使他们具备科学决策、民主执政的能力。二要正确处理"经济人"和"政治人"的双重角色，在"追求个人利益"和"为人民服务"的行动逻辑博弈中理性选择，最终在推动农村经济发展、提升扶贫效应中实现个人的人生价值和人生意义。三要厘清能人与党组织和合作社的关系，坚持村党支部领导核心地位，充分保证合作社自治的性质，保证能人的独立自主性，坚持"指导不包办、参与不干预、建议不决策"的原则。四要健全体制吸纳和利益吸纳，将更多的社会资源纳入村庄公共权力运行体系中，为村庄的发展培养后备人才，提升村庄治理的效能。

（三）提高村民参与自治意识，扩大其参与层面

在半熟人社会中，村民对村庄的主体责任感逐渐丧失，越来越难以仅靠内部力量来维

---

① 贺海波. 选择性合作治理：国家与农村精英的关系变迁 [J]. 社会主义研究，2014（3）.
② 潘登，邵会廷. 人民主权原则下的农村精英治理 [J]. 经济研究导刊，2013（32）.

持基本的生产生活秩序①。增强村民的民主参与意识，促进乡村精英治理和村民自治良性互动发展是将乡村民主落到实处的重要保障。一要提高村民对自治的认识水平，普及村民自治的民主知识，让村民了解村民自治的相关法律法规，从根本上解决村民"不想参与""不能参与"的问题。二要增强村民政治效能感，鼓励村民广泛参与村庄公共事务，引导村民对村庄公共服务提出合理要求，调动村民参与民主选举、民主决策、民主管理和民主监督的积极性。三要扩宽村民参与渠道，完善村民大会和村民代表大会，建立"一事一议"制度和村民村情理事会，借助新媒体创新村民参与的途径，真正体现村民"当家人"的主体地位。四要增进能人与村民的互动，让村民参与村级治理重大决策、重大事项，改变能人专权的局面，真正把"能人治理"变为"村民自治"。

能人带动产业扶贫模式在全面脱贫攻坚战中显示了巨大的生命力，对于提升贫困地区的内生力和造血功能具有重要意义。能人主政村庄的发展建设是广大村民的自主选择，同时也是衔接国家政策、推动产业扶贫的现实路径。但由于能人治理的局限性和阶段性，需要将能人治理置于党组织的领导下，通过多种途径、多个层面规范能人行为，扩大村民参与层面，引导能人治理向村民自治过渡，从而实现产业扶贫的社会价值和推动农村地区的善治进程。

参考文献

［1］徐勇．乡村治理与中国政治［M］．北京：中国社会科学出版社，2003.

［2］贺雪峰．新乡土中国［M］．北京：北京大学出版社，2013.

［3］徐勇．由能人到法治：中国农村基层治理模式转换［J］．华中师范大学学报（哲学社会科学版），1996（4）.

［4］卢福营．能人型村治模式的崛起和转换［J］．社会科学，1999（9）.

［5］华农心．一个应引起重视的政治现象——中国农村能人政治分析［J］．前进，1997（3）.

［6］朱天义，高娟丽．精准扶贫中乡村治理精英对国家与社会的衔接研究——江西省XS县的实践分析［J］．社会主义研究，2016（5）.

［7］曾明，曾薇．内源式扶贫中的乡村精英参与——以广西自治区W市相关实践为例［J］．理论导刊，2017（1）.

［8］贺海波．选择性合作治理：国家与农村精英的关系变迁［J］．社会主义研究，2014（3）.

---

① 贺雪峰．新乡土中国［M］．北京：北京大学出版社，2013.

（三）革命老区产业发展

赣南柑橘黄龙病区转型发展的建议

彭道宾*

柑橘产业是赣南农村的富民产业。近年，被称之为柑橘"癌症"的黄龙病在赣南柑橘主产区传播蔓延，一些地方的柑橘生产因黄龙病连片暴发而陷入困境，果农们清除病树后迫切希望转型发展。为此，我们先后到南昌市桑海开发区，九江市德安县，萍乡市上栗县、芦溪县和湘东区等地考察高效蓝莓产业、绿色生猪规模养殖和雷竹特色种植等现代生态农业项目。

对于柑橘黄龙病区，如何在防控防治黄龙病和保留柑橘产业优质产区的同时，促进转型发展，保持农业持续发展、农民持续增收是亟待破解的重大课题。

一、加快转变发展方式，发展循环经济，推进现代生态农业项目建设

赣南毗邻闽粤，享有得天独厚的区位优势，但受历史条件、基础设施、自然禀赋等因素的制约，经济发展相对落后。20世纪80年代以来，这一地区积极实施"兴果富民"战略，形成了其他地区无法比拟的脐橙优势产区。赣南脐橙从单纯的种植业发展成为集种植生产、仓储物流、精加工为一体的产业集群。但由于山林山地过度开发和自然生态链的缺失，柑橘木虱在暖冬快速繁殖，并携带病菌肆意扩散。另外，粗放式果园管理，过量使用化肥农药，对当地饮水安全也构成潜在威胁。主要依赖资源消耗追求产量和经济效益、忽视生态效益的粗放式经营发展模式难以永续。应加快转变农业发展方式，注重可持续发展，大力推进现代生态农业系统工程建设，遵循生态规律和经济规律，运用现代科学技术、管理手段和传统农业的有效经验，协调解决农业发展和环境承载、资源利用与生态保

---

* 作者简介：彭道宾，男，江西师范大学苏区振兴研究院首席研究员，原省政协委员，省统计局原副局长、巡视员。

护之间的矛盾，走提质增效、资源节约综合利用的集约经营发展道路，实现经济效益、社会效益与生态效益的有机统一。

二、深化农村土地流转制度改革，发展适度规模经营，推进新型经营主体发展

要用好农村土地确权登记颁证成果，建立健全农村土地流转交易平台，在依法自愿有偿的前提下，鼓励农民采取租赁、托管、股份合作等方式，推进土地合理流转，切实保证土地流转各方的利益，实现土地流转和生产经营的长期稳定，促进专业大户和家庭农场为主体的土地适度规模经营。通过"公司＋基地＋农户"的方式，构建以绿色品牌为纽带、以公司为龙头、以基地为依托、以农户为基础的发展模式，推动绿色农业向产业化、规模化、标准化、品牌化方向发展。

三、以示范户引路，培养壮大服当地水土的优质高效"替代品"，推进农业持续发展

在坚持保护好生态环境的前提下，重点围绕绿色水果、绿色畜禽、绿色水产、绿色油茶、绿色茶叶、绿色水稻、绿色蔬菜等有较好发展基础的绿色农业项目，扶持一批现代生态农业示范户，取得成功经验后大力推广，发展与本地相适应的优质高效"替代品"，着力打造具有强大市场竞争力的绿色品牌。政府重在服务引导，避免行政手段干预，为清树毁园的果农主动提供适需对路的信息和产前、产中、产后的服务，建立农产品安全检测网络及质量追溯体系，推进产地准出和市场准入，强化现代生态农业发展的保障。通过发展现代生态农业促进农业持续增收增效。

四、优化农业结构，拓宽延伸产业链条，推进一二三产业融合发展

以市场需求为导向，加快调整农业结构，建设规模化、集约化、标准化、生态化农业生产基地；大力发展农产品加工业和农村服务业，构建种植、养殖、加工、销售一条龙的

完整产业链，提升附加值和抵御市场风险能力；把绿色农业建设成为现代农业的主导产业和高品位、高收益的特色产业。把握好赣南原苏区振兴和中央国家机关对口帮扶的战略机遇，争取更多的支持，加大县域物流基础设施建设和产业转型升级步伐；鼓励、扶持发展一村一品、一乡一业，挖掘乡村生态休闲、旅游观光、文化教育价值，开发农业多种功能，推进一二三产业融合，不断激发发展活力、壮大农村经济。

五、建立协同创新联盟，健全创新激励机制，推进科技创新驱动发展

现代生态农业是知识密集型的现代高效农业，科技创新在生产的全要素和全过程起关键作用，对产业发展的驱动作用显著，赣南柑橘产业转型发展更需科技创新的支撑。应健全完善农业科技创新激励机制，加大政策扶持和引导力度，激发引进创新和转型创业的积极性；加强与省内外科研院所的联盟协作，加快技术引进和科研成果应用，推进协同创新，尤其是争取在产业转型规划、品种改良筛选、资源循环利用、信息技术服务、经营管理模式、产业拓宽延伸、生态环境保护等方面取得突破；下大力气跟踪循环经济新技术和现代生态农业新发展，建立相应的信息技术服务和宣传平台，助推"产、学、研、用"合作蓬勃发展，走出一条现代生态农业发展新路。

怎样把瑞金打造成为红色旅游必选品牌

黄细嘉　谌　欣[*]

瑞金是国家历史文化名城、全国爱国主义和革命传统教育基地，其"共和国摇篮"景区是国家 AAAAA 级旅游区，国家还将瑞金列入全国 10 个"红色旅游基地"、20 个"红色旅游名城"和 100 个"红色旅游经典景区"，应该说，瑞金在中国革命史和全国红色旅游布局中均具有重要地位。自 1999 年江西首倡发展红色旅游以来，促进红色旅游发展逐步成为一项国家战略。近年来瑞金紧抓赣南等原中央苏区振兴发展和国家对口支援、省直管县（市）试点改革的历史机遇，坚持"把全市作为一个景区来打造"，将旅游产业定位为支柱产业加快发展，实施"旅游强市"战略，以红色旅游品牌创建为抓手，努力将瑞金打造成为赣闽边际区域性旅游集散中心、全国著名的红色旅游示范区和红色旅游目的地。瑞金旅游发展成绩显著，态势良好，但相对于遵义、湘潭、临沂、延安等其他红色旅游城市来说，发展相对滞后。瑞金红色旅游如何后来居上、脱颖而出，将"红色故都"打造成为"红色文化之都"和"红色旅游之都"，使瑞金成为我国红色旅游的必选品牌，促进老区发展，造福老区人民，是一个值得深入研究的重要课题，而且是一项艰巨而又亟待完成的任务。

一、前行的脉动：瑞金红色旅游逐渐步入发展的"快车道"

与井冈山、延安等革命老区相比，瑞金市红色旅游起步晚、起点低、产业链条短，无论从旅游规模还是从经济效益上看，仍处于初步发展阶段。但经过 2004～2010 年、2011～2015 年先后两期实施《全国红色旅游发展规划纲要》，进入"十二五"以来，瑞金凭借自身得天独厚的红色资源禀赋，依靠中央和地方各级政府的政策扶持和资金支持，不断加强

---

　*　作者简介：黄细嘉，男，南昌大学江西发展研究院院长，旅游规划与研究中心主任、教授、博士生导师。谌欣，女，南昌大学经济与管理学院 2015 级研究生。

革命遗址保护和利用，推动红色文化创新发展，加快红色旅游建设步伐，提升苏区精神和红色文化影响力。决策上提出建设全国著名红色旅游目的地、赣闽边际区域旅游集散中心、海西休闲度假后花园的战略目标；布局上坚持"红色为主，绿色为辅，红绿古三色融合发展"；工作中实施创新引领、融合发展和打造精品的举措。旅游发展势头迅猛，瑞金红色旅游逐渐步入发展的"快车道"。

20 世纪八九十年代，瑞金革命旧址群开始出现零星旅游接待活动。随着井冈山等红色旅游胜地的崛起，瑞金亦步亦趋，唱响了红色旅游启动时期的摇篮曲。2001 年，瑞金将旅游业列入经济社会发展"十五"规划和年度经济社会发展计划。2002 年，瑞金市把旅游产业列为要实现的"四化"（工业化、城市化、农业产业化、旅游产业化）之一。随后又出台了《瑞金市加快旅游业发展的决定》《瑞金市旅游行业管理暂行办法》等重要文件，制定了一系列加快旅游产业发展的优惠政策，出台了促进措施。

随着《2004～2010 年全国红色旅游发展规划纲要》的颁布，全国掀起红色旅游发展热潮，瑞金市也将旅游产业定位为新兴支柱产业，加大发展力度，开始进入旅游建设期。至 2005 年共引进民营资本 1.8 亿元，建设了苏维埃园林、罗汉岩风景名胜区、摇篮微缩园、长征创意园等景点，增加了红色旅游内涵。2006 年提出打造国内外著的红色旅游名城的目标，2007 年颁布了《关于加快瑞金市旅游业发展的若干扶持政策》。为了实现旅游资源有效整合，编制了红色旅游总体规划和革命遗址景区规划。2009 年获得国家一期红色旅游基础设施建设国债资金 6611 万元，主要用于叶坪景区建设。多方筹集资金，修缮和恢复原苏区中央部委旧址 24 个，先后建起了 40 多个集休闲娱乐和体验互动为一体的旅游项目，如红军演练场、红军表演厅等，丰富的旅游资源串联并续写着"红色家谱"，成为见证瑞金红色历史的景观。2011 年，瑞金接待游客 251.8 万人次，旅游总收入 8.4 亿元，旅游产业初具规模。

以 2011 年 11 月习近平总书记提出苏区精神和 2012 年 6 月国家实施原中央苏区振兴战略为契机，瑞金市吹响了旅游扶贫"冲锋号"，催生了"红+绿"旅游扶贫模式，以"新村扶贫+景点驱动"方式，使农民吃上"旅游饭"，走上脱贫路。江西省委、省政府印发《江西省红色旅游发展规划（2013～2017 年）》，提出将瑞金打造成为全国红色旅游示范区。2014 年瑞金获得国家二期红色旅游基础设施建设国债资金 4202 万元，主要用于建设叶坪、沙洲坝、乌石垅、下肖四个革命遗址景区。

2015 年，瑞金"共和国摇篮"景区成功成为国家 AAAAA 级景区。同年，瑞金市被列为国家历史文化名城。此外，瑞金还拥有陈石湖国家级水利风景区、第二批国家全域旅游示范区等国字号招牌，同时积极推进原中央苏区军事文化博览园建设。

2016 年 11 月，瑞金与长沙、石家庄、嘉兴等 18 个重点红色旅游城市共同发布了《全国红色旅游创新发展城市联盟盟约》，还与井冈山联合全国 9 家红色旅游景区共同签署《红色旅游合作井冈山宣言》，赣州、韶关、郴州 3 市共同签署《红三角整体旅游形象宣传合作协议书》，努力构建区域红色旅游合作新机制。

瑞金精心打造了中国（瑞金）红色影视基地、中华苏维埃共和国历史纪念园、映山红影剧院、黄柏原始森林、罗汉岩景区、红色文化艺术村等一大批娱乐休闲观光旅游项目，由单一的红色观光型向体验型、互动型、休闲度假型转变，客源市场由赣闽粤等周边地区逐步扩展到京、津、沪和江浙等地区，旅游产业规模不断扩大，带动了其他关联产业发展。

截至 2016 年，瑞金拥有 14 家三星级以上酒店（四星级酒店 4 家）、7000 多张标准接待床位、13 家旅行社、16 家特色农家乐、1 个全国农业旅游示范点、3 个省 AAAA 级乡村旅游示范点、1 个国家一级博物馆等。2010 ~ 2016 年瑞金旅游发展基本情况如表 1 所示。

表 1　2010 ~ 2016 年瑞金旅游总收入与游客数量及其增长率

年份	旅游总收入（亿元）	旅游收入增长率（%）	游客数量（万人次）	游客数量增长率（%）
2010	5.70	39.5	172.5	29.8
2011	8.40	47.4	251.8	45.9
2012	11.10	32.1	328.0	30.3
2013	14.00	26.1	402.4	22.7
2014	18.00	28.6	504.0	25.2
2015	22.50	25.0	615.0	22.5
2016	29.75	32.2	757.8	22.4

可以看出，瑞金红色旅游持续升温，全年接待旅游人次和旅游总收入一直保持较快增长态势，2016 年，瑞金共接待游客 757.8 万人次、增长 22.4%，实现旅游收入 29.75 亿元、增长 32.2%。瑞金的贫困发生率由 2011 年的 28.37% 降至 2015 年底的 10.09%，通过旅游脱贫的人数已达万余人。应该说，瑞金红色旅游已步入发展"快车道"，成为拉动瑞金经济转型发展的新引擎。

二、地位的尴尬：瑞金在中国红色旅游名城中仍呈"洼地之态"

2016 年，石章强、杨宝生的文章《瑞金为什么没能成为红色旅游第一品牌？》认为我国红色旅游已出现城市大混战局面，其中对瑞金在全国红色旅游发展中地位的论述，笔者高度认同；但对其发展呈没落之势的判断，不敢苟同。可以说，尽管瑞金红色旅游逐步进入了发展的"快车道"，但在我国整个红色旅游格局中仍处于"洼地"的状态没有变。延安和井冈山可谓"双峰并峙",属于第一方阵。从现状来说,2016 年接待的旅游人次井冈山是 1530.11 万人次,延安是 4000 万人次,瑞金难以望其项背。遵义、百色、湘潭可谓"三国杀",属于第二方阵。2015 年三个城市的旅游收入情况是:遵义 547.09 亿元(红色旅游综合收入 147.7 亿元),百色 200 亿元,湘潭 245.9 亿元,遵义以绝对的优势领先,这三个城市在不太发达的中西部红色旅游发展中,鼎足而立。北京、西柏坡、南京、上海、西安、重庆、武汉可谓"七雄混战",属于第三方阵。《2016 中国红色旅游报告》显示,最受欢迎的十大红色旅游地是北京、南京、井冈山、延安、上海、湘潭、武汉、遵义、西安、重庆。其中北京、南京、上海、西安、重庆、武汉均是大都市,瑞金无法与其相提并论,可以理解。但是,与瑞金一样,作为县级行政区、拥有国家 AAAAA 级旅游区的河北省平山县,在西柏坡红色旅游龙头带动下,2016 年接待游客超过 1156 万人次,旅游总收入达 81 亿元,也把瑞金远远地抛在后面。与它们相比,瑞金还是掉队了,成为只能"仰望北斗七星"的局外人。

除了上述旅游城市外,还有黄冈、长沙、南昌、广安、会宁、嘉兴、枣庄、广州、萍乡、上饶、临沂、石家庄等红色旅游城市,以及其他景区,构成"百团大战",属于第四方阵。显然,瑞金只有在中国 100 个重点红色旅游景区中,才占有一席之地。而这样"百团大战""百家争鸣""百花齐放"的局面,完全是混战一团,谁也分不出谁。瑞金到底是哪一个团?属于哪一朵花?瑞金红色文化深厚、资源丰富,但产品不叫座、招牌未叫响、品牌未彰显是不争的事实。对于拥有"共和国摇篮""红色故都""长征始发地"极品资源和"国家历史文化名城""国家 AAAAA 级景区"金字招牌的瑞金而言,其资源美誉度、产品吸引力和"招牌"含金量、品牌显示度,完全淹没在茫茫红色花海中。这就意味着其资源与产品、招牌与品牌、产品与产业很不匹配,说明瑞金确实是守着"金饭碗"没饭吃,或者是抱着"金饭碗"吃稀饭,相对落后的状况显而易见。

概括来说,如果将全国的红色旅游城市与著名景区理解为四个方阵,瑞金在此竞争格局中,只在第四方阵中占有一席之地,这是客观现实。

三、发展的瓶颈:瑞金红色旅游产业建设与发展的制约因素

作为诞生过苏区精神、拥有丰富红色文化基因、获得过多块金字招牌的红色旅游城市,在其他红色旅游城市名扬天下的时候,瑞金却依然声名不显。在进出大交通和整体接待条件已不是制约因素的情况下,做活、做大、做强瑞金红色旅游产业,必须破除的瓶颈问题还有哪些?

（一）红色旅游城市定位的战略定力不强

城市存在旅游形象定位、发展总体战略定位问题。从形象定位来说，瑞金很早就提出"红色故都""共和国摇篮""长征始发地""红色客家"等宣传语，但四句话太多，还是要精炼成最能代表瑞金红色旅游城市特质的一句话，就是"红色故都"，而共和国摇篮和长征始发地、红色客家是支撑该品牌形象的三大主题资源而已。直到 2012 年，瑞金提出"红色故都·七彩瑞金"城市形象定位和宣传口号，才算基本确定了旅游形象。

但问题是，考察瑞金产业和城市发展战略定位，我们发现，红色旅游并未成为其一贯的主推战略。2002 年前后，提出过工业化、城镇化、农业产业化、旅游产业化的"四化"目标，不但将旅游排在了第四，而且从人力、物力、财力的实际投入看，旅游并不是重点；2005 年，瑞金提出建设"赣闽边际区域经济中心"的发展定位，很显然，重点是建设一个工业城市和商贸中心城市；2006 年曾一度提出打造国内外著名红色旅游名城的战略目标，看似是对城市总体定位的一种补充，但实际上，进入"十一五"后，仍然把打造赣南东部赣龙线上的瑞金工业板块、打造"江西的温州"，建设"具有浓郁红色历史文化氛围、现代化山水田园风光的赣南东部和赣闽边际区域中心城市"作为发展战略；"十二五"时期，提出围绕"一条主线"，建设"两个中心"，形成三大基地，确立工业发展重点，提升经济总量的战略；2015 年，为响应赣州市委、市政府"主攻工业、三年翻番"的决策部署，举全市之力主攻工业，在"十三五"规划中提出实施"六大攻坚战"，也没有旅游的份；2016 年，瑞金市第六次党代会提出"聚焦振兴经济、决胜小康、打造龙头三大任务，深入推进精准扶贫、产业转型升级、基础设施完善、文化繁荣、新型城镇化、生态提升，全面推进从严治党，确保与全国同步建成全面小康，加快建成富有活力实力魅力的区域性中心城市"。所以，城市和产业的发展定位上，红色旅游城市建设和旅游主导产业地位，实际上并没有被固化和确立。

（二）静态展示式旅游产品缺乏吸引力

从瑞金主推的一日游产品：叶坪—沙洲坝（红井）—历史博物馆—云石山旅游线路来看，完全是走马观花式的参观学习，主要存在以下个问题：①同质化严重，产品替代性强。瑞金的红色旅游资源属于革命历史遗址遗迹，与其他红色旅游地同质化程度严重，功能同为革命传统教育型，产品替代性很强。②参与性体验少，产品缺乏吸引力。上述四个景区的开发利用方式主要为静态展示和讲解，但旅游产品要可观可赏、可游览可体验，满足旅游者求新、求奇、求乐、求知需求，才有吸引力。瑞金缺乏建立在对红色历史文化和经典故事深层次挖掘基础上的创意产品，旅游形式以"走马观花"式为主，互动性不强，景区虽有一些小型旅游演艺项目，但游客很少有机会参与其中，体验感不强，很难使游客产生强烈"共鸣"。缺乏创新产品和体验活动，项目没有新亮点，就没有竞争力。

（三）产业链联动与要素互补不够

考察瑞金市旅游产品和业态布局发现，旅游产业链联动不够且要素互补缺失：①产业要素发展不健全，互补程度低。旅游的六要素中，瑞金旅游发展的软肋在于"购"和"娱"这两个要素严重滞后。②产业链关联度不高，联动效应低。未能有效融合"红、绿、古、土"等色旅游资源，形成"七彩瑞金"产业链。同时旅游产业与其他产业融合发展不够，尤其是与文化产业、农业的融合联动效应低，缺少能让旅游者留下来的休闲娱乐度假体验型产品。

（四）众多金字招牌未能转化成市场品牌

一篇小学课文《红井》，使瑞金声名远播；周恩来总理一句"南京北京不如瑞金，中国外国不如兴国"的赞誉，使革命老区闻名天下。在长期的历史认知和文化宣传中，瑞金推出"红色故都""共和国摇篮""长征始发地"等口号，加上 2015 年晋升国家AAAAA 级景区和"国家历史文化名城"，瑞金拥有的金字招牌可谓不少。但瑞金没有对金字招牌进行产品演绎、形象包装和品牌营销，并建立识别系统。加之"共和国摇篮""红色故都""长征始发地"只是历史上的金字招牌，其多彩的红色文化信息，只停留在人们的精神记忆和文化概念里，没能做成市场品牌。而国家 AAAAA 级景区和"国家历史文化名城"两块金字招牌，也只是对产品和资源级别的一种认定。金字招牌怎样变成让游客印象深刻的红色旅游品牌，是瑞金需要破解的难题。

四、提升的建议：把瑞金打造成为中国红色旅游强势品牌

（一）坚持"红色故都·七彩瑞金"城市形象定位

在城市形象塑造上，瑞金要坚持"共和国摇篮""红色故都""长征始发地"三大红色文化金字招牌优势，确立"红色故都·七彩瑞金"的城市形象。在现代史上，瑞京是与北京、南京齐名的全国闻名的三处京城之一，在"三京"中，瑞京是单一以红色闻名和因红色而产生无穷魅力的地方。瑞金作为红色故都，包括三个不同层面的内涵：瑞金是第一个全国性红色政权的首都，被称为"红色国都"；瑞金是土地革命时期中央革命根据地的中心，被称为"红色地都"；瑞金是"中革军委"诞生地，是确认"八一"建军节的地方，被称为"红色军都"。所以定位为"红色故都"。同时，瑞金要以"赤橙黄绿青蓝紫"等多色调为资源依托，以"红色中华、神奇国度"为主基调打造红色旅游产品，以苏区红色文化和客家乡土风情为主格调塑造城市形象，重点突出"赤·红色故都"

"橙·欢乐橙乡""黄·掘金宝地""绿·赣鄱源头""青·武夷茶乡""蓝·客家风情""紫·人文名邦"等七彩概念，形成"红色故都·七彩瑞金"城市形象。瑞金要在红色旅游城市中异军突起，不宜总强调打旧址、旧居牌，因为这只是客观载体、静态文物，而应该强调文物资源背后的历史价值和地位，井冈山打"摇篮"牌，遵义打"转折牌"，延安打"领袖牌"，那瑞金打什么牌呢？可打中国共产党人治国理政的"预演牌"。毛泽东治国、邓小平治县、博古治党、周恩来治军、陈云治工会等，一个国家的党政军、工团妇、农林水、公检法等都在这里"预演"，这个"演"的内涵是无限的。

（二）形成瑞金红色旅游发展新格局

要将红色旅游建设成为引领瑞金经济社会发展的先导产业，必须从不同层面对瑞金红色旅游发展重新进行设计，形成瑞金红色旅游发展新格局。

（1）从全国大格局来讲，红色旅游就是要做三面红旗，即党旗、军旗、国旗的文章。瑞金作为中华苏维埃共和国临时中央政府诞生地，被称为"共和国摇篮"。党旗升起的地方是上海和嘉兴，军旗升起的地方是南昌和铜鼓，国旗升起的地方是瑞金和北京。瑞金应主动联合这六个城市倡导成立"三面红旗"红色旅游联盟，并将瑞金确定为"三面红旗"旅游联盟所在地。通过各地努力，将这些城市做成全国红色旅游的首选品牌，互相支援。把瑞金放在中国红色旅游发展大格局中，确定其地位，才能更好地搭上红色旅游发展的顺风车。

（2）从区域格局来讲，瑞金要牵头建设原中央苏区红色旅游协作区，确立其在区域红色旅游中的龙头地位。①推广"中央苏区"红色旅游主题线路。在开发利用、联合促销、产品设计上加强与福建龙岩市、三明市红色旅游系列景区（点）合作，重点推广"中央苏区"红色旅游主题精品线路："赣州—瑞金—长汀—宁化—龙岩"。②实施区域合作战略。与井冈山、武夷山、厦门等旅游城市捆绑促销，形成赣闽粤边际以瑞金为中心的无障碍旅游区，打造全国精品旅游线路，建设全国红色旅游示范区。③形成红色旅游主题连线产品。打造以瑞金为起点或中心地的中国"长征之旅"、闽赣"中央苏区"、江西"革命摇篮"等连线产品。

（3）从经济振兴试验区小格局来讲，确立瑞金全国红色文化传承创新引领区的战略定位和赣州市旅游跨越发展的重要支撑地位，并对红色旅游发展做出具体安排：①以瑞金为中心，建设具有全国影响力的"红色文化之都"，加快建设全国重要的革命传统教育基地、爱国主义教育基地和干部教育培训基地。②支持发展红色文化创意产业，建设红色影视基地、重大革命历史题材创作生产基地、红色文化创意产业园等文化产业发展平台。③推进旅游管理与交通一体化。建立瑞金总部旅游枢纽基地，试验区景区实行统一门票、统一服务标准，提高各景区景点的连接度。

（三）推出瑞金红色旅游"升级再造"版

（1）坚持无景点旅游的发展方向。无景点旅游，其实就是全域旅游。瑞金红色革命旧址多，山水好，客家风情丰富，是一个全域旅游绝佳的实践地、示范区、体验场。要做到到处都是景点，就要做足城市街道和建筑风貌、特色村镇和乡土建筑、田园景观和山水风光、客家风情和农家生活。

（2）确定时间就是市场的经营理念。通过完善旅游要素和延伸产业链，变静态观光游为深度体验游、动态参与游，让游程慢下来、体验深起来、时间长起来、游客住下来、消费多起来、效益大起来。

（3）形成红色旅游资源利用的再造版：①在红色旅游景区非门票经济状态下，建立"超市型"红色旅游景点，游客进入革命旧址旧居群后，自由参观或在导游带领下游览，这里除了基本的文物陈列和展品严格保护且不可移动外，其余按原样摆放的复制品、复印品，可任由游客观摩选购，至出景点时结账。创建"历史感"旅游活动场所，例如，在"二苏大"会址前的合适位置，以"二苏大"合影照片为蓝本，竖立会议照雕塑群，中间留一个空位子，让游客与"二苏大"代表合影留念。③创立"时空性"红色旅游场景，在叶坪村红军广场上，进行红军列队训练和升旗仪式等表演，供游客观摩和与红军队伍合影。

（四）做好红色旅游创意产品和项目

资源有限，创意无限。为丰富瑞金旅游产品，可建设瑞金红色旅游十大创意产品和项目：①开发"红国春秋"常年表演性大型红色歌舞晚会或大型"红都瑞京"演艺节目。②创建"红井水"茶馆和开发"红井水"牌泉饮料。③开发一个"红色中华"大型主题园景区。④建设以苏区生活为主题的"夏令营"拓展基地。⑤编写365份图文"苏区日志"，建立苏区日志碑。⑥与李德和洪水等外籍革命家的故乡建立友好县市。⑦开展聘请"中央苏区荣誉公民"活动，给予其本人和家属来瑞金旅游的优惠待遇。⑧开发以苏区文物为实物蓝本的"中央苏区纪念品"，包括复制苏区货币、股票、债券、报刊、书籍、布告等，作为纪念品出售。⑨开发"中华苏维埃共和国红都社会风情一条街"，做好瑞金城市20世纪30年代苏维埃历史街区，恢复苏区街景和饭店店铺，形成简朴休闲消费方式。⑩建立一处以瑞金客家乡土风格为蓝本的"红军村"，中有哨兵、号兵、通讯员、伙夫等在劳动和工作，以及红军操练、写标语等活动场景。

（五）构建瑞金红色旅游营销新渠道

新媒体的开放形态与分享特征，使消费者成为信息传递的共谋者和分享者，为旅游营销提供了广阔的创意空间和价值转化可能性。将"红色故都·七彩瑞金"旅游形象实施媒体全覆盖，在利用社交平台诸多免费资源有效降低营销成本基础上，瑞金要充分利用各种新、旧媒体开展多媒体营销：①建立"红色故都——瑞金"多语种官方网站。重点推广瑞金景区景点、旅游产品、旅游线路、旅游商品、旅游美食等，让游客对瑞金有全面、清晰、直观的认知感。②构建专门的瑞金红色旅游直播视频类平台。应借助斗鱼和映客等直播平台，为瑞金制作一系列有趣的红色历史故事视频，在直播中植入旅游产品服务、网站地址、联系方式、旅游形象等，也可以将旅游中发生的一些有趣事情，在视频网站上分享直播。③利用包括搜狐、新浪、雅虎、和讯、博客网、今日头条、百度百家等众多门户、专业资讯网站，对瑞金红色旅游进行搜索引擎营销。④利用数字电视、CMMB、网络电视和IPTV，同时积极拓展至户外媒体以及手机流媒体，播放有关"红都"生活的影视剧和苏维埃共和国历史纪录片，传播瑞金红色形象。⑤依托微博、微信等社交网络平台，以制造悬念、亦问亦答等形式，推广七彩瑞金旅游产品，实现与大众实时沟通的有趣营销。⑥通过组织系列活动引起社会关注实现营销效果，举办"红色故都·七彩瑞金"旅游推介会、新闻发布会、旅游高峰论坛，扩大瑞金红色旅游知名度；围绕苏维埃中央政府的成立、长征，开展一系列纪念日活动；举办国家历史文化名城《红色记忆》摄影展，拍摄题材新颖的"红都"历史题材电影，展现瑞金历史风云。

总之，正视差距，针对制约瑞金红色旅游发展的瓶颈问题，以问题为导向，以创新为引领，向改革开放要动力，向优势和特色要竞争力，开展顶层设计，保持红色旅游先导产业和打造全国著名红色旅游城市的战略定力，不忘初心，奋力前行，瑞金一定能够成为我国红色旅游的必选品牌！

参考文献

［1］瑞金市2015年旅游产业发展工作要点［EB/OL］. http：//www. chinarjw. com，2015 - 07 - 01.

［2］瑞金：红色旅游成为县域经济新的增长点［EB/OL］. http：//news. k618. cn，2016 - 12 - 03.

［3］中共瑞金市委，瑞金市人民政府. 关于加快打造国内外著名的红色旅游名城的实施意见［Z］. 2009 - 02 - 03.

［4］石章强，杨宝生. 瑞金为什么没能成为红色旅游第一品牌？［EB/OL］http：//mt. sohu. com，2017 - 01 - 11.

［5］范香花，肖地楚，黄静波. 瑞金红色旅游发展困境与突破路径研究［J］. 湘南学院学报，2014（1）：25 - 29.

［6］黄三生，卢丽刚. 促进瑞金红色旅游永续发展的思考［J］. 特区经济，2008（5）：154 - 156.

［7］董建华. 瑞金红色旅游发展的新机遇、新挑战与新对策［J］. 赤峰学院学报，2016（11）：46 - 47.

电商精准扶贫的调研思考

钟群英[*]

2016 年《关于促进电商精准扶贫的指导意见》指出，近年来，随着互联网的普及和农村基础设施的逐步完善，我国农村电子商务发展迅猛，交易量持续保持高速增长，已成为农村转变经济发展方式、优化产业结构、促进商贸流通、带动创新就业、增加农民收入的重要动力。但总体上，贫困地区农村电子商务发展仍处于起步阶段，电子商务基础设施建设滞后，缺乏统筹引导，电商人才稀缺，市场化程度低，缺少标准化产品，贫困群众网上交易能力较弱，影响农村贫困主体通过电子商务就业创业和增收脱贫的步伐。为此，本文根据电子商务扶贫开发的政策理论，结合江西电子商务发展及电商进村下乡情况调研分析，期望为原区振兴发展和加快脱贫攻坚、帮助贫困人群增加就业和拓宽增收渠道提供一定的参考建议。

一、电商扶贫的基本概念和扶贫方式

所谓电商扶贫，即电子商务扶贫开发，就是将当前互联网时代日益主流化的电子商务纳入扶贫开发工作体系，作用于帮扶对象，创新扶贫开发方式，改进扶贫开发绩效的理念与实践。电商扶贫与开发式扶贫、减贫紧密相关，简单地说，就是将电商延伸渗透到贫困帮扶对象，通过电商帮助贫困人群脱贫致富，实现扶贫目标。电商扶贫的特点是，基于互联网技术突破时空局限，通过电子商务让贫困主体对接远端大市场，获得一种前所未有的脱贫致富新能力。汪向东（2015）在"四问电子商务扶贫"中强调，扶贫背景下的电子商务不仅是产业发展问题，其所包含的内容很广泛，不能简单地看作产业扶贫，或等同于通过产业开发而实行的专项扶贫，按照《中国农村扶贫开发纲要（2011~2020 年)》，可以依专项扶贫、行业扶贫、社会扶贫"三位一体"框架，厘清电商扶贫的内容与形式，

---

* 作者简介：钟群英，女，研究员，江西省社科院产业经济所副所长。

帮助理解精准扶贫工程之一的电商扶贫对帮扶对象和在帮扶效果方面取得的成效。

一般来说，电商扶贫主要有三种形式：①直接到户，即通过教育培训、资源投入、市场对接、政策支持、提供服务等方式，帮助贫困户直接以电子商务交易实现增收脱贫。其中，最典型的就是帮助贫困户在电子商务交易平台上开办网店，直接变身为网商。例如，在甘肃陇南、广东等地扶贫办组织电商扶贫培训，把农村贫困户"两后生"①、残疾人等帮扶对象和精准扶贫对象作为培训重点，传授其电商知识，手把手教其开办网店，并提供后续服务。②参与产业链，通过当地从事电子商务经营的龙头企业、网商经纪人、能人、大户、专业协会与地方电商交易平台等，构建电子商务产业链，帮助和吸引贫困户参与，实现完全或不完全就业，从而达到减贫脱贫效果。2014年3月，笔者前往浙江遂昌考察学习遂昌网店协会服务平台，通过电商平台帮助当地农村搭建起农产品供应链和电商销售链，将本地特色优势农产品顺利销往外地，让本地农民增收致富，形成农产品进城工业品下乡的双向流通格局。③分享溢出效应，即电商规模化发展，在一定地域内形成良性的电商生态，一些贫困户即便没有直接或间接参与电商产业链，也可以从中分享电商发展成果。例如，江苏沙集东风村以电子商务为抓手，形成淘宝村，给农村发展带来了新变化：在解决招工难问题上，得益于电子商务，使得当地具有劳动能力的贫困户，很容易在网销产业链中找到发展机会，并带动当地新型城镇化进程，而建筑、餐饮、交通、修理等传统服务业快速发展，能够提供大量就业甚至创业的机会，以及道路、卫生、光纤入户、水电、公共照明等设施的改善，电商园区建设带来农民住房条件的改善和服务便利化，惠及包括失去劳动能力的贫困户在内的所有村民，共同分享电子商务发展的溢出效应。

因此，积极推进电商扶贫，需因地制宜面对农村现实，在贫困地区的电子商务尚待启动时，应该在"直接到户""参与产业链"方面发力；当电子商务发展到一定规模和程度后，应该转向"电商扶贫、电商生态"构建和规模发展，作为扶贫重点主抓。下文针对全国各地电商扶贫开发实践中，遭遇的一些困惑和亟待破解难题进行分析，期望对扶贫工作拓展具有一定的借鉴参考意义。

二、我国电商扶贫发展应该注意的几个问题

当前，我国已经将电商扶贫列入精准扶贫十大工程之一，对于如何衡量我国农村电子商务发展的成败得失、其成功标准是什么，本文认为应该以农民是否受益，是否帮助解决

---

① 农村贫困户"两后生"是指初、高中毕业生未能继续升入大学或中专院校就读的农村贫困家庭中的富余劳动力。这个群体15～20岁，与大多数同龄孩子相比，他们较早地走向了社会，有的结婚生子、有的闲散在家、有的误入歧途。对这些农村贫困户"两后生"的脱贫问题是精准扶贫的重要环节，应引起政府、社会的关注。

分散的农民小生产与大市场对接的基本问题，是否帮助农民对接市场、提高其市场地位，是否让农民在市场订单和市场定价方面具有选择权和话语权为标准。

近年来，我国以中国社会科学院汪向东等为代表的专家学者通过许多典型案例调查，分析甘肃陇南网上卖核桃、土蜂蜜和浙江遂昌农产品标准化等，认为陇南和遂昌的电子商务业态大致具有如表1所示的特点。

表1　陇南和遂昌的电子商务业态特点

	"自上而下式"	"自下而上式"
运作主体	采取"政府投入，企业化运作"	农民网商，以家庭为单位起步
经营目标	解决农民"买难卖难"	农民为了增收
动力特征	政府主导作用明显，外力驱动	示范引导农民以自身脱贫致富为动力；自发性/草根性/内生性
发展依靠	依赖政府财政投入、政策支持	依赖成本价格优势，靠走量
交易平台	依托自建的平台	依托社会化第三方平台
农民对接市场	经中介，在订单/定价上话语权较小	较直接，在订单/定价上话语权较大

（一）关注网购狂欢消费活动数据，反向思维挖掘开发真扶贫的好产品

笔者极为推崇草根创办的遂昌"赶街网"电商模式，成功构建了农产品进城工业品下乡双向流通格局，带动遂昌农民增收致富。而反观现实生活中"双11"购物狂欢活动，电商交易的消费支出数据，与电商扶贫增收目标是反向运行的，因此要想选择电商扶贫，需要认真研究电商"逆差"格局形成的具体原因，用反向思维找到网上流行易销的好产品，真正帮助贫困户增收致富。本文根据检索到的资料数据，结合江西省近3年"双11"期间电商交易公开数据，以2014年购物狂欢节的交易数据为样本，对"双11"期间江西省电商数据逆差原因进行多方位探讨。

（二）关注我国电子商务存在的"逆差"格局和电商数据鸿沟

2014年11月1日，第一届西部电子商务发展高峰论坛在成都举办，会上发布了《西部电商发展观察报告》，对全国网购格局进行分析，发现我国电子商务区域间存在严重的购销顺逆差现象，广东、浙江、上海、北京、福建等是顺差，顺差最大为广东省，该省在省外消费1元的同时向省外销售3.4元；而西部地区全是逆差，逆差最大的是甘肃省，该省从省外收入1元却还有17元花在省外。该报告指出西部电子商务是消费大于销售的消费驱动型，这与西部地区缺少适销对路的电子商务产品，以及物流仓储、运营人才等产业配套基础薄弱有关。研究还发现，我国电子商务发展冷热不均，在沿海与西部间、西部省区市之间，以及省区市内部，都出现购销数据的"极差"。

江西省2014年"双11"期间网上购物数据反映出江西电子商务与西部地区一样存在着"买的多卖的少"的逆差问题。天猫数据显示，2014年11月11日20时，江西网民消费总金额10.9亿元，平均每小时贡献0.54亿元，到11日24时，江西网民消费总金额在全国排第15名。其中，截至11日12时，根据江西各设区市的具体榜单，南昌市"剁手党"购买力最强，以2.61亿元成交额位居江西省消费榜首，赣州和九江两市紧随其后，成交额分别为1.25亿元和5248万元。在"双11"期间，网络上最畅销的物品是陶瓷、羽绒服、箱包、鞋类、医药保健、小家电、家具等产品，其中，陶瓷、箱包当天销售额超过3000万元。另外，还有一种现象应该引起江西电商"大军"的特别注意，下文予以分析。

（三）包裹收发比例偏高，网商平台对外销售产品价值低且数量少，不利于电商扶贫、产品市场开发

2014年"双11"天猫数据显示，当天凌晨过后20分钟，江西地区包裹收、发数分别为6800件、1600件；约1小时后，包裹收、发数分别增至2.2万件、5014件。业内人士保守估计，2014年"双11"期间，仅11～16日，全省快件业务量超过2500万件，日最高处理量突破350万件，较2013年增长50%左右，总数是日常处理量的3倍，业务量远远超出该行业日常处理的能力水平。

11日20时，江西包裹收件金额287.1万元，而发件金额只有86.9万元，收发比例接近3.3:1，而在浙江，全省包裹收发比例则是1:3左右，这反映浙赣两省包裹资金流通数据差距甚大。一个地区的包裹收件数显示了当地消费者的购买力，而发件数则表明当地电商销售的影响力。从扶贫角度看包裹收发之间的数据差异，说明江西网货产品销售的弱势，在电商扶贫开发中要注意积极拓展江西产品对外销售能力，并对产品结构进行深度挖掘。"双11"期间，除了包裹的收发比例偏高，江西网上售卖的商品以瓷器、茶叶、蜜橘等土特产品为主，很少有价值高大件，如家电、空调等，江西电商全国竞争力还不够强大，需要突破发展。

对上述电子商务逆差、电商商品下乡和进城的规模及网络零售省际差异分析，从侧面反映了当地发展电商存在的市场潜力、产业发展基础和结构转型的可能性，可为扶贫开发方向提供备选参考空间，它对进一步推进电子商务扶贫的启示是，要充分利用这些差异"信息"进行产业开发、经济结构调整优化，指导电商产业扶贫开发决策。赣南老区宁都青年刘鹏飞在有市场目标、有销路的情况下，在家乡创办孔明灯加工生产基地，帮助家乡农民创业致富，值得扶贫从业者深思。

（四）京东淘宝等电商巨头参与精准扶贫与扶贫创新问题

1. 电商企业参与地方电商扶贫，应该立足于自身的商业模式
企业搞扶贫，某种程度上是做公益、树形象的一次性活动，但是在扶贫攻坚战役中，

应该大力倡导立足企业自身商业模式来做扶贫事业，将业务与扶贫结合起来，把企业业务拓展到贫困地区，通过开展业务，帮助贫困主体脱贫致富。对于电商扶贫，由于电商企业众多，商业模式各不相同，如果都能够立足自身的特点和优势去开展电商扶贫，受援地的电商扶贫基础就会坚实。2016 年 5 月，京东《2016 "互联网 +" 精准扶贫研究报告》向社会展示京东集团电商扶贫方式。京东依据 "产业扶贫、创业扶贫、用工扶贫" 三大方式，在全国各地铺设的网点，都是在自营采销、原产地品牌、品质把控、供应链培训、自办物流等业务模式基础上形成的。而淘宝则注重教受援地网民开网店、做网商等，在地方建淘宝馆。

2. 企业参与电商扶贫需要良好的电商生态氛围，不能单打独斗

开展电商扶贫，尤其是高效持续地推进电商扶贫战略，需要一定的电商生态环境，如果没有良好的电商生态，即使实力再强大的龙头企业介入，也独木难支。因为，电商生态主要依赖电商产业链体系中各参与方的多元主体间的互动共生，具有多元机体分工、合作的生态多样性特征，共同完成线上线下的交汇融合，建立纵向产业链与横向利益链的联结机制。在贫困县进行电商开发扶贫，要将电商龙头企业先进经营理念植入受援地，并加以本土化改造实施，否则，会因不服水土遭遇夭折。因此，不断构建和完善本地化的电商扶贫生态，是当地企业和落地企业等多元主体共同承担的任务。

以京东开展电商扶贫为例，京东积极主张政府、企业、社会协力 "大扶贫" 理念，注意针对所落地服务的贫困地区的不同特点，围绕特色产业去构建 "电商 + 基地 + 贫困户" 的产业生态，还携手金融、培训、物流等方面的合作伙伴，共同为当地电商发展和电商扶贫做出贡献。

3. 开展电商扶贫需要尊重市场规律和电商扶贫发展的特殊规律

电子商务活动的有序运行，归根到底是一种市场行为，企业是市场的主体，商品交易有其内在的价值规律。我们不能因为在贫困地区开展电商活动，就不尊重市场规律和电商发展规律甚至超越这些规律。同时，平台经济是电商的重要特征之一，在电商扶贫中，要充分发挥电商龙头企业交易过程中的品牌规模集聚效应，在推进企业参与电商扶贫时，由于是在贫困地区的特殊场景下、面对贫困人群等弱势特殊对象开展精准扶贫，难度更大，困难更多，需要扶贫工作者不断创新探索电商扶贫的新模式、新路径，为精准扶贫实践及时提供参考。

对于电商巨头京东等企业参与地方的电商扶贫开发，作为政府职能部门和具体管理者而言，应清楚电商扶贫中，不同的扶贫主体有不同的规律特点，不能把企业的逻辑、政府的逻辑和公益的逻辑混为一谈，不要拿政府和公益机构的逻辑来要求企业。理解企业扶贫中的合理利润诉求，最关键的是要清楚界定政府扶持与市场运营的界限，以免混淆政策绩效及其效果。

三、对赣南老区电子商务扶贫实践的调研思考

（一）惠及赣南电商扶贫发展的政策梳理

电商扶贫与精准扶贫，从 2015 年开始，国家财政部联合商务部、扶贫办启动了电子商务进农村的示范工程，标志着电商下乡上升为国家战略；2016 年，国务院扶贫办等 16 个部门一起联合发布《关于促进电商精准扶贫的指导意见》（国开办发〔2016〕40 号），截至 2014 年，全国有 592 个国家级贫困县，本文建议县域经济发展应该将互联网与农村三次产业深度融合，与国家综合试点的国家扶贫工作重点相结合。

1. 国家集中连片贫困县的扶贫开发

2013 年 1 月 21 日，《罗霄山片区区域发展与扶贫攻坚规划（2011～2020 年）》获国务院批复。罗霄山片区共有 24 个县，涉及江西的赣县、上犹、安远、于都、会昌、寻乌、石城、瑞金、南康、章贡、遂川、万安、永新、井冈山、莲花、乐安 16 个县，湖南省的炎陵、茶陵、宜章、汝城、桂东、安仁 6 个县。在罗霄山区域范围内的 24 个县市区中，有 23 个属于集中连片特殊困难地区县市，有 16 个是国家扶贫开发工作重点县，有 23 个革命老区县（市）。而与电商扶贫有关的湖南省炎陵和汝城分别于 2015 年和 2016 年成为国家商务部"电商进农村综合示范县"。在罗霄山片区，有 11 个县市是国家电商扶贫的综合示范县，45.8% 的县被纳入电商扶贫试点建设范围。

2. 电商扶贫与县域经济发展中的电商下乡

截至 2016 年，江西共有 29 个县（含集中连片的罗霄山片区的试点县）被列入国家"电商扶贫"试点。商务部启动的电子商务进农村试点是国家电商扶贫的重要载体。2014 年，全国首批"电子商务进农村综合示范县" 56 个县中，江西省 7 个县，分别是宁都县、玉山县、新干县、于都县、广丰县、莲花县、进贤县，其中莲花县是罗霄山片区的贫困县。2015 年，全国 200 个县中，江西省有 15 个县，分别是赣县、信丰、大余、上犹、崇义、安远、龙南、全南、定南、兴国、会昌、寻乌、石城、瑞金、井冈山。而全国 200 个示范县中，革命老区县 154 个，占 77%。2016 年，全国 185 个示范县中，江西有 7 个，分别是星子、芦溪、铜鼓、上饶、余干、吉安、黎川。总之，2014～2016 年，全国共有 441 个电商进村示范县，江西 29 个，约占全国的 6.6%。

2016 年 6 月 2 日，江西发出"动员令"，出台《关于坚决打赢脱贫攻坚战的实施意见》，计划 2016 年实现 70 万人脱贫，500 个贫困村退出，2 个贫困县摘帽；2017 年实现 70 万人脱贫，1000 个贫困村退出，6 个贫困县摘帽；2018 年实现 60 万人脱贫，1400 个贫困村退出，17 个贫困县摘帽；到 2020 年，把江西省打造成为全国扶贫攻坚的样板区。

该实施意见的时间进度比全国整整提前两年。

上述各类扶贫政策的密集出台，为江西省打赢脱贫攻坚战，实施精准扶贫、电商扶贫带来了广阔发展空间。结合当前江西省原苏区开发扶贫的需要，就是要针对性地把先进的网络技术应用于交通不便的贫困地区的农产品销售，在农民增收的同时，让城里人能品尝到地道无污染的农产品，形成农产品进城、工业品下乡的双向流通格局。其主要技术支撑是通过网商销售平台将农产品供应链和电商销售链有机连接，运用移动互联网、物联网等多种技术集成搭建服务于帮扶对象的"农产品上线销售"平台。

（二）赣县电商物流配送平台和南康家具产业发展调研

2016年10月，笔者随江西省政协调研组前往赣县物流城市配送公共信息平台，调研江西首家城市配送试点的综合信息服务平台项目，线下农产品生产基地还在规划中，负责运营的开发商正忙于发行"市民卡"积攒人气，如何开展线上线下服务还处于概念阶段，真正的线下电商物流配送活动不多。座谈交流中发现，赣县平台的最大缺点，是政府主管边界与平台运行职责界定难，开发扶贫落地和增收致富不显著，应该引起相关部门的高度重视。

而南康区的家具产业集群已经发展很成熟，2016年，家具出口额超1.8亿美元，家具电商交易额达107.1亿元。据了解，区内为家具产业提供配套服务的物流企业有370多家，其中298家是专门运输家具的物流企业，经营物流专线1000多条，能够直接或间接发往除西藏自治区外的全国各地。但是，由于南康家具产业园是不同时期陆续建成的，分别在中国中部商贸物流园、工业园区及龙岭、蓉江和东山等地生产经营，企业分布分散，不利于统一管理。据园区行业协会负责人反映，目前需要扩大园区面积，加强园区功能多样化，增大智能化仓储区面积，将分散在城区的物流企业"退城入园"，统一管理产生集聚效应，形成"网络＋基地"的现代化物流商贸园区，打造国家级重点物流商贸园区，构建"全国发布、信息共享、实时互通"的全国物流信息交易平台。

另外，调查中基层反映，京东、淘宝等对江西的电商扶贫，相对于农村电商发展实际，开设的门槛高，很难达到其标准。例如阿里研究院对"淘宝村"的定义要求：①交易场所在农村，且以行政村为单元。②电子商务年交易额达到1000万元以上。③本村活跃网店数量达到100家以上，或活跃网店数量达到当地家庭户数的10％以上，并形成具有规模和协同效应的网商集群。

四、几点建议

放眼全国电商扶贫，各级主管部门应该高度重视，把电子商务做实，促扶贫、出效益，正视电子商务发展中的差异。为此提出以下建议：

第一，在县域经济发展中，要将互联网与农村三次产业深度融合，使"电子商务进农村综合示范县"与电商扶贫、国家扶贫的工作重点相结合。操作实践中，满足农村地区的县乡村"电商＋扶贫""电商＋农产品销售"的迫切需求，进行农产品网上销售。将有限的资源聚焦在农村物流配送体系、推动农产品上行销售、加强电商人员培训三大主线上，促进电商扶贫开发。

第二，以电子商务帮助贫困地区，虽然目前还未成为脱贫富民的支柱产业，但是以电商产业引导地方经济发展，迫切需要踏实务实作风，工作不能仅停留在报表数字好看、平台电商玩概念、基层操作争补贴层面，需要撸起袖子沉下心去田间地头重构电商扶贫，发挥超越时空地域阻隔的电商优势，农民缺什么补什么，在市场需求结构和电商供给能力、网商孕育网货渠道开通以及物流配送业务等方面，进行资源的有效整合配置。

第三，坚持电商扶贫与市场导向，按市场经济规律办事，重视市场在产业扶贫开发中的关键作用，授人以渔，提倡"市场跟着电商走，电商跟着用户走"。大量扶贫事实表明，由于贫困地区产业开发受限于本地市场和区域限制，经常造成贫困户脱贫致富门路狭窄，产业开发收效甚微。因此，要精心营造电商网络生态、利益联结机制，农产品供应链和电商销售链有效结合，充分调动参与各方的利益协调机制和专业化社会化分工协作。

第四，发挥考核"指挥棒"作用，健全精准评估、正向激励、惩戒约束三项机制，制定相应的奖励和惩处措施。在保障方面，包括加强组织领导、严格责任落实、夯实电商基层基础、强化人才保障、转变工作作风五个方面，尤其需要强化县级主体责任。

参考文献

［1］汪向东．四问电子商务扶贫［J］．新三农，2015－07－20．

［2］四川日报社，四川博览事务局，西南财经大学，浪潮集团四川公司课题组．2014西部电商发展观察报告［EB/OL］．四川在线—华西都市报（成都），2014－11－02．

［3］杨迪，韩海啸．西部电商现购销逆差差异竞争潜力巨大［EB/OL］．新华网，2014－11－01．

［4］朱虹．2016西部电子商务发展高峰论坛开幕　探讨电商扶贫怎么干［EB/OL］．人民网—四川频道，2016－11－05．

［5］梁现瑞，陈岩．2016西部电商媒体观察报告发布［N］．四川日报（成都），2016－11－06．

［6］关于促进电商精准扶贫的指导意见（国开办发〔2016〕40号）［Z］．2016－11－04．

发展"AMS 产业园"应成为精准扶贫的抓手

蒋小钰[*]

　　根据近些年对江西农村产业扶贫尤其是赣南老区蔬菜果品种植基地和安徽等地生鲜农产品加工保鲜企业的考察，以及南昌周边地区万亩种植基地的实践思考，本文综合梳理地方基于"AMS 产业园"构成要素的发展实践，提出发展根植于乡镇的农副产品深加工项目，可以成为赣南原苏区振兴战略、富民强县行动的一个有效载体，引导农村居民脱贫致富。发展"AMS 产业园"为什么能够成为农民增收致富精准扶贫的抓手载体？本文将着重将从循环经济理论、食品卫生安全、产业价值链基础和增收致富角度系统阐述"AMS 产业园"概念构成、产品质量控制、产业发展前景及其理论基础，期望对如火如荼的产业精准扶贫贡献一分力量。具体从以下五个方面分别阐述：

一、有助于精准扶贫产业集聚发展的 AMS 产业园的形成逻辑

　　AMS 产业园，是"万亩鲜藏出口食材产业园"的简称，源于该产业园产品是安全（An）美味（Mei）食材（Shi）的汉语拼音首字母"AMS"组合。

　　"万亩鲜藏出口食材产业园"概念定义如下：①万亩——据精益诚数据，蔬菜种植的适度规模为 3000 ~ 10000 亩，最小规模 13000 亩时才会出现规模经济效应，能将用有机肥、生物农药在土地上进行间作、轮作、休耕的生态种植的蔬菜的平均种植成本降到每斤 0.75 ~ 1.50 元，低于用化学肥料、化学农药种植的普通蔬菜每斤 1.58 ~ 2.05 元的最低批发均价，可形成强劲的市场竞争优势。②出口——因日本是目前世界上对食品质量要求最高的国家，其不仅对食品的农药残留和有害微生物有最严格的安全标准，而且要求生态种植以求美味口感，按供日要求生产的安全美味食品的"安美食"通行世界。③鲜藏——

---

　　*　作者简介：蒋小钰，男，江西省社科院产业经济所研究员。

由于人们的鲜食需求和偏好，所以，能将食材等农副产品储藏 18 个月后还有同新鲜农副产品几乎一样色泽、口感、营养的"鲜藏技术"，是真正能消除农副产品腐烂风险、实现规模经营的储藏技术。④食材——食品是农产品及其加工品，而用于食用的农产品我们也可称为食材。⑤园区——产业园能形成产业集群的集聚效应、降低成本、提高效益，是发展现代产业的最佳形态。

本文所倡导的 AMS 产业园，不是由五个行业随意组成，而是按产业链内在的关联逻辑形成的产业体系，即遵循产品价格机制——食品卫生保鲜技术——产业链条循环构成——园区种植规模标准要求——乡村生态采摘旅游体验——现代生态农业产业社区。

众所周知，价格战是市场竞争的常规和终结手段，而规模经营可降低成本、形成价格竞争优势。如万亩规模蔬菜基地就能将安全美味的蔬菜价格降到百姓可接受的水平。但是，由于食材不及时食用就会腐烂，进而产生腐烂损失。并且，农产品经营的规模越大，产生腐烂损失的风险越大。所以，为了规模经营、降低农产品价格，必须导入现代鲜藏技术，建一个鲜藏食材加工厂，化解腐烂风险。由于国人"好鲜恶冻"，鲜藏食材市场主要在日欧美；而日欧美对食品要求很高，既要安全，更要美味，从种养到加工有一整套近乎苛刻的检测标准。因此，需要建一个食品与环境安全检测中心，从种植到加工全程自检，以确保食品安全品质。大家知道，在土地上用有机肥并进行间作、轮作、休耕的生态种植，可使农产品保持原味的鲜美。所以，还需要建立畜禽养殖场和微生态有机肥厂，以确保安全、有效的有机肥足量供应。

综上所述，为了让百姓吃上安全美味的食品，需要建设由万亩种养基地、鲜藏食材加工厂、食品与环境安全检测中心、畜禽养殖场、微生态有机肥厂组成的 AMS 产业园——万亩鲜藏出口食材园，而不仅是建种养基地，如图 1 所示。

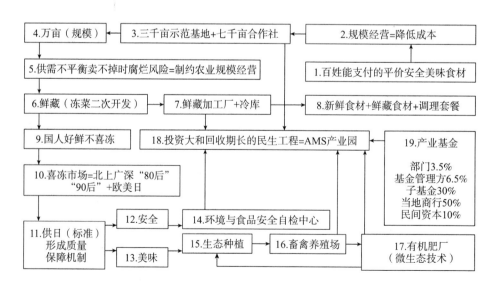

图 1 AMS 产业园的形成逻辑图

二、有助于精准扶贫发展的 AMS 产业园的产品质量机制

AMS 产业园是一个有品质保障机制的产业园，其产品具有安全、美味、平价、营养、便捷、齐全特色。

AMS 产业园的品质保障机制，实际上是一种为了平价必须安美的"倒逼机制"——为了平价，必须规模；为了规模，必须鲜藏；为了鲜藏，必须出口；为了出口，必须安美。如做不到安美，则不能出口；不能出口，则产品滞销；产品滞销，则得不偿失；得不偿失，则难以为继；难以为继，则没有规模；没有规模，则没有平价。

在这种倒逼机制下，AMS 产业园的新鲜食材和鲜藏食材等食材不仅具有安全、美味、平价三大特色，而且还有营养、便捷、齐全三大特色：①营养——AMS 产业园的鲜藏加工厂一般在种植基地 30 分钟的车程内，最短可在 3 小时内用鲜藏加工技术锁住食材的营养和口感，不仅鲜美，而且营养。②便捷——鲜藏食材开封即食，或经过加热便可食用，无须洗切，没有厨余，买一斤得一斤；不仅省时、省力、省钱，而且可实现便捷餐饮、轻松生活。③齐全——通过鲜藏加工，可提供自然安全的反季节食材，而不是通过使用激素和人工改变作物的生长环境来实现；并且，鲜藏食材突破了食材的传统销售半径局限，可随机点配全国的鲜藏食材。

三、促进产业精准扶贫发展的 AMS 产业园三大功能

AMS 产业园是一个融一、二、三产业为一体的规模性循环经济产业体系，具有环境友好、资源节约和稳健盈利功能。

依自然界有机物的"植物（生产者）—动物（消费者）—微生物（分解者）—植物（生产者）"循环规律，AMS 产业园将由"蔬菜种植合作社（植物）—畜禽养殖合作社（动物）—微生态有机肥厂（微生物）—蔬菜种植合作社（植物）"组成循环经济产业架构：①蔬菜种植合作社——通过土地整理、设施建设、品种选择、茬口设计、田间管理、病虫防治、劳动力安排、采摘配送等安排实现用有机肥、生物农药并进行间作、轮作、休耕等生态种植，利用植物的光合作用，将大气中的二氧化碳与土壤中的水等营养物质合成各种碳水化合物，为人类提供蔬菜，为畜禽提供饲料，是 AMS 产业园的生产者、物质生产的起点环节和主业。②畜禽养殖合作社——通过设施建设、品种选择、饲养管理、病虫防治、劳动力安排、屠宰配送等生产经营活动，利用动物的消化作用，将碳水化合物转化

为动物蛋白，为人类提供肉食，为微生物提供养分，是 AMS 产业园的消费者、物质转化的中间环节和副业，其产品规模与种类由主业决定。③微生态有机肥厂——通过菌种筛选、组合实验等在常温常压下形成对不同动植物残体和人类食物消费后"厨余"有快速分解能力的液态益生菌微生态系统，利用微生物的分解作用将各种有机质分解为植物根系能吸收的小分子营养物，为蔬菜等植物提供有机肥料，使 AMS 产业园的产品具有美味口感，是 AMS 产业园的分解者、物质循环的闭合环节和必要配套。④环境与食品监测中心——毫无疑问，环境与食品安全是人类的刚需，是 AMS 产业园形成的原动力。但是，环境与食品是否安全，看不出也吃不出，而是检测出来的，绝大多数消费者很难分辨环境与食品是否安全。因此需一个环境与食品监测中心，定期定点公告环境与食品是否安全的检测结果，显化消费者的环境与食品安全需求。该中心首先是 AMS 产业园的品质内控机构，以能出口日本为品质要求，树立品牌。其次，向市场提供环境与食品安全的科学证据，形成事实标准，取得行业话语权，为其他厂商的安全性提供第三方论证服务。⑤食材鲜藏加工厂——仅显化需求不够，更需将显化的需求变为广大消费者有购买力的需求，使商品平价。使商品平价的正道是规模经营，不是假冒伪劣；而食材规模经营的前提是有食材鲜藏加工厂。因为，有了食材鲜藏加工厂，在食材不能即时销售时，可将食材长期保鲜储藏起来，待价而沽，消除腐烂风险，谋求更高利润。这样，我们才能也才敢大规模生产食材，实现规模经营。

AMS 产业园具有环境友好、资源节约和稳健盈利功能是因为：①生态种植——AMS 产业园采取间作、轮作、休耕等耕作制度，配套生物农药和物理防治病虫害进行耕作，能有效防止病虫大规模发生成灾，减少生物农药用量，最大限度地降低对水土的污染；同时采用有机肥进行种植，土地将越种越熟、越种越肥，形成了"人地互养"的新型人地关系，而不会与普通蔬菜种植一样，化学农药和化学肥料的长期使用，在不同程度上对水土产生伤害。②出口导向——AMS 产业园以"生产出能出口日本的安全美味蔬菜"为品质要求，而日本是目前世界对食品安全要求最高的国家，其对环境与食品的农药残留和有害微生物有最严格的安全标准。由于中日之间的微妙关系，日本人不可能降低标准接受不达标产品。所以，AMS 产业园这个以供日为导向的制度安排，必然使我们遵守最严格的环境与食品安全标准而对环境友好。③循环经济——AMS 产业园通过"蔬菜种植合作社（植物）＋畜禽养殖合作社（动物）＋微生态有机肥厂（微生物）"的闭合循环构成，可实现"上一个环节的废料作为下一个环节的原料"，不排放对环境有害的废料物质。同时，可将秸秆、动植物加工后残体、动物排遗和"厨余"等制成有机肥还田，节约资源，降低成本，提高产品竞争力。④净菜处理——由于食材鲜藏加工需要对食材进行清洗和规格标准化等前整理，实际上就是净菜处理。因此，无论是要进行鲜藏加工处理的食材，还是立即进入鲜菜市场进行销售的食材，AMS 产业园都对其进行净菜处理。那么，在净菜处理过程中产生的加工后残体，就可运到微生态有机肥厂制肥还田，大大节约有机肥生产资源。⑤六大卖点——安美蔬菜产品不仅安全、美味、平价，而且还便捷、齐全、营养。同时具备任何食品都梦寐以求的这六大卖点，是 AMS 产业园稳健盈利的根源。

四、推动产业精准扶贫发展的 AMS 产业园的发展空间

AMS 产业园可以自然向乡村旅游、自然物提取、生物医药和养生养老产业延伸，形成现代生态农业产业社区。

AMS 产业园可自然向乡村民宿和观光度假等乡村旅游延伸：①具备乡村旅游开发要素——环境友好、资源节约和稳健盈利 AMS 产业园中的种植、养殖、餐饮和鲜藏加工提供的平价、美味、便捷、齐全、安全、营养的食材，生态种植保障的洁净的水、洁净的土、洁净的空气和田园风光，是乡村旅游业的构成要素。②有利于新农村开发建设——从 AMS 产业园向乡村旅游业延伸，不仅有利于发挥和保持已有的农业资源和生态环境优势，而且，如果注重传统与现代、乡村与都市、科技与文化有机结合，可创出极具观光性的全新美丽乡村中国样板。

在 AMS 产业园和乡村旅游的基础上，可通过"自然农法"在周边山林种养药用动植物及建设自然物提取工场，并延伸到食品和化妆品的生物添加剂生产、生物医药和养生养老：①具备健康产业基础——AMS 产业园的种植、养殖和鲜藏加工为药用动植物种养、自然物提取和生物添加剂生产奠定了人力资源和企业管理基础。②具备健康养生环境——洁净的水、土、空气环境保障了产品质量，平价、美味、便捷、齐全、安全、营养的食品和乡村民宿能集聚人口以发展生物医药和养生养老。同样，如注重传统与现代、乡村与都市、科技与文化的有机结合，也可创出极具观光性的全新乡镇工场中国样板。

通过 AMS 产业园的产业延伸，可得到一幅有普遍意义的"AMS 模式生态农业结构图"，如图 2 所示。因此模式具环境友好、资源节约、稳健盈利功能，值得大力推广。

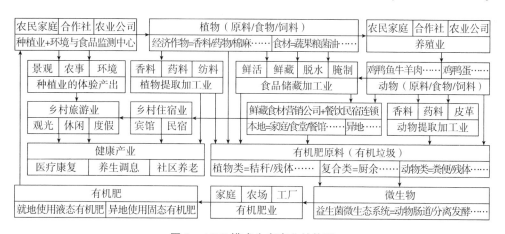

图 2　AMS 模式生态农业结构图

五、推动产业精准扶贫发展的 AMS 产业园的扶贫意义

通过发展 AMS 产业园，最终形成环境友好、资源节约和稳健盈利的生态农业产业社区，融农业发展、农村建设和农民增收为一体，是农业现代化、新农村建设和增加农民就业的过程，其精准扶贫意义是不言而喻的。

《中共中央关于制定国民经济和社会发展第十三个五年规划的建议》中，关于大力推进农业现代化的表述是：农业是全面建成小康社会、实现现代化的基础。加快转变农业发展方式，发展多种形式适度规模经营，发挥其在现代农业建设中的引领作用。着力构建现代农业产业体系、生产体系、经营体系，提高农业质量效益和竞争力，推动粮经饲统筹、农林牧渔结合、种养加一体、一二三产业融合发展，走产出高效、产品安全、资源节约、环境友好的农业现代化道路。

由上所述不难看出，"十三五"农业现代化有三个特性：①规模性——发展多种形式适度规模经营，发挥其在现代农业建设中的引领作用。②体系性——着力构建现代农业产业体系、生产体系、经营体系，提高农业质量效益和竞争力，推动粮经饲统筹、农林牧渔结合、种养加一体、一二三产业融合发展。③环保性——走产出高效、产品安全、资源节约、环境友好的农业现代化道路。

将"十三五"规划中农业现代化三个特性与"产业生态化"三个原则相比较，可以发现两者有非常高的吻合度。产业生态化，是按循环性、社区性和适度性原则来构建环境友好、资源节约和稳健盈利的产业体系：①循环性——要求通过"一个产业的废品成为另一个产业的原料"关系将区域内的所有产业关联起来，形成一个循环体系，因为这样才能环境友好，才能节约资源，并且还能降低体系内产业的综合成本，形成强劲而持续的产业竞争力而稳健盈利。这与"十三五"农业现代化的体系性和环保性吻合。②社区性——要求尽可能多延伸产业，尽量形成自给自足体系，最大限度满足社区内产业并为居民提供产品与服务；注重内需，减少体系生存对外部的依赖性，提高体系的稳健性。③适度性——要求体系内各产业的规模尽可能地相配套、相适应；特别是从自给自足的角度，一要产业体系尽可能扩大规模以增加对人口的承载力，二要体系内人口规模与体系承载能力相适应。这与"十三五"农业现代化的规模性吻合。

从此意义上我们说，"十三五"农业现代化＝传统农业的生态化。通常，我们把传统农业生态化后的产业体系称为"生态农业"。因此也可以说，"十三五"农业现代化的要求就是要大力发展生态农业。

需要说明的是，"生态产业"是产业生态化的中国名字。其"生态"之义源于产业共生网络的资源节约和环境友好。所以，学术意义上的生态产业是指具有资源节约、环境友

好和稳健盈利功能的产业组织形态。这种产业结构，与农业向深加工和贸易延伸的"农工商一体化"不同，更与目前流行的"农业＋观光＋度假＋娱乐＋教育＋互联网＋……"不同，生态农业是要构建一个符合循环性、社区性、适度性原则和具有环境友好、资源节约、稳健盈利功能的"产业社区"，打造一种崭新的城乡交流、生态文明生活方式，发展现代农业，建设新农村，为农民提供大量就业增收岗位，这样才能真正实现精准扶贫。

以特色产业为抓手助推余干县扶贫攻坚

摘要：充分发挥地方资源优势，大力发展特色产业是贫困地区实行产业扶贫的重要内容。"中国芡实之乡"余干县地处鄱阳湖南岸，境内湖泊水道纵横棋布，拥有发展芡实产业得天独厚的自然资源优势和悠久的芡实种植历史。本文分析了余干县芡实产业扶贫中存在的问题，并提出相应对策，为江西省扶贫攻坚提供一种思路和参考。

关键词：产业扶贫；余干县；芡实

"授人以鱼，三餐之需；授人以渔，终生之用。"充分发挥地方资源优势，大力发展特色产业，产业扶贫在我国扶贫开发新阶段中备受重视。江西省委、省政府提出，力争提前至 2018 年实现精准扶贫攻坚目标，作为"中国芡实之乡"的余干在全面建成小康社会的进程中，要做到不拉分、不掉队、不拖腿，通过发展芡实产业拉动扶贫正当时。

一、余干县芡实产业扶贫现状

余干有着 700 年种植芡实的历史，丰富的自然生态资源给芡实种植提供了得天独厚的优良环境。目前，全县芡实种植面积高达 10 万亩，建成了全国最大的集中连片芡实种植基地——落脚湖万亩芡实种植基地。成功注册了"梓阳""明祖湖""湖家妹"等芡实商标，研发出的芡实酒、芡实粉、芡实薏米三合一粉等产品深受市场青睐。芡实产业涉及玉亭、三塘、瑞洪、大塘、洪家嘴、康山、江埠、古埠、鹭鸶港和康垦等乡镇场，覆盖 85 个贫困村，带动贫困户 3624 户。

从表 1 中我们可以看到：余干县贫困人口占全县总人口的 10.5%，农业人口占全县

---

* 作者简介：涂颖清，女，博士，中共江西省委党校副教授。章金峰，男，在职研究生，余干县工信委干部。

总人口的 68.2%。自开展精准扶贫活动以来，已经识别贫困户 36132 户、贫困人口 109458 人，全年减贫 36548 人，减贫率达到 33.3%。虽然扶贫工作取得了长足进展，但缺乏长远布局，可持续性差，很多地方仍是以给予式、救济式帮扶为主，产业扶贫模式正在推进中。从表 2 中我们可以看到：余干县芡实种植乡镇场占余干县乡镇场总数的 37%，芡实产业涉及贫困村占全县贫困村总数的 61.6%。通过分析表 1 和表 2，我们可以得出结论，余干县作为传统农业大县，贫困人口基数大，农业人口占比高，但芡实产业发展迅猛，涉及的乡镇场、贫困村、贫困户数众多，芡实产业发展能量大、潜力足。

表 1　余干农业人口和贫困人口数据

农业人口总数	71.6 万	贫困人口总数	11 万
余干人口总数	105 万		
农业人口占比	68.2%	贫困人口占比	10.5%

资料来源：余干县扶贫办。

表 2　余干乡镇发展芡实产业情况

芡实种植乡镇场	10 个	芡实产业涉及贫困村	85 个
余干乡镇场总数	27 个	余干贫困村总数	138 个
占比	37%	占比	61.6%

资料来源：余干农业局。

二、余干县芡实产业在扶贫中取得的成绩

（一）带动了一批贫困户致富

近年来，余干县大力度推进芡实产业建设，积极引导和鼓励农户扩大芡实种植面积，同时加大对芡实产业的资金投入，打造全国最大的 10 万亩集中连片芡实种植基地，成立了 23 个芡实种植专业合作社，建成了余干芡实食品产业园。目前，全县从事芡实种植的有 3000 多人。芡实产业涉及玉亭、三塘、瑞洪、大塘、洪家嘴、康山、江埠、古埠、鹭鸶港和康垦等十多个乡镇场，覆盖 85 个贫困村，带动贫困户 3624 户。随着余干县芡实产业园的建成和越来越多相关企业的建设和投产，更多当地民众投身芡实产业的创业、就业。

余干县芡实产业园位于余干县三塘乡，三塘乡地方政府结合芡实产业园发展建设，在

芡实产业扶贫工作中摸索出一套行之有效的工作方法。地方党支部在产业扶贫调研过程中了解到，扶贫对象除了收入低以外，在产业发展中还缺门路、缺技术、缺管理，不了解市场，有的还缺乏劳动力，身残或智残。因此，根据调研了解的情况，地方政府制定了一个总体帮扶规划：帮扶对象以合作社和种植基地所在乡镇周边村庄建档立卡贫困户为主，根据每个贫困户致贫的原因以及其本人的发展意愿，主要是通过引导贫困户参与发展芡实种植和给他们提供就业岗位，使贫困农户增加收入，实现脱贫。对于有土地资源、有劳动能力的贫困户，党支部依托芡实产业园与贫困户签订芡实种植协议，引导贫困户合作种植芡实，由党支部免费提供芡实种子、技术培训并签订保护价收购合同，贫困户种植的芡实统一销售给芡实产业园，最大程度降低贫困户种植芡实的风险。对于家庭成员因病、因残或子女上学致贫的贫困户，在生产管理用工方面优先考虑结对帮扶，同时还联系支部所在地江西明湖农业发展有限公司，在公司用工方面安排一定数量的岗位给结对帮扶的贫困户，实现贫困户在家门口就业。在产业扶贫项目实施方面，紧紧围绕芡实产业发展所需解决的实际问题，辐射带动周边上潭村、冷井村、陈家塘村、江家山村、同心村等 140 余户建档立卡贫困户参与芡实种植和加工，有效地带动周边农户致富，帮扶贫困户脱贫。

（二）推进了一批深加工企业的发展

余干以"中国芡实之乡"的称号为推动力，推进芡实产业化和现代化发展，形成区域化、规模化、无害化、标准化芡实种植生产基地。以三塘等 10 个乡镇场为重点推动优质芡实基地建设，带动地方增收致富。三塘乡投资 5 亿元的全国首家芡实深加工示范基地余干县明湖芡实产业园已基本建成。预计投产后，年深加工芡实可达 15000 吨，主要业务收入可达 8 亿元，利税可达 6000 万元，可新安排就业 300 余人，有力地推动余干旅游业及其相关产业的发展，带动附近农民致富，让 93% 的当地村民受益。

康山乡的芡实种植基地是当前我国最大的芡实集中连片种植区。据了解，该基地每年的芡实产量高达 400 多万公斤，产值达 4500 万元以上。该基地负责人表示，近期还计划新建一座芡实加工基地，投资规模 5000 万元，用于深化芡实加工，丰富芡实产品。

洪家嘴乡中湖、永兴、万潭三村交界后港湖 1000 余亩芡实种植基地，芡实长势良好，有望丰产；其他大湖小泊、池塘洼田，种植面积达 2000 余亩，年芡实种植面积有望继续扩大。此外，黄岗村昌万路边去年建起芡实加工厂，实行产、供、销、深加工一条链服务，年产 1000 吨芡实加工产品，为本乡乃至全县经济发展创造良好的条件。

（三）打造了一批芡实文化旅游基地

余干县荣获"中国芡实之乡"称号之后，当地政府围绕特色品牌积极向旅游、科普、文化等多行业和众领域渗透融合，在芡实种、养、加的基础上重点打造全国芡实文化健身休闲旅游基地。2016 年 8 月 30 日上午，柘莲湖芡实生态养生庄园旅游综合开发项目签约仪式在余干县大塘乡政府举行，这标志柘莲湖旅游开发项目正式落地。该项目包含芡实种植观赏园、休闲度假中心、环湖生态码头、滨湖垂钓基地、环湖自行车赛道、候鸟观赏基地项目等子项目，预计年吸引游客超 12 万人次。项目以大塘乡柘莲湖水体内湖为中心，以湖泊、乡村、生态农业（芡实农业）为重要元素，开发湿地观光、候鸟保护等生态观光与体验性项目，建成中国第一个以芡实观光、运动休闲为主题的 AAAAA 级旅游景区。芡实产业的快速发展提升了地方农户参与芡实种植的热情，因为芡实对水质要求非常高，当地居民对水资源的保护意识也在逐步增强，芡实产业发展区生态环境一步优化。同时随着生态的改善、旅游休闲业设施的建造，也有效带动了周边农家乐，达到了以芡实带动旅游、以旅促农的良好效果。

三、余干县芡实产业扶贫中存在的问题分析

（一）产业规模偏小，产业扶贫效益不强

与传统农业相比较，发展特色产业的投入比重大、管理水平要求较高、见收需要时间长、市场前景较远而且风险相对较大，只有持之以恒形成一定的规模才有效益。近年来，余干县不断加大对芡实产业投入力度，扩大芡实栽培种植大面积，深化芡实产品加工，延伸芡实产业链，芡实加工厂、芡实产业园、芡实养生园等项目纷纷在余干建成落地。但可以看到，这些芡实生产加工企业成立时间都不长，有的还处于签约设计阶段，企业设备不齐全，技术经验不足，发展壮大尚需时日，带动致富功效还有待提高。如位于大塘乡的拓莲湖芡实生态养生园项目才刚刚签约，离真正建设投产还有相当一段时日。可以说，余干芡实技术设备和生产基础设施建设才刚刚起步，当前明显滞后于产业发展，严重影响了芡实产业的助力扶贫效益。

（二）农民素质偏低，产业管理水平落后

农民是余干县发展芡实产业的主力军，也是芡实产业扶贫的主要对象。地方农户科学文化素质的高低直接关系到当地芡实产业的发展水平。当前的情况是，余干县绝大部分文化水平比较高、有能力、有体力的青壮年劳动力都在沿海发达地区打工，留在家中创业就业的年轻人少之又少，而且他们大多不愿从事农业生产。部分农村空心化现象严重，留守农民的科技文化素质普遍偏低，甚至体力都明显偏弱，农村家庭的主要收入基本是依靠在外打工的青壮年，他们也从没想过能在家发展特色产业脱贫致富，加之贫困户小农意识根深蒂固，小富即安，思想保守，不愿承担风险，脱贫"靠、要、等"的依赖思想严重，给产业扶贫工作带来很大难度。地方农民素质偏低致使芡实产业发展缺乏后劲，给产业扶贫工作带来很大难度。部分农户单纯追求经济效益，环保意识、法制观念淡薄。由于当地

农户缺乏芡实生产管理知识和经验，不能及时根据病情、虫情、芡实生长情况等及时施肥用药，错过最佳防治期时期，造成芡实减产。再者，农户大量使用杀虫剂、杀菌剂等化学药剂来防止和控制病虫害，在消灭害虫天敌的同时，也大大增强了害虫对药物的耐受能力，从而迫使农户施用更高毒性、高残留的农药，如此恶性循环，致使芡实产品残留农药数量超标、品质下降，不仅影响了余干芡实口碑，也使得芡实生产生态环境趋于恶化。而如果种植水源中混有生活废水、工业污染等，芡实很容易死掉，因此，良好的生态环境是芡实增产增收的前提。

（三）深加工产品少，产品拓展程度低

余干县芡实产后加工转化率低，加工链条短，生产技术性不强，仍以不加工或粗加工的初级产品供应为主，芡实饼干、芡实粉、芡实酒、芡实饮料等特色农产品延伸产业均未形成足够规模，造成芡实生产收益低下。对余干芡实企业进行走访调查发现，进行芡实加工的企业少之又少，当前最大的芡实深加工基地还处于建设中，大部分企业仍以芡实初级加工为主，利润少、效益低，经济效益只能提高将近一倍，产量高却不能获得比较高的收益，而且即使有意对芡实产品进行深加工的企业，目前也存在设备落后、技术含量不高、产品附加值低等问题。芡实产品及其加工品缺乏地区风味特色，其本身的营养特性和口味特征不能充分体现出来；而且产品包装简陋，档次低，没有拳头产品，不具产业优势，收益的比较优势薄弱。余干县芡实种植规模大、分布面积广、涉及贫困人口众多，但芡实产品加工转化和综合开发率低，芡实种植户收入仍主要靠出售原生芡实，芡实产业自身创收水平低，未能有效发挥助力脱贫的作用，不能有效促进县域内整体经济实力的提升。

（四）产业建设人才匮乏，服务难以跟上

产业建设需要人才支撑，才能提高科技含量，增强市场竞争能力，提高经济效益。目前，余干县大力发展芡实产业，但芡实产业建设主体人才匮乏，缺少相应服务机构。农民和芡实种养企业作为芡实产业发展主体，多数只懂种植、养护等传统技术，对芡实现代化加工、现代化农业生产等知识知之甚少，余干作为地方贫困县，缺乏吸引优秀产业人才的条件，引进人才难，留住人才更难。而地方农业服务部门近年来又存在人员年龄结构偏大、知识老化、技能退化、服务力不从心等问题。尤其是部分地区基层农技部门经过多次改革后，一些乡镇农技推广机构形同虚设，许多服务一线的乡镇农技人员从事服务的积极性、主动性明显减退。服务跟不上，自然产业发展慢，农民脱贫难。

（五）群众认识不够，产业扶贫参与度不高

产业脱贫离不开地方政府重视，群众积极广泛参与。发展芡实产业必须充分发挥余干的自然资源优势，积极调动贫困农户参与芡实生产种植的积极性，在发展壮大芡实产业的同时，引导群众通过种植芡实创业增收，才能有效带动地方脱贫致富。余干多数贫困农户

思想因循守旧，小富即安，怕担风险，害怕失败，不愿意接受新生事物，对于芡实种植不了解，不感兴趣，热衷于传统农业种植。且芡实种植也是以家庭式的分散种植为主，技术能力不强，管理水平不高，采取靠天吃饭的农业生产方式，无法抵御旱、涝、风、雪、雹、霜和虫害等自然灾害。贫困户对产业扶贫政策知之甚少，更期望政府给予式帮扶，"靠、要、等"的依赖思想严重。地方有些领导干部为了让扶贫工作少走弯路、早见成效，更乐意把投入与精力放在环境整治、硬件设施建设等方面，导致产业扶贫开展滞后。

（六）芡实产业发展与扶贫对接脱节

政府对芡实产业投入力度大，重视程度高，部分企业发展日渐壮大，却没有承担起应有的社会责任，芡实企业与贫困芡实种植户之间联系不紧密，利益联结机制不科学，帮扶机制不完善，造成了芡实产业发展与扶贫工作严重脱节。扶贫企业与农户之间地位不平等，在交易过程中利益分配相差悬殊，大部分利润被企业拿走。企业"竭泽而渔"，一方面不利于带动贫困农民稳定增收，另一方面严重打击了种植户的生产积极性，造成企业从农户处获得的芡实原材料质量不高，进而影响了企业的创益增收效率，导致产业发展与扶贫脱节的恶性循环。

四、促进余干县芡实产业扶贫的对策分析

（一）加大扶持资金的投入力度，扩大企业规模

发展特色产业不能搞"无米之炊"，要加大对芡实产业的投入力度，让更多优惠政策、更多扶持资金向产业倾斜。①加快芡实产业重点项目建设步伐，构建一批具有强力辐射带动作用的芡实龙头企业，创造更多的岗位，吸纳更多的劳动力，造福周边农民；同时不断扩大扶贫支柱型产业规模，延长芡实产业链条，提高企业加工生产能力，增加余干芡实附加值，完善芡实生产基础设施建设，充分发挥芡实产业园、种植基地等芡实大项目的扶贫带动作用，让产业辐射周边地区。②加大对芡实产业的财政扶持力度，保障芡实龙头企业可以优先享受扶贫和科技扶持专项资金，加强对资金的监督管理，确保专项资金能够落到实处。③解决农民产业发展缺乏资金的问题。加大对农民发展芡实产业的资金扶持力度，降低农村小额贷款门槛，成立农民工返乡创业基金，为农民参与芡实产业发展提供资金便利。④支持土地有序流转与适度规模经营，促进芡实产业由分散化、兼业化向规模化、专业化发展，提高产业的管理水平与效益。⑤支持农民开展多种形式的芡实加工转化增值、延伸产业链条、延长销售时间、拓宽市场空间、提高产业效益。⑥培育新型农民，积极引导农户学习新知识、新技术，充分利用"互联网+"等农业发展新理念，进一步

拓宽芡实产品的销售市场。只有将特色产业"扩面""提质""增效"，才能带动更多农民脱贫致富。

（二）培养新型农民，提高农民素质

通过繁荣农村文化，开展农民教育，提升农户素质，彻底转变农民传统守旧的思想观念，加强农户生态保护意识和可持续发展意识，提升农户发展芡实产业的积极性，提高农民芡实产业发展技术化水平。要加强产业致富的政策宣传，充分调动地方群众的芡实产业发展热情，让群众了解产业、发展产业。要加强对农村公共文化事业的投入，建设农村图书馆、微机室，让农民可以通过书籍、电脑等获取更多关于芡实种植生产的专业化信息。大力开展产业知识下乡活动，聘请芡实专家、技术人员下乡开展芡实产业知识培训，让贫困农户科学掌握芡实种、养、加技术。充分发挥政府产业扶贫"指导员""服务员""监督员"的职责，精准识别，精准帮扶，调动贫困农户和企业的主动性。山区种养大户、科技示范户、返乡创业农民、专业合作组织负责人等，是芡实产业发展的主体，也是芡实发展壮大的希望。他们虽然不属"贫困户"范畴，不是扶贫攻坚的对象，但他们身处基层，扎根群众，对其他农民脱贫致富起着极强的示范与带动作用。要充分发挥这些人群实战经验丰富、接受能力较强等优势，对其进行有组织、有计划的系统培训，使其逐步成为有文化、懂科技、善经营、会管理的"新型农民"，成为农业理念创新的"先锋"、科技成果转化的"平台"与"桥梁"，成为促进山区农民脱贫致富的"生力军"与"带头人"。

（三）壮大产业链条，完善营销渠道

余干要以"中国芡实之乡"的称号为起点，站在新的、更高的起点上谋划发展，不断加大产品研发力度，实施产品精深加工，创新推广"农超对接""互联网＋""经贸搭台、文化唱戏"等现代营销模式，建立"芡实专业合作社＋营销经纪人＋网络信息平台＋芡实产品批发市场"的立体营销网络，积极探索订单农业的生产组织模式，帮助余干组建芡实农民专业合作社。在县城构建芡实产地批发市场和芡实产品集散中心，搭建网络信息平台，提供芡实相关的产、供、销信息等。拓宽余干芡实农户及芡实企业的信息获取渠道，增强余干芡实产业的市场竞争优势。要以"中国芡实之乡"的称号为契机，延伸产业链条，拉动芡实从种植到加工到研发再到系列产品销售的一体化发展，提档升级，引领和带动二三产业共同发展；要以"中国芡实之乡"的称号为抓手，围绕特色品牌积极向旅游、科普、文化等多行业和众领域渗透融合，推介余干的区域优势和发展环境，吸引更多客商前来投资兴业，全力推动县域经济大发展。

（四）提高芡实品质，实施品牌战略

面向市场开展品种优选和纯化，研究开发芡实新品种，同时引进和试验国内外先进技

术，实行良种化栽培，适地适栽。为促进大枣产业发展，充分利用现有芡实产业成果，加大芡实产业园、芡实种植基地带动作用，由芡实产业园、芡实基地统一推广栽培管理等技术知识，统一管理芡实，促使余干芡实丰产优质。此外，由于芡实富含丰富营养和生物活性成分，有很好的保健功能，在芡实开发时要注重保持芡实新鲜：一方面，要提高芡实保鲜贮藏技术；另一方面，为保障芡实加工品的质量，在加工时要注意加工工艺和加工方式的选择。同时，要在现有芡实产业基础上开发精品芡实枣，加快推进品牌战略。目前余干知名芡实品牌有"湖家妹""明祖湖""梓阳"等。要进一步加大芡实品牌的推广力度。以余干荣获"中国芡实之乡"称号为契机，生产研发高品质芡实产品，让余干芡实品牌深入人心，让人们形成"芡实还是余干的好"的观念。实施品牌战略，有助于提升余干芡实竞争力，扩大市场，增加收益。余干芡实要实现经营产业化和产品标准化，并通过加强媒体宣传，树立自己的品牌形象。实施品牌战略总体上应该包括：统一种植及标准化管理；品种多样化与高质量产品；精美的包装；媒体与广告宣传等，增加消费者对品牌的认识与认可度；便利的物流服务，利于消费者选购；还可以运用网络平台扩大宣传。

（五）强化产业扶贫宣传，引导群众广泛参与

抓产业扶贫，首先要统一思想，提高认识。为此，要加大对当前芡实产业发展和产业扶贫工作的宣传力度，使全县干部群众清晰地认识到，农民只有立足资源优势，发展特色产业，坚定不移地走特色化发展道路，才能真正从激烈的市场竞争中脱颖而出、脱贫致富奔小康。只有广大干部群众的思想通了，积极性和主动性调动起来了，才能克服畏难情绪，积极投身于产业建设，产业建设才能形成"合力"，产业发展才会更加顺利，扶贫成效也会更加显著。要对农民特别是贫困农户加大芡实产业政策宣传力度，营造产业发展氛围，充分发挥地方企业和镇村干部的引导带动作用，通过电视、村文化中心向地方群众宣传产业发展和芡实种植技术知识，改变贫困户因循守旧的落后思想状态，提升农户发展芡实增收意愿。在芡实种植适宜地开展"一户一亩芡实"帮扶活动，引导贫困农户由被动等待帮扶转变为主动参与芡实产业发展，由被动等项目转变为主动联系芡实企业（芡实合作社），授之以渔，让群众通过自身的创业发展实现脱贫致富，建立起贫困农户广泛参与产业发展的良好机制，提升农民自我发展、自我管理和自我服务的能力，充分发挥其扶贫开发的主体作用。

（六）完善产业扶贫机制，实现产业和扶贫对接

产业发展和扶贫是"哑铃"的两端，两头都要重，要进一步完善芡实产业扶贫体制机制，在实现芡实产业扶贫对接上多动脑筋、想办法，走出一条符合余干县情、符合余干芡实产业发展实际的产业扶贫新路子。①积极探索产业扶贫开发新模式，正确处理企业和贫困户之间的利益关系，建立起政府引导、企业为主体、贫困农户广泛参与的芡实产业发展模式。形成"合作共赢、利益共享、风险共担"的新机制，充分发挥余干芡实扶贫企

业与贫困枣农增收的带动作用。②大力推行芡实企业股份制、股份合同制改革，让芡实种植户持股，使芡实企业和农户之间的产权关系更加紧密，提高农户芡实种植生产的积极性，激励芡实种植户主动进行高品质生产，保证芡实企业获得稳定优质的原材料供应。③抓好农民合作组织建设，提高新时期农民合作化程度，推行"企业（合作社）+农户"模式，促使芡实企业与贫困芡实农户建立稳定的产供销协作关系，建立相对稳定的利益共同体，降低芡实产业发展风险，提高效益。④大力发展劳动密集型企业，为地方提供更多就业岗位，不断壮大芡实企业规模，加快芡实加工产业园、芡实养生生态园等重大项目建设，把芡实作为余干现代化特色农业做大做强，围绕芡实这一特色品牌积极向旅游、科普、文化等多行业和众领域渗透融合，拉动地方经济，提高产业扶贫带动效率。

　　总之，推进余干芡实产业扶贫开发，要协调好地方政府、芡实企业和芡实种植贫困户三者之间的联系，充分发挥各自的作用，只有三者齐心协力、互相配合，才能推动余干芡实产业扶贫健康持续发展。地方政府要谋划好产业布局、制定好扶贫规划、搞好配套服务，引导企业加强与芡实农户之间的联系，调节企业与农户之间的关系，督促企业积极落实好产业扶贫政策措施，大力帮助农户增收脱贫；芡实种植贫困户要加强自身学习，接受新知识、新技能，转变老旧观念，积极投身于芡实产业扶贫建设，以芡实种植为手段，用智慧和勤劳创造财富；芡实扶贫企业在发展壮大产业的同时，要肩负起应有的社会责任，要进一步提升企业的扶贫带动能力，带动农户创业增收，帮助地方脱贫致富。

参考文献

[1] 中国农村扶贫开发纲要（2011~2020年）[R]．国务院，2011．

[2] 刘慧颖．我国农村扶贫开发中的问题及对策研究[D]．大连交通大学硕士学位论文，2013．

[3] 董佳萍．阜平县大枣产业扶贫现状及对策研究[D]．河北农业大学硕士学位论文，2015．

[4] 张兵，胡俊伟．"龙头企业+农户"模式下违约的经济学分析[J]．现代经济探讨，2005（535）．

打造"互联网+"平台
实现白莲产业转型升级
——以赣南原中央苏区广昌县为例

黄小勇　成忠厚*

摘要：产业是经济健康持续向好发展的潜在准绳，白莲产业作为江西省颇具特色的传统产业，是发展绿色生态经济的一张名片。因此，在当前"互联网+"掀起的狂澜之下，必须攻坚克难、全面高效、有理有节地推动江西省白莲产业转型升级，为江西省传统农业转型升级做好榜样。鉴于此，调研组通过对江西省颇负盛名的白莲出产地——赣南原中央苏区广昌县进行多方实地调查，系统整理归纳出广昌县目前白莲产业转型升级面临的七大问题，具体包括：一是白莲产业安全面临多重挑战；二是白莲产业利润空间不断压缩；三是白莲产品销售压力大幅凸显；四是白莲产业品牌缺乏系统管理；五是白莲产业规模化程度较低；六是白莲产业产品附加值偏低；七是白莲产业尚未形成集群效应。在分析问题的基础上建设性地提出了七大对策：一是打造"互联网+"数据分析平台，实现白莲产业安全升级；二是打造"互联网+"信息共享平台，优化白莲产业结构升级；三是打造"互联网+"线上线下平台，促进营销与贸易升级；四是打造"互联网+"网络社交平台，确保白莲产业品牌升级；五是打造"互联网+"金融融资平台，加快融合与整合升级；六是打造"互联网+"科技创新平台，推动白莲产业技术升级；七是打造"互联网+"社会众筹平台，重视白莲产业集群升级。

党的十八大以来，国务院出台一系列政策方针支持赣南等原中央苏区振兴发展，并重点建设一批有特色的农产品深加工基地。江西省委省政府更是深入贯彻落实中央系列政策文件，高度重视赣南等原中央苏区农产品产业全面转型升级问题。从古至今，赣鄱之地均享有鱼米之乡的美誉。然而，随着社会主义市场经济迅速发展，赣南等原中央苏区的农产

———————

基金项目：本文为国家社科重大招标项目"'互联网+'驱动传统产业创新发展路径及模式研究"（16ZDA014）、国家社科基金项目"泛县域视角下产城融合共生路径研究"（16BGL212）和江西省社科规划重点课题"同城化视角下区域产业共生发展研究：以赣江新区为例"（16YJ03）的阶段性成果。

　*　作者简介：黄小勇，男，博士，江西师范大学财政金融学院副院长、教授，江西省产业转型升级软科学研究基地副主任。成忠厚，男，江西师范大学财政金融学院经济决策与金融管理硕士生。

品产业结构问题日益突出，特别是在"互联网＋"浪潮的大背景下，农产品产业面临着前所未有的挑战。基于此，笔者成立专门调研小组于 2016 年 11～12 月对江西省抚州市广昌县进行了实地调研，通过对广昌县白莲产业目前发展现状和存在问题进行详细调查与深度分析，旨在为广昌县白莲产业打造"互联网＋"平台，实现白莲产业转型升级，同时，希望为赣南等原中央苏区其他农产品产业转型升级提供参考，从而达到促进赣南等原中央苏区经济崛起、实现赣南等原中央苏区脱贫致富、携手赣南等原中央苏区共奔小康的目的。

一、广昌县白莲产业化发展现状

笔者在调研过程中发现，广昌县充分立足于"十三五"规划的发展理念，以"扬特色、提质量、增效益、促增收"为指导，以科技创新、科技进步、产科结合为动力，以做大做强做优广昌县白莲国家级名片为目标。通过稳面积增产量、推良种提质量、抓科技促创新、强品牌活流通、引外资促加工、育人才谋发展，从外延和内涵两个方面不断推进广昌县白莲产业化发展。目前，广昌县白莲总产值已突破数亿元，农民人均从白莲产业获得的年纯收入达到 6000 元，占人均年纯收入的 1/4 以上，白莲产业成为广昌县的一大支柱产业。但是，广昌县白莲产业化进一步发展状况不容乐观。

（一）白莲种植规模相对分散，种植风险规避较难

从白莲种植分布地区情况看，主要种植区有福建、湖南、江西、浙江等地，而江西白莲产量名列前茅。其中，江西抚州广昌县白莲种植面积约 8 万亩，产值达 1.2 亿元以上。白莲俨然成为广昌县农民的主要经济作物，农村每个家庭都至少种植一两亩白莲，多则数百亩。然而，白莲种植较为分散，而且种植规模大的农户较少。

从白莲种植风险影响因素看，影响白莲种植风险的主要因素包括自然因素和政策因素两方面。通过走访农户发现，一方面，自然因素中天气变化占主导地位。白莲长苗期在每年的 3～4 月，此时不宜多雨，否则幼苗容易腐坏；同时，白莲生长过程中，天气对其影响也较大，天气晴朗，发生病虫害的概率较小，阴雨天气，发生病虫害的概率较大。近年来，江西省阴雨天气居多，无形中加大了白莲种植户的种植风险。另一方面，政策因素中政府补贴是重要保障。政府补贴将驱使白莲种植户在沉没成本和机会成本中做出衡量，考虑是否冒着自然风险去种植白莲。但是，广昌县政府目前对白莲种植补贴力度小，相应的农业保险处于空白状态，很难规避白莲种植户的种植风险。因此，广昌县白莲产业可持续发展能力差，未来整体发展空间较大。

（二）白莲加工设备相对简陋，加工技术相对落后

从白莲加工设备看，白莲加工属于半自动化，从脱壳到通心再到烘干，到加工成其他产品，使用的基本都是本地小型机械厂制造的较为简单的机械设备，比如烘干机，价格为1600～1700元，但是烘干方式有机器烘干和炭烧两种，大部分农民考虑到数量不多，购买机器成本较高，一般会选择炭烧烘干。

从白莲加工技术看，莲子脱壳也是半自动化，目前当地主要还是采用手摇机器进行脱壳。广昌县曾尝试和南昌大学合作研发白莲脱壳机，但是由于脱壳机的孔都是一样大而莲子有大有小，致使机器易损坏白莲的品质，因此，机器没有得到大规模的推广使用。白莲全身是宝，但是，受加工设备和加工技术的影响，广昌县白莲相关产业没有得到很好的发展，当地主要还是以加工莲子为主产业。

（三）白莲收购交易信息封闭，收购资信相对薄弱

从白莲整个收购交易环节看，可以将白莲收购交易分三为个过程：一是白莲收购商直接下乡采购白莲，或是农户三六九赶集去白莲交易市场上卖给一些外地或者本地比较大的收购商，收购的基本都是脱壳去心烘干好了的莲子；二是收购商将收购的白莲转卖给当地白莲加工企业，或者将白莲发往全国各地市场；三是白莲加工商将白莲产品销往消费市场。在上述过程中，亚当·斯密"经济人假设"理论在种植户、收购商、加工商身上得到了较好的诠释，由于信息不对称，种植户、收购商、加工商为获取最大利润，会对白莲做一些"手脚"，很大程度上影响了广昌县当地白莲的品牌口碑。

从白莲整个收购资信环境看，银行对白莲收购商（一般是个别农民主体）一般给予小额贷款，通常利息为7厘2。相对大的收购商（专门从事农产品收购主体）向银行贷款时会利用固定资产进行抵押贷款，部分会用公务员担保贷款，利息高低取决于个人资信。然而，目前广昌县小的白莲收购商数量远远多于大的白莲收购商，并且他们往往是银行小额贷款的"主力军"，当前现状是广昌县当地部分小白莲收购商资信很差，经常拖欠银行贷款利息，有的连本金也不还，所以银行现在几乎不太做小额贷款，银行信贷环境较差，收购商资信环境有待改善。

（四）白莲宣传手段相对单一，宣传力度有待加强

从白莲产品宣传手段看，广昌县当地政府宣传手段仅停留在每年举办的白莲节活动上，并且开放程度不高，所以其影响力有限，这种形式上的做法不能从根本上解决问题，只能是"治标不治本"，对带动白莲的销售作用微乎其微。

从白莲产品宣传力度看，广昌县当地政府迫切于突破三个现状：一是突破白莲宣传区域本土化现状，即实现白莲宣传区域空间化；二是突破白莲宣传主体单一化现状，即实现白莲宣传主体多元化；三是突破白莲宣传平台传统化现状，即实现白莲宣传平台互联网

化。显然，笔者通过调研发现，广昌县当地政府对白莲的宣传力度还停留在宣传区域本土化、宣传主体单一化、宣传平台传统化现状，政府这种销售宣传方式未能很好地帮助白莲种植户打开销售渠道，广昌县当地政府亟须加强白莲的宣传力度。

二、广昌县白莲产业升级面临的问题及分析

在整个调研过程中，笔者通过对广昌县白莲产业发展现状进行深入考察，发觉诸多问题会阻碍广昌县白莲产业进一步发展，经过细致整理、比较、分析后，将诸多问题归结为七个方面，即白莲产业安全面临多重挑战、白莲产业利润空间不断压缩、白莲产品销售压力大幅凸显、白莲产品品牌缺乏系统管理、白莲产业规模化程度较低、白莲产业附加值相对偏低、白莲产业尚未形成集群效应，并对上述问题进行了逐一分析。

（一）广昌县白莲产业安全面临多重挑战

1. 白莲种植面积呈现大幅度下降趋势

改革开放以来，随着种植业结构的不断调整，白莲产业发展迅速，种植面积不断扩大，到20世纪中后期，广昌县白莲种植面积基本稳定在10000亩左右。然而，最近几年广昌县当地白莲种植面积持续下滑，在调研中，笔者了解到引发该种局面的原因有两大方面：自身原因和外界原因。

从白莲种植自身原因看，一是白莲连作时间长，致使白莲腐烂发病严重，特别是甘竹、盱江、长桥等乡镇，由于冬季缺水，白莲更易发病，给农民带来较大经济损失，所以农民种植白莲的热情不高。二是这些年来白莲单产大幅提高，加上外出务工农民增加，一家一户若增加白莲种植面积，高峰季节白莲加工将受到影响。从白莲种植外界原因看，一是近几年来烤烟生产异军突起，塘坊、尖峰、水南等乡镇烤烟种植面积大幅增长，白莲种植面积减少。二是近年来国家粮食政策调整，粮价大幅上调，农民种粮积极性提高。三是我国积极推行城镇化，农村经济结构在向城市结构转变，农业用地面积逐渐减少。

2. 白莲研发资金投入存在体制障碍

广昌县委县政府对白莲科研事业十分重视，成立了我国最早的子莲科研机构——广昌县白莲科研所，曾多次让白莲种子搭载航天卫星，通过太空空间诱变育种，成功培育了太空莲，不仅提高了白莲的亩产，还使白莲更具观赏性，给当地的白莲产业的发展带来了极大的效益。

广昌县白莲科研所属于差额拨款单位，财政拨款少，科研资金投入无保障，目前科研项目资金的主要来源是公益捐赠和创新收入两方面，科研所生存压力较大。加之现有的白莲科研所试验园基地老化、土壤条件较差、科研条件简陋、实验设备老旧、科研资金短

缺，导致当前科研所的科研水平有限，白莲种植加工技术水平发展受限，使当地白莲产业发展滞缓。究其深层原因，是广昌县当前行政体制改革滞后于经济体制改革，从而影响白莲产业纵向与横向发展。

3. 白莲产业整个发展环节创新不足

从工厂化育苗技术创新看，采用脱毒及组培快繁技术进行工厂化育苗生产，已成为我国种苗生产潮流和趋势。广昌县委县政府十分重视这项技术，并在龙岗建立白莲良种示范基地，但仍未掌握莲苗脱毒及组培的核心技术，如能整合技术力量，进行技术攻关，拥有具有自主知识产权工厂化育苗技术，实现脱毒育苗自给，将极大提高白莲生产积极性。从白莲种植技术创新看，关键在于防治白莲腐烂病，现在仍未找到理想的药剂防治办法，白莲腐烂病给莲农带来较大经济损失，很大程度上打击了莲农的生产积极性。从白莲加工技术创新看，目前广昌县白莲加工仍以手工加工为主，产出效率较低，若能在保证白莲质量的前提下实现白莲加工的机械化，尤其是去皮工序的机械化，白莲种植无论是规模还是效益都将大幅度提高。

（二）广昌县白莲产业利润空间不断压缩

1. 白莲种植户种植成本扩张

从白莲种植户层面讲，由于近年来我国通货膨胀的存在，促使物价水平整体上升，种子、肥料以及劳动力价格不断上升。随着白莲种植技术不断提升和全国各地白莲种植规模不断扩大，现在的白莲市场处于买方市场，供过于求，也就是经济学中"谷贱伤农"的现象。然而，银行和政府对于白莲种植业的资助力度不到位，导致白莲种植户的收益日趋减少，种植成本不断上升。

2. 白莲收购商采购价格攀升

从白莲收购商层面讲，一方面，白莲种植户因种植成本上升而抬高白莲的收购价格，收购商因收购成本的增高直接压缩了自身的收购利润。另一方面，白莲产品的销售状况不断下滑，农产品因商品价值偏低，使得白莲加工厂商持续降低白莲收购价格。此时，白莲收购商是"老鼠进风箱——两头受气"，只能是价格接受方，处于进退维谷的尴尬处境，可谓是"鸡肋者，食之无肉，弃之有味"。

3. 白莲生产商销售市场惨淡

从白莲加工商层面讲，一方面，白莲产业作为农副产品加工产业，本身利润偏低，此外，与水稻、小麦、玉米等主要农作物相比，白莲产品销售渠道和销售途径市场前景并不宽阔，商品利润走低。另一方面，白莲加工商对产品市场需求定位不准，白莲加工厂商一般将白莲加工成白莲饮料和白莲食品，此类产品市场需求量小，致使供过于求，导致价格降低，利润被压缩。从整个白莲产业发展前景来看，白莲产业虽然现在保持极小幅度增长，但是利润空间已经不断减小，可持续性非常低。

（三）广昌县白莲产品销售压力大幅凸显

1. 白莲产品质量缺乏安全保障

从传统产业划分来看，白莲产业属于第一产业，其生产方式较为落后，无法进行大规模生产，尤其科技含量非常低。然而，质量是所有产品的"生命线"，白莲产品亦是如此。在莲子保鲜环节，因为科技含量低，没有特殊保鲜技术保障，不能保质保量，给白莲销售运输环节带来不便，使大量新鲜莲子积压，给白莲种植户带来巨大销售压力。

2. 白莲产品精深加工能力不足

白莲产品属于农产品的加工产业，因此，它也面临着现今农副产品产业遭遇的同一问题：白莲产品精深加工能力欠缺。具体原因有两个：一是技术受限，当前白莲加工技术停留在初级阶段；二是白莲产品的类型较为单一，并且难以开发，加工后的产品长期无法更新，导致销售压力陡增。

3. 白莲产品销售货源供给不稳

白莲产品销售压力最主要的来源是市场营销体系混乱。白莲种植属于比较原始的种植，收成极不稳定，导致供应量不稳定，所以厂商没有稳定的货源，导致企业制定的生产方案无法成形。产业利润空间不断被压缩，销售面窄，营销链脆弱，整个营销体系处于不稳定的状态，形成了无法化解的销售压力。强大的销售压力影响了白莲产品在商品市场中的流通速度，使白莲产业的发展速度滞缓。

（四）广昌县白莲产业品牌缺乏系统管理

1. 白莲产品尚未形成自身特有的品牌

广昌县白莲产品营销遇到如此大的瓶颈，其重要原因之一便是被称为"白莲之乡"的广昌县，缺乏对广昌白莲这一金字招牌的系统性管理。

一方面，现如今，白莲种植的区域已经从赣南地区扩散到湖南、福建等地，原先因得天独厚的地理位置而产出品质极高的广昌白莲，却被其他地区利用科技手段弥补并追上了，品牌优势难以巩固。并且由于得不到科技支持，广昌白莲这一品牌的维护更是难上加难。在如此困难面前，广昌白莲在遭遇品牌危机时并没有得到该有的管理和援助。另一方面，科学技术创新不足、科研资金持续匮乏，未能引起广昌县当地政府的重视。白莲产品一味依赖自古以来的招牌，并希望借此可以稳固这一品牌。然而，随着社会主义市场经济迅速发展，作为一个赫赫有名的历史品牌，广昌白莲也面临品牌价值偏低的难题。需求量低下，引发了白莲品牌的崩溃；影响力偏小，消费者对这一品牌知之甚少，更无法产生消费欲望。

2. 白莲产品对信誉问题重视程度不够

广昌县白莲产品销售商以个体户和私营企业为主，而个体户是参与市场销售的最大主体，从业人员素质参差不齐，部分经营户以次充优，掺假使假，还有些经营户将白莲用过氧化氢漂洗或用硫黄熏蒸，对该县白莲声誉造成毁灭性伤害。同时，阻碍了白莲产业品牌的进一步打造。

3. 白莲产品在品牌创立环节顾此失彼

目前，广昌县白莲生产以农户自主经营的分散模式为主，未形成具有全国性影响力的白莲品牌。在白莲产品商标注册方面，广昌县政府多方筹集资金注册广昌白莲通用商标，同时申报广昌白莲原产地域产品保护。目前，这两项工作都将结束，但今后如何加强和规范管理，扩大品牌影响力，还有待进一步研究。

在白莲产品知识产权保护方面，广昌县白莲科研所成功培育了太空白莲新品种，并将其推广到我国子莲各大产区，产生了广泛的影响。但出于各种原因，广昌县没有成功注册太空莲商标，因此不能进行知识产权保护，别的地方单位或企业从莲科所引进太空莲后，便堂而皇之地打上本地或本单位企业名称，变成了它们的产品，或者干脆假冒太空莲的名称进行销售，这对太空莲的声誉造成了不良影响。究其原因，是因为广昌县在注册太空莲商标和进行知识产权保护时未能协调好两者孰重孰轻，致使品牌创立环节顾此失彼。

（五）广昌县白莲产业规模化程度较低

1. 白莲产业主体间的信息不对称

目前，广昌县白莲加工产业还未形成"农产品加工企业＋农户"或"农产品加工企业＋中介＋农户"等组织模式，造成白莲产品加工企业与各关联行为主体间组织关联度低、合同不规范、利益关系不协调等，导致履约成本高，现实中白莲加工关联企业间违约现象严重，从而形成了博弈分析中的"囚徒困境"，究其原因主要在于签约双方的信息不对称和机会主义倾向。引入期权理论中的卖权机制可以完善订单合同，在订单合同中，为农户提供卖权（随行就市，保底收购，农户具有选择权），形成新型"农产品加工企业＋农户"产业组织模式是一种有效的创新路径。所以，建立新型合作机制是解决广昌县当地白莲产业发展的前提。

2. 白莲产品进退市场机制不完善

通过对广昌县当地白莲加工企业的走访调查，并收集相关的资料，笔者发现，广昌县白莲加工产业普遍存在企业规模偏小、产业集中度低、加工技术水平低、产品差异化程度小、缺乏品牌竞争意识等问题。白莲产品加工企业现有规模较小的主要原因是白莲及副产品市场进入壁垒低而退出壁垒高，导致白莲加工企业存在如下问题：低水平重复建设，行业内过度进入，市场集中度低，市场竞争激烈，市场秩序混乱，市场效率低下。因此，广昌县白莲加工业长期徘徊于小规模生产，技术创新动力不足，导致白莲产业行业规模发展停滞不前。

3. 白莲产业路径选择定位不准确

从产业组织角度分析，白莲加工产业集中度与产业经济绩效在一定范围内是正相关关系，即产业集中度越高，产业经济绩效越好。农产品加工大企业具有规模效益与规模优势，因此，应扩大白莲加工企业规模，培育大型白莲加工企业。白莲加工业的相应路径选择包括实行一体化战略、培育企业核心竞争力、增加企业市场进入壁垒、降低企业退出市场壁垒、加强竞争市场进入阻挠，按照现代企业制度理论培育发展跨国白莲加工企业集团（大公司），提高农产品加工产业集中度，逐步实现全球化发展战略。显然，广昌县白莲加工业要实现上述诸多目标，选择适合广昌县白莲加工业自身实际的产业化道路，还需要做很多工作。

（六）广昌县白莲产业产品附加值偏低

1. 白莲产品创新力度不够

在白莲育种阶段，白莲品种较为单一，白莲品质参差不齐，即便品质优良，高于次品，也并无明显优势，商业价值转换率较低。在白莲加工阶段，白莲初级产品多，加工产品少，而精深加工产品更少，结构性矛盾十分突出。此外，白莲种植户经营规模小，制约了白莲种植新技术的推广和创新。

2. 白莲种植技术普遍落后

①白莲种植科技推广专业技术队伍人才匮乏，乡村两级部门和组织基本没有建立起专业的农技推广队伍。②白莲种植科技缺乏创新机制，生产科技成果储备不足，缺少既可以大幅度增产又能提高白莲品质的新品种和新技术。③缺乏科技推广对象，受自然经济观念影响，白莲种植户皆不愿将自家的白莲作为实验对象。上述种种问题导致农业生产技术还比较落后，白莲生产效率有待提高，白莲产业产品的"长尾效应"无从谈起。

3. 白莲产业化经营层次低

白莲产业化经营层次低，主要体现在以下四个方面：①白莲产业发展不平衡，地区产业化龙头企业较少，缺乏龙头企业带头作用。②白莲生产龙头企业规模小，缺乏知名品牌，竞争力不强。③白莲产业化经济组织与白莲种植户利益联结机制尚且不完善、不稳固。④白莲产业化支撑体系建设缓慢，社会化服务功能不完善、不配套，市场信息网络体系建设滞后。

（七）广昌县白莲产业尚未形成集群效应

1. 白莲产业集群处于初级阶段

目前，广昌县白莲加工产业集群规模普遍偏小，发展层次低，可持续竞争力不强，主要依赖低成本优势，没有充分发挥产业集群的各种优势，产业集群的进程大多数处于初级阶段。诸多企业位于同一个产业集群，但集群内部却缺乏细致的分工。同时，目前的产业集群只局限于生产不同产品的同类企业在同一的地域空间上简单集中，而不是在产业价值链上的集中。

2. 白莲生产商之间关联程度低

一方面，白莲加工产业集群内企业关联程度差，农产品加工产业集群对企业规模、技术、劳动力的素质要求不高，产业的进入壁垒低，产品多数档次不高。另一方面，白莲集群企业联系不紧密，进行恶性竞争，合作不足。此外，企业间尚未建立有效的信用机制，阻碍了白莲产业链的延伸，导致一些白莲产业集群难以做强做大，不利于产业集群自我发展和集群竞争力提升。

3. 白莲加工业内部产业链条短

①白莲加工产业集群内整个加工环节产业链短，竞争优势不大。②白莲加工产业集群规模小，深加工环节少且产业链条短。③白莲加工业集群内专业化防范分工协作程度小，尽管已经拥有一定的规模效应，但竞争优势并不明显。

三、广昌县白莲产业转型升级的对策建议

通过对广昌县白莲产业当前面临的问题进行深入分析，笔者认为，未来广昌县白莲产业全面转型升级是唯一出路，具体做法可以概括为"打造好一个平台，准备好七个升级"，即在打造好"互联网＋"平台的大前提下，实现白莲产业安全升级、优化白莲产业结构升级、促进营销与贸易升级、确保白莲产业品牌升级、加快融合与整合升级、推动白莲产业技术升级、重视白莲产业集群升级。最终，形成白莲产业育苗、种植、收购、加工、销售、售后等环节一体化产业链条。

(一) 打造"互联网＋"数据分析平台，实现白莲产业安全升级

(1) 白莲种植方面。通过现代科学技术检测白莲生长土壤，利用互联网大数据优势对白莲生长土壤进行比对分析，研发出能适应各种土壤生长的白莲种苗，提升白莲种苗适应环境的能力。同时，研发出对白莲种苗和生长土壤无害的农药与肥料，达到从根源上保证白莲产品安全升级的目的。

(2) 白莲流通方面。广昌县质检部门务必提高白莲种植户、收购商、加工商的安全意识和社会责任感，设置白莲专门收购点，规范白莲流动渠道，使用专项白莲产品质量检测技术不定期对种植户、收购商、加工商的白莲产品进行检测，利用互联网技术对所得数据进行储存、分析、跟踪，坚决打击白莲产品掺假使假行为，保证白莲产品在流通环节安全升级。

(3) 白莲销售方面。广昌县各部门必须加强联合协助检查，加大严惩假冒伪劣产品力度。同时，应该从技术层面对白莲产品销售进行科学检测，利用互联网技术对合格产品的名称、标志、包装等指标进行设定，然后随机抽取市场上销售的白莲产品，通过互联网大数据比对分析来辨别假冒伪劣产品，确保白莲产品在销售环节安全升级。

（二）打造"互联网＋"信息共享平台，优化白莲产业结构升级

（1）优化企业结构，打造"企业运作—'互联网＋'信息—政府政策"互信机制。企业和政府通过建立"互联网＋"信息共享平台，一方面，企业可以第一时间了解政府产业政策，从而更好地制定产业结构升级策略；另一方面，政府也可以第一时间了解企业发展的需求与瓶颈，特别是对发展上市大型公司而言，政府可以有针对性地为其开通资本、技术绿色财政政策通道，并进行贴息、税前还贷等政策性资助，加快白莲企业结构优化。

（2）优化市场结构，打造"国内市场—'互联网＋'信息—国外市场"互通机制。以"互联网＋"信息共享平台为中介，白莲生产企业快速、高效掌握国内、国外市场信息，统筹兼顾国内、国外两个市场结构，科学制定市场战略，优化市场资源配置，寻找降低交易费用的新途径，从而优化白莲产品市场结构，减少不必要的交易成本。

（3）优化产品结构，打造"企业产品—'互联网＋'信息—科研动态"互动机制。一方面，企业在将白莲产品投放市场之前，可以通过互联网把产品信息共享给科研机构，科研机构在对产品进行评估之后，再将改进产品信息反馈给企业，促使企业产品由初级加工向深加工迈进。另一方面，企业可以通过"互联网＋"信息共享平台获取到科研机构或高等院校的最新科研动态，从而将科研成果产业化，达到优化白莲产品结构的效果。

（三）打造"互联网＋"线上线下平台，促进营销与贸易升级

（1）利用互联网技术，营造良好的线上线下产品营销与贸易环境。结合国外和国内市场，制定求同存异的营销与贸易策略，运用互联网线上平台建构快速反应的国内、国际营销通路。同时，做好线下配套工作，设置海外据点，收集并分析市场产品及技术信息，为线上营销决策提供参考。此外，企业上游强化新产品研发，企业中下游重视产品设计，做到线上线下双管齐下，促进白莲产品营销与贸易升级，迅速成为全球市场领域的领先产品。

（2）利用互联网技术，制定准确的线上线下产品营销与贸易策略。白莲产业应加强与支付宝或微信支付平台合作，例如，消费者在网上购买白莲产品，如果使用支付宝付账，可以参与抽奖活动，并获取相应的奖品；如果使用微信支付，可以获得一定数量的红包。同时，白莲企业还应该加强与各大实体银行的合作，例如，凡是在规定期限内在中国建设银行办理存贷款业务的顾客，可以获得白莲产品一份。无论是上述哪种业务，都使消费者成为白莲产品的间接营销者，无形中促进了白莲产品营销与贸易升级。

（3）利用互联网技术，创造快捷的线上线下产品贸易物流方式。特别是针对国外市场，白莲产业可以配合国外自由贸易区设置，形成中下游产业结盟、策略性投资或外移生产设备，争取国外优惠政策，生产并销售白莲产品。当然，也可以搭配国内接单、海外出货的国际物流方式。在白莲产品物流配送过程中，应运用互联网线上技术全程跟踪物流配

送动态，及时处理物流配送中出现的问题，积极打造白莲产品在消费者心中的良好形象，这也是间接促进白莲产品营销与贸易升级的重要方式。

（四）打造"互联网+"网络社交平台，确保白莲产业品牌升级

（1）白莲种植户可以创建广昌白莲微信公众平台，科普白莲相关的知识。白莲种植者可以利用微信公众平台，利用文字、图片或视频等形式，向公众科普白莲种植、生长、收获的全过程，从而开发旅游观光项目，在上述过程中树立白莲产品环保、绿色理念，确保白莲产业品牌升级。

（2）白莲产品企业可以创立广昌白莲企业官方微博，凸显白莲品牌特色。企业自身创立官方微博目的是企业宣传自身品牌，官方微博所推送的所有内容都围绕着企业白莲品牌展开，让消费者更加了解企业自身品牌。最有效的方式之一就是充分利用好"名人效应"，即白莲企业可以邀请一线当红明星为白莲品牌代言，着重向公众介绍白莲的药用和使用价值，打造广昌白莲特有的品牌。

（3）政府可以开展白莲相关的多元化活动，全方位打造白莲产业品牌。广昌县政府可以利用自身的资源优势，开展一年一度的莲花节，并且出资拉赞助商或者邀请当红明星、举办大型歌舞晚会来提高白莲的知名度。在晚会中，设置微博话题抽奖和微信摇一摇环节，争取让更多人关注广昌白莲微信公众平台，以及通过增加广昌白莲官方微博粉丝量来增强宣传效果。当然，广昌县政府也可以出资拍摄旅游景点广告宣传，可以针对广昌县整体进行拍摄、宣传，但主要围绕白莲这一特色展开，然后在一些知名卫视进行播放。另外，广昌县政府可以鼓励白莲种植户或相关企业发展白莲休闲旅游产业，包括白莲观赏、白莲采摘比赛、剥莲比赛、吃莲比赛以及烹饪比赛等，打造集娱乐、旅游为一体的产业。在这些比赛中，可以引导游客扫描二维码关注广昌白莲微信公众平台和广昌白莲官方微博，从而提高白莲知名度。

（五）打造"互联网+"金融融资平台，加快融合与整合升级

（1）利用P2P融资模式，加快白莲种植融合与整合升级。加快广昌县白莲产业融合与整合升级，第一步就是要进行白莲种植融合与整合升级，也就是说，要促使白莲种植向规模化方向发展。此时，白莲种植大户可以通过P2P融资模式来进一步扩大种植规模，这种融资模式可以避免民间高利贷，有效增强白莲种植户的种植信心。具体做法是，种植户先在P2P融资平台发布资金需求，通过第三方平台审核之后，就可以快捷获取相应资金。融合和整合升级是力量的重新组合，将使白莲加工企业得到更好发展。

（2）利用P2P融资模式，加快白莲收购融合与整合升级。广昌县部分白莲收购商在融合与整合白莲收购市场时，往往会面临资金短缺的瓶颈，并且出现当地银行拒绝向白莲收购商提供贷款的窘境。究其原因，是因为部分规模小的白莲收购商资信差，扰乱了当地信贷环境，此时，为了加快白莲收购融合与整合升级，P2P融资渠道是白莲收购商的不二选择。

（3）利用P2P融资模式，加快白莲加工融合与整合升级。白莲种植和白莲收购的融合与整合升级，极大地加快了白莲加工融合与整合升级，白莲种植和白莲收购的融合与整合升级可以说是解决了白莲加工规模化生产的货源供给问题。然而，白莲加工融合与整合升级还面临着资金短缺问题，而银行贷款又需要繁杂的评估程序，商机转瞬即逝，必须改变对P2P融资方式的固化认识，快捷、高效的P2P融资方式同样适用于白莲加工企业。

（六）打造"互联网＋"科技创新平台，推动白莲产业技术升级

（1）白莲种植方面，种植企业应有意识地引进"互联网＋"无人机技术。当然，只有具有相当种植规模的种植企业，才有必要引进无人机技术。白莲种植企业可以利用互联网对无人机进行网上操控，通过无人机进行白莲种子播撒、喷洒农药，同时还可以通过无人机对白莲的生长状况、是否有虫害进行有效监控，较好地控制了白莲种植企业的人力、物力成本，推动白莲产业种植技术升级。

（2）白莲收购方面，收购企业应有意识地引进"互联网＋"产品检测技术。在白莲传统的收购方式中，白莲收购商先对白莲产品进行检查，然后给出相应收购价格，经验主义色彩严重且收购价格主观色彩浓重，容易给收购商与种植户双方造成不愉快。而引进白莲产品检测技术，通过互联网技术设定产品的指标、称量、定价，利用电脑操控来收购白莲产品，符合科学、合理、高效要求，推动白莲产业收购技术升级。

（3）白莲加工方面，加工企业应有意识地引进"互联网＋"产品加工技术。无论是在白莲产品初级加工阶段，还是在白莲产品深加工阶段，白莲加工企业都应该有意识地利用"互联网＋"产品加工技术。当然，从现实条件考虑，目前将"互联网＋"产品加工技术投入白莲产品深度加工，条件尚未成熟，加之该技术成本远远大于劳动力成本，还需要循序渐进地引入。但是，从白莲加工企业长远战略来看，未来广泛运用该技术是推动白莲产业技术升级的必然趋势。

（七）打造"互联网＋"社会众筹平台，重视白莲产业集群升级

白莲产业仅形成规模效应是远远不够的，怎样打造"互联网＋"社会众筹平台，重视白莲产业集群升级，实现资源配置"帕累托最优"，最终形成共享经济才是目标，"互联网＋"社会众筹正是共享经济的一种思维。当然，需要强调的是，必须打破社会众筹只适用于融资领域的狭隘认知。

（1）通过"互联网＋"社会众筹平台，搜集企业高级管理人才。将形式多样、具备竞争力的白莲产业集合在一起并非易事，资源稀缺性又迫使白莲产业必须进行产业集群升级，解决这一矛盾的最佳选择就是通过"互联网＋"社会众筹平台，向全球招募高级管理人才。具体做法是利用互联网技术，隐性地设计出需要人才的指标，自动筛选符合标准的人才，从而达到对白莲产业统筹规划、合理布局指导与管理目标，促使白莲产业集群发

展和壮大，并与地方经济社会发展高度耦合，放大产业集群的经济效应。

（2）通过"互联网＋"社会众筹平台，实现企业技术设备筹集。相对白莲生产设备而言，完全可以实现共同性质企业间共享。例如，白莲种植企业缺少无人机设备，就可以通过"互联网＋"社会众筹平台发布筹集消息，而其他白莲种植企业则通过一定的方式将其空闲的设备共享给需要者，这样就间接实现了产业集群效应。对于白莲生产技术而言，只需一家企业向相同性质企业利用"互联网＋"社会众筹平台筹集他们遇到的技术瓶颈，然后进行整理汇总，再次利用"互联网＋"社会众筹平台筹集新技术，最后统一分享给同类企业即可。这种做法不仅大大降低了白莲企业开发新技术所花费的资金，更有效实现了白莲产业集群升级。

（四） 乡村振兴道路探索

加强农业生态环境保护与修复
促进农业可持续发展

邝小平[*]

目前，江西省绿色农业发展取得重大进展，但也面临几个亟须破解的问题：①农业产业集群发展的空间布局不优。江西省确立发展的 75 个农业产业集群主要以种植、养殖业为主，但各地普遍未重视做好生态空间布局工作。如 2013 年 5 月颁布的《江西省畜禽养殖管理办法》，对畜禽养殖场和养殖小区设立、备案、登记、公布有明确规定，查阅全省四个生猪养殖产业集群区域的县级政府网站，均无公告公示记载。②源头结构性污染较重问题仍未遏制。江西省废水排放总量虽逐年下降，但一些主要污染物排放量在全国的占比却趋于上升。"十二五"期间，江西省化学需氧量排放量由占全国的 3.07% 上升至 3.22%，氨氮排放量由占全国的 3.57% 上升至 3.68%。其中，农业内源性污染不容乐观。农业化学需氧量排放量占全省的 30.67%，相当于城镇生活排放的 55.36%，是工业排放的 2.39 倍；农业氨氮排放量占全省的 32.62%，相当于城镇生活排放的 58.35%，是工业排放的 3.07 倍。③农用化学品投入强度仍然较大。2014 年，江西省农作物播面亩均化肥施用量（折纯量）为 17 公斤，虽低于全国平均水平，但高于 15 公斤/亩的国际公认安全上限；全省农药使用总量虽比 2010 年减少 11.1%，但一些农林作物每年喷射农药达十几次，使用量仍大大超出安全用量。全省农用塑料薄膜使用量近年来一直以年均 3.25% 的速度增长，但至今未出台回收、处置的政策性意见。④耕地土壤污染状况底数不清。据悉，江西省曾开展过包括土壤污染状况调查、土地利用现状调查等相关工作，但基层政府部门、企业和农民对当地耕地土壤是否存在污染，土壤污染的类型、程度、具体分布如何及其环境风险都不清楚。

针对以上问题，解决的根本途径在于强化农业生态环境的保护和修复，为此提出以下政策建议：

（1）对《江西农业产业集群发展规划（2014~2020 年）》进行修订。建议在提高和

---

* 作者简介：邝小平，男，江西省政协原常委、经济委员会副主任。

维护农业生态系统稳定性、持续性方面进行补充完善。重点是：依据《江西省生态空间保护红线区划》和各地对种植业、养殖业结构的调整优化，精准勾勒、科学调整全省农业产业集群的区域界址和培植数量；对"百县百园"示范区、辐射区的发展占地面积，不做全省性统一规定，由各县市政府根据当地资源禀赋自行规划并进行空间布局；增列"绿色生产基地""三品一标"等体现绿色发展绩效的评价指标，让"绿色·安全"成为更多农产品增值的自然资本；编制农业产业集群中长期发展规划，加强对生态建设情况的督查，确保绿色生态农业发展永不停歇，久久为功。

（2）加大对耕地土壤污染风险管控的力度。土壤是保障食品安全的第一道防线，土壤污染防治又是农业生态环境保护和修复的重中之重，政府必须加大对土壤污染风险管控的力度。一要开展更高精度的耕地土壤污染详查，掌握全省耕地土壤环境质量状况。二要对农用地实施分类管理，确保耕地有效安全利用。三要加大耕地土壤污染科技攻关力度，建立适合江西省土壤污染治理与修复的技术体系。四要加强污染源监管，做好土壤污染预防工作。五要重视县级土壤环境监测设备配置和监测人员培训，提升基层土壤环境监测、风险预警和应急处置的能力。

（3）创新推进生态循环农业发展的思路。发展生态循环农业，在解决农业化学品投入过多、减少农业面源污染、改良耕地土壤方面，路径最直接且效果最好。发展生态循环农业既要加大工作力度，也要创新推广思路。要注重调动农民的积极性，只有多站在农民角度考虑问题，让农民感到有效益、得实惠，发展生态循环农业才能有效推进；要注重示范引领，有了一批生态循环农业示范县、示范园区、示范企业和示范项目的带动，发展生态循环农业才能向更多项目、更广领域拓展；要注重机制创新，只有建立起切合本地实际的推进机制、评价机制和保障机制，发展生态循环农业才会有持续效果。

（4）启动耕地生态保护补偿试点工作。开展耕地生态保护补偿，中央有要求，现实有必要，建议江西省启动耕地生态保护补偿试点工作。实施耕地生态保护补偿，因相对关系极为复杂、操作难度也很大，又缺乏可供借鉴的经验，试点工作要充分调研，稳步开展。一要注重耕地生态补偿项目的选择，采取分类分项、从易到难的方式开展试点。二要注重建立配套体系，如建立运行高效的组织机制、渠道畅通的融资机制、客观完善的评估机制等。三要注重探索依法补偿的途径，在目前国家有关生态补偿方面法律相对缺乏的情况下，通过地方立法为实施农业生态保护补偿提供法制保障。

（5）建立农业生态环境污染协同监管机制。加强农业生态环境保护和修复，不仅是科技问题，也有政府管理模式创新问题。在强化农业生态环境污染监管方面，建议在省级层面通过两种方式建立协同监管机制。一要以设置"江西省农业生态环境监督管理协调委员会"为统领，在着力推进农业生态环境的保护和修复工作中加强决策统筹，协调解决重大问题，提高行动效率，减少各部门政策交叉和管理冲突，形成分工合理、执行顺畅的组织保障。二要以搭建"江西省农业生态环境监督管理信息网"为平台，公开各部门的监督管理职能、监管执法清单目录和制度规范，推送各部门监管执法信息交换和监管数据分析，形成协同合作、监督有力的执法体系。各地也应通过建立健全农业环境污染协同监管领导体制和工作机制，提升政府行政管理效能。

以发展新理念建设川东革命老区"美丽乡村"

刘长江 *

摘要：由于历史、地理等各种因素的影响，革命老区特别是川东革命老区的现代化建设任务还十分艰巨。建设老区美丽乡村必须以发展新理念为指导，积极借鉴国外发达国家乡村现代化建设的国际经验，以市场为导向，完善农业发展政策、发展规划及市场配套制度，结合自身的农业资源和乡村历史传统，积极培植特色产业，实现脱贫致富，走符合自身发展的现代化之路。文化是乡村现代化的神和魂，革命老区的文化发展有着自身独特的发展优势。要打造老区自身的文化发展优势，坚持政府主导，加大宣传力度；加快人才引进培养，完善经费投入体系。

关键词：发展新理念；美丽乡村；特色产业；文化发展

川东革命老区包括广安市、达州市和巴中市的 16 个区县，面积 3.5 万平方公里，人口 1543.4 万。它位于川陕苏区的中心地带，为中国革命的胜利付出了巨大牺牲、做出了重大贡献。改革开放以来，党和国家领导人十分关心老区发展，川东革命老区的经济建设取得了可喜的成就，但由于川东革命老区地势复杂，历来属于较为贫困的地区，目前要实现老区现代化，建设老区美丽乡村，必须以发展新理念为指导，方能带来老区的永续发展。

一、川东革命老区"美丽乡村"建设现状

经过改革开放 30 多年的不断发展，革命老区人民的生活条件得到了极大改善，温饱

基金项目：本文系 2016 年度四川省社科重点基地项目"特色产业与川陕革命老区振兴发展实践研究"（SC16E064）系列成果之一。
* 作者简介：刘长江，男，四川文理学院教授，四川革命老区发展研究中心主任。

问题得到了解决。在农村，绝大多数农民告别了简陋的居住环境，通过各种努力，住上了"洋房"。特别是近几年当地政府通过政策引导和搬迁，逐步把生活环境、生产条件较差的农户集中安置到交通条件较好的地区，建立一些新的定居点，逐渐打造了一批有特色的"新村落"。2013 年，四川省开始打造"美丽乡村"，首批公布 1000 个，老区占了 200 多个，达州市 2014 年建成了 60 个"美丽乡村"示范村，并在 2015 年表彰了"十大最美新村"，老区建设"美丽乡村"取得了一定的成绩。

(一) 川东革命老区"美丽乡村"建设取得的成绩

川东革命老区"美丽乡村"建设取得了一定的成绩，主要表现在两个方面：一是注重特色产业的发展。老区各地市因地制宜地发展本地特色产业，出现了规模不大的现代农业产业，如大竹的醪糟产业、宣汉的黄牛产业、通川区的灯影牛肉产业、渠县的黄花产业、通江的银耳产业等，都有了一定的生产加工规模，但这些产业的附加值不高，基本上还属于粗加工状态，科技含量不高，销售渠道也还没有成为市场品牌。二是老区文化打造工程成绩斐然。革命老区以红色文化为主要资源的旅游文化，开始向古村落文化、自然山水景观、现代农业产业文化等多个方向发展，形成了新的文化阵地。首先，传统的红色文化资源得到了有效的保护和传承。如通江县在王坪烈士陵园原址的基础上，新建了游客中心、陵园甬道、陵园浮雕、纪念区、纪念碑、纪念馆、纪念墙、鹦哥咀墓园等，形成了崭新的旅游文化圣地。其次，新的旅游景点不断地被打造出来，形成了新的旅游文化景点。达州的"杨烈新村""赛人谷""百里峡"，巴中平昌的"镇龙森林公园""驷马水乡"等旅游文化景点的打造，一方面改善了当地的基础设施环境，另一方面也打造出了新的自然人文景观。

(二) 贫困仍然是老区持续发展的瓶颈

据最新的统计数据表明，全国贫困县有一半在老区，近 4 万个建档立卡贫困村和近 3000 万贫困人口分布在老区。贫困成为老区发展的瓶颈和难题。老区的贫困是一个复杂的问题，它是历史与现实多重原因造成的，我们认为，目前老区贫困主要表现在两个方面：一是收入低，物质生活相对贫乏；二是老区自我发展的能力不足。老区摆脱贫困，最终实现可持续发展的重要一点就是增强老区的自我发展能力，就是要贯彻落实"创新、协调、绿色、开放、共享"的发展新理念。习近平总书记早在 1992 年就在《摆脱贫困》一书中指出：贫困地区要把握发展的机遇，"弱鸟先飞"，要制定和实施产业政策，开发富余劳动力资源，"走一条发展大农业的路子"；干部要练基本功，同贫困作斗争是一项长期的历史任务，要有持之以恒，滴水穿石，不畏艰难的精神，要在治山治水这个"笨"工作上面下功夫，要在经济、社会、生态三个方面要效益，不然很难改变贫困落后的面貌。2015 年 2 月，习近平在陕甘宁革命老区脱贫致富座谈会上强调，我国要实现全面建成小康社会，没有老区的全面小康，尤其是没有老区贫困人口脱贫致富，那是不完整的。

2016年2月，党中央、国务院在《关于加大脱贫攻坚力度 支持革命老区开发建设的指导意见》中提出了老区脱贫攻坚的六条政策，以重点区域、重点人群、重点领域为突破口，布置了三个重点工作和八项主要任务，加大脱贫攻坚力度，带动老区全面振兴发展。2016年7月，国家发改委正式发布《川陕革命老区振兴发展规划》（以下简称《规划》）。这既是国务院为川陕革命老区振兴发展而单独编制的顶层设计，又是党中央、国务院和全国人民给川陕革命老区开的"小灶"和发的大"红包"。《规划》对川陕革命老区振兴发展定位较高，重点项目和重大政策支持较多，从而将川陕革命老区的振兴发展上升为国家级区域协调发展战略，革命老区又一次迎来了发展机遇，脱贫攻坚成为老区可持续发展的第一步。

二、以发展新理念促进老区的农业现代化

党的十八届五中全会强调，实现"十三五"时期发展目标，破解发展难题，厚植发展优势，必须牢固树立并切实贯彻"创新、协调、绿色、开放、共享"的发展理念，这既是国家"十三五"时期的发展新理念，也是老区永续发展的新理念。老区面临的主要发展难题是农业技术落后、基础设施薄弱、生态系统退化、资源环境约束较大，说到底就是农业现代化程度低。按照现代学者的看法，"农业现代化由科学技术体系、农业产业体系、微观经营体系和政策法规体系四轮驱动"。而我国农业现代化的这些驱动因素目前正在发生新的变化，如科学技术体系从以前注重机械化、电气化、水利化和化学化，转而注重生物技术、温室技术、电子技术和信息技术等；农业产业体系从以前注重产量和产出效率，转而注重产品安全、资源节约、环境友好以及综合生产能力和农民收入水平。从川东革命老区的农业现代化的实际进程来看，前一个时期的现代化进程尚未实现，如农业机械化水平低，水利设施简陋，靠天吃饭的传统农业生产方式还未得到根本改变，而化肥的广泛使用则使农业的生产成本上升，农业环境问题十分突出。2014年，农业部部长韩长赋在十二届全国人大常委会第十二次会议报告中指出，农业生产成本上升与比较效益下降矛盾突出，"全国耕地土壤污染物点位超标率达19.4%，化肥利用率、农药利用率、畜禽粪污有效处理率分别仅为33%、35%和42%，水土流失面积295万平方公里，90%的天然草原出现不同程度退化"。全国农业现代化面临的问题，也是川东革命老区农业现代化面临的突出问题。

（一）美丽乡村的国际经验：老区从传统到现代的蜕变

以发展新理念打造美丽乡村，发达国家乡村建设的国际经验及其做法值得借鉴。如美国的"乡村发展计划"与乡村政策，加拿大的"新乡村建设运动"和"乡村生活工程"，

使其在传统的乡村社会转向现代乡村社会过程中走出了一条适合自身特点的发展之路。英、法、德等国家通过法律、制度与乡村政策的制定和支持，使其乡村保持了乡土本色与风貌：法国的普罗旺斯已经成为法兰西的花园，其乡村的自然景观与其深厚的历史文化传统有机融合在一起；英国的"农业环境政策"使其乡村的环境保护与农产品质量一直走在世界农业的前列，其《城乡规划法》把"农村中心村"建成了"城市花园"，大大缓解了城市与乡村的矛盾，改善了乡村基础设施薄弱、人口不集中的问题，使得其乡村经济成为国家经济的增长中心；德国的"村落风貌保护"策略、休闲农庄建设，让城市分享农耕文化，巴伐利亚州的"农村更新计划"在地块分布、产业结构调整、传统民居维修、古村落保护与修复、基础设施建设等多个层面进行了详细的规划，这些项目的完成，"一方面推进了农村地区产业结构的改善和村庄的城市化发展，保护了农村地区的自然环境、人文环境和文物古迹；另一方面则巩固了村庄作为居住和生活空间的可持续发展"。这里值得一提的是荷兰的农业合作社的发展道路，荷兰国土面积小，人口密集，国内资源和国内的市场资源贫乏，但荷兰自从 19 世纪 70 年代成立农业合作社以来，创造了荷兰农业的奇迹，合作社注重农产品加工业的增值发展，走合作社的专业化和产业化道路。总之，北美和欧洲主要发达国家的乡村现代化可持续发展的政策导向、法律法规的制定和完善、农业技术的贡献虽各有不同，但其推进农业现代化和促进乡村永续发展方面，结合自身的农业资源和乡村历史传统，走出了符合自身发展的现代化之路。正如有学者指出的那样：发达国家推进乡村现代化可持续发展，"主要是以市场为导向，完善农业法律和政策体系"，如健全法制，制定农业法案，完善基础设施体系，实施休耕和农作物保障计划，制定土地集中政策，实行专业化政策，完善农业技术研发推广政策，建立农业风险防范机制，制订化肥农药施用标准，等等。换言之，落实发展新理念，先要完善农业发展规划和发展政策，这是理念创新的第一步，在此基础上围绕市场，有完善的乡村人才培养计划，有土地经营向规模化和区域化方向发展的政策和策略支持，有"三农"投资的风险防范措施，有科技成果的应用和转化行动纲领和鼓励保证措施，等等。从世界范围的农业现代化进程及其经验来看，完善和确保农业或乡村现代化的四轮驱动，是发达国家乡村现代化的成功之路，这些都需要我们积极借鉴和融合创新。

（二）积极培植特色产业

习近平曾在陕甘宁革命老区脱贫致富座谈会上强调指出，老区要实现脱贫致富，其重要途径就是必须用好革命老区自身资源优势，大力发展特色产业。目前我国的农业特色产业发展总体来看比较滞后，特别是革命老区，粗放式的农业产品加工还十分普遍，农产品深加工能力还需要极大提升，科技含量低，区域产业重复分散，还未形成完善的产业链，特色产业规模化程度不高，农业合作的专业化和产业化还需要极大提升。从川东革命老区来看，川东革命老区有着悠久灿烂的历史文化资源、雄奇壮丽的自然山川，古村落遍布山山水水，历史遗迹隐现着文明的曙光，还有宝贵的红色文化，独具特色的自然山水孕育了丰富的物种和物产，形成了地域特色鲜明的农业产品和农业文化景观，农业特色产业初具规模，发展和培植特色产业具有得天独厚的条件。发展现有的特色农产品加工产业，以此为龙头，带动相关产业的发展。如通江的银耳产业、宣汉县的牛肉加工产业、大竹的醪糟产业、开江的豆笋加工产业、通川区和平昌县的白酒产业等，都有一定的产业基础。我们要借鉴荷兰农业现代化的经验，围绕单个品种的农产品形成生产、加工销售的产业链，实现贸工农一体化的专业化和产业化经营理念和模式。目前，川东革命老区农业特色产业面临的问题主要有：①缺乏符合实际的政策规划和鼓励措施，很多加工企业处于自发阶段。②农产品加工的机械化程度低，企业专业技术人才匮乏，产品在低端徘徊。③销售渠道不通畅，"互联网＋"的现代网络销售模式还没有规模化和系统化。④政府的市场配置机制还未最终形成。⑤稳定的市场品牌还未形成。⑥川东革命老区大多远离中心大城市，城乡差距较大，农业产业融入城市发展的水平较低。

我们认为，革命老区的可持续发展的第一步应该是实现农业产业的现代化，摆脱贫困，逐步走上富裕发展的道路，没有农业产业特别是特色产业的现代化，就难以摆脱持久贫困的怪圈，可持续发展就没有坚实的物质现实基础。

三、打造老区自身的文化发展优势

党的十八大报告明确提出了"扎实推进社会主义文化强国建设"，文化实力和竞争力成为国家富强、民族振兴的重要标志，文化强国成为国家发展的重要战略思想。在国家的宏观层面上，党的十八大指出，坚持面向基层、服务群众，加快推进重点文化惠民工程，加大对农村和欠发达地区文化建设的帮扶力度，文化建设必然成为老区可持续发展的重要议题。文化是一个十分复杂的概念，英国人类学家爱德华·泰勒在《原始文化》一书中认为，"文化或文明，就其广泛的民族学意义来说，是包括全部的知识、艺术、信仰、道德、法律、风俗以及作为社会成员的人所掌握和接受的任何其他的才能和习惯的复合体"。这个文化的概念被学术界普遍认同。著名学者钱穆在《中国文化史导论》中认为，由于自然环境的差异，世界各地大致形成了三种文化：游牧文化、农耕文化和商业文化，从而形成了不同地区的生活方式和文化精神，他认为中国文化自始至今都建立在农业上。人类学家费孝通认为，中国社会本质上就是一个乡土社会，中国文化的核心都建立在农业经济的发展基础上。文化是乡村发展和建设的神和魂，革命老区的文化发展有着自身独特的发展优势，农业文化景观十分丰富，民居村落、农业机械、传统的农产品生产工具、农业劳动、灌溉方式、广袤的农田牧场、村落信仰、节日庆典、红色文化、传统的民间文化等，发展优势非常明显。革命老区要顺势抓住时代发展的机遇，充分利用国家发展的战略机遇，把乡土文化建设与生态文明建设、经济社会发展的创新性结合起来，打造可持续发展的美丽老区,实现老区的永续发展。

(一) 文化发展坚持政府主导,加大宣传力度

从发达国家的乡村文化发展来看,政府的系统规划和协同推进,在乡村文化发展中发挥着巨大的作用。德国的"农村更新计划",采取的就是自上而下的过程,在这个过程中,政府从一开始就起着主导的作用,政府和村民成为德国农村更新两个重要的意见决策来源。从目前我国文化资源的市场配置和管理体制来看,文化发展决策创新、协调,都要坚持政府主导的机制。革命老区发展不平衡,文化建设的成本较高,需要的建设资金巨大,创新协调的难度大,坚持政府主导的作用在于制定文化发展的总体目标、文化政策、建设规划,并能够有效实施,同时,政府对市场的需求和消费趋势进行预测研究,能积极引导政府文化职能部门开发适销对路的文化产品和服务,建立和打造城乡文化消费的平台,积极培育有特色的文化产业,特别是在信息化时代,交通便利,针对城乡甚至是国内外不同的消费群体,推出更多富有本土特色的文化产品和服务,并坚持做好个性化、品牌化。

落实发展新理念,推动文化资源的开放、共享,就要加大广告宣传力度,广告不仅单纯地刺激需要,更微妙的是影响、普及文化资源的传播、开放和分享。现代新媒体的发展已经深刻地改变了我们的认知结构和消费理念,产品消费在很大层面上变成了一种文化的消费,消费"文化"成为一种现代时尚,"消费社会的兴起带来了异彩纷呈的消费文化,消费已然成为一大社会景观,因为消费已不仅仅是个体、机能式的消费,更是群体、符号、体验式的消费。这种群体消费方式借助于新媒介而无限延伸,其传播的侧重点并不在于信息与知识,而在于消费文化与群体标签"。新媒体传播的群体特征,更适合现代文化消费信息的传播,也更能有效地对文化产品及其文化服务进行及时的信息回馈。目前革命老区的文化宣传力度不够,很多有特色的文化产品和有特色的农业产业没有得到很好的宣传,还没有专业的文化宣传网站,对革命老区的自然人文景观、农业产业文化及其消费缺乏有效的指导。如国内大型电商淘宝、京东等对革命老区的特色农业产业的推介还是个别的、单一式的;国内大型旅游网对革命老区的旅游景点缺乏深度、清晰的推介和更新。我们要充分利用现代新媒体的时效性和便利性,加大广告宣传、营造老区文化发展的新空间,让世界了解老区,让老区与世界相通,从而在全球化的时代中形成革命老区的文化自信和文化自觉。

(二) 加快人才引进培养,完善经费投入体系

人才培养是老区现代化建设的重要步骤,也是目前革命老区文化发展的瓶颈之一。达州市政府在 2012 年启动的"千名硕博进达州"计划,力争在三年内引进千名硕博高端人才进达州,但引进的人才主要在"两化"上面,即达州工业化和城市化方面的人才,乡村文化建设方面的人才引进明显不足。美国的乡村发展计划的精髓之一,就是为城乡人口

接受教育特别是高等教育的机会平等专门立法，使得美国的乡村教育、科技研发、社会保障、农业保险、环境保护、公共文化服务等方面有比较厚实的人才基础。德国的"农村更新计划"中，建筑师等文化专业人才全程参与其中，并充当着重要的政策决策人和计划实施者。革命老区的文化人才主要是文艺创作与表演方面的人才，老区文化产品策划创意，乡村文化特色产业化、市场化、信息化方面的综合型人才欠缺，引进和培养革命老区经济社会发展方面的人才是一个复杂的系统工程，需要持久的政策扶持鼓励措施和教育改革措施。

经费投入不足是制约革命老区文化发展的重要因素，这就需要一方面对现有的文化经费使用好、落实好，统筹规划，合理使用，把文化建设的经费特别是农村文化建设纳入地方财政支出范围，逐年逐步增加农村文化建设的投入，对现有的文化资源和文化产业，继续做好保护传承的工作；另一方面充分调动社会各界的力量，改革创新，大胆探索，拓宽资金的投入渠道，引入市场管理机制，加大政府的支持力度。在这方面，我们要大胆借鉴和学习发达国家的文化建设的经验，如英国文化创意产业的发展主要依靠政府的指导和帮助。当企业资金出现问题时，政府就发挥其指导作用，指导相关企业或个人寻求金融机构或政府部门的投资帮助。同时，政府也从"奖励投资、成立风险基金、提供贷款等方面"逐步建立文化创意产业财务支持系统，对企业投资文化产业实行"政府陪同资助"。然而在美国，文化创意产业的发展主要依靠公司和个人的捐助，尤其是"一些金融巨头与文化集团的强强联合"资助，在很大程度上保证了美国文化创意产业发展的长期持续性。革命老区文化发展长期主要依靠政府投入，单一的资金投入渠道，带来了一系列发展难题。

自 2013 年以来，中央和国务院等国家机关陆续出台了《关于创新机制扎实推进农村扶贫开发工作的意见》《建立精准扶贫工作机制实施方案》《扶贫开发建档立卡工作方案》《中共中央国务院关于打赢脱贫攻坚战的决定》《关于加大脱贫攻坚力度支持革命老区开发建设的指导意见》等系列文件，老区脱贫成为国家发展的战略决策，老区脱贫攻坚的过程也是老区逐渐摆脱贫困、走向可持续发展的艰难过程，在这个过程中，我们要从老区的实际出发，因地制宜地走"创新、协调、绿色、开放、共享"老区发展新道路。要借鉴世界发达国家的农业现代化发展的有益经验，持续加大资金投入，加强基础设施建设，制定政策支持和完善的法律法规并有效实施，培植和壮大特色产业，延伸和确保农业产业链可持续发展，培育人才，凝聚以老区精神为核心的活力源泉，落实发展新理念，建设可永续发展的美丽乡村。

参考文献

[1] 李周. 以新理念拓展农业现代化道路 [N]. 人民日报，2014 - 02 - 14.

[2] 许跃芝，李万祥. 韩长赋：农村是全面建成小康社会的短板 [EB/OL]. 中国经济网，http：//www.ce.cn/xwzx/gnsz/gdxw/201412/23/t20141223_ 4187255. shtml.

[3] 唐珂. 美丽乡村国际经验及其启示 [M]. 北京：中国环境出版社，2014.

［4］李周. 以新理念拓展农业现代化道路［N］. 人民日报，2014－02－14.

［5］爱德华·泰勒. 原始文化［M］. 桂林：广西师范大学出版社，2005.

［6］陈邦武. 从文本到人本：社会化媒体时代的传播形态［J］. 出版发行研究，2015（8）.

［7］王国颖. 国外文化创意产业发展的启示［J］. 沈阳师范大学学报，2013（2）.

关于新生代农民工返乡创业研究

——以江西省信丰县曾屋村新生代农民工返乡创业为例

王海涛*

摘要：随着工业化、城镇化快速发展，大量农村人口尤其是青壮年劳动力不断"外流"，农村常住人口逐渐减少，很多村庄出现了典型的"空心化"现象。加强和创新社会管理势在必行，政府出台了诸多政策以扶持返乡农民工创业者，同时利用政策优势引流高等院校人才毕业生返乡，加之由于城市竞争压力大且十分饱和，而农村还处于未开发状态，市场潜力大，特别是返乡新生代农民工大有作为。信丰县曾屋村新生代农民工通过创业的方式以憨农田园合作社为载体，大力发展现代化农业，采用入股的方式不断吸引更多新生代农民工返乡加入合作社，使农民工看到了一条不同于外出务工的返乡创业之路，大大增强了村庄发展的内生力，成为推动村庄发展新的动力，具有十分重要的借鉴意义。

关键词：空心化；新生代农民工；返乡创业

一、引言

近年来，随着农村人口的逐渐外流，"空心化"问题演变成制约农村发展的一个棘手问题。新生代农民工是社会主义新农村建设的中坚力量，也是推动农业现代化建设的主力军，2015年《国务院办公厅关于支持农民工等人返乡创业的意见》的出台，为新生代农民工返乡创业提供了政策上的支持，鼓励返乡农民工自主创业，在农村掀起了"大众创业，万众创新"的热潮。那么创业该选择什么产业，以及该怎么解决新生代农民工返乡创业中自身资源有限和农村基础设施薄弱的问题呢？在2017年中央一号文件中关于农业

基金项目：江西师范大学马克思主义学院青年马克思主义理论研究创新课题"习近平实施精准扶贫战略思想与实践研究"（2017QMKT043）。

* 作者简介：王海涛，男，江西师范大学马克思主义学院硕士研究生。

现代化的发展、农村的改革力度和增强农村内生发展动力，为农业的发展和农村基础设施建设提供了一系列利好的政策，显然新生代农民工返乡创业的产业首选是现代化农业。将创业与现代化农业相结合，不仅响应中央政策，顺应农业现代化发展的需要，更为农村带来了就业岗位，吸引更多外出务工人员返乡，推动农村经济发展，增强内生动力和新农村的建设力量。

曾屋村位于信丰县东北部，距县城 15 公里，属山地丘陵地带，是一个山清水秀、生态宜居的山区村。全村辖区面积 2.6 平方公里，耕地面积 1978 亩，山林面积 12500 亩。2011 年之前，曾屋村领导班子老化，人心涣散，是著名的三类村（领导班子老化、无战斗力、老表人心不好）和后进村，虽然村里的自然资源禀赋较好，但交通不便，村民以外出务工为主，产业发展一直停滞不前，主导产业为水稻，零星种植蔬菜。全村有 480 户 2100 人，总劳动力约 1405 人，男劳动力约 843 人，女劳动力约 562 人；小学及以下劳动力约占 31%，初中文化程度约占 57%，高中、中专约占 12%；16～35 岁劳动力约 230 人，35～45 岁约 381 人，46～60 岁约 794 人。从劳动力的特点就可以看出，曾屋村农业产业化的重要障碍就是高学历人才的缺乏以及劳动力的老化。在这种情况下，2011 年曾屋村党支部换届产生新的党支部，由新生代农民工当选的村党支部大力推进产业扶贫和新农村的建设，于 2015 年 3 月在返乡新生代农民工牵头下成立了曾屋村憨农田园农民专业合作社，是一个现代农业示范基地，也是帮扶贫苦户脱贫致富的主要领地，集农业观光、水果蔬菜采摘、农家乐于一体。合作社发展至今吸引了多数外出务工的新生代农民工的加入。

二、新生代农民工返乡创业的主要做法

（一）发展多业态产业，市场前景广阔

面对市场的风险，多业态产业就是将"鸡蛋"放在不同篮子里，分散企业风险，提高经营安全性。该村新生代农民工很好地结合当地特有的自然资源并做出了符合当地、符合社会发展要求的规划，发展多业态产业市场前景广阔。

发展现代化绿色生态农业。①该村合作社设施农业初具规模。核心区规划面积 1500 亩，新建大棚蔬菜 150 亩，自动化温控、水肥一体化浇灌系统、水帘降温、排风系统、智能化气候采集系统的综合运用，安全无害的肥料，提高了果蔬产量和品质，提升了现代化水平和效益。②该村基地培育的品种较新。合作社专门高薪聘请蔬菜种植专家进行技术指导，目前该合作社已经培育种植出无刺水果黄瓜、樱桃西红柿、羊角蜜、金童玉女黄瓜、红心火龙果、小白草莓等最新品种。

紧跟时代打造电商平台。互联网的发展早已影响各个产业，该村的憨农田园合作社在制定销售策略和拓宽销售渠道上，不仅建立与本合作社相关的销售公司，还采用 O2O 线上线下"订单式""直销式"的销售模式，紧跟时代趋势，把握市场动向。

建设休闲度假旅游村。随着旅游热潮的兴起，休闲度假旅游成为人们空闲时一种休闲方式。曾屋村自然资源优越，山高水清，空气质量好，还有着深厚的文化资源，合作社以该村特有自然资源为基础，制定出符合该村发展的旅游度假发展规划。一是养胃，规划建设了憨农田园农家乐，让游客体验赣南特色的农家风味；二是养眼，规划种植以丹桂为主题的绿色生态基地，让游客一年四季都可以赏花、品果、阅绿，身在基地赏心悦目、心旷神怡；三是养身，规划建设乡村民宿和乡村野外健身基地，让游客既住得舒服，又可以在大自然中养身健身；四是养心，规划建立道家文化馆，让游客在参观的过程中体验到该村浓厚的文化气息。

（二）建立利益联结机制，保障基本收益

该村返乡新生代农民工创立的合作社通过制定科学的利益联结机制，以入股的方式吸引外出务工的新生代农民工返乡加入，提高了他们的积极性；同时坚持退社自由，消除他们后续顾虑。

以资金入股，按股分红。按照每户每人 1 股超过 5 人计 5 股的原则，成为合作社蔬菜基地的股东，每户最多拥有 5 股，占合作社蔬菜基地出资总额 1.6% 的股权，共同参与合作社的生产经营活动，每股享 600 元分红。

以土地作价入股。返乡农民工将自己在村里的土地以作价入股的方式流转到合作社，按每亩 500 元、10 年的方式入股。

建立弹性的分配制度。所谓弹性，就是会有变动，不是固定不变的。首先，合作社的分红是在若无收益情况下保证基本收益分红 600 元，若是盈利且每股超过 600 元按实际盈利额分红（实际 1200 元，600 元算作股金入股）。其次，合作社每年拿出 75% 的经营收入用于股东分红，另外 25% 的收入归村集体经济。科学、合理的股权和利益分配机制，让全村的党员、群众的利益紧紧地捆绑在一起，人人都是合作社的主任，合作社的发展有了厚实的群众基础。

坚持退社自由。合作社成员可以转让股份，但必须经得合作社同意，否则不得抽出股份。如中途退出，退出成员需赔偿合作社出资额的 10% 作为违约金。合作社通过采用灵活的入股方式和建立合理的利益联结机制，使得成员的收益得到保障。

（三）服从村两委管理，帮扶事业发展

在社会主义新农村建设中，村党委是在基层发挥政治引导、组织协调、服务指导作用的党组织，村委会是村民自我管理、自我教育、自我服务的群众性自治组织，是新农村建设领航人。首先，在村两委的管理下，该村累计争取资金 1000 多万元，用于蔬菜大棚、

基地道路、水渠修筑、河道加强、农田改造等基础设施建设，为新生代农民工发展事业打下基础。其次，村两委结合本地实际，通过减免税收、提供信用担保等有效措施，为新生代农民工返村创立憨农田园合作社制定一些优惠的政策与制度支持。最后，村两委为开阔眼界、拓宽视野，先后组织了该村一批党员和返乡新生代农民工到广东梅州长窑村和龙南、安远等农业产业发展较好的地方进行参观学习和技能培训，并安排部分年轻干部到北京、苏州、西安、山东寿光等地学习和培训相关的农业种植技术，同时不断吸纳他们进入村委会，为每个返乡的新生代农民工提供不同的职业晋升发展路径。因此，新生代农民工返乡创业的过程中，应积极主动与村两委搞好关系，在创业的每一个重要的环节都与村两委保持紧密的联系，服从村两委管理，推动事业发展。

三、新生代农民工返乡创业的主要成效

（一）吸引更多新生代农工返乡创业

越来越多在外务工的新生代农民工感受到这一可喜的变化，也看到并愿意抓住回乡发展的机遇。该村"90后"村主任曾龙龙大专毕业后在外打工，跑过业务、搞过汽贸等，村里合作社创立发展起来后，被这种返乡创业模式给吸引，毅然选择了返乡创业之路，回到村里选任村主任并投入5万元积蓄入股合作社；合作社"80后"总经理谢萱华大学毕业后曾在华为公司做过两年人力资源师，有过一年种植草菇的创业经历，得知村里成立合作社后，主动回来将自己的草菇业务并入合作社，实现新生代农民工返乡创业抱团取暖；合作社返乡成员曾昭明曾在广东柯达公司做塑管加工，后又跳槽到江苏工作，现在以资金入股的方式加入该村合作社并担任销售经理一职；合作社返乡成员任贤烨曾在外务工，因家乡情怀和看中返乡创业的前景，也走上了返乡创业之路。这批年轻的新生代农民工都在外拼搏多年，有着一定的社会经验、资金、人脉等创业资源，在城市难以扎根和返乡创业热潮的影响下，为了实现自我的人生价值和更高的追求，选择返乡开启不同于一般农民工在城市打拼的创业发展道路。该村新生代农民工返乡创业事业的发展，不仅提供就业岗位，同时这种成功的创业模式也对其他在外务工的新生代农民工产生示范作用，吸引更多新生代农民工返乡。截至2017年，合作社成员已从原先的40户发展到183户，其中有20多位本村新生代农民工，10多位外村新生代农民工。

（二）缓解空心化问题，增强村庄发展的内生力

新生代农民工的返乡创业，不仅带动了乡村经济的发展和推进城乡一体化进程，还吸引大批在外务工新生代农民工返乡，村里青壮年人口逐渐增多，农村空心化问题得到有效

的缓解，村民自治能力显著提升，增强了乡村发展的内生力。该村自从建立合作社以来，一是吸引了多位在外务工的新生代农民工返乡，区别于仅有留守儿童、孤寡老人、妇女的状况，有了年轻血液的注入，乡村的发展充满了生机；二是随着创办企业的发展，村集体经济有了质的变化，从无到有，村集体经济作用日益显现，通过对基础设施的不断完善，使得整个山区小村"旧貌换新颜"；三是随着合作社产业的发展，村集体经济逐渐壮大，村民思维方式在新生代农民工创业思维的引领下逐渐转变，村民自我发展、自我管理、自我教育的意识明显增强。近年来，该村没有一起群众越级上访事件，而且还在整个镇率先推行了农村垃圾治理村民自主缴费制度，从原来的环境脏、治安乱、基础设施差、让人不愿待的小村庄，变成现在有专人清理打扫村庄卫生，水泥路、太阳灯、大棚蔬菜、景观河流等基础设施完善，整个家园环境变得美好，发生了翻天覆地的变化，村委会的自治效果显著。新生代农民工返乡创业不仅使个人增收，也激活了地方经济的发展，提高了生产效率和文明程度，增强乡村发展的内生动力，对有效解决"三农"问题具有重要的意义，也大大推动了社会主义新农村建设。

（三）推动村级组织的发展

农村基层组织建设是党的全部工作和战斗力的基础。建设社会主义新农村，必须大力加强农村基层党组织建设，不断增强农村基层党组织的创造力、凝聚力和战斗力，为推进新农村建设提供坚强的组织保障。该村通过合作社这一平台，锻炼了一批新生代农民工村组干部，培养了一批新生代农民工致富能手和"双带"党员。近年来，一些本村在外务工的新生代农民工看到村里的变化，主动向党组织靠拢，积极要求入党，为培养村组干部和发展党员提供了充足的后备人才。同时产业的发展，也增加了村集体经济收入，为兴办村级公益事业项目和提高村组干部待遇提供了可靠的财源，反过来也提高了村组干部对村里事务工作的积极性，大事小事为村里着想。要提高党领导农村工作水平，必须加强农村基层党组织建设；加强农村基层组织建设，重点是要抓好农村党支部建设；而党支部的建设必须靠有能力的、为人民群众服务、不惧牺牲个人利益的人。因此，有着一定知识和外出打工经验的返乡创业的新生代农民工是乡村党组织首要人选，为乡村党组织提供人才来源，推动村级组织的发展。

四、新生代农民工返乡创业的困境分析

（一）资金缺乏

资金缺乏是新生代农民工返乡创业的首要障碍。尽管新生代农民工在创业初期有一定的原始资本积累，但合作社发展初期，投入与产出不成比例，资本回收较慢，同时面临着融资渠道狭窄、银行贷款门槛高且担保额度有限的困境。在曾屋村精准扶贫项目建设安排表中，蔬菜产业基地建设预算资金达 740.4448 万元，其中连栋大棚占地面积 153 亩，预算资金 253.7568 万元；乡村旅游培育预算资金达 104.6 万元，其中农家馆 58 万元，旅游厕所 36 万元；中心村建设预算资金达 195.8 万元，其中用于房屋立面整饰、房顶装饰的预算达 75.2 万元。憨农田园合作社在村党委的带领下争取县级有关部门支持，统筹各类涉农资金用于产业发展，近年来累计争取资金 1000 多万元。作为农村经济发展新生力量的农民合作社，从创立到今天，资金短缺、融资困难是制约合作社发展最大的"绊脚石"。憨农田园合作社是由返乡农民工股东、本村村民股东、外村股东等出资成立的，憨农田园合作社的理事长曾梓清也通过个人能力争取到部分朋友的支持和一定的政府财政支持，通过吸纳贫困户享受到银行 300 万元为期三年无息的贷款资金，也可以暂时缓解合作社资金短缺的问题，但是当合作社规模不断扩大，仍然会受到资金短缺这一问题的制约。若融资出现问题，资金短缺得不到解决，将会打击返乡创业人员的积极性，大批有潜力发展的项目无法正常启动，甚至因为合作社在运营中缺乏资金导致合作社面临倒闭的危险。

（二）专业素质不高

新生代农民工具备一定的科学文化素养和专业技术能力，但他们成长成才的过程都脱离农村。合作社创业初期，虽然得到了县农业局等相关单位的培训和技术指导，但也因为缺乏农业专业知识，所以一些好的农业项目很难开展；实战经验不足，几乎没有实地耕作农田的经验，无论是种植、养殖技术一概不知；市场竞争专业知识有限，没有创业、市场预估、项目可行性分析和企业管理等经验，难以对事业做出科学合理的发展战略；而相关的培训机制又不健全，一方面，在培训内容上，只有普及性的培训，没有针对村庄特点开展针对性的相关养殖技术的培训；另一方面，在培训模式上非常单一，因培训经费有限，采用的培训模式基本是传统的课堂教学模式，实用性和操作性不强，没有受到专业的返乡创业相关培训和专业农业技能培训。所以返乡创业的新生代农民工总体素质不高，对市场把握不准确，难以做出科学的预判。

（三）前景受限

①土地资源紧张，多样化经营受限。该村地形是中间小平原，四面环山，无论是种植用地还是建设用地都十分有限，会导致一批优秀项目无法及时实施，错过最佳市场竞争时机。企业业务单一，纵向业务拓展困难，企业规模受限，不能扩大再生产。②专业人才受限。农村地区生活条件差，工作机遇少，本村的大部分大学生选择留在城市，愿意返回农村的专业人才有限。通过招聘引进的人才，往往也会因为水土不服和对合作社缺乏归属感和忠诚度，导致人员变动频繁，人才匮乏。该村合作社从合作社发展规划、基础设施的建设、品种的引进到种植等环节都需要专业人才，否则，合作社会因为农民自身知识的有限

而遭受损失。所以对于合作社来说，人才的引进显得尤为重要。③城乡信息互动不足，难以把握市场动态。城乡之间信息的互动主要表现在市场需求信息的共享和各种技术资源的交流，当前城乡之间同一行业没有统一的信息网络，各种市场信息鱼龙混杂，容易对返乡创业新生代农民工产生误导。返乡创业的新生代农民工虽然抓住了农村市场，但如果创业的产品仅仅是自产自销，没有把握城市市场动态，那么企业将很难生存并得到长远的发展。

五、新生代农民工返乡创业对策建议

（一）提高政府政策的支持力度

当前，市场经济发挥主导作用，政府则扮演者保驾护航的角色。在农村建设中，政府要通过职能转变构建起完善的社会化服务体系，通过相关的政策支持农村发展，尤其是资金问题是返乡新生代农民工创业的最大障碍，融资范围包括财政、税收、金融。

第一，采取积极的财政政策。①在新生代农民工返乡创业过程中，变政府包办为群众主导，同时通过规范合作社运行、农业技术指导、提供财政支持等方式为合作社的正常运行提供良好的政策帮扶，尤其是大力加强基础设施建设。②应当对返乡创业农民工实行积极的财政补贴，对合作社的用水、用电、用地等费用给予一定的减免，对创业项目实施贷款贴息，免费对创业的农民工进行培训。

第二，制定合理的税收政策。①在新生代农民工返乡创业初期，政府应参照外资企业税收给予最大的税收减免，鼓励企业做强做大，一方面可以吸引更多有志者返乡创业，另一反面也可以提高他们创业的积极性。②应减少审批环节的各类费用，根据不同行业的发展规律和回报周期，制定合理的减税期限。

第三，完善科学的金融政策。①加大宣传力度。积极宣传现有的金融政策、金融产品，让返乡创业的新生代农民工能真正了解和借助现有的金融政策。②加快信贷改革。银行应将支持小微企业发展的口号落到实地，要降低返乡创业贷款的利率，让政府补贴补齐差价。③鼓励各大商业银行在农村和城镇设立社区银行，推动民间资本和设立中小银行等金融机构，引导民间信贷组织合法规范运行。

（二）提高自身素质，培育新型农民工

创业是一种高风险行为，创业者个人素质的高低是风险的构成要素之一，也是把控风险的关键因素。提高创业者素质是事业发展的内因，是固本之基。①政府要发挥其指导作用。坚持贯彻做好返乡培训政策，开拓不同的培训渠道和方式，通过新颖的培训方式，建

立"课堂 + 基地实训"的方式,将岗位锻炼和课堂相结合,提高培训的效果,让每个返乡创业的农民工都接受到专业的创业知识和专业的相关职业技术的培训。②返乡创业新生代农民工要提高自主学习的意识和能力。一方面,要主动学习各种创业相关的政府政策、市场信息、专业技能知识,尤其是要对政府相关的扶持性政策和法规有更加深刻的学习和思考,积极参与政府举办的创业培训,积极建言献策,努力提高个人素质。另一方面,多参加各类企业交流会,通过与不同企业交流,开阔视野,取长补短,博采众长,树立自己的企业形象。

(三) 发展新型企业

相对于传统企业,新型企业①主要从产业选择、生产技术、管理与分红等方面来区分。新生代农民工返乡创业先要对其选择的产业进行思考,在时代背景下选择一份有前景和能得到政府支持的产业是创业成功的开始。在生产技术上,学习同类行业先进的生产技术,努力攀登科技制高点,提高生产率,用科技来保效益。诚信是企业的立足之本,新生代农民工创办的企业更应该注重诚信,要脚踏实地为企业树立良好的社会形象。返乡创业企业应根据自身企业发展的需求,站在人才的角度制定相关的人才招聘措施,如采用入股方式吸引人才的加入和提高对企业的忠诚度。坚持以人为本,充分发挥新生代农民工主体作用和首创精神是新生代农民工返乡创业和企业发展的重要动力源泉。

六、小结

我国农村有着广袤的土地和丰富的自然资源。随着工业化、城镇化的发展,出现了大量农村青壮年劳动力涌往城市的情况,只剩下劳动能力弱的老人、妇女、儿童,农村人才的流失、农村治理空心化、农村环境恶化、农村基础设施滞后等问题日渐阻碍农村的发展。近年来,一些地区出现了新生代农民工返乡创业的热潮,外因是劳动力输入地经济发展速度变缓,经济发展不景气;内因是劳动力输出地政府制定相关政策引流人才和鼓励创业,扶持经济发展。信丰县曾屋村新生代农民工创办的憨农田园合作社因地制宜将蔬菜基地与休闲旅游相结合,打造了一份有前景的产业,也获得了县政府的政策、资金、技术的帮扶,同时合作社是由返乡青年能人牵头成立的,并通过灵活的方式以资金、土地入股留住了十多位返乡的农民工。该合作社的成立与发展,无论是对外出务工人员的引流、该村经济的发展、该村基层治理改善都具有十分重要的意义。一份有前景的产业是基础,用事业留住返乡农民工是关键,政府相关政策的扶持是保障,将对吸引外出务工农民工返乡创

---

① 丁新民. 创建中国特色的新型企业 [J]. 思想工作, 2006 (4): 38 – 39.

业和农村现代化的发展起到重要的作用。

参考文献

［1］刘亚洪，郭帅．电子商务视角下的新生代农民工返乡创业研究——以重庆市永川区为例［J］．产业与科技论坛，2017（8）：113－114．

［2］崔学海．双创视域下新生代农民工回流创业的政府公共服务研究［J］．知识经济，2017（7）：6－7．

［3］谢红海．凤兮归来——赣州市宁都县支持农民工等返乡人员创业经验做法［J］．中国就业，2017（3）：24－25．

［4］穆永久，郑颂宇．吉林省：从"打工经济"向"创业经济"迈进［J］．中国就业，2017（2）：20－21．

［5］蒋兴华．为农民工返乡创业提供服务解决难题［N］．贵州政协报，2017－02－16（B02）．

［6］魏琳．农民工返乡创业升温［N］．中国信息报，2017－02－08（003）．

［7］闫阳镇．构建新生代农民工返乡创业政策支持体系［N］．农民日报，2017－02－04（003）．

［8］刘养卉，王冬，梁伟．新生代农民工创业问题实证研究——基于兰州市的调查［J］．安徽农业大学学报（社会科学版），2017（1）：89－94．

［9］邵建军．返乡农民工创业面临的问题与建议［N］．黄冈日报，2017－01－19（007）．

［10］郝浩强．关于我国农民工返乡创业问题研究［J］．榆林学院学报，2017（1）：72－75．

［11］王岚，李佳．统筹城乡发展过程中的农民工返乡创业问题［J］．农场经济管理，2017（1）：28－30．

［12］郑永君．生计风险约束下的返乡农民工创业实践——基于川北返乡农民工创业案例的比较［J］．南京农业大学学报（社会科学版），2016（3）：55－65＋158．

［13］陈玉婷．新生代农民工返乡创业现状分析与完善对策［D］．河北大学硕士学位论文，2016．

［14］王思思．新生代农民工返乡创业问题研究［D］．江苏大学硕士学位论文，2016．

［15］王思思．新生代农民工返乡创业调研报告——以江苏省镇江市为例［J］．农村经济与科技，2015（8）：216－219．

［16］高伟．我国新生代农民工返乡创业问题研究［D］．山东师范大学硕士学位论文，2015．

［17］任艳．新生代农民工返乡创业问题研究［D］．山西财经大学硕士学位论

文，2014.

　　[18] 张秀娥，孙中博. 农民工返乡创业与社会主义新农村建设关系解析 [J]. 东北师范大学学报 (哲学社会科学版)，2013 (1)：10 - 13.

　　[19] 薛泽林，郑扬. 农民工回乡创业是解决空心村问题的重要途径——以北京郊区新农村为分析对象 [J]. 中国劳动关系学院学报，2012 (1)：119 - 122.

　　[20] 赵静. 新生代农民工培训的现状及对策 [J]. 中国成人教育，2011 (18)：190 - 192.

　　[21] 刘唐宇. 农民工回乡创业的影响因素分析——基于江西赣州地区的调查 [J]. 农业经济问题，2010 (9)：81 - 88 + 112.

　　[22] 朱红根，康兰媛，翁贞林，刘小春. 劳动力输出大省农民工返乡创业意愿影响因素的实证分析——基于江西省 1145 个返乡农民工的调查数据 [J]. 中国农村观察，2010 (5)：38 - 47.

"美丽乡村"背景下农村精神文明建设的对策研究

——江西省信丰县的调查与思考

杨婷婷*

摘要：农村精神文明建设是全面建成小康社会的重要组成部分，其核心内容是提高农民的思想道德素质和科学文化素质。农村精神文明建设以"美丽乡村"为主题，在村容村貌的改善和思想道德的提升方面取得重大进展，发挥对乡村文化的继承性和展现区域的独特性。江西省在"美丽乡村"的建设过程中，各级政府和基层自治组织在精神文明建设中进行了有益的探索。本文系统总结了江西省信丰县在农村精神文明的创新实践，分析这一实践的绩效和限度，并结合"美丽乡村"的生态建设的新要求，对农村精神文明提出对策性的意见。

关键词：农村精神文明；"美丽乡村"；思想道德

习近平在全国宣传思想的工作会议上讲到，意识形态工作事关党的前途命运，事关国家长治久安，事关民族凝聚力和向心力，中国特色社会主义事业向前发展离不开物质力量和精神力量的增强。2015年习近平在考察浙江乡村建设时提出，"美丽中国要靠美丽乡村打基础"。刘奇葆在全国农村精神文明建设工作交流会的讲话中重点提到，农村精神文明建设要以"美丽乡村"为主题。由此可见农村精神文明建设在"美丽乡村"建设发展中的重要地位。

2013年的中央一号文件第一次提出"美丽乡村"建设，要求加快农村地区的文化基础设施建设和环境治理建设，营造良好的人居环境。"美丽乡村"的发展在一定程度上对农村的封建迷信思想有着改造和祛除作用，为农村的精神文明建设提供了新机遇。然而，农村精神文明建设还面临着不少问题，主要体现在以下两个方面：一方面，农村精神文明建设的物质载体被破坏。国内很多地区为响应国家"美丽乡村"建设的号召，不顾自身的经济条件和实际需要，大搞形象工程，毁坏具有历史价值文化建筑，忽视作为重点工程

---

* 作者简介：杨婷婷，女，江西师范大学马克思主义学院研究生。

的生活污水垃圾治理、裸房整治等。另一方面，农民主体的缺失和思想道德解构。农民受到城市腐朽文化的冲击，同时缺少主流价值观的引领和对本地区农村文明的认同，导致城市"金钱至上"的思想意识和农村的封建迷信盛行。江西省信丰县面临着农村地区空心化严重、文化基础设施薄弱、封建迷信思想盛行、村民参与精神文明建设的积极性不高等问题，当地政府和基层党组织依据"美丽乡村"建设的要求，结合本地区的红色优势和生态优势探索出具有地域特点的农村精神文明道路。

一、精神文明建设的含义及路径选择

邓小平认为精神文明涉及的内容广泛，"不仅指教育、科学、文化，而且是指共产主义的思想、理想、信念、道德、纪律、革命的立场和原则，人与人的同志关系，等等"。[①]朱启臻认为，精神文明是指人们改造主观世界的社会精神生活积极成果的综合，与物质文明相对，主要表现在文化方面和思想方面。[②] 其中文化方面还包括"物质设施、机构的发展规模和水平"。[③] 不同时期我国的历史任务不同，农村精神文明建设的侧重点会有所差别，从我国精神文明建设的政策和相关著作可以看出，2000 年前更多的是对整个社会主义精神文明的探索与实践，2011 年中共中央、国务院出台《关于进一步加强新形势下农村精神文明建设工作的意见》，明确提出要搞好农村精神文明创建活动，提倡新风向，培育新农民。现阶段，农村的精神文明建设以"美丽乡村"为目标，更加注重文化基础设施方面和以移风易俗为主题的精神文明创建活动，两者都是操作性强且可以量化的目标。

在"美丽乡村"的大背景下，我国很多地区也积极探索农村精神文明建设的新模式。如江苏滨海县的"三项制度"和"六下乡"活动；四川省资阳市雁江区以"美丽乡村"为主线，坚持社会主义核心主义价值观，通过"四个着力"加强农村精神文明建设，"四个着力"是指"发挥体制机制的优势改善农村的人居环境和生态环境，拓展宣传教育平台，开展群众创建活动"。刘云山提出，要围绕"四个全面"战略布局推动农村精神文明建设。候化生还主张以创建"文明村镇"为抓手，坚持以文明户、文明村、文明村镇等基本形式提高农民的思想道德水平。总结上述模式可知，现阶段的农村精神文明建设主要从以下几个方面进行探讨：农村精神文明建设的领导思想，如何发挥政府和农民在精神文明建设中各自不同的作用，以精神文明活动载体为抓手。

近年来，江西省极力打造美丽中国的"江西样板"，赣州市信丰县山清水秀，是天然氧吧和绿色屏障，且作为赣南原中央苏区，蕴含着丰富的红色文化资源，当地政府结合

① 邓小平. 邓小平文选（第 2 卷）［M］. 北京：人民出版社，1994：367.

②③ 朱启臻. 新农村：乡风文明［M］. 北京：中国农业大学出版社，2007.

"美丽乡村"实现的目标，在农村精神文明建设方面坚持社会主义核心价值观的引导，挖掘本地的红色资源，积极开展移风易俗、树文明新风的活动，建设文化惠民工程，努力提升农民的道德水平和文化素养。

二、信丰县以"美丽乡村"为主题的农村精神文明建设的做法、绩效和限度

随着"精准扶贫"政策的不断落实，农村贫困地区的物质生活条件得到改善。贫困地区提高内生力和造血功能，不仅需要国家政策的扶持和经济能人的带领，还需要改变当地老百姓对贫困的认知，摒弃落后守旧的思想观念和道德。信丰县属于江西省赣州市辖县，作为原中央苏区，有着丰富的红色文化资源和旅游资源，同时也属于贫困的革命老区。在党和国家的领导下，信丰县因地制宜开展精准扶贫的重大民生工程，全县贫困人口由2014年的4.6万下降到1.9万，贫困发生率从7.3%降到2.9%，扶贫工作取得了重大进展，同时，信丰县还高度重视乡村的精神文明的建设，坚持以《中共中央关于加强社会主义精神文明建设若干重要问题的决议》为指导思想，结合信丰县精神文明建设的优势条件，全面推动移风易俗、树立文明乡风的活动，并探索出农村精神文明建设的新机制和新路径。

（一）信丰县推动农村精神文明建设的主要做法

1. 以基层党组织为领导核心地位，把握农村精神文明建设的方向

信丰县坚持基层党组织在乡村文明建设的中心地位，通过加强基层党组织自身的建设和改善工作机制，发挥党组织在精神文明建设中的组织引领作用。①基层党组织加强自身的建设，坚持"两手抓，两手都要硬"的方针，乡镇地区党员干部组织学习习近平总书记的系列讲话、中国特色社会主义理论和中国梦的宣传教育活动，以组织专家授课、观看学习光盘资料和展开辩论等形式认真学习科学的理论知识。②基层党组织改善工作机制，定期开展工作作风建设和廉政建设，实行政务的公开和财政的公开等民主监督制度，并把精神文明建设纳入乡镇发展规划和年度安排，切实有效保障精神文明工作的公开性和持续性。

2. 以群众性的精神文明创建活动为载体，保障农村精神文明建设的实施

信丰县通过开展文明道德建设、移风易俗、志愿服务活动，尤其是针对青少年的道德教育，使文明建设在行动中落到实处，不仅提升自身的道德品质、剔除陈规陋习，还帮助其他需要帮助的"困难户"，有利于当地老百姓形成良好的生活习惯和工作习惯，形成互帮互助的道德氛围。①通过评选文明家庭、文明集市、文明村镇，开展道德模范评选，设

立道德讲堂，加强诚信建设，让农民群众真正在行动中得到良好道德建设的熏陶。②移风易俗，开展乡风专项治理活动。例如古陂镇在党员干部中开展党员干部带头签订移风易俗承诺书活动，大塘埠镇就"乡风文明行动"实施方案征求村（居）书记、村民小组长代表意见，建立健全红白理事会，提倡喜事新办，丧事简办；根据"乡风文明行动"要求，修订村规民约，规范村民的道德行为；县司法发挥法制宣传、法律服务、人民调解、法律援助四大职能，在县法律服务中心建设"乡风文明"法律窗口，对破坏家庭幸福生活的恶劣行为提供优先办理的服务。③开展农村志愿活动，建立志愿服务队伍，开展扶贫帮困、送温暖的志愿服务活动，并把志愿服务纳入村规民约。④重点加强未成年的思想道德建设活动，加强学校管理，整治校容校貌；强化主题教育，普及文明知识，开展法制宣讲教育，开展"小手拉大手，共同文明走"的道德实践活动。

3. 以改善村容村貌为内容，维护农村精神文明建设的环境基础

村容村貌的改善需通过合理规划，整合资源、组织领导、重点整脏治乱，使村庄的环境建设符合村庄地貌、资金保障、组织领导，整洁干净。①通过科学设计、规划设计，实际考察，深入走访，听取民意，因地制宜地制定了符合村情地貌的建设规划方案。②整合各类资源，强化资金保障。乡镇地区为保证示范点建设顺利进行，积极争取县级新农村建设、党建、扶贫、村小改建等项目资金，着力保障建设资金，在下一批新农村建设资金到账之前，可以先采取自筹资金，过后填补的方法为村庄的治理提供资金保障。③加强组织领导，信丰县成立了由镇党委书记挂帅的工作推进领导小组，按照"组建一支精干队伍、制定一套工作方案"和"每日一督查、每周一调度、每月一销号"的"五个一"措施落实工作责任，实行抓点领导蹲点、倒排工期和工作销号制，力求项目建设高效推进。④推进村庄的环境治理，比如农村地区不许柴草乱堆、粪土乱堆、垃圾乱倒等现象，建立农村垃圾处理工作机制。

4. 以开展社会主义文化事业的建设为重点，丰富农村精神文明建设的内涵

惠民文化建设需通过完善文化的基础设施建设和弘扬优秀的传统文化，为文明建设提供物质载体和内容保障。①实施文化惠民工程，完善农村文化、体育设施。信丰县按照《江西省基本公共文化服务保障实施标准》（2015～2020）的要求，制定并印发了《信丰县城乡公共文化服务设施建设规划（2013～2015年）》和《信丰县公共文化服务标准化建设实施方案（试行）》；逐渐在县级、镇级、村级修建文化活动场所，增加体育设施器材、文化器材和"农家书屋"等基础设施，组建文化表演的队伍，并且结合当地文化特色制作具有地域特色的文化节目，还包括建设"文明墙"，弘扬我们的社会主义核心价值观等内容。②弘扬本地区的优秀传统文化，开展民俗展演活动。在全县建立了5个二胡培训基地、100多支舞龙队伍和200多支广场舞队伍。围绕春节、清明节、端午节、七夕节等传统文化节日，组织开展节日主题、民俗文化的文体活动，增加农民对当地优秀传统文明的自豪感，凝聚人心。

信丰县的农村精神文明建设通过基层党组织的引领作用和工作机制的改善，发挥党组

织的战斗堡垒作用，开展文明村镇、移风易俗和志愿活动等精神文明创建活动，重点改善村容村貌，大力发展文化事业。通过精神文明建设活动，当地农村的人居环境和社会风气得到明显改善。

（二）信丰县农村精神文明建设取得主要成效

在当地基层党组织的引领下，通过展开文明评选、移风易俗和自愿服务等活动，农民在参与文明建设的活动中提升了自我的思想道德素养；体育、文化基础设施的完善和文化队伍的培养，挖掘了传统的农业文化和当地特有的民俗文化，丰富了人民的精神生活，巩固了社会主义核心价值体系在农村精神文明建设中的领导核心地位。

1. 把握优秀传统文化在宣传教育中的基础作用，把握农村精神文明建设的根源

中国五千多年来都属于农耕文明，乡村是中华文化形成和发展的物质载体。乡村文化是指在乡村社会中，以农民为主体，以乡村社会的知识结构、价值观念、乡风民俗、社会心理、行为方式为主要内容，以农民的群众性文化娱乐活动为主要形式的文化类型①。信丰县通过弘扬中国的传统节日和当地的民俗文化，为农村文化发展提供资料和载体。信丰县不仅在学校等教育机构加强青少年对优秀文化的学习，还在村庄定期举行传统文化的宣传教育，运用喜闻乐见的方式让老百姓潜移默化地接受文化的熏陶；同时大力推动移风易俗，剔除陈规陋习，树文明新风，对传统落后的农业文化加以改造和剔除，通过信丰县对传统文化的"扬长避短"，文化获得新的生命和土壤，更适合社会主义新农村的发展趋势。

2. 坚定思想道德培育作为精神文明建设的首要目标，抓住农村精神文明建设的突破口

城镇化不断发展，村民精神主导从农村的伦理道德变为城市的道德价值观，价值观念出现了分化和断裂；还有一部分农民工外出务工，农民子女外出工作，逐渐疏远和漠视自身乡村道德价值观。城市价值观在乡村渗透，但由于乡村本身还不具备城市道德发展的土壤，导致村民对自身传统价值观不认同，又缺乏对城市价值观的理解，"享乐主义、拜金主义取代了过去朴实的道德标准，并无情地吞噬着传统的价值观和伦理道德，农民陷入了城市道德观念和乡村传统道德观念相冲突的尴尬、无序的状态"②。信丰县展开道德模范评选、中国特色社会主义核心价值观教育和志愿服务带动等活动，特别加强对未成年人展开道德教育主题活动，丰富了人民群众的业余生活，提升了当地老百姓的道德素质。

3. 巩固社会主义核心价值观在农村的思想品德指导地位，引领农村精神文明建设的方向

社会主义核心价值观是精神文化建设的思想内核，规定着精神文明建设的性质和方

---

① 赵训东，孙笑非. 中国乡村文化的再生产——基于一种文化转型观念的再思考［J］. 南京农业大学学报，2017（1）.

② 赵建军，胡春立. 美丽中国视野下的乡村文化的重塑［J］. 中国特色社会主义研究，2016（6）.

向①。随着改革开放的不断深入，西方的资本和商品对农村的生产方式和生活方式产生巨大的冲击，农民的思想道德易受"利益至上""享乐主义"等腐朽思想的侵害。信丰县组织各种以"爱国主义""诚信"为主题的道德教育活动，在一定程度上提高了农民对腐朽文化的辨别和抵制能力。由于乡村自身发展的保守性和封闭性，当地人民的封建迷信思想严重，且封建迷信运用现代网络科技的形式传播迅速，封建迷信的思想在农村的发展从隐秘走向公开，信丰县大力宣扬马克思主义的辩证唯物主义和历史唯物主义的观点，促使当地人民树立正确的世界观。农村地区是民主法治建设较为薄弱的地区，基层的治理很大程度上仍然受到宗族势力的控制。所以法治宣讲活动不仅有利于维护当地老百姓的合法利益，而且有利于建设社会主义和谐社会，建设社会主义新农村。

（三）信丰县农村精神文明建设面临的挑战

乡村精神文明建设本身就是一项艰巨的任务，当地政府和基层自治组织在农村建设方面还存在"一手比较硬，一手比较软"的问题，村民还有封建迷信思想和小农经济的思想意识，宣传教育的方式过于单一和理论化，没有充分调动市场的积极作用，导致农村的精神文明建设达不到很好的成效。

1. 政府对农村精神文明建设重视不足

推动农业供给侧改革是农村经济改革的重要方向，精准扶贫政策有效帮助贫苦地区的农民逐渐脱贫，但是国家对农村的精神文明建设还是缺少必要的投入。

①缺少资金，规划不合理，无相应的配套设施。2015 年信丰县文广新局支出总计1855.27 万元，体育局支出 5536.53 万元，当年公共财政预算支出 32.35 亿元，两局的支出所占财政支出比例很小，信丰县文体局的支出很大一部分是满足内部工作人员需要的经费。②文化服务的规划缺乏统筹性，文化的投入比重明显倾向于发展比较好的镇、村，而比较偏远的乡村文化设施依然很落后，有些地区即使已经建立文化服务机构，但是没有相应的信息技术做配套，也很难推广下去。③乡镇文化队伍数量不足。信丰县综合文化站无编制和无经费的现象比较严重，并且在编的文化工作者年纪比较大，文化建设方面还不够专业，有些文化工作人员身兼数职，不仅负责文化馆的书籍整理，还要亲自挑选书籍和运输，所以文化的基础设施达不到预期的效果。

2. 村民参与度不够

农村精神文明建设的目的是提升村民的道德素质和文化素质，促进村民之间和谐的人际关系，构建社会主义和谐农村。据此，信丰县开展大量的道德文化活动，但是村民的参与度不够成了大问题。首先，精神文明建设主体性缺失。城市化的发展和农业生产的饱和，使绝大多数青壮年选择外出打工，但随着国家对信丰农村建设的支持和投入及城市的产业结构优化升级，农村地区以基础设施良好和政策的优势吸引很多强壮劳动力返乡创

---

① 崔志胜. 社会主义核心价值观融入精神文明建设问题研究 ［M］. 北京：中国社会科学出版社，2015.

业，但是，信丰县外出务工的人数占比还是比较多。其次，村民对农村精神文明建设不认同。2017 年，信丰县还有 14 个 "十三五" 省级贫困村，所以很多贫困地区村民认为物质基础还欠缺的情况下，谈精神文明建设过于 "奢侈"，应把精力和资金投入物质建设；在生活条件相对不错的地区，乡村文明处于边缘地位，很多人认为乡村文化注定被城市文明取代，并且乡村文明受到低俗和落后文化侵蚀，失去自己的表达形式和体系，让很多农民对农村文明缺乏认同感，再加上城市的利益至上和享乐主义的负面价值观侵蚀了农民原有的 "以和为贵" "勤俭节约" "艰苦奋斗" 价值观，乡村文明建设的主体对自身文明建设的不认同会直接影响乡村文明建设的进程。

所以，在开展文化和道德宣讲的过程中，只有极少数农民参与。在 "文明村镇" "文明家庭" "文明集市" 的评比中，很多都是政府一手包办，没有把这些评选的投票权交给村民，对评选出来的结果大家都采取漠视的态度。还有，在农民看来，综合文化中心和农家书屋都是地方官员办公的地方，村民很少进去参与娱乐活动和阅读书籍。

3. 活动形式和内容缺失创新

2013 年，习近平在全国宣传思想工作会议中提出，正面宣传是宣传思想工作必须遵循的重要方针。正面宣传不等于照搬照抄领导讲话和空洞说教，不然思想政治工作达不到预期的效果，反而让接受者产生反感和抵触的心理。信丰县农村精神文明建设同样也存在宣传的形式缺乏创新和内容单一的缺点。①宣传方式过于单一，大多数的乡镇对法制宣传仅满足于简单的理论说教，开展道德宣讲只是拍拍照片，做做样子，应付上面领导的检查，中国核心价值观的宣传主要采取贴横幅、挂标志的形式，没有真正深入老百姓心中。②精神文明建设的内容缺少创新，通过改变村容村貌和发展文化事业，精神文明建设内容得到补充和发展，但未充分汲取赣南原中央苏区的红色资源和生态文化。总之，信丰县的精神文明建设没有发挥红色资源和生态保护的优势，体现不出地域性。

4. 市场机制和社会力量作用发挥不够

农村精神文明建设投入大，不能单靠政府的力量，信丰县精神文明建设的过程中，没有积极引入市场的作用，只是采取之前传统的政府动员，给社会的第一印象就是精神文明创建活动只与政府有关。所以乡村精神文明建设应调动社会力量参与进来，发挥市场机制的作用。

三、农村精神文明建设的对策

信丰县属于赣南原苏区，也是现阶段江西的贫困地区，当地政府结合自己区域的优势帮助贫困地区从思想上和村庄的村容村貌上走出 "落后" 的状态。通过对信丰县农村精神文明建设的成效和不足的反思，结合 "美丽乡村" 建设的要求，我们可以从以下四个方面加强农村精神文明建设：

（一）政府需要加强对乡村精神文明的重视和投入

21世纪以来，国家逐渐重视乡村文明建设并加大对农村公共文化的投入。党的十六大提出社会主义新农村建设的目标是"生产发展，生活宽裕，乡风文明，村容整洁"；2006年国务院发布《关于深化文化体制改革的若干意见》，明确提出加大对乡村公共文化服务的投入。中国共产党第十六届五中全会提出"美丽乡村"的概念，强调"美丽乡村"不仅美在外，还要注重乡村的内在文明发展。但相对于城市文明的建设和农村经济的发展速度而言，国家对乡村文明的投入还远远不能满足村民的需求。①增加对农村精神文明建设的资金投入。精神文明建设属于公共服务的内容，其建设、管理和使用主要依赖政府的资金，如政府增加对公共文化的基础设施建设的投入，还要把办公费用和人才培养的费用纳入乡镇的财政预算。②加强基层公共文化服务队伍的建设，在人员管理模式上可以采取"县管乡用"的模式，加大政府购买公益性岗位的力度；在队伍的工作能力方面可以采取定期培训并考核的方式，如各地有计划地安排党政机关和事业单位干部职工开展文化支农工作，政府积极与高校进行合作，为人才队伍注入新活力。③加强公共文化服务的统筹和规划，政府要充分发挥各级文化主管部门牵头、其他相关部门参与的有效机制，展开实地调查，合理规划，制定科学完善的公共文化标准来保障公民的基本文化权益。

（二）发挥农民的主体性的作用

人民群众是文化的主体，应坚持"文化发展为人民、文化发展靠人民、文化发展成果由人民共享"①，农村精神文明建设离不开人民群众的创造和参与。

从短期实施的策略来看，需对青壮年实行职业道德的培训，提高农民的文明自觉，即文明自我觉醒、自我反省、自我创建。首先，农村精神文明的认同。认识乡村文明在社会文明中的重要作用，乡村文明蕴含着中国传统文明，代表乡村最基本的价值观念和道德品质，对人们日常的生活方式和生产方式有着重要的作用，同时有利于建设社会主义和谐社会。其次，农村精神文明的反省。自我反省就是对农村文明建设中的偏差和不利因素进行排除和改正，精神文明建设的自我反省会进一步要求农民提高自身的理论水平和自我学习能力，从而在文明实践中能够准确地认识到不足并改正。最后，农村精神文明的创建。这是乡村文明建设的最后一步，也是最重要的部分，前两步主要是对文明建设的思想认识和反省，最后一步就是乡村文明建设发挥实际影响力。政府推动乡村文明的供给侧改革，坚持用社会主义核心价值观和中国梦引领方向，同时还要结合当地地域特色和当地人民的需求，真正实地考察，了解人民的需求，人民才会更加积极主动参与进来。

---

① 中共中央关于深化文化体制改革、推动社会主义文化大发展大繁荣若干重大问题的决定［N］．人民日报，2011－10－26．

从长远的策略来看，国家要重视发展乡村义务教育，通过完善教育的基础设施和提高乡村教师的物质水平与社会地位，让农村的学校留住当地的生源和优秀的师资力量。同时，当地政府深入推进乡村学校少年宫建设，启动文明校园创建，特别要加强对农村留守儿童等特殊教育群体的关爱工程建设，培养出新一代具有较高的科学文化和道德素质的新农村建设的接班人。

（三）创新活动载体的内容和形式

文明建设不仅是"喊口号""贴横幅""做样子"，要充分利用活动载体，让人民在参与中加深理解并进行强化，实现"从做中学"的目标。正如马克思《关于费尔巴哈的提纲》中提出的"社会生活在本质上是实践的"①，实践不仅是认识的来源，也是认识的归宿。精神文明建设活动载体的内容和形式的创新包括：①活动载体的内容创新。基层政府要善于挖掘赣南原苏区红色文化资源，例如可以利用唱红歌和红色电影，典型引领、创新精品与建好阵地，把红色基因融入学校教育。②活动载体的形式创新。在精神文明建设的过程中，政府利用互联网技术宣传社会主义核心价值观和"中国梦"思想，如通过微信和微博推送精神文明建设内容。在赣州市的安远县、寻乌县开创"农家书屋＋电商"的服务新模式，盘活农家书屋等其他基层文化设施，让乡村的文化建设和经济建设有机结合起来。上海市推行的"互联网＋公共文化服务"新模式，依托文化云平台采购节目，实现公共文化服务百姓点单，有利于推动乡村文明的供给侧改革。

总之，在精神文明建设的过程中，政府要善于从人民群众的日常生活入手，把社会主义核心价值观和"中国梦"的思想和当地的风土人情相结合，创造具有方向性引导和地域性特点的精神文明活动，让人民群众在活动的体验中形成良好的"社会公德、职业道德、家庭美德、个人品德"社会主义道德观。

（四）政府购买公共文化服务，社会力量在参与过程中发挥作用

市场对乡村文明建设具有显著的影响，乡村文明建设不仅需要政府的引导，还需要市场的推动，调动更多的人参与进来，最大限度发挥文明建设的合力。我国处于社会主义初级阶段，基本矛盾是人民日益增长的物质文化需求同落后的社会生产之间的矛盾，决定了我国一直坚持"以经济建设为中心"。2017年政府工作报告提出要"持续推进政府职能转变。使市场在资源配置中起决定性作用和更好发挥政府作用，必须深化简政放权、放管结合、优化服务改革"。政府需要用好这把"双刃剑"，让市场发挥它的积极作用，让文明建设真正地有利于满足农民的需求，建设"美丽乡村"的样板。①加强组织领导农村精神文明建设的公共文化基础设施和文化队伍，政府可以适当交给市场进行调节，政府要完

① 中共中央马克思恩格斯列宁斯大林著作编译局马列部，教育部社会科学研究与思想政治工作司. 马克思主义经典著作选读［M］. 北京：人民出版社，2012.

善向社会力量购买服务的政策措施和实施办法；②健全工作机制，政府按照政府主导、部门负责、社会参与、共同监督要求，拟定购买服务目录和计划，严格区分哪些是必须由政府提供的，哪些可以交给市场负责；③严格监督管理，规范管理和使用政府向社会力量购买服务的资金，自觉接受社会监督，各部门和购买主体应健全内部监督管理制度，财政部应该严格对公共服务的资金加以指导和检查，其他参与部门要把自己承接的公共服务纳入年检评估范围。

参考文献

［1］费孝通．乡土中国·生育制度·乡土重建［M］．北京：商务印书馆，2016.

［2］中共中央马克思恩格斯列宁斯大林著作编译局马列部，教育部社会科学研究与思想政治工作司．马克思主义经典著作选读［M］．北京：人民出版社，2012.

［3］刘秀兰，王丽静．新农村公共服务体系建设［M］．北京：知识产权出版社，2011.

［4］尤琳．中国乡村关系——基层治理结构与治理能力研究［M］．北京：中国社会科学出版社，2015.

［5］王卫星．美丽乡村建设：现状与对策［J］．华中师范大学学报（人文社会科学版），2013.

［6］赵旭东，孙笑非．中国乡村文化的再生产——基于一种文化转型观念的再思考［J］．南京农业大学学报（社会科学版），2017.

［7］赵建军，胡春立．美丽中国视野下的乡村文化的重塑［J］．中国特色社会主义，2016.

［8］李佳．乡村社会变局与乡村文化的再生产［J］．中国农村观察，2012.

（五）革命文化传承创新

闽西革命基点村红色文化资源保护与开发现状及对策

——以永定区为例

张雪英　吴文春*

闽西地处闽粤赣三省交界，是全国著名革命老区、原中央苏区的核心区，是毛泽东思想重要发祥地，是原中央苏区的经济中心，是中国共产党局部执政、民主建政的最早实践基地之一，被誉为红旗不倒的堡垒、军队政治工作的奠基地、共和国将帅的摇篮，在中国革命历史上占有重要地位。2014 年 10 月 30 日，习近平总书记在福建上杭古田出席全军政治工作会议时指出"闽西是原中央苏区所在地，对全国的解放、新中国的建立、党的建设、军队建设作出了重要的不可替代的贡献"，这一重要讲话赋予了闽西老区应有的内涵，凸显了闽西老区在中国革命和党史上的贡献和地位。

1926 年闽西就建立了地方党的组织，为中国革命打下坚实的基础。闽西是福建最早也是全国较早创建红军的地方，有近 10 万名工农子弟加入红军，在册烈士近 3 万人。1949 年后授衔的开国将军中，闽西籍将军有 68 位，占福建籍将军总数的 82%。在这里，党的各级组织长期存在，一直坚持活动；革命武装长期存在，武装斗争从未间断；有 14.6 万人口的地区，有 20 多万亩的土地一直保留在农民手中，直至全国解放。闽西长期保留土地革命的部分果实，这在全国是绝无仅有的，是一个伟大的奇迹，享有"二十年红旗不倒"的赞誉。在领导创建原中央苏区和艰苦卓绝的苏维埃斗争运动的实践中，毛泽东同志把马克思主义普遍真理同中国革命具体实际相结合，进行深入思考和创新实践，先后撰写了《古田会议决议案》《星星之火，可以燎原》《才溪乡调查》《关心群众生活，注意工作方法》《农村调查》（后改为《反对本本主义》）等光辉篇章，提出了"实事求是、群众路线、独立自主"重要理论，找到了符合中国现实的革命道路。在长期的革命斗争中形成以"坚定信念、求真务实、一心为民、清正廉洁、艰苦奋斗、争创一流、无私奉献"为主要内涵的苏区精神，与井冈山精神、长征精神一脉相承。特殊的历史造就

* 作者简介：张雪英，女，龙岩学院中央苏区研究院执行院长、教授。吴文春，男，龙岩学院马克思主义学院副教授。

了闽西丰富的红色文化资源，这些不可再生的独特历史文化资源，不仅是开展革命传统教育、爱国主义教育和民族精神教育的教材，更是充分利用红色文化资源、大力发展红色文化产业的有效载体。

永定是福建省著名的革命老根据地，原中央苏区的重要县份之一。早在1926年，阮山、林心尧、赖玉珊、赖秋实等共产党人在永定湖雷建立了福建第一个农村党支部——中共永定支部，阮山任书记。1926～1949年，中共永定支部党的各级组织始终存在，土地革命的果实始终存在，赢得"二十年红旗不倒"的赞誉。永定全区都是老区，其中革命基点村有266个，这些革命基点村在革命岁月对革命贡献大，被敌人严重摧残。当前全国正迈大步朝全面建成小康社会前进，各地政治、经济、文化快速发展，但永定革命基点村总体发展滞后，当地的红色文化资源保护、开发不够。为了对永定区各革命基点村有更进一步的了解，本调研组进行了问卷调查，调查问卷名称为《永定革命基点村红色文化资源开发利用的调查问卷》，内容包括两大方面：个人和村落的经济、文化状况；村落红色资源的现状、开发利用情况，及人们对此的了解和认同情况。问卷涵盖了老区革命基点村红色文化资源开发利用可能涉及的诸多方面。问卷调查的发放范围涵盖各级干部，各年龄段村民，外出干部、务工人员。发放问卷310份，回收问卷278份，其中有效问卷271份，有效回收率为87.4%。从样本分布看，调查对象涵盖的范围比较大、层次比较多，具有广泛的代表性，问卷所涉及的问题能够在一定程度上体现永定革命基点村当前的经济、文化、教育及红色资源开发利用等相关问题。

一、永定红色文化资源保护与开发的主要问题

在问卷调查中，当问及哪些因素阻碍本村红色资源的开发利用时，有20.1%的受访者认为政府重视程度不够；28.7%的受访者认为经济落后，投入不足；13.2%的受访者认为产业设计与开发不到位；12.6%的受访者认为一村资源有限，红色资源开发利用的集体协作意识不强；14.4%的受访者认为宣传力度不够；8.6%的受访者认为受地理因素的影响。根据问卷及实地调查，具体从以下几方面分析存在的主要问题：

（一）红色遗产保护意识淡薄

尽管党史办或地方志对永定各地红色文化进行了资料总结和整理，但是政府对于红色资源，特别是将红色标语提高到文物的高度不重视，很少收集，更谈不上保护。此外，受经费的限制，可能认为部分遗址的维护费用不能产生很大的经济效益，因此，不愿意对遗址的保护进行投入，导致经费投入严重不足。此外，市场经济的冲击淡化了群众对老一辈革命家革命精神的认可度，也削弱了他们对马克思主义、毛泽东思想的理解。

调查结果显示，在受访者中，有 48.4% 为初中及初中以下学历；36.3% 为高中学历；8.8% 为专科学历；5.5% 为本科学历，1.1% 为硕士学历。可见，受教育程度的限制使部分民众保护革命文物的意识比较淡薄，保护红色文化遗产的使命感和责任感有淡化趋势，对红色文化资源的保护意识并不强，甚至在部分遗址上建设自家楼房或后花园。

（二）新农村建设影响

近年来，党中央加快老区建设，对于新农村建设投入了大量的资金，昔日老区旧城面貌大变样。部分革命遗迹在农村一些破旧的房屋墙壁上，有些遗址年久未修或修葺不力，加之村民对革命文化的重要性认识不清和保护意识淡薄，使得村落的红色建筑景观风貌与自然环境正在逐年失去其往日的神采。

（三）经济贫穷落后，交通不发达

革命基点村大多为经济较落后、产业结构单一、以农耕业为支柱产业的乡村，且交通不便，红色资源不能得到很好的开发利用，旅游业尚停留在发展阶段或还未广泛兴起。调查数据显示，受访者中 18 岁以下的占 8.8%；18～40 岁的占 28.6%；41～65 岁的占 41.8%；65 岁以上的占 20.9%。可见，更多青壮年倾向于去中、大城市发展，留在家乡的都是老弱妇孺，导致村中人口比例失衡，出现"空巢"现象，致使"红色村落"保护群体出现"断层"的危险，更不会去关注和保护革命遗址。应该建立以旅游业、第二产业为主，农业为辅的经济模式。

（四）自然损毁

目前很多革命遗址位于偏远地区，分布较散，位置偏僻，加上没有及时提取、修复或保护，就这样暴露在大自然中，风吹日晒雨淋，经过岁月的侵蚀与风化，许多遗址受损，尤其是红色标语已经或正在逐渐脱落消失。可以预见，如果不及时对现遗存的一些零散的标语进行加固、修复、揭取或转移，20 年内，这笔珍贵的红色文化遗产将会损失殆尽。

（五）宣传力度不够

宣传是提升红色资源知名度的有效手段。积极有效的宣传能促进红色资源的开发利用。目前，各级政府对红色资源的宣传不够，调查结果显示，有 33% 的受访者认为活动丰富，影响深入人心；30.8% 的受访者认为活动一般，影响不大；26.4% 的受访者认为活动较少；9.9% 认为没有组织相关活动。可见，各基点村村民对红色文化的了解尚未深入，外界对于地处边远山区的红色文化了解更少，甚至年青一代对于该地革命历史一无所知。

此外，可通过主要史料书籍的编辑、赠阅和红色基地教育途径进行宣传。从形式而言，史料书籍的编辑赠阅面更窄，只停留在史料研究部门和官方内部，况且史料书籍也只是对现有党史资料、当事人回忆文章进行简单的归类组合，没有新意、趣味，不能大众化，难有市场。红色基地教育主要是针对周边城乡，面不广、层次不高、影响不大；从宣传内容上讲，红色基地教育对相关乡镇红色资源的宣传仅是对主要革命遗址的简单介绍，只是表象，难以吸引人、打动人，宣传的影响力不可能持久；史料书籍故事性不强，情节不生动，对事件的描述不系统、不全面，也难以达到理想的宣传效果，同样很难促进红色资源的高效开发利用。

（六）开发利用模式单一

红色文化资源的利用仅限于部分遗址修复、基础设施的建设及展馆的重新布展方面，没有很好地融合地方特色资源的开发，创意不足。红色资源分布分散，没有统一规划和设计，也没有把周边红色资源充分联合起来打造富有特色的红色文化品牌。如金砂乡开辟的溪南区苏维埃旧址、永定县委成立旧址，现中央红色交通线纪念馆、永定暴动陈列馆和张鼎丞纪念馆群众路线教育精品线路等，串起的仅是革命遗址，均没有深挖其蕴藏的历史价值、人文价值并使其形成文化产品，如红色故事、红色小说、红色影视、红色旅游产品等，不能形象化、生动化、细节化，很难触及人的灵魂，这些均制约着红色资源的高效开发利用。

二、红色文化资源保护与利用的对策

（一）树立革命遗址保护意识

加强公众教育，对村民进行红色资源开发与保护的教育，着重加强革命历史文化教育，提高村民对革命文化的价值意识，将红色文化活动打造为当地品牌，使公众日益关注并保护本地红色文化，增强"红色村落"政府及村民对革命文物的"自珍""自信"意识，自发地对本地特有红色文化进行整理、创新和传承。文化只有被它的拥有者热爱才会传承，要树立保护主体的文化的认同，克服文化"自卑"心理；当地政府应正视"红色村落"所包含的文化、科学、艺术价值所在，通过制定相关保护制度、条例，提供切实可行的保护方法，营造良好的保护氛围，充分调动村民保护的积极性，让村民自觉加入保护"红色村落"的行动。

（二）专设红色资源保护机构

加强对革命遗址的保护力度，扩大范围进行红色文物的普查，进一步挖掘隐于胡同、村落之中的革命遗迹，给予必要的保护。同时，对受破坏或快消失的红色资源项目应采取补救措施，如金砂乡古木督永昌楼闽西交通大站旧址虽已大部分拆除改建，但尚留有残垣断壁，可加以保护并立牌说明当年革命者在此的斗争事迹。在做好革命遗址、村落建筑修复的同时，也要做好红色村落文化内涵的维护以及革命文物、非物质遗产的收集与保存，还要做好对当地生态环境植被的保护，才有利于对当地民俗文化的充分挖掘。保护机构应确立"红色村落"保护名录，加强"红色村落"保护名录制度建设，拓宽对"红色村落"文物的普查渠道，加快对"红色村落"中遗址、纪念地等革命古迹进行调查、造册、登记整理工作，完善国家、省、市、县（区）、乡（镇）五级"红色村落"名录体系建设工作，并注重红色文化遗产资源保护的真实性、整体性、可读性、续承性。做好传统村落建筑修复的同时也要做好村落文化内涵的维护和非物质文化遗产的传承，还要做好对当地生态环境植被的保护，才有利于对当地民俗文化的充分挖掘（《"红色村落"的活态保护与再生探析——以李崮寨村为例》）。

（三）设立专项保护法规

将"红色村落"保护和文化传承保护统一纳入法律范畴，完善相关法律法规建设，加强对保护主体行为的监督管理，将村落保护内容纳入法制化轨道，是"红色村落"文化遗产能够得到保护的根本保障。保护法包含对红色村落保护过程的规范和监控，建立有效的监控和意见收集制度，及时听取社会各阶层尤其是专家学者有关"红色村落"保护与发展的意见和建议，可以委托有红色村落保护研究经验的大学来合作制定红色村落规划方案，及时掌握并预测保护发展的多种变量，有效了解和把握信息。"红色村落"作为生活社区，依然处于动态的变化之中，保护难度大，只有长期不懈、有效监督才能真正保护好。

（四）加大经费支持

在村落文化保护建设中，资金是基本要素。政府应在力所能及的条件下继续增加红色村落保护建设的资金投入，为红色遗产的保护、修复以及再收集整理提供充足的资金支持。同时，应采取多元化的资金筹集方式，鼓励从村里走出去的人才以及村民共同筹集资金，一起支持本村红色村落的保护建设，共同营造保护"红色村落"人人有责的良好环境。

（五）开发红色旅游，建设红色教育基地

开发红色旅游，建设红色教育基地，进行红色文化广泛宣传和教育，革命精神永续传承。"红色村落"作为践行爱国主义教育的天然载体和最重要场所，是红色旅游的重要组成部分。通过发展红色旅游、建立爱国主义教育示范基地等措施，使红色旅游景区革命圣地、革命纪念地、纪念馆等红色历史文化遗存和红色文脉得以续存。组织接待旅游者开展缅怀历史的传统革命教育，通过参观游览红色主题性旅游活动，将爱国主义教育转化为实实在在的情感体验，增强受众对红色旅游的文化认同。同时，推动红色村落乡风文明建

设，让外出打工的青壮年返乡投入家乡建设，培养有文化、懂技术、会经营的新型农民，树立旅游文化产业致富的观念，同时让更多村民重视家乡红色文化保护，从而促进乡村红色文化和经济的同步发展。

（六）做好宣传教育工作

突出宣传手段适应时代特点，加强对外和对内宣传教育，镇政府应与时俱进，充分利用科技时代的产品。通过设立官方微博、微信平台宣传本村红色村落品牌系列活动，如以打造革命时期革命故事讲堂、革命人物采风基地等群众喜闻乐见的形式，吸引更多人关注金砂村落文化；邀请媒体进行红色村落主题报道，只有通过网络、电视等媒体的宣传，才能进一步扩大永定区红色古村落的影响力，同时能增强村民对本村红色文化的认同感和自豪感。打造红色品牌，突出革命文化优势。

弘扬苏区精神　打赢"精准扶贫"攻坚战

黄惠运*

摘要：在"精准扶贫"攻坚战中，要不断传承弘扬"坚定信念、求真务实"的苏区精神，争当"精准扶贫"的践行者和引领者；弘扬"争创一流"的苏区精神，创新"精准扶贫"工作方式方法；弘扬"艰苦奋斗"的苏区精神，打破"精准扶贫"的"瓶颈"制约；弘扬"无私奉献"的苏区精神，为广大人民群众谋利益，凝聚"精准扶贫"的强大物质力量，夺取全面建成小康社会的新胜利。

关键词：习近平；苏区精神；"精准扶贫"；传承创新

2011 年 11 月，习近平同志在纪念中央革命根据地创建暨中华苏维埃共和国成立 80 周年座谈会上发表重要讲话指出，在革命根据地的创建和发展中，在建立红色政权、探索革命道路的实践中，无数革命先辈用鲜血和生命铸就了以坚定信念、求真务实、一心为民、清正廉洁、艰苦奋斗、争创一流、无私奉献等为主要内涵的苏区精神。在新的历史条件下，跨越时空的苏区精神仍然可以放射出新的时代光芒。在江西省"精准扶贫"攻坚战中，要不断传承弘扬和创新苏区精神，用苏区精神进一步加强提升党员干部的理想信念教育和群众路线教育，创新"精准扶贫"方式方法，打破制约江西省经济社会发展的"瓶颈"，凝聚江西省"精准扶贫"的强大物质力量，夺取全面建成小康社会的新胜利。

一、弘扬"坚定信念、求真务实"的苏区精神，争当"精准扶贫"的践行者和引领者

为广大人民群众谋福祉是苏区军民的崇高理想和不懈追求，在当前"精准扶贫"攻

---

* 作者简介：黄惠运，男，历史学博士，井冈山大学人文学院教授，井冈山大学中国共产党革命精神与文化资源研究中心研究员，庐陵文化研究中心研究员。

坚战中仍然需要传承弘扬"坚定信念、求真务实"的苏区精神。当年党和苏维埃政府、工农红军齐聚"红都"瑞金，共同创建和发展中央革命根据地，创建中华苏维埃共和国，开展党的建设、政权建设、经济建设、军队建设、文化建设、社会建设等苏区各项建设，进行治国安民的伟大实践，积累了党局部执政的成功经验。在新的历史条件下，我们要以习近平总书记系列重要讲话为统领，协调推进"四个全面"战略布局，贯彻落实五大发展理念，以"精准扶贫、不落一人"为总体要求，精心组织实施产业扶贫，促进扶持政策落实到户，全面贯彻落实党全心全意为人民服务的宗旨。探索建立产业发展带动机制，推行"公司十合作社（基地）＋贫困户"等模式，让贫困户从产业发展中获得更多利益，如赣南的脐橙产业扶贫，吉安"井冈蜜柚"、油茶产业扶贫，横峰县的葛根产业扶贫，遂川县的"狗牯脑"品牌茶叶产业扶贫等。大力实施搬迁移民扶贫，加紧移民新村或新农村建设。吉安市吉州区贫困村庄整治建设点基本达到"生态美、村容美、庭院美、生活美、乡风美"的要求，村庄面貌焕然一新。扎实推进教育扶贫，优先支持建设贫困村义务教育学校，同步实现标准化和现代远程教育，让贫困村群众子女就近享受公平优质教育资源。加大贫困生资助力度，积极推动社会力量对贫困学生开展"一对一"帮扶，减少因学返贫现象。积极开展就业扶贫，实施"订单"培训，对参加转移就业技能培训的扶贫对象给予培训补助，对贫困户家庭未能升学的初高中毕业生进行免费职业教育。例如，吉安县把民营的华忆职业学校办进园区，推行"订单教育""工学结合"模式，既解决了贫困群众职业技能问题，又解决了园区企业技术用工难题。大力实施社会保障扶贫，引导行业扶贫，推进科技扶贫等。精准扶贫，脱贫攻坚，革命老区是重点，教育扶贫是根本，形成合力是关键。要充分发挥高校智库作用，为老区脱贫致富提供先进的理论引领和科技支撑，助推老区创新发展、转型发展和特色发展。使贫困人口早日实现"一有两不愁四保障"：有收入来源；不愁吃、不愁穿；义务教育、住房、基本医疗、养老有保障。

二、弘扬"争创一流"的苏区精神，创新"精准扶贫"工作方式方法

中国共产党以"争创一流"的革命精神在中央苏区革命斗争中创造了一系列"第一"。1931 年 1 月 10 日，在江西宁都县小布成立了中国人民军队的第一个无线电通讯队——中国工农红军无线电通讯队，不久，迁往吉安县东固（今青原区东固畲族乡）继续工作。1931 年 11 月 7 日，在江西瑞金叶坪村召开了中华工农兵苏维埃第一次全国代表大会，成立了中国历史上第一个由劳苦工农大众当家做主的全国性工农兵政权——中华苏维埃共和国临时中央政府，毛泽东当选为主席，"毛主席"的称呼由此叫响。在中华苏维埃共和国第一次全国代表大会上还颁布了人民政权第一部宪法——《中华苏维埃共和国

宪法大纲》，第一部真正体现男女平等的婚姻法规——《中华苏维埃共和国婚姻条例》，红色政权第一部拥军优属条例——《中国工农红军优待条例》；成立了国家最高军事领导机关——中华苏维埃共和国中央革命军事委员会，朱德任主席。1932 年 2 月，在瑞金设立人民政权第一个最高司法审判机构——中华苏维埃共和国临时最高法庭，何叔衡任主席。1933 年 5 月 30 日至 6 月 3 日，在瑞金举行第一次大规模运动会——中华苏维埃共和国第一次体育运动会。同年 9 月，成立了红色政权第一个中央审计机构——中央审计委员会，阮啸仙任主任。同年 10 月，在瑞金成立了由何长工任校长兼政治委员的第一所正规红军大学——中国工农红军大学，又称中国工农红军"郝西斯大学"。1934 年 2 月，在瑞金正式成立了由董必武任院长的中华苏维埃共和国最高法院。同年 2 月 7～12 日，在瑞金沙洲坝临时中央政府大礼堂召开了人民军队历史上第一次全军政治工作会议——中国工农红军全国政治工作会议，第一次明确提出"政治工作是红军的生命线"的口号。

苏区兴国县是毛泽东高度赞扬的各项建设先进模范县。兴国县委制定了党员干部十带头制度：①政治学习带头；②军事训练带头；③执行勤务带头；④参军参战带头；⑤遵纪守法带头；⑥购买公债带头；⑦节省粮食带头；⑧发展生产带头；⑨移风易俗带头；⑩优待红属带头。兴国县干部群众以创造"第一等工作"的追求与热情，各项工作走在全国苏区的前列，成为中央苏区模范县。毛泽东在"二苏大"讲话中表扬说："兴国的同志们创造了第一等的工作，值得我们称赞他们为模范工作者……他们把群众生活和革命战争联系起来了，他们把革命的工作方法和工作任务问题同时解决了。他们是认真地在那里进行工作，他们是仔细地在那里解决问题，他们在革命面前是真正负起了责任，他们是革命战争的良好的组织者和领导者，他们又是群众生活的良好的组织者和领导者。"① 毛泽东号召全苏区都要向兴国模范县的党员干部学习，他说："要造成几千个长冈乡，几十个兴国县。"② 毛泽东还将题写"模范兴国"四个字的奖旗赠送给兴国的同志们，以资鼓励。

"争创一流"的苏区精神给予当前"精准扶贫"工作以深刻启示，江西应走在弘扬苏区精神和扶贫脱贫工作的前列，争创一流，永不落后。为扎实推进精准扶贫工作，要理论联系实际，一切从实际出发，坚持问题导向，因户施策，因人制宜，精确制导，创新精准扶贫方式方法，做到多政策、多途径、多方式综合发力。"要坚持精准扶贫、精准脱贫，把帮扶资金和项目重点向贫困村、贫困群众倾斜，扶到点上、扶到根上。"③ 对建档立卡的贫困户，分析致贫原因，动态监测，分级管理，建立帮扶制度和帮扶台账，有针对性采取结对子扶贫、差异化扶贫、造血式扶贫、市场化扶贫、固本式扶贫等措施，增强脱贫效果。针对实际情况，注重把握"五个结合"原则：帮扶规划与社会主义新农村建设规划

---

① 毛泽东：《关心群众生活，注意工作方法》，载中共中央文献研究室编：《毛泽东选集》（第 1 卷），人民出版社 1991 年版，第 140 页。

② 毛泽东：《关心群众生活，注意工作方法》，《毛泽东选集》（第 1 卷），第 140 - 141 页。

③ 习近平：《认清形势聚焦精准深化帮扶确保实效，切实做好新形势下东西部扶贫协作工作》，《人民日报》2016 年 7 月 21 日。

相结合；短期扶持与稳定脱贫相结合；开发扶贫与保障扶贫相结合；扶持发展与提高素质相结合；政府引导与全社会参与相结合。习近平总书记视察江西时，对江西的生态资源和红色文化给予了高度赞美，指出：绿色生态是江西最大财富、最大优势、最大品牌，一定要保护好，做好治山理水、显山露水的文章，走出一条经济发展和生态文明提高相辅相成、相得益彰的路子，打造美丽中国"江西样板"。习近平总书记的重要指示，为我们加快旅游强省建设指明了发展方向。鹿心社书记强调，我们可以抓旅游扶贫促共享发展，按照"干净、整洁、便利、规范"的要求，努力完善基础设施配套建设，实现通水、通路、通电，不断提升餐饮、住宿和卫生条件；切实加强旅游扶贫的管理人员和从业人才培养，加大乡村旅游扶贫试点村村官培训力度，利用"雨露计划"等培训政策资金，对贫困户开展餐饮、表演、导游、手工艺制作等旅游实用技能培训，提高贫困群众从业能力①。

三、弘扬"艰苦奋斗"的苏区精神，打破"精准扶贫"的"瓶颈"制约

由于国民党军队的军事"围剿"与经济封锁，苏区群众的生活和红军的给养十分困难，要打破敌人的围剿与封锁，巩固苏维埃政权，改善人民群众的生活，必须发扬艰苦奋斗的精神，通过走群众路线，发挥人民群众的强大力量来克服困难，战胜敌人。毛泽东在"二苏大"报告中指出："真正的铜墙铁壁是什么？是群众，是千百万真心实意地拥护革命的群众。这是真正的铜墙铁壁，什么力量也打不破的，完全打不破的。反革命打不破我们，我们却要打破反革命。在革命政府的周围团结起千百万群众来，发展我们的革命战争，我们就能消灭一切反革命，我们就能夺取全中国。"② 要获得人民群众的支持，就要解决群众关心的实际问题，如果解决了人民群众关心的实际问题，我们就能获得源源不断的人力物力支援，"广大群众就必定拥护我们，把革命当作他们的生命，把革命当作他们无上光荣的旗帜"。③ 毛泽东语重心长地指出，我们对于广大群众的切身利益问题，群众的生活问题，一点也不能疏忽，一点也不能看轻。因为革命战争是群众的战争，只有动员群众才能进行战争，只有依靠群众才能进行战争。我们要取得革命的完全胜利，一定还要多关心群众生活的工作，解决群众的穿衣问题，吃饭问题，住房问题，柴米油盐问题，疾病卫生问题，婚姻问题。"一切群众的实际生活问题，都是我们应当注意的问题。假如我们对这些问题注意了，解决了，满足了群众的需要，我们就真正成了

---

① 鹿心社：《加快推进旅游强省建设，打造美丽中国"江西样板"》，《中国旅游报》2016 年 7 月 21 日。
②③ 毛泽东：《关心群众生活，注意工作方法》，《毛泽东选集》（第 1 卷），第 139 页。

群众生活的组织者，群众就会真正围绕在我们的周围，热烈地拥护我们。"① 我们应该深刻注意群众生活的问题，从土地、劳动问题，到柴米油盐问题。妇女群众要学习犁耙，找什么人去教她们呢？小孩子要求读书，小学办起了没有呢？对面的木桥太小行人会跌倒，要不要修理一下呢？许多人生疮害病，想个什么办法呢？"一切这些群众生活上的问题，都应该把它提到自己的议事日程上"。② 只有关心群众生活，注意工作方法，才能得到成千成万群众的拥护与支持，"群众的拥护，也是红军作战必胜的主要条件之一"。③

习近平曾经指出，扶贫先要扶志。2016 年 1 月 4 日，习近平总书记在重庆调研时强调，扶贫开发成败系于精准，要找准"穷根"、明确靶向，量身定做、对症下药，真正扶到点上、扶到根上。7 月 18～20 日，习近平总书记在宁夏调研考察时再次强调，要真扶贫、扶真贫、真脱贫。8 月 23 日，习近平在青海考察时又强调，各级党政部门和广大党员干部要有"不破楼兰终不还"的坚定决心和坚强意志，坚持精准扶贫、精准脱贫，切实做到脱真贫、真脱贫。当前，在精准扶贫工作中，应对建档立卡贫困户实施"规划到户、措施到户、责任到人"的精准帮扶。针对农村居民收入低下、看病难、上学难、就业难、土坯危房、旱涝灾害、水土流失、种养技术差等"瓶颈"制约，采取"一村一策、一户一法"等精准扶贫措施，为江西省实现"提前翻番，同步小康"目标打下坚实基础。在吉安县委"精准扶贫"工作部署下，吉安县指阳乡成立了精准脱贫服务中心，下设政策咨询、保障扶贫、产业扶贫、劳务扶贫、安居扶贫、智力扶贫、社会帮扶七个工作站，为贫困户提供一站式办事服务，帮助解决贫困户的疑难问题，成为全乡贫困户的爱心家园。我们要继续弘扬艰苦奋斗的苏区精神，走群众路线，密切联系群众，关心群众疾苦，通过精准扶贫帮扶到户，使被帮扶的贫困户有自我发展和稳定收入的主业，并实现稳定脱贫，在乡镇基本达到"七个确保"目标：①确保贫困户家庭危房完成改造；②确保符合条件的贫困户家庭被纳入最低生活保障；③确保贫困户家庭能参与当地的农村合作医疗保障；④确保贫困户子女接受义务教育不辍学；⑤确保考上大中专院校的贫困家庭学生能够顺利完成学业；⑥确保符合条件的贫困户劳动力能参加免费职业技术培训；⑦确保每一贫困户学会 1～2 门种养技术或者手工加工技术，提高种养劳动技能。从而基本消除绝对贫困现象，率先摘帽脱贫，同步建成小康社会，实现发展升级目标。

① 毛泽东：《关心群众生活，注意工作方法》，《毛泽东选集》（第 1 卷），第 136－137 页。
② 毛泽东：《关心群众生活，注意工作方法》，《毛泽东选集》（第 1 卷），第 138 页。
③ 红旗社：《赤光普照的赣西南》，载中国现代史资料编辑委员会：《中国苏维埃》，1957 年内部印刷，第 87 页。

四、弘扬"无私奉献"的苏区精神，
为广大人民群众谋利益

在中央苏区反"围剿"战争中，中国共产党和苏维埃政府通过"扩大红军"与优待红军家属来发动、武装、组织和依靠人民群众参军参战、筹措战争费用和筹集粮食等作战物资，在为人民群众谋利益的实践中获得了人民群众的大力支持。毛泽东在"二苏大"报告中指出："江西的长冈乡，福建的才溪乡，扩大红军多得很呀！长冈乡青年壮年男子百个人中有八十个当红军去了，才溪乡百个人中有八十八个当红军去了。"① 福建才溪乡扩大红军成绩最好，"主要原因是优待红军家属、慰劳红军工作历来不错"②。苏区人民群众不仅踊跃购买筹措战争费用的公债票，还积极参与借谷运动，体现了高尚的"无私奉献"的精神。1933 年 5 月，中央苏区江西省的群众一次性借给苏维埃政府谷子 328324斤。③ 1934 年 5 月，中央苏区少年先锋队（还有 1/3 未统计）慰劳红军的物资包括：米158367 升，谷子 53296 升④。有一幅农民挑粮漫画题字写道："推着挑着千担万担卖给苏维埃政府供给红军去吃！"⑤ 苏区人民群众为红军反"围剿"战争的胜利提供了源源不断的人力、物力和财力支援，有力保障了反"围剿"战争的胜利，巩固和扩大了红色政权，显示了军民鱼水关系的强大威力，人民群众由衷感叹："共产党真正好，什么事情都替我们想到了。"⑥ "政府工作人员真正顾乐（爱惜的意思）我们！"⑦

此外，红军还帮助根据地人民发展农业生产，开展识字扫盲运动，熬硝盐克服经济困难等。毛泽东、朱德、陈毅等以身示范，和红军士兵、人民群众同甘共苦，有盐同咸，无盐同淡，留下了送木炭、送棉衣、送食盐等关心群众疾苦的佳话，成为构建军民鱼水情深关系的典范，树立了践行党的群众路线的光辉榜样。根据地人民愿意跟着毛委员、"埃先生"干革命，由衷感叹："要是共产党真万岁就好了！"

1931 年春至 1934 年秋，宁化苏维埃政府在人民群众中广泛开展弘扬"无私奉献"的革命精神，筹集粮食 950 多万斤支援前线，被誉为"苏区的乌克兰"。1934 年 3 月 3 日，《红色中华》第 157 期刊登了《宁化的捷报》一文，表彰宁化在筹粮运动中的突出成绩。3 月 10 日，《红色中华》第 160 期公示表彰"收集粮食模范区"，宁化的下巫坊、横锁区

---

① 毛泽东：《关心群众生活，注意工作方法》，《毛泽东选集》（第 1 卷），第 137 页。
② 毛泽东：《才溪乡调查》，《毛泽东文集》（第 1 卷），第 328 页。
③ 《江西全省共产党的活跃——红五月工作总结了》，《红色中华》第 90 期，1933 年 7 月 2 日第 4 版。
④ 曾光：《少先队节省三升米运动的初步检阅》，《红色中华》第 203 期，1934 年 6 月 16 日第 1 版。
⑤ 傅凤翔：《江西苏区交通运输史》，人民交通出版社 1991 年版，第 140 页。
⑥ 毛泽东：《关心群众生活，注意工作方法》，《毛泽东选集》（第 1 卷），第 138 页。
⑦ 毛泽东：《长冈乡调查》，《毛泽东文集》（第 1 卷），第 310 页。

等榜上有名。3月27日，《红色中华》第167期刊登《粮食突击运动总结》一文，指出宁化是突击运动中收集谷子最多的县。5月9日，《红色中华》第186期报道了多个苏区县多种杂粮扩大种植面积，其中"种油菜最多的就是宁化县，计增1987万石，比去年增一倍以上"①。

习近平总书记指出：人民对美好生活的向往就是我们的奋斗目标。"坚决阻止贫困现象代际传递"，"决不能让老区群众在全面建成小康社会进程中掉队"，"扶贫、脱贫的措施和工作一定要精准，要因户施策、因人施策，扶到点上、扶到根上，不能大而化之"，"在扶贫的路上，不能落下一个贫困家庭，丢下一个贫困群众……实实在在帮群众解难题、为群众增福祉、让群众享公平"。②2016年春节期间，习近平总书记来到井冈山市茅坪乡贫困村——神山村，了解村级组织建设和精准扶贫情况。他一边看规划、看簿册、看记录，一边详细询问，希望村党支部团结带领乡亲们把村里的事办好，早日脱贫致富。2017年新年伊始，习近平总书记在讲话中科学总结了扶贫工作"五条经验"：加强领导是根本、把握精准是要义、增加投入是保障、各方参与是合力、群众参与是基础。提出了"七个强化"要求："要强化领导责任、强化资金投入、强化部门协同、强化东西协作、强化社会合力、强化基层活力、强化任务落实。"强调七项工作：要坚持精准扶贫、精准脱贫；要打牢精准扶贫基础；要提高扶贫措施有效性；要组织好易地扶贫搬迁；要加大扶贫劳务协作；要落实教育扶贫和健康扶贫政策；要加大政策落实力度，加大财政、土地等政策支持力度，加强交通扶贫、水利扶贫、金融扶贫、教育扶贫、健康扶贫等扶贫行动，扶贫小额信贷、扶贫再贷款等政策要突出精准。要做到"三个必须"：扶贫工作必须务实，脱贫过程必须扎实，脱贫结果必须真实。当前，我们要以习近平总书记系列重要讲话为指导，广泛发动群众，组织动员社会力量参与扶贫，凝聚"精准扶贫"强大物质力量，让"无私奉献"的苏区精神在"精准扶贫"工作中不断发扬光大，在为广大人民群众谋利益中发挥精神动力作用，取得实际成效。

习近平总书记还指出："只有坚持从历史走向未来，从延续民族文化血脉中开拓前进，我们才能做好今天的事业。"苏区精神与"精准扶贫"精神，前后是一脉相承的传承发展关系，具有深厚的历史关联，需要共同弘扬，协同创新。2012年6月28日，国务院颁发了《关于支持赣南等原中央苏区振兴发展的若干意见》，为苏区精神的弘扬和革命老区的"精准扶贫"工作指明了正确方向。我们坚信在党中央"精准扶贫"政策的指引下，在干部群众的共同努力下，在传承弘扬苏区精神的凯歌中，一定能够打赢"精准扶贫"攻坚战，不仅使原苏区人民脱贫致富，而且使全国人民共享改革开放"红利"和精准扶贫成果。

①　邱明华：《从〈红色中华〉的报道看宁化在中央苏区的影响和作用》，《福建党史月刊》2015年第2期。
②　《习近平春节前夕赴江西看望慰问广大干部群众》，《人民日报》2016年2月4日。

以新媒体为媒介的赣南红色
文化传播策略研究
——苏区振兴发展视角

邱　欣[*]

摘要： 红色文化作为中国传统的主流意识和文化软实力的重要成分，如何借助新媒体这种传播媒介增强传播影响力已成为一个值得探究的话题。从苏区振兴发展的视角研究赣南红色文化的传播可以让我们更有效、合理地保护利用历史文化遗产。在新媒体机遇与挑战并存的格局下，赣南红色文化传播必须从传播特征、传播形式和传播路径方面建构起行之有效的策略体系。加强对赣南红色文化的传播不仅可以引导大众更深入地理解红色文化的内涵，对于拉动当地经济和文化发展都有着不容忽视的作用。

关键词： 新媒体；媒介；红色文化；传播策略

《国务院关于支持赣南等原中央苏区振兴发展的若干意见》于 2012 年 6 月 28 日正式出台，具体内容包括"红色文化传承创新区""红色文化旅游产业""红色文化教育基地建设""文化体育事业发展""苏区精神"等方面。其中"文化"一词出现频率多达 15 次，明确了振兴发展在文化方面的战略主线将围绕"红色文化"展开。红色文化作为赣南地区最丰富、最具比较优势的文化资源，决定了传播红色文化对其经济发展的必要性与重要性。加强对赣南红色文化的传播不仅可以深挖红色文化的内涵，增进民众的理解，对于提升区域经济与文化的发展更有着不可忽视的作用。在新媒体时代，媒介与媒介之间的作用关系发生了变化，从传统媒介的改进升级到与新媒体的交互体验，都呈现给受众一个新的格局，在优化传播内容的基础上，如何从苏区振兴发展的视角合理运用新媒体对红色文化进行传播是一个急需解决的问题。

---

[*]　作者简介：邱欣，女，湖北理工学院艺术学院教师。

一、赣南红色文化的内涵与底蕴

红色文化的界定在学术界可归纳为广义与狭义两种看法。广义的红色文化定义为中国共产党在新民主主义革命、建设和改革的历史进程中领导人民大众在马克思主义指引下形成的一切先进文化。狭义的红色文化则定义为限定在革命战争年代（新民主主义革命时期）由中国共产党人、先进分子和人民群众共同创造并极具中国特色的先进文化，蕴含着丰富的革命精神和厚重的历史文化内涵。红色文化应具有的基本特征可分为：历史性与时代性、地域性与共同性、阶级性与先进性、价值性与经济性。

中华苏维埃共和国临时中央政府1931年成立之初，赣南地区便成为中国革命根据地的心脏腹地，在波澜壮阔的革命历程中孕育出多样、厚重、影响深远的红色文化资源，为现今赣南革命老区的振兴与可持续发展奠定了坚实的文化基础。赣南红色文化是革命战争时期在实践中形成的先进文化之一，其内涵既包容红色文化的共性，又彰显赣南地域的个性。赣南红色文化的个性特质主要体现为一种革命精神及其承载着这一革命精神的物质实体和制度基础，而精神文化又是红色文化结构的核心层次，这种精神文化的主体近年来在学术界被总结为"苏区精神"。习近平总书记在《在纪念中央革命根据地创建暨中华苏维埃共和国成立80周年座谈会上的讲话》中说，"在党创建的各个革命根据地中，中央革命根据地最具有代表性"，提及苏区精神，将其主要内涵总结为"坚定信念、求真务实、一心为民、清正廉洁、艰苦奋斗、争创一流、无私奉献"，并指出"这一精神既蕴含了中国共产党人革命精神的共性，又显示了苏区时期的特色和个性"。赣南红色文化的精髓无疑是"苏区精神"，从文化资源领会苏区精神，具体可以从以下两种类型中表现出来：一是革命遗址（革命先烈故居、著名战役地点、兵工厂等），赣南地区遗址数量居全省之首；二是艺术作品（革命诗词、标语漫画、红歌、红影等），保存量大。从精神实质去领会苏区精神，赣南红色文化蕴含着革命英雄主义、集体主义、乐观主义和牺牲奉献精神。这些都是中国共产党在革命历程中非常宝贵的精神财富。

二、新媒体语境下赣南红色文化的传播特征

基于信息技术的迅速发展，网站、论坛、博客、微博、微信等网络传播平台不断涌现和更新，新媒体对于当下民众已不再陌生，各式各样的新媒体逐渐成为当今世界日益重要的信息中枢神经。新媒体可归结为网络类、数字广播电视类、移动类三种，具有传播信息

量大、传播速度迅速、削弱文化壁垒等特质，给红色文化的传播带来了巨大的机遇。

（一）传播主体的导向性特征

传播主体即信息的发布者，赣南红色文化的传播应依托于政府、社会、个人，不能局限于中共党内传播，需扩展至社会团体乃至个人，在传播过程中政府起导向作用。由政府来构建总体传播图景，协调媒体与公众之间的交互关系，实现良好的传播环境和传播场域。以建立经济文化强市为目标，依托地域内红色文化资源的整理与挖掘，大力弘扬赣南红色文化精神，打造具有地域特征的精神品牌和红色文化产业品牌。政府政策的支撑是红色文化传播的坚实基础，对于引导文化传播的大方向起到了不可忽视的作用。此外，社会团体的力量对于红色文化的保护与传播也有着重大的作用，民众的思想根源均来自于外界，经前人的启发与整合，借由二级传播所接受。在众多二级传播主体中教育团体起主导性作用，在不同的课程教育体系中系统融入红色文化，正确引导公众的思想认识，增强获取信息的主动性，做到通过政府的政策引导和社团的思想引导接收各类媒介所传输的中华民族的优秀文化和红色文化的精神。

（二）传播客体的扩展性特征

赣南红色文化是革命战争时期形成的具有独特区域特色的红色文化，从传播学领域看，在传播行为中，只有信息接受方能完成传播的过程，对于传播对象的选择，需要讲究对受众的定位区分。那么地域特性的红色文化传播其受众客体应是生活在区域中熟知区域特点、对红色文化有相似理解的原住居民，但是文化的传播不应限定于原区域，需扩展受众范围，被更多人理解接受。不同的文化传播都依托于媒介，赣南红色文化的传播客体不再局限于原住居民，新媒体的兴起使传播媒介多元化，从而也使得赣南红色文化的传播客体覆盖范围扩展至全国各地人民。虽然是区域化特征的红色文化，受众客体有着明显的地域差别，但优秀的传统文化随着文化的融合从而完成传播过程，它能广泛满足传播者与传播客体间对文化的认同和理解，形成与当前流行文化的互动，以一种文化再现的方式实现文化再生产，放大了文化的影响力，汲取了更多的传播客体。

三、赣南红色文化的新媒体传播形式

随着网络的普及，以互联网为代表的新兴媒体兴起，其互动性、开放性、迅捷性等传播特点可以弥补传统传播方式信息源单一、受众范围小、不贴近生活等缺陷。赣南红色文化的传播应合理利用互联网传播的特性将优秀民族文化与互联网传播有机结合，引领更适合当下社会环境的传播途径和形式。

（一）蓄力传统报纸、杂志等纸媒传播途径

纸质媒体作为初始传播媒介，在文化的传播过程中仍占据着重要地位，人们最初通过印刷媒体获得信息了解历史，通过文字获得各阶段文化的历史演变，由它所构建的交互关系是一种集权化的管理，在数字化媒体高速发展的今天也无法完全被替代。今天我们所熟知的被保留下来的红色文化资源与精髓，都是通过纸媒文献资料获得的。在互联网普及的当下社会，对于这些经过时间沉淀的文化精髓，在思考利用新兴传播媒介的同时，坚持蓄力纸质媒体阵地进行文化传播仍需进行下去。

（二）依托影视剧、电视栏目等强化视听传播效果

平面化的图文传播方式是在视觉上给了大众信息，只能表达某一方面而不能全面表现一种文化内涵。视觉信息的动态化呈现可以表现一系列内容，影视、歌剧、戏剧视听观感则弥补了受众其他感官上的缺失，使受众直面了解某种文化的历史与发展。口耳相传的文化的传播未必能深入人心，视听的融合借由电影、电视剧、舞台剧、专题节目等媒介使文化历史再现，将红色文化淋漓尽致地呈献给受众，这种感官传播最能达到效果。只有这种复合的方式才能增强人们对于红色文化的认同感。

（三）运用微博、微电影等自媒体发挥网络传播优势

互联网产业的发展衍生出"微文化"的新传播载体，是通过信息传播与所处的社会文化背景相互影响而形成的一种微观的文化形态，微文化的交互性特质可促使红色文化与之相融合，受众通过不同的思维方式来理解文化。在传播过程中注入红色因子，带给受众红色文化精髓，引导大众增强文化自信。这种打破时空局限的传播方式，拓宽了文化传播渠道，提高了红色文化有效传播效率。微博、微电影等自媒体集新媒体优势于一体，对信息的传播在时间空间上都具有无法超越的优势，这种优势对于沂蒙红色文化传播的效果也是不言而喻的。

（四）手机客户端、APP 等便携式终端吸纳高端人群

便携式终端设备在忙碌的社会生活中扮演着越来越重要的角色，大部分民众都在利用手机、平板电脑等设备获取资讯，真正实现了信息的双向交流。便携的特质使受众对于信息的接收和再创作都不受时空限制，在网络覆盖的前提下可随时随地收发信息。其所代表的"指尖文化"传播速度和广度在文化的传播中都显现出了绝对的优势。人们可以利用便携设备随时随地记录周边的所见所闻，或以文字、图片、视频等形式呈现出来，这种方式不仅丰富了人们的精神生活状态，同时也成为信息传播的生力军。

四、赣南红色文化的新媒体传播路径

赣南红色文化印证着赣南革命老区的一段革命历史，这种文化精髓形成了赣南革命老区独有的"文化记忆"。人们通过"记忆"来巩固历史，传承优良文化。赣南红色文化作为革命战争时期赣南人民形成的文化传统、历史经验沉淀下来，经过不断演化补足，得到了历史的认同而成为了记忆的一部分，发展到如今，与所处的文化环境和所持有的价值取向吻合而具有了传播的价值和意义。

（一）搭建红色文化产业链

新媒体时代，在搭建红色文化产业链过程中，首先应转变传播主体的观念，注重红色文化本身的文化精神内核，围绕多元化的传播主体调动其积极性，为红色文化的创新性继承和发展打下基础。其次应增进红色文化创意开发，立足本体，顺应时代文化发展导向和发展趋势，满足民众的精神文化生活与文化诉求，实现社会、经济效益双赢。科技创新是社会进步的原动力，探索红色文化资源在观赏性、教育性以及实用性方面的作用亦需要科技创新，充分利用和开发科技创新服务红色文化传播也是文化传承和创新的重要渠道。在新媒体时代的大背景下，整合优势资源进行红色文化产业融合，只有创意和创新能持续有效增加红色文化产业链的长度、拓展红色文化产业链的深度，构建新时期新背景下的新型红色文化产业链，实现红色文化的可持续发展和传播。

（二）提升红色文化传播的影响力

现代传播体系融合了网络、广播电视、报刊、电影等多种传播媒介，不同媒介之间优势互补，共同推动我国文化和价值观的继承与发展。红色文化传播的影响力不是一蹴而就的，需要传媒个体在软硬件上投入大量人力、物力、财力。首先，在目前的传媒发展环境中，政府层面上应在政策与财政方面给予扶持，以此增强传媒个体的实力建设。其次，传媒个体注重自身媒介内容的不断创新与整合，以提升自己的外在形象，打造品牌效应。最后，提倡传媒个体强强联合跨媒体、跨地域发展。近些年我国的经济建设取得了飞跃式的发展，经济反哺文化的时刻已经降临，借着这股东风加快建成旗舰级的传媒个体，对红色文化传播的促进力是不言而喻的。

（三）发掘红色文化传播的精神内涵

大众在红色文化传播过程中尤其注重其经济功用，忽视了红色文化的价值本质，过度的商品化倾向消解了文化自身的内涵和意义。红色文化作为一种文化财富蕴含着丰富的文化内涵和人文精神，这种红色精神是我们民族的精神瑰宝，不同的时代有着不同的传播媒介，不同时代的人们赋予其不同的新精神内涵，在红色文化的传播实践中，我们除继承和发扬红色精神实质外，也应该不断吸收这些新的文化内涵和精神力量，运用鲜活的事例推动红色文化和红色精神的传承。

五、结语

新媒体时代的到来对赣南红色文化传播产生了不可小觑的影响，它在时间与空间上打破了受众获取信息的限制。从传播方式或渠道上，新媒体传播媒介为红色文化的传播打开了新的大门，通过新的科技创新将原本传统刻板的文化形式展现给受众。赣南红色文化的传播应尊重文化本身的特性，认清内涵，准确传达出文化的精神内涵。在传播方式上遵循"受众意识"，进行合理的红色文化重构，采取多元化、立体化的媒介组合方式传播，善于利用新媒体时代传播媒介的特性来表现赣南红色文化的内涵。笔者认为交互式的体验对于未来赣南红色文化的传播是很重要的，多维度寻找红色文化与当今社会的契合点，促进文化与文化产业联动才能保障传播的效果。

参考文献

［1］姜飞.传播与文化［M］.北京：中国传媒大学出版社，2011.

［2］［美］亨利·詹金斯.融合文化新媒体和旧媒体巧冲突地带［M］.北京：商务印书馆，2012.

［3］闻雪玉.新媒体文化特征研究［D］.华南理工大学硕士学位论文，2010.

［4］黄斌.新媒体环境下的红色文化传播研究［D］.重庆交通大学硕士学位论文，2012.

［5］李红星.红色文化的网络传播研究［D］.河北师范大学硕士学位论文，2013.

［6］张平.井冈山红色文化网络传播现状研究［D］.福建师范大学硕士学位论文，2011.

［7］典芳，王政，褚凰羽.红色文化传播中的受众研究［J］.新闻界，2011（2）.

［8］万朝晖，胡小强.新时期"红色文化"影响力提升路径研究［J］.人民论坛，2012（6）.

中央苏区客家妇女的山歌动员

胡军华[*]

摘要： 客家妇女的山歌因其亲和力、表现力与感召力，而被卓有成效地纳入中央苏区的动员，成为动员方式的优秀范例。中央苏区客家妇女紧紧围绕革命战争的中心任务和妇女解放运动的需要，通过卓有特色的山歌动员，有效地宣传了妇女解放，发动了群众踊跃参加革命，发展生产，快速传播了马克思主义，成为了革命文化宣传的重要有机组成内容，并演变为苏区文化内容的中坚组成，也开启了马克思主义中国化、大众化的新阶段。

关键词： 中央苏区；客家妇女；山歌；动员

在众多动员方式中，客家山歌因其亲和力、表现力与感召力，而被卓有成效地纳入中央苏区妇女的动员，成为动员方式的优秀范例。1929 年 12 月《古田会议决议》第一次从政治上、思想上、组织上给文艺宣传提出了一条正确的路线，是中央苏区文艺工作总的方针、路线和理论的集成。《古田会议决议》对革命歌曲非常重视，要求"各政治部负责征集编制表现各种群众情绪的革命歌谣"。在党的倡导和鼓动下，苏区军民以山歌、民歌、民谣等形式为基调改编或新创了数以万计气势磅礴、激荡人心的英雄诗篇，其数量之多、内容之丰富、题材之广泛，堪称奇迹。因为始终坚持贯彻通俗化与艺术化相结合的宗旨，马克思主义不但在苏区深深扎根，并且获得了"最大化"效果。这些具有群众性、地域性、时代性、政治性的山歌传唱及发挥功效，妇女功不可没。而坚持意识形态艺术化、政治文化大众化、大众文化话语本土化、民间文化资源体制化，是马克思主义中国化历史建构的基本策略，大量新编客家山歌强化了对共产党和马克思主义的传播，形成了独具特色的中央苏区红色文化现象。

基金项目：江西省社科规划项目"多维视域下的中央苏区妇女解放运动研究"（12DJ13）；江西省学位与研究生教育教学改革项目（JXYJG - 2016 - 055）；江西省艺术科学规划课题"红色文化育人功能及其实现路径研究"（YG2016215）阶段性成果。

    * 作者简介：胡军华，女，博士，江西农业大学副教授，硕士生导师。

一、中央苏区客家妇女的山歌动员特征

（一）全员参与动员活动

全员参与动员即指全体参与交互动员。客家山歌与客家人民尤其是妇女的密切关系，是"开口不离歌"，山歌是客家人日常生活中一个不可缺少的组成部分。刘英回忆说："江西老乡喜欢打山歌，一打山歌，劲头就来了。"在苏区，几乎每个客家妇女都会唱也爱听山歌，形成了中央苏区客家妇女全员参与动员的独特现象，这也是苏区妇女解放运动蓬勃发展的坚实社会基础。当山歌被注入革命思想后，便焕发了新的光彩，成为宣传革命、号召解放、鼓动参军、竞相生产的一种重要的艺术表现形式。如鼓励学文化的《男女老少把书攻》山歌："苏区建立大不同，男女老少把书攻，男人就有好妻子，女子就有好老公。"激励尚没有参与的男女老少积极参加。宣传动员下的妇女，身上焕发出了无穷的力量，把她们从锅台边解放了出来，像男子一样，积极投身于土地革命斗争的急风暴雨之中，如《妇女力量大如天》："妇女力量大如天，你上前方我耕田，战胜敌人同努力，春耕胜利好明年。"《翻身妇女学犁田》："黄牛牯来两角尖，翻身妇女学犁田，前方勇士勿挂念，后方生产来支前。"

在这种浓烈的氛围中，中央苏区的部队首长、普通战士、专业人才、业余爱好者、政府干部、普通群众，人人参与创作和歌唱。文化部门的首任教育部长瞿秋白就利用民间文艺的形式创作了许多革命歌谣，如《消灭白狗子》《红军打胜仗》《送郎参军》《王大嫂》等；被称为"山歌部长"的闽西苏区重要领导人邓子恢和红军学校工农剧社社长阮山等编唱了大量新山歌，作为少共领导的胡耀邦也创作了许多山歌，如"苏区农民分了田，快乐如神仙，白区农民冇饭吃，阿妹哭涟涟哭涟涟，只有革命才能出头天"；时任中共苏区中央局代理书记的任弼时拜山歌大王曾子贞为师，不到两天就能登台表演，获得如雷掌声；被称为"山歌书记"的李坚真[①]于中华人民共和国成立后出版了自己的歌集《李坚真山歌三百首》。中央苏区将党的政策、要求、任务编入山歌传唱，群众接受很快，即使一时难以接受，参加一场山歌晚会，便立即收效。有时，宣传员关于扩红的口头演讲未能收到显著效果，便给群众演出扩大红军的戏，或者召开一个山歌晚会，这样一来，便能立即收到良好的效果，有些青年看了戏或参加山歌晚会后，受到了鼓舞和教育，当场报名参加红军。难怪苏区失陷后，《申报》记者陈赓雅等前往调查时发现："举凡赤党开会仪式，

---

① 李坚真（1907—1992）：原名李见真，1929 年赴闽西后，先后任长汀县委书记，福建省委委员、妇女部工，苏区中央局妇女部长。

口号标语，主义意义，质之白叟黄童，恕其无罪，莫不对答如流。"由此可见，山歌的宣传力量之大之高效！客家妇女的山歌全员动员已经结出了坚实的硕果。

（二）全员列为动员对象

全员列为动员对象即将中央苏区男女老少全部人员都纳为动员的对象。如动员穷苦人民的《穷人叹》，把"劳工、女工、童工、雇农、佃农、耕农"六类人员都唤起，使他们深深感到"千般叹来万般恨，思前想后越伤心，出路唯有来革命，杀尽资产与劣绅"。而且在《叹五更》中还鼓动"大家穷人联合起，联合起来势力强，杀得白派一扫光"。对敌军士兵也进行广泛动员，号召他们弃暗投明，如《告白军士兵歌》所唱："白军士兵你来听，你们都是穷苦人，因穷苦才抓去当兵……欢迎白军士兵们，迎来暴动当红军，这才是你的出路。"通过对比，让白军士兵们认识到共产党和红军才能真正代表他们的阶级利益，才能让他们过上"真正好"的生活，最终"掉转枪头打你长官"，"迎来暴动当红军"。1931 年夏，兴国长冈乡妇女山歌队就用唱山歌的方法动员了白军一个班拖枪向红军投诚。

（三）全区范围广泛动员

客家妇女爱唱爱听爱对山歌，哪里有客家妇女，哪里就有山歌。客家山歌成为革命宣传动员手段后，更是山歌不断，歌声缭绕。从枪炮轰隆的反"围剿"战场到安静的乡村田野，从人流会集的圩市到人烟稀少的山林，清脆婉转，充满活力的山歌小调无处不在。她们用山歌述说过去的苦难，感激党的恩情，劝说人们当红军，发动妇女参加劳动生产，鼓励红军勇敢战斗，耻笑逃兵的怕死和软弱，整个中央苏区弥漫在激昂、兴奋、革命的氛围中。1949 年后，当年的苏区革命干部每当回忆苏区时代时，第一个印入脑海的就是客家山歌。20 世纪 30 年代被毛泽东称赞为"唱起歌来像画眉子叫"的"山歌大王"曾子贞应邀在北京怀仁堂唱山歌，再次唤起了毛泽东、朱德、周恩来等在苏区战斗的情怀，他们都眼含泪花，感慨不已。而《十送红军》等客家山歌传遍全国，至今深受人们喜爱。在众多赣闽客家女山歌手中，有代表性的女歌手仅永定县就有张锦辉、范乐春等人。张锦辉，被誉为"红色小歌仙"，因山歌唱得好，动员效果好，影响大，年仅 15 岁就被敌人杀害。范乐春，被称为善于用山歌发动群众的妇女部长。曾子贞、谢水莲、李坚真是当时闻名苏区的"山歌大王"。这些著名山歌手，不仅创作了大量优秀客家山歌，而且将客家山歌带到客家地区的每一地方，深入前沿阵地，唱遍了中央苏区每个角落，使之成为动员群众、组织群众、教育群众的重要宣传手段，成为打击敌人、瓦解敌军的有力武器。

（四）节庆假日重点动员

中共善于抓住重要节日或纪念日进行重点动员。在这样的节日，苏区党组织会召开庆祝活动，吟唱节日歌谣，如《五一劳动节歌》《八一建军吟》。节庆活动是一种政治仪式，也是一个政治符号，有其特有的政治功能。如对妇女的动员，通常将"三八"国际劳动妇女节作为"有着革命传统的节日，是鼓舞动员妇女的时机"，每年的纪念活动都以当时的中心任务为主题，每次庆祝活动都无一例外地山歌阵阵，尤其是活动开始前的热场，更是山歌的海洋。应时山歌有《唱三八》《庆三八》《三八纪念进行曲》《纪念三八》等。如《三八纪念进行曲》"三八纪念节，劳动妇女坚固团结推翻国民党的统治，争取自由，求得解放，时刻准备着动员起来啊!"《纪念三八》"……站在稠人广场中，我们不会怕羞怕丑，我们已是新时代的斗士，个个都像那健美的大树!"在儿童节则唱《儿童节歌》，用"劳苦儿童的日子"，激发母亲怜子爱女之心，"参加参加革命的战争，拥护拥护我们的红军"则鼓舞了女性的阶级意识和勇敢精神。

重要节庆日对全体劳动人民的动员山歌则更多，规模更大。一般让著名的客家女歌手如"红色小歌仙"张锦辉、"山歌大王"曾子贞等上台献唱。如纪念八一起义的《八一武装示威曲》号召"走向苏维埃新中国的道路"；在九月《国际青年节歌》① 中呼吁"创造红色新中华，争取青年彻底解放"；在《纪念十月革命歌》中呼唤"纪念十月革命，赤化全中国! 我们的武器——列宁主义，要创造世界的红十月!"几乎每个重要节日的纪念活动都要通过山歌唱出党的政策和对人民的号召，达到了动员的目的，也为马克思主义中国化、时代化、大众化提供了源头活水，有力地推动了马克思主义中国化、时代化和大众化的历史进程。

二、中央苏区客家妇女山歌动员旨归

客家山歌以腔从词，即兴行腔为歌，人们可以根据情景、情绪、对象和兴趣的不同填上相应的歌词来行腔歌唱，随编随唱，故客家山歌极其浩瀚。中央苏区时期，在短短几年间，原创了成千上万首客家革命山歌。"山歌好比山泉水，源源不断汇成河"，它非常形象地唱出了客家山歌创作数量之多的那种繁荣景象。客家人"出门三步就打歌"，"一路行来一路歌"。客家山歌内容十分丰富，做什么活就唱什么歌，随编随唱——采茶有茶歌，放牛有牧歌，砍柴有樵歌，还有情歌、生产歌、生活歌、时政歌等，内容涵盖方方面面，天文地理、三皇五帝、柴米油盐、男婚女嫁、情人初会、祈福消灾、添丁寿筵、新房竣工等。或为消除疲劳，对歌打趣；或诉幽怨、泄愤懑，都一一展现在世人面前。列宁说："不言而喻，没有被反映者，就不能有反映。"革命战争赋予客家山歌新的革命内容，或宣传号召，或政策解析，或抒发婚姻自由的欢乐、翻身解放的激情，或鼓励工农子弟参军参战，或动员白军士兵倒戈投身革命等，形成了席卷中央苏区的红色山歌运动，其数量

---

① 1916年，国际青年局定每年9月的第一个星期日为"国际青年节"。

之多、内容之丰富、题材之广泛，堪称中国民歌史上的奇迹。中央苏区军民根据革命的要求和时代的需要，因情因景因人而异，随机应变地演唱，其内容主要有：

（一）倡导妇女解放

号召苏区妇女身体解放，把剪发放足作为自己反封建、自我解放的实际行动，在《剪发放脚歌》中鼓动"革命高潮大家要剪发，我和你们青年们，切切要做到。剪头发样样好，事事工效高，免得头发乱又长，做事受干扰"。因此，在苏区掀起了妇女剪发放脚运动，她们剪掉髻子，放开小脚，更加精神，更加意气风发。又如《妇女解放歌》唱道："一早起来，做到日落西，雨打风吹，有谁人知，真正痛苦呀，真正可怜呀，劝我妇女们，快快觉悟起。字又不会写，书又不会读，拿起算盘，又不会算，一生受人欺。永世不自由，劝我妇女们，读书不可慢。地主豪绅，剥削我穷人，挑拨离间，破坏我团结，我们要热心，加进工农会，打破旧封建，实行新社会。共产党领导，妇女的工作，我们来唱，妇女解放歌，振起我精神，巩固我力量，努力去奋斗，胜利归我们。"在《工农妇女上夜校》宣传："工农妇女上夜校，读书识字开心窍。"号召《劳动妇女学犁耙》："手拿犁耙翻翻转，学会劳动好持家。保卫红军万万岁，革命成功使牛马。"鼓励妇女解放成为了客家山歌的重要内容。

（二）讨伐婚姻不公，提倡婚姻自由

如《妇女苦情歌》中唱道，"荷树叶子叶连连，想起妇女真可怜，一周三岁拿来卖，当猪当狗卖给人"，"荷树叶子叶青青，细生妹子唔当人，家娘家官常打骂，拳打脚踏不留情"。如会昌、黎川的《妇女解放歌》，遂川的《十杯茶》，井冈山的《妇女暴动歌》等，都唱出了封建妇女婚姻苦难、翻身的苏区妇女做主人、提倡婚姻自主的心声。正如莲花的山歌所唱："红梅岭上画眉叫，清水塘中鲤鱼跳。苏区婚姻讲自由，心投意合两相好。"又如《妇女山歌》所唱："竹筒吹火火焰红，拥护朱德毛泽东，领导我们分田地，自由结婚配老公。"

（三）宣传阶级斗争

在《妇女的使命》中唱道："起来斗争吧，在礼教魔宫里面酣睡的奴隶！伟大战斗已经开始了，鲜红的血潮已冲击着我们的肢体。压迫我们的不是男性，是不合理的社会阶级！只有坚决死战乱，毁坏阶级制度，世界妇女才有解放的日期。站在红旗之下吧，与一切被压迫者一同努力！创造彻底解放妇女的苏维埃，夺回我们久已失去的权利。是血钟在响的时代，是妇女抬头的时机，我们用血来将世界洗涤！"在当初以阶级斗争为主的环境中，这首山歌旗帜鲜明，号召妇女牢记自己的使命。

（四）配合土地革命

土地革命的实行，使中央苏区农民分得了土地，农民群众的革命热情空前高涨。在残酷的斗争实践中，她们也充分认识到插牌分田的成果是以武装斗争为保障的，没有红军的发展与壮大，没有革命战争的胜利，就不可能有土地革命的顺利进行，就不可能有自身的彻底解放，就不可能有世代持续稳定的自由幸福生活。于是，积极动员和鼓励自己的亲人踊跃报名参加红军，就成为苏区人民生活中一件非常光荣的事情。《送郎当红军》就是一首反映妇女们动员丈夫、恋人参加红军、支援革命战争的红色歌谣，表达了千千万万的妇女高度的思想觉悟和对丈夫的一片深情。"送郎当红军，切莫想家庭，家中的事务，妹妹会小心……"歌词令人感动，其姊妹篇也有不少，如《劝郎当红军》《妹送哥哥当红军》《我去当兵妹放心》等。

（五）着力经济提升

发展好苏维埃经济是做好其他工作的基础。由于战争环境残酷，苏区男子成批参加红军，奔赴前线，致使农村劳动力严重不足，农业生产陷入困境。中央苏区妇女响应党的号召，成了农业生产战线上的主力军。"春耕运动，帮助战争，同志哥嫂们，都来努力学习"。"四月里来春耕忙，赤色妇女齐下田，你学犁来我学耙，定夺丰收来支前"。"嗳呀来！革命世界不比先，劳动妇女学犁田，犁田耙田都学到，增加生产笑连连。"《对面桐树》中唱道，"对面桐树开白花，劳动妇女学犁耙，手拿犁耙翻翻转，同志哥，学会劳动好自家"。为克服生产困难，苏区妇女在自愿、互助和互利的基础上，组建了许多帮工组、耕田队、犁牛合作社、劳动互助社等互助合作组织。动员后，广大妇女积极投身参与生产建设，使中央苏区的农业生产得到迅速恢复和发展，"连续几年增产，到处可见一片丰收的景象"。

（六）创新马列传播

中央苏区开辟之前，当地劳动妇女几乎不识字，要在短时间内使她们接受外来先进思想和马克思主义理论，这确实是非常艰巨的任务。成功的马克思主义传播和接受应该是"觅马"与语境建设的统一，而最初马列在广大落后的农村有效传播"必须完全脱下它的外国服装"，与现实语境有效结合。因此，中央苏区充分利用妇女善唱山歌的特点创新马列的灌输形式，使之通俗化、大众化，起到了很好的动员效果。如《纪念马克思曲》唱道："斩断你手上的锁链，获得整个的世界，马克思给我们创造了共产主义的武器……胜利的前进向前进，中国的工农红军，革命的大旗共产国际马克思列宁主义。同志们纪念马克思，学习马克思主义，举起马克思列宁旗帜大踏步奋勇前进。"又如《马克思列宁同志歌》："马克思列宁同志，世界革命导师。无产者，劳动阶级，工厂里工人，农村里农民，军队里的兵，要推翻反动统治，一心团结起来，全世界无产者联合起来，打倒帝国主义。"这些革命歌谣因为运用的是群众喜爱和熟悉的曲调，在乡间一唱就懂，一懂就像流行歌曲般万人传唱，对动员群众革命极为有利。像《共产三字经》中"马克思，倡共产，无产者，被唤醒……也不论，男和女"，朗朗上口，唱与听者都能迅速接受，客家山歌为文化水平不高的群众理解马克思主义创造了条件。

（七）坚定胜利信心

《十送我郎去长征》中唱道："……五送我郎去长征，冲锋杀敌要争先，纵为主义牺牲了，革命事业我继承，哥啊，我的哥哥，革命事业我继承……"又如"哥哥北上去长征，妹妹生产在家庭，哥哥得胜万里转，妹妹接你百里亭"。第五次反"围剿"失败后，红军即将远征，中央苏区老百姓纷纷前来送行。苏区妇女们对自己当了红军的情郎、丈夫更是依依不舍。但是，经过革命的熏陶和战争的洗礼，苏区妇女的思想觉悟有了极大的提高，她们压抑内心的依恋和生死离别的伤痛，千叮咛，万嘱咐，要自己的男人认清革命道路，坚决依靠工农群众，绝对服从党的命令，勇敢消灭敌人，夺取最后胜利。同时，也向情郎表示坚持在农村进行斗争、继承革命事业的决心，充分表达了苏区妇女对革命必将取得最后胜利的坚定信心和对革命的无限忠诚。从这些场景可以看到山歌动员营造的温情与荣耀，在妇女"欢送同志们到前方，消灭敌人才回乡，共同来做革命事，夫妻相爱正之长"的歌声中，红军战士感受到"望君莫回头"的压力，取得了极好的动员效果。

三、结语

"革命文件不如革命口号，革命口号不如革命歌谣。"客家山歌是客家民众祖祖辈辈在长期的劳动实践中创作的民间歌谣，进入土地革命战争时期，客家山歌深深烙上了时代的印记，它能紧紧围绕革命战争的中心任务，围绕妇女动员的需要，成为了革命文化重要的有机组成内容，并演变为苏区文化内容的中坚，也开启了中国历史上革命的大众文化新阶段。客家山歌既有鼓励表扬，也有规劝和批评，动之以情，晓之以理，明之以义，其鼓动性极大，效果也极为显著。套用毛泽东"长征是宣言书，长征是宣传队，长征是播种机"之说，我们可以认为中央苏区时期客家妇女山歌动员达到了"山歌是发动器，山歌是播种机，山歌是感染源"之效。党领导的伟大的土地革命给中央苏区社会带来了翻天覆地的变化，同时赋予了客家山歌新的内容和艺术形式，使其焕发革命的风采，使之成为发动群众、激发士气的重要宣传手段，成为人民群众战斗生活中不可或缺的精神食粮，成为打击敌人、瓦解敌军的投枪和匕首，成为唤醒广大妇女积极参与、投身解放运动的绝好动员方式。它犹如摧阵的战鼓，引发了苏区妇女反封建的革命行动，也引发了翻身妇女拿起武器、站岗放哨、积极生产、支援前线，为保卫全新生活而投入土地革命战争的坚韧与执着，流传了"一首山歌三个师"的佳话。

从 2006 年客家山歌获批首批国家非物质文化遗产名录，足见客家山歌魅力所在。从现存的原苏区文艺作品中，我们仍可强烈感受到那个时代所特有的理想、信念与追求，以及为实现这一理想追求而不惜流血牺牲舍生取义的具有道德与审美双重意义的崇高精神。这种理想追求与崇高精神，正是我们这个时代所需要的精神财富与宝贵资源。客家山歌作为古老的民间艺术，包含了浓厚的民俗风情，也因其独特的艺术魅力，在土地革命战争时期被赋予革命的内容，发挥了积极的作用，绽放了夺目的光彩，它是博大精深的中华优秀传统文化的一朵奇葩。

参考文献

[1] 毛泽东文集（第 1 卷）［M］. 北京：人民出版社，1993.

[2] 张剑峰. 中央苏区文论研究 1927 ~ 1937 ［D］. 南昌大学硕士学位论文，2007.

[3] 刘英. 在历史的激流中——刘英回忆录［M］. 北京：中共党史出版社，1992.

[4] 危仁晸. 江西革命歌谣选［M］. 南昌：江西人民出版社，1991.

[5] 荣天玙. 中国现代群众文化史 1919 ~ 1949 ［M］. 北京：文化艺术出版社，1986.

[6] 刘云. 中央苏区文化艺术史［M］. 南昌：百花洲文艺出版社，1998.

[7] 陈赓雅. 赣皖湘鄂视察记［A］//沈云龙主编. 近代中国史料丛刊（第 19 辑）［M］. 台北：文海出版社，1968.

[8] 谢济堂. 中央苏区革命歌谣选编［M］. 厦门：鹭江出版社，1990.

[9] 谢一彪. 论三十年代赣南闽西的客家山歌［J］. 赣南师范学院学报，1993（2）.

[10] 王宇扬，伍润华. 论江西兴国山歌内容的多元性与时代性［J］. 艺术教育，2011（11）.

[11] 列宁选集（2）［M］. 北京：人民出版社，1995.

[12] 时珍. 兴国山歌曾唱遍苏区为"扩红"立下大功［N］. 江西晨报，2014 - 01 - 22（C05）.

[13] 中国歌谣集成·江西卷［M］. 北京：中国 ISBN 中心，2003.

[14] 龙岩地区志［M］. 上海：上海人民出版社，1992.

[15] 陈始发. 中央苏区时期马克思主义大众化的主要举措与启示［A］//中国革命与苏维埃运动学术研讨会论文集［C］. 2011.

[16] 王刚. 马克思主义中国化的起源语境研究［D］. 华东师范大学博士学位论文，2009.

[17] 马克思恩格斯文集（第 4 卷）［M］. 北京：人民出版社，2009.

[18] 萧三. 革命民歌集［M］. 北京：中国青年出版社，1959.

［19］张宏卿，肖文燕．农民性格与中共的乡村动员模式［J］．开放时代，2010（10）．

［20］王焰安．红色歌谣［M］．广州：广东人民出版社，2011.

［21］严洁．一曲山歌三个师［N］．江西日报，2010 - 05 - 07（B02）．